DALLOZ

31-35, rue Froidevaux - 75685 Paris Cedex 14

LIBERTÉS PUBLIQUES

COURS DALLOZ

Série Droit public

sous la direction de Dominique Chagnollaud
professeur à l'université Panthéon-Assas (Paris-II)

LIBERTÉS PUBLIQUES

4e édition

2002

Patrick Wachsmann
Professeur à l'université Robert-Schuman (Strasbourg-III)
Directeur de l'Institut de recherches Carré de Malberg

DALLOZ

Abréviations

AIJC	*Annuaire international de justice constitutionnelle*
AJDA	*L'Actualité juridique droit administratif*
Ass.	Assemblée
Ass. plén.	Cour de cassation, assemblée plénière
Bull. crim.	*Bulletin des arrêts de la Cour de cassation, chambre criminelle*
B. info. C. cass.	*Bulletin d'information de la Cour de cassation*
C. pr. pén.	Code de procédure pénale
C. santé publ.	Code de la santé publique
C. trib. adm.	Code des tribunaux administratifs et des cours administratives d'appel
CA	Cour d'appel
Cahiers Cons. const.	*Cahiers du Conseil constitutionnel*
Cass. ch. mixte	Cour de cassation, chambre mixte
Cass. civ.	Cour de cassation, chambres civiles
Cass. crim.	Cour de cassation, chambre criminelle
Cass. soc.	Cour de cassation, chambre sociale
CE	Conseil d'État
chron.	chronique
CJCE	Cour de justice des communautés européennes
CNCL	Commission nationale de la communication et des libertés
CNIL	Commission nationale de l'informatique et des libertés
concl.	conclusions

Cons. const.	Conseil constitutionnel
CRR	Commission de recours des réfugiés
D.	*Dalloz-Sirey (Recueil)*
Déc.	Décision
DR	*Décisions et rapports de la Commission européenne des droits de l'homme*
Dr. soc.	*Droit social*
EDCE	*Études et documents du Conseil d'État*
GACS	*Grands arrêts de la Cour suprême des États-Unis,* par E. Zoller
GAJA	*Les grands arrêts de la jurisprudence administrative*
Gaz. Pal.	*Gazette du Palais*
GDCC	*Les grandes décisions du Conseil constitutionnel*
HRLJ	*Human Rights Law Journal*
JCP	*Juris-classeur périodique*
JO	*Journal officiel*
NCP	Nouveau Code pénal
RD publ.	*Revue du droit public et de la science politique en France et à l'étranger*
Rec. CE	*Recueil des arrêts du Conseil d'État (Lebon)*
Rec. CJCE	*Recueil de la Cour de justice des communautés européennes*
Rev. adm.	*Revue administrative*
RFD adm.	*Revue française de droit administratif*
RFDC	*Revue française de droit constitutionnel*
RTDH	*Revue trimestrielle des droits de l'homme*
RUDH	*Revue universelle des droits de l'homme*
Sect.	Section
T. confl.	Tribunal des conflits
TA	Tribunal administratif
TGI	Tribunal de grande instance

Introduction

§ 1. Définition des libertés publiques

1 [L'intitulé même de la matière – libertés publiques – ne va pas de soi et demande quelques éclaircissements, qui engagent des débats de fond.

Le mot **liberté** donne lieu à des emplois si abusifs et dépourvus de rigueur qu'un retour aux classiques s'impose. Le *Vocabulaire technique et critique de la philosophie* de Lalande commence par indiquer que « la liberté est l'état de celui qui fait ce qu'il veut et non ce que veut un autre que lui : elle est l'absence de contrainte étrangère ». Cette définition générale ouvre sur de nombreuses questions, dont seule la dernière – qu'en est-il de la liberté dans la société ? – entre dans notre propos. Pour y répondre, le *Dictionnaire* de Lalande distingue deux sens du mot liberté. Dans un premier, « les mots libre ou liberté marquent simplement l'absence d'une contrainte sociale s'imposant à l'individu ». On remarquera que cette définition se situe dans la droite ligne de la précédente, qu'elle précise simplement. On peut l'illustrer par ces propos du héros du film d'Orson Welles, *Citizen Kane* : « Il n'y a qu'une personne au monde qui décide pour moi, et cette personne, c'est moi », témoignage particulièrement net d'un individualisme exacerbé. Mais dans un second sens, dont Lalande précise qu'il est doté d'une valeur « appréciative », le mot désigne « non seulement le degré plus ou moins haut d'indépendance que possède l'individu à l'égard du groupe social dont il fait partie, mais le degré d'indépendance que l'on considère comme normal et souhaitable, comme constituant un droit et une valeur morale ». Dans cette dernière acception, la liberté se situe entre la licence et l'oppression : la démarche est ici normative et traduit, plus ou moins ouvertement, des options subjectives quant aux limitations que doit ou peut comporter la liberté. Pour éviter l'arbitraire propre à cette attitude, c'est le sens objectif du terme **liberté** qui nous guidera.

2 [Si les libertés sont qualifiées de **publiques**, ce n'est pas pour les opposer à des libertés privées. L'adjectif introduit une précision quant à l'origine de la contrainte sociale dont il vient d'être question : les libertés sont envisagées en tant qu'objets de la réglementation juridique. Le propos qui est le nôtre est donc de savoir dans quelle mesure le droit consacre au profit des individus ou des groupes telle ou telle liberté.

Cette manière d'envisager les choses renvoie à un cadre déterminé : celui de l'État, auteur (ou, plus ou moins directement, coauteur dans le cas des règles du droit international) des règles juridiques essentielles. Apparaissant en Europe au XVIe siècle, où il donne lieu à la théorisation fondatrice de Jean Bodin, et ne cessant ensuite de s'affirmer, l'État se caractérise par la souveraineté, c'est-à-dire par la monopolisation du droit positif (Beaud, 1994)*. La colonisation de la planète signifiera la disparition des sociétés sans État, vouées à une survie précaire, à l'ombre des forêts océanienne ou amazonienne. De ces sociétés, l'anthropologue Pierre Clastres note qu'elles reposent sur le refus du travail (l'activité productive vise à la seule satisfaction des besoins, sans création de surplus), qui induirait une absence de division entre dominants et dominés, maîtres et sujets : « Une société, écrit-il, est primitive si lui fait défaut le roi comme source légitime de la loi, c'est-à-dire la machine étatique » (Clastres, 1974, p. 175). Quoi qu'il en soit de la thèse de Clastres selon laquelle le refus d'un pouvoir étatique y est délibéré, ces sociétés ne peuvent subsister que sur une base démographique extrêmement faible. Il est caractéristique qu'elles soient généralement caractérisées comme **primitives**, ce qui en dit long sur notre incapacité à penser la société indépendamment d'un État qui la domine et assigne une identité à

* Pour les ouvrages cités, se reporter à la bibliographie en fin d'ouvrage.

ses membres. Le processus de la décolonisation a confirmé cet état de choses, puisqu'il a signifié non un retour aux situations ante-étatiques qu'avaient pu connaître beaucoup de pays, mais bien une adhésion au modèle étatique importé par les colonisateurs : celui-ci est apparu comme la seule forme concevable de l'émancipation.

3 [L'universalité de l'État étant acquise, il en résulte la disparition d'une liberté au moins : celle de vivre dans un milieu non soumis à l'État. Même dans des situations d'exception plus ou moins tolérées par lui (« communautés » marginales, quartiers dans lesquels certains services publics s'abstiennent d'intervenir...) l'État reste toujours, en dernière instance, maître d'imposer, quand il le juge opportun, le respect plénier de ses lois. De sorte que le slogan *« Macht aus dem Staat Gurkensalat »* (« L'État, faites-en de la salade de concombres ») brandi, voici quelques années, par de jeunes contestataires zurichois, apparaît moins comme l'invention d'une utopie que comme un constat d'impuissance.

Ce qui ne signifie pas que la forme historique du pouvoir qu'est l'État soit à l'abri de profondes transformations, voire du risque de sa disparition. Le développement de la Communauté et de l'Union européennes reste sans doute pensable selon une logique étatique, moyennant quelques adaptations. Mais la perpétuation de la légitimité prêtée aux pouvoirs publics n'est pas assurée, comme l'indiquent déjà la fréquence des contestations des décisions prises aboutissant à un recul gouvernemental ou encore le scepticisme croissant à l'égard des hommes politiques. Il serait cependant illusoire de s'en réjouir : comme on le verra par l'étude des libertés publiques, l'institution étatique permet une fixation du pouvoir, particulièrement apte à sa limitation. Tel ne sera pas forcément le cas des formes de pouvoir qui lui succéderont – car il est vain d'espérer que le pouvoir disparaisse. Il convient de méditer l'avertissement de Roland Barthes : « Pluriel dans l'espace social, le pouvoir est, symétriquement, perpétuel dans le temps historique : chassé, exténué ici, il reparaît là ; il ne dépérit jamais : faites une révolution pour le détruire, il va aussitôt revivre, rebourgeonner dans le nouvel état des choses » (Barthes, 1978, p. 12).

4 [Mais l'expression **libertés publiques** n'est pas la seule à être employée pour désigner notre matière : les termes **libertés fondamentales** et **droits de l'homme** sont également utilisés, ce qui témoigne des pro-

fondes évolutions qui l'affectent en France depuis une vingtaine d'années.

5 [La notion de **libertés fondamentales** traduit la place croissante qu'occupe, dans la définition des libertés publiques, la jurisprudence constitutionnelle. La décision du Conseil constitutionnel du 16 juillet 1971 marque un tournant décisif du droit public français, puisqu'elle fait obstacle, pour la première fois, à la promulgation d'une loi en raison de l'atteinte portée à une liberté constitutionnellement garantie (la liberté d'association). En ouvrant à l'opposition (60 députés ou 60 sénateurs) la faculté de saisir le Conseil constitutionnel, la révision constitutionnelle du 29 octobre 1974 permettra un important développement de la jurisprudence du Conseil. À l'instar des pays d'Europe centrale et méridionale, la France assure désormais une certaine protection, face à la loi, des libertés de rang constitutionnel, qualifiées de fondamentales par reprise d'une terminologie figurant dans la Loi fondamentale allemande. Mais cette transposition ne nous paraît que partiellement fondée : elle anticipe sur le développement d'une justice constitutionnelle aux attributions encore très chichement mesurées par comparaison avec les exemples étrangers, elle méconnaît l'absence en France d'un statut juridique particulier comparable à celui que connaissent les droits énoncés aux articles 1 à 19 de la Loi fondamentale allemande, notamment la mise en œuvre encore très marginale par le juge judiciaire des droits constitutionnellement reconnus : l'*Ausstrahlungswirkung* (effet d'irradiation) qu'ont les droits fondamentaux en Allemagne reste très modeste en France (sur la théorie allemande, v. notamment Jouanjan, 1998, p. 44), enfin elle laisse dans l'ombre tous les droits ne bénéficiant pas (ou pas encore) de la constitutionnalisation. Les droits « fondamentaux » ne constituent donc qu'une partie des libertés publiques.

6 [Il en va ainsi même si on leur adjoint les **droits de l'homme**. Ceux-ci renvoient soit à une philosophie des libertés publiques soit au droit international. La philosophie est celle qui s'exprime dans l'intitulé et le Préambule de la Déclaration des droits de l'homme et du citoyen adoptée par l'Assemblée nationale française le 26 août 1789 : elle renvoie principalement au droit naturel moderne et à Locke (Rials, 1988 et le n° 8 de la revue *Droits*). Le rayonnement de ce texte entraînera la reprise de la référence aux droits de l'homme par la Charte des Nations unies et surtout par la Déclaration universelle des droits de l'homme adoptée le 10 décembre 1948 par une résolution de

l'Assemblée générale des Nations unies. Celle-ci est à l'origine du développement considérable, sur le plan universel et sur le plan régional, d'un nouveau chapitre du droit international : celui des droits de l'homme. La ratification par la France des Pactes internationaux de 1966 et surtout de la Convention européenne de sauvegarde des droits de l'homme et des libertés fondamentales (couramment appelée dans notre pays Convention européenne des droits de l'homme) les a intégrés dans notre droit à un niveau supra-législatif.

Compte tenu de l'existence de mécanismes internationaux de garantie des droits inscrits dans ces conventions (surtout sur le plan européen), la pression exercée sur le pouvoir exécutif, le législateur et les juges n'a cessé de s'accroître, entraînant souvent une remise en cause de solutions traditionnelles. Là encore, compte tenu des promesses de développement que comportent ces droits consacrés par le droit international, la tentation est grande d'ordonner autour d'eux l'ensemble de la matière, en lui donnant un intitulé qui renoue de surcroît avec une tradition philosophique importante. Mais cette approche, elle aussi, nous semble partielle : si importante et dynamique que soit la dimension internationale des libertés publiques, elle ne peut prétendre à l'exclusivité.

7 [Même en rassemblant les libertés proclamées au niveau constitutionnel et celles garanties par le droit international, on n'aura encore qu'une vue incomplète des libertés publiques : ni l'œuvre du législateur *(lato sensu)* national ni celle du juge administratif et du juge judiciaire ne doivent être négligées ou minimisées. D'abord, parce que jusqu'à une époque très récente, c'est au législateur et au juge « ordinaire » qu'a incombé exclusivement la défense des libertés : ensuite, parce qu'aujourd'hui encore, ils demeurent les gardiens des libertés au quotidien, les facteurs constitutionnel et international n'intervenant qu'exceptionnellement (en termes quantitatifs au moins). Quant aux théories tendant à détacher le caractère fondamental de certains droits de tout critère exclusivement formel (v. Picard, 1998, p. 6), elles nous semblent dotées d'un coefficient d'incertitude (ainsi de « l'échelle de fondamentalité » proposée par E. Picard, 1998, p. 32) propre à en atténuer le caractère opératoire. En revanche, l'intérêt de ces théories est de ramener l'attention sur les idées directrices qui animent la matière et sur l'insertion des droits et libertés dans un contexte plus général. Dans son avis 8/87, *Habeas corpus* dans des circonstances exceptionnelles, *HRLJ* 1988, 94, la Cour interaméricaine des

droits de l'homme a indiqué : « Dans une société démocratique, les droits et libertés inhérents à la personne humaine, les garanties qui leur sont applicables et la prééminence du droit forment une triade. Chaque composante de celle-ci se définit elle-même, complète les autres et dépend des autres pour sa signification ». La Cour européenne des droits de l'homme s'est, quant à elle, référé à « la prééminence du droit dans une société démocratique respectant les libertés et droits fondamentaux garantis par la Convention » (*arrêts Kiliç c/ Turquie* et *Mahmut Kaya c/ Turquie* du 28 mars 2000). Ces formules, qui explicitent le modèle sous-jacent à l'interprétation des conventions internationales de protection des droits de l'homme (Wachsmann, 1998, p. 171), paraissent rendre compte aussi bien des dynamiques qui prévalent au sein des ordres juridiques internes, notamment devant les juridictions constitutionnelles et administratives. Les droits et libertés sont en effet garantis par et en liaison avec les valeurs de la démocratie et les idéaux de la prééminence du droit (plus communément désignée sur le continent européen par l'expression État de droit).

La référence à la démocratie permet, outre de « garantir que les idées des représentants du peuple traduisent les évolutions fondamentales de l'opinion dominante » (Commission européenne des droits de l'homme, décision du 11 septembre 1995, *Jan Timke c/ Allemagne, DR* 82-B, 158), de préserver l'existence d'un espace public de libre discussion des questions d'intérêt général de manière à favoriser la rationalité des décisions politiques et de faire respecter la singularité de chacun. La Cour européenne des droits de l'homme l'a dit avec netteté dans son arrêt *Young, James et Webster* du 13 août 1981 : « Pluralisme, tolérance et esprit d'ouverture caractérisent une "société démocratique" [...] Bien qu'il faille parfois subordonner les intérêts d'individus à ceux d'un groupe, la démocratie ne se ramène pas à la suprématie constante de l'opinion d'une majorité ; elle commande un équilibre qui assure aux minorités un juste traitement et qui évite tout abus d'une position dominante ».

Quant à la prééminence du droit, elle postule l'assujettissement au droit des pouvoirs publics. On verra qu'elle constitue un instrument irremplaçable de protection des libertés. La jurisprudence de la Cour européenne des droits de l'homme a précisé les implications de cette notion, à partir de la mention qu'en fait le Préambule de la Convention. Elle opère prohibition de l'arbitraire, par des exigences de fond (une règle de droit respectée et prévisible quant à ses implications) et de procédure (un contrôle indépendant et effectif sur les actes des autorités publiques), et exige des pouvoirs publics qu'ils réagissent « en temps utile, de façon correcte et avec la plus grande cohérence » lorsqu'ils restreignent l'exercice des libertés au nom de l'intérêt général (arrêt *Beyeler c/ Italie* du 5 janv. 2000). Ici encore, les conclusions auxquelles conduit l'étude de la jurisprudence de la Cour de Strasbourg (Wachsmann, 1997, p. 241) peuvent être sans difficulté étendues à tous les systèmes juridiques libéraux, dont elle constitue d'ailleurs une synthèse, qui procède aussi bien du concept britannique de *Rule of law* que de la théorie allemande du *Rechtsstaat* (v. Jouanjan, 2001). La France n'a que récemment commencé à intégrer de telles données, comme l'atteste par exemple la décision du Conseil constitutionnel du 16 décembre 1999, loi portant habilitation du gouvernement à procéder, par ordonnances, à l'adoption de la partie législative de certains codes, qui fait référence à « l'objectif de valeur constitutionnelle d'accessibilité et d'intelligibilité de la loi » et pose que la garantie des droits exigée par l'article 16 de la Déclaration de 1789 postule que les citoyens disposent « d'une connaissance suffisante des normes qui leur sont applicables » (de cette disposition, la décision du 9 avril 1996, loi organique portant statut d'autonomie de la Polynésie française, avait déjà déduit « qu'en principe il ne doit pas être porté d'atteintes substantielles au droit des personnes intéressées d'exercer un recours effectif devant une juridiction », autre caractéristique primordiale de l'État de droit).

La généralité du modèle dont on vient de rappeler les composantes essentielles ne signifie évidemment pas l'uniformité des solutions auxquelles il conduit. Pour ne prendre qu'un exemple, l'interprétation du renvoi à la loi fait par les Conventions européenne et américaine pour déterminer les limitations dont sont susceptibles certains droits a donné lieu à des jurisprudences divergentes de la part des Cours de Strasbourg et de San José. Pour la première, il y a lieu de retenir une conception matérielle de la loi, l'origine directement démocratique de la règle cédant le pas à l'exigence de sa généralité, de son accessibilité et de sa prévisibilité (arrêts *Sunday Times [n° 1]* du 26 avr. 1979 et *Kruslin et Huvig* du 24 avr. 1990), tandis que pour la seconde, l'exigence de légalité des restrictions aux droits ne peut se lire qu'à la lumière de la référence à la démocratie et impose une conception formelle de la loi, œuvre des représentants élus du peuple (avis 6/86, Restrictions aux droits et libertés de la Convention américaine, le mot « lois » dans l'article 30, *HRLJ* 1986, 231). De telles variations indiquent bien les limites inhérentes à la théorisation de la matière : susceptible d'éclairer le contexte général dans lequel se situe la consécration des libertés, elle ne peut prétendre se substituer aux articulations formelles de la hiérarchie des normes ni contraindre le pouvoir de l'interprète confronté à la résolution d'un problème déterminé.

Le recours à la notion de libertés fondamentales nous paraît donc inadéquat dans le cas français : cantonnée à une perspective formelle, elle revêt un caractère partiel, détachée de cette dernière, elle comporte une très grande part d'indétermination (v. aussi Champeil-Desplats, 1995, p. 323, qui met bien en lumière la fonction de justification des décisions attachée à cette terminologie).

On restera donc fidèle à l'intitulé officiellement introduit dans les programmes des facultés de droit françaises en 1954 : libertés publiques.

§ 2. Caractères de la matière

8 [À l'inverse des autres disciplines juridiques, les libertés publiques ne revendiquent aucune « autonomie ». Elles ont une vocation, en quelque sorte, transversale : celle d'envisager l'ensemble de la réglementation juridique sous l'angle des libertés. Cette démarche suppose que toutes les matières puissent fournir des matériaux pertinents, qu'elles ressortissent au droit public ou au droit privé. Ainsi, le droit constitutionnel devra-t-il être utilisé pour les garanties institutionnelles qu'il est susceptible de procurer (suprématie de la Constitution, séparation des pouvoirs...), mais aussi pour les droits subjectifs qu'on peut y puiser (prérogatives des citoyens, étendue de la citoyenneté, libre formation des partis politiques...). De même le droit administratif offrira-t-il des techniques de protection (soumission au droit des autorités administratives, contrôle juridictionnel de l'administration...) et définira-t-il un statut des administrés (droit d'être entendu préalablement à l'édiction de certains actes, droit d'accès aux documents administratifs...) ou des garanties de fond (théorie des pouvoirs de police, encadrement de la procédure d'expropriation, protection des fonctionnaires...). Le droit pénal et la procédure pénale offrent des exemples voisins : il s'agit de déterminer avec précision

comment et à quelles conditions pourront être infligées des atteintes à la liberté individuelle, à l'honneur ou au patrimoine. Mais les mêmes remarques valent pour des matières apparemment plus éloignées du droit public : le droit civil détermine les droits de la personne par rapport à son corps (les lois sur la bioéthique sont largement intégrées au Code civil), à sa famille ou à ses biens, le droit commercial conditionne la liberté d'entreprendre et définit les droits des divers intervenants sur le marché ou des actionnaires, le droit judiciaire privé donne au droit d'accès aux tribunaux judiciaires tout son sens, en précisant le statut des magistrats, l'organisation des juridictions et le déroulement de la procédure, le droit social indique les droits respectifs de l'employeur et du salarié dans la relation de travail.

Ces exemples, qui pourraient être multipliés, donnent une idée de l'ampleur du champ des libertés publiques. Ils montrent qu'il est impossible d'être exhaustif, sauf à récapituler toutes les disciplines juridiques : on se bornera donc aux principes de la matière et aux libertés les plus caractéristiques.

9 [L'existence même d'un enseignement des libertés publiques incite à l'optimisme : il est rassurant que les pouvoirs publics acceptent que les étudiants de licence en droit soient – obligatoirement, de surcroît ! – confrontés à une interrogation sur l'état des libertés dans notre système juridique. On sait d'ailleurs que les pays pratiquant effectivement la démocratie libérale ne sont pas si nombreux et que, parmi ceux-ci, la France ne fait pas trop mauvaise figure. On se gardera toutefois, dans les pages qui suivent, d'un excès d'optimisme. Les débordements d'enthousiasme de la doctrine du début du siècle pour le système français de protection des libertés apparaissent cruellement dérisoires, lorsqu'on sait avec quelle facilité s'est mis en place le régime de Vichy : celui-ci, pour une large part, a pu se contenter d'utiliser la législation existante, fort malléable à son autoritarisme. Aujourd'hui encore, le caractère indéniablement libéral de notre droit s'accommode de régressions, de textes d'exception ou de zones d'ombre inacceptables. Pierre Legendre a pu parler de « la tradition française d'un absolutisme de principe, modéré de l'intérieur » (Legendre, 1968, p. 465) : propos qui incite à la prudence.

Dans *Le Dictionnaire des idées reçues* de Flaubert, figure, sous le mot **Liberté**, la phrase : « Nous avons toutes celles qui sont nécessaires. » On s'efforcera de montrer qu'à côté de ses aspects positifs et en dépit de ses progrès, le droit français des libertés continue de présenter des lacunes, des déficiences ou des imperfections dont on peut espérer qu'elles disparaîtront bientôt.

10 [**Plan de l'ouvrage.** *On étudiera successivement les principes généraux des libertés publiques et quelques libertés, choisies parmi les plus caractéristiques.*

Première partie

Principes généraux des libertés publiques

11 [Partir du principe que l'État doit être libéral ne va pas de soi : une telle position se soutient de l'adhésion à certaines valeurs, qu'il faudra préciser. De même, le concept d'État libéral appelle des éclaircissements, tant il est vrai que les implications du libéralisme sont sujettes à d'importantes variations d'une opinion à l'autre. Pour peu qu'on se soucie d'élucider les conséquences du libéralisme, on s'aperçoit de l'existence de difficultés qu'il est possible de trancher de plusieurs manières (ainsi des contradictions qui sont susceptibles d'apparaître entre libéralisme et démocratie ou encore des liens entre libéralisme politique et libéralisme économique ou de la conciliation de l'individualisme et du lien social). On ne peut évidemment prétendre qu'il existe une solution idéale à ces débats, tout au plus peut-on espérer clarifier les choses et attirer l'attention sur l'esprit dans lequel doivent être définies les solutions pour que soient respectées les options libérales dont on se réclame. Cette recherche, qui se situe en amont d'une réflexion strictement juridique, nous paraît indispensable pour situer les enjeux d'une matière dont la dénomination même traduit un engagement philosophique (ce qu'on ne pourrait

dire d'aucune autre discipline juridique). On la mènera en opposant l'État libéral à son contraire, c'est-à-dire à l'État autoritaire.

Au chapitre 4 du livre II de *Du Contrat social,* Rousseau écrit : « On convient que tout ce que chacun aliène, par le pacte social, de sa puissance, de ses biens, de sa liberté, c'est uniquement la partie de tout cela dont l'usage importe à la communauté, mais il faut convenir aussi que le Souverain seul est juge de cette importance » (Rousseau, 1762, p. 206). Cette concession est essentielle : elle montre que le sort de la liberté dépend finalement du choix opéré par le titulaire (quel qu'il soit) de la puissance étatique suprême. Elle ouvre aussi sur la dimension proprement juridique du problème, qui est de savoir comment l'ordre juridique est à même d'assurer la sauvegarde des principes libéraux que l'on désire consacrer.

Titre premier

L'opposition de l'État libéral et de l'État autoritaire

12 [Cette opposition paraît tranchée – et l'est souvent dans les faits : Winston Churchill définissait l'État libéral comme étant celui où les citoyens sont sûrs, en entendant un coup de sonnette, au petit matin, qu'il s'agit du laitier... Mais ce pragmatisme, très anglo-saxon, a des limites, qu'il est cependant périlleux de trop relativiser. On citait volontiers, naguère, un mot attribué à Che Guevara, figure emblématique de la guerre révolutionnaire d'inspiration marxiste : « Le libéralisme est le mode de gouvernement de la bourgeoisie quand elle n'a pas peur, le fascisme est le mode de gouvernement de la bourgeoisie quand elle a peur. » D'un manichéisme à l'autre est perdue toute sensibilité à la singularité des situations concrètes, sous le prétexte de désigner un ennemi – la bourgeoisie – qui est pourtant loin de posséder le monopole de la peur...

Il convient, en toute hypothèse, d'affiner l'analyse et d'envisager aussi les hypothèses dans lesquelles les titulaires du pouvoir ont, pour reprendre la logique de Che Guevara, un peu peur. Confrontés à des menaces nouvelles (des attentats terroristes, des troubles dans les banlieues, ou encore l'épidémie du sida, pour s'en tenir à quelques exemples), les États ont une dangereuse tendance à y répondre par des mesures de circonstance attentatoires aux libertés, mais spectaculaires, c'est-à-dire donnant à l'opinion publique l'impression d'une riposte adaptée – les suites du 11 septembre 2001, aux États-Unis et dans un certain nombre d'autres pays se réclamant du libéralisme, l'illustrent jusqu'à la caricature. De telles mesures grignotent insidieusement les libertés et affaiblissent la vigilance des citoyens. Elles rendent nécessaire un approfondissement de ce libéralisme dont se soutient notre matière.

13 [« Un État libéral c'est un État qui se censure » a écrit Bernard-Henri Lévy (1977, p. 156). Cette formule indique bien que le libéralisme n'est jamais donné ni acquis : qu'il est fragile et appelle une surveillance constante de l'efficacité des limites imposées au pouvoir. C'est dire que parmi les sens multiples du mot **libéralisme** que donne le *Vocabulaire technique et critique de la philosophie* de Lalande, on privilégiera le premier : « doctrine politique suivant laquelle [...] il convient de donner aux citoyens le plus de garanties possible contre l'arbitraire du gouvernement », qui fait du mot l'antonyme d'**autoritarisme**. La prohibition de l'arbitraire – dont on a vu qu'elle était au cœur des idées de prééminence du droit et d'État de droit – s'accomplit dans l'idéal de la substitution du gouvernement des lois à celui des hommes. La tradition libérale (Jaume, 2000) se refuse en effet à penser séparément la liberté et la soumission à la loi. De Locke, qui caractérise l'homme par sa capacité à la loi (« *capable of a law* ») (Jaume, 2000, p. 20 et p. 140 et s.) à Kant qui définit la liberté comme « la faculté de n'obéir à d'autres lois extérieures qu'à celles auxquelles j'ai pu donner mon assentiment » (*Projet de paix perpétuelle,* 1796, cité et commenté *in* Jaume, 2000, p. 287 et s.), il s'agit d'une constante, dont témoigne aussi Montesquieu, qui dans *L'Esprit des lois* (XI, 3) refuse de voir dans la liberté politique le fait de faire ce que l'on veut, mais indique : « Dans un État, c'est-à-dire dans une société où il y a des lois, la liberté ne peut consister qu'à pouvoir faire ce que l'on doit vouloir, et à n'être point contraint de faire ce que l'on ne doit point vouloir », ce que condense, quelques lignes plus loin, la formule : « La liberté est le droit de faire tout ce que les lois permettent » (v. Jaume, 2000, p. 109 et s.).

On ne négligera pas pour autant les autres acceptions retenues par le *Vocabulaire*, qui toutes éclairent des aspects de la première : absence d'exigence de l'unanimité religieuse et revendication de la liberté de pensée ; non-intervention de l'État dans les relations économiques qui existent entre les individus, les classes ou les nations ;

respect de l'indépendance d'autrui, tolérance, confiance dans les heureux effets de la liberté. Ces sens multiples attestent les liens de la doctrine libérale non seulement avec une conception générale de la socialité, mais aussi avec des options philosophiques, religieuses, économiques qui jalonnent son histoire.

On évoquera successivement le libéralisme classique, qui triomphe en Grande-Bretagne en 1689, aux États-Unis d'Amérique en 1776 et en France en 1789, les contestations dont il a fait l'objet et son renouveau contemporain, qui ne va pas sans ambiguïtés.

Chapitre premier

Le libéralisme classique

14 [Il est nécessaire d'en retracer rapidement la genèse et les implications, en insistant sur ce qui est sans doute sa caractéristique principale : l'individualisme.

Section 1.

La genèse du libéralisme individualiste

15 [Pour en indiquer les traits dominants, on se réfèrera aux travaux de l'anthropologue Louis Dumont. Celui-ci, après avoir longuement étudié le système indien des castes (*Homo hierarcus,* 1966), s'est attaché à dégager les traits principaux de l'idéologie occidentale moderne. Il oppose le **holisme**, « qui valorise la totalité sociale et néglige ou subordonne l'individu humain » à l'**individualisme**, « qui valorise l'individu [...] et néglige ou subordonne la totalité sociale » (Dumont, 1983, p. 263 et 264). L'ethnologie et l'histoire révèlent que les sociétés sont spontanément holistes : l'individualisme n'apparaît qu'au terme d'un processus où interviennent des facteurs religieux et philosophiques.

16 [**Facteurs religieux**

Sur ce plan également commencent par prédominer les aspects collectifs : le peuple d'Israël est d'abord envisagé dans sa globalité et la continuité des générations. C'est au VIe siècle avant l'ère chrétienne que le prophète Jérémie met l'accent sur la singularité de chacun (*Jérémie*, 31 : 29, 30), ouvrant la voie à la philosophie du Talmud, « philosophie du sujet, où la personnalité de chaque homme est le centre de la réflexion » (Ouaknin, 1993, p. 15).

Louis Dumont, de son côté, analyse l'évolution du christianisme quant à la dissociation de l'âme et du corps et à son impact sur la cité terrestre. Sur le plan spirituel, chaque homme est un individu en relation avec Dieu, mais la phrase « Rendez donc à César ce qui est à César, et à Dieu ce qui est à Dieu » (*Matthieu*, XXII, 21) signifie une dévalorisation de l'expérience mondaine et le refus d'y investir quoi que ce soit d'essentiel : il s'agit de ce que Dumont nomme « un individu essentiellement hors-du-monde » (1983, p. 37). La conversion au christianisme de l'empereur Constantin pose la question de ce que peut être un État chrétien et investit l'Église de fonctions officielles qui la conduiront à revendiquer au VIIIe siècle une monarchie spirituelle : cette consécration du politique implique que l'individu chrétien est désormais « un individu-dans-le-monde » (Dumont, 1983, p. 59). C'est Calvin qui poussera cet individualisme à ses dernières conséquences, en faisant de chaque élu l'interprète de la volonté de Dieu et en proposant le monde comme objet de cette volonté (il importe de construire sur terre le royaume de Dieu).

17 [**Facteurs philosophiques**

Louis Dumont insiste sur l'importance des emprunts faits par le christianisme à la philosophie stoïcienne, inaugurée au IIIe siècle avant notre ère par Zénon de Citium, dans la doctrine duquel « le seul Bien est intérieur à l'homme. La volonté de l'individu est la source de sa dignité et de sa complétude » (Dumont, 1983, p. 45).

18 [L'époque moderne verra une sécularisation progressive de problèmes d'abord posés en termes religieux : rapports de l'Église et de l'État, aménagement des relations entre le prince et le peuple, droit à la liberté de conscience. La théorie du droit naturel moderne montre bien cette évolution : elle se rapporte d'abord à des individus faits à l'image de Dieu, puis à des individus dépositaires de la raison. Elle postule que « les principes fondamentaux de la Constitution de l'État (et de la société) sont à extraire, ou à déduire, des propriétés et qua-

lités inhérentes à l'homme considéré comme un être autonome, indépendamment de toute attache sociale ou politique. L'état de nature est l'état, logiquement premier par rapport à la vie sociale et politique, où l'on considère seulement l'homme individuel ; de plus, la priorité logique se confondant avec l'antériorité historique, l'état de nature est celui où les hommes sont supposés avoir vécu avant la fondation de la société et de l'État » (Dumont, 1983, p. 81). Ces vues conduisent aux théories du contrat social, visant à construire une *societas* qui concilie liberté et pouvoir, en préservant les droits de l'individu au sein de la société politique qui l'englobe. La difficulté de l'exercice est attestée par les différences considérables qui séparent, en la matière, les conceptions de Hobbes, de Locke et de Rousseau.

Il restait à faire déboucher ces aspirations sur des réformes politiques. Ce fut l'œuvre, selon des modalités très différentes, des révolutions anglaise, américaine et française.

SECTION 2. L'ABOUTISSEMENT DES REVENDICATIONS INDIVIDUALISTES

19 [Les trois révolutions qu'on vient de mentionner diffèrent profondément, tant dans leurs modalités que dans leur traduction juridique.

20 [**La « Glorieuse Révolution » de 1688 en Grande-Bretagne**

La chute de Jacques II permet à Guillaume d'Orange d'accéder au trône, moyennant d'importantes concessions au Parlement, consignées dans le *Bill of Rights* du 13 février 1689. Ce document prétend tout à la fois codifier les « anciens droits et libertés » des Anglais (que la tradition fait remonter à la *Magna Carta* de 1215, plusieurs fois confirmée) et établir sur des bases sûres les limites du pouvoir royal, « afin qu'elles demeurent à perpétuité la loi de ce royaume ». La définition des prérogatives du Parlement s'accompagne de celle de certains droits des citoyens (liberté des élections, interdiction des peines excessives), complétant les textes en vigueur, notamment la loi d'*habeas corpus* de 1679 qui prescrit que toute personne arrêtée doit être présentée à un juge, en principe dans les trois jours.

Le *Bill of Rights* est caractéristique de la conception britannique : procès-verbal de la fin du conflit qui opposait les parlementaires au monarque, il assure une limitation effective du pouvoir politique moins en s'intégrant à la réglementation juridique (le *Bill* n'a qu'une valeur législative : une autre loi peut théoriquement le remettre en cause) qu'en consacrant une tradition, hors d'atteinte du pouvoir. Le texte ne prétend délivrer aucun message universel : il règle pragmatiquement un problème anglais, sans faire appel à autre chose qu'à des titres historiques.

21 [**L'indépendance des États-Unis de l'Amérique du Nord**

Revendiquant à leur profit l'application du principe représentatif pour le consentement à l'impôt, les habitants de treize colonies d'Amérique se séparent de la métropole britannique. La Déclaration d'indépendance du 4 juillet 1776 s'attache à justifier cette sécession à la face du monde, en faisant appel à des valeurs universelles, « les lois de la nature et du Dieu de la nature ». La liste des griefs à l'encontre du roi d'Angleterre est précédée de l'exposé de principes de philosophie politique : « Nous tenons pour évidentes par elles-mêmes les vérités suivantes : tous les hommes sont créés égaux ; ils sont doués par le Créateur de certains droits inaliénables ; parmi ces droits se trouvent la vie, la liberté et la recherche du bonheur. Les gouvernements sont établis par les hommes pour garantir ces droits, et leur juste pouvoir émane du consentement des gouvernés. Toutes les fois qu'une forme de gouvernement devient destructive de ce but, le peuple a le droit de la changer ou de l'abolir. » La formation des États-Unis s'achèvera en 1787 par la rédaction d'une Constitution, dotée d'une valeur supérieure à la loi ordinaire. Dès 1791, elle sera complétée par les dix premiers amendements – couramment appelés *Bill of Rights* – qui définissent des libertés au profit des citoyens. En 1803, l'arrêt *Marbury v. Madison* de la Cour suprême investira toute juridiction, en tant que telle, du pouvoir de donner à la suprématie de la Constitution son efficacité, en laissant inappliquée toute norme invoquée au cours du litige qui y serait contraire.

22 [**La Révolution française de 1789**

La France de l'Ancien Régime avait vu le triomphe de l'absolutisme monarchique (les États généraux n'avaient plus été convoqués depuis 1614). Dans cette logique, le roi était assujetti aux commandements de Dieu, mais il n'était comptable de sa soumission qu'envers Dieu lui-même, et devant aucune instance temporelle. Bossuet se fera le théoricien de cette limitation du souverain par la seule morale (1709, p. 92 et 114). Quant aux lois fondamentales du royaume, elles ne portent pas sur les libertés publiques, leur contenu est incertain et leur sanction inexistante. Comme le relevait un des critiques les plus acerbes de la Révolution française, l'esprit de l'Ancien Régime « faisait connaître un empire supérieur aux lois, celui des manières » (Burke, 1790, p. 158) – ce qui est reconnaître l'absence de limitation juridique du pouvoir royal.

23 [Pragmatique, le XVIIIe siècle ne cessera de revendiquer une telle limitation. Il se fonde sur un très grand scepticisme à l'égard du pouvoir, qu'illustrent les lignes célèbres de Montesquieu : « C'est une expérience éternelle que tout homme qui a du pouvoir est porté à en abuser ; il va jusqu'à ce qu'il trouve des limites. Qui le dirait ! La vertu même a besoin de limites » (Montesquieu, 1748, p. 395). Les révolutionnaires de 1789 se proposeront de réaliser en France l'idéal qui avait déjà triomphé en Grande-Bretagne, aux Pays-Bas et aux États-Unis.

24 [« La Déclaration des droits de l'homme et du citoyen adoptée par l'Assemblée constituante dans l'été de 1789 marque en un sens le triomphe de l'Individu », écrit Louis Dumont (1983, p. 102). Son Préambule fait référence aux « droits naturels, inaliénables et sacrés de l'homme », mais la Déclaration du 26 août 1789 inscrit surtout ces droits au plus haut rang de la réglementation juridique. En écho à la Déclaration américaine, l'article 2 énonce « le but de toute association politique est la conservation des droits naturels et imprescriptibles de l'homme. Ces droits sont la liberté, la propriété, la sûreté et la résistance à l'oppression ». Comme l'indique la seconde phrase, c'est le droit positif qui est désormais en charge d'énoncer les garanties accordées aux personnes placées sous la juridiction de l'État (Wachsmann, 1985, p. 13).

25 [Il restait à assurer l'effectivité des principes inscrits dans la Déclaration. Le rôle subordonné théoriquement assigné au pouvoir exécutif est censé assurer son assujettissement. Il n'en va pas de même du pouvoir législatif : la fréquence des renvois faits à la loi par la Déclaration indique déjà son rôle déterminant. L'accession tardive de la France à la démocratie parlementaire ne pouvait qu'entraîner une sacralisation de la loi, que laisse déjà transparaître l'article 6 du texte : « La loi est l'expression de la volonté générale. Tous les citoyens ont droit de concourir personnellement ou par leurs représentants à sa formation. »

Compte tenu du discrédit où était alors tombé le pouvoir judiciaire (les Parlements de l'Ancien Régime n'avaient cessé d'outre-passer leurs prérogatives et de bloquer toutes les tentatives de réformes), l'idée d'un contrôle de la constitutionnalité des lois par une instance extérieure à l'Assemblée ne pouvait qu'être rejetée. Cette position se perpétua jusqu'en 1958, par-delà les nombreuses vicissitudes constitutionnelles que connut la France (et en dépit de la proposition faite par Sieyès en 1795 d'instituer une « jurie constitutionnaire », qui préfigure le contrôle de constitutionnalité). Elle caractérise, en particulier, la IIIe République, durant laquelle s'affirment les principes du droit public français : l'absence de toute déclaration des droits dans une constitution conçue comme provisoire (mais qui détient à ce jour le record de longévité !) débouche sur l'ommipotence parlementaire. La référence constante des républicains aux principes de 1789 ne les oblige pas juridiquement. Carré de Malberg synthétise la situation en relevant que la France est un État légal, mais qu'elle « ne s'est pas élevée jusqu'à la perfection de l'État de droit » (1920, I, p. 492), faute de protection des droits à l'encontre du législateur. Le Préambule de la Constitution du 27 octobre 1946, quoiqu'il se réfère à la Déclaration de 1789, ne modifiera en rien ces principes. La création, en 1958, d'un Conseil constitutionnel permettra seule d'imposer effectivement au législateur le respect de la Déclaration de 1789.

Section 3.
Les caractéristiques du libéralisme classique

26 [Elles conduisent à opposer l'individu à l'État, en une confrontation qu'aucun corps intermédiaire (les institutions privées – associations, syndicats, églises ou même famille – sont considérées comme nocives) ne doit venir troubler. Le libéralisme classique est anti-étatiste : les libertés se définissent par l'abstention de l'État, par des interdictions faites à l'État d'empiéter sur les prérogatives de l'individu.

27 [**La nécessaire abstention de l'État**

Le libéralisme classique procède d'une défiance envers le pouvoir, très perceptible, on l'a vu, chez Montesquieu (la théorie de la séparation des pouvoirs est d'inspiration identique : il s'agit de se parer du pouvoir). Benjamin Constant systématise cette conception, lorsqu'il oppose la liberté chez les anciens et la liberté chez les modernes. Dans la Cité antique, dit Constant, la liberté pouvait se définir par la participation de chacun à la prise des décisions politiques : il s'agissait de démocraties directes, dans le cadre de petites sociétés où chacun pouvait prétendre exercer une influence effective sur les décisions collectives. Le phénomène des grands États bouleverse ces données (Constant reproche à Rousseau de ne pas l'avoir compris et de continuer à raisonner dans un cadre désormais obsolète) et impose une redéfinition de la liberté. Celle-ci doit désormais reposer sur une limitation de la souveraineté elle-même : « Il y a des volontés que ni le peuple, ni ses délégués, n'ont le droit d'avoir » (Constant, 1815, p. 1074).

Il faut donc définir une sphère qui soit interdite au pouvoir politique, en quelque main qu'il se trouve : celle des libertés individuelles. « Le but des modernes, déclare Constant, est la sécurité dans les jouissances privées ; et ils nomment liberté les garanties accordées par les institutions à ces jouissances » (Constant, 1819, p. 276). Les droits individuels qu'il convient de consacrer ainsi sont « la liberté individuelle, la liberté religieuse, la liberté d'opinion, dans laquelle est comprise sa publicité, la jouissance de la propriété, la garantie contre tout arbitraire. Aucune autorité ne peut porter atteinte à ces droits, sans déchirer son propre titre » (Constant, 1815, p. 1075). La position de Benjamin Constant, qui constitue une tentative particulièrement cohérente de « constitution d'un libéralisme du sujet » (Jaume, 1997, p. 25), restera cependant très controversée dans le débat français, comme l'a remarquablement montré Lucien Jaume.

28 [Ce cantonnement de l'État procède aussi de considérations économiques. On sait que pour les physiocrates, au XVIIIe siècle, il est essentiel de laisser s'épanouir la liberté d'entreprendre et de garantir la propriété : l'État doit se garder d'intervenir dans l'économie, la loi doit réserver ses rigueurs à ceux qui tenteraient d'entraver l'ordre naturel des choses (c'est le « despotisme légal » de Mercier de La Rivière). Cette vision inaugure le divorce fréquemment constaté en France entre libéralisme économique et libéralisme politique, si bien que le « laissez faire, laissez passer » qui prévaut dans l'ordre économique s'accompagne souvent d'une conception assez autoritaire des libertés autres qu'économiques. Tel n'est pas le cas de Benjamin Constant, qui s'efforce au contraire d'appuyer sur l'économie son plai-

doyer en faveur des libertés individuelles. Retenons cependant un point commun : pour tous, la liberté ne se définit que de l'abstention de l'État, les divergences ne portent que sur son domaine d'application.

29 [L'antagonisme de l'individu et du pouvoir sera exacerbé, jusqu'à la caricature parfois, sous la IIIe République. Ainsi lit-on : « L'important est de construire chaque jour une petite barricade » sous la plume d'Alain (1933, 123), qui intitule, d'une manière significative, l'un de ses ouvrages : *Le citoyen contre les pouvoirs*.

30 [**La construction d'un individu titulaire de droits**

Contrairement à ce que suggère le sens commun, la notion d'homme ne va pas de soi et s'avère être le produit d'une histoire. « L'homme, écrit Michel Foucault, n'est qu'une invention récente, une figure qui n'a pas deux siècles, un simple pli dans notre savoir » (1966, p. 15). On a évoqué le processus nécessaire à l'émergence de l'individualisme. Ce dernier revêt, en 1789, des traits bien marqués : les droits sont conférés à un homme littéralement abstrait, c'est-à-dire envisagé indépendamment de ses déterminations sociales, de ses conditions d'existence, de ses caractéristiques concrètes. Une telle conception suppose l'égalité, proclamée avec force à l'article 1er de la Déclaration : « Les hommes naissent et demeurent libres et égaux en droits. Les distinctions sociales ne peuvent être fondées que sur l'utilité commune. »

Elle signifie également que les libertés reconnues sont des virtualités dont il appartient à chacun d'user s'il le souhaite et le peut. On considère la liberté comme établie, à partir du moment où le droit met à la disposition de quiconque la faculté de faire telle ou telle chose. La question de savoir ce qu'il en advient réellement, si un usage effectif de la liberté est ou non possible pour tous est considérée comme dénuée de pertinence juridique et ramenée dans le monde du fait, dont il n'appartient pas aux pouvoirs publics de se préoccuper.

Abstraite, cette conception de l'homme et de ses droits allait immédiatement se heurter à de très vives contestations, qui aboutiront, par des voies et sous des formes diverses, à un retour de l'État autoritaire.

CHAPITRE 2

La contestation du libéralisme classique et le retour de l'État autoritaire

31 [Fondé sur l'exaltation de l'individu et sur l'égalité, le libéralisme classique a été d'emblée remis en cause – la Révolution française de 1789 servant à cet égard de cible privilégiée. Les contestations du libéralisme individualiste furent le fait des partisans de l'ordre ancien (qui continuait de prévaloir sur la majeure partie du continent européen), comme de ceux qui estimaient insuffisants les progrès réalisés. Ces critiques ont souvent provoqué, dans des conditions et selon des modalités très différentes, le remplacement de l'État libéral par des États autoritaires, voire totalitaires : on en donnera quelques exemples.

SECTION 1.

CONTESTATIONS THÉORIQUES DU LIBÉRALISME CLASSIQUE

32 [Leur étude ressortit de l'histoire des idées politiques. On voudrait ici simplement rappeler l'articulation essentielle des arguments oppo-

sés au libéralisme, qu'il s'agisse de critiques « de droite » ou « de gauche ».

33 **La critique contre-révolutionnaire des idées de 1789**

Elle s'exprime dès le début de la Révolution, particulièrement dans les écrits de Burke et de Joseph de Maistre auxquels la pensée de droite ne cessera de puiser. En 1790, l'Anglais Edmund Burke, qui a soutenu avec constance les insurgés d'Amérique, publie des *Réflexions sur la Révolution de France* dans lesquelles il met en garde ses compatriotes qui seraient tentés de sympathiser avec les événements de France. Ceux-ci, estime-t-il, vont au rebours de la tradition anglaise, faite d'humilité et de respect des traditions. Les Français, au contraire, prétendent faire table rase du passé et reconstruire tout l'édifice social sur des bases rationnelles, ce qui témoigne, à ses yeux, d'une folle présomption. À certains égards, il y a ici affrontement entre deux conceptions du libéralisme (Burke estime ainsi qu'une constitution digne de ce nom résulte d'un processus de civilisation et ne se décrète pas : elle est toujours **déjà là**), mais Burke introduit dans sa critique des éléments qui seront ensuite amplifiés par la pensée d'extrême droite. Ainsi, lorsqu'il reproche à l'entreprise révolutionnaire d'être puérile, artificielle, « géométrique et arithmétique » (1790, p. 109), inadaptée à la complexité jaillissante de la vie. Ici, Burke fait preuve d'anti-rationalisme, de vitalisme et il ne conçoit l'homme que dans une perspective holiste où sa liberté ne pourrait se penser que dans des termes déterminés par l'histoire du groupe auquel il appartient. C'est la manière même dont les Français conçoivent la fondation d'un ordre symbolique qui est récusée, avec une grande violence : « En Angleterre, nous n'avons pas encore été dépouillés de nos entrailles naturelles [...]. Nous n'avons pas encore été vidés et recousus, pour être remplis, comme les oiseaux d'un musée, avec de la paille, avec des chiffons, et avec de méchantes et sales hachures de papiers sur les droits de l'homme » (1790, p. 178).

34 Joseph de Maistre reprendra ces critiques, en dénonçant, lui aussi, comme insensée l'idée d'écrire une constitution et en s'en prenant à l'abstraction de la conception révolutionnaire des droits de l'homme. Il écrit : « Il n'y a point d'*homme* dans le monde. J'ai vu, dans ma vie, des Français, des Italiens, des Russes, etc. ; je sais même, grâces à Montesquieu, *qu'on peut être Persan* ; mais quant à l'*homme*, je déclare ne l'avoir rencontré de ma vie ; s'il existe, c'est bien à mon insu » (1797, p. 87). L'universalité visée par la Déclaration

est combattue au nom d'une impossibilité d'envisager l'homme autrement que pris dans une socialité qui seule lui assigne son identité.

35 [**La critique marxiste des libertés bourgeoises**

Cette fois-ci, c'est pour ses faiblesses et non pour ses excès que l'entreprise de 1789 est critiquée. Les babouvistes inaugurent cette tradition, à laquelle Karl Marx donnera sa forme la plus achevée, en particulier dans son pamphlet, *À propos de la question juive,* rédigé en 1844 et largement consacré à une analyse de la Déclaration. Pour Marx, la Révolution de 1789 n'a réalisé qu'une simple émancipation politique et nullement une véritable émancipation, une émancipation humaine. Aux yeux de Marx, la Révolution de 1789 peut se résumer en une opération purement formelle : elle a transféré hors du politique des éléments qui y étaient inclus (la religion, la propriété, le mode de travail, désormais rattachés à la seule société civile), donnant ainsi l'illusion d'une libération en vérité dépourvue de substance.

La société politique vide qui voit le jour dissimule le triomphe, au sein de la société civile, de l'égoïsme des possédants, dont les droits sont affirmés comme illimités par un quelconque souci du bien commun. « Ainsi, écrit Marx, aucun des prétendus droits de l'homme ne s'étend au-delà de l'homme égoïste, au-delà de l'homme comme membre de la société civile, savoir un individu replié sur lui-même, sur son intérêt privé et son caprice privé, l'individu séparé de la communauté » (1844, p. 368). Dans cette communauté absente, autrui ne peut être conçu que comme un obstacle à la liberté de chacun, dont il marque la limite : « La liberté est le droit de faire tout ce qui ne nuit pas à autrui. Les limites dans lesquelles chacun peut se mouvoir sans préjudice pour autrui sont fixées par la loi, comme les limites de deux champs le sont par le piquet d'une clôture. Il s'agit de la liberté de l'homme comme monade isolée et repliée sur elle-même » (1844, p. 367). Fondée sur l'intérêt personnel, une telle société ne peut qu'instrumentaliser la communauté politique : « Le *citoyen* est donc déclaré serviteur de l'*homme* égoïste [...] ce n'est pas l'homme comme *citoyen* mais l'homme comme *bourgeois* qui est pris pour l'homme proprement dit, pour l'homme vrai » (1844, p. 369).

36 [Tout autre est l'émancipation humaine que Marx appelle de ses vœux : « C'est seulement lorsque l'homme individuel, réel aura recou-

vré en lui-même le citoyen abstrait et qu'il sera devenu, lui, homme individuel, un *être générique* dans sa vie empirique, dans son travail individuel, dans ses rapports individuels ; lorsque l'homme aura reconnu et organisé ses *forces propres* comme forces *sociales* et ne retranchera donc plus de lui la force sociale sous l'aspect de la force *politique* ; c'est alors seulement que l'émancipation humaine sera accomplie » (1844, p. 373). On voit poindre l'utopie d'une société fusionnelle, où autrui ne sera plus limite, mais accomplissement de la liberté de chacun. Cette vision conduit à une nouvelle forme de holisme (pour une analyse différente, v. Dumont, 1977, p. 166, qui situe Marx dans la continuité d'une pensée économique essentiellement individualiste). Elle suppose une transformation profonde de la nature humaine, au terme d'un processus destiné à en purger l'égoïsme.

37 [On sait que pour Marx, ce processus passe par la révolution prolétarienne, destinée à arracher à la bourgeoisie sa maîtrise des rapports de production, afin de changer la nature de ces derniers et d'abolir les classes sociales. Ce renversement violent de l'ordre social devra revêtir une ampleur considérable, à la mesure de celle de son projet. Les théoriciens marxistes s'efforceront d'en préciser les conditions de réalisation et les étapes, avant comme après la révolution en Russie, qui s'est réclamée de ce projet.

38 [Pour s'en tenir au plan des idées politiques, on notera l'irréalisme de cette vision d'un homme dépouillé de son agressivité envers ses semblables (Freud, 1932, p. 238) et on renverra à la critique du texte de 1844 à laquelle s'est livré Claude Lefort. Celui-ci estime que Marx est prisonnier d'une approche idéologique de la Déclaration, qui lui interdit, en particulier, de mesurer sa portée pratique et l'ampleur de la libération concrète réalisée par rapport aux interdits de la société d'Ancien Régime. De surcroît, Marx passe sous silence l'article 11, qui proclame la libre communication des pensées et des opinions, alors que celui-ci marque un dépassement de l'égoïsme des droits de l'homme et signifie la création d'un espace public de libre discussion. Enfin, Claude Lefort montre que Marx « efface la dimension de la loi comme telle » (Lefort, 1980, p. 19), c'est-à-dire méconnaît l'apport fondamental de la Déclaration, sa dimension symbolique visant à imposer au pouvoir des limites, « le droit pleinement reconnu dans son extériorité au pouvoir » (1980, p. 20).

Section 2. Résurgences historiques de l'autoritarisme

39 [« Enfant du siècle, tu seras enfant de Buchenwald et de la Kolyma, même si nous ne parvenons pas encore à déchiffrer cet état civil », écrivait André Glucksmann (1975, p. 15). S'ils témoignent d'une même négation absolue du libéralisme, les camps de concentration nazis et soviétiques ne procèdent pas, cependant, d'une logique identique. Le totalitarisme, comme l'autoritarisme en général, peut en effet s'établir soit par détournement des valeurs libérales (il y a alors perversion) soit par rejet affirmé de ces valeurs. On en donnera quelques exemples, très divers à beaucoup d'égards.

§ 1. L'État autoritaire par détournement des valeurs libérales

40 [Selon un mot de Claudel (*Conversations dans le Loir-et-Cher*), « Quand l'homme essaye d'imaginer le Paradis sur terre, ça fait tout de suite un Enfer très convenable. » En effet, l'avènement des idéaux de liberté et d'égalité suppose souvent une lutte contre les tenants de l'ordre ancien, qui suppose la mise en œuvre d'une répression au cours de laquelle des moyens autoritaires sont déployés. L'intensité comme la durée de cette violence varient en fonction des circonstances historiques et de la sincérité de l'attachement aux valeurs que prétendent servir les révolutionnaires : l'avènement d'un homme nouveau, cher au communisme, réclame un encadrement de la société plus énergique que la simple victoire sur des adversaires politiques.

C'est en tout cas la caractéristique des processus révolutionnaires que de comporter une mise entre parenthèses, présentée comme transitoire, des libertés, que l'on justifie par la fin visée, l'établissement de la Liberté. Cette logique est perverse ; elle méconnaît que, pour l'homme, les moyens importent au moins autant que la fin et aussi que fonctionne ici la logique même du pouvoir – du discours du Maître, selon la terminologie lacanienne – qui consiste à imposer son discours comme universel au nom de lendemains qui chantent (v. Leclaire, 1974, p. 18). Selon que l'œuvre révolutionnaire débouche ou non sur un régime de liberté, la violence qui l'accompagne recevra ou non une légitimation rétroactive. Cette dernière ne doit toutefois pas masquer les souffrances subies par les victimes.

La phase de Terreur qu'a traversée la Révolution française illustre la dérive d'un régime qui prétend faire triompher la liberté. Elle inaugure des instruments dont s'inspireront les régimes totalitaires, en particulier celui que met en place la Révolution de 1917 en Russie.

41 [**La Terreur**

Deux citations célèbres en indiquent la logique : le mot de Saint-Just : « Pas de liberté pour les ennemis de la liberté » et celui de Mme Roland montant sur l'échafaud : « Liberté, que de crimes on commet en ton nom ! » La Terreur marque une exaspération de la Révolution, confrontée à la guerre menée contre elle par les monarchies d'Europe coalisées et à une opposition intérieure forte, qui place ses espoirs dans la victoire de ces monarchies. Au nom des périls, on justifie exactions et massacres, souvent à grande échelle, comme en Vendée, puis on introduit dans les lois des mesures qui officialisent l'arbitraire. Ainsi se déclenche ce que Laurent Dispot a nommé la machine à terreur (1980).

Un tribunal révolutionnaire est mis en place, qui prive les accusés de toute garantie, mesure ainsi justifiée par Robespierre : « Le gouvernement révolutionnaire doit aux bons citoyens toute la protection nationale ; il ne doit aux ennemis du peuple que la mort » (25 déc. 1793). Déjà, la « loi des suspects » (17 déc. 1793) avait supprimé la présomption d'innocence, en prévoyant la mise en état d'arrestation des « gens suspects », en mettant les frais de garde à la charge des détenus et en indiquant que « sont réputés gens suspects » plusieurs catégories de personnes, comme les émigrés, même rentrés en France dans le délai institué par une loi précédente, « ceux qui, soit par leur conduite, soit par leurs relations, soit par leurs propos ou leurs écrits, se sont montrés partisans de la tyrannie et du fédéralisme, et ennemis de la liberté », les personnes à qui a été refusé un certificat de civisme ou encore « ceux des ci-devant nobles, ensemble les maris, femmes, pères, mères, fils ou filles, frères ou sœurs et agents d'émigrés, qui n'ont pas constamment manifesté leur attachement à la Révolution ».

Quant au décret du 22 prairial an II (10 juin 1794), il définit les « ennemis du peuple » relevant du tribunal révolutionnaire comme « ceux qui cherchent à anéantir la liberté publique, soit par la force, soit par la ruse ». Sont, entre autres, présumés ennemis du peuple « ceux qui auront secondé les projets des ennemis de la France [...] en abusant des principes de la révolution, des lois ou des mesures du gouvernement par des applications fausses et perfides » ou « ceux qui auront cherché à égarer l'opinion et à empêcher l'instruction du peuple, à dépraver les mœurs et à corrompre la conscience publique, et altérer l'énergie et la pureté des principes révolutionnaires et républicains, ou en arrêter le progrès, soit par des écrits contre-révolutionnaires ou insidieux, soit par toute autre machination ». De telles incriminations permettent aux détenteurs du pouvoir d'éliminer aisément tous leurs opposants, puisqu'elles leur confient le monopole de la désignation et de la fabrication des coupables, selon une logique qui culmine dans le discours de Robespierre à la Convention du 31 mars 1794 : « Je dis que quiconque tremble en ce moment est coupable ; car jamais l'innocence ne redoute la surveillance publique » (v. Lefort, 1983, p. 11). La procédure devant le tribunal révolutionnaire préjuge de la culpabilité des accusés (il n'y a audition de témoins que si elle paraît nécessaire « soit pour découvrir des complices, soit pour d'autres considérations majeures d'intérêt public »). Quant à l'article 7 du décret, il énonce : « La peine portée contre tous les délits dont la connaissance appartient au tribunal révolutionnaire est la mort. »

On notera que les célébrations du bicentenaire de la Révolution ont soigneusement refoulé cette phase terroriste, qui s'est accompagnée non seulement d'une surveillance de chacun par tous, mais encore d'une tentative de remodeler les cadres de l'existence des Français (remplacement de la religion catholique par le culte de l'Être suprême, adoption d'un nouveau calendrier...). En lisant la description qu'en fait Chateaubriand (1797, p. 87), on ne peut qu'être frappé par l'analogie avec les phénomènes totalitaires contemporains.

42 [**La Révolution soviétique**

Lorsque Lénine parvient à s'emparer du pouvoir, il s'inspire, dès 1917, du modèle de la Terreur, que les techniques modernes et la longévité de l'expérience porteront à une ampleur monstrueuse. Les idées de dictature du prolétariat, d'incarnation de la révolution par le parti communiste, avant-garde du prolétariat, d'unité de la volonté se combinent pour justifier un régime totalitaire, « la terreur rouge prolétarienne » (Lénine), présentée comme seule alternative à la terreur blanche bourgeoise. Nul n'est à l'abri d'une répression qui signifie la mort ou le camp de concentration, dès lors que, là encore, les ennemis sont désignés par le dirigeant suprême. Il faut, dit Lénine, « épurer la terre russe de tous les insectes nuisibles, des puces (les filous), des punaises (les riches) et ainsi de suite [...]. Là on les enverra nettoyer les latrines. Ou encore on fusillera sur place un individu sur dix coupables de parasitisme » (v. Colas, 1987, p. 100). La répression frappe aussi ceux qui, à l'intérieur du parti, s'opposent aux orientations définies par Lénine. Les partisans d'une plus grande modération, en particulier, sont définis comme hystériques et éliminés (v. Colas, 1982, p. 49). Là encore, l'arbitraire est inscrit dans les lois (les incriminations permettent de condamner n'importe quel opposant), tandis que les procès sont des parodies de justice.

43 [La disparition de Lénine en 1924 laissera place à la dictature de Staline. Contrairement à une mythologie longtemps en vigueur, « le "stalinisme" apparaît comme la prolongation du léninisme sans coupures essentielles » (Colas, 1982, p. 257). De même, la mort de Staline en 1953 n'entraînera pas de véritable remise en cause du système soviétique (v. Pisier-Kouchner, 1983). Celui-ci reste marqué par la confusion du parti et de l'État, un refus féroce du pluralisme, le règne d'une bureaucratie intraitable, l'envoi au Goulag ou en hôpital psychiatrique des dissidents, tandis que les Constitutions se succèdent comme autant de faux-semblants plus ou moins habiles (1918, 1924, 1936, 1977), ainsi récusés par Alexandre Zinoviev : « Une société dont le slogan officiel est que les intérêts du peuple sont au-dessus des intérêts de l'individu est une société sans droit » (1976, p. 404). Insistant au contraire sur la nécessité du respect de la loi, la *perestroïka* (restructuration) de Mikhaïl Gorbatchev conduira rapidement à un effondrement du système, marqué par la dislocation de l'URSS et par une situation particulièrement confuse en Russie.

Mais on ne peut qu'être frappé par la fascination qu'a exercée l'URSS à l'extérieur de ses frontières, en dépit de l'ampleur de ses exactions. « Le charme universel d'octobre » (Furet, 1995, p. 79) est un des mystères du XXe siècle : on n'a pas fini de l'interroger.

§ 2. L'État autoritaire par rejet des valeurs libérales

Les formes de ce rejet sont multiples. On en retiendra quatre.

44 [**Le bonapartisme**

Né d'un coup d'État favorisé par la faiblesse du Directoire et le double rejet du jacobinisme et des royalistes, le régime instauré par Bonaparte se caractérise par son amour de l'ordre. Celui-ci ne va pas sans syncrétisme, puisqu'il se réclame des principes de 1789, en insistant surtout sur la défense de la propriété. « La Constitution, énonce la proclamation des Consuls du 24 frimaire an VIII (15 déc. 1799), est fondée sur les vrais principes du gouvernement représentatif, sur les droits sacrés de la propriété, de l'égalité, de la liberté. Les pouvoirs qu'elle institue seront forts et stables, tels qu'ils doivent être pour garantir les droits des citoyens et les intérêts de l'État. Citoyens, la Révolution est fixée aux principes qui l'on commencée : elle est finie. »

Mais cette fixation privilégiera les intérêts de l'État, en réduisant à rien les droits des citoyens : la liberté de la presse, en particulier, connaît les atteintes les plus graves qu'elle ait eu à subir en France, le suffrage universel est vidé de sa substance, la surveillance de la police – ou plutôt des polices, car les polices parallèles se multiplient – se fait omniprésente. Dans *De l'esprit de conquête et de l'usurpation* (1814), Benjamin Constant dénonce l'ampleur des violations des droits individuels, en même temps qu'il démontre la nocivité à long terme pour les Français de l'esprit militaire qui se répand dans la nation, du fait que le gouvernement est acculé à tenter sans cesse de nouvelles aventures extérieures pour renouveler sa légitimité. De fait, la postérité – et les livres de classe – retient surtout de Napoléon la suite de ses victoires, la réorganisation de l'administration (sur un modèle militaire) et l'œuvre de codification. La disparition des libertés et l'exercice d'un despotisme inégalement éclairé sont volontiers oubliés. La défaite n'a pas permis de savoir si l'Empire aurait pu se libéraliser, comme le laisse penser l'Acte additionnel de 1815.

45 [**Le fascisme italien**

« Il y eut la grande Révolution, la Révolution française à la fin du XVIIIe siècle. Il y eut, il y a encore, la grande Involution, le fascisme, avec ses États totalitaires et son mysticisme tribal. La grande Involution commença en Italie, entre 1922 et 1925 », écrit G.-A. Borgese (1937, p. 9). Anti-rationaliste, le fascisme prétend « dominer les masses à la façon d'un artiste » (Mussolini), il exalte les vertus guerrières, la nation et l'obéissance au chef, s'appuie sur la classe moyenne et profite de la faiblesse des partis traditionnels pour s'emparer du pouvoir. L'assassinat ou l'emprisonnement des opposants permet l'instauration d'une dictature qui, petit à petit, accroît son emprise sur tous les aspects de la vie, qu'elle prétend régenter : c'est le totalitarisme, qui rêve d'un embrigadement de la population entière. Le régime est marqué par un anti-féminisme décidé, tendant à restreindre le travail des femmes et à les décourager d'entreprendre des études, pour les cantonner à la procréation et à l'éducation des enfants et culminant dans la « Journée de l'Alliance » (1935) où les femmes sont invitées à remettre leur alliance en or pour financer la patrie en difficulté « accomplissant ainsi un second, ou double mariage, celui avec le fascisme » (Macciocchi, 1976, 1, p. 198).

Le culte de la violence devait tout naturellement s'exprimer par des aventures extérieures, inaugurées par l'agression contre l'Ethiopie. Le rapprochement avec Hitler, à partir de 1938, se traduisit par un alignement complet sur l'Allemagne nazie. La défaite militaire seule entraîna la chute du fascisme, achevée en 1944.

46 [L'expérience mussolinienne suscita de nombreux épigones (Hitler, Franco, Salazar, pour s'en tenir aux plus connus), au point que le terme fascisme désigne couramment (avec une rigueur variable) le totalitarisme en général et le totalitarisme anti-marxiste en particulier. L'ampleur du phénomène et sa persistance appellent en tout cas une interrogation angoissée, dont Philippe Sollers a ainsi défini les termes : « L'histoire du XXe siècle ne peut progresser qu'en mettant définitivement en cause l'idée du « progrès » antérieur, et en analysant radicalement le phénomène fasciste. En partant de là : que le fascisme est présent partout, à chaque instant ; qu'il est à l'intérieur de chacun ; qu'il peut se manifester là où on l'attend le moins comme germe. C'est donc à travers des faits sociaux d'une ampleur immense (nazisme, mussolinisme, franquisme, pétainisme, etc.) toute une microbiologie qu'il s'agit d'établir » (Macciocchi, 1976, 2, p. 419).

47 [**Le nazisme**

Naissant dans une Allemagne humiliée par la défaite de 1918, le nazisme peut utiliser des thèmes qu'un ultra-nationalisme puissant a déjà véhiculés : exaltation mystique du *Blut und Boden* (le sang et le sol), rejet du régime parlementaire bourgeois, culte du chef et de l'ordre, haine des lumières. Le nazisme exacerbe les virtualités racistes de ce discours : il conçoit l'histoire en termes de lutte des races (contrefaisant ainsi la lutte des classes de la pensée marxiste) et, en un discours délirant, impute aux Juifs la responsabilité des malheurs du monde. La figure du Juif condense toutes les valeurs rejetées par

Hitler : individualisme, universalisme, soumission à la loi (v. Dumont, 1983, p. 152).

L'arrivée des nazis au pouvoir, en 1933, inaugure un régime de terreur d'une redoutable efficacité, qui se traduit notamment par des exécutions, l'ouverture de camps de concentration, l'encadrement systématique de la population, des manifestations de masse soigneusement organisées pour empoigner les sensibilités (« La politique est l'art plastique de l'État », proclame Goebbels). Au cours de cérémonies nocturnes, sont brûlés les livres exécrés par les nazis. Le feu gagnera ensuite les synagogues (« nuit de cristal » du 9 nov. 1938), préludant à la déportation et à l'extermination des Juifs d'Europe dans tous les territoires occupés par les armées allemandes : c'est la *Shoah* (v. Hilberg, 1988). Le système concentrationnaire nazi allia la routine d'un appareil administratif efficace et un déploiement sans égal de cruauté qui culmina dans l'horreur d'Auschwitz. Il faut lire les témoignages de déportés (par exemple, *Si c'est un homme* de Primo Levi ou *L'espèce humaine* de Robert Antelme) pour entrevoir ce qu'a pu être l'atrocité nazie.

48 [**Le régime de Vichy**

Il existe, hélas, une version française du totalitarisme. Contrairement aux légendes rassurantes que l'on a tenté d'accréditer au lendemain de la Libération, la loi du 10 juillet 1940 (votée à une écrasante majorité) qui confie au maréchal Pétain le pouvoir constituant inaugure un régime qui bénéficie longtemps de l'adhésion d'une immense majorité de Français (ce qui rend d'autant plus admirable la résistance de quelques-uns). Vichy a longtemps été un élément occulté de notre histoire. Le film de Marcel Ophuls, *Le chagrin et la pitié* (1971) et le livre fondateur de l'historien américain Robert Paxton (1973) ont enfin ouvert un débat qui met au jour des vérités douloureuses sur l'attitude de la plupart des Français à l'égard de ce régime.

49 [Ce qui frappe d'abord est le caractère purement endogène d'un régime qui regroupe divers ennemis du Front populaire en mal de revanche, dans un climat de haine du parlementarisme et de masochisme consécutif à la défaite militaire. La devise de l'État français est « Travail, famille, patrie », comme antithèse à la devise républicaine, « Liberté, égalité, fraternité » (Miller, 1975, p. 110). Sans que cela corresponde à aucune sollicitation allemande, des lois antisémites sont promulguées, adoptant une définition raciale des Juifs plus large que celle qui résultait des lois nazies. Le statut des Juifs les prive de la possibilité d'exercer des fonctions électives et d'enseignement,

les exclut de la plupart des corps de la fonction publique et rend possible l'instauration d'un *numerus clausus* dans les professions libérales (loi du 3 oct. 1940, aggravée par celle du 2 juin 1941 – v. Badinter, 1997). Est ensuite prévu le recensement des Juifs, puis l'apposition de la mention « Juif » sur les titres d'identité. Quant aux Juifs étrangers, une loi du 4 octobre 1940 autorise les préfets à ordonner discrétionnairement leur internement « dans des camps spéciaux ». Un commissariat aux questions juives est créé pour veiller à l'application de cette législation. Toutes ces mesures permettront aux polices française et allemande de procéder à des arrestations massives qui conduiront leurs victimes à la déportation et au massacre, comme l'a établi le Conseil d'État dans son arrêt d'Assemblée du 12 avril 2002, *M. Papon, RFD adm.* 2002, p. 582, concl. S. Boissard. Celui-ci a qualifié de faute de service un certain nombre d'« actes ou agissements de l'administration française qui ne résultaient pas directement d'une contrainte de l'occupant » et qui « ont permis et facilité [...] les opérations qui ont été le prélude à la déportation ».

50 [La chambre d'accusation de la cour d'appel de Paris a estimé, dans un arrêt, ultérieurement cassé, du 13 avril 1992, que le régime de Vichy n'avait pas pratiqué une politique d'hégémonie idéologique. Pour parvenir à cette étrange conclusion, la cour relève l'absence d'homogénéité politique des dirigeants du régime et estime qu'« à aucun moment le régime de Vichy n'eut la vocation ni l'occasion d'asseoir une domination quelconque et d'imposer une idéologie conquérante ». On mesurera la valeur de cette opinion, lorsqu'on saura qu'elle s'appuie également sur l'affirmation que l'antisémitisme n'a jamais constitué un élément de la doctrine du régime – comme si la législation et les pratiques antisémites qu'on a évoquées n'avaient jamais existé ! On notera aussi que le critère de l'homogénéité politique des dignitaires du régime ne peut être valablement retenu : les dirigeants du *Reich* allemand n'y satisfaisaient pas non plus... La question essentielle est alors de savoir si oui ou non a existé à l'époque la volonté d'imposer ce que la cour appelle « une idéologie conquérante ». La réponse est positive : la « Révolution nationale » du maréchal Pétain visait bien à créer un « ordre nouveau », dont la victoire supposait, selon ses propres termes, « l'appui total donné à mon action par les masses ouvrières et paysannes, dotées aujourd'hui les unes de leur charte, les autres de leur corporation » (message du 1er janvier 1942). Outre la surveillance policière de la population, appuyée sur la déla-

tion, le gouvernement de Vichy utilise massivement les ressources de la propagande et s'efforce d'encadrer la population à travers diverses organisations. Le double refus du capitalisme et du socialisme, tous deux qualifiés d'« international », a bien signifié une tentative d'instaurer une version française du fascisme. On ne peut que regretter que dans son arrêt du 27 novembre 1992 (*JCP* 1993.II.21977), la chambre criminelle de la Cour de cassation ait éludé le débat et omis de désavouer sur ce point l'analyse de la chambre d'accusation : nouveau signe du malaise que continue de susciter ce fragment de notre histoire.

51 [Lors des procès qui eurent lieu à la Libération, et d'abord à celui du maréchal Pétain, divers arguments furent utilisés pour tenter de justifier Vichy. Celui du respect dû au principe de légalité, à la permanence de l'État, aux principes de la fonction publique est courant : il est même mis en avant par Marcel Peyrouton, ministre de l'Intérieur, dont la signature figure au bas du statut des Juifs de 1940 puis ambassadeur, qui déclare n'être qu'un fonctionnaire devant, vis-à-vis du gouvernement au pouvoir, quel qu'il soit, le même service que doit un officier à la France. C'est confondre les alternances politiques qui se déroulent dans un cadre républicain et dans le respect des valeurs libérales et celles qui renient ce cadre et ces principes.

Plus pernicieux encore est l'argument du moindre mal : les mesures prises sous la responsabilité du maréchal Pétain sont présentées comme ayant valu à la France un sort moins rigoureux que les pays dont l'administration a dû être directement prise en charge par les Allemands. Cette thèse dont la justesse matérielle reste au demeurant à établir (*Annales,* 1993) est inacceptable moralement, puisqu'elle permet toutes les abjections au nom de l'efficacité. « Tout se calcule ! On en tue deux pour pas qu'ils en tuent quatre, on en tue dix pour pas qu'ils en tuent cent, on en tue cent pour pas qu'ils en tuent mille ; et c'est comme ça pour tout. Dites aux pétainistes que petit à petit ils ont accompli le travail à la place des nazis. Ils répondront encore qu'il vaut mieux que cela ait été fait par des Français, tout de même ! », s'indigne Gérard Miller (1975, p. 218). Quant à l'idée selon laquelle le régime tout entier aurait en réalité joué un double jeu destiné à tromper les Allemands, elle relève du romanesque et se heurte, elle aussi, à la réalité des exactions commises.

52 [Les leçons de l'expérience vichyssoise sont terribles : le pays des droits de l'homme a pu connaître des lois antisémites et des textes pénaux

rétroactifs ; ses magistrats, ses professeurs, ses fonctionnaires se font faits les complices, plus ou moins enthousiastes, de telles mesures ; la résistance y a été un phénomène minoritaire. Le procès de Maurice Papon, qui a conduit à sa condamnation, le 2 avril 1998, par la Cour d'assises de la Gironde pour complicité de crime contre l'humanité, a remis ces circonstances en mémoire et a suscité l'expression juste de « crime de bureau » pour caractériser cette complicité. L'une des parties civiles, M. Claude Léon, a déclaré devant la Cour : « Pour moi, le crime contre l'humanité – et la complicité – a commencé le jour où des hauts fonctionnaires ont accepté de mettre en œuvre des lois qui allaient contre les droits de l'homme. Ils ont mis le doigt dans l'engrenage qui a abouti à l'arrestation, la séquestration et l'extermination des Juifs » (*Le Monde*, 18 févr. 1998). En effet, le légalisme a révélé ses limites, en s'appliquant à un ordre qui bafouait les principes de la civilisation. Devrait également servir d'avertissement le fait qu'il a été inutile de procéder à une refonte complète de la réglementation juridique en vigueur : bien souvent, il a suffi d'exploiter des textes adoptés précédemment sous la pression des circonstances. D'une manière générale, c'est la continuité qui est frappante. Comme l'écrit Gérard Miller, « on passe donc très bien de la Troisième à Vichy, et guère plus mal de Vichy à la Quatrième [...]. Le pétainisme n'est pas un corps étranger à notre pays. La vérité, c'est que rien ne lui a plus collé à la peau » (1975, p. 213).

53 [Les quatre exemples qu'on a pris pourraient être complétés par beaucoup d'autres, dont certains sont encore actuels (qu'on songe, notamment à la Chine, à la Syrie, à l'Irak ou à la Birmanie). Dans son roman, *Belle du Seigneur,* Albert Cohen a montré ce qui fait le ressort de tels régimes : « Universelle adoration de la force. Ô les subalternes épanouis sous le soleil du chef, ô leurs regards aimants vers leur puissant, ô leurs sourires toujours prêts, et s'il fait une crétine plaisanterie le chœur de leurs rires sincères. Sincères, oui, c'est ce qui est terrible [...]. Babouinerie, partout. Babouines, les foules passionnées de servitude, frémissantes foules en orgasme d'amour lorsque paraît le dictateur au menton carré, dépositaire du pouvoir de tuer. »

L'effondrement des régimes fasciste, hitlérien et pétainiste découvrit toute l'ampleur des forfaits accomplis. Il provoqua un retour aux valeurs de la démocratie libérale, que l'on avait si facilement répudiées. Mais, l'amertume de l'expérience aidant, le renouveau contemporain du libéralisme s'accompagne d'une réflexion critique.

CHAPITRE 3

Le libéralisme contemporain et ses interrogations

Ces interrogations portent sur les fondements, sur les implications et sur les limites du libéralisme.

SECTION 1. LE PROBLÈME DES FONDEMENTS DU LIBÉRALISME

54 « Mais comment fonder les droits de l'homme ? C'est ça la grande question. Est-ce que l'homme fonde les droits de l'homme ? Est-ce qu'une conception de l'homme fonde les droits de l'homme ? C'est la tentative admirable au XVIIIe siècle : tous les hommes naissent libres et égaux, est-ce vrai ? Non, nous le savons bien, ils ne naissent ni libres ni égaux, hélas, alors nous allons essayer de les rendre libres et égaux. Et on a essayé, par différents moyens rationnels, qui ont abouti à des impasses ; par conséquent, la question est reposée : quel est le fondement transcendental des droits de l'homme ? Est-ce qu'il faut, ou pas – pour qu'il y ait des droits de l'homme qui fonctionnent – le

recours à une transcendance, oui ou non ? C'est le grand problème de notre temps. » Cette déclaration de Philippe Sollers (1980, p. 19) indique bien la dualité d'approche de la question des fondements du libéralisme.

§ 1. La recherche dans une transcendance des fondements du libéralisme

55 [Pour de nombreux penseurs, la seule manière efficace de lutter contre les totalitarismes est de leur opposer les enseignements d'une foi religieuse, parce qu'elle prend appui sur une vérité révélée qui excède la simple mesure de l'humain et assigne à la politique une place forcément subordonnée (Lévy, 1979). De fait, le XXe siècle est riche en exemples de résistances, tant au nazisme qu'au communisme, qui prirent appui sur un engagement religieux. Le cas de Soljenitsine peut ainsi être cité : déporté au Goulag, l'écrivain a puisé dans sa foi orthodoxe la force qui lui permit de ne pas plier.

56 [Mais cette allégeance à une transcendance peut aussi revêtir une forme laïcisée, si l'on peut dire. La résistance se fonde alors sur des valeurs éternelles – la justice, la vérité, la liberté – auxquelles doivent être confrontées les actions humaines, en particulier dans l'ordre politique. L'affaire Dreyfus a sans doute été le révélateur de cette approche philosophique, qui a vu des « intellectuels » (le mot apparaît à l'époque) s'insurger contre une condamnation injuste. Dans *La trahison des clercs* (1927), Julien Benda définit leurs obligations, en utilisant un vocabulaire emprunté au religieux : il dénonce les clercs qui, au nom d'intérêts pratiques (la nation, la classe, l'ordre...) trahissent les idéaux qu'ils ont mission de servir, abandonnent l'universel pour le particulier. L'indignation de Benda n'a rien perdu de son actualité. Elle demande seulement à être complétée par des cas nouveaux de trahison, dont le moins répandu n'est pas le désir de capter l'intérêt des médias audiovisuels.

57 [La divergence entre ceux qui estiment avoir besoin d'une transcendance pour ancrer leur combat en faveur des droits de l'homme et ceux qui jugent cette démarche inutile est bien illustrée par un débat entre le philosophe Claude Lefort et le psychanalyste François Roustang :

« C. Lefort – Si vous récusez le pôle de la vérité, vous ne pouvez rien dire. Le totalitarisme, vous déclarez que c'est seulement un machin qui vous déplaît. Vous n'aimeriez pas vivre sous ce régime [...]. Qu'est-ce qui vous fait sympathiser avec quelqu'un qui se bat contre le totalitarisme ? Pourquoi cela vous importe-t-il que les dissidents refusent la servitude ?

F. Roustang – Parce que je ne supporterais pas l'esclavage, moi...

C. Lefort – Alors, c'est psychologique !

F. Roustang – Ce que vous nous proposez, c'est une nouvelle religion ! » (*Psychanalystes,* 1983, p. 54).

§ 2. Le libéralisme comme morale provisoire

58 [Pour ceux qui refusent les religions, anciennes ou nouvelles, l'attachement au libéralisme procédera du pragmatisme d'une révolte morale, de la conviction qu'il s'agit du seul choix acceptable. Une telle attitude s'inscrit comme une réaction aux totalitarismes, dont témoigne avec netteté le début du Préambule de la Constitution française du 27 octobre 1946 : « Au lendemain de la victoire remportée par les peuples libres sur les régimes qui ont tenté d'asservir et de dégrader la personne humaine, le peuple français proclame à nouveau que tout être humain, sans distinction de race, de religion ni de croyance, possède des droits inaliénables et sacrés. Il réaffirme solennellement les droits et les libertés de l'homme et du citoyen consacrés par la Déclaration des droits de 1789 et les principes fondamentaux reconnus par les lois de la République. »

Le pragmatisme est ici dominant : l'urgence du rejet de l'horreur totalitaire est telle qu'elle relègue au second plan toute autre question, et notamment celle des fondements de la révolte. Le chrétien fervent et l'athée militant doivent, dans le respect conservé de leurs divergences, se retrouver ensemble sur les mêmes barricades de la liberté. Acquise dans les combats de la Résistance, cette alliance se défera très rapidement après la Libération. Elle sera relayée par l'affrontement entre partisans et adversaires du communisme, au cours duquel bien peu se livreront à une critique simultanée des deux systèmes en conflit. La découverte tardive par beaucoup d'intellectuels de gauche du système concentrationnaire soviétique permettra un nouvel accord autour des droits de l'homme, symbolisé par les retrouvailles, sur le perron de l'Élysée, de Raymond Aron et de Jean-Paul Sartre venus tous deux plaider pour que soient recueillis les réfugiés qui fuyaient le Vietnam sur des bateaux de fortune. À cette occasion est apparu un consensus autour des interventions humanitaires, volontiers confondues avec les droits de l'homme.

Le ralliement à des valeurs libérales procède donc largement d'une désillusion, d'un renoncement à l'idée que le monde est perfectible grâce à une action politique décidée. Cette vision pessimiste tire les leçons de l'expérience des déviations auxquelles a conduit, au XXe siècle, la surévaluation de l'État. Elle renoue avec la méfiance envers le politique qui est celle de la pensée moderne, du Montesquieu de *L'Esprit des lois* (1748) au Freud de *Malaise dans la civilisation* (1929).

59 [Une telle attitude suppose l'abandon d'un certain nombre d'illusions, qui se sont avérées dangereuses. Et d'abord du mythe de la révolution, du « grand soir » porteur de libération. Les penseurs libéraux ont souligné les risques inhérents au processus révolutionnaire, qui par définition balaie les limitations (quelle qu'ait été leur force) qui assujettissaient le pouvoir. « Les révolutions liquident la faiblesse et accouchent la force », note Bernard de Jouvenel (1945, p. 351), tandis que Jacques Lacan lançait aux étudiants contestataires de Vincennes : «... L'aspiration révolutionnaire, ça n'a qu'une chance d'aboutir, toujours, au discours du maître. C'est ce dont l'expérience a fait la preuve. Ce à quoi vous aspirez comme révolutionnaires, c'est à un maître » (3 déc. 1969).

On relèvera d'ailleurs que la révolution se définissant comme une rupture radicale avec l'ordre antérieur, il convient aussi d'utiliser ce concept lorsque c'est un ordre libéral qui est répudié : le régime de Vichy s'est défini lui-même comme une « Révolution nationale » et, d'une manière fort juste, Luchino Visconti fait dire à l'un des personnages de son film *Les Damnés* : « Aujourd'hui en Allemagne, tout est possible. » Cette phrase, prononcée par un nazi exalté par les perspectives qui s'ouvrent aux proches du nouveau pouvoir, indique bien la terrible ambiguïté des ères nouvelles. Il ne s'agit pas, bien sûr, de confondre toutes les révolutions, mais uniquement de souligner qu'en elles-mêmes, elles sont porteuses des risques liés à la suppression de toute contrainte. Lorsque les révolutions abattent un régime totalitaire, elles sont évidemment libératrices, puisqu'elles offrent enfin l'occasion de limiter le pouvoir. Les révolutions de 1989 en Europe centrale illustrent cette hypothèse : la répudiation du communisme en Tchécoslovaquie et en Allemagne de l'Est a débouché sur d'authentiques démocraties libérales, encore que l'exemple de la Roumanie et, selon un autre rythme, celui de la Russie montrent les hésitations qui peuvent contrarier cette marche. En dehors de ce cas, la mise en balance des mérites respectifs de l'état des libertés avant et après la révolution est un exercice délicat et subjectif : les lectures que l'on a pu faire de la Révolution française attestent cette incertitude, et bien plus encore le cas de la Révolution russe de 1917, qui vit un régime totalitaire succéder à un régime autocratique.

60 [C'est d'autant plus vrai qu'une autre illusion a été ruinée par l'histoire du XXe siècle : celle du progrès de l'espèce humaine. Dans son apostrophe, déjà citée, aux étudiants de Vincennes, Lacan disait aussi : « Je ne suis libéral, comme tout le monde, que dans la mesure où je suis anti-progressiste. » Manière de rappeler que l'époque est celle qui a vu les camps nazis et soviétiques, ce qui périme la vision de l'histoire comme processus de progrès continu.

61 [La méfiance envers les révolutions, le scepticisme face à l'idée de progrès conduisent à refuser à l'État la responsabilité d'assurer le bonheur des peuples. En effet, c'est au nom d'un tel objectif que l'État renforce sa légitimité d'une manière dangereuse. Ainsi Guy Lardreau décrit-il les avantages d'un État « *qui n'a pas le moindre idéal* : du coup, les valeurs refluent de l'autre côté, vers l'individu, qui en prend consistance. Car l'État qui a le moins d'Idéal, c'est celui, nécessairement, qui sera le moins capable de leurrer le sujet, le plus démuni de ces grands signifiants qui sont le palladium des maîtres, et pour l'amour desquels les sujets cèdent sur leur désir, celui, donc, qui sera le moins apte à obtenir qu'on lui cède et le plus contraint à admettre qu'on lui résiste – bref, l'État le plus faible » (Jambet et Lardreau, 1978, p. 93). Le désinvestissement, on le voit, est extrême.

Il est caractéristique qu'il se fasse au nom d'une exigence morale, que la conclusion du livre de Jambet et Lardreau privilégie, en mettant (provisoirement ?) entre parenthèses l'appel à une transcendance que leur précédent ouvrage plaçait sous le signe de l'Ange. La prudence quant aux liens entre l'option libérale et un engagement métaphysique procède de la perception des risques d'intolérance inhérents à cette liaison. Car le danger existe d'une utilisation des droits de l'homme par le pouvoir lui-même, prompt à se saisir de tout ce qui peut renouveler sa légitimité : l'État des droits de l'homme n'est qu'une forme nouvelle de l'État porteur d'idéal, qu'il s'agit précisément de conjurer. Les droits de l'homme ne doivent pas être le thème d'une croisade dont l'État assurerait la direction (à l'égard, par exemple, des États qui les refuseraient), mais bien une exigence sans cesse opposée à l'État.

62 [La manière la plus juste d'exprimer le scepticisme dont procède le libéralisme nous paraît être celle qu'a utilisée Roland Barthes. Après avoir indiqué certains de ses goûts et dégoûts, il écrit : « *J'aime, je n'aime pas* : cela n'a aucune importance pour personne ; cela, apparemment, n'a pas de sens. Et pourtant, tout cela veut dire : *mon corps n'est pas le même que le vôtre* [...]. Ici commence l'intimidation du corps, qui oblige l'autre à me supporter *libéralement,* à rester silencieux et courtois devant des jouissances ou des refus qu'il ne partage pas. Une mouche m'agace, je la tue : on tue ce qui vous agace. Si je n'avais pas tué la mouche, c'eût été *par pur libéralisme* : je suis libéral pour ne pas être un assassin » (Barthes, 1975, p. 121). Être libéral pour ne pas être un assassin, c'est sans doute tirer avec le moins d'arrogance possible la terrible leçon du XXe siècle. Position minimale qui est une sorte de politesse du désespoir, cette approche permet d'unir dans le combat contre l'État autoritaire des individus de convictions très diverses.

63 [La critique des philosophes n'a pas ménagé cette manière de poser le problème. Dans un livre consacré à cette question, Alain Badiou l'a qualifiée de « nihilisme éthique » et l'a située « entre le conservatisme et la pulsion de mort » (1993, p. 36). Il la dénonce en effet comme liée au refus, suite à l'effondrement du système soviétique, de toute politique d'émancipation collective, ce qui revient à accepter purement et simplement l'ordre établi. Il lui reproche de définir l'homme comme une victime et de seulement se déterminer par opposition au Mal, faute de vouloir un Bien. Pour Alain Badiou, cette éthique n'est qu'une « religion décomposée » (1993, p. 24) – on n'échapperait donc pas à la transcendance – impuissante à saisir les situations concrètes. Il lui oppose une éthique des vérités, faite de fidélité à un événement et ainsi exposée au risque de viser des simulacres de vérité (qui répudieraient l'universel abstrait et ne s'adresseraient pas à tous) ou de rendre absolue la puissance de la vérité. La force de cette pensée est indéniable et certaines des critiques adressées à l'idéologie des droits de l'homme ne peuvent qu'impression-

ner. Mais la difficulté de discriminer les vérités et leurs imitations, ainsi que celle d'assigner une limite à la puissance des vérités ramènent au désir, certes conservateur, de parer la dérive perverse qui menace tout projet politique.

64 [Le choix d'une morale provisoire paraît donc prudent (et on conçoit que cet adjectif ne suscite pas l'enthousiasme...). Il ne nous semble pas synonyme d'acceptation de l'ordre établi (qu'il s'agit, au contraire, d'interpeller sans cesse pour en réduire les injustices), de démobilisation (construire une socialité acceptable est un objectif qui devrait susciter aisément l'adhésion) ou de méconnaissance des situations concrètes (il est précisément indispensable de les envisager avec précision).

Il peut aussi se faire sans régression intellectuelle c'est-à-dire sans méconnaître l'historicité que les travaux de Michel Foucault ont révélée dans notre conception de l'homme ou la démonstration par Jacques Lacan de la fonction imaginaire du moi. Car c'est dans l'*Œdipe à Colone* de Sophocle qu'Œdipe dit : « Est-ce que c'est maintenant que je ne suis rien que je deviens un homme ? », phrase que Lacan situe comme la fin de la psychanalyse du héros (Lacan, 1978, p. 250). Mais à ce moment, Œdipe est un individu, libéré des contraintes du lien politique. Longtemps auparavant, à la question du Sphinx, Œdipe avait répondu : « L'homme », ce qui lui avait permis de vaincre, de débarrasser Thèbes du Sphinx et d'être choisi comme roi par la cité reconnaissante. Dans l'ordre du politique, la réponse d'Œdipe est donc pertinente. Dans la pièce d'André Gide, le héros la commente ainsi : « J'ai compris, moi seul ai compris, que le seul mot de passe, pour n'être pas dévoré par le sphinx, c'est : l'Homme. Sans doute fallait-il un peu de courage pour le dire, ce mot. Mais je le tenais prêt dès avant d'avoir entendu l'énigme ; et ma force est que je n'admettais pas d'autre réponse, à quelle que pût être la question » (Gide, 1931, p. 80). Ce mot de passe reste sans doute efficace.

Section 2.
Le problème des implications du libéralisme

65 [Ce n'est pas tout que d'admettre comme idéal suprême, dans l'ordre politique, la liberté de l'homme. Encore faut-il savoir ce qui découle

concrètement de cet idéal et sur quel terrain le réaliser. La diversité des vues de ceux qui se proclament libéraux atteste la difficulté du problème. Les libéraux classiques postulent, comme on l'a indiqué, l'abstention de l'État, ce qui les conduit aussi à faire l'apologie de la liberté économique : le libre jeu des acteurs du marché conduit à un équilibre qu'il n'appartient pas à l'État de troubler. Mais le souci des situations concrètes amène à juger choquante une telle situation et à récuser comme formelles et trompeuses des libertés qui seraient proclamées, mais pas réalisées ou seulement au profit de quelques-uns. L'effort pour rendre effectives les libertés au profit du plus grand nombre suppose une action correctrice des inégalités auxquelles conduit le libre jeu des forces sociales. Une telle action ne peut être confiée qu'à l'État, selon des modalités et avec une intensité variables. Elle est évidemment contradictoire avec la vision classique du libéralisme : on place des espoirs dans l'action de l'État, alors qu'on cherchait à la réduire. Dénoncée comme vicieuse par les libéraux orthodoxes, cette dissociation du champ économique et social au sein de la société civile porte en elle une contradiction difficile à gérer. On évoquera les débats auxquels cette question a donné lieu, avant d'indiquer quelques conséquences de l'évolution qu'ils ont provoquée.

§ 1. Les débats sur l'interventionnisme étatique dans le domaine économique et social

66 [Pour les classiques et leurs continuateurs, tolérer que l'État prenne en charge le devenir économique et social du pays revient à une abdication de la liberté devant les exigences de l'égalité et les séductions de la sécurité économique. C'est ainsi que Hayek dénonce les dangers du « planisme », où il voit une volonté autoritaire de déterminer les finalités de la société, interdisant les progrès futurs imprévisibles et laissant le champ libre au fanatisme (1943, p. 46).

Quant à Bertrand de Jouvenel, séduit pendant l'entre-deux guerres par les théories de l'économie dirigée, il s'emploie ensuite à situer l'évolution qu'elles impriment à la conception même de la liberté. Dans *Du pouvoir,* il estime que le besoin de sécurité et de protection a investi l'État de responsabilités telles que s'est constitué un véritable pacte de sujétion, « les hommes remettant à l'État leurs droits individuels pour recevoir de lui des droits sociaux » (1945, p. 567). Il revient sur cette question dix ans plus tard, dans *De la souveraineté*. Il commence par décrire la conception classique de la liberté et recourt à l'image du cercle entamé : l'individu est maître de se mouvoir à l'intérieur d'un cercle dont ses moyens déterminent l'ampleur, sauf à subir les restrictions résultant des contraintes sociales. L'acceptation de ces dernières procède d'une logique d'assurance, dont rendent bien compte les théories du contrat social : c'est un gain de sécurité qui explique l'acceptation du lien social et le passage de l'état de nature à l'état de société. « Maître inquiet d'un cercle intact, Primus devient maître tranquille d'un cercle entamé » (Jouvenel, 1955, p. 318).

Mais si l'on se pose la question de savoir ce que l'individu peut faire concrètement, on ne se préoccupera plus seulement des limitations qui résultent du lien social : « Si je me représente ma liberté comme mon pouvoir de faire ce que je veux, mon impatience libertaire peut aussi bien se tourner contre l'étroitesse de mes moyens que contre les restrictions apportées à mes actions » (Jouvenel, 1955, p. 321). Si la maximisation des satisfactions tient lieu de liberté et si on l'envisage au niveau de la société entière, les pires marchandages deviennent envisageables : « Il suffit au tyran de s'appuyer sur les vouloirs du grand nombre pour supprimer les libertés chéries par un petit nombre » (Jouvenel, 1955, p. 318). L'auteur estime donc qu'à rentrer dans cette logique utilitariste, on fait courir aux franchises des individus des risques excessifs, qu'il illustre par l'exemple d'une loi qui tout à la fois interdirait les voyages à l'étranger et instituerait les congés payés. Une telle loi, dit-il, « apportera un empêchement à certains et une faculté nouvelle à d'autres, et les seconds étant plus nombreux, pourra être représentée et ressentie comme un accroissement de la somme des libertés » (Jouvenel, 1955, p. 327). C'est indiquer les dangers d'un renforcement nouveau du rôle de l'État.

67 [Mais cette manière négative d'envisager l'interventionnisme étatique a été récusée par beaucoup de libéraux. C'est ainsi que Raymond Aron a considéré comme pleinement légitime la lutte contre les inégalités entreprise par l'État, relevant en particulier qu'à partir d'un certain seuil, la pauvreté équivaut à la servitude (v. Ferry et Renaut, 1985, p. 78). Particulièrement éclairante est aussi l'analyse de Claude Lefort. Celui-ci montre que la revendication de libertés économiques et sociales se situe en réalité dans le droit fil de la revendication libé-

rale classique. Ainsi, le droit de grève n'est rien d'autre qu'une application, dans le cadre des relations de travail, du droit de résistance à l'oppression et de la liberté d'expression, tous deux proclamés en 1789. Libertés classiques et droits-créances procèdent tous deux d'un même mouvement, « le droit à avoir des droits » (Lefort, 1986, p. 51) dont la Déclaration constitue la reconnaissance. Ajoutons que la Cour européenne des droits de l'homme a également insisté sur l'identité essentielle des deux catégories de droits, au nom d'un souci d'effectivité des libertés énoncées dans la Convention. Si, a-t-elle jugé, la Convention européenne des droits de l'homme « énonce pour l'essentiel des droits civils et politiques, nombre d'entre eux ont des prolongements d'ordre économique ou social. Avec la Commission, la Cour n'estime pas devoir écarter telle ou telle interprétation pour le simple motif qu'à l'adopter, on risquerait d'empiéter sur la sphère des droits économiques et sociaux ; nulle cloison étanche ne sépare celle-ci du domaine de la Convention » (arrêt *Airey*, 9 oct. 1979).

68 [Compte tenu de l'expansion prise par les droits économiques et sociaux (*New Deal* aux États-Unis à partir de 1933, travaillisme en Grande-Bretagne de 1945 à 1951, de 1964 à 1970 et de 1974 à 1979, social-démocratie dans de nombreux pays d'Europe continentale), certains ont exprimé des inquiétudes quant à la persistance, chez les citoyens « assistés », du sens de la responsabilité individuelle. Par réaction, s'est alors dessiné un mouvement de repli de l'État interventionniste, au nom de la spontanéité du marché qu'il s'agissait de retrouver (Ronald Reagan aux États-Unis et Margaret Thatcher en Grande-Bretagne se sont faits les champions de ces théories). On est vite revenu des excès de cette doctrine.

69 [Elle se heurte en effet à l'étroitesse de son point de vue et à une revendication de justice. Car mettre l'accent sur les seules menaces que l'État fait peser sur les libertés revient à méconnaître d'autres menaces, au moins aussi importantes. La société civile engendre également des effets de pouvoir redoutables pour les libertés de l'individu : l'école, l'entreprise, la famille, l'église, l'association sont autant de lieux où s'exerce une domination, facilement oppressive. À fermer les yeux sur ces dangers, comme le font les libéraux obsédés par le péril étatique, on perd de vue la réalité des combats à mener pour la liberté. « Omniprésence du pouvoir : non point parce qu'il aurait le privilège de tout regrouper sous son invincible unité, mais parce qu'il se produit à chaque instant, en tout point, ou plutôt dans toute relation

d'un point à un autre. Le pouvoir est partout ; ce n'est pas qu'il englobe tout, c'est qu'il vient de partout » (Foucault, 1976, p. 122).

Cette remarque de Michel Foucault devrait nous faire souvenir qu'il est naïf de tenir la société civile pour plus inoffensive que l'État. Le croire témoignerait d'une vision magique du pouvoir, qui le tiendrait pour fixé dans la seule institution étatique, parce que c'est celle qui sans doute se prête le mieux à sa limitation. De ce que le pouvoir vient de partout, il faut tirer la conclusion que seule une défense « tous azimuts » peut être efficace. Le pari libéral consistera, en somme, à opposer les uns aux autres les adversaires potentiels de la liberté. Ainsi, l'État pourra-t-il être utilisé pour protéger les libertés contre les menaces privées : ses institutions pourront protéger les travailleurs en imposant le respect des règles d'hygiène et de sécurité, en évitant que l'employeur ne prenne des mesures abusives (v. ainsi l'art. L. 122-37 du Code du travail autorisant l'inspecteur du travail à exiger le retrait ou la modification de dispositions du règlement intérieur qui apporteraient aux droits des personnes et aux libertés individuelles et collectives des restrictions qui ne seraient pas justifiées par la nature de la tâche à accomplir ni proportionnées au but recherché) ou veiller à ce que les chaînes privées de radio ou de télévision n'abusent pas de leur position. L'État libéral est fait de tels compromis, étant entendu qu'il faut toujours veiller à ce que l'État n'utilise pas le surcroît de légitimité qui lui est conféré par son rôle de défenseur des libertés pour briser les barrières que lui opposait la théorie classique. Nouvellement aimé, l'État doit tout de même être craint : dans ce paradoxe réside la difficulté et l'instabilité des équilibres à organiser.

§ 2. Les conséquences de l'admission de l'interventionnisme

70 [Contrairement à ce qu'on pourrait penser, les révolutionnaires de 1789 ont envisagé la possibilité de reconnaître des droits économiques et sociaux. C'est ainsi que le second projet de Déclaration de Siéyès comportait un article XXVII ainsi rédigé : « Tout Citoyen qui est dans l'impuissance de pourvoir à ses besoins, ou qui ne trouve pas du travail, a droit aux secours de la Société, en se soumettant à ses ordres. » Le texte finalement adopté ne mentionne pas de tels droits. Ils figurent,

en revanche, dans le texte constitutionnel du 24 juin 1793 et dans celui du 4 novembre 1848. Mais c'est au XXe siècle que les droits économiques et sociaux accèdent pleinement à la consécration constitutionnelle, à partir de la Constitution mexicaine de 1917. En France, le Préambule de la Constitution du 27 octobre 1946, après avoir réaffirmé les droits proclamés en 1789 et les principes fondamentaux reconnus par les lois de la République, énonce des « principes particulièrement nécessaires à notre temps », parmi lesquels figurent le droit au travail, le principe de participation des travailleurs à la détermination collective des conditions de travail et à la gestion des entreprises, la garantie de la protection de la santé, de la sécurité matérielle, du repos et des loisirs.

Un rôle actif est donc désormais dévolu à l'État, selon la logique qu'exprime un mot attribué à Lacordaire : « Entre le fort et le faible, c'est la loi qui libère et c'est la liberté qui opprime. » Le paradoxe rend sensible la distance prise par rapport aux postulats traditionnels du libéralisme : le jeu spontané de la société civile conduit à des situations d'oppression contre lesquelles on dresse désormais le rempart de l'État. Dans l'ordre économique, les principes du libéralisme n'ont plus cours (sinon théoriquement, parfois). L'ampleur de l'intervention de l'État dans l'économie et la diversité des moyens qu'il peut déployer sont telles qu'il est devenu le maître d'un jeu économique dont il définit le cadre aussi bien qu'il y joue un rôle majeur. Les différences nationales et les nuances séparant les forces politiques sont de peu de poids face à la massivité du phénomène de l'interventionnisme. Investi de la mission de conduire la société à son meilleur développement économique possible, l'État est aussi chargé de promouvoir une justice sociale qui remédie, au moins partiellement, à l'injustice des rapports sociaux. L'État se fait alors dispensateur de prestations (c'est la définition de droits-créances) et de protection. Celles-ci s'adressent par priorité à des catégories de citoyens jugées particulièrement vulnérables : travailleurs, enfants, mères, personnes âgées, malades, victimes de catastrophes. Les droits ne sont plus ici ceux de l'Homme, de l'individu abstrait : ils bénéficient à l'homme « situé », pour reprendre l'expression si juste de G. Burdeau.

71 [La multiplication des revendications a d'ailleurs suscité l'idée d'une « troisième génération » des droits de l'homme, celle des droits de solidarité, des « droits à » (à la paix, à l'environnement, au développement...). C'est surtout en droit international que de tels droits ont

été affirmés, sans qu'il soit d'ailleurs évident qu'ils se prêtent aux techniques de protection propres aux droits de l'homme (le droit à la paix, pour ne prendre que cet exemple, donne malaisément prise à des réclamations individuelles ou même collectives, au cas où il serait méconnu...). En droit interne, le caractère très emphatique de la proclamation de tels droits leur a valu peu de succès (le projet élaboré par une commission parlementaire présidée par Edgar Faure en 1977 prévoyait le droit à la paix internationale, à la paix civile, à un environnement équilibré et sain ; il a été abandonné). Seule la proposition d'une consécration du droit à l'environnement est parfois reprise. Par ailleurs, certains parlent même de droits de la quatrième génération, pour indiquer l'apparition de besoins nouveaux, en matière de bioéthique ou de protection contre les menaces liées à l'emploi de l'informatique. Au-delà des effets de mode, ces notions, dont l'utilité méthodologique reste à démontrer, illustrent le caractère toujours vivace du « droit à avoir des droits » dont parle Claude Lefort.

L'évocation des multiples implications du libéralisme à l'époque contemporaine fait ressortir des contradictions impossibles à lever : la persistance de la méfiance envers l'État s'accompagne d'un renforcement de ses pouvoirs, destiné à affirmer des libertés qui seraient refusées par la société civile livrée à elle-même ; pareillement, l'octroi d'un statut protégé à certaines catégories de citoyens conduit inéluctablement à des conflits d'intérêts. C'est dire qu'entré dans l'ère du relativisme, le libéralisme doit affronter le problème de ses limites.

Section 3.
Le problème des limites du libéralisme

72 [L'opposition, tracée par Benjamin Constant, d'une sphère privée et d'une sphère publique ne doit pas conduire à des conclusions erronées : il ne peut s'agir de deux champs sans rapports l'un avec l'autre. L'existence même du lien social implique en effet qu'il existe fort peu de libertés absolues, c'est-à-dire placées hors de toute atteinte du pouvoir, quelles que soient les circonstances. Dans la plupart des cas, on se trouvera face à des libertés susceptibles de connaître des limitations plus ou moins importantes. Celles-ci pour-

ront se réclamer soit de la protection des droits d'autrui, soit de celle de l'ordre public. Dans les deux cas, la question se pose de savoir à qui incombera le tracé de la frontière : dans une démocratie, il s'agira du peuple ou des représentants élus par lui – d'où le risque de contradictions entre libéralisme et démocratie.

§ 1. Libertés absolues et libertés limitées

73 [Les grandes déclarations des droits des XVIIIe et XIXe siècles se souciaient plus des principes que des détails de leur mise en œuvre (à l'inverse des textes anglais, riches en précisions procédurales). Elles renvoyaient volontiers à la loi le soin de définir les limites des droits énoncés. En l'absence de contrôle juridictionnel de la constitutionnalité des lois, c'était ouvrir au législateur de vastes possibilités de limitation des droits : il en usa et en abusa.

Les Constitutions européennes de la seconde après-guerre s'efforcèrent donc à plus de rigueur, comme en témoigne exemplairement la Loi fondamentale allemande de 1949. On trouve un effort similaire dans la Convention européenne des droits de l'homme signée à Rome en 1950. Ce dernier texte consacre une distinction entre les droits intangibles en toutes circonstances, les droits intangibles en période normale (c'est-à-dire en l'absence de guerre ou d'autre danger public menaçant la vie de la nation) et les droits susceptibles, même en période normale, de faire l'objet de restrictions dans la mesure – plus ou moins large – prévue par la Convention. Cet effort de précision (remarquons qu'il était absent de la proposition élaborée en 1977 par la commission Edgar Faure), permet de déterminer dans le texte lui-même ce qui, autrement, suppose une synthèse, souvent incertaine, de la jurisprudence.

74 [En toute hypothèse, il faut remarquer que la liste des droits intangibles est immanquablement réduite. Dans la Convention européenne des droits de l'homme, il s'agit du droit à la vie, du droit de ne pas être soumis à la torture ou à des peines ou traitements inhumains ou dégradants, du droit de n'être tenu ni en esclavage ni en servitude, du droit au bénéfice de la règle de légalité des délits et des peines et de la règle *non bis in idem*. Encore faut-il indiquer qu'en réalité, le droit à la vie est susceptible de limitations en vertu de la

Convention elle-même (il n'est donc intangible que symboliquement) et que les autres droits posent tous des problèmes de définition qui en conditionnent l'étendue (un certain degré de gravité est requis pour qu'un traitement soit qualifié d'inhumain ou de dégradant, l'esclavage et la servitude supposent une appropriation totale de la personne d'autrui, l'exigence de légalité est interprétée avec une assez grande souplesse, la règle *non bis in idem* donne prise à des accommodements).

Le Pacte international relatif aux droits civils et politiques, signé en 1966 dans le cadre des Nations unies, donne des droits intangibles une liste plus fournie (mais qui ne comprend pas le droit au bénéfice de la règle *non bis in idem*), ajoutant le droit de ne pas être emprisonné pour la seule raison qu'on n'est pas en mesure d'exécuter une obligation contractuelle, le droit de bénéficier d'une loi pénale plus douce intervenue postérieurement à l'infraction, le droit de chacun à la reconnaissance en tous lieux de sa personnalité juridique et certains aspects du droit à la liberté de pensée, de conscience et de religion. On le voit, les droits déclarés intangibles sont finalement peu nombreux. Certes, ces conventions internationales auxquelles la France est partie n'entendent poser qu'un standard minimal, dont il est souhaité que les États aillent au-delà, mais l'étude des droits internes ne conduit pas à des conclusions différentes.

75 [Si l'on prend l'exemple de la Loi fondamentale allemande, les seuls éléments véritablement intangibles sont la dignité de l'être humain (art. 1er, § 1) et la liberté de croyance et de conscience et la liberté de professer des croyances religieuses et philosophiques (art. 4, § 1), à quoi l'on peut sans doute ajouter l'interdiction des discriminations arbitraires. Ici encore, c'est de l'interprétation jurisprudentielle que dépend la définition de la part inexpugnable des droits. L'affirmation récente par le Conseil constitutionnel de la valeur constitutionnelle de « la sauvegarde de la dignité de la personne humaine contre toute forme d'asservissement et de dégradation » (décision du 27 juill. 1994 à propos des lois sur la bioéthique) permet sans doute une transposition assez large à la France des solutions allemandes, à quoi il convient donc d'ajouter les normes internationales qu'on a rappelées.

La phrase de Benjamin Constant : « Il y a [...] une partie de l'existence humaine qui, de nécessité, reste individuelle et indépendante, et qui est de droit hors de toute compétence sociale » (Constant, 1815,

p. 1071) ne reflète donc que faiblement le droit positif. La plupart des libertés sont des libertés relatives et il importe alors d'examiner quels sont les objectifs dont peuvent légitimement se soutenir les limitations qui y sont apportées.

§ 2. La protection des droits d'autrui et la sauvegarde de l'ordre public comme limites aux libertés

76 [Ces deux notions constituent les valeurs au nom desquelles sont autorisées des atteintes aux libertés. Il faut d'ailleurs relever qu'elles sont moins distinctes que complémentaires (ainsi, la prohibition de l'homicide procède autant du souci d'assurer l'ordre public que de celui de sauver des vies humaines).

77 [**Libéralisme et droits d'autrui**

La formule la plus nette est sans doute celle de l'article 4 de la Déclaration de 1789 : « La liberté consiste à pouvoir faire tout ce qui ne nuit pas à autrui : ainsi, l'exercice des droits naturels de chaque homme n'a de bornes que celles qui assurent aux autres membres de la société la jouissance de ces mêmes droits. Ces bornes ne peuvent être déterminées que par la loi. » Il faut – c'est la responsabilité du législateur – tenir compte du fait que la liberté de B n'a ni plus ni moins de valeur que celle de A : le principe d'égalité, l'égale dignité de chaque personne humaine, impose qu'aucune des deux ne soit sacrifiée. Une telle exigence renvoie à l'essence même de la loi : « Les limites de l'homme résident dans la place, dans l'espace qu'il doit nécessairement laisser à l'autre. "Aller vers" consiste à laisser s'épanouir la liberté, à laisser croître l'espace de vie des autres. C'est cela le sens de la Loi : vie dynamique et limitation, vie possible grâce à la limitation qui laisse les autres être et vivre dans *leur* liberté » (Ouaknin, 1999, p. 216). Plus pragmatiquement, on rappellera l'exemple invoqué par le juge Holmes dans l'arrêt de la Cour suprême des États-Unis d'Amérique *Schenck* (1919), *GACS*, p. 359, « la plus rigoureuse protection de la liberté d'expression ne protégerait pas l'individu qui crierait sciemment à tort *"Au feu"* dans un théâtre et provoquerait une panique ».

La prise en compte de ces données a suscité la critique de Marx (v. *supra*), qui y a vu la preuve d'une incapacité à penser l'autre, si ce n'est en tant qu'obstacle à la liberté de chacun. Mais il faut se garder d'une vision trop idyllique de l'homme. « L'homme n'est point cet être débonnaire, au cœur assoiffé d'amour, dont on dit qu'il se défend quand on l'attaque, mais un être, au contraire, qui doit porter au compte de ses données instinctives une bonne somme d'agressivité. Pour lui, par conséquent, le prochain n'est pas seulement un auxiliaire et un objet sexuel possibles, mais aussi un objet de tentation. L'homme est, en effet, tenté de satisfaire son besoin d'agression aux dépens de son prochain, d'exploiter son travail sans dédommagements, de l'utiliser sexuellement sans son consentement, de s'approprier ses biens, de l'humilier, de lui infliger des souffrances, de le martyriser et de le tuer. *Homo homini lupus* : qui aurait le courage, en face de tous les enseignements de la vie et de l'histoire, de s'inscrire en faux contre cet adage ? », écrit Sigmund Freud (1929, p. 64). C'est aussi au législateur qu'il revient sans cesse d'ériger contre certaines manifestations de cette agressivité des limites adéquates.

78 [Cela implique d'abord la suppression des libertés dont l'objet même s'analyserait en un préjudice infligé à autrui. Il est impossible de concevoir une liberté de tuer, blesser ou violer autrui. Mais il est parfois difficile de décider quand commence le préjudice qu'autrui subit ou risque de subir et d'arbitrer entre les intérêts en présence : c'est au législateur qu'en incombe la responsabilité, en fonction des valeurs qu'il choisit de privilégier. Faut-il incriminer la conduite en état d'ivresse ou à trop grande vitesse, la vente de certaines substances, certains choix en matière sexuelle ? Les réponses à ces questions varient selon les époques et les lieux, puisque la liberté d'user de son automobile, celle du commerce et de l'industrie et la liberté sexuelle pèseront plus ou moins lourd, aux yeux des pouvoirs publics, que la protection des autres usagers de la route, des consommateurs ou des partenaires sexuels.

La nocivité pour autrui des comportements est appréciée par le législateur, dont les choix peuvent souvent apparaître arbitraires et donner lieu à contestations. On citera l'exemple de l'article 227-25 du Nouveau Code pénal, qui dispose : « Le fait, par un majeur, d'exercer sans violence, contrainte, menace ni surprise une atteinte sexuelle sur la personne d'un mineur de 15 ans est puni de deux ans d'emprisonnement et de 30 000 € d'amende. » En l'absence même de violence quelconque, le législateur estime donc que le fait d'avoir des relations sexuelles avec un majeur constitue toujours, pour un mineur de 15 ans, un traumatisme qu'il convient de lui éviter. Avant une loi du 4 août 1982, une distinction était faite selon que les relations en question étaient hétérosexuelles ou homosexuelles. Dans ce dernier cas, les peines encourues étaient plus fortes. Dans une décision du 19 décembre 1980, le Conseil constitutionnel avait jugé cette différenciation conforme à la Constitution, notant que « la loi relative à la répression du viol et de certains attentats aux mœurs peut, sans méconnaître le principe d'égalité, distinguer, pour la protection des mineurs, les actes accomplis entre personnes du même sexe de ceux accomplis entre personnes de sexe différent ».

79 [La suppression des libertés au nom des droits d'autrui n'est cependant qu'un cas extrême. Plus fréquente est l'hypothèse où une liberté reconnue trouve sa limite dans l'exigence du respect des droits d'autrui. Là encore, des questions délicates d'arbitrage se posent. On citera l'exemple de la liberté d'expression, dont l'importance essentielle dans une société démocratique est toujours affirmée : il est admis qu'elle ne peut être utilisée pour porter atteinte à l'honneur ou à la considération d'une tierce personne (notamment à son droit au respect de la présomption d'innocence), au respect de la vie privée ou encore au secret professionnel sur lequel les tiers sont en droit de compter. Ou encore le cas du droit de grève, dont la finalité même est de créer une gêne (au moins) pour autrui : il est des cas où le législateur intervient, estimant ladite gêne insupportable. D'une manière générale, la loi ne cesse de rechercher des équilibres entre des intérêts divergents (la réglementation des loyers nuit aux propriétaires, leur libération aux locataires...).

80 [Toutes ces interventions législatives se réclamant des droits d'autrui ne peuvent évidemment se comprendre d'un strict point de vue interindividuel. Car on passe insensiblement de la défense des droits d'autrui à celle de l'ordre public. Un jugement rendu, en matière d'adultère, sous le régime de Vichy (Miller, 1975, p. 169) en fait l'aveu avec netteté : « Ce serait une pernicieuse erreur de considérer l'adultère comme étant uniquement, ou même principalement, un délit d'ordre privé ; au contraire en détruisant les foyers, il ébranle les fondements mêmes de la société ; les efforts actuellement entrepris pour diminuer le nombre des divorces, assurer la protection de l'enfance ou réprimer l'avortement et l'infanticide ne produiront leurs effets que dans la mesure où l'on attaquera le mal à sa racine : l'indiscipline

des mœurs ; la rénovation de la famille française ne saurait se concilier avec une indulgence excessive pour un délit dont les répercussions sociales sont particulièrement graves. » C'est dire combien sont troubles les relations entre sauvegarde des droits d'autrui et protection de l'ordre public : la première sert volontiers d'alibi à la seconde, dans la mesure où des affirmations comme celles du jugement qu'on vient de citer ne seraient plus aujourd'hui tolérées, quand bien même elles continuent de sous-tendre – pour d'autres objets – la démarche du juge comme celle du législateur. En témoigne le cas-limite sur lequel a eu à se prononcer la Cour européenne des droits de l'homme dans l'affaire *Laskey, Jaggard et Brown* c/ *Royaume-Uni* (arrêt du 19 févr. 1997) où les requérants avaient été condamnés pour s'être livrés à des pratiques sado-masochistes entre adultes consentants. La Cour a conclu à l'absence de violation de l'article 8 de la Convention, qui garantit le droit au respect de la vie privée, en prenant en considération la gravité des dommages corporels causés. En mettant en avant l'objectif de protection de la santé (les impératifs de protection de la morale étant dûment réservés), la Cour n'en autorise pas moins les États à faire prévaloir leur conception de la sexualité sur le choix des intéressés.

81 [**Libéralisme et ordre public**

Le discours de la liberté et celui de l'ordre public sont fondamentalement contradictoires, sourds l'un à l'autre, comme l'illustre de manière saisissante le dialogue, dans le *Don Carlos* de Schiller, entre le roi d'Espagne, Philippe II, et le marquis de Posa. À ce dernier, qui plaide la cause des Flamands insurgés et réclame la liberté d'opinion, le roi répond : « Étrange rêveur ! [...] Je le sais, vous penserez différemment quand vous connaîtrez l'homme comme moi... » (Schiller, 1804, p. 123 et 125). Le discours du pouvoir s'arroge donc un savoir sur la nature humaine et la société. En procèdent la protection des droits d'autrui, mais aussi la protection de la société en général, voire celle de l'individu contre lui-même (ainsi, on interdira la consommation de drogue ou on imposera le port de la ceinture de sécurité ou du casque aux conducteurs de certains véhicules).

82 [L'ordre public peut se définir comme l'ensemble des valeurs dont les pouvoirs publics jugent nécessaire d'imposer le respect à un moment déterminé. Ces valeurs sont très hétérogènes. Au premier rang, il faut placer la dimension matérielle de l'ordre public, dont l'objet est d'assurer à l'État le monopole de la violence physique légitime

(auquel le sociologue allemand Max Weber liait la définition même de l'État). Sauf l'hypothèse très circonscrite de la légitime défense, toute violence qui ne serait pas exercée par un agent de l'État doit être réprimée et empêchée. On mentionnera à cet égard la loi du 10 janvier 1936 sur les groupes de combat et les milices privées qui permet la dissolution par décret en conseil des ministres des associations ou groupements de fait qui provoqueraient à des manifestations armées dans la rue, présenteraient, par leur forme et leur organisation militaires, le caractère de groupes de combat ou de milices privées, qui auraient pour but de porter atteinte à l'intégrité du territoire national ou d'attenter par la force à la forme républicaine du gouvernement ou qui se livreraient à des agissements en vue de provoquer des actes de terrorisme en France ou à l'étranger.

83 [Ce texte introduit à une autre dimension de l'ordre public, qui est l'ordre politique. Le livre IV du Nouveau Code pénal traite des crimes et délits contre la nation, l'État et la paix publique. Il s'ouvre par l'article 410-1, ainsi rédigé : « Les intérêts fondamentaux de la nation s'entendent [...] de son indépendance, de l'intégrité de son territoire, de sa sécurité, de la forme républicaine de ses institutions, des moyens de sa défense et de sa diplomatie, de la sauvegarde de sa population en France et à l'étranger, de l'équilibre de son milieu naturel et de son environnement et des éléments essentiels de son potentiel scientifique et économique et de son patrimoine culturel. » Il s'agit donc d'un concept fort extensif. La défense de l'ordre politique avait déjà été à l'origine de la loi du 29 juillet 1894 ayant pour objet de réprimer les menées anarchistes, qui punit « tout individu qui [...] sera convaincu d'avoir, dans un but de propagande anarchiste [...] adressé une provocation à des militaires des armées de terre ou de mer, dans le but de les détourner de leurs devoirs militaires et de l'obéissance qu'ils doivent à leurs chefs dans ce qu'ils leur commandent pour l'exécution des lois et règlements militaires et la défense de la Constitution républicaine ». En 1970, la répression a été étendue au cas où la provocation n'aurait pas le caractère d'un acte de propagande anarchiste. De même, dans son arrêt du 8 décembre 2000, *Parti nationaliste basque ERI-PNB, RFD adm.* 2002, p. 59, note M. Verpeaux, le Conseil d'État a rattaché à la défense de l'ordre l'interdiction faite par la loi aux partis politiques français de recevoir des financements d'États étrangers ou de personnes morales de droit étranger, celle-ci tendant à

« éviter que ne puisse ainsi s'instaurer un lien de dépendance qui serait préjudiciable à l'expression de la souveraineté nationale ».

En Allemagne fédérale, la défense de l'ordre constitutionnel libéral et démocratique a été poussée beaucoup plus loin, pour conjurer l'expérience de la destruction du régime de Weimar. La « démocratie combattante » proclame l'inconstitutionnalité, constatée par la Cour constitutionnelle fédérale, des partis politiques qui tendraient à porter atteinte à cet ordre, permet d'écarter de la fonction publique les adversaires de celui-ci ou de prononcer la déchéance de certains droits fondamentaux à l'encontre des personnes qui en abuseraient pour combattre le régime libéral. De telles dispositions comportent des risques évidents de dérive, qui se sont parfois réalisés au détriment de militants ou de sympathisants des mouvements gauchistes. L'expérience du maccarthysme aux États-Unis doit servir de leçon (le sénateur Joseph McCarthy, élu en 1947, constitua une commission chargée de lutter contre les « activités anti-américaines » qui se rendit coupable de nombreux excès dans son zèle à traquer toute personne suspecte de sympathie envers le communisme).

84 [L'ordre public revêt également une dimension morale, comme l'atteste l'exemple, donné plus haut, de la prohibition de certains types de relations sexuelles. La morale sexuelle condamne également la pornographie – notion dont la définition est périlleuse – sous forme d'incriminations pénales (art. 227-24 NCP) ou de l'imposition de handicaps financiers et fiscaux (art. 11 et 12 de la loi du 30 déc. 1975). À l'époque actuelle, l'ordre public intègre d'autres aspects de la morale, en particulier lorsqu'il veut lutter contre le racisme (incrimination des comportements et de certains propos racistes) ou l'apologie des crimes de guerre, des crimes contre l'humanité ou des crimes ou délits de collaboration avec l'ennemi (pour un ex., Cass. crim., 14 janv. 1971, *Le Pen et autres, D.* 1971, p. 101 confirmant une condamnation de l'éditeur d'un disque de chants du IIIe Reich : la pochette de ce disque comportait un texte incitant à un jugement favorable des dirigeants nazis et constituant « un essai de justification au moins partielle de leurs crimes »). Les possibilités ouvertes par les techniques récentes en matière de biologie et notamment de procréation artificielle ont également suscité l'inquiétude de la communauté scientifique et de l'opinion et ont entraîné l'adoption d'une législation, précisément caractérisée comme relative à la « bioéthique » (lois du 29 juillet 1994 relative au respect du corps humain

et relative au don et à l'utilisation des éléments et produits du corps humain, à l'assistance médicale à la procréation et au diagnostic prénatal). Dans son étude, *Les lois de bioéthique : cinq ans après* (1999), le Conseil d'État a recommandé une réévaluation régulière des solutions adoptées, en fonction des impératifs de la conscience et de l'éthique, de l'évolution des techniques et des connaissances et de l'environnement international.

85 [Enfin – et sans prétendre dresser une liste exhaustive des dimensions que revêt l'ordre public – il y a lieu de mentionner l'importance prise par l'ordre public économique. L'âpreté de la compétition économique internationale a suscité, chez les gouvernants comme dans les médias, des métaphores qui ne sont pas guerrières par hasard : il n'est question que de guerre économique, dans laquelle la France apparaît environnée de partenaires par définition hostiles et menaçants. Il est alors aisé de mobiliser les énergies... et de faire accepter des limitations aux libertés. On se souvient, en particulier, de l'institution, en 1983, d'un contingentement en devises étrangères et d'un carnet de change destiné à en assurer l'effectivité : le faible montant des devises allouées interdisait en fait les séjours lointains et les séjours prolongés à l'étranger. Cette mesure n'avait, à l'époque, suscité que des protestations fort modérées...

86 [Quant au poids de l'ordre public, dans sa confrontation aux libertés, on peut dire qu'il est variable, mais toujours important. Il est variable, car le régime des libertés n'est pas le même selon qu'on se situe en période normale ou dans l'un des cas où s'applique un régime d'exception. En droit français, ces cas sont divers : application de la théorie jurisprudentielle des circonstances exceptionnelles, état d'urgence, état de siège, application de l'article 16 de la Constitution, par ordre croissant d'importance des restrictions susceptibles d'affecter les libertés. L'arrêt du Conseil d'État du 28 février 1919, *Dames Dol et Laurent* (*GAJA*, p. 213) décrit ainsi les conséquences de l'état de guerre : « Les limites des pouvoirs de police dont l'autorité publique dispose pour le maintien de l'ordre et de la sécurité [...] ne sauraient être les mêmes dans le temps de paix et pendant la période de guerre où les intérêts de la défense nationale donnent au principe de l'ordre public une extension plus grande et exigent pour la sécurité publique des mesures plus rigoureuses. » De son côté, le Conseil constitutionnel a estimé que le silence de la Constitution de 1958 quant à l'état d'urgence institué par une loi du

3 avril 1955 ne signifiait pas son abrogation implicite, le législateur restant libre d'instaurer un tel régime « pour concilier [...] les exigences de la liberté et la sauvegarde de l'ordre public » (Cons. const., 25 janv. 1985, *GDCC*, p. 612). C'est dire que la description des libertés publiques doit s'entendre sous la réserve des régimes d'exception qu'aménage le système juridique.

87 [Mais à la vérité, il n'y a pas de véritable solution de continuité entre période ordinaire et périodes d'exception. La législation française contient beaucoup de textes qui, interprétés de manière anti-libérale, permettraient aisément à un régime autoritaire de s'installer – l'utilisation sous Vichy des lois et décrets de la IIIe République doit servir d'avertissement à cet égard. La lecture du Code pénal (le nouveau n'a sur ce point apporté aucune amélioration par rapport à l'ancien) ou celle de la loi sur la presse ne laissent pas d'inquiéter : incriminations redoutablement vagues et dispositions heureusement inappliquées depuis longtemps – mais pas abrogées – y abondent. Tout système libéral menace ainsi de se retourner en son contraire, faute de véritable épuration des dispositions anti-libérales qu'il contient et qui survivent généralement aux conditions de crise qui en ont permis l'adoption.

L'exemple de l'article 16 de la Constitution de 1958 est ici éloquent : son inutilité en cas de crise grave est hautement probable, son danger abondamment démontré, mais le tardif projet de loi constitutionnelle prévoyant son abrogation (*Doc. Sénat* n° 232, 11 mars 1993) n'a jamais été discuté. On ne peut donc éluder les remarques de Vincent Descombes, qui écrit : « Toute la question est de savoir si l'état de paix dans un État des temps modernes est bien tel, et si les citoyens ne sont pas plutôt en état de permission prolongée, tandis que les mécanismes de la mobilisation restent en parfait état de marche, fonctionnant provisoirement à des fins inoffensives et récréatives [...]. Nos chants patriotiques sont des chants de guerre, la permanence de l'état de guerre est ainsi la doctrine officielle, sinon celle qu'on applique, du moins celle qu'on proclame dans le cérémonial du prototype de l'État moderne » (1977, p. 1001).

La définition par le législateur des limites à la liberté, sous le signe des droits d'autrui ou de l'ordre public, renvoie à la question de la légitimité de ce législateur. La théocratie et le despotisme éclairé n'étant plus de mise, le totalitarisme étant par principe ennemi des libertés, il s'agit d'interroger les rapports entre démocratie et libéralisme.

§ 3. Libéralisme et démocratie

88 [L'expression **démocratie libérale** est si courante qu'il peut paraître incongru de dissocier les deux termes. De fait, le Statut du Conseil de l'Europe du 5 mai 1949 lie intimement les deux notions, énonçant par exemple dans son Préambule que les États signataires sont « inébranlablement attachés aux valeurs spirituelles et morales qui sont le patrimoine commun de leurs peuples et qui sont à l'origine des principes de liberté individuelle, de liberté politique et de prééminence du droit, sur lesquels se fonde toute démocratie véritable ». Le Préambule de la Convention européenne des droits de l'homme reprend cette même idée et fait de la notion de « société démocratique » une notion-clé, sur laquelle insiste également la Cour européenne des droits de l'homme dans son arrêt du 30 janvier 1998, *Parti communiste unifié de Turquie et autres* c/ *Turquie* : « la démocratie apparaît [...] comme l'unique modèle politique envisagé par la Convention et, partant, le seul qui soit compatible avec elle ». De fait, il n'est pas de démocratie authentique, c'est-à-dire de démocratie pluraliste, si certaines libertés essentielles ne sont pas garanties (liberté d'expression, liberté de réunion, droit de former des partis politiques...).

Ainsi le Conseil constitutionnel relève-t-il, dans sa décision des 10 et 11 octobre 1984 (*GDCC*, p. 589), que l'exercice de la liberté de communication « est l'une des garanties essentielles du respect des autres droits et libertés et de la souveraineté nationale ». Comme le libéralisme, la démocratie procède d'un scepticisme fondamental vis-à-vis du pouvoir, dont elle contraint les détenteurs à s'exposer régulièrement au jugement du corps électoral. Dans la démocratie, écrit Claude Lefort, « le lieu du pouvoir devient un *lieu vide*. Inutile d'insister sur le détail du dispositif institutionnel. L'essentiel est qu'il interdit aux gouvernants de s'approprier, de s'incorporer le pouvoir. Son exercice est soumis à la procédure d'une remise en jeu périodique. Il se fait au terme d'une compétition réglée, dont les conditions sont préservées d'une façon permanente. Ce phénomène implique une institutionnalisation du conflit » (1986, p. 27). La conjonction paraît donc assurée.

89 [Pourtant, elle est loin d'aller de soi. La philosophie politique des XVIIIe et XIXe siècles a pu penser le libéralisme indépendamment de la démocratie, voire en tenant celle-ci en forte suspicion. C'est ainsi que

Benjamin Constant, d'ailleurs partisan d'un suffrage censitaire, associe la démocratie aux excès de la Terreur et entend lui assigner des limites. « La souveraineté du peuple, écrit-il, n'est pas illimitée ; elle est circonscrite dans les bornes que lui tracent la justice et les droits des individus. La volonté de tout un peuple ne peut rendre juste ce qui est injuste [...]. Le peuple n'a pas le droit de frapper un seul innocent, ni de traiter comme coupable un seul accusé, sans preuves légales. Il ne peut donc déléguer un droit pareil à personne [...]. Tout despotisme est donc illégal ; rien ne peut le sanctionner, pas même la volonté populaire qu'il allègue » (1815, p. 1076 et 1078).

Cette analyse revient à opposer le libéralisme comme système de valeurs et la démocratie comme principe de dévolution du pouvoir : il est alors logique de faire céder la seconde, l'attentat à la liberté du fait du peuple ne se différenciant pas fondamentalement de celui qui est le fait d'un despote.

Tocqueville reprend l'hypothèse de la loi injuste voulue par la majorité, en s'efforçant de rendre compatibles l'option démocratique, qu'il juge inéluctable, et son refus d'admettre les violations de la liberté. Il le fait en dissociant la question de la justice et celle de la légitimité politique : « Quand donc je refuse d'obéir à une loi injuste, je ne dénie point à la majorité le droit de commander ; j'en appelle seulement de la souveraineté du peuple à la souveraineté du genre humain » (1835, p. 288). La révolte de l'individu opère donc sur un plan métapolitique. Mais il convient de se préoccuper des moyens d'éviter la tyrannie de la majorité : ils résident dans l'institution de contre-pouvoirs. Aux États-Unis, Tocqueville mentionne notamment l'absence de centralisation administrative, l'importance des associations et « l'esprit légiste » (qui a permis d'instituer un contrôle juridictionnel de la constitutionnalité des lois).

90 [L'avènement de la IIIe République en France marginalisera ce débat : la république sera réputée libérale parce que démocratique et la critique du régime du point de vue des libertés restera longtemps marquée à droite. Encore s'est-on ensuite efforcé d'innocenter le peuple des dérives anti-libérales du régime, en imputant celles-ci à l'omnipotence des représentants et aux distorsions qu'ils auraient imprimées à la volonté populaire.

Mais ce consensus pèche par excès d'optimisme et congédie trop aisément les débats du XIXe siècle. Car il est vrai qu'à maintes reprises, les peuples se sont rués dans la servitude. Les multitudes pâmées devant

Mussolini, Hitler ou Staline, les foules se pressant – en 1944 encore – pour acclamer Pétain (dont Jacques Duclos disait que 90 % des Français auraient voté pour lui en 1940, s'il y avait eu des élections...) témoignent tristement de la vérité de la phrase de Chateaubriand : « La soif de la liberté et celle de la tyrannie ont été mêlées ensemble dans le cœur de l'homme » (1797, p. 78). L'intérêt des citoyens pour les libertés connaît aussi des défaillances dans des conditions moins tragiques : indifférence à des atteintes graves aux libertés, sacrifice des libertés à d'autres aspirations, faible mobilisation sur le sort des libertés dans le débat public... À tous ces égards, la présence, au second tour de l'élection présidentielle de 2002, d'un candidat dont le programme constituait une menace grave pour les valeurs libérales n'incite guère à l'optimisme en dépit du rejet particulièrement clair de ses thèses par plus de 80 % du corps électoral. La redécouverte du civisme et de l'importance du débat public, notamment sur la question des libertés, semble avoir été éphémère, à en juger, du moins, à travers les élections législatives qui ont suivi.

91 [La société démocratique est donc faillible, exposée au risque de méconnaître les libertés. Tout ce qu'on peut dire, c'est que les autres formes de régime y sont encore beaucoup plus exposées (Churchill avait donc raison de dire que la démocratie était le pire des régimes après tous les autres). Il reste à susciter une vigilance civique (le système éducatif et les médias doivent y concourir) et à mettre en place les contre-pouvoirs nécessaires. Il faut relever que, dans une démocratie, ceux-ci ont pour mission de mettre les citoyens face à leurs responsabilités : la presse, la radio et la télévision, comme les parlementaires doivent les alerter, tandis que l'exercice de la justice constitutionnelle peut déboucher sur un référendum qui fait du corps électoral l'arbitre ultime du sort d'un texte législatif contraire à la Constitution.

Pour le reste, il importe de garder présentes à l'esprit les formules déjà citées de la Cour européenne des droits de l'homme (arrêt *Young, James et Webster*, 13 août 1981) : « Bien qu'il faille parfois subordonner les intérêts d'individus à ceux d'un groupe, la démocratie ne se ramène pas à la suprématie constante de l'opinion d'une majorité ; elle commande un équilibre qui assure aux minorités un juste traitement et qui évite tout abus d'une position dominante. »

92 [C'est donc à un libéralisme difficile que l'on a affaire. Voué à des conciliations toujours critiquables, préoccupé de réaliser des équi-

libres instables entre des adversaires dangereux, le libéralisme doit se fonder sur la raison et la tolérance, qui sont des idéaux superbes mais fragiles. Il ne doit jamais oublier la catastrophe dont procède sa réaffirmation. Le philosophe italien Giorgio Agamben, qui d'ailleurs estime que l'État a aujourd'hui perdu toute légitimité, le rappelle : « *Nous vivons après la faillite des peuples*, comme Apollinaire qui disait : « Je vivais à l'époque où finissaient les rois ». Chaque peuple a eu sa propre façon de faire banqueroute, et il n'est bien sûr pas indifférent que pour les Allemands cela ait signifié Hitler et Auschwitz, pour les Espagnols une guerre civile, pour les Français Vichy, pour d'autres peuples, en revanche, les tranquilles et atroces années cinquante, pour les Serbes les viols d'Omarska ; en dernière analyse, seule compte pour nous la nouvelle tâche que cette faillite nous a laissée en héritage. Il n'est pas juste non plus de la définir comme une tâche, étant donné qu'il n'y a plus de peuple pour l'assurer » (Agamben, 1995, p. 150).

Cette dernière remarque renvoie aux thèses de Guy Debord, telles qu'elles s'expriment dans son livre, La *Société du spectacle,* publié pour la première fois en 1967. Debord pointe dans l'accumulation des spectacles « le *modèle* présent de la vie socialement dominante » (1967, p. 5) correspondant au stade actuel de développement du capitalisme, au « moment où la marchandise est parvenue à l'*occupation totale* de la vie sociale » (1967, p. 25). Il estime que cette évolution s'est poursuivie par l'unification de la société du spectacle à l'échelle planétaire, sous la forme de ce qu'il appelle « le spectaculaire intégré », dont le sens final « est qu'il s'est intégré dans la réalité même à mesure qu'il en parlait » (1988, p. 20). Le propre de cette cité d'illusions est de ne mettre en présence que de simulacres, dans une confusion totale des valeurs.

93 [Ces analyses ne signifient ni qu'il faille vivre dans l'attente d'on ne sait quel **retour à** un stade antérieur à la société du spectacle ni qu'il faille renoncer à un certain nombre de combats. Elles invitent simplement à penser le présent qui est le nôtre et à y déceler les dangers nouveaux qui menacent la liberté. C'est dire aussi, à nouveau, combien est provisoire la morale qu'on évoquait. Mais les acquis de la doctrine libérale nous paraissent toujours adéquats pour tenter d'aménager une socialité acceptable. Dans cet effort, le droit est assurément appelé à tenir son rôle.

Titre II

Les techniques juridiques de protection des libertés

94 Ces techniques sont volontiers placées aujourd'hui sous le signe de l'État de droit. Ce concept (v. Chevallier, 1999), apparu au milieu du XIXe siècle dans la doctrine juridique allemande, a connu une fortune soudaine dans le débat français à partir de 1985. Il synthétise, au-delà d'une opposition fantasmatique à l'État de police dans lequel les autorités publiques ne sont pas soumises au droit, l'utilisation des techniques juridiques en vue de réaliser le projet du libéralisme politique. Comme le notait Michel Foucault (1989, p. 155), « Dans la recherche d'une technologie libérale de gouvernement, il est apparu que la régulation par la forme juridique constituait un instrument autrement efficace que la sagesse ou la modération des gouvernants ». La célébration de l'État de droit n'est cependant pas dépourvue d'arrière-pensées, puisqu'elle offre aux gouvernants un surcroît de légitimité, en leur accordant à peu de frais les prestiges flatteurs du bon pouvoir (v. Loschak, 1981, p. 387).

On étudiera successivement les ressources que la hiérarchie des normes offre à la protection des libertés, les procédures de garantie des libertés et la question de l'égalité des droits, qui est un élément essentiel de leur affirmation concrète.

CHAPITRE PREMIER

La hiérarchie des normes, instrument privilégié, de protection des libertés

95 [« C'est un extreme malheur d'estre subject a un maistre duquel on ne se peut jamais asseurer qu'il soit bon, puis qu'il est toujours en sa puissance d'estre mauvais quand il voudra », écrivait La Boétie (1549, p. 104). Interdire aux maîtres d'être mauvais s'il venait à leur plaire de l'être a toujours été l'ambition libérale. Les juristes ont tenté progressivement de parvenir à un tel résultat en imposant certaines formes à la volonté du souverain. Le sens de leur effort, inégalement couronné de succès selon les pays et les époques, est bien décrit dans la plaidoirie d'Oliver Saint-John pour John Hampden, qu'une affaire fiscale opposait à la Couronne d'Angleterre, sous le roi Charles Ier : « Sa Majesté est la fontaine de justice : mais quoique toute justice rendue en ce royaume découle de cette fontaine, elle doit couler dans de certains canaux accrédités » (v. Jouvenel, 1955, p. 264).

Une telle conception, que le juriste autrichien Hans Kelsen – reprenant un concept élaboré par Adolf Merkl – systématisera sous le nom de hiérarchie des normes (1962, p. 299), a des sources anciennes mises au jour et analysées dans leur enjeu inconscient par Pierre Legendre (1974, p. 66) : le système impérial romain, repris dans sa logique par le droit canon au profit du pape. La théorie kelsénienne est abstraite, puisqu'elle met la Constitution à la place de répondant ultime occupée par le pontife romain. Mais elle se préoccupe pareillement de hiérarchiser les autorités : elle indique que toutes les normes appartenant à un même ordre juridique n'ont pas la même valeur et qu'il est interdit à l'auteur d'un acte posant une norme dotée d'une certaine valeur de méconnaître le contenu des normes de valeur supérieure. Ainsi, l'acte administratif posé par le préfet doit-il respecter les règles posées par le gouvernement ou par le législateur ; celui-ci, à son tour, est soumis aux prescriptions de la Constitution, etc.

Cette dernière est située au sommet de l'ordre juridique interne.

À mesure que l'on s'élève dans la hiérarchie des normes, la procédure d'adoption et de modification des actes normateurs devient plus lourde, c'est-à-dire requiert des formalités plus contraignantes et des consentements plus difficiles à obtenir. La stabilité des règles est donc proportionnelle à leur rang dans la hiérarchie : on comprend le parti que la défense des libertés peut tirer de cette donnée. Dans une perspective démocratique, cette logique joue également : l'alourdissement des procédures signifie alors l'exigence d'une adhésion démocratique mieux établie. En France, pour reprendre les exemples précédents, le préfet est un fonctionnaire nommé, le gouvernement est responsable devant l'Assemblée nationale, les membres de celle-ci sont directement désignés par les citoyens, tandis que la Constitution a été approuvée par ces derniers et que sa révision suppose soit l'accord du président de la République (lui-même élu au suffrage universel), de chacune des deux assemblées procédant, directement ou indirectement, du suffrage universel et d'une majorité renforcée du congrès formé de leur réunion, soit l'accord des deux assemblées, suivi de l'approbation du corps électoral. La légitimité démocratique est donc d'autant plus importante qu'on se situe plus haut dans la hiérarchie. C'est dans cette mesure que libéralisme et démocratie sont ici accordés.

96 [Dans l'ordre interne domine donc la Constitution, mais les choses se compliquent lorsqu'on prend en compte l'ordre juridique international. Il faut en effet déterminer comment les normes qui composent ce dernier vont s'ordonner par rapport à celles de l'ordre juridique interne. La réponse à cette question n'est pas la même selon qu'on l'envisage du point de vue de l'un ou l'autre des ordres en présence. Du point de vue du droit international et des organes, notamment juridic-

tionnels, qui sont les siens, les normes du droit interne (même constitutionnelles) sont subordonnées : la Cour permanente de justice internationale a adopté cette position en 1932 (avis sur le *traitement des nationaux polonais à Dantzig*), la Cour de justice des Communautés européennes et la Cour européenne des droits de l'homme n'ont fait que la rappeler – ainsi cette dernière, dans son arrêt du 30 janvier 1998, *Parti communiste unifié de Turquie et autres c/ Turquie*, relève-t-elle que « l'organisation institutionnelle et politique des États membres doit [...] respecter les droits et principes inscrits dans la Convention. Il importe peu, à cet égard, que se trouvent en cause des dispositions constitutionnelles [...] ou simplement législatives ». Du point de vue du droit interne et de ses organes, en revanche, le rang du droit international ne peut qu'être inférieur à la Constitution, qui détermine son statut, ce que l'arrêt d'Assemblée du Conseil d'État du 30 octobre 1998, *Sarran, Levacher et autres, GAJA*, p. 818, confirme nettement, en énonçant que la suprématie conférée par l'article 55 de la Constitution de 1958 aux engagements internationaux « ne s'applique pas, dans l'ordre interne, aux dispositions de nature constitutionnelle », position qu'a reprise la Cour de cassation en Assemblée plénière (2 juin 2000, *Mlle Fraisse, Bull.*, p. 7).

Compte tenu de l'importance prise par le droit international des libertés et de l'efficacité des mécanismes internationaux de garantie des droits, il a paru nécessaire de commencer par l'aspect international du problème.

Avant d'étudier comment s'articule la protection des libertés par la hiérarchie des normes, dont il faut relever que je juge français s'y réfère explicitement (v. ainsi CE, 24 févr. 1999, *Association de patients de la médecine d'orientation anthroposophique et autres, Rec.* p. 29, qui indique que « le Gouvernement s'est conformé, ainsi qu'il y était tenu, aux exigences inhérentes à la hiérarchie des normes dans l'ordre juridique interne, telles qu'elles découlent de l'article 55 de la Constitution »), il convient de préciser – la remarque précédente l'indiquait déjà – l'importance du rôle du juge à son égard. La matière des libertés publiques en France a été révolutionnée, en un peu plus de vingt ans, par le double phénomène de l'internationalisation et de la constitutionnalisation. Celui-ci ne se serait pas produit sans, d'une part, l'importance prise par la Cour européenne des droits de l'homme et, d'autre part, l'affirmation progressive du Conseil constitutionnel comme gardien de la Constitution face au législateur. Plus généralement, c'est l'interprète qui dit ce qu'est la règle de droit, au terme d'une démarche créatrice qui rend indispensable la connaissance de la jurisprudence.

SECTION 1.
LES EXIGENCES DE L'ORDRE JURIDIQUE INTERNATIONAL À L'ÉGARD DE L'ORDRE JURIDIQUE FRANÇAIS

97 [Longtemps, la cause des individus a été totalement étrangère au droit international. La règle coutumière dite du « standard minimum de civilisation » n'impose des obligations aux États qu'à l'égard des étrangers se trouvant sur leur territoire. Les droits qui leur sont garantis (inviolabilité de la personne et du domicile, liberté religieuse, droit de s'adresser aux tribunaux, droit de ne pas être dépossédé de ses biens) ont pour finalité de permettre aux entrepreneurs, hommes d'affaires et commerçants d'Europe de l'Ouest et d'Amérique du Nord d'exercer leurs activités partout dans le monde en étant dotés d'un minimum de garanties. C'est l'institution de la protection diplomatique qui assure le respect de ces exigences : il s'agit d'un droit propre de l'État, exigeant des autres États le respect du droit international dans la personne de ses ressortissants.

98 [Le droit humanitaire est le premier à rompre avec la logique classique des rapports interétatiques. Henri Dunant en appelle à la conscience des dirigeants et obtient que soit signée à Genève, le 22 août 1864, une convention pour l'amélioration du sort des militaires blessés dans les armées en campagne. Celle-ci devait être suivie de plusieurs autres, formant ce que l'on appelle parfois « le droit de Genève » (v. actuellement les quatre Conventions du 12 août 1949 et leurs Protocoles).

99 [À l'issue du premier conflit mondial apparaissent les premières obligations contractées par les États à l'égard de leurs propres ressortissants. Le traité de Versailles impose à la Pologne et à la Tchécoslovaquie de respecter « les intérêts des habitants qui diffèrent de la majorité de la population par la race, la langue ou la reli-

gion ». Deux traités préciseront les droits reconnus aux minorités et à leurs membres (principe d'égalité de tous les citoyens devant la loi, libre usage de la langue, droit de créer des écoles et des institutions pour perpétuer la culture minoritaire, etc.) en les complétant par une garantie internationale. Des dispositions semblables seront imposées aux États vaincus et à ceux dont le règlement de paix entraînait un accroissement du territoire. Mais le système ne résistera pas au naufrage de la Société des Nations.

Par ailleurs, le traité de Versailles créait l'Organisation internationale du travail, pour tenter de prévenir la menace pour la paix que la misère induite par les conditions de travail constitue. La Conférence de l'Organisation, au sein de laquelle des représentants des employeurs et des travailleurs siègent à côté des délégués gouvernementaux, est notamment chargée de statuer sur les propositions de recommandation ou de convention internationale visant à améliorer les conditions de travail. Les États s'engagent à soumettre, normalement dans un délai d'un an, le texte adopté aux autorités nationales compétentes pour lui donner effet ou en autoriser la ratification. Là encore, est mis en place un mécanisme international de contrôle de la manière dont les États s'acquittent de leurs obligations. Le succès de l'Organisation explique qu'elle ait survécu au second conflit mondial (Constitution de l'OIT adoptée par la Conférence internationale du travail réunie à Montréal, lors de sa 29e session, le 9 octobre 1946).

100 [C'est la Charte des Nations unies, signée à San Francisco le 26 juin 1945, qui marque les débuts de l'intégration plénière des droits de l'homme au droit international. Elle lie fortement maintien de la paix et promotion des droits de l'homme, ce que traduit son article 1er qui, parmi les buts de l'Organisation, indique la réalisation de la coopération internationale « en développant et en encourageant le respect des droits de l'homme et des libertés fondamentales pour tous sans distinction de race, de sexe, de langue ou de religion ». L'action des Nations unies en faveur des droits de l'homme devait d'abord déboucher sur l'adoption, par résolution de l'Assemblée générale du 10 décembre 1948, de la Déclaration universelle des droits de l'homme. Celle-ci contient un catalogue synthétique de droits, mais ne possède en elle-même aucune force obligatoire pour les États (v. en ce sens CE, 18 avr. 1951, *Élections de Nolay, Rec.*, p. 319).

Il faudra attendre 1966 pour que soit adopté par l'Assemblée générale le texte de deux conventions internationales qui achèvent l'effort amorcé par la Déclaration : le Pacte international relatif aux droits économiques, sociaux et culturels et le Pacte international relatif aux droits civils et politiques (ratifiés par la France en 1980 et publiés par décret du 29 janvier 1981). La dualité des Pactes s'explique par les clivages de la société internationale de l'époque : l'URSS et les États de son camp privilégiaient les droits économiques, le camp occidental les droits civils, ce qui a rendu impossible l'adoption d'un texte de synthèse.

Si le premier Pacte ne comporte, à la charge des États qui y sont parties, qu'une simple obligation de moyens (agir de manière à assurer progressivement le plein exercice des droits qui y sont reconnus), il n'en va pas de même du second : les États parties au Pacte relatif aux droits civils et politiques « s'engagent à respecter et à garantir à tous les individus se trouvant sur leur territoire et relevant de leur compétence les droits reconnus dans le présent Pacte, sans distinction aucune, notamment de race, de couleur, de sexe, de langue, de religion, d'opinion politique ou de toute autre opinion, d'origine nationale ou sociale, de fortune, de naissance ou de toute autre situation ». Les droits inscrits dans ce Pacte s'imposent donc immédiatement aux États parties, ce qui a d'autant plus d'intérêt qu'ils sont définis avec beaucoup de précision. Un Comité des droits de l'homme est institué pour contrôler la manière dont les États s'acquittent de leurs obligations : il examine de manière contradictoire les rapports que les États sont régulièrement tenus de présenter sur les mesures prises par eux pour donner effet aux droits reconnus et sur les progrès réalisés dans la jouissance de ces droits. De surcroît, en vertu d'un Protocole facultatif adopté le même jour que le Pacte, les États peuvent accepter la compétence du Comité pour connaître des recours émanant de particuliers se prétendant victimes d'une violation d'un des droits reconnus par le Pacte (la France a ratifié le Protocole en 1984).

101 [Par ailleurs, les Nations unies ont élaboré de nombreuses conventions, proposées à la ratification des États, dans le domaine des droits de l'homme. Citons la Convention du 9 décembre 1948 pour la prévention et la répression du crime de génocide (ratifiée par la France en 1950), la Convention du 21 décembre 1965 sur l'élimination de toutes les formes de discrimination raciale (ratifiée par la France en 1971), la Convention du 1er mars 1980 sur l'élimination de toutes les formes de discrimination à l'égard des femmes (ratifiée par la France

en 1984), la Convention contre la torture et autres peines ou traitements cruels, inhumains ou dégradants du 10 décembre 1984 (ratifiée par la France en 1986) et la Convention relative aux droits de l'enfant du 20 novembre 1989 (ratifiée par la France en 1990).

102 [Mais c'est dans le cadre régional que la protection internationale des droits de l'homme prendra véritablement son essor. Le Conseil de l'Europe, organisation créée en 1949 pour regrouper les démocraties libérales d'Europe et susciter leur coopération dans de nombreux domaines, décide de faire des droits de l'homme une priorité et d'arriver rapidement à l'adoption d'une convention que les blocages de l'organisation mondiale interdisaient d'espérer à court terme au niveau universel. Ce sera la Convention de sauvegarde des droits de l'homme et des libertés fondamentales, couramment désignée en France sous le nom de Convention européenne des droits de l'homme, signée à Rome le 4 novembre 1950. Celle-ci est extrêmement précise quant à l'étendue des droits qu'elle consacre, amenant à distinguer des libertés intangibles en toute circonstance (v. *supra*), des libertés insusceptibles d'être limitées en dehors de cas de guerre ou d'autre danger public menaçant la vie de la nation et des libertés susceptibles de faire l'objet, même en période normale, de limitations dans des conditions strictement énumérées. Parmi celles-ci, la plus caractéristique du degré d'exigence de la Convention est la clause n'admettant les restrictions qu'à la condition qu'elles soient « nécessaires, dans une société démocratique », à la protection de certaines valeurs – c'est la formule retenue pour la liberté d'expression ou le droit au respect de la vie privée et familiale, par exemple.

L'efficacité de la Convention est encore accrue par la hardiesse du mécanisme de protection qu'elle institue. Deux organes internationaux indépendants des États sont en effet créés : la Commission européenne des droits de l'homme et la Cour européenne des droits de l'homme. La première peut être saisie par tout État partie à la Convention de tout manquement qu'il croira pouvoir être imputé à un autre État partie ; de plus, l'État peut déclarer reconnaître la compétence de la Commission pour connaître de requêtes émanant de personnes physiques, organisations non gouvernementales ou groupes de particuliers se prétendant victimes d'une violation des droits reconnus par la Convention. Après filtrage des requêtes individuelles, établissement contradictoires des faits et recherche d'un règlement amiable, la Commission rédige un rapport transmis pour décision au Comité des ministres (organe politique regroupant les ministres des Affaires étrangères des États membres du Conseil de l'Europe ou leurs représentants) ou, sur saisine de la Commission ou de l'un des États intéressés, à la Cour européenne des droits de l'homme, à la condition que l'État défendeur ait accepté sa juridiction obligatoire.

L'innovation par rapport au droit international classique est considérable : un particulier est habilité à saisir d'une plainte dirigée contre un État (dans la majorité des cas, celui dont il a la nationalité) une instance internationale, qui pourra provoquer l'intervention d'une juridiction internationale laquelle tranchera le litige par un arrêt revêtu de l'autorité de la chose jugée. Aux termes du 11e Protocole à la Convention, entré en vigueur le 1er novembre 1998, le système connaît une importante mutation : une juridiction permanente, la Cour européenne des droits de l'homme, dont la compétence est obligatoire, cumule les fonctions de la Commission et de la Cour anciennes, la possibilité de remettre en cause les arrêts rendus par les chambres devant une Grande chambre étant par ailleurs instituée à certaines conditions. La Convention a fait l'objet de treize Protocoles additionnels : les 2e 3e, 5e, 8e, 9e et 10e sont aujourd'hui caducs, du fait de l'entrée en vigueur du 11e Protocole, dont le texte s'incorpore à celui de la Convention ; les 1er, 4e, 6e et 7e, tous ratifiés par la France, enrichissent la liste des droits reconnus, ce qui est également le cas des 12e (imposition d'un principe général de non-discrimination) et 13e (abolition totale de la peine de mort, y compris en temps de guerre) non encore en vigueur. Alors même que les organes de la Convention siègent à Strasbourg, la France s'est signalée par un très grand retard à ratifier la Convention, puisqu'elle ne l'a fait que le 3 mai 1974 (encore a-t-il fallu pour cela que A. Poher assure l'intérim de la présidence de la République...) et à accepter le droit de recours individuel (le 9 octobre 1981, conformément à un engagement de la campagne présidentielle de F. Mitterrand).

103 [Le Conseil de l'Europe a également servi de cadre à l'adoption de la Charte sociale européenne, signée à Turin le 18 octobre 1961, et de la Convention européenne pour la prévention de la torture et des peines ou traitements inhumains ou dégradants du 26 novembre 1987 (toutes deux ratifiées par la France). La première, révisée en 1996, en dépit du pouvoir largement discrétionnaire que son texte semble conférer aux États, a vu son caractère contraignant fortement accen-

tué par la rigueur croissante dont a fait preuve, dans l'examen des rapports étatiques, le Comité européen des droits sociaux, formé d'experts indépendants. Celui-ci peut aussi être saisi, aux termes d'un Protocole additionnel, de réclamations collectives, à l'initiative d'organisations internationales d'employeurs ou de travailleurs, de certaines organisations internationales non gouvernementales ou d'organisations nationales représentatives d'employeurs ou de travailleurs. La seconde institue un Comité européen pour la prévention de la torture et des peines ou des traitements inhumains ou dégradants, formé d'experts indépendants, autorisé à visiter tout lieu où des personnes sont privées de liberté par une autorité publique dans les États parties à la Convention. Le Comité rédige des rapports qui consignent ses observations. Il faut y ajouter des textes conventionnels relatifs à la préservation de l'identité de groupes linguistiques ou nationaux (Charte européenne des langues régionales ou minoritaires du 5 novembre 1992, Convention-cadre pour la protection des minorités nationales du 1er février 1995 – auxquelles la France n'est pas partie) ou à la bioéthique (Convention sur la protection des droits de l'homme et de la dignité de l'être humain à l'égard des applications de la biologie et de la médecine du 4 avril 1997 et Protocole additionnel portant interdiction du clonage de l'être humain du 12 janvier 1998).

104 [L'autre instance européenne qui s'est préoccupée activement des droits de l'homme est la Conférence sur la sécurité et la coopération en Europe (devenue l'Organisation pour la sécurité et la coopération en Europe), qui regroupe tous les États européens, le Canada et les États-Unis. Au temps de la guerre froide, elle constituait le seul cadre de rencontres régulières entre l'Europe de l'Ouest et l'Europe de l'Est. L'Acte final d'Helsinki, signé en 1975, contenait un certain nombre d'engagements en matière de respect des droits de l'homme. Dépourvu d'effet contraignant (il ne s'agit pas d'un traité international), il a joué un rôle moral et politique considérable dans les pays de l'Est, en donnant aux revendications libérales une base théoriquement acceptée par les dirigeants. C'est après l'effondrement du bloc socialiste que les documents élaborés suite aux réunions sur la « dimension humaine » de la Conférence ont acquis une véritable signification à l'Est de l'Europe, mais ils restent dénués de caractère juridiquement obligatoire.

105 [L'Organisation des États américains a connu une évolution comparable à celle du Conseil de l'Europe, en adoptant la Convention

américaine relative aux droits de l'homme le 22 novembre 1969 : tant par la précision des droits garantis que par la hardiesse du mécanisme de protection mis en place, celle-ci est très proche de la Convention européenne. En revanche, l'activité des organes de la Convention reste beaucoup moins importante. Quant à la Charte africaine des droits de l'homme et des peuples, adoptée en 1981 dans le cadre de l'Organisation de l'Unité africaine, elle est très en deçà des modèles européen et américain.

106 [Mais l'apport du droit international aux libertés ne se limite pas aux conventions ayant pour objet spécifique les droits de l'homme. Les autres conventions peuvent avoir un impact considérable sur les libertés : c'est particulièrement le cas du traité instituant la Communauté européenne. En premier lieu, son objectif de création entre les États membres d'un espace économique intégré emporte, pour les ressortissants de ces États, la consécration de libertés de base : libre circulation des marchandises, des hommes et des capitaux et liberté de concurrence. Le développement des compétences communautaires et l'interprétation dynamique des normes communautaires par la Cour de justice des Communautés européennes ont enrichi ces libertés et leur ont donné des prolongements qui débordent l'ordre économique, notamment par le biais du principe d'égalité (Jacqué, 1, 1991, p. 274) – v. ainsi CJCE, 24 novembre 1998, *Procédures pénales contre Horst Otto Bickel et Ulrich Franz,* aff. C-274/96, *Rec.* p. I-7637, concl. Jacobs.

Par ailleurs, l'ampleur prise par la construction communautaire et l'important pouvoir normateur reconnu aux autorités communautaires ont posé le problème du respect des libertés par ces instances. La Cour de Luxembourg a résolu la question en les assujettissant aux principes généraux du droit communautaire (Simon, 1991, p. 73). Ceux-ci comprennent notamment les droits inscrits dans la Convention européenne des droits de l'homme, ce que confirme l'article F (devenu l'article 6), paragraphe 2 du traité sur l'Union européenne : « L'Union respecte les droits fondamentaux, tels qu'ils sont garantis par la Convention européenne de sauvegarde des droits de l'homme et des libertés fondamentales signée à Rome le 4 novembre 1950, et tels qu'ils résultent des traditions constitutionnelles communes aux États membres, en tant que principes généraux du droit communautaire. » La Cour ne se contente d'ailleurs pas d'imposer aux institutions communautaires le respect de ces principes : elle y soumet également les États, dans la mesure où ils agissent dans le champ du droit communautaire (Jacqué, 2, 1991, p. 334). Le traité d'Amsterdam du 2 octobre 1997 accroît encore la place des droits de l'homme dans l'ordre juridique communautaire, du fait, en particulier, de l'extension de la compétence de la Cour de justice en matière de libre circulation des personnes (visas, asile, immigration, coopération policière et judiciaire en matière pénale). Cette situation risque d'ailleurs de multiplier les cas de compétence concurrente des Cours de Luxembourg et de Strasbourg, avec les risques de contradictions qui y sont liés (v. *Le traité d'Amsterdam*, Dalloz, 1998). La jurisprudence, devenue conséquente (v. le recueil de F. Sudre (dir.), *Droit communautaire des droits fondamentaux*, Bruylant, 1999) de la Cour de justice traduit tout à la fois le désir de tenir compte des dispositions de la Convention européenne des droits de l'homme et de leur interprétation à Strasbourg (v. ainsi CJCE 17 févr. 1998, *Lisa Jacqueline Grant c/ South-West Trains Ltd*, aff. C-249/96, *Rec.* p. I-621, concl. Elmer) et celui de préserver l'autonomie du système communautaire (ord. du 4 févr. 2000, *Emesa Sugar (Free Zone) NV*, aff. C-17/98, chron., *Cahiers de dr. europ.*, 2001, p. 403, dir. F. Benoît-Rohmer, refusant, contrairement aux solutions adoptées par la Cour européenne des droits de l'homme, de considérer comme impliquée par l'exigence du procès équitable la possibilité pour les parties de répliquer aux conclusions de l'avocat général).

L'adoption à Nice, le 7 décembre 2000, de la Charte des droits fondamentaux de l'Union européenne traduit à la fois un désir de rendre manifeste l'importance que revêtent les droits de l'homme pour l'Union européenne et celui d'aller plus loin que ne le permettent les principes généraux du droit, par essence voués à une synthèse de l'acquis. La Charte a été signée et proclamée, au nom de leurs institutions, par les présidents du Parlement européen, du Conseil et de la Commission. C'est dire qu'elle n'a pas été intégrée dans les traités, mais aussi qu'elle a une forte vocation à l'être lors de la prochaine étape de la construction européenne. Dans cette attente, elle constitue d'ores et déjà une référence importante pour les avocats généraux, et même pour le tribunal de première instance des Communautés (arrêt du 3 mai 2002, *Jégo Quéré et Cie SA c/ Commission*, aff. T-177/01, non encore publié, étendant le droit d'agir des particuliers au nom du droit à un recours effectif après avoir mentionné non seulement les articles 6 et 13 de la Convention européenne des droits de l'homme, mais aussi l'article 47 de la Charte) – v. Jacqué, 2002, p. 476.

107 [Tous ces éléments, qu'on a dû évoquer très rapidement (v. Cohen-Jonathan, 1989 ; Sudre, 2001 ; Wachsmann, 2002), font du droit international un élément majeur dans la détermination des libertés. Si la Constitution du 4 octobre 1958 permet, dans son article 54, que soit soumise au Conseil constitutionnel la question de la conformité à la Constitution d'un engagement international, ce ne peut être qu'avant sa ratification ou son approbation. En revanche, sauf à dénoncer le traité, ce qui n'est pas toujours possible et obéit en tout cas à des conditions limitatives (ainsi l'article 65 de la Convention européenne des droits de l'homme impose-t-il un préavis de six mois : jusqu'à son terme, l'État continue de répondre de l'intégralité de ses obligations), l'État est lié par ses engagements internationaux et ne peut s'en affranchir unilatéralement, serait-ce en révisant sa Constitution. L'efficacité des mécanismes internationaux de contrôle renforce encore cette pression exercée sur l'État. De la sorte, l'internationalisation des libertés, qui en projette la garantie sur un plan supranational (au sens topologique du terme) constitue bien l'achèvement du mouvement visant à réaliser une « désintrication du droit et du pouvoir » (Claude Lefort), amorcé aux XVIIe et XVIIIe siècles. Mais si les conventions relatives aux droits de l'homme sont contraignantes pour les parties, elles ambitionnent seulement de constituer un standard minimum des libertés : c'est au droit interne de chaque État qu'il appartient d'aller plus loin et d'améliorer leur protection.

Section 2.
Les exigences liées au bloc de constitutionnalité

108 [L'utilisation de la Constitution comme norme suprême dans l'ordre juridique interne, s'imposant au pouvoir législatif comme aux autorités administratives, est sans doute en germe dès l'origine des révolutions américaine et française. Ainsi, Mounier déclare-t-il à l'Assemblée nationale, le 9 juillet 1789, après avoir déploré l'imprécision des lois fondamentales de l'Ancien Régime : « Nous distinguerons, Messieurs, parmi les objets qui nous sont recommandés, ce

qui appartient à la Constitution et ce qui n'est propre qu'à former des lois [...] en nous occupant des lois, nous agirons simplement comme constitués » (*Archives parlementaires,* VIII, p. 215).

109 [L'inclusion de certaines libertés dans la proclamation constitutionnelle a pour effet de soustraire celles-ci à l'action des pouvoirs institués. Mais pour que cette supériorité de la Constitution sur les lois ait quelque effectivité, il faut une instance qui contraigne le législateur ordinaire à ne pas méconnaître les exigences de valeur supérieure. C'est Sieyès qui, lors des débats ayant précédé l'adoption de la Constitution de l'an III, évoqua à propos des pouvoirs publics « les précautions politiques dont il est sage de les entourer afin que, toujours utiles, ils ne puissent se rendre dangereux » (v. Bastid, 1939, p. 380) et proposa « l'institution d'une « jurie constitutionnaire » [...] avec mission de juger les réclamations contre toute atteinte qui serait portée à la Constitution », fût-ce par le législateur (Bastid, 1939, p. 417). Il ne fut pas suivi et l'hostilité républicaine envers le contrôle de constitutionnalité des lois fut encore renforcée par l'expérience du Sénat, chargé de ce rôle sous les Ier et IIe Empires.

110 [L'absence de déclaration des droits, compte tenu du caractère provisoire que devaient initialement revêtir les lois constitutionnelles de 1875, rendit la question très problématique sous la IIIe République : sauf à recourir, de quelque façon, au droit naturel, il était impossible d'opposer quoi que ce soit au respect dû à la volonté populaire. De sorte qu'en dépit d'oppositions très vives à certaines décisions des majorités parlementaires, une transposition en France de l'arrêt *Marbury v. Madison* apparaissait inconcevable. La création, dans la Constitution autrichienne de 1920, rédigée par Kelsen, d'une juridiction constitutionnelle chargée du contrôle du législateur n'empêcha pas le constituant français de 1946 de reconduire le système antérieur, en dépit de la présence d'un Préambule incluant la question des droits et libertés : le respect de la loi restait trop fort. Le Comité constitutionnel, institué à l'article 91 de la Constitution, n'avait en effet qu'un rôle fort réduit, d'autant que l'article 92, alinéa 3 précisait : « Il n'est compétent que pour statuer sur la possibilité de révision des dispositions des titres Ier à X de la présente Constitution » – ce qui revenait à lui interdire de signaler la méconnaissance des libertés visées ou énoncées dans le Préambule.

111 [C'est la Constitution du 4 octobre 1958 qui permettra, pour la première fois dans l'histoire constitutionnelle française, l'établissement

d'un véritable contrôle de constitutionnalité des lois, en instituant un Conseil constitutionnel chargé de censurer les violations de la Constitution par le législateur. La décision du 16 juillet 1971, sur saisine du président du Sénat, Alain Poher, achèvera la révolution opérée par le texte constitutionnel : pour la première fois, une loi est déclarée non conforme à la Constitution, parce qu'elle méconnaît une liberté constitutionnellement garantie (jusque-là, le Conseil n'avait contrôlé que le respect des limites quant à la répartition des matières entre la loi et le règlement). Adoptée à l'initiative de M. Giscard d'Estaing, la révision constitutionnelle du 29 octobre 1974, en étendant à 60 députés ou 60 sénateurs – soit à l'opposition – le droit de saisir le Conseil, permettra un exercice fréquent de la justice constitutionnelle et le développement d'une jurisprudence s'étendant aujourd'hui à la plupart des matières. L'effectivité de la suprématie de la Constitution est donc enfin assurée dans notre pays, quoique dans une mesure encore insuffisante, donnant ainsi son sens à la proposition : « La suprématie de la Constitution [...] dans l'État lui confère tout naturellement la qualité de mètre suprême de la régularité juridique » (Eisenmann, 1928, p. 12).

112 [Une telle conception suppose que le pouvoir constituant originaire (c'est-à-dire s'exerçant hors de toute détermination par un ordre constitutionnel antérieur) soit totalement libre d'insérer dans la Constitution telle disposition qui lui paraît opportune. « Les normes constitutionnelles [...] sont souveraines dans l'ordre interne : elles limitent, elles ne sont pas et ne peuvent pas être limitées », écrit Charles Eisenmann (1928, p. 9). L'acte constituant devient alors vertigineux, puisque c'est de lui que dépend la nature – libérale ou non – du système juridique tout entier (ce que dénoncent les contre-révolutionnaires, pour qui il n'est de constitution que coutumière, c'est-à-dire immuable, insusceptible d'une écriture fondatrice). Parce qu'inconditionné, le moment constituant est celui d'un extrême péril pour les libertés, leur reconnaissance dépendant des seules intentions politiques des auteurs du texte (ainsi, en 1875, faute d'accord sur ce point, elles n'ont bénéficié d'aucune consécration constitutionnelle).

113 [Une fois inscrites dans la constitution, les libertés sont-elles définitivement à l'abri, pourvu que l'ordre existant ne soit pas abattu par une révolution ? La réponse à cette question est liée aux possibilités de révision prévues par la Constitution elle-même. La solution de l'interdiction de toute révision étant peu réaliste (elle compromet, à la

moindre inadaptation du texte, la survie de l'ensemble), il faut déterminer la procédure de révision et l'étendue possible de la révision.

La procédure de révision doit tenir compte de la nature (fédérale ou unitaire) de l'État et de la double nécessité de ne pas interdire toute révision et de la rendre difficile. Ainsi, l'article 89 de la Constitution de 1958 exige-t-il que le texte soit d'abord adopté en termes identiques par l'Assemblée nationale et par le Sénat, puis approuvé par le corps électoral (ou, si c'est le président de la République qui en a eu l'initiative, par la réunion des deux chambres en un congrès statuant à la majorité des trois cinquièmes). Le consensus requis est donc important – ce qui explique qu'à deux reprises, dont la dernière lui fut fatale, le général de Gaulle ait contourné les difficultés de cette procédure, en utilisant les dispositions de l'article 11, quoiqu'elles fussent manifestement impropres à la révision comme l'a rappelé le Conseil d'État dans son arrêt du 30 octobre 1998, *Sarran, Levacher et autres, GAJA*, p. 818.

114 [La question de l'étendue du pouvoir de révision est résolue en France d'une manière très laxiste : la décision du Conseil constitutionnel du 2 septembre 1992 (« Maastricht 2 », *GDCC*, p. 781) énonce qu'en dehors des périodes où la Constitution empêche la révision et de l'interdiction de mettre en cause la forme républicaine du gouvernement (v. Jouanjan, 1996, p. 267), « le pouvoir constituant est souverain ; qu'il lui est loisible d'abroger, de modifier ou de compléter des dispositions de valeur constitutionnelle dans la forme qu'il estime appropriée ». Les libertés peuvent donc être remises en cause discrétionnairement par le pouvoir constituant dérivé, comme l'a montré la révision du 25 novembre 1993 relative au droit d'asile (pour une critique de cette « dénaturation de la Constitution », Beaud, 1993).

Au contraire, la Loi fondamentale allemande, instruite par l'expérience de 1933, interdit, dans son article 79, alinéa 3, toute révision qui toucherait aux principes énoncés aux articles 1er et 20 (dignité de l'être humain, soumission des pouvoirs législatif, exécutif et judiciaire aux droits fondamentaux, caractère fédéral, démocratique et social de l'État). La Cour constitutionnelle fédérale a estimé que la logique de cette disposition impliquait également sa propre intangibilité : « Le législateur habilité à réviser la Constitution n'avait pas compétence pour se libérer lui-même des limitations à la révision constitutionnelle qui sont fixées par la Loi fondamentale » (arrêt du 23 avr. 1991 dans l'affaire des expropriations en ex-RDA).

Elle a, par ailleurs, affirmé la subordination du constituant lui-même à des principes supra-constitutionnels, se situant ainsi dans une perspective jusnaturaliste. La même décision de 1991 indique, reprenant une solution adoptée dès 1951 : « Tout comme le constituant originaire, le législateur révisant la Constitution ne saurait négliger les postulats fondamentaux de la justice » (Jouanjan, 1994, p. 240). Le système allemand est donc beaucoup plus protecteur des libertés que le système français au niveau suprême. On peut aussi mentionner le cas du Portugal, où l'article 288 de la Constitution impose au pouvoir de révision de respecter « les droits, les libertés et les garanties des citoyens ».

115 [Malgré tout, l'accession de la Constitution à l'efficacité juridique marque la fin de la souveraineté de la loi, comme l'indique bien la formule utilisée par le Conseil constitutionnel dans sa décision du 23 août 1985 (loi sur l'évolution de la Nouvelle-Calédonie, *GDCC*, p. 625) : « La loi votée [...] n'exprime la volonté générale que dans le respect de la Constitution. » Cette phrase rend sensible la rupture opérée par rapport à la tradition des IIIe et IVe Républiques. Elle a aussi le mérite de situer exactement la justice constitutionnelle dans une logique démocratique : sur l'expression ordinaire, dans la loi, de la volonté du peuple prévaut son expression la plus solennelle dans une Constitution dont il faut rappeler que le texte a été approuvé par référendum, le 28 septembre 1958, par 4 votants sur 5 environ. Plus d'un siècle et demi après les États-Unis d'Amérique, la France a donc fait sienne l'idée de démocratie dualiste, qui met en avant le plus haut degré de légitimité démocratique de la Constitution (Ackermann, 1994, p. 191). Elle adopte ainsi le principe de constitutionnalité, au sens que Charles Eisenmann donnait à ce terme : « Tout comme le principe de légalité signifie en dernière analyse que seule la loi peut déroger à la loi, le « principe de constitutionnalité » signifie que seule une loi constitutionnelle peut déroger à une loi constitutionnelle » (1928, p. 21).

§ 1. Diversité des normes constitutionnelles consacrant des libertés

116 [Le projet de Constitution adopté par l'Assemblée constituante en avril 1946 s'ouvrait par une Déclaration des droits de l'homme ambi-

tieuse, qui reprenait certaines des formules de 1789, tout en les précisant et les complétant, et contenait une liste importante de droits économiques et sociaux. Mais cette œuvre de synthèse ambitieuse, plutôt marquée à gauche, n'entra pas dans le droit positif, le projet ayant été repoussé par le référendum du 5 mai 1946 (l'article 36 de la Déclaration, qui disposait que « le droit de propriété ne saurait être exercé contrairement à l'utilité sociale... », avait inquiété et joua son rôle dans cet échec). Texte de compromis, la Constitution du 27 octobre 1946 ne se risqua plus à rassembler dans un texte unique les dispositions relatives aux libertés. Tenus par la loi constitutionnelle du 3 juin 1958 de respecter le *statu quo* quant aux « libertés essentielles », les auteurs de la Constitution du 4 octobre 1958 s'abstinrent pareillement.

En 1975, les membres de divers partis émirent des propositions en vue de la rédaction d'une Charte ou déclaration des libertés. Elles furent examinées par une commission spéciale présidée par Edgar Faure, alors président de l'Assemblée nationale, qui élabora un texte, d'ailleurs fort peu convaincant, que l'Assemblée n'eut jamais l'occasion d'examiner et que la fin de la législature rendit caduc. On en reste donc à la situation de 1958 : celle d'un « bloc de constitutionnalité » (Favoreu, 1975, p. 34) – expression qui a prévalu, mais à laquelle on peut préférer celle d'« ordre constitutionnel » (Blanquer, 1998, p. 227) – composé de plusieurs éléments à l'articulation parfois problématique (v. Rials, 1984, p. 587).

117 [**Les articles de la Constitution**

Leur contenu relatif aux libertés est assez peu fourni. Il y a lieu néanmoins de mentionner l'article 1er (« La France est une République indivisible, laïque, démocratique et sociale. Elle assure l'égalité devant la loi de tous les citoyens sans distinction d'origine, de race ou de religion. Elle respecte toutes les croyances ») ; la devise de la République (« Liberté, Égalité, Fraternité ») consacrée à l'article 2, alinéa 4 ; les dispositions de l'article 3 relatives à la mise en œuvre du principe démocratique (caractère universel, égal et secret du suffrage et accès à la qualité d'électeur) ; celles de l'article 4 sur la liberté des partis et groupements politiques ; la compétence législative en matière de libertés publiques statuée par l'article 34 (v. *infra*) ; les dispositions relatives au Conseil constitutionnel et celles relatives à l'autorité judiciaire, qui mettent en place les garanties nécessaires à la protection des libertés par le juge constitutionnel et le juge judiciaire (v. *infra*).

C'est pour définir les pouvoirs de ce dernier que l'article 66 énonce : « Nul ne peut être arbitrairement détenu. L'autorité judiciaire, gardienne de la liberté individuelle, assure le respect de ce principe dans les conditions prévues par la loi. »

À ce jour, cet article est celui qui a donné lieu à la jurisprudence la plus abondante du Conseil constitutionnel en matière de libertés publiques. Il s'est agi pour le Conseil de définir la liberté individuelle et de préciser les prérogatives que l'article 66 confère au juge judiciaire. On mentionnera ainsi l'importante décision du 9 janvier 1980, à propos de la loi relative à la prévention de l'immigration clandestine, qui précise le délai dans lequel le maintien en détention des étrangers interdits d'entrée sur le territoire ou expulsés doit être autorisé par un juge : un délai de 48 heures est jugé conforme aux exigences de l'article 66 de la Constitution, alors qu'un délai de 7 jours y est contraire. Ces précisions aboutissent à une large transposition à la France de l'institution britannique de l'*habeas corpus*. Il faut encore ajouter l'article 88-3, introduit par la révision constitutionnelle du 25 juin 1992, qui ouvre le droit de vote et d'éligibilité aux élections municipales aux citoyens de l'Union européenne résidant en France, selon les modalités arrêtées en application du traité sur l'Union européenne. Mais la constitutionnalisation des libertés serait faible si elle se limitait aux articles de la Constitution.

118 [**Le Préambule de la Constitution**

Sous la IVe République, la question de la valeur juridique du Préambule avait suscité beaucoup de controverses. La formule de la promulgation de la Constitution du 4 octobre 1958 indique sans ambiguïté que le Préambule fait partie intégrante de « la loi constitutionnelle dont la teneur suit ». Il commence ainsi : « Le peuple français proclame solennellement son attachement aux droits de l'homme et aux principes de la souveraineté nationale tels qu'ils sont définis par la Déclaration de 1789, confirmée et complétée par le Préambule de la Constitution de 1946. » Dans sa décision du 19 juin 1970, relative aux ressources propres des Communautés européennes, le Conseil constitutionnel avait manifesté sans ambiguïté son intention de considérer le Préambule comme partie intégrante de la Constitution. Le premier visa de la décision énonce en effet : « Vu la Constitution et notamment son Préambule et ses articles... ». La décision du 16 juillet 1971 relative à la liberté d'association en tirera pleinement les conséquences, en déclarant contraire à la Constitution la loi déférée qui méconnaissait l'un des principes fondamentaux reconnus par les lois de la République visés par le Préambule de 1946, lui-même visé par celui de 1958. Le Préambule de l'actuelle Constitution s'analyse donc en une disposition de renvoi à trois sources distinctes : la Déclaration de 1789, le Préambule de 1946, les principes fondamentaux reconnus par les lois de la République.

119 [**La Déclaration des droits de l'homme et du citoyen de 1789**

La décision du 27 décembre 1973 relative à la loi de finances pour 1974 (*GDCC*, p. 273), censure une disposition qui, pour la taxation d'office à l'impôt sur le revenu sur la base des dépenses personnelles ostensibles ou notoires, interdisait aux seuls contribuables les plus fortunés d'apporter la preuve qu'ils n'avaient pas commis de fraude. Cette discrimination entre les citoyens « porte atteinte, dit le Conseil, au principe de l'égalité devant la loi contenu dans la Déclaration des droits de l'homme de 1789 et solennellement réaffirmé par le Préambule de la Constitution ». On notera qu'en l'espèce, le Conseil constitutionnel préfère le fondement de l'article 6 de la Déclaration à celui de l'article 1er de la Constitution, dont on a vu qu'il consacre également le principe d'égalité devant la loi et à celui de l'article 13 de la Déclaration, qui pose un principe d'égalité devant les charges publiques offrant au législateur une marge de manœuvre plus importante (v. ainsi Cons. const., 28 déc. 2000, loi de finances pour 2001).

Par la suite, le Conseil donnera tout leur effet utile aux dispositions de la Déclaration relatives aux libertés : la décision du 15 janvier 1975 sur la loi relative à l'interruption volontaire de grossesse (*GDCC*, p. 300) se réfère au « principe de liberté posé à l'article 2 de la Déclaration » (à propos de la liberté des personnes appelées à recourir ou à participer à une interruption volontaire de la grossesse), alors que la décision du 16 janvier 1982 relative à la loi de nationalisation (*GDCC*, p. 448) énonce que « la liberté qui, aux termes de l'article 4 de la Déclaration, consiste à pouvoir faire tout ce qui ne nuit pas à autrui, ne saurait elle-même être préservée si des restrictions arbitraires ou abusives étaient apportées à la liberté d'entreprendre », tandis que, par ailleurs, elle déclare contraires aux exigences de l'article 17 de la Déclaration (caractère juste de l'indemnité en cas de dépossession) les modalités d'indemnisation arrêtées par la loi.

L'interprétation de la Déclaration est donc extensive, comme en témoigne encore la décision du 18 janvier 1995 (loi d'orientation et de programmation relative à la sécurité) qui de l'article 11 proclamant la libre communication des pensées et des opinions tire « le droit d'expression collective des idées et des opinions », soit la liberté de manifestation (avaient déjà été déduites de cet article la liberté de communication dans le secteur de l'audiovisuel, la liberté de la presse et celle de s'exprimer dans les termes de son choix). Dans son contrôle de l'administration, le juge administratif impose également le respect de la Déclaration (CE, 7 juin 1957, *Condamine, RD publ.* 1958, p. 98, note M. Waline et Sect., 12 févr. 1960, *Sté Eky, Rec.* p. 101).

120 [**Le Préambule de la Constitution du 27 octobre 1946**

La référence qu'il fait à la Déclaration de 1789 s'absorbant dans celle directement opérée par le Préambule de 1958, son apport le plus immédiat réside dans ces principes politiques, économiques et sociaux « particulièrement nécessaires à notre temps » qu'il énonce. Dans la décision du 15 janvier 1975 (*GDCC*, p. 300), le Conseil constitutionnel vérifie que les dérogations autorisées par la loi au « principe du respect de tout être humain dès le commencement de la vie » ne méconnaissent pas « le principe énoncé dans le Préambule de la Constitution du 27 octobre 1946, selon lequel la nation garantit à l'enfant la protection de la santé ». La décision du 5 juillet 1977 (loi portant diverses dispositions en faveur de l'emploi des jeunes) indique la nécessité, pour le législateur, de respecter la phrase du Préambule de 1946 prescrivant que « tout travailleur participe, par l'intermédiaire de ses délégués, à la détermination collective des conditions de travail ainsi qu'à la gestion des entreprises ». La décision du 25 juillet 1979 (*GDCC*, p. 367), rendue à propos d'une loi réglementant le droit de grève à la radio et à la télévision, déclare contraires à la Constitution les dispositions du texte déféré qui apportaient une atteinte excessive au droit de grève, en dépit de la formule restrictive adoptée à ce sujet par le Préambule de 1946 (« Le droit de grève s'exerce dans le cadre des lois qui le réglementent »).

Le Conseil constitutionnel rejoint donc la position prise très tôt par le Conseil d'État (CE, Ass., 7 juill. 1950, *Dehaene, GAJA*, p. 423) qui avait fait application du Préambule à la grève dans les services publics. Mais tandis que le Conseil d'État tend à opérer un tri entre les dispositions jugées par lui suffisamment précises du Préambule et les autres, refusant aux secondes toute applicabilité directe, le Conseil constitutionnel considère l'ensemble des dispositions du Préambule de 1946 comme susceptibles de produire des effets normatifs, quitte – comme dans la décision du 5 juillet 1977 – à reconnaître au législateur un important pouvoir discrétionnaire pour mettre en œuvre certains principes (v. Terneyre, 1991, p. 317 et Clapié, 1992). Dans sa décision du 19 janvier 1995 (loi relative à la diversité de l'habitat), le Conseil constitutionnel a montré qu'il n'hésitait pas à interpréter avec hardiesse les dispositions du Préambule de 1946, en reconnaissant la qualité d'objectif à valeur constitutionnelle à « la possibilité pour toute personne de disposer d'un logement décent », à partir d'une combinaison des dispositions selon lesquelles « la nation assure à l'individu et à la famille les conditions nécessaires à leur développement », de celles consacrant le droit à la protection de la santé, à la sécurité matérielle, au repos et aux loisirs et le droit d'obtenir de la collectivité des moyens convenables d'existence avec l'affirmation de la dignité de la personne humaine. Au demeurant, l'inclusion dans le bloc de constitutionnalité des principes fondamentaux reconnus par les lois de la République témoignait, dès la décision fondatrice du 16 juillet 1971, d'une lecture dynamique du Préambule.

121 [**Les principes fondamentaux reconnus par les lois de la République**

Le Préambule de 1946 dispose que le peuple français « réaffirme solennellement les droits et les libertés de l'homme et du citoyen consacrés par la Déclaration des droits de 1789 et les principes fondamentaux reconnus par les lois de la République ». Cette dernière expression avait été introduite dans le Préambule à l'initiative des députés MRP (chrétiens-démocrates) à la Constituante, pour tenter de compenser le refus de l'Assemblée de consacrer la liberté de l'enseignement. En effet, l'article 91 de la loi de finances du 31 mars 1931 contenait les mots : « La liberté de l'enseignement [...] est un des principes fondamentaux de la République », de sorte que la formule insérée dans le Préambule de 1946 ne doit rien au hasard... Mais il restait à établir la portée juridique de cette référence aux principes fondamentaux, dans lesquels certains voyaient un simple hommage rendu à l'œuvre libérale de la IIIe République. En 1956, le Conseil d'État avait accepté de lui faire produire des effets juridiques, en énonçant que la liberté d'association constituait l'un de ces principes fondamentaux (CE, Ass., 11 juill. 1956, *Amicale des Annamites de Paris, Rec.* p. 317) et en en imposant le respect à l'administration. Le Conseil constitutionnel clôt le débat le 16 juillet 1971 (*GDCC*, p. 238), en décidant : « Au nombre des principes fondamentaux reconnus par les lois de la République et solennellement réaffirmés par le Préambule de la Constitution, il y a lieu de ranger le principe de la liberté d'association. » Par une référence à double détente du Préambule (celui de 1958 vise celui de 1946, qui, lui-même, vise les principes), les principes fondamentaux se voient donc reconnaître valeur constitutionnelle.

122 [À la différence des éléments déjà examinés du bloc de constitutionnalité, les principes ne se trouvent, en tant que tels, énoncés par aucun texte : c'est au juge constitutionnel qu'il appartient de les énoncer (au nombre des principes, « il y a lieu de ranger le principe de la liberté d'association »). Comment le Conseil décidera-t-il que tel principe constitue, ou non, l'un des principes fondamentaux ? La logique des termes utilisés par le constituant de 1946 lui impose de préciser sur quelle(s) loi(s) de la République il se fonde pour en induire l'existence d'un principe qui doit être placé au rang constitutionnel. Cela suscite encore toute une série de questions (Rivero, 1972, p. 265). Dans sa décision du 20 juillet 1988 relative à la loi portant amnistie, le Conseil constitutionnel a précisé qu'il n'entendait prendre en compte que « la législation républicaine intervenue avant l'entrée en vigueur du Préambule de la Constitution de 1946 ». Il s'agit donc des lois des deux premières Républiques, de celles de la IIIe République (adoptées entre le 4 septembre 1870 et le 10 juillet 1940) et de celles adoptées entre le 2 novembre 1945 et le 24 décembre 1946. En revanche, les lois adoptées sous les IVe et Ve Républiques ne peuvent servir de base à la création d'un principe fondamental. Ce point peut être illustré par la décision du 29 août 2002, loi d'orientation et de programmation pour la justice, qui, pour définir le principe fondamental reconnu par les lois de la République en matière de justice des mineurs se réfère aux caractéristiques « constamment retenues par les lois de la République depuis le début du XXe siècle » (atténuation de la responsabilité pénale des mineurs en fonction de l'âge, nécessité de rechercher le relèvement éducatif et moral des enfants délinquants par des mesures adaptées à leur âge et à leur personnalité, prononcées par une juridiction spécialisée ou selon des procédures appropriées) et cite une loi de 1906 sur la majorité pénale des mineurs, une autre de 1912 sur les tribunaux pour enfants et l'ordonnance de 1945 sur l'enfance délinquante, dont il faut relever que, quoique républicaine, elle n'est pas issue d'une délibération du Parlement... C'est vainement que les auteurs des saisines invoquaient à l'encontre de la loi déférée des principes consacrés par des lois prises

sous la Ve République : seule est prise en compte « la législation républicaine antérieure à l'entrée en vigueur de la Constitution de 1946 », qu'elle consacre les règles que l'on cherche à y puiser ou qu'au contraire elle ne les consacre pas (ainsi de la préférence systématique à accorder aux mesures éducatives sur les mesures coercitives).

123 [Mais le Conseil ne s'est plié que très partiellement aux contraintes normalement inhérentes à ces principes. La décision du 16 juillet 1971 précise que le principe de la liberté d'association « est à la base des dispositions générales de la loi du 1er juillet 1901 relative au contrat d'association », ce qui revient bien à se référer à une des grandes lois libérales de la IIIe République. Dans sa décision du 23 novembre 1977 (*GDCC*, p. 342), le Conseil indique que le principe de la liberté de l'enseignement « qui a notamment été rappelé à l'article 91 de la loi du 31 mars 1931, constitue l'un des principes fondamentaux reconnus par les lois de la République », donnant ainsi satisfaction, plus de 30 ans plus tard, aux députés qui avaient introduit la formule dans le texte du Préambule. Mais il arrive également que le Conseil affirme l'existence d'un principe fondamental sans donner aucune indication sur les textes législatifs dont il l'a induit : ainsi la décision du 2 décembre 1976, à propos de la loi relative au développement de la prévention des accidents du travail, se contente-t-elle de mentionner le « respect des droits de la défense tels qu'ils résultent des principes fondamentaux reconnus par les lois de la République », sans autre indication. Encore s'agit-il d'une hypothèse où il eût été possible de trouver les preuves requises dans la législation républicaine.

Tel n'est pas le cas, en revanche, des deux principes relatifs à la répartition des compétences entre le juge judiciaire et le juge administratif plus récemment dégagés par le Conseil constitutionnel (v. *infra*). Franchement contestable apparaît par ailleurs l'appel aux principes fondamentaux là où il suffisait d'invoquer un texte constitutionnel. Ainsi la décision du 12 janvier 1977, rendue à propos de la loi autorisant la visite des véhicules en vue de la recherche et de la prévention des infractions pénales (*GDCC*, p. 328) fait-elle de la liberté individuelle un principe fondamental reconnu par les lois de la République, en indiquant que ce principe est rappelé à l'article 66 de la Constitution, tandis que la décision relative à la liberté de l'enseignement du 23 novembre 1977 consacre un autre principe fondamental, celui de la liberté de conscience, en s'appuyant sur l'article 10 de la Déclaration de 1789 (« Nul ne doit être inquiété pour ses opinions, même religieuses... ») et sur une phrase du Préambule de 1946 (« Nul ne peut être lésé dans son travail ou son emploi en raison de ses origines, de ses opinions ou de ses croyances »).

124 [Ces décisions rendues en 1977 traduisaient une tendance marquée du Conseil à privilégier les principes pour s'arroger une assez grande liberté par rapport aux textes constitutionnels. Cette tendance a très rapidement cédé la place à une attitude plus prudente : soucieux de ne pas prêter le flanc au reproche du gouvernement des juges, le Conseil a systématiquement privilégié les textes (quitte à les interpréter de manière large) au détriment des principes. La liberté individuelle n'est plus invoquée que par le biais de l'article 66 de la Constitution, la liberté d'entreprendre a été constitutionnalisée grâce à une interprétation large de l'article 4 de la Déclaration et la liberté de manifestation par l'intermédiaire de la liberté de communication des pensées et des opinions reconnue à l'article 11 de la Déclaration. Le reflux est donc manifeste (v. Favoreu, 1987, p. 443), au point que certains ont cru pouvoir prophétiser la fin des principes fondamentaux. Cette conclusion nous paraît toutefois erronée, comme l'atteste la reconnaissance comme tels de l'indépendance des professeurs d'université (Cons. const., 20 janv. 1984, *GDCC*, p. 571) et des maîtres de conférences (Cons. const., 10 janv. 1995, loi organique relative au statut de la magistrature) et des principes gouvernant la répartition des compétences entre les deux ordres de juridiction (Cons. const., 23 janv. 1987, *GDCC*, p. 698, 25 juill. 1989 et 27 nov. 2001). Le Conseil constitutionnel se montre souvent plus explicite lorsqu'il refuse la consécration d'un principe fondamental reconnu par les lois de la République (v. ainsi la décision du 18 décembre 1997, loi de financement de la sécurité sociale pour 1998, dans laquelle le refus de constitutionnaliser le principe de l'universalité des allocations familiales se fonde sur le fait qu'un tel principe avait été écarté par une loi de 1932, un décret-loi de 1939, une ordonnance du gouvernement provisoire de 1945 et une loi de 1946), sans cependant toujours s'astreindre à une telle précision (v. ainsi la décision du 30 décembre 1996, loi de finances par 1997, refusant par voie d'affirmation non motivée la constitutionnalisation du principe de confiance légitime, qui occupe une place importante en Allemagne ou en Suisse ainsi qu'en droit communautaire).

Le Conseil d'État a récemment utilisé les principes fondamentaux reconnus par les lois de la République pour interpréter à leur lumière une convention d'extradition (CE, Ass., 3 juill. 1996, *Koné*, *GAJA* p. 777). La création d'un tel principe (celui « selon lequel l'État doit refuser l'extradition d'un étranger lorsqu'elle est demandée dans un but politique ») était nécessaire, compte tenu du niveau de la hiérarchie des normes auquel on se situait. Cette initiative a été contestée (Favoreu, 1996, p. 882), mais le monopole revendiqué au profit du Conseil constitutionnel ne nous paraît en réalité porter que sur le contrôle de constitutionnalité des lois postérieures à l'entrée en vigueur de la Constitution de 1958, non sur l'interprétation des règles constitutionnelles elles-mêmes, à laquelle les juridictions ordinaires sont libres de se livrer dans le champ de leurs compétences, ce qu'a confirmé l'Assemblée plénière de la Cour de cassation dans son arrêt du 10 octobre 2001, *Breisacher, RFD adm.* 2001, p. 1169, note O. Jouanjan et P. Wachsmann, en relevant que « si l'autorité des décisions du Conseil consitutionnel s'attache non seulement au dispositif, mais aussi aux motifs qui en sont le soutien nécessaire, ces décisions ne s'imposent aux pouvoirs publics et aux autorités administratives et juridictionnelles qu'en ce qui concerne le texte soumis à l'examen du Conseil ».

La réserve du Conseil constitutionnel quant aux principes fondamentaux s'accompagne toutefois d'une assez grande liberté dans la définition des éléments du bloc de constitutionnalité, au point qu'il est parfois difficile de savoir si le Conseil procède par voie d'interprétation ou de création normative. L'imprécision même de la motivation de ses décisions est sans doute l'indice d'une volonté de s'affranchir de contraintes textuelles trop rigides : la notion de principe de valeur constitutionnelle illustre bien ces observations.

125 [**Les principes de valeur constitutionnelle**

Dans sa décision du 27 juillet 1978 relative à la loi édictant des sanctions pénales pour violation du monopole public de la radiodiffusion, le Conseil évoque l'hypothèse d'une loi « contraire aux dispositions de la Constitution ou à des principes de valeur constitutionnelle », semblant ainsi opposer les articles de la Constitution aux autres éléments du bloc de constitutionnalité. Un pas supplémentaire paraît franchi dans la décision du 12 juillet 1979 à propos de la loi relative à certains ouvrages reliant les voies nationales ou départementales, où on lit la formule suivante : « La liberté d'aller et venir est un principe de valeur constitutionnelle » : si l'on considère d'ordinaire que cette liberté est un corollaire de la liberté individuelle, dont la décision du 12 janvier 1977 faisait un principe fondamental reconnu par les lois de la République, cette analyse ne paraît pas être celle du Conseil constitutionnel (qui envisage les deux libertés comme distinctes, en les séparant par la conjonction de coordination *et*: Cons. const., 19 et 20 janv. 1981, à propos de la loi « sécurité et liberté » (*GDCC*, p. 427) et plus récemment 18 janv. 1995, loi d'orientation et de programmation relative à la sécurité). On conviendra donc que la formule utilisée par le Conseil est particulièrement imprécise, alors surtout que la constitutionnalisation de la liberté d'aller et venir eût été aisément justifiable.

126 [Un mystère plus grand encore préside à la reconnaissance de la valeur constitutionnelle de la liberté personnelle. Celle-ci se fait, sans aucune justification ni même aucune qualification, dans la décision du 20 juillet 1988 relative à la loi portant amnistie : la disposition prévoyant la réintégration de travailleurs protégés, même en cas de faute lourde de leur part, est déclarée contraire à la Constitution, en raison de la gravité de l'atteinte qu'elle est susceptible de porter à la liberté d'entreprendre de l'employeur et à « la liberté personnelle de l'employeur et des salariés de l'entreprise en leur imposant la fréquentation, sur les lieux de travail, des auteurs d'actes dont ils ont été victimes ». La notion de liberté personnelle apparaît ici, sans que rien ne soit dit sur son origine ni sur son contenu exact. Les décisions ultérieures ayant utilisé cette notion n'ont fait qu'obscurcir les choses sur le second point (v. Cons. const., 25 juill. 1989, loi modifiant le Code du travail, *AJDA* 1989, p. 796, note Benoît-Rohmer ; 25 juill. 1991, loi autorisant la ratification de la convention d'application de l'accord de Schengen et 20 janv. 1993, loi relative à la prévention de la corruption et à la transparence de la vie économique et des procédures publiques), sans rien préciser sur le premier. L'absence de mention plus récente de la liberté personnelle dans la jurisprudence du Conseil semble relayée, ici aussi, par l'appel aux dispositions les plus générales de la Déclaration de 1789, en particulier à son article 2 qui fait de la liberté un des « droits naturels et imprescriptibles de l'homme » dont la conservation est le « but de toute association politique ». C'est ainsi que la décision du 27 juin 2001, loi relative à l'interruption volontaire de grossesse et à la contraception, *GDCC*, p. 300, rattache la décision d'interrompre une grossesse à « la liberté de la femme qui découle de l'article 2 de la Déclaration des droits de l'homme et du citoyen ».

La notion de principe de valeur constitutionnelle marque donc la très grande liberté acquise par le juge constitutionnel. Mais elle joue moins pour reconnaître de nouvelles libertés que pour permettre au législateur de restreindre celles dont la constitutionnalisation est acquise.

§ 2. La constitutionnalisation de valeurs opposées aux libertés

127 [On a vu qu'il n'existait pratiquement pas de liberté absolue. C'est dire que, nonobstant la constitutionnalisation des libertés, celles-ci vont pouvoir subir des limitations qu'il serait impraticable de confier au seul pouvoir des autorités habilitées à réviser la Constitution. Au demeurant, le constituant, usant de son droit souverain, ne manque pas de prévoir des possibilités d'interventions législatives limitant les libertés par ailleurs instituées. La Déclaration de 1789 le confirme, qui, dans ses articles 4, 5, 7, 8, 10, 11 et 17 ouvre à la loi la possibilité de restreindre les libertés qu'elle proclame, en un légicentrisme dont Stéphane Rials écrit qu'il est « le fils adultérin d'un mariage soigneusement dissimulé et peut-être inconscient du pessimisme répressif des conservateurs et de l'optimisme rationaliste de la gauche » (1988, p. 369). Le problème est alors de limiter ces limitations législatives, autrement dit de ne pas perdre ce que l'on avait gagné en constitutionnalisant les libertés.

128 [Ici encore, l'émergence de la justice constitutionnelle va s'avérer décisive. Avant 1971, le législateur décidait seul des limites assignées aux libertés. Avec la décision du 16 juillet 1971 et celles qui l'ont suivie se posait, pour ainsi dire, la question inverse : la multiplication des normes constitutionnelles protectrices des libertés ne se traduisait-elle pas par le dessaisissement du législateur ordinaire, à chaque fois qu'était en cause l'une de ces libertés ? Pour répondre par la négative, le Conseil constitutionnel était contraint d'opposer à ces libertés des règles ou principes ayant également valeur constitutionnelle : s'agissant d'un affrontement entre normes constitutionnelles contradictoires, il était logique de donner compétence au législateur ordinaire – mais sous le contrôle du Conseil constitutionnel – pour opérer un arbitrage. Il est significatif qu'ici encore, le Conseil ait largement recouru aux principes de valeur constitutionnelle, au fur et à mesure du développement de sa jurisprudence sur cette question.

129 [La décision du 25 juillet 1979, rendue à propos d'une loi qui réglementait le droit de grève à la radio et à la télévision (*GDCC*, p. 367), est d'autant plus caractéristique qu'elle intervenait à propos d'un droit dont le Préambule de 1946 dit qu'il « s'exerce dans le cadre des lois qui le réglementent ». Le Conseil interprète ainsi cette phrase : « En édictant cette disposition, les constituants ont entendu marquer que le droit de grève est un principe de valeur constitutionnelle, mais qu'il a des limites et ont habilité le législateur à tracer celles-ci en opérant la conciliation nécessaire entre la sauvegarde des intérêts professionnels dont la grève est un moyen et la sauvegarde de l'intérêt général auquel la grève peut être de nature à porter atteinte ; notamment en ce qui concerne les services publics, la reconnaissance du droit de grève ne saurait avoir pour effet de faire obstacle au pouvoir du législateur d'apporter à ce droit les limitations nécessaires en vue d'assurer la continuité du service public qui, tout comme le droit de grève, a le caractère d'un principe de valeur constitutionnelle. » Mais ce dernier principe ne figure dans aucun texte constitutionnel : il est créé afin de fournir un fondement aux atteintes au droit de grève des agents publics.

Dans la décision du 22 juillet 1980 relative à la loi sur la protection et le contrôle des matières nucléaires, c'est encore la limitation au droit de grève qui est en cause. Cette fois-ci, le Conseil indique : « S'agissant de la détention et de l'utilisation de matières nucléaires, la reconnaissance du droit de grève ne saurait avoir pour effet de faire obstacle au pouvoir du législateur d'apporter à ce droit les limitations nécessaires en vue d'assurer la protection de la santé et de la sécurité des personnes et des biens, protection qui, tout comme le droit de grève, a le caractère d'un principe de valeur constitutionnelle. » Si la protection de la santé peut se réclamer de sa reconnaissance par un texte, le Préambule de 1946 (mais le Conseil ne le cite pas), tel n'est pas le cas de la protection de la sécurité des personnes et des biens. Une fois encore, le juge constitutionnel procède par voie d'affirmations, sans prendre la peine de justifier sa démarche.

Il en est de même dans la décision des 19 et 20 janvier 1981, relative à la loi « sécurité et liberté » (*GDCC*, p. 427), à propos des vérifications d'identité : l'atteinte à la liberté d'aller et venir est justifiée par le fait « que la recherche des auteurs d'infractions et la prévention d'atteintes à l'ordre public, notamment d'atteintes à la sécurité des personnes et des biens, sont nécessaires à la mise en œuvre de principes et de droits ayant valeur constitutionnelle ». Cette formulation embarrassée traduit la volonté du Conseil de constitutionnaliser l'ordre public, ce que dira, cette fois-ci sans ambiguïté (mais sans que la motivation se précise le moins du monde), la décision du 27 juillet 1982 à propos de la loi sur la communication audiovisuelle. Celle-ci indique que la liberté de communication des pensées et des opinions proclamée à l'article 11 de la Déclaration de 1789 peut faire l'objet d'une réglementation législative « qui répond dans des circonstances données à la sauvegarde de l'ordre public », avant de préciser que la liberté doit être conciliée, en l'état actuel des techniques et de leur maîtrise, avec « d'une part, les contraintes techniques inhérentes aux moyens de la communication audiovisuelle et, d'autre part, les objectifs de valeur constitutionnelle que sont la sauvegarde de l'ordre public, le respect de la liberté d'autrui et la préservation du caractère pluraliste des courants d'expression socioculturels auxquels ces modes de communication, par leur influence considérable, sont susceptibles de porter atteinte ». La notion – elle aussi forgée par le juge – d'objectif de valeur constitutionnelle regroupe donc, au terme d'une évolution assez rapide, les éléments qui concourent à relativiser les libertés et à en remettre largement le sort au législateur, sous le contrôle, il est vrai, du Conseil constitutionnel. La possibilité d'opposer les unes aux autres des normes constitutionnelles contradictoires conduit donc à faire redescendre la compétence à un niveau inférieur de la hiérarchie des normes.

130 [La décision du 25 janvier 1985 à propos de la loi relative à l'état d'urgence en Nouvelle-Calédonie (*GDCC*, p. 612 ; *AJDA* 1985, p. 362, note Wachsmann) accentue encore la relativisation des libertés, en admettant la compétence du législateur pour instituer un régime d'exception, en plus de ceux que crée ou vise la Constitution de 1958. La législation sur l'état d'urgence n'est pas devenue caduque du fait du silence de la Constitution à son sujet, le législateur pouvant « opérer la conciliation nécessaire entre le respect des libertés et la sauvegarde de l'ordre public sans lequel l'exercice des libertés ne saurait être assuré ». Cette analyse revient à développer d'une manière dangereuse les possibilités de restriction des libertés constitutionnelles, au nom de l'ordre public (v. *contra* Terneyre, 1987, p. 187).

131 [Particulièrement caractéristique est alors le fait qu'il est parfois fait grief au traité ou à la loi soumis à l'examen de constitutionnalité non pas de méconnaître une liberté, mais de ne pas suffisamment faire

droit aux exigences de l'ordre public. Le 6e Protocole additionnel à la Convention européenne des droits de l'homme relatif à l'abolition de la peine de mort a ainsi été déféré au Conseil pour désarmer les critiques de ceux qui estimaient qu'en se privant de la possibilité d'infliger la peine de mort, l'État s'affaiblissait dangereusement. La réponse du Conseil constitutionnel, dans sa décision du 22 mai 1985, est nuancée : les éléments du Protocole permettant le maintien de la peine capitale pour des actes commis en temps de guerre ou de danger imminent de guerre et la faculté de le dénoncer sont soulignés, avant que le Conseil conclue « que cet engagement international n'est pas incompatible avec le devoir pour l'État d'assurer le respect des institutions de la République, la continuité de la vie de la nation et la garantie des droits et libertés des citoyens ». Les libertés viennent en dernier, après l'énumération de deux corollaires essentiels de l'ordre public.

La décision du 28 juillet 1989, pour sa part, mettait en présence de saisines qui soutenaient que l'absence d'une possibilité de refus de la carte de résident pour un motif d'ordre public entachait d'inconstitutionnalité la loi modifiant les conditions de séjour et d'entrée des étrangers en France. Le Conseil vérifie que la mise en œuvre de l'objectif de valeur constitutionnelle qu'est la sauvegarde de l'ordre public est correctement effectuée. Pour conclure par l'affirmative, il tient compte de ce que les étrangers qui porteraient atteinte à la sécurité des personnes et des biens encourent les sanctions pénales attachées à ces infractions et de ce que l'expulsion en urgence absolue restait possible, sauf pour les mineurs, en cas de nécessité impérieuse pour la sûreté de l'État ou pour la sécurité publique. On voit que la vérification est minutieuse et que la protection de l'ordre public n'a rien à envier à celle des libertés.

§ 3. Conflits entre normes constitutionnelles et contrôle du juge constitutionnel

132 [On a déjà souligné l'importance du rôle du Conseil constitutionnel dans la définition des libertés comme dans celle des valeurs opposées à ces libertés. La multiplicité des sources de normes constitutionnelles et l'absence de leur codification dans un document unique

l'accroissent évidemment. La décision du 16 janvier 1982 relative à la loi de nationalisation (*GDCC*, p. 448) en offre un exemple particulièrement éclairant. La première tâche qui se présentait au Conseil était d'indiquer comment coordonner l'article 17 de la Déclaration de 1789 (« La propriété étant un droit inviolable et sacré, nul ne peut en être privé, si ce n'est lorsque la nécessité publique, légalement constatée, l'exige évidemment, et sous la condition d'une juste et préalable indemnité ») et la phrase du Préambule de 1946 posant : « Tout bien, toute entreprise, dont l'exploitation a ou acquiert les caractères d'un service public national ou d'un monopole de fait, doit devenir la propriété de la collectivité. » Le Conseil décide de lire 1789 *avec* 1946, refusant ainsi l'idée simpliste selon laquelle le principe des nationalisations vaudrait mise entre parenthèses du droit de propriété. Sa démarche est historienne : il rappelle que l'échec du projet d'avril 1946 a signifié le rejet par le corps électoral de l'importante restriction du droit de propriété qu'il comportait et relève que le Préambule de la Constitution du 27 octobre 1946, repris en 1958, réaffirmait solennellement les droits proclamés en 1789, lesquels ont été seulement complétés par les principes particulièrement nécessaires à notre temps. En dépit de l'évolution qui l'a affecté, le droit de propriété continue de reposer sur « les principes mêmes énoncés par la Déclaration » qui ont « pleine valeur constitutionnelle, tant en ce qui concerne la valeur fondamentale du droit de propriété [...] qu'en ce qui concerne les garanties données aux titulaires de ce droit et les prérogatives de la puissance publique ». Il en résulte que la phrase précitée du Préambule de 1946 « n'a ni pour objet ni pour effet de rendre inapplicables aux opérations de nationalisation les principes susrappelés de la Déclaration de 1789 ».

Contrairement à ce que certains ont soutenu, il n'y a là nulle hiérarchisation entre les éléments du bloc de constitutionnalité, encore moins une « supra-constitutionnalité » qui serait reconnue à la Déclaration de 1789. Au contraire, le Conseil constitutionnel fait produire à tous les éléments du bloc les conséquences de leur pleine valeur constitutionnelle, en en respectant scrupuleusement les termes. En revanche, il y a nécessairement exercice par le juge constitutionnel d'un pouvoir considérable, lorsqu'il s'agit de concilier des normes aussi diverses (v. Turpin, 1985, p. 90 et Vedel, 1989, p. 57). Dans les arbitrages auxquels il procède, le législateur est désormais placé sous le contrôle du Conseil constitutionnel, qu'il adopte des dispositions nouvelles ou qu'il abroge des dispositions existantes.

133 [La décision du 29 juillet 1986, rendue à propos de la loi portant réforme du régime juridique de la presse, énonce clairement « qu'il est à tout moment loisible au législateur [...] de modifier des textes antérieurs ou d'abroger ceux-ci en leur substituant, le cas échéant, d'autres dispositions ; qu'il ne lui est pas moins loisible d'adopter, pour la réalisation ou la conciliation d'objectifs de nature constitutionnelle, des modalités nouvelles dont il lui appartient d'apprécier l'opportunité et qui peuvent comporter la modification ou la suppression de dispositions qu'il estime excessives ou inutiles ; que, cependant, l'exercice de ce pouvoir ne saurait aboutir à priver de garanties légales des exigences de caractère constitutionnel ». Cette dernière réserve devait entraîner la déclaration de non-conformité de l'article de la loi déférée relatif à la limitation des concentrations en matière de presse et de l'abrogation des textes antérieurement en vigueur, dans la mesure où une garantie suffisante n'était plus accordée à l'objectif de valeur constitutionnelle qu'est le pluralisme des quotidiens d'information politique et générale.

134 [Le contrôle exercé par le Conseil constitutionnel peut aussi revêtir la forme d'une « interprétation neutralisante » : le Conseil ne va pas jusqu'à déclarer non conforme à la Constitution une disposition soumise à son examen, mais se contente d'en imposer une interprétation telle que tout risque de méconnaissance d'une règle constitutionnelle se trouve écarté. Cette technique inaugurée en 1968 (v. Moderne, 1988, p. 97) a été développée dans la décision « sécurité et liberté » des 19 et 20 janvier 1981 (*GDCC*, p. 427) quant à l'interprétation qu'il convenait de donner à certaines incriminations établies par la loi ou aux garanties accordées aux personnes faisant l'objet d'une vérification d'identité, puis dans la décision des 10 et 11 octobre 1984 à propos de la loi visant à limiter la concentration et à assurer la transparence financière et le pluralisme des entreprises de presse (*GDCC*, p. 589) où « les strictes réserves d'interprétation énoncées plus haut » sont mentionnées dans le dispositif même de la décision et dans celle des 25 et 26 juin 1986 à propos de la loi autorisant le gouvernement à prendre diverses mesures d'ordre économique et social (*GDCC*, p. 653), où d'importantes réserves sont formulées à propos d'une loi d'habilitation et lient donc le pouvoir réglementaire dans la rédaction des ordonnances, en posant les bases de son éventuel contrôle par le juge administratif. À l'emploi, désormais habituel, des réserves d'interprétation, la décision du 9 novembre 1999, loi rela-

tive au pacte civil de solidarité, ajoute l'indication de « précisions », à la nature incertaine (v. Molfessis, 2000), qui suppléent aux lacunes du texte législatif sous examen (v. aussi les nombreuses réserves d'interprétation que comporte la décision du 12 janvier 2002, loi de modernisation sociale, en particulier celle qui indique que « les règles de preuve plus favorables à la partie demanderesse instaurées par les dispositions critiquées ne sauraient dispenser celle-ci d'établir la matérialité des éléments de fait précis et concordants qu'elle présente au soutien de l'allégation selon laquelle la décision prise à son égard constituerait une discrimination en matière de logement ou procéderait d'un harcèlement moral ou sexuel au travail » : le Conseil procède ici à une véritable réécriture de la loi en vue de la rendre conforme à la Constitution).

135 [L'intensité du contrôle opéré par le Conseil constitutionnel sur les appréciations du législateur est variable. Beaucoup de décisions intervenant sur des problèmes politiquement controversés prennent soin, depuis celle du 15 janvier 1975 à propos de la loi relative à l'interruption volontaire de grossesse (*GDCC*, p. 300) – qui était la première à intervenir sur saisine de 60 parlementaires et qui se situait donc à l'évidence au début d'une ère nouvelle pour le Conseil – d'énoncer : « L'article 61 de la Constitution ne confère pas au Conseil constitutionnel un pouvoir général d'appréciation et de décision identique à celui du Parlement, mais lui donne seulement compétence pour se prononcer sur la conformité à la Constitution des lois déférées à son examen. » Cette phrase ressemble fort à une dénégation (dont la plupart des juges aiment d'ailleurs à se parer), tant il est vrai que la conformité à la Constitution d'une disposition est souvent fonction d'appréciations qui amènent le Conseil à substituer les siennes propres à celles effectuées par le législateur.

Ainsi, mais on pourrait évidemment multiplier les exemples, le Conseil a-t-il approuvé l'arbitrage opéré par la loi entre la liberté d'aller et venir et la sauvegarde de l'ordre public en matière de vérifications d'identité (décision « sécurité et liberté » des 19 et 20 janv. 1981, *GDCC*, p. 427), tandis qu'il a désapprouvé celui qui était fait entre le droit de grève et la continuité des services publics, estimant que le nombre d'agents du service public de la radiodiffusion susceptibles d'être réquisitionnés pour assurer l'exécution du service portait au droit de grève une atteinte excessive (décision du 25 juill. 1979, *GDCC*, p. 367). Dans de telles hypothèses, le contrôle exercé apparaît être un contrôle entier : toute divergence entre l'appréciation du juge et celle du législateur entraîne la déclaration de non-conformité de la disposition litigieuse.

Mais parfois, le Conseil constitutionnel se contente d'un contrôle restreint, limitant sa censure au cas où il constaterait une erreur manifeste d'appréciation. Ainsi de la nécessité des peines prévues par le législateur (décision « sécurité et liberté » des 19 et 20 janv. 1981) et ce en dépit des termes particulièrement limitatifs utilisés par l'article 8 de la Déclaration de 1789 (« la loi ne doit établir que des peines strictement et évidemment nécessaires ») ou encore de la nécessité des nationalisations aux termes de l'article 17 de cette Déclaration (Déc. 16 janv. 1982, *GDCC*, p. 448) : « L'appréciation portée par le législateur sur la nécessité des nationalisations décidées par la loi soumise à l'examen du Conseil constitutionnel ne saurait, en l'absence d'erreur manifeste, être récusée par celui-ci dès lors qu'il n'est pas établi que les transferts de biens et d'entreprises présentement opérés restreindraient le champ de la propriété privée et de la liberté d'entreprendre au point de méconnaître les dispositions précitées de la Déclaration de 1789. »

Si le passage d'un degré de contrôle à l'autre (dans la décision du 16 janv. 1982, il est procédé à un contrôle entier du caractère juste des modalités d'indemnisation retenues par la loi) apparaît souvent difficile à justifier, il nous paraîtrait rationnel d'avancer que le contrôle entier – tout comme pour le juge administratif – est le contrôle normal et qu'il ne devrait être procédé à un contrôle restreint que dans l'hypothèse où la qualification opérée sur le fondement des normes constitutionnelles serait considérée comme particulièrement incertaine (nécessité des nationalisations ou des peines). À ce dernier titre, il faut noter que le Conseil constitutionnel n'hésite plus à censurer l'erreur manifeste commise par le législateur : la décision du 16 juillet 1996 relative à la loi tendant à renforcer la répression du terrorisme a estimé qu'en permettant de considérer l'aide directe ou indirecte à des étrangers en situation irrégulière comme une infraction justiciable du régime particulier des infractions liées à un acte terroriste, le législateur avait méconnu les exigences de l'article 8 de la Déclaration. Mais depuis quelques temps, le Conseil constitutionnel affiche souvent une volonté de s'en tenir à une censure des erreurs manifestes du législateur, y compris dans des hypothèses où il pratiquait naguère un contrôle entier. Dans sa décision du 13 janvier 2000, loi relative à la réduction négociée du temps de travail, il n'a ainsi exercé qu'un contrôle restreint sur la conciliation opérée par le législateur entre plusieurs exigences constitutionnelles (la liberté d'entreprendre d'une part, le droit pour chacun d'obtenir un emploi et le droit au repos et au loisir d'autre part). Sans doute peut-on expliquer cette solution par une volonté de consentir au législateur une large marge d'appréciation pour mettre en œuvre les deux dernières exigences et les concilier avec une liberté dont la consécration s'accommode de nombreuses exceptions. On notera cependant que ces considérations n'avaient pas empêché le Conseil constitutionnel d'exercer un contrôle entier sur la conciliation entre cette même liberté d'entreprendre et « les exigences de la protection de la santé publique qui ont valeur constitutionnelle », dans la décision du 8 janvier 1991, loi relative à la lutte contre le tabagisme et l'alcoolisme, *AJDA* 1991, p. 382, note P. Wachsmann. Le Conseil a ensuite utilisé avec insistance des formules indiquant l'exercice d'un contrôle restreint (en ce sens, Cons. const., 11 juill. 2001, loi portant diverses dispositions d'ordre social, éducatif et culturel jugeant que l'adaptation, par le législateur, des seuils de concentration en vue de favoriser le développement de la télévision numérique procédait d'une conciliation entre liberté de communication et préservation du pluralisme qui « n'apparaît pas manifestement déséquilibrée », Cons. const., 27 déc. 2001, loi de finances rectificative pour 2001, relevant que la conciliation opérée par le législateur entre l'exercice des libertés constitutionnelles garanties et la prévention des atteintes à l'ordre public et la lutte contre la fraude fiscale « n'est entachée d'aucune erreur manifeste » en ce qui concerne les modalités d'accès de certaines administrations à des informations détenues par les opérateurs de télécommunication et Cons. const., 12 janv. 2002, loi de modernisation sociale, estimant que les conditions auxquelles la loi sous examen subordonnait les licenciements économiques portaient à la liberté d'entreprendre « une atteinte manifestement excessive »). On notera, le dernier exemple cité le montre bien, que le recours à la terminologie du contrôle restreint n'empêche pas le juge constitutionnel d'exercer en réalité un contrôle important sur les appréciations du législateur. La catégorisation est donc avant tout rhétorique, ce que confirme une incertitude jurisprudentielle... manifeste sur le degré de contrôle qu'il convient de pratiquer

(v. ainsi Cons. const., 6 déc. 2001, loi portant mesures urgentes de réformes à caractère économique et financier, censurant « une atteinte disproportionnée » – et non pas : manifestement disproportionnée – au principe d'égalité devant la loi par des dispositions qui entendaient réserver à des structures associatives ou coopératives du secteur de l'économie sociale un quart des lots de certains marchés publics, en dépit de l'objectif d'intérêt général que constitue le développement dudit secteur).

Il a été relevé (Goesel-Le Bihan, 1997, p. 227) que le contrôle exercé par le Conseil constitutionnel tendait à s'affiner, la comparaison avec les techniques utilisées par la Cour constitutionnelle allemande s'avérant fructueuse (v. ainsi le contrôle de l'adéquation des dispositions adoptées au but visé par le législateur, effectué à partir de la décision du 6 décembre 1990 relative à la loi organisant la concomitance des renouvellements des conseils généraux et des conseils régionaux : dans sa décision du 28 décembre 2000, loi de finances rectificative pour 2000, le Conseil censure ainsi l'extension de la taxe générale sur les activités polluantes à l'électricité, compte tenu du fait que celle-ci ne contribue que très faiblement au rejet de gaz carbonique dans l'atmosphère, relevant que « les différences de traitement qui résulteraient de l'application de la loi ne sont pas en rapport avec l'objectif que s'est assigné le législateur »). Mais cette jurisprudence convaincrait davantage, si elle était plus rigoureuse, dans sa démarche et ses solutions comme dans ses motivations.

SECTION 3.
LA RÉPARTITION DES COMPÉTENCES ENTRE LE POUVOIR LÉGISLATIF ET LE POUVOIR EXÉCUTIF

136 [On aborde ici des problèmes liés à la hiérarchie des normes qui sont beaucoup plus traditionnels en droit français. Depuis 1789, l'un des dogmes du droit public français est que le législateur, en raison de sa légitimité démocratique, est le protecteur par excellence des libertés des citoyens, tandis que l'exécutif et les agents qui dépendent de lui représentent une menace pour ces libertés. Il s'ensuit évi-

demment de là que la réglementation des libertés doit procéder du seul législateur et que le pouvoir exécutif et l'administration ne peuvent agir qu'en vertu d'une loi. C'est l'État légal, décrit par Carré de Malberg et dont le Conseil d'État, en étendant son contrôle sur les actes administratifs, s'est fait le gardien vigilant. Aujourd'hui encore, de nombreux administrativistes décrivent encore la soumission de l'administration au droit sous l'intitulé du principe de légalité.

137 [Sous les IIIe et IVe Républiques, la compétence législative en matière de libertés n'est qu'un aspect privilégié de la compétence universelle reconnue au législateur. Mais pas plus que d'autres, le domaine des libertés n'a échappé à la pratique des décrets-lois, à la fin de la IIIe République : paralysés par la crainte de déplaire aux électeurs, la lenteur de la procédure législative et la précarité des majorités, les parlementaires confiaient au gouvernement, par une loi d'habilitation, le soin d'édicter en leurs lieu et place les mesures nécessaires. Pour interdire cette pratique, la Constitution de 1946 disposait, dans son article 13 : « L'Assemblée nationale vote seule la loi. Elle ne peut déléguer ce droit. » Mais les mêmes causes produisant les mêmes effets, le législateur imagina divers subterfuges pour tourner l'interdiction constitutionnelle. Consulté sur ces pratiques, le Conseil d'État s'efforça du moins de placer les libertés en-dehors de leur champ. Son célèbre avis du 6 février 1953 (*RD publ.* 1953, p. 170) énonce : « Certaines matières sont réservées à la loi soit en vertu des dispositions de la Constitution, soit par la tradition constitutionnelle républicaine, résultant notamment du Préambule de la Constitution et de la Déclaration des droits de l'homme de 1789 dont les principes ont été réaffirmés par le Préambule. » Cette position aboutit à exclure les libertés de la liste des matières qui pouvaient être abandonnées à l'exécutif, tout en autorisant le législateur, après avoir posé les règles essentielles, à laisser au gouvernement le soin de les compléter.

Les articles 34 et 37 de la Constitution du 4 octobre 1958 rompent avec l'état antérieur du droit, en définissant limitativement les compétences du Parlement. Mais en matière de libertés, les innovations n'ont finalement pas eu un impact aussi important qu'on l'avait cru, d'autant qu'ont perduré des éléments qui traduisent une grande continuité dans la conception des rapports entre les compétences parlementaires et exécutives.

§ 1. Les innovations introduites par la Constitution de 1958

138 La lecture de l'article 34, qui définit les matières réservées à la loi, donne l'impression d'une compétence intacte du Parlement à propos des libertés. La première rubrique est en effet celle qui concerne au premier chef notre matière : « La loi fixe les règles concernant : les droits civiques et les garanties fondamentales accordées aux citoyens pour l'exercice des libertés publiques ; les sujétions imposées par la Défense nationale aux citoyens en leur personne et en leur biens. » Il faut toutefois remarquer que seules les garanties fondamentales relèvent du domaine de la loi : l'article 37 statuant la compétence de droit commun du pouvoir réglementaire, il en résulte que relèvera de ce dernier tout ce qui ne s'analyse pas en une garantie fondamentale.

La jurisprudence du Conseil constitutionnel (essentiellement à travers la déclaration du caractère réglementaire de dispositions législatives prises après 1958, aux termes de l'article 37, alinéa 2) et du Conseil d'État (à propos de l'examen, par voie d'action ou d'exception, du respect de l'article 34 par le pouvoir réglementaire) a finalement eu peu d'occasions de préciser ce qu'il fallait entendre par ces garanties fondamentales. Elle s'est montrée assez favorable au législateur dans des domaines traditionnels, comme la répartition des contentieux entre les juridictions administratives et judiciaires qui continue de relever de la loi (CE, Ass., 30 mai 1962, *Association nationale de la meunerie, Rec.* p. 233 et Cons. const., 20 févr. 1987), mais peu dynamique dans des domaines nouveaux, comme celui des droits accordés aux citoyens dans la procédure administrative non contentieuse (v. ainsi Cons. const., 10 mars 1988, qui n'accepte pas de considérer que l'obligation de motiver une décision refusant de communiquer un document administratif relève de la compétence législative, solution d'autant plus remarquable qu'elle ne concerne pas l'administration locale et les organismes de sécurité sociale qui tombent dans le domaine de la loi au titre des principes fondamentaux de la libre administration des collectivités territoriales et de la sécurité sociale, mais en sens contraire : CE, 29 avr. 2002, *M. Ullmann, RFD adm.* 2002, p. 680, rangeant la détermination de l'étendue du droit d'accès aux documents administratifs parmi les garanties fondamentales accordées aux citoyens pour l'exercice des libertés publiques).

139 [Comme on vient de le voir dans le dernier exemple cité, les autres rubriques de l'article 34 peuvent également conduire à une compétence législative à propos des libertés. Il en va ainsi, très nettement, pour les règles et principes fondamentaux (on sait que la jurisprudence a assimilé ces deux formules de l'article 34, v. Cohen, 1963, p. 745) concernant la nationalité, l'état et la capacité des personnes, la détermination des crimes et délits ainsi que les peines qui leur sont applicables, la procédure pénale, l'amnistie, la création de nouveaux ordres de juridiction et le statut des magistrats, l'assiette, le taux et les modalités de recouvrement des impositions de toutes natures, le régime électoral des assemblées parlementaires et des assemblées locales, les garanties fondamentales accordées aux fonctionnaires civils et militaires de l'État, les nationalisations d'entreprises, l'enseignement, le régime de la propriété, des droits réels et des obligations civiles et commerciales, le droit du travail, le droit syndical et la sécurité sociale. La liste est donc assez fournie, d'autant que les combinaisons entre les rubriques et entre les dispositions de valeur constitutionnelle aboutissent souvent à un accroissement du domaine de la loi (Genevois, 1988, p. 95). En témoigne la décision des 17 et 19 mars 1964 qui reconnaît une large compétence au législateur en ce qui concerne le statut de la Radiodiffusion Télévision française, après avoir relevé que l'objet de cet établissement public est la communication des idées et des informations – soit une liberté publique – ce qui en fait « une catégorie d'établissement public sans équivalent sur le plan national », du fait du monopole existant à l'époque. Plus significative encore est la décision rendue en matière de contraventions le 28 novembre 1973 (*AJDA* 1974, p. 229, note Rivero) où le Conseil fait appel de surcroît à l'article 66 et au Préambule de la Constitution pour estimer, contrairement à ce qui était communément admis, que la compétence réglementaire concernant les contraventions est limitée au cas où les peines prévues ne comportent pas de mesure privative de liberté.

140 [Mais il ne suffit pas d'opposer, à propos des règles et principes fondamentaux de l'article 34, leur mise en cause qui relève de la loi et leur mise en œuvre qui relève du règlement, pour reprendre une terminologie introduite par MM. Favoreu et Philip (*GDCC*, p. 64), il convient également d'intégrer ce que ces mêmes auteurs appellent

« l'état de la législation antérieure » (*GDCC*, p. 76). D'abord dégagée par le Conseil constitutionnel à propos des principes fondamentaux du régime de la propriété et des obligations civiles, cette notion a été reprise pour les garanties fondamentales en matière de libertés publiques par l'arrêt de Section du Conseil d'État du 28 octobre 1960, *Martial de Laboulaye* (*Dr. soc.* 1961, p. 141, concl. Heumann, note Teitgen) et par la décision du Conseil constitutionnel du 18 décembre 1964. Celle-ci indique que « si l'article 34 de la Constitution réserve à la compétence du législateur le soin d'édicter les règles concernant ces garanties fondamentales, lesdites règles doivent être appréciées dans le cadre des limitations de portée générale qui y ont été introduites par la législation antérieure à la Constitution en vue de permettre certaines interventions de la puissance publique jugées nécessaires en la matière ». Ce raisonnement revient à opposer au législateur actuel les limitations aux libertés (en l'espèce à la liberté du commerce et de l'industrie) consenties par le législateur des IIIe et IVe Républiques. Le constituant de 1958 est réputé avoir voulu restreindre et non étendre la compétence législative : celle-ci ne comporte donc que les libertés laissées inviolées par le législateur antérieur. L'application de cette conception ne va pas sans difficultés : ainsi, l'exécutif ne peut restreindre l'accès à une profession, si celui-ci était libre avant 1958 (CE, Ass., 22 juin 1963, *Syndicat du personnel soignant de la Guadeloupe, Rec.*, p. 386), alors qu'il peut interdire la cotation de certaines valeurs, dès lors que le marché des valeurs mobilières faisait déjà l'objet d'une réglementation (CE, 10 janv. 1964, *Chambres syndicales des compagnies d'agents de change de Lyon et Marseille, Rec.*, p. 20) – v. Chardeau, 1981, p. 152.

141 [Titre de compétence grevé par les renoncements antérieurs de son détenteur, l'article 34 de la Constitution doit également s'envisager par rapport aux libertés faisant l'objet d'une garantie constitutionnelle. Celle-ci ne signifie pas une inhibition, mais simplement une limitation de la compétence législative, comme le précise la décision des 10 et 11 octobre 1984 relative à la loi visant à limiter la concentration et à assurer la transparence financière et le pluralisme des entreprises de presse (*GDCC*, p. 589). Après avoir rappelé que la liberté de communication des pensées et des opinions résulte de l'article 11 de la Déclaration de 1789, le Conseil constitutionnel énonce « que le principe ainsi proclamé ne s'oppose point à ce que le législateur, compétent aux termes de l'article 34 de la Constitution pour fixer

« les règles concernant les droits civiques et les garanties fondamentales accordées aux citoyens pour l'exercice des libertés publiques », édicte des règles concernant l'exercice du droit de libre communication et de la liberté de parler, écrire et imprimer », mais ajoute aussitôt que pour une liberté aussi fondamentale, « la loi ne peut en réglementer l'exercice qu'en vue de le rendre plus effectif ou de le concilier avec celui d'autres règles ou principes de valeur constitutionnelle ». Le législateur peut donc intervenir, au titre de l'article 34, pour améliorer les conditions concrètes d'exercice d'une liberté constitutionnelle ou pour opérer les arbitrages nécessaires entre deux libertés contradictoires (ainsi la décision du 23 nov. 1977, *GDCC*, p. 342, devait-elle se prononcer sur un problème où s'affrontaient deux principes fondamentaux reconnus par les lois de la République : la liberté de l'enseignement, qui a pour corollaire la sauvegarde du caractère propre des établissements d'enseignement privé, et la liberté de conscience des enseignants qui y exercent) ou, comme on l'a vu, entre libertés et ordre public (la décision du 25 janv. 1985 sur la loi relative à l'état d'urgence en Nouvelle-Calédonie, *GDCC*, p. 612, indique que la mission confiée au législateur par l'article 34 en matière de libertés publiques comporte celle « d'opérer la conciliation nécessaire entre le respect des libertés et la sauvegarde de l'ordre public »).

142 [La révolution opérée, quant aux rapports entre la loi et le règlement, par les articles 34 et 37 n'a cependant pas eu en pratique, on le sait, la portée qu'on en attendait. L'incertitude du tracé de la frontière entre les deux domaines, le caractère illisible des textes qui seraient issus d'un respect scrupuleux de la Constitution et la constance du phénomène majoritaire assurant au gouvernement le succès de l'essentiel de ses projets de lois ont marginalisé les deux articles et considérablement étendu, par rapport à ce qui résultait de leurs dispositions, la compétence du Parlement. Le Conseil constitutionnel a entériné cette situation en posant, dans sa décision du 30 juillet 1982 relative à la loi sur les prix et les revenus (*GDCC*, p. 522), qu'une disposition de nature réglementaire contenue dans une loi n'était pas inconstitutionnelle, ce qui rend désormais la procédure de l'article 61 inapplicable à son encontre. L'exécutif peut donc toujours consentir à un empiétement de la loi sur son domaine propre, quitte à reprendre ultérieurement sa compétence en utilisant la procédure prévue à l'article 37, alinéa 2 de la Constitution.

143 En revanche, le domaine de la loi est bien protégé contre les atteintes de l'exécutif : le juge administratif (et, dans une bien moindre mesure, le juge répressif) censure tout acte administratif qui mettrait en cause une matière réservée à la loi par l'article 34, sauf habilitation législative qui s'imposerait à lui. Mais la Constitution de 1958 limite fortement ces habilitations, qui ne peuvent s'inscrire que dans le cadre de l'article 38 (ou, exceptionnellement, dans celui de la procédure référendaire de l'article 11). Ici encore (sauf pour les lois référendaires), l'intervention du Conseil constitutionnel est décisive : d'une part, il veille à ce que les lois d'habilitation ne permettent pas à l'exécutif de faire ce que le Parlement lui-même ne peut plus faire, à savoir violer la Constitution (v. les importantes réserves d'interprétation de la loi dans Cons. const., 25 et 26 juin 1986, *GDCC*, p. 652, pour les privatisations et 1er et 2 juill. 1986, *GDCC*, p. 677, pour la délimitation des circonscriptions électorales) ; d'autre part, il censure toute disposition législative qui constituerait une habilitation en marge de l'article 38. La compétence conférée au législateur par l'article 34 est en effet une compétence exclusive. C'est ainsi que la décision du 26 juillet 1984 à propos de la loi relative aux réseaux câblés estime que l'intervention d'une autorité administrative indépendante pour la délivrance des autorisations d'exploiter un réseau de radio ou de télévision par câble constitue une garantie fondamentale accordée aux citoyens pour l'exercice des libertés publiques et qu'ainsi la loi sous examen ne pouvait renvoyer à un décret le soin de préciser dans quelle mesure cette autorisation devait émaner de la Haute Autorité de la communication audiovisuelle ou du gouvernement. De même, dans sa décision du 5 mai 1998, loi relative à l'entrée et au séjour des étrangers en France, le Conseil censure-t-il la disposition qui confiait au ministre de l'Intérieur le soin de fixer la liste des associations à vocation humanitaire bénéficiant de l'immunité pénale quant au délit d'aide au séjour irrégulier des étrangers. Le champ d'application de la loi pénale ne saurait en effet dépendre d'une décision administrative discrétionnaire, compte tenu de l'absence de précision du législateur quant à la « vocation humanitaire » en question. Ici encore, c'est donc une « incompétence négative », comme on l'appelle, du législateur qui est condamnée.

Paradoxalement, les articles 34 et 37 de la Constitution de 1958 offrent donc à l'intégrité de la compétence législative des garanties nouvelles, que vient cependant annihiler la mise en application de l'article 16. Celui-ci, en rupture avec les solutions habituelles du Conseil d'État, confère au président de la République le pouvoir législatif lui-même, ainsi que l'intégralité du pouvoir réglementaire (CE, Ass., 2 mars 1962, *Rubin de Servens, GAJA*, p. 572). Mais les articles 34 et 37 n'ont pas rendues caduques des jurisprudences classiques du Conseil d'État.

§ 2. Le maintien de solutions jurisprudentielles plus anciennes

144 [La continuité du droit administratif, par-delà les ruptures qui caractérisent le droit constitutionnel, a souvent été relevée. Pour ce qui concerne la répartition des matières entre la loi et le règlement, ce trait de notre droit public va servir à étendre tantôt la compétence législative, tantôt la compétence réglementaire.

145 [**L'extension de la compétence législative par le biais des principes généraux du droit**

Les principes généraux du droit apparaissent dans la jurisprudence du Conseil d'État en 1944-1945 pour contraindre le pouvoir réglementaire, même dans le silence de la loi, à respecter un certain nombre de valeurs que le juge estime inhérentes à un régime juridique libéral. Il faut d'ailleurs observer que, malgré les arrêts précités admettant sans ambages l'applicabilité directe du Préambule de la Constitution, le Conseil d'État préfère souvent appliquer les principes inscrits dans la Déclaration de 1789 et le Préambule de 1946 par l'intermédiaire des principes généraux du droit.

Peu après l'entrée en vigueur de la Constitution de 1958, le Conseil d'État a tenu à marquer que les principes généraux du droit continueraient de s'imposer à toute autorité réglementaire, y compris à ce que la doctrine de l'époque avait appelé le pouvoir réglementaire « autonome » (celui s'exerçant, en vertu de l'article 37, dans des matières où n'est prévue aucune compétence législative et où en conséquence, croyait-on à l'époque, n'existerait aucune loi – sur la réfutation de cette analyse, v. Favoreu, 1977, p. 405). L'arrêt de Section du 26 juin 1959, *Syndicat général des ingénieurs-conseils, GAJA*, p. 541, impose l'obligation de respecter « les principes généraux du droit qui résultant notamment du Préambule de la Constitution, s'imposent à toute autorité réglementaire même en l'absence de dispositions législatives ». Le recoupement de certains principes généraux du droit avec des normes constitutionnelles importe peu à ce niveau de la hiérarchie des normes : tout pouvoir réglementaire y est soumis, ils ont en toute hypothèse au moins une valeur « supra-décrétale » (Chapus, 1966, p. 99).

Applicables même au pouvoir réglementaire agissant sur la base d'une habilitation référendaire (CE, Ass., 19 oct. 1962, *Canal, Robin et Godot, GAJA*, p. 582), les principes généraux du droit opèrent comme une loi générale, à laquelle le législateur est réputé n'avoir pas voulu déroger (Mescheriakoff, 1976, p. 596) ni autoriser le pouvoir exécutif à déroger (v. aussi CE, 4 nov. 1996, *Association de défense des sociétés de course des hippodromes de province et autres, RFD adm.* 1996, p. 1099, concl. Maugüé et la note L. Favoreu critiquant cette solution). Ces principes vont donc enrichir la compétence législative (sauf à être dotés par ailleurs d'une valeur constitutionnelle), comme l'atteste la formule utilisée par l'arrêt d'Assemblée du 4 octobre 1974, *Dame David, Rec.* p. 464, concl. Gentot : « Il n'appartient qu'au législateur d'en déterminer l'étendue, d'en étendre ou d'en restreindre les limites. » Tout se passe donc comme si le Conseil d'État avait pris l'initiative (qui relève de la loi organique) d'ajouter aux rubriques de l'article 34 un alinéa aux termes duquel la loi fixe les règles dérogeant aux principes généraux du droit. Ainsi, le commissaire du gouvernement Gentot soulignait-il que la publicité des débats judiciaires, érigée en principe général par l'arrêt *Dame David,* aurait également pu être imposé à l'exécutif en tant que garantie fondamentale accordée aux citoyens pour l'exercice des libertés publiques, aux termes de l'article 34 : les deux raisonnements emportent des effets équivalents. La décision du Conseil constitutionnel du 26 juin 1969 (*GDCC*, p. 224) le confirme, qui utilise les principes généraux du droit dans le cadre de l'article 37, alinéa 2 (c'est donc des seuls rapports entre la loi et le règlement qu'il s'agit) et indique à propos d'un « principe général de notre droit » qu'il énonce (et que le Conseil d'État se refusera à reprendre) « qu'en l'espèce il ne peut y être dérogé que par une décision législative ».

146 [Les principes généraux du droit permettent donc d'enrichir la liste des libertés placées sous la sauvegarde du législateur, qu'il s'agisse de l'interdiction de licencier une salariée en état de grossesse, par transposition au droit public de la disposition homologue du Code du travail (CE, Ass., 8 juin 1973, *Dame Peynet, Rec.* p. 406, concl.

S. Grévisse), du droit pour les étrangers résidant régulièrement en France de mener une vie familiale normale (CE, Ass., 8 déc. 1978, *Groupe d'information et de soutien des travailleurs immigrés, GAJA*, p. 657) ou du droit à une rémunération au moins égale au salaire minimum interprofessionnel de croissance (CE, Sect., 23 avr. 1982, *Ville de Toulouse c/ Mme Aragnou, Rec.* p. 152, concl. Labetoulle).

Plus récemment, sont apparus des principes généraux du droit destinés à régir un domaine spécifique : principes généraux du droit de l'extradition (CE, Ass., 26 sept. 1984, *Lujambio Galdeano, JCP* 1984.II.20346, concl. Genevois : exigence que le système judiciaire de l'État requérant respecte les droits et libertés fondamentaux de la personne humaine) et principes généraux du droit applicables aux réfugiés (CE, Ass., 1er avr. 1988, *Bereciartua-Echarri, JCP* 1988, II, 21071, concl. Vigouroux : interdiction de remettre un réfugié aux autorités de son pays d'origine et Ass. 2 déc. 1994, *Mme Agyepong, RFD adm.* 1975, p. 86, concl. Denis-Linton : droit du conjoint et des enfants mineurs d'un réfugié à obtenir la qualité de réfugié). Dans ces hypothèses, les principes permettent de compléter la protection que la loi et surtout les conventions internationales apportent aux étrangers.

147 [**L'extension des compétences administratives en vertu de la théorie des pouvoirs de police**

Élaborée à l'époque de l'absolutisme monarchique, la théorie de la police confère aux autorités administratives une mission de surveillance, au nom de l'ordre, qui s'étend à l'ensemble du corps social. Ici encore, la Révolution laissera intacte cette prérogative étatique : le Code des délits et des peines du 3 brumaire an IV dit de la police : « Son caractère principal est la vigilance. La Société considérée en masse est l'objet de sa sollicitude » (v. Legendre, 1968, p. 249). La jurisprudence du Conseil d'État s'attachera à préciser l'étendue des prérogatives ainsi conférées à l'administration.

148 [Il est d'abord remarquable que ces solutions n'aient pratiquement pas été affectées par l'entrée en vigueur de la Constitution de 1958. Ainsi, on aurait pu penser que l'article 37 de la Constitution suffisait à la définition de la compétence réglementaire. Or, le Conseil d'État et le Conseil constitutionnel ont tenu à maintenir la spécificité du titre autorisant le gouvernement à intervenir pour assurer la sauvegarde de l'ordre public. « L'article 34 de la Constitution n'a pas retiré au chef du Gouvernement les attributions de police générale qu'il exerçait

antérieurement en vertu de ses pouvoirs propres et en dehors de toute habilitation législative » énonce une décision du Conseil constitutionnel du 20 février 1987, reprise par celle du 20 juillet 2000, loi relative à la chasse (v. déjà CE, 17 févr. 1978, *Association dite « Comité pour léguer l'esprit de la Résistance »*, *Rec.* p. 82). Par ailleurs, saisi d'un recours dirigé contre les décrets et l'arrêté instituant des limitations de vitesse, le Conseil d'État a tenu à se référer à l'objet et à l'étendue « des pouvoirs de police dont le Gouvernement dispose pour réglementer la circulation sur l'ensemble du territoire » (CE, 25 juill. 1975, *Sieur Chaigneau*, *RD publ.* 1976, p. 342, note J.-M. Auby). Cette formule fait écho à celle du célèbre arrêt *Labonne* (CE, 8 août 1919, *GAJA*, p. 224), qui rattachait les pouvoirs de police exercés par le président de la IIIe République sur l'ensemble du territoire à sa mission constitutionnelle d'exécution des lois. Il est significatif que l'article 37 ne soit pas cité, alors même qu'il aurait permis, à lui seul, de résoudre le litige.

149 [La question se pose alors de savoir dans quelle mesure ce pouvoir de police – qu'il s'exprime par des décisions réglementaires ou individuelles – est limité par l'existence des libertés consacrées par une norme législative ou supra-législative. Là encore, la réponse du Conseil d'État est claire et peut s'énoncer avec une brutalité qui semble faire peur à la doctrine administrativiste attachée à valoriser les aspects rassurants de la théorie de la police : aucune liberté, si solennellement consacrée qu'elle soit par la loi, la Constitution ou le droit international, ne peut paralyser l'action de l'autorité de police.

Tel est l'enseignement du célèbre arrêt *Benjamin* (CE, 19 mai 1933, *GAJA*, p. 300 ; *S* 1934.3.1, concl. Michel, note A. Mestre), par ailleurs si vanté pour son libéralisme. On sait que le maire de Nevers avait interdit la conférence que devait tenir René Benjamin, écrivain très engagé à droite, sur le thème apparemment neutre : « Deux auteurs comiques : Courteline et Sacha Guitry », en raison de menaces de manifestation émanant d'organisations de gauche. Or, une loi du 30 juin 1881 proclame : « Les réunions publiques sont libres », ce qui semblait désarmer l'autorité de police. Telle n'est pas l'analyse du Conseil d'État, qui affirme que « s'il incombe au maire, en vertu de l'article 97 de la loi du 5 avril 1884 [actuel art. L. 2212-2, CG Col. ter.], de prendre les mesures qu'exige le maintien de l'ordre, il doit concilier l'exercice de ses pouvoirs avec le respect de la liberté de réunion garantie par les lois du 30 juin 1881 et du 20 mars 1907 ». On remarquera que le juge administratif aborde le problème non sous l'angle de la liberté, mais sous celui de l'ordre public dont est garante l'autorité de police. On retrouve donc, à ce niveau de la hiérarchie des normes, le débat déjà rencontré au niveau constitutionnel : dans une situation d'affrontement entre deux normes législatives contradictoires, c'est à l'autorité administrative qu'il revient d'opérer une conciliation. Il le fait sous le contrôle, au demeurant strict (il est exigé que la mesure prise ait été nécessaire au maintien de l'ordre public, ce qui conduit en l'espèce à une décision d'annulation) de la juridiction administrative, mais, ici encore, la valorisation de l'ordre public a pour conséquence de relativiser les garanties qui semblaient devoir résulter de la reconnaissance des libertés.

La décision rendue le 8 avril 1935 par le Tribunal des conflits dans l'affaire *Action française* (*GAJA*, p. 311 ; *S* 1935.3.76, concl. Josse) confirme cette interprétation, quoiqu'elle estime les conditions de la voie de fait réunies en l'espèce. Au lendemain des événements du 6 février 1934, le préfet de police avait ordonné la saisie du journal chez les dépositaires de Paris et du département de la Seine. La voie de fait résulte non de l'atteinte portée à la liberté de la presse résultant de la loi du 29 juillet 1881, mais de la trop grande généralité de la mesure. Le commissaire du gouvernement Josse avait tenu à indiquer dans ses conclusions : « L'autorité de police n'est pas désarmée lorsqu'elle se heurte à telle ou telle liberté individuelle, même formellement consacrée par la Constitution, parce que les pouvoirs de police sont forcément des restrictions à des libertés. » Le raisonnement tautologique traduit bien l'embarras face à une solution qui relativise toutes les libertés reconnues. La jurisprudence du Conseil constitutionnel examinée plus haut, qui constitutionnalise l'ordre public, opère rationalisation de la jurisprudence *Benjamin* et *Action française*.

150 [On voit donc que la hiérarchie des normes est impuissante à offrir aux libertés un asile inviolable, ce qui revient à vérifier au niveau juridique la proposition déjà faite, selon laquelle il n'est pas (à de très rares exceptions près) de liberté absolue, en raison des contraintes du lien social. Il en résulte que le sort concret des libertés repose entre les mains des organes chargés d'en assurer la garantie. Pour reprendre des exemples déjà évoqués, c'est le juge constitutionnel qui dira si l'arbitrage réalisé par le législateur entre la liberté de communica-

tion des pensées et des opinions et la sauvegarde de l'ordre public est conforme à la Constitution et c'est le juge administratif qui décidera si l'atteinte portée par l'autorité de police à la liberté de réunion est ou non justifiée par la gravité de la menace qui pesait sur l'ordre public. Il est donc essentiel d'envisager les procédures de garantie des libertés publiques.

CHAPITRE 2

Les procédures de garantie des libertés publiques

151 [Dans la plupart des systèmes, c'est au juge qu'est dévolu l'essentiel de la mission de protéger les libertés contre les atteintes susceptibles de les affecter. Le droit français s'inscrit dans cette tradition, mais non sans paradoxes. D'abord, c'est le juge judiciaire qui est présenté comme le gardien par excellence des libertés, alors que par ailleurs est célébrée la jurisprudence protectrice élaborée à partir de 1872 par le Conseil d'État. Ensuite, la protection juridictionnelle des libertés n'a longtemps été envisagée qu'à l'égard du pouvoir exécutif : l'idée qu'il convenait de se prémunir également des dangers que la loi pouvait receler ne s'est traduite que très récemment par l'émergence d'une justice constitutionnelle. Par ailleurs, les lacunes inhérentes à la protection des libertés par le juge, qui tiennent à ce que celui-ci intervient presque toujours longtemps après les faits, ont conduit à une réflexion sur les ressources qu'est susceptible d'apporter la protection non juridictionnelle des libertés, selon diverses modalités. On examinera successivement ces deux types de contrôle, avant d'envisager les procédures internationales de garantie.

Section 1.
La protection juridictionnelle des libertés en droit interne

152 [La confiance accordée au juge pour protéger les libertés publiques tient d'abord à l'indépendance dont celui-ci dispose : quoiqu'intégré à l'appareil d'État, le juge peut s'extraire de celui-ci, au point d'apparaître comme un tiers impartial, quand bien même le litige opposerait l'État et un particulier. Elle tient ensuite aux garanties apportées par les règles qui s'imposent au juge, qu'il s'agisse de la procédure conduisant au jugement ou du jugement lui-même. Il y a donc un droit processuel, « un droit commun à toutes les procédures » (Guinchard et autres, 2001, p. VII), dont l'étude fait l'objet, à juste titre, d'un intérêt croissant.

153 [Le Pacte international relatif aux droits civils et politiques et la Convention européenne des droits de l'homme ont fixé les standards auxquels devait satisfaire l'intervention des juridictions, que la jurisprudence de la Cour européenne des droits de l'homme a précisés pour ce qui concerne la Convention. L'essentiel de la matière se trouve à l'article 6 de cette dernière, dont le champ d'application est limité aux contestations sur des droits et obligations de caractère civil et à l'appréciation du bien-fondé des accusations en matière pénale. La Cour a entendu ces notions de manière large, incluant dans la première toutes les procédures « dont l'issue est déterminante pour des droits et obligations de caractère privé », peu important « la nature de la loi suivant laquelle la contestation doit être tranchée (loi civile, commerciale, administrative, etc.) et celle de l'autorité compétente en la matière (juridiction de droit commun, organe administratif, etc.) » (arrêt *Ringeisen*, 16 juill. 1971). En conséquence, tombent dans le champ d'application de l'article 6 des instances dont l'objet est un droit à indemnité ou celui de continuer d'exercer une profession, même si elles se déroulent devant une juridiction administrative (arrêt *König*, 28 juin 1978) ou constitutionnelle (arrêt *Ruiz-Mateos c/ Espagne*, 23 juin 1993). La notion d'accusation en matière pénale a également reçu une interprétation large, s'appliquant à la répression disciplinaire dans la mesure où les sanctions encourues présentent un certain degré de gravité (arrêt *Campbell et Fell*, 28 juin 1984) ou à des sanctions fiscales (arrêt *Bendenoun c/ France*, 24 févr. 1994).

154 La Cour européenne des droits de l'homme a décidé qu'il fallait d'abord déduire de l'article 6 le droit de s'adresser à un tribunal. Dans l'arrêt *Golder* du 21 février 1975, le droit d'accès aux tribunaux apparaît comme un corollaire obligé des garanties d'une justice de qualité que confère l'article 6, compte tenu notamment de la référence à la prééminence du droit incluse dans le Préambule de la Convention : « En matière civile, dit la Cour, la prééminence du droit ne se conçoit guère sans la possibilité d'accéder aux tribunaux. » Les autorités britanniques ne pouvaient donc refuser au requérant, détenu, le droit de consulter un avocat afin d'intenter une action civile en diffamation envers un gardien qui avait déposé contre lui à propos d'incidents graves survenus dans la prison. L'obligation pour l'État de ménager un droit d'accès aux tribunaux qui soit effectif peut aller jusqu'à lui imposer de mettre en place un système d'aide juridictionnelle, seul à même de permettre à des justiciables peu fortunés de saisir les tribunaux avec quelque chance de succès. L'arrêt *Airey* du 9 octobre 1979, qui adopte cette solution, souligne que la Convention « a pour but de protéger des droits non théoriques ou illusoires, mais concrets et effectifs ».

155 Le premier droit que confère expressément l'article 6 est le droit à un tribunal indépendant et impartial établi par la loi. L'indépendance s'apprécie notamment par rapport au pouvoir exécutif et par rapport aux parties, elle implique au minimum que les membres de la juridiction ne puissent pas recevoir d'instructions et qu'ils ne puissent être révoqués avant l'expiration normale de leur mandat, qui ne doit pas être d'une durée anormalement brève. L'impartialité se définit par l'absence de préjugé ou de parti pris et soulève souvent des difficultés lorsqu'un membre de la juridiction de jugement a déjà eu l'occasion de se prononcer sur un aspect de l'affaire (autorisation d'un placement en détention, prononcé d'une mesure d'instruction...). Pour l'indépendance comme pour l'impartialité, la Cour européenne des droits de l'homme a indiqué que « même les apparences peuvent revêtir une certaine importance [...]. Il y va de la confiance que les tribunaux se doivent d'inspirer aux justiciables dans une société démocratique » (arrêt *Piersack*, 1er oct. 1982). Même si les solutions dégagées par la Cour à propos de l'impartialité des juges pèchent par excès de subtilité, cette jurisprudence a le mérite de mettre l'accent sur la spécificité des instances juridictionnelles (v. Koering-Joulin, 1990, p. 765). Dans son arrêt *Procola c/ Luxembourg* du 28 septembre

1995 (*D.* 1996, p. 301, note F. Benoît-Rohmer), la Cour européenne des droits de l'homme a estimé que l'exercice successif de fonctions consultatives et de fonctions juridictionnelles, à propos des mêmes décisions, par des membres du Conseil d'État luxembourgeois était « de nature à mettre en cause l'impartialité structurelle de ladite institution », solution fort embarrassante pour le Conseil d'État français, où se pratique le même cumul de fonctions.

156 [L'autre trait distinctif des juridictions réside dans les garanties offertes par la procédure suivie devant elles, en particulier son caractère équitable. Ce dernier suppose l'idée d'égalité des armes, dégagée par la Commission européenne des droits de l'homme et consacrée par la Cour dès l'arrêt *Neumeister* du 27 juin 1968. Comme l'énonce la Cour dans son arrêt *Dombo Beheer B.V. c/ Pays-Bas* du 27 octobre 1993, « l'égalité des armes implique l'obligation d'offrir à chaque partie une possibilité raisonnable de présenter sa cause – y compris ses preuves – dans des conditions qui ne la placent pas dans une situation de net désavantage par rapport à son adversaire ». La communication intégrale à l'avocat général près la Cour de cassation du rapport et du projet d'arrêt du conseiller rapporteur, sans possibilité pour les avocats des accusés d'en prendre connaissance, a ainsi été jugée contraire à cette exigence (arrêt *Reinhardt et Slimane-Kaïd c/ France* du 31 mars 1998). L'exigence d'équité de la procédure « implique aussi en principe le droit pour les parties à un procès de prendre connaissance de toute pièce ou observation soumise au juge, fût-ce par un magistrat indépendant, en vue d'influencer sa décision et de la discuter » (arrêts *Vermeulen c/ Belgique* et *Lobo Machado c/ Portugal* du 20 févr. 1996). Cette formule, qui implique que les parties et leurs conseils puissent être d'authentiques acteurs au procès et donc qu'ils ne soient exclus de rien de ce qui peut concourir à l'élaboration par les juges de leur décision, a posé problème quant au commissaire du gouvernement devant les juridictions administratives françaises. Dans son arrêt *Kress c/ France* du 7 juin 2001, la Cour a estimé que la faculté, pour les parties, de demander au commissaire, avant l'audience, le sens général de ses conclusions et celle de répliquer à ses conclusions par une note en délibéré constituaient des garanties suffisantes. En revanche, la présence au délibéré du commissaire du gouvernement, qui ne participe pas au vote sur la décision à intervenir, a été jugée incompatible avec les exigences du procès équitable, dès lors qu'elle peut induire, dans l'esprit de la partie

dont le commissaire à combattu les thèses, la crainte légitime que celui-ci ne profite de sa présence « pour appuyer ses conclusions [...] à l'abri de la contradiction ». L'équité de la procédure impose également une motivation suffisante des décisions de justice (arrêt *H. c/ Belgique* du 30 nov. 1987).

Au-delà de ses conséquences procédurales, la notion de procès équitable interdit aussi les ingérences du législateur dans le cours de la justice dans le but d'influer sur le dénouement judiciaire d'un litige (arrêt *Raffineries grecques Stran et Stratis Andreadis c/ Grèce* du 9 déc. 1994). Il s'ensuit un contrôle rigoureux des lois de validation (arrêts *National and Provincial Building Society et autres c/ Royaume-Uni* du 23 oct. 1997 et *Zielinski et Pradal et Gonzalez et autres c/ France* du 28 oct. 1999).

157 [Le caractère public de la procédure, également exigé par l'article 6, offre la garantie d'une surveillance démocratique de la manière dont la justice est rendue. Enfin, le droit à ce que la procédure n'excède pas un délai raisonnable conditionne l'efficacité de la protection offerte aux justiciables et donc la crédibilité de l'appareil judiciaire. La Cour de Strasbourg apprécie le caractère raisonnable du délai en tenant compte de la complexité de l'affaire, du comportement des autorités compétentes et du requérant, ainsi que, dans certains cas, de l'enjeu du litige pour l'intéressé (arrêt *X. c/ France*, 31 mars 1992, où il s'agissait d'une action en indemnité intentée par un hémophile contaminé par le virus du sida lors d'une transfusion : la gravité de l'état de santé de la victime appelait une diligence exceptionnelle). Cette dernière donnée impose un traitement rapide des litiges intéressant les libertés.

158 [Il faut, enfin, tenir compte de l'article 13 de la Convention européenne des droits de l'homme, qui stipule : « Toute personne dont les droits et libertés reconnus dans la présente Convention ont été violés a droit à l'octroi d'un recours effectif devant une instance nationale, alors même que la violation aurait été commise par des personnes agissant dans l'exercice de leurs fonctions officielles. » Ce droit au recours appelle deux précisions : il ne joue que pour les seuls cas où est alléguée de manière défendable la violation d'un droit garanti par la Convention et ses Protocoles et il ne suppose pas que le recours offert soit un recours juridictionnel (il suffit que l'« instance nationale » compétente offre un minimum de garanties d'indépendance). L'État a donc le choix entre la création d'une instance de contrôle

spécifique dotée de pouvoirs suffisants et l'élargissement de la compétence des tribunaux pour satisfaire aux exigences de l'article 13. Cependant, celles-ci ne vont pas jusqu'à exiger l'instauration d'un contrôle de la conformité des lois aux droits et libertés garantis par la Convention ou d'un contrôle de constitutionnalité des lois qui aboutirait en substance au même résultat (arrêt *James et autres*, 21 févr. 1986 et les opinions concordantes qui l'accompagnent).

159 [Quoique d'une manière trop fragmentaire, la Convention européenne des droits de l'homme souligne donc l'importance éminente du juge dans la protection des libertés et les garanties qu'il se doit en conséquence d'offrir aux justiciables.

Le système français de protection juridictionnelle des libertés se caractérise par une grande complexité, puisqu'à la traditionnelle dualité des juridictions « ordinaires » se superpose une juridiction constitutionnelle tard venue, mais qui a rapidement joué un rôle considérable, en dépit d'une compétence encore chichement mesurée.

§ 1. L'émergence du Conseil constitutionnel

160 [Le développement formidable qu'a connu, depuis plus de trente ans, le Conseil constitutionnel donne envie de reprendre à son propos la phrase célèbre de M. Prosper Weil, selon laquelle « l'existence même du droit administratif en France procède en quelque sorte du miracle ». Car la création en 1958 du Conseil constitutionnel ne doit rien au désir de transposer en France l'expérience de la justice constitutionnelle de l'Autriche (Constitution de 1920 élaborée par Hans Kelsen), de l'Italie (Constitution de 1947) ou de l'Allemagne (Loi fondamentale de 1949). L'élaboration de la Constitution révèle nettement qu'il s'est agi d'imposer au Parlement le respect des dispositions (art. 34 et 37) limitant son champ de compétence par rapport à l'exécutif et non de vérifier la conformité des lois aux libertés constitutionnelles. La faculté reconnue au Conseil constitutionnel de se prononcer sur la conformité à la Constitution des lois non encore promulguées, sous les apparences d'une formulation générale, ne vise qu'à permettre à l'exécutif de faire échec à une proposition de loi ou à un amendement d'origine parlementaire qui ne serait pas du domaine de la loi, alors même qu'il n'a pas soulevé à son encontre l'irrecevabilité prévue à l'article 41.

D'une manière significative, l'exposé des motifs de l'avant-projet de Constitution du 29 juillet 1958, approuvé par Michel Debré, indique que le contrôle de constitutionnalité des lois prévu par le texte « peut se manifester au stade initial des propositions et amendements parlementaires ou au stade ultérieur de la promulgation » (*Documents pour servir à l'histoire de l'élaboration de la Constitution du 4 octobre 1958*, I, p. 526) : c'est bien des domaines de la loi et du règlement qu'il s'agissait. Ce point de vue est confirmé par Michel Debré lors de la présentation du texte au Conseil d'État, le 27 août 1958, qui conclut le passage consacré au Conseil constitutionnel en disant « La Constitution crée ainsi une arme contre la déviation du régime parlementaire » (*Documents...*, III, p. 260), ce qui revient toujours à n'envisager que les rapports entre le gouvernement et le parlement. Il nous paraît donc permis de conclure que la formule utilisée par l'article 61 ne signifiait pas, dans l'esprit des rédacteurs de la Constitution, la création d'une justice constitutionnelle à part entière : cette perspective n'était tout simplement pas envisagée, sans quoi la révolution qu'elle constituait n'eût pas manqué d'être soulignée. Or, ce n'est que devant le Comité consultatif constitutionnel que fut vraiment évoquée, à l'initiative des professeurs de droit qu'il comprenait, la portée virtuelle de la nouvelle institution. Pierre-Henri Teitgen, en particulier, insista sur l'idée que « le contrôle de la constitutionnalité permet de vérifier la conformité de la loi au Préambule de la Constitution » (5 août 1958, *Documents...*, II, p. 179).

161 [Dans les premiers temps de son activité, le Conseil constitutionnel se borna à vérifier que le législateur n'empiétait pas sur les prérogatives du gouvernement. Alors que le président du Sénat lui avait déféré la loi référendaire modifiant les dispositions constitutionnelles relatives à l'élection du président de la République, le Conseil constitutionnel déclina sa compétence en ce qui concerne les lois référendaires, après avoir noté que la Constitution a fait de lui « un organe régulateur de l'activité des pouvoirs publics » (Déc. 6 nov. 1962, *GDCC*, p. 172). Cette formule continue de fixer l'intervention du Conseil au niveau des relations entre le Parlement et le gouvernement. Il faudra attendre la décision du 16 juillet 1971 pour que le Conseil constitutionnel s'affirme comme protecteur face au législateur des libertés constitutionnellement garanties et la révision constitutionnelle de 1974 pour qu'il ait l'occasion d'exercer fréquemment ce rôle, sur saisine de l'opposition. En dépit de cette évolution, les compétences

du Conseil constitutionnel restent maigres, si on les compare à celles qui sont reconnues aux cours constitutionnelles européennes (Grewe et Ruiz Fabri, 1995, p. 66), en particulier parce qu'il reste totalement inaccessible aux justiciables et étranger à l'activité des juridictions ordinaires.

162 [**La composition du Conseil constitutionnel et la procédure applicable devant lui**

La nouveauté radicale du Conseil constitutionnel explique qu'il ait souvent été ressenti comme un corps étranger à notre droit public : le contrôle du pouvoir législatif heurte la tradition française de suprématie de la loi, au nom de laquelle sont menées, plus ou moins ouvertement, les attaques contre le Conseil. La contestation de sa nature juridictionnelle est de cet ordre, puisqu'elle vise à saper sa légitimité, qui ne peut se réclamer de l'élection.

163 [Pourtant, du point de vue de sa composition, le Conseil ne présente aucun trait absolument incompatible avec la qualification de juridiction. Rappelons qu'un tiers de ses membres (dont le président) est désigné par le président de la République, un tiers par le président du Sénat, un tiers par le président de l'Assemblée nationale. S'il est certain que les autorités qui nomment ont une légitimité démocratique incontestable et que leur caractère politique n'est ni plus ni moins marqué que pour les cours constitutionnelles étrangères (Favoreu, 1992, p. 18), il faut tout de même noter que le système français se singularise déplorablement par deux traits. Le premier est l'absence de toute discussion collégiale, à quelque stade que ce soit du processus de nomination : un homme seul décide, sans avoir à justifier ses choix. En second lieu, aucune compétence juridique n'est requise pour la nomination, ce qui serait inconcevable dans tout autre pays que le nôtre. Le Conseil constitutionnel lui-même, dans sa décision du 19 juin 2001, loi organique relative au statut des magistrats et au Conseil supérieur de la magistrature, a précisé que les capacités, vertus et talents pris en compte pour le recrutement des magistrats « doivent être en relation avec les fonctions de magistrats », obligation étant faite, au niveau des cours d'appel, « s'agissant de personnes n'ayant jamais exercé de fonctions juridictionnelles "de veiller à ce que" soient strictement appréciées, outre la compétence juridique des intéressés, leur aptitude à juger ». Les nominations auxquelles il a été procédé suscitent des réactions contrastées : si la « stupeur » manifestée par Charles Eisenmann lors des premières désignations (*Le*

Monde, 5 mars 1959) est devenue plus rare, le scepticisme sur la pertinence des choix reste fréquent. La prévalence des motivations politiques (services à récompenser, fin de carrière prestigieuse à assurer...) reste omniprésente dans ce qu'on n'ose appeler la politique des nominations. Les mésaventures du président Dumas, contraint de démissionner après une longue période d'hésitations et condamné par le Tribunal correctionnel de Paris au terme d'attendus sévères (l'appel est actuellement pendant), illustrent l'urgence de réviser sur ce point notre Constitution – quitte à ne faire entrer en vigueur le nouveau système que pour remplacer les membres du Conseil en fonction, afin d'éviter toute atteinte à l'indépendance de l'institution.

Quant aux anciens présidents de la République, membres de droit du Conseil constitutionnel, ils ont certes l'indépendance que confère le fait d'être parvenus à la plus haute charge de l'État, mais leur impartialité est moins assurée, compte tenu de l'engagement politique qu'implique la fonction sous la Ve République. Pour s'en tenir à la pratique de l'institution postérieure au tournant de 1971-1974, on relèvera que M. Giscard d'Estaing, même avant d'être élu à l'Assemblée nationale, s'est abstenu de participer aux travaux du Conseil (il avait annoncé qu'il ne siégerait qu'en cas de mise en jeu d'une question qu'il jugerait essentielle). Il est probable qu'une participation de l'ancien président à la décision sur les nationalisations n'eût pas manqué de conforter la contestation de la légitimité du Conseil, ce qui prouve l'inopportunité de la solution actuelle. Le premier projet de loi constitutionnelle adopté en conseil des ministres le 10 mars 1993 prévoyait que les anciens présidents de la République cesseraient désormais de faire partie du Conseil constitutionnel, mais le Sénat a repoussé ce texte. On ne peut donc qu'espérer que se maintienne l'usage écartant les anciens présidents des séances du Conseil.

En toute hypothèse, il est communément admis (la jurisprudence de la Cour européenne des droits de l'homme le confirme) que l'indépendance d'une institution résulte moins des conditions de nomination de ses membres que des garanties qui leur sont offertes après leur entrée en fonction. À cet égard, le Conseil constitutionnel paraît irréprochable : la durée du mandat est longue (9 ans non renouvelables pour les membres ordinaires, illimitée pour les anciens présidents de la République) ; les incompatibilités, récemment renforcées par la loi organique du 19 janvier 1995, sont rigoureuses ; aucune nomination ou promotion au choix dans la fonction publique ne peut avoir lieu ; les membres du Conseil s'engagent, pour la durée de leurs fonctions, à ne prendre aucune position publique sur les questions ayant fait ou susceptibles de faire l'objet de décision de la part du Conseil et à ne pas donner de consultation sur les mêmes questions ; enfin, c'est le Conseil lui-même qui a compétence pour constater la démission d'office d'un de ses membres en cas d'incompatibilité, de perte de la jouissance des droits civils et politiques ou d'incapacité physique permanente empêchant définitivement l'exercice des fonctions. Toutes ces règles résultent de la loi organique, ce qui a pour conséquence de soumettre obligatoirement leur modification à un examen préalable de constitutionnalité par le Conseil lui-même. Ajoutons que l'histoire du Conseil jusqu'à ce jour a montré la capacité de ses membres à prendre, par rapport à l'autorité qui les avait nommés, la distance souhaitable.

164 [Les règles de procédure applicables au contrôle de constitutionnalité assurent-elles le respect des principes essentiels à une procédure juridictionnelle ? Il faut d'abord observer que les prescriptions de l'article 6 de la Convention européenne des droits de l'homme ne s'imposent à la justice constitutionnelle que si son exercice a une incidence sur des droits de caractère civil (arrêt *Ruiz-Mateos c/ Espagne*, 23 juin 1993, qui déclare l'article 6 applicable, compte tenu du caractère indissociable en l'espèce des instances civiles et constitutionnelles), ce qui ne saurait être actuellement le cas en France, faute de contrôle par voie d'exception. De surcroît, l'examen de constitutionnalité des lois avant leur promulgation soulève une difficulté : celle d'identifier les « parties » auxquelles bénéficieraient les règles du procès équitable. Si les auteurs de la saisine peuvent apparaître comme demandeurs, on ne saurait faire toujours du gouvernement le défendeur (il suffit d'envisager le cas où le texte critiqué est issu d'une proposition de loi ou d'un amendement d'origine parlementaire, sans le soutien ou même en dépit des souhaits du gouvernement). Toujours est-il que le Conseil constitutionnel publie aujourd'hui, outre la lettre de saisine, les observations en réponse du gouvernement (depuis l'automne 1994). On peut donc dire que le respect du principe du contradictoire est assuré autant que le rend possible la nature particulière du contrôle de constitutionnalité en France. De sorte qu'en définitive, le Conseil constitutionnel ne présente aucun trait radicalement incompatible avec la reconnaissance de sa nature juridictionnelle.

165 [**Les compétences du Conseil constitutionnel**

Elles se caractérisent par leur diversité, puisque le Conseil est chargé d'attributions consultatives (pour la décision de mise en œuvre de l'article 16), qu'il intervient en matière électorale et référendaire, qu'il contribue à la définition des compétences législatives et réglementaires (art. 41 et 37, al. 2 de la Constitution) et enfin qu'il assure un contrôle de constitutionnalité, qui seul nous intéresse ici. Il porte d'une part sur les lois, ordinaires et organiques, et les règlements des assemblées, d'autre part sur les conventions internationales. En vertu de la loi organique du 19 mars 1999 relative à la Nouvelle-Calédonie, intervenue en application de l'article 77 de la Constitution, les lois du pays ayant fait l'objet d'une nouvelle délibération du congrès de la Nouvelle-Calédonie peuvent également être déférées au Conseil constitutionnel dans les dix jours suivant cette délibération (art. 104).

En ce qui concerne les normes intéressant directement les libertés, seules les lois organiques font l'objet d'un examen automatique de leur conformité à la Constitution. Les dispositions constitutionnelles prévoyant l'intervention d'une loi organique apportent donc une importante garantie sur les points qu'elles concernent (par exemple, statut des membres du Conseil constitutionnel et procédure applicable devant lui – v. *supra* ; statut des magistrats – par cette disposition, indique la décision du 19 juin 2001, loi organique relative au statut des magistrats et au Conseil supérieur de la magistrature, « le constituant a entendu accroître les garanties d'ordre statutaire accordées aux magistrats de l'ordre judiciaire » ; dispositions complémentaires relatives au Conseil supérieur de la magistrature, à la Haute Cour de justice, à la Cour de justice de la République ; conditions de participation des citoyens non français de l'Union européenne aux élections municipales).

Pour les lois ordinaires (art. 61, al. 2) et les engagements internationaux (art. 54), le Conseil peut être saisi par le président de la République, le Premier ministre, le président de l'Assemblée nationale, le président du Sénat, ainsi que, en vertu de la loi constitutionnelle du 29 octobre 1974 pour les lois, de celle du 25 juin 1992 pour les engagements internationaux, par 60 députés ou 60 sénateurs. La possibilité, pour l'opposition, de saisir le Conseil constitutionnel a été à l'origine du développement considérable de son rôle. Elle permet cependant aux textes faisant l'objet d'un consensus politique d'échapper au contrôle de constitutionnalité (on citera, pour illustrer cette hypothèse, la loi du 13 juillet 1990 tendant à réprimer tout acte raciste, antisémite ou xénophobe, les dispositions législatives constituant le Nouveau Code pénal ou encore celles insérées, en vue de lutter contre le terrorisme, dans la loi du 15 novembre 2001 relative à la sécurité quotidienne qui soulevaient des questions sur lesquelles il eût été intéressant de connaître la position du Conseil). Or en l'état actuel des choses, l'intervention de la promulgation ou de la ratification emporte impossibilité de remettre en cause la constitutionnalité de la loi ou du traité : la saisine du Conseil constitutionnel ne peut intervenir qu'avant l'autorisation de ratifier ou d'approuver l'engagement international en cause (art. 54) ou avant la promulgation de la loi (art. 61), comme l'a rappelé la décision du 7 novembre 1997 à propos de la loi portant réforme du service national (irrecevabilité d'une saisine déposée au lendemain du décret de promulgation, quand bien même celui-ci n'avait pas encore été publié).

On remarquera cependant que les lois référendaires échappent à la compétence du Conseil constitutionnel, solution consacrée dans la décision du 6 novembre 1962 (*GDCC*, p. 172) à propos de la loi relative à l'élection du président de la République au suffrage universel direct et réaffirmée dans la décision du 23 septembre 1992 (Maastricht III, *GDCC*, p. 781). La solution repose sur le fait que les lois « adoptées par le peuple à la suite d'un référendum, constituent l'expression directe de la souveraineté nationale », proposition inexacte juridiquement (elle revient à confondre, lorsque le corps électoral est invité à se prononcer directement sur un texte, la loi ordinaire et la loi constitutionnelle) mais politiquement prudente (en 1962, le Conseil indiquait qu'il n'était qu'un « organe régulateur de l'activité des pouvoirs publics », tandis qu'en 1992, il se contente d'invoquer « l'équilibre des pouvoirs établi par la Constitution », évolution qui traduit bien la montée en puissance du Conseil constitutionnel).

166 [Le 14 juillet 1989, le président François Mitterrand émit le souhait que soient étendues les compétences du Conseil constitutionnel, par l'instauration d'un contrôle de constitutionnalité des lois par voie d'exception. Le 28 mars 1990 fut adopté en conseil des ministres un projet de loi constitutionnelle ajoutant à l'article 61 de la Constitution un nouvel alinéa aux termes duquel : « Les dispositions de loi qui concernent les droits fondamentaux reconnus à toute personne par

la Constitution peuvent être soumises au Conseil constitutionnel par voie d'exception à l'occasion d'une instance en cours devant une juridiction. » Adopté en 1re lecture par l'Assemblée nationale, le texte fut profondément modifié par le Sénat, qui exigea l'addition de dispositions ayant un autre objet, notamment celui d'étendre ses propres pouvoirs. Après une nouvelle lecture, le désaccord persista et la réforme fut bloquée.

Le 1er projet de loi constitutionnelle (n° 231) adopté en conseil des ministres le 10 mars 1993 comportait un dispositif identique, puisqu'il était prévu que « lorsque, à l'occasion d'une instance en cours devant une juridiction, il est soutenu qu'une disposition de loi porte atteinte aux droits fondamentaux reconnus à toute personne par la Constitution, cette question peut être renvoyée au Conseil constitutionnel par le Conseil d'État, la Cour de cassation ou toute juridiction ne relevant ni de l'un ni de l'autre ». Le gouvernement de M. Balladur indiqua clairement son peu d'enthousiasme pour ce volet du projet, qui fut supprimé par le Sénat dès la 1re lecture.

L'approfondissement de l'État de droit que représenterait cette réforme est donc actuellement bloqué, au nom de conceptions qu'il est permis de trouver périmées et contradictoires avec le rôle de défenseur des libertés publiques que prétend, par ailleurs, s'arroger le Sénat (dont il faut rappeler, précisément, que son ancien président a permis, par ses saisines, l'apparition en France d'un authentique contrôle de constitutionnalité des lois). En dépit de ses insuffisances, la réforme avait l'avantage d'ouvrir aux citoyens un accès à la justice constitutionnelle qui, du fait de cette carence, ne peut soutenir la comparaison avec les cours constitutionnelles des autres États d'Europe (v. *RFDC* 1990, p. 579 sur le premier projet).

167 [La seule possibilité, à l'heure actuelle, de contestation de la conformité à la Constitution d'une loi promulguée est donc celle, très limitée, ouverte par la décision du 25 janvier 1985 (*GDCC*, p. 612). Il s'agit de l'hypothèse où la constitutionnalité d'une loi déférée au Conseil ne peut être appréciée sans que l'examen soit étendu à une loi déjà promulguée. Ce contrôle incident de constitutionnalité n'est ouvert que de manière restrictive : la décision du 25 janvier 1985, indique : « Si la régularité au regard de la Constitution des termes d'une loi promulguée peut être utilement contestée à l'occasion de l'examen de dispositions législatives qui la modifient, la complètent ou affectent son domaine, il ne saurait en être de même lorsqu'il s'agit de la

simple mise en application d'une telle loi. » L'espèce soumise au Conseil correspondait précisément à cette dernière hypothèse : l'examen de la loi autorisant la prorogation de l'état d'urgence en Nouvelle-Calédonie ne pouvait autoriser, compte tenu de la distinction opérée par le Conseil, la critique de la conformité à la Constitution de la loi de 1955 définissant le régime de l'état d'urgence. En revanche, la décision du 25 juillet 1989 relative à la loi portant dispositions diverses en matière d'urbanisme et d'agglomérations nouvelles opère le contrôle incident de la constitutionnalité de la législation sur l'expropriation d'extrême urgence, pour apprécier la licéité de l'article en étendant l'application à la construction de voies ferrées. La décision du 15 mars 1999, loi organique relative à la Nouvelle-Calédonie, a permis, pour la première fois, au Conseil constitutionnel de constater la méconnaissance de la Constitution par une disposition législative en vigueur. A été jugé contraire au principe de nécessité des peines posé à l'article 8 de la Déclaration de 1789 le caractère automatique de l'incapacité d'exercer une fonction politique élective attachée au prononcé d'une faillite personnelle, que le texte sous examen entendait rendre applicable aux élections du congrès et des assemblées de province de la Nouvelle-Calédonie. La question se pose de savoir si cette déclaration d'inconstitutionnalité autorise les juridictions ordinaires à cesser de faire application des dispositions concernées. Une réponse affirmative nous paraît s'imposer, compte tenu de la logique de l'État de droit, que heurterait gravement la solution contraire (pour une thèse opposée, Camby, 1999, p. 653).

La distinction opérée entre les cas où le contrôle incident est possible et ceux dans lesquels il ne l'est pas est nette, sinon convaincante (la propagation des inconstitutionnalités n'est pas entièrement évitée). Au surplus, le Conseil est très réticent à considérer comme remplies les conditions qui l'autorisent à remettre en cause la législation existante. La décision du 20 décembre 1994 (loi relative au statut fiscal de la Corse) l'atteste : la simple référence, dans la loi sous examen, au statut fiscal particulier de l'île est considérée comme dépourvue d'effet normatif et n'ouvre donc pas la voie à un contrôle de cette législation, simplement rappelée mais non affectée. Le contrôle incident reste donc très limité (v. Ferstenbert, 1991, p. 339).

168 [L'examen de constitutionnalité porte, on l'a vu, sur la conformité du texte déféré aux divers éléments du bloc de constitutionnalité. La ques-

tion s'est posée de savoir s'il convenait d'y intégrer le droit international, compte tenu notamment des termes de l'article 55 de la Constitution de 1958 : « Les traités ou accords régulièrement ratifiés ou approuvés ont, dès leur publication, une autorité supérieure à celle des lois, sous réserve, pour chaque accord ou traité, de son application par l'autre partie. » La tentation était forte d'utiliser cette disposition pour faire du Conseil constitutionnel le garant du respect des traités par le législateur : toute méconnaissance par ce dernier des conventions internationales ne peut-elle s'analyser en une violation indirecte de l'article 55 ? Telle n'a pas été l'analyse du Conseil constitutionnel : à l'argument pris de ce que la loi relative à l'interruption volontaire de grossesse méconnaissait le droit à la vie garanti par l'article 2 de la Convention européenne des droits de l'homme, et, partant, la supériorité des traités sur les lois résultant de la Constitution, il oppose une fin de non-recevoir dans sa décision du 15 janvier 1975 (*GDCC*, p. 300 ; *AJDA* 1975, p. 134, note Rivero).

Le Conseil estime en effet qu'il y a incompatibilité entre le caractère absolu et définitif des décisions d'inconstitutionnalité rendues par lui sur la base de l'article 61 de la Constitution et le caractère relatif (car limité au champ d'application du traité) et contingent (car subordonné à une condition de réciprocité) de la supériorité du traité sur la loi prévue à l'article 55. Il en conclut « qu'une loi contraire à un traité ne serait pas, pour autant, contraire à la Constitution » et « qu'ainsi le contrôle du respect du principe énoncé à l'article 55 de la Constitution ne saurait s'exercer dans le cadre de l'examen prévu à l'article 61, en raison de la différence de nature de ces deux contrôles ». La netteté de cette position de principe est d'autant plus grande qu'était en cause en l'espèce une convention concernant les droits de l'homme, qui n'est marquée ni de relativité (elle impose aux États parties des obligations qui visent les normes de leur droit interne sans acception de la nationalité de leurs destinataires) ni de contingence (la condition de réciprocité n'affecte pas, en droit international, les traités ayant pour objet la protection de la personne humaine, comme le rappelle la décision du Conseil constitutionnel du 22 janvier 1999, traité portant statut de la Cour pénale internationale). La supériorité des traités internationaux ne saurait donc être assurée par le Conseil constitutionnel.

169 [Le Conseil constitutionnel n'impose au législateur le respect du droit international qu'en cas de référence de la Constitution à un acte inter-

national spécialement désigné (art. 88-2 et 88-3 renvoyant au traité sur l'Union européenne et au traité instituant la Communauté européenne tel qu'amendé par celui d'Amsterdam : Cons. const., 2 sept. 1992, *Maastricht 2, GDCC*, p. 781) ou en cas de violation directe de l'article 55 (loi prétendant restreindre le domaine d'application de la supériorité des traités statuée dans la Constitution : Cons. const., 3 sept. 1986 à propos de la loi relative aux conditions d'entrée et de séjour des étrangers en France). Quant à la référence du Préambule de 1946 au droit international coutumier (« La République française, fidèle à ses traditions, se conforme aux règles du droit public international »), elle n'a pas, jusqu'ici, revêtu une très grande portée, le Conseil constitutionnel ayant tendance à rabattre ces règles sur des prescriptions constitutionnelles (Cons. const., 30 déc. 1975 à propos de la loi relative aux conséquences de l'autodétermination des îles des Comores).

Mais la décision du 15 janvier 1975, en déclinant la compétence du Conseil constitutionnel pour faire respecter au législateur la hiérarchie instituée par l'article 55, contenait un message adressé au juge ordinaire et de nature à renforcer considérablement le rôle de protecteur des libertés traditionnellement dévolu à celui-ci.

§ 2. Le rôle des juges administratif et judiciaire

170 [Le système français de dualité des ordres de juridiction pose toute une série de problèmes en matière de protection des libertés. Il faut d'abord s'interroger sur l'importance respective des garanties d'indépendance dont ces juges disposent. En ce qui concerne les magistrats de l'ordre judiciaire, l'article 64 de la Constitution fait du président de la République, assisté du Conseil supérieur de la magistrature, le garant de l'indépendance de l'autorité judiciaire, avant de disposer : « Une loi organique porte statut des magistrats. Les magistrats du siège sont inamovibles. » Cette dernière règle, accompagnée de celle de l'intervention du Conseil supérieur de la magistrature, alors présidé par le premier président de la Cour de cassation, statuant en tant que juridiction pour exercer le pouvoir disciplinaire, confère aux magistrats siégeant en formations de jugement un minimum de garanties. Dans sa décision du 19 juin 2001, loi organique relative

au statut des magistrats et au Conseil supérieur de la magistrature, le Conseil constitutionnel a estimé que l'exigence d'inamovibilité s'accommodait de la limitation, par la loi organique, de la durée d'exercice de certaines fonctions judiciaires, dès lors que celle-ci n'était applicable qu'aux nominations à intervenir, ce qui en assurait la connaissance préalable par les intéressés, et qu'une réintégration à grade équivalent leur était assurée dans la juridiction à laquelle ils ont été affectés. La décision du 29 août 2002, loi d'orientation et de programmation pour la justice, indique, pour sa part, avec netteté qu'est indispensable à la mise en place des juridictions de proximité que créait la loi sous examen, en en définissant les seules règles d'organisation et de fonctionnement, la définition préalable du statut des membres de ces juridictions par une loi « qui devra comporter des garanties appropriées permettant de satisfaire au principe d'indépendance, indissociable de l'exercice de fonctions juridictionnelles, et aux exigences de capacité qui découlent de l'article 6 de la Déclaration de 1789 ».

Pour le reste, la manière dont le système français concilie l'indépendance des magistrats par rapport au pouvoir exécutif et le souci d'assurer la promotion des meilleurs – choisis par ce même pouvoir exécutif – n'est ni pire ni meilleure que dans les autres États européens (Wiederkehr, 1991, p. 21), même compte tenu de l'amélioration apportée par la révision constitutionnelle du 27 juillet 1993 et des débats très vifs dont cette question fait l'objet (v. notamment le n° 3, *Justice et pouvoirs,* de la revue *Justices,* 1996 et le dossier, *Ce qui a changé dans la justice depuis vingt ans,* de la nouvelle série de cette revue, 1999).

La subordination hiérarchique des magistrats du Parquet par rapport à l'exécutif rend essentielle « la séparation des autorités chargées de l'action publique et des autorités de jugement », réaffirmée par le Conseil constitutionnel (Déc. 2 févr. 1995, loi relative à l'organisation des juridictions et à la procédure civile, pénale et administrative), après quelques décisions qui semblaient la relativiser (notamment Cons. const., 11 août 1993, loi modifiant la loi n° 93-2 du 4 janv. 1993 portant réforme du Code de procédure pénale – mais aussi 29 août 2002, loi d'orientation et de programmation pour la justice). La question du maintien du lien de subordination des magistrats du Parquet a fait récemment l'objet d'une discussion que le résultat de l'élection présidentielle de 2002 semble clore. Celle-ci opposait les partisans d'une indépendance maximale de la magistrature et ceux du contrôle de l'action publique par l'autorité gouvernementale en charge de la responsabilité politique (v. le rapport de la commission de réflexion sur la Justice, présidée par M. Pierre Truche, La Documentation française, 1997).

171 [En ce qui concerne la juridiction administrative, elle ne fait l'objet d'aucune disposition constitutionnelle. Aussi est-ce aux principes fondamentaux reconnus par les lois de la République que le Conseil constitutionnel a dû faire appel pour la doter de garanties équivalentes à celles que la Constitution confère à la juridiction judiciaire. Aussi lit-on, dans la décision du 22 juillet 1980, à propos de la loi portant validation d'actes administratifs (*GDCC*, p. 411), « qu'il résulte des dispositions de l'article 64 de la Constitution en ce qui concerne l'autorité judiciaire et des principes fondamentaux reconnus par les lois de la République en ce qui concerne, depuis la loi du 24 mai 1872, la juridiction administrative, que l'indépendance des juridictions est garantie ainsi que le caractère spécifique de leurs fonctions sur lesquelles ne peuvent empiéter ni le législateur ni le gouvernement ; qu'ainsi, il n'appartient ni au législateur ni au gouvernement de censurer les décisions des juridictions, d'adresser à celles-ci des injonctions et de se substituer à elles dans le jugement des litiges relevant de leur compétence ».

172 [Les bases de l'indépendance sont donc acquises pour les juges des deux ordres, mais les spécificités de la juridiction administrative subsistent. Les données strictement juridiques diffèrent au demeurant d'une juridiction administrative à l'autre. Les solutions sont très contrastées pour les juridictions spécialisées, à la mesure même de la diversité de leur composition et de leur rôle : les membres de la Cour des comptes et des chambres régionales des comptes ont, en vertu de la loi, le statut de magistrats, tandis que des membres de l'administration siègent, en tant que tels, dans certaines instances juridictionnelles.

La loi du 6 janvier 1986 fixant les règles garantissant l'indépendance des membres des tribunaux administratifs et cours administratives d'appel (qui forment un corps unique) précise, dans son article 1er, que ceux-ci, « lorsqu'ils exercent leurs fonctions de magistrats dans une juridiction administrative [...] ne peuvent recevoir, sans leur consentement, une affectation nouvelle, même en avancement ». Seule l'absence d'exigence d'une loi organique pour définir ces garanties distingue donc leur situation de celle de leurs collègues de l'ordre judiciaire.

En revanche, il est constant que les membres du Conseil d'État n'ont pas la qualité de magistrats. Cette situation est due au fait que le Conseil d'État est à la fois le juge administratif suprême et le conseiller du gouvernement. On considère généralement que la tradition offre en l'espèce des garanties d'indépendance au moins aussi efficaces. Ce scepticisme à l'égard du droit surprend, d'autant qu'il a pu être démontré que la tradition en question comporte des défaillances (Dupeyroux, 1983, p. 570). L'intégration du juge administratif à l'administration au plus haut niveau pose donc quelques problèmes sur lesquels l'arrêt *Procola c/ Luxembourg* de la Cour européenne des droits de l'homme (v. *supra*) conduit à s'interroger à nouveau : toute la tradition française s'insurge contre l'idée que le juge administratif puisse constituer un contre-pouvoir. En témoigne bien la réaction du président de la République et du gouvernement à l'arrêt *Canal* (CE, Ass., 19 oct. 1962, *GAJA*, p. 582), dans lequel le Conseil d'État avait annulé une ordonnance prise sur habilitation référendaire par le général de Gaulle, en raison de l'ampleur injustifiée des atteintes qu'elle portait aux principes généraux du droit pénal, et notamment aux droits de la défense. Le communiqué officiel du 24 octobre 1962 (v. Dupeyroux, 1983, p. 578) indiquait : « Le président de la République et le gouvernement ont constaté que l'intervention du Conseil d'État visant à rendre inopérante une ordonnance sur un point essentiel, dans l'esprit et en application de la loi votée par le pays le 8 avril dernier, sortait du domaine du contentieux administratif qui est celui de ce Conseil ; qu'en outre l'objet, les conditions et le moment de cette intervention étaient de nature à compromettre l'action des pouvoirs publics à l'égard de la subversion criminelle qui n'est pas encore réduite », avant de laisser entrevoir une prochaine réforme du Conseil d'État, qui fut finalement abandonnée.

Mais l'arrêt *Canal* reste une exception qui confirme la règle : le Conseil d'État est avant tout soucieux de ne pas « arrêter l'action administrative », pour reprendre un mot de Batbie lors de l'élaboration de la loi de 1872. Cela lui permet tout à la fois d'être bien accepté par le pouvoir exécutif et libre d'en assurer un contrôle qu'on pourrait dire bien tempéré – c'est-à-dire s'exerçant dans un cadre qu'il n'est pas question de subvertir. C'est d'autant plus vrai que l'homogénéité des valeurs guidant l'action du juge et celle de l'administrateur est assurée par divers facteurs : recrutement dans des couches sociales identiques, scolarité commune à l'École nationale d'administration, perméabilité des frontières entre la juridiction et l'administration active (les cabinets ministériels, certaines fonctions administratives prestigieuses, voire des fonctions gouvernementales sont abondamment investis par des membres du Conseil d'État).

173 [Au demeurant, beaucoup des critiques adressées au juge administratif valent aussi bien pour le juge judiciaire. Ainsi les candidatures à l'École nationale de la magistrature et celles à l'École nationale d'administration sont-elles soumises à des exigences identiques : dans les deux cas, la liste des personnes admises à concourir est dressée par l'administration. Celle-ci est dotée du pouvoir d'écarter les postulants qui se seraient départis de « la réserve et la pondération qui s'imposent à un candidat à l'exercice des fonctions de magistrat » (CE, Sect., 10 juin 1983, *Raoult, RD publ.* 1983, p. 1404, note Jean Waline : le requérant avait participé à la rédaction et à la diffusion du journal d'un « comité de soldats » très critique à l'égard de l'institution militaire), comme ceux à qui pourraient être reprochés des « faits et manifestations contraires à la réserve » que doivent observer les candidats à l'Ecole nationale d'administration (CE, Ass., 28 mai 1954, *Barel, GAJA*, p. 495).

De même, ce qu'il y a d'inadmissible dans la jurisprudence du Conseil d'État relative à l'application du statut des Juifs adopté par le régime de Vichy (v. Dupeyroux, 1983, p. 612) trouve malheureusement son équivalent dans la jurisprudence des tribunaux judiciaires. Souvent en effet, le juge judiciaire et le juge administratif s'accordent pour adopter des solutions défavorables aux libertés. On citera l'exemple du placement en détention des étrangers sous le coup d'un arrêté d'expulsion mais ne pouvant immédiatement y déférer (avant que la question soit réglée par la loi) : les deux ordres de juridictions ont fait application de l'article 120 du Code pénal dont la rédaction datait de 1933, qui autorisait la détention régulière de personnes expulsées, alors que l'ordonnance de 1945 ne prévoyait en ce cas que l'assignation à résidence et semblait avoir ainsi abrogé le texte précédent (CA Paris, ch. d'accusation, 19 janv. 1978, *RD publ.* 1979, p. 1470, note Robert et CE, 7 juill. 1978, *Syndicat des avocats de France et Sieur Essaka, RD publ.* 1979, p. 263, concl. Théry).

Ces quelques remarques indiquent l'impossibilité d'opposer de manière tranchée les deux ordres de juridictions. Elles rappellent aussi cette évidence que l'indépendance des juges résulte moins des textes que de leur force de caractère et de leur conscience. Vue sous cet angle, la dualité des juridictions est donc neutre et la juridiction administrative peut trouver sa justification dans ces propos de Batbie, en 1872 : « Le jugement des procès administratifs exige des connaissances spéciales qu'on ne trouverait que rarement chez des magistrats absorbés par l'examen des contestations privées. » Il est raisonnable d'espérer que ces « connaissances spéciales » seront employées pour enfermer efficacement l'administration dans les limites du droit.

174 [Quant à l'organisation interne de chacun des deux ordres de juridictions, elle est également génératrice de difficultés. S'il peut être judicieux d'adapter la composition des juridictions aux particularismes des divers contentieux, un excès de complexité peut être attentatoire au principe d'égalité devant la justice. Celui-ci a été très tôt affirmé par le Conseil constitutionnel comme un corollaire du principe d'égalité devant la loi. La décision du 23 juillet 1975, relative à la loi modifiant et complétant certaines dispositions de procédure pénale, déclare contraire à la Constitution un texte qui autorisait le président du tribunal de grande instance à décider discrétionnairement si les affaires pénales relevant du tribunal correctionnel seraient soumises à la juridiction collégiale ou à un juge unique : le respect du principe d'égalité, dit le Conseil, « fait obstacle à ce que des citoyens se trouvant dans des situations semblables et poursuivis pour les mêmes infractions soient jugés par des juridictions composées selon des règles différentes ».

Une telle formule est porteuse de garanties assez proches de celles résultant de l'article 102, paragraphe 2, de la Constitution italienne de 1947 : « Il ne peut être institué de juges extraordinaires ou spéciaux. » Le Conseil constitutionnel vérifie en effet que les différences induites par la création de juridictions nouvelles ou l'adoption de règles particulières ne revêtent pas un caractère arbitraire. Ainsi, dans sa décision du 3 septembre 1986 à propos de la loi relative à la lutte contre le terrorisme et aux atteintes à la sûreté de l'État, a-t-il estimé conforme à la Constitution la création de cours d'assises spéciales ne comprenant que des magistrats professionnels, à l'exclusion de jurés, pour juger les personnes prévenues d'infractions « en relation avec une entreprise individuelle ou collective ayant pour but de troubler gravement l'ordre public par l'intimidation ou la terreur ». Le Conseil a en effet relevé que l'intention du législateur était de « déjouer l'effet des pressions ou des menaces pouvant altérer la sérénité de la juridiction de jugement » et qu'ainsi on n'était pas en présence d'une discrimination injustifiée. Il a également vérifié que par sa composition, la cour d'assise spéciale instituée par la loi présentait « les garanties requises d'indépendance et d'impartialité » et que les droits de la défense étaient sauvegardés. En revanche, il a considéré que la compétence de ces juridictions ne pouvait se justifier en dehors des infractions énumérées plus haut, parce que les motifs invoqués par le législateur sont alors dénués de pertinence (il s'agissait d'atteintes à la sûreté de l'État). On voit que le contrôle pratiqué présente un haut degré d'exigence. Par ailleurs, il convient de noter l'important progrès qu'a représenté la suppression de la Cour de sûreté de l'État (loi du 4 août 1981) et des tribunaux permanents des forces armées, ainsi que du haut tribunal permanent des forces armées, en temps de paix et sur le territoire de la République (loi du 21 juill. 1982). Ces juridictions spéciales étaient en effet loin de présenter les garanties exigées par la jurisprudence qu'on vient d'examiner.

Les problèmes liés à l'intervention des juridictions ordinaires qu'il convient à présent d'évoquer sont ceux de la répartition des compétences entre les deux ordres de juridictions, de l'injusticiabilité de certains actes, de l'étendue du contrôle opéré par le juge et de l'efficacité des recours disponibles.

A. La répartition des compétences entre la juridiction administrative et la juridiction judiciaire en matière de libertés

175 [La tradition française, s'agissant de la sauvegarde des libertés face à l'administration, est placée sous le signe de la contradiction entre le principe de séparation des autorités administrative et judiciaire, posé par la loi des 16 et 24 août 1790, et l'idée que le juge judiciaire est le gardien par excellence des libertés (parce que, estimait-on, le juge administratif n'est pas suffisamment extérieur à l'administration pour en être véritablement indépendant). C'est le caractère insoluble de cette contradiction qui explique qu'en la matière le partage des compétences entre les deux ordres apparaisse finalement peu rationnel.

De ce fait, l'inconvénient pour les justiciables de la dualité de juridictions est précisément porté à son comble en matière de protection des libertés où devraient, au contraire, régner la clarté et la simplicité. Toute difficulté est ici synonyme d'allongement de délais déjà très longs sans cela... Pourtant, le Tribunal des conflits accorde au principe de séparation un poids tel qu'il est loisible au préfet d'utiliser la procédure de conflit positif, en vue d'obtenir le dessaisissement de la juridiction judiciaire saisie, en tout état de la procédure, y compris devant la cour d'appel statuant sur renvoi après cassation ! Le moyen pris de la méconnaissance de l'exigence du délai raisonnable figurant à l'article 6 de la Convention européenne des droits de l'homme a été écarté de manière péremptoire par le Tribunal, alors même qu'il s'agissait d'un litige relevant du champ d'application de cet article (T. confl., 15 janv. 1990, *Chamboulive, Rec.* p. 386).

C'est l'affaire *Caillol* qui illustre de la manière la plus cruelle combien la complexité régnant en la matière est inadéquate à une protection efficace des libertés. Le requérant avait été placé en détention provisoire et avait fait l'objet, le 8 mai 1980, à la maison d'arrêt de Fresnes où il avait été écroué, d'une mesure de placement dans un « quartier de plus grande sécurité », aux conditions de détention très rigoureuses. Il entendait contester cette mesure et avait saisi le tribunal administratif de Paris qui estima que le recours avait été porté devant une juridiction incompétente pour en connaître, s'agissant d'une mesure prise à l'égard d'une personne placée en détention provisoire et placée, en conséquence, sous la responsabilité de l'autorité judiciaire. Saisi en appel, le Conseil d'État estima que l'affaire soulevait une difficulté sérieuse quant à la répartition des compétences et saisit le Tribunal des conflits. Dans une décision du 4 juillet 1983 (*M. Alain Caillol, AJDA* 1984, p. 107), ce dernier estima que la mesure contestée intéressait le fonctionnement du service administratif pénitentiaire et était sans relation avec les nécessités de l'instruction. Il en attribua donc la connaissance à la juridiction administrative. Par un arrêt de Section du 27 janvier 1984 (*M. Alain Caillol, RD publ.* 1984, p. 483, concl. contr. Genevois), le Conseil d'État annula la décision d'incompétence rendue par le tribunal administratif... mais conclut à l'irrecevabilité du recours comme dirigé contre une mesure d'ordre intérieur prise par le directeur de l'établissement (v. *infra*). Après plus de 3 ans consacrés à la question de la compétence, on conviendra que la confiance que les juridictions se doivent d'inspirer aux justiciables a quelque raison d'être ébranlée...

On comprendra qu'il n'est pas question ici de rendre compte de toutes les solutions quant au principe de séparation qui ont une incidence sur la protection des libertés. On se contentera de dire quelques mots de celles qui intéressent le plus directement cette dernière.

176 [**La compétence constitutionnelle réservée aux juridictions administratives**

Il importe d'abord de relever que, dans une décision du 23 janvier 1987 relative à la loi transférant à la juridiction judiciaire le contentieux des décisions du Conseil de la concurrence (*GDCC*, p. 698 ; *GAJA*, p. 688), le Conseil constitutionnel a refusé de considérer comme ayant valeur constitutionnelle la séparation des autorités administrative et judiciaire proclamée par la loi des 16 et 24 août 1790 et le décret du 16 fructidor an III. En revanche, il s'est référé à « la conception française de la séparation des pouvoirs » pour ériger en principe fondamental reconnu par les lois de la République la compétence en dernier ressort de la juridiction administrative pour « l'annulation ou la réformation des décisions prises, dans l'exercice des prérogatives de puissance publique, par les autorités exerçant le pouvoir exécutif, leurs agents, les collectivités territoriales de la République ou les organismes publics placés sous leur autorité ou leur contrôle ». On ne peut qu'être songeur quant aux lois de la République dans lesquelles ce principe est censé trouver son origine et sceptique quant à l'utilité d'une constitutionnalisation en la matière. Par ailleurs, le principe est susceptible de relativisation au nom d'une bonne administration de la justice (admission de la technique des « blocs de compétence », destinée à unifier un contentieux pour éviter les complications et les divergences de jurisprudence). Quoi qu'il en soit, cette décision impose la compétence administrative pour les recours en annulation d'actes unilatéraux essentiels pour les libertés, notamment pour les actes pris dans l'exercice d'une compétence de police.

C'est ce que confirme la décision du 28 juillet 1989, à propos de la loi relative aux conditions de séjour et d'entrée des étrangers en France. La loi avait prévu que les recours contre les arrêtés préfectoraux de reconduite à la frontière frappant les étrangers en situation irrégulière devaient être intentés devant le président du tribunal de grande instance ou son délégué, qui avait obligation de statuer dans les quarante-huit heures selon les formes applicables au référé. Cette solution avait été adoptée en raison des facilités qu'offrait l'organisation territoriale de la juridiction judiciaire pour un contentieux que le législateur souhaitait voir réglé dans des délais très brefs. Le Conseil constitutionnel a néanmoins censuré cette disposition, en raison de l'atteinte qu'elle portait au principe fondamental précédemment défini. Le Conseil indique que les décisions prises par l'autorité administrative en matière de police des étrangers (refus d'entrée sur le territoire national, décisions se prononçant sur l'octroi d'une carte de séjour ou la délivrance d'une carte de résident, arrêté de reconduite à la frontière, expulsion, assignation à résidence) « constituent l'exercice de prérogatives de puissance publique ». Il n'admet ni le rattachement de la matière aux compétences réservées à l'autorité judiciaire ni l'invocation des exigences d'une bonne administration de la justice. À ce dernier titre, le Conseil souligne « que la bonne administration de la justice commande que l'exercice d'une voie de recours appropriée assure la garantie effective des droits des intéressés », mais estime que cette exigence peut-être satisfaite aussi bien par les deux ordres de juridictions. Le principe fondamental s'avère donc fort contraignant pour le législateur, comme le confirme encore, en matière de sécurité sociale, la décision du 27 novembre 2001, loi portant amélioration de la couverture des non-salariés agricoles, dans laquelle le moyen est soulevé d'office.

177 [Sa formulation laisse cependant place à l'exception des matières réservées « par nature » (c'est-à-dire généralement par la tradition) à l'autorité judiciaire. On sait, par exemple, que l'état et la capacité des personnes relèvent de la compétence exclusive de la juridiction judiciaire (la décision du 28 juillet 1989 le confirme, tout en estimant ces questions exceptionnelles ou marginales dans le contentieux de la reconduite à la frontière qui ne peut donc relever par ce biais du juge judiciaire). Il est certain que le contentieux de la liberté individuelle ou celui de la propriété immobilière font aussi partie de ces matières réservées à l'autorité judiciaire, encore qu'ils ne conduisent pas à l'annulation par le juge judiciaire d'un acte administratif. Mais avant d'en venir à elles, il faut examiner la théorie de la voie de fait qui semble aussi devoir rentrer dans ces exceptions et qui a des effets bien plus radicaux.

178 [**La voie de fait**

La théorie de la voie de fait est fort ancienne. Elle repose sur l'idée, implicite et dépassée, que la compétence du juge administratif représente pour l'administration un privilège dont il y a lieu de la déclarer déchue dans les cas extrêmes où la gravité de l'illégalité commise fait, pour ainsi dire, sortir l'acte du cadre administratif dans lequel il prétendait se situer. La plénitude de la compétence du juge judiciaire en cas de voie de fait (il peut annuler les actes pris, accorder des indemnités, enjoindre à l'administration de faire cesser la voie de fait...) s'analyse donc comme une sanction infligée à l'administration en raison de la gravité de son comportement. Plus récemment, et avant l'intervention de la loi du 30 juin 2000 *(infra)*, c'est surtout la plus grande efficacité de la juridiction judiciaire qui explique l'appel à la notion de voie de fait : le juge judiciaire des référés intervient dans un délai extrêmement bref et peut prononcer dans le cadre de la voie de fait des mesures d'injonction à l'encontre de l'administration, alors que les juridictions administratives ne pouvaient prétendre à cette célérité et à cette énergie. Compte tenu de la dérogation qu'elle apporte au jeu normal du principe de séparation, la théorie de la voie de fait doit demeurer d'application exceptionnelle, ce qui explique le caractère très strict de ses conditions d'application : il doit y avoir atteinte grave à la propriété ou à une liberté fondamentale et constatation d'une illégalité particulièrement grossière, les deux conditions devant être remplies cumulativement.

179 [Il doit d'abord y avoir une atteinte grave à la propriété privée ou à une liberté fondamentale : construction d'un chemin ordonnée par un maire sur un terrain privé, sans autorisation ni mise en œuvre d'une procédure d'expropriation (Civ. 1re, 17 févr. 1965, *RD publ.* 1965, p. 991), saisie de tous les exemplaires d'un journal à Paris et en banlieue parisienne le lendemain des événements du 6 février 1934 (T. confl., 8 avr. 1935, *Action française, GAJA*, p. 311). Parfois, le classement d'une liberté comme fondamentale pose problème. On peut relever les termes très caractéristiques d'une décision qui a qualifié de voie de fait une décision de retrait du passeport à l'encontre d'une personne débitrice d'une somme de plus de 3 millions de francs au titre d'arriérés d'impôt (T. confl., 9 juin 1984, *Eucat, Rec.* p. 301) : « La liberté fondamentale d'aller et venir n'est pas limitée au territoire national, mais comporte également le droit de le quitter ; ce droit est reconnu par la Déclaration des droits de l'homme et du citoyen de 1789 ; il est confirmé tant par l'article 2-2° du quatrième Protocole additionnel à la Convention européenne de sauvegarde des droits de l'homme et des libertés fondamentales, publiée par le décret n° 74-360 du 3 mai 1974 que par l'article 12-2° du pacte international de New York relatif aux droits civils et politiques, publié par le décret n° 81-76 du 29 janvier 1981 ; il ne peut être restreint que par la loi. »

Il semble donc qu'une liberté fondamentale procède de la Constitution, d'une convention internationale obligeant la France ou d'une loi. Mais le juge est parfois très réticent en la matière, ainsi que l'atteste le refus de considérer le droit au respect de l'environnement comme une liberté fondamentale (T. confl., 25 janv. 1988, *Fondation Cousteau, Rec.* p. 484).

180 [L'illégalité commise doit, en second lieu, être d'une gravité particulière, sans quoi toutes les atteintes illégales aux libertés fondamentales par l'administration eussent relevé de la juridiction judiciaire, solution massivement contraire au principe de séparation qui n'était pas souhaitée par le juge des conflits. Il s'agit donc de caractériser la gravité de l'illégalité requise pour qu'il y ait voie de fait. La politique jurisprudentielle a été ici d'une rigueur variable : s'il est évident que certaines illégalités sont grossières et appellent la qualification de voie de fait, d'autres font l'objet d'appréciations plus fluctuantes. Parmi les espèces où la voie de fait ne prêtait pas à contestation, on peut citer la construction d'un chemin municipal sur un terrain privé en dehors de tout cadre légal ou encore la saisie en 1965, au domicile d'un amiral notoirement hostile au général de Gaulle, d'une caisse de documents, aussitôt après le décès de l'amiral (CE, Sect., 10 oct. 1969, *Consorts Muselier, Rec.* p. 432). L'arrêt *Carlier,* généralement considéré comme faisant jurisprudence, définit à cet égard la voie de fait comme une mesure manifestement insusceptible de se rattacher à l'exercice d'un pouvoir appartenant à l'administration (CE, Ass., 18 nov. 1949, *Rec.* p. 490), dans une affaire où le requérant, qui avait critiqué les travaux de restauration de la cathédrale de Chartres, s'était vu confisquer par un commissaire de police les clichés photographiques qu'il venait de prendre pour étayer son argumentation. Cette formule jurisprudentielle est très restrictive : elle exige non seulement une illégalité ne souffrant aucune contestation (même le juge judiciaire, s'il est permis d'ironiser, est capable de l'apercevoir immédiatement) mais encore une action qui outrepasse grossièrement le cadre légal imparti à l'administration : dans les affaires dont il vient d'être question, il est clair (et réconfortant...) que les autorités publiques ne pouvaient pas prendre les mesures qu'elles avaient ordonnées.

Peut-on s'en tenir là ? Il est certain que la voie de fait a été constatée par le juge des conflits dans des cas où l'illégalité ne répondait pas aux exigences qu'on vient d'évoquer. Ainsi dans l'affaire *Eucat* :

le retrait du passeport, destiné à empêcher un contribuable lourdement endetté envers le fisc de fuir à l'étranger, a été qualifié de voie de fait par le Tribunal des conflits. Mais dans certains cas, le retrait du passeport pourra être légalement opéré : si le déplacement à l'étranger de la personne est de nature à compromettre la sécurité nationale ou la sûreté publique (CE, Ass., 8 avr. 1987, *Peltier, Rec.* p. 128, concl. Massot : ce motif ne peut être opposé à une personne soupçonnée de toxicomanie, mais il s'agit d'une illégalité simple, censurée par le juge administratif) ou si précédemment l'intéressé a perdu à plusieurs reprises son passeport dans des conditions suspectes (CE, 15 avr. 1988, *Michelix, RD publ.* 1989, p. 922, note J.-M. Auby). Commentant ce dernier arrêt, J.-M. Auby estimait que l'on était en présence d'une extension de la voie de fait par assouplissement des exigences relatives à la gravité de l'illégalité. Il citait la formule utilisée par le commissaire du gouvernement, Mme Hubac, dans l'affaire *Michelix* : serait constitutive d'une voie de fait toute décision « dont les motifs sont impossibles à rattacher à ceux pour lesquels un texte a conféré un pouvoir à l'administration ». On peut penser qu'il s'agissait là moins d'une extension de la voie de fait que d'un affinement de sa définition. En effet, dans certaines circonstances et pour certains motifs (tels qu'une situation d'urgence où serait constaté un extrême péril pour l'ordre public) les agissements administratifs en cause dans les espèces classiques (prise de possession d'un terrain privé, saisies...) eux-mêmes pourraient devenir légaux ou constitutifs d'une illégalité simple relevant de la juridiction administrative (T. confl., 27 mars 1952, *Dame de la Murette, D.* 1954, p. 221, note Eisenmann : les circonstances exceptionnelles empêchent une arrestation et un internement arbitraires de recevoir la qualification de voie de fait). C'est donc inévitablement aux motifs de l'acte qu'il faut s'attacher pour déceler la gravité de l'illégalité constitutive d'une voie de fait.

181 [La jurisprudence récente a marqué nettement le désir du Tribunal des conflits de s'opposer à l'abus de la voie de fait dans lequel ont versé certains juges judiciaires, principalement les juges des référés. On ne peut que s'étonner, en effet, qu'il se soit trouvé des juges pour admettre la voie de fait dans le cas d'une suspension par l'administration de l'abonnement téléphonique d'une entreprise qui n'avait pas acquitté ses factures alors que cette hypothèse est prévue par les textes applicables (T. confl., 15 avr. 1991, *Préfet de la région Lorraine, Préfet*

de la Moselle, Rec. p. 463), dans celui d'une mutation dans l'intérêt du service prononcée à l'encontre d'un inspecteur de police qui avait publié un ouvrage (à succès) relatif à son activité professionnelle, en contravention avec son obligation de réserve (T. confl., 4 juill. 1991, *M. Gaudino, AJDA* 1991, p. 737, chron. Maugüé et Schwartz) ou encore dans celui de la rétrogradation d'un club de football en 2e division par la ligue nationale de football (T. confl., 13 janv. 1992, *Association nouvelle des Girondins de Bordeaux, Rec.* p. 473).

Plus discuté a été le refus du juge des conflits d'admettre la voie de fait dans une affaire où deux ressortissants algériens avaient été appréhendés au cours d'une manifestation sur la voie publique et expulsés, dès le lendemain, en urgence absolue. Le tribunal de grande instance de Lyon, statuant en référé, avait considéré qu'il y avait voie de fait, pour deux raisons. D'abord parce que l'exécution de la mesure d'expulsion empêchait les intéressés de comparaître devant le tribunal correctionnel pour s'expliquer sur les faits qui leur étaient reprochés, violant ainsi l'égalité des armes exigée par l'article 6 de la Convention européenne des droits de l'homme. Ensuite, parce que cette exécution, intervenant avant que le juge administratif ait pu statuer sur la demande de sursis à exécution de l'arrêté d'expulsion, contrevenait à l'article 13 de cette même Convention prévoyant un droit de recours effectif en cas de violation d'un des droits reconnus par elle. Le Tribunal des conflits a récusé cette analyse en relevant que l'ordre donné à l'administration de permettre le maintien ou le retour des intéressés sur le territoire national jusqu'à intervention des décisions de justice « a fait obstacle à l'exécution d'une décision administrative qui, même à supposer cette exécution forcée illégale au regard, notamment, des articles 6 et 13 de la Convention européenne de sauvegarde des droits de l'homme et des libertés fondamentales, a été prise dans l'exercice d'un pouvoir conféré à l'administration par l'ordonnance du 2 novembre 1945 modifiée et dont l'exécution forcée, autorisée par l'article 26 *bis* de ce texte, ne saurait constituer une voie de fait » (T. confl., 20 juin 1994, *MM. Madaci et Youbi, AJDA* 1994, p. 556). Le souci de faire prévaloir une conception rigoureuse de la voie de fait prime donc : en l'espèce, il n'appartient qu'au juge administratif d'apprécier l'exercice par l'administration de pouvoirs qu'un texte lui confère expressément. L'affaire *Préfet de police de Paris c/ TGI de Paris*, jugée par le Tribunal des conflits le 12 mai 1997 (*RFD adm.*, 1997, p. 514, concl. Arrighi de

Casanova), confirme cette rigueur jurisprudentielle, avec d'autant plus de netteté qu'il a fallu faire appel au garde des Sceaux pour vider le partage et qu'à la suite de la décision, un membre du Tribunal en a démissionné avec éclat pour marquer son opposition à celle-ci. Le refus de laisser débarquer lors d'une escale à Honfleur deux passagers clandestins à qui l'entrée sur le territoire français avait été refusée et l'ordre qui leur avait été donné de rester à bord du navire pouvaient-ils s'analyser en une voie de fait, alors que s'imposait le placement de ces personnes en « zone d'attente », aux termes de l'ordonnance du 2 novembre 1945 ? En confirmant l'arrêté de conflit, le Tribunal manifeste à nouveau son désir de conférer à la voie de fait un caractère exceptionnel : l'exécution forcée des décisions de refus d'entrée sur le territoire étant prévue par la loi, les mesures prises en l'espèce « à les supposer même illégales [...] n'étaient pas manifestement insusceptibles d'être rattachées à un pouvoir appartenant à l'administration ». Cette décision mettait cruellement en lumière les insuffisances de la protection des libertés par le juge administratif dans des situations d'urgence. Elle a été à l'origine de la loi du 30 juin 2000 relative au référé devant les juridictions administratives qui confère à ces dernières des pouvoirs au moins équivalents à ceux dont dispose le juge judiciaire de la voie de fait (v. *infra*). L'adoption de ce texte amenait à s'interroger sur la pérennité d'une théorie désormais dépourvue aussi bien d'utilité que de justification théorique convaincante. Dans son arrêt du 23 octobre 2000, *M. Boussadar c/ Ministre des Affaires étrangères, AJDA* 2001, p. 143, chron. M. Guyomar et P. Collin, le Tribunal des conflits a très nettement tranché la question : la voie de fait est réaffirmée, de même que son cantonnement dans ses limites les plus étroites et son dédoublement (dont l'arrêt de 1997 amenait à douter) selon qu'est en cause une décision prise par l'administration ou son exécution forcée. L'arrêt énonce « qu'il n'y a voie de fait justifiant, par exception au principe de séparation des autorités administratives et judiciaires, la compétence des juridictions de l'ordre judiciaire, que dans la mesure où l'administration soit a procédé à l'exécution forcée, dans des conditions irrégulières, d'une décision, même régulière, portant une atteinte grave au droit de propriété ou à une liberté fondamentale, soit a pris une décision ayant l'un ou l'autre de ces effets à la condition toutefois que cette dernière décision soit elle-même manifestement insusceptible d'être rattachée à un pouvoir appartenant à l'autorité administrative ».

S'agissant d'un refus de visa dont l'intéressé soutenait qu'en l'empêchant d'assister personnellement à une audience de la cour d'appel de Paris devant statuer sur une opposition qu'il avait formée, il violait gravement le droit à un procès équitable, liberté fondamentale consacrée par l'article 6 de la Convention européenne des droits de l'homme, le Tribunal des conflits se contente de relever qu'il était intervenu en application de l'article 5 de l'ordonnance de 1945 et que, par suite, il ne pouvait s'analyser en une voie de fait. Celle-ci a été, en revanche, retenue dans une affaire de rétention d'un passeport d'une personne de nationalité française (T. confl., 19 nov. 2001, *Mlle Mohamed c/ Ministre de l'Intérieur, AJDA* 2002, p. 234, note S. Petit).

Compte tenu de cette rigueur, on comprend que la voie de fait ne peut occuper qu'une place marginale dans la compétence judiciaire relative aux libertés. Tel n'est pas le cas de deux matières rentrant traditionnellement dans cette compétence : la liberté individuelle et la propriété immobilière.

182 [**La protection de la liberté individuelle**

« La sauvegarde de la liberté individuelle rentre essentiellement dans les attributions de l'autorité judiciaire », énonçait déjà la décision du Tribunal des conflits du 18 décembre 1947, *Hilaire, D.* 1948, p. 62. L'article 66 de la Constitution du 4 octobre 1958 est venu consacrer cette solution, en disposant : « Nul ne peut être arbitrairement détenu. L'autorité judiciaire, gardienne de la liberté individuelle, assure le respect de ce principe dans les conditions prévues par la loi. » On doit insister sur le fait que la liberté individuelle n'est synonyme ni des libertés en général ni des libertés conférées aux individus (on a vu qu'au contraire, le caractère restrictif de la notion de voie de fait signifiait qu'en principe les atteintes administratives à ces libertés relevaient de la juridiction administrative). L'article 66 s'avère finalement très inopportun : il lie de manière parfois gênante à la proclamation d'un droit substantiel la compétence du juge judiciaire pour en assurer la sauvegarde (ce qui correspond, rappelons-le, à une conception obsolète). D'où une jurisprudence très embarrassée du Conseil constitutionnel : les corollaires de la liberté individuelle sont souvent énoncés de manière très floue, le Conseil se montre particulièrement pragmatique en la matière et a même « inventé » la notion de liberté personnelle (v. *supra*), dans l'espoir de faire échapper à la compétence judiciaire certaines matières qui auraient dû relever de la liberté individuelle (Genevois, 1992, p. 194).

183 [La liberté individuelle comprend d'abord le droit de ne pas être détenu arbitrairement, qui résulte expressément du texte constitutionnel. Le Conseil constitutionnel exige que l'intervention du juge judiciaire ait lieu dans le plus court délai possible. S'agissant de l'internement des étrangers sous le coup d'une mesure d'interdiction d'accès au territoire ou d'expulsion, il a jugé que l'autorité administrative pouvait en prendre l'initiative à condition que le juge judiciaire en autorise la prolongation : la disposition prévoyant son intervention au bout de 48 heures satisfait aux exigences de l'article 66, mais non celle qui différait de 7 jours cette intervention (Cons. const., 9 janv. 1980 à propos de la loi relative à la prévention de l'immigration clandestine). De même, la loi ne peut autoriser l'administration à maintenir durablement en « zone de transit » les étrangers non autorisés à pénétrer sur le territoire national : l'autorité judiciaire doit pouvoir intervenir dans les meilleurs délais pour exercer la responsabilité et le pouvoir de contrôle qui lui reviennent, et ce en dépit du fait que l'atteinte portée à la liberté individuelle est moindre que dans le cas du placement de l'étranger dans un centre de rétention (Cons. const., 25 janv. 1992, loi portant modification de l'ordonnance de 1945 relative aux conditions d'entrée et de séjour des étrangers en France).

On voit déjà que les modalités selon lesquelles le juge judiciaire assure le respect de la liberté individuelle sont sujettes à variation : tantôt la mesure attentatoire à la liberté individuelle ne pourra émaner que du juge judiciaire lui-même (prononcé d'une peine privative de liberté), tantôt ce juge devra intervenir pour autoriser la continuation de l'atteinte à cette liberté, au terme d'un délai d'une durée qui est fonction de la gravité de l'atteinte (décisions de 1980 et 1992). La compétence pour connaître de la décision initiale de placement en détention d'un étranger sous le coup d'un arrêté de reconduite à la frontière appartient, quant à elle, au juge administratif (avis du CE, 26 mai 1995, *Mme Yilmaz, Rec.* p. 217). Par ailleurs, à propos de la prolongation de la garde à vue pour les crimes et délits flagrants, le Conseil a, d'une manière fort critiquable, indiqué que « l'autorité judiciaire qui, en vertu de l'article 66 de la Constitution, assure le respect de la liberté individuelle, comprend à la fois les magistrats du siège et ceux du Parquet », l'intervention des premiers n'étant requise que dans certains cas (Cons. const., 11 août 1993, loi modifiant la loi du 4 janv. 1993 portant réforme du Code de procédure pénale).

184 [Mais la liberté individuelle ne comporte pas seulement la protection contre les détentions arbitraires. Dès la décision du 12 janvier 1977 relative à la loi autorisant la visite des véhicules en vue de la recherche et de la prévention des infractions pénales (*GDCC*, p. 328), le Conseil constitutionnel a adopté une conception large de la liberté individuelle. Celle-ci s'est, dans l'ensemble, confirmée, en dépit de flottements indéniables (ainsi, la liberté d'aller et venir a été qualifiée de « principe de valeur constitutionnelle », sans doute pour faire échapper quelques-unes de ses conséquences à la compétence du juge judiciaire – v. ainsi la décision du 16 juin 1999, loi portant diverses mesures relatives à la sécurité routière, qui dissocie clairement liberté d'aller et venir et liberté individuelle ; de même le Conseil a-t-il beaucoup hésité avant de soustraire [définitivement ?] la protection de la vie privée au champ de l'article 66).

185 [Le droit de ne pas être arrêté arbitrairement est un aspect de la liberté d'aller et venir qui se rattache, en toute hypothèse, à la liberté individuelle. Cela explique que les contrôles d'identité relèvent de l'autorité judiciaire, quand bien même ils procéderaient de considérations de police administrative et en dépit des critiques que l'on peut adresser à cette solution, notamment du point de vue de son efficacité pour la protection de la liberté (Picard, 1994, p. 976). Le Conseil a tenu à préciser, dans sa décision du 5 août 1993 à propos de la loi relative aux contrôles et vérifications d'identité, qu'il « revient à l'autorité judiciaire gardienne de la liberté individuelle de contrôler en particulier les conditions relatives à la légalité, à la réalité et à la pertinence des raisons ayant motivé les opérations de contrôle et de vérification d'identité ».

186 [A également été rattachée à la liberté individuelle la protection de l'inviolabilité du domicile. La décision du Conseil constitutionnel du 29 décembre 1983 relative à la loi de finances pour 1984 (*GDCC*, p. 554) insiste à cet égard sur les prérogatives du juge judiciaire : s'agissant des perquisitions et saisies destinées à la recherche des infractions fiscales, la loi devait assigner explicitement au juge chargé de les autoriser la mission de vérifier, de façon concrète, le bien-fondé de la mesure qui lui est soumise et préciser les possibilités d'intervention et de contrôle de l'autorité judiciaire dans le déroulement des opérations autorisées. Plus généralement, énonce la décision, « l'in-

tervention de l'autorité judiciaire doit être prévue pour conserver à celle-ci toute la responsabilité et tout le pouvoir de contrôle qui lui reviennent ». Ces garanties doivent également jouer lorsque les visites sont effectuées dans des locaux ne servant pas exclusivement à l'habitation. Cependant, les vérifications administratives qui ne s'exercent que dans les seuls locaux professionnels, s'effectuent en présence de l'intéressé ou de son représentant et ne débouchent sur aucune poursuite pénale ne sont pas assujetties à ces exigences (Cons. const., 28 déc. 1990, loi de finances rectificative pour 1990).

187 [La décision du 13 août 1993 concernant la loi relative à la maîtrise de l'immigration (*GDCC*, p. 825) mentionne « le principe de la liberté du mariage, qui est une des composantes de la liberté individuelle ». Au nom de ce principe a été censurée une disposition qui permettait au procureur de la République de décider qu'il serait sursis à la célébration d'un mariage, lorsqu'il estimait qu'il était envisagé dans un but autre que l'union matrimoniale, et ce pour une durée pouvant aller jusqu'à trois mois et sans qu'un recours ait été prévu.

188 [Quant à la protection de la vie privée, la majorité de la doctrine a déduit son inclusion dans la liberté individuelle de la décision du 12 janvier 1977, dans la mesure où la visite des véhicules, trop largement autorisée par la loi censurée pour ce motif comme contraire à la liberté individuelle, ne mettait véritablement en cause aucun des aspects précédemment décrits de cette liberté. Mais dans la décision du 25 juillet 1991 relative à la loi autorisant l'approbation de la convention d'application de l'accord de Schengen, le Conseil place la protection contre les risques liés à l'utilisation des fichiers informatiques sous le signe de la liberté personnelle. La décision du 20 janvier 1993, à propos de la loi relative à la prévention de la corruption, indique au contraire que « le législateur n'a pas entendu déroger aux dispositions protectrices de la liberté individuelle prévues par la législation relative à l'informatique, aux fichiers et aux libertés », cependant qu'un peu plus loin, elle se réfère à nouveau à la liberté personnelle pour censurer des dispositions qui donnaient au service central de prévention de la corruption des pouvoirs d'ingérence trop étendus « dans des domaines très divers de la vie professionnelle et privée » (droit d'exiger la communication de tout document, droit de convocation des personnes à trop bref délai et sans aucune garantie).

Le droit au respect de la vie privée se trouvait donc écartelé de manière peu compréhensible entre la liberté individuelle et la liberté personnelle et, selon le cas, appelait ou non l'intervention du juge judiciaire pour assurer sa sauvegarde. La décision du 18 janvier 1995, à propos de la loi d'orientation et de programmation relative à la sécurité, apprécie les risques que comporte l'installation de systèmes de vidéosurveillance à l'aune de la liberté individuelle, après avoir posé « que la méconnaissance du droit au respect de la vie privée peut être de nature à porter atteinte à la liberté individuelle », tandis que la décision du 22 avril 1997, loi portant diverses dispositions relatives à l'immigration, énonce que « les méconnaissances graves du droit au respect de leur vie privée sont pour les étrangers comme pour les nationaux de nature à porter atteinte à leur liberté individuelle » et que celle du 29 décembre 1998, loi de finances pour 1999, se réfère aux « exigences constitutionnelles relatives à la protection de la vie privée et de la liberté individuelle » (souligné par nous). La situation était donc particulièrement confuse, à la veille de la remise en ordre radicale à laquelle procède la décision du 23 juillet 1999, loi portant création d'une couverture maladie universelle, en déduisant le respect de la vie privée de la liberté, proclamée en termes extrêmement généraux par l'article 2 de la Déclaration de 1789 qui la distingue nettement de la sûreté, parachevant ainsi la dissociation faite en 1998. La protection de la vie privée n'incombe donc plus tout entière au juge judiciaire en vertu des dispositions de l'article 66 de la Constitution. D'après un commentateur autorisé, les aspects de la protection de la vie privée qui avaient été antérieurement rattachés à la liberté individuelle continueraient cependant d'en relever (Schoettl, *AJDA* 1999, p. 710). Quoi qu'il en soit, la solution adoptée dans la décision du 23 juillet 1999 permet d'éviter la compétence judiciaire à chaque fois qu'est en cause la protection de la vie privée. Cette jurisprudence est à présent bien établie (décisions du 9 novembre 1999, loi relative au pacte civil de solidarité, et du 21 décembre 1999, loi de financement de la Sécurité sociale pour 2000).

189 [Au total, la proclamation constitutionnelle de la compétence de l'autorité judiciaire en matière de liberté individuelle s'avère source de nombreuses difficultés (v. Fines, 1994, p. 594) quant à la détermination des matières qu'elle concerne et des modalités qu'elle doit revêtir. Mais à ce jour, l'article 66 de la Constitution n'a joué qu'un rôle modeste devant les juridictions ordinaires, qui ont très largement continué à appliquer les solutions qui prévalaient avant l'entrée en

vigueur de la Constitution, en tout cas en ce qui concerne le juge administratif et le juge des conflits.

La jurisprudence relative à l'article 136 du Code de procédure pénale en témoigne. Cet article dispose, dans sa rédaction actuelle : « Dans tous les cas d'atteinte à la liberté individuelle, le conflit ne peut jamais être élevé par l'autorité administrative et les tribunaux judiciaires sont toujours exclusivement compétents. Il en est de même dans toute instance civile fondée sur des faits constitutifs d'une atteinte à la liberté individuelle ou à l'inviolabilité du domicile [...], qu'elle soit dirigée contre la collectivité publique ou contre ses agents. » Il est déjà caractéristique que la dernière intervention législative sur ces dispositions, la loi du 16 décembre 1992, n'ait pas tenu compte de la jurisprudence du Conseil constitutionnel, qui fait de l'inviolabilité du domicile un aspect de la liberté individuelle... Quant aux juridictions ordinaires, elles ont souvent manifesté une très vive hostilité à l'égard de ce texte dérogatoire au principe de séparation des autorités administratives et judiciaires.

En dépit de sa clarté, l'article 136 a fait l'objet d'une interprétation restrictive, indéniablement *contra legem* (Amselek, 1965, p. 801) : dans une décision *Clément* du 16 décembre 1964 (*Rec.* p. 796), le Tribunal des conflits a limité la compétence judiciaire résultant de l'article 136 à la seule réparation des dommages causés par l'atteinte à la liberté individuelle, l'appréciation de la légalité des actes administratifs en cause continuant de relever de la seule juridiction administrative et devant donc (sauf s'il y a voie de fait) faire l'objet d'une question préjudicielle. Cette solution est d'autant plus choquante qu'elle reprend une jurisprudence ancienne sur l'article 112 du Code d'instruction criminelle, que le législateur avait clairement entendu briser. Le Conseil d'État a suivi cette jurisprudence (CE, 9 juill. 1965, *Voskresensky*, *Rec.* p. 419). Le Tribunal des conflits va parfois jusqu'à ignorer purement et simplement l'existence de l'article 136, en déterminant la compétence sur la seule base de la distinction entre police administrative et police judiciaire. Ainsi la compétence des juridictions administratives a-t-elle été retenue pour connaître de l'action en réparation de dommages causés par des violences policières survenues lors de la vérification de l'identité de personnes qui se trouvaient dans un véhicule en stationnement sur la voie publique : le juge des conflits se borne à relever que le litige ne mettait pas en cause une activité de la police judiciaire (T. confl., 28 avr. 1980,

Waroquier, AJDA 1980, p. 541). L'article 136 du Code de procédure pénale est alors abusivement cantonné aux cas les plus graves (v. Turpin, 1983, p. 653).

Il faut cependant noter à cet égard une réaction très nette des juridictions judiciaires, appuyée sur l'article 66 de la Constitution et la jurisprudence du Conseil constitutionnel. Une personne qui se trouvait dans un véhicule immatriculé à l'étranger avait été interpellée en raison d'infractions au Code de la route et avait ensuite été inculpée pour infraction à la législation sur les étrangers : la Cour de cassation a déduit des dispositions combinées de l'article 66 de la Constitution et de l'article 136 du Code de procédure pénale qu'il appartenait aux juridictions de l'ordre judiciaire de vérifier la régularité du contrôle d'identité auquel il avait été procédé, parce qu'il s'analysait en une « restriction temporaire des droits individuels *[sic]* de celui qui en était l'objet » (Cass. crim., 25 avr. 1985, *Bogdan, JCP* 1985.II.20465, concl. Dontenwille, note Jeandidier). Dans cette hypothèse, on voit donc l'article 66 faire sentir son influence (Favoreu, 1986, p. 169), comme le confirme encore un arrêt ultérieur (Cass. civ. 2e, 28 juin 1995, *JCP* 1995, n° 22504, concl. Sainte-Rose) acceptant, à l'occasion d'une demande de prorogation de la détention d'un étranger en instance d'éloignement, d'examiner la légalité de la décision administrative initiale.

Ici encore, la décision du Tribunal des conflits du 12 mai 1997, *Préfet de police de Paris c/ TGI de Paris, RFD adm.*, 1997, p. 514, concl. Arrighi de Casanova, signifie une volonté de confiner le juge judiciaire dans les limites traditionnelles de sa compétence. Réaffirmant l'impossibilité pour les tribunaux judiciaires d'apprécier la validité des actes administratifs sur le fondement de l'article 136, le Tribunal étend la portée de cette solution en leur interdisant également de « faire obstacle à l'exécution des décisions prises par l'administration en dehors des cas de voie de fait ». Fondée sur les termes du principe fondamental reconnu par les lois de la République dégagé par la décision du Conseil constitutionnel du 23 janvier 1987, cette décision ne convainc guère, qui sacrifie les exigences, incontestablement constitutionnelles, de la protection de la liberté individuelle au principe de séparation indûment sacralisé.

190 [On constate également un éclatement de la compétence juridictionnelle dans le cas des recours concernant les hospitalisations d'office dans les établissements psychiatriques. Les dispositions de la loi du

30 juin 1838 ont été remplacées par celles de la loi n° 90-527 du 27 juin 1990 relative aux droits et à la protection des personnes hospitalisées en raison de troubles mentaux et à leurs conditions d'hospitalisation. Mais le texte de 1990 ne retient pas la solution qui eût consisté à confier au juge judiciaire le soin de prononcer l'hospitalisation d'office (Debene, 1990, p. 876) : comme sous l'empire du texte ancien, cette décision relève de l'autorité administrative (actuel art. L. 3213-1, C. santé publ.), la possibilité étant offerte à la personne hospitalisée sans son consentement ou retenue dans un établissement, public ou privé, qui accueille des malades soignés pour troubles mentaux ou à l'un de ses proches de « se pourvoir par simple requête devant le juge des libertés et de la détention du tribunal de grande instance du lieu de la situation de l'établissement qui, statuant en la forme des référés après débat contradictoire et après les vérifications nécessaires, ordonne, s'il y a lieu, la sortie immédiate » (art. L. 3311-12, C. santé publ.).

Il a été jugé que la loi de 1990 n'affecte pas l'ancienne jurisprudence qui ne donne compétence aux tribunaux judiciaires que pour apprécier la nécessité, c'est-à-dire la justification au vu de l'état de santé du malade de la mesure de placement d'office (ancien nom de l'hospitalisation d'office), sa régularité formelle et procédurale relevant de la juridiction administrative (T. confl., 17 févr. 1997, *Préfet de la région Ile-de-France, préfet de Paris*, *JCP*, 1997, n° 22885, concl. Sainte-Rose). En revanche, l'autorité judiciaire est désormais seule compétente pour connaître des actions en responsabilité nées des irrégularités entachant la mesure prise, quelle que soit leur origine, et, le cas échéant, après que la juridiction administrative se sera prononcée sur les illégalités relevant de sa compétence (même décision). La mise en jeu de la liberté individuelle n'emporte donc pas non plus (sauf, là encore, voie de fait) une compétence judiciaire plénière en cette matière, même si l'essentiel (l'action en libération et l'appréciation du bien-fondé de la mesure) relève des tribunaux judiciaires.

191 [**La protection de la propriété immobilière**

Enfin, la détermination des compétences juridictionnelles pour assurer la protection des libertés publiques doit tenir compte d'une autre idée ancienne récemment constitutionnalisée : « L'importance des attributions conférées à l'autorité judiciaire en matière de protection de la propriété immobilière par les principes fondamentaux reconnus par les lois de la République » (Cons. const., 25 juill. 1989, loi portant dispositions diverses en matière d'urbanisme et d'agglomérations nouvelles). Ici encore, on peut s'interroger sur le point de savoir sur quelles lois de la République s'appuie le Conseil constitutionnel (le texte essentiel est la loi du 8 mars 1810 sur l'expropriation, qui n'est pas une loi de la République...) et sur l'opportunité d'une consécration constitutionnelle, d'ailleurs limitée à la protection de la propriété immobilière, ce qui redonne une actualité peu judicieuse au vieux principe *res mobilis res vilis*... De surcroît, il est difficile de connaître l'étendue exacte de la compétence judiciaire garantie par le principe : la seule certitude dont on dispose est qu'elle joue pour la fixation de l'indemnité due en cas de dépossession, donc principalement en cas d'expropriation. En l'absence de dépossession, la compétence judiciaire ne s'impose pas, comme l'indiquait déjà la décision du 13 juillet 1985, loi modifiant la loi du 29 juillet 1982 et portant diverses dispositions relatives à la communication audiovisuelle : l'indemnisation des dommages résultant de l'institution d'une « servitude administrative » ne relève du juge judiciaire que si la loi l'a prévu (CE, Sect., 28 févr. 1986, *Commune de Gap-Romette c/ Cons. Béraud, AJDA* 1986, p. 317, concl. Jeanneney).

La question de savoir si la compétence judiciaire pour prononcer le transfert de propriété à l'issue de la phase administrative de l'expropriation procède d'une nécessité constitutionnelle est plus incertaine. Son maintien avait été discuté lors de l'examen de la loi d'orientation foncière de 1967. Compte tenu du caractère quasi automatique du prononcé de l'ordonnance, la garantie apportée aux intéressés est faible et une constitutionnalisation serait d'autant plus inopportune que la loi du 2 février 1995 relative au renforcement de la protection de l'environnement a supprimé l'autorité de chose jugée qui s'attachait à l'ordonnance et donc probablement sa nature juridictionnelle.

192 [Quant à la compétence des juridictions judiciaires en matière d'emprise, elle est très limitée, puisqu'elle n'existe que si l'emprise est irrégulière, la question de sa régularité relevant de la compétence exclusive de la juridiction administrative (T. confl., 17 mars 1949, *Société Rivoli-Sébastopol, Rec.* p. 594). L'emprise s'analyse comme une atteinte grave portée à un immeuble : il est significatif qu'elle ne confère au juge judiciaire qu'une compétence pour réparer ses conséquences dommageables, qui disparaît si l'emprise a été régulière (CE, Sect., 15 févr. 1961, *Werquin, RD publ.* 1961, p. 321, concl.

Braibant : une réquisition de logement régulière relève de la compétence de la juridiction administrative en tant que manifestation de la puissance publique). L'idée selon laquelle « la protection de la propriété privée rentre essentiellement dans les attributions de l'autorité judiciaire » (T. confl., 17 mars 1949, *Société Hôtel du Vieux-Beffroi, Rec.* p. 592) ne mène donc pas très loin, en l'absence de voie de fait.

193 [Il faut encore ajouter que le principe de séparation implique la nécessité, pour le juge judiciaire, de renvoyer à la juridiction administrative la question de la légalité des actes administratifs en cause devant lui, sauf en cas de voie de fait où sa compétence est plénière et sauf lorsqu'il s'agit d'une juridiction pénale, que l'article 111-5 du Nouveau Code pénal déclare compétente « pour interpréter les actes administratifs, réglementaires ou individuels et pour en apprécier la légalité lorsque, de cet examen, dépend la solution du procès pénal », ce qui marque un accroissement sensible des prérogatives de ce juge, par rapport à ce qui résultait de la jurisprudence antérieure.

La dualité des juridictions emporte donc, au total, des inconvénients assez importants pour les justiciables, confrontés à des difficultés et à des lenteurs particulièrement fâcheuses s'agissant de protection des libertés, d'autant que les solutions retenues ne brillent pas par leur lisibilité.

B. L'injusticiabilité de certains actes

194 [Ce problème se pose essentiellement devant la juridiction administrative. Il s'agit de savoir si tous les actes pris par une autorité administrative peuvent donner lieu à contentieux et spécialement s'ils sont susceptibles d'être déférés au juge de l'excès de pouvoir.

La réponse est parfois négative pour des raisons techniques, tenant au désir du juge de n'exercer son office que s'il est certain de se trouver face à de véritables décisions. L'exclusion des recours dirigés contre les actes préparatoires (actes intervenant au cours de la procédure antérieure à l'édiction de l'acte – tels les avis, circulaires incitatives...) ou postérieurs à l'édiction de l'acte (« décisions » confirmatives, circulaires interprétatives...) a certes l'inconvénient, pour les premières, de retarder l'exercice du contrôle juridictionnel et, pour les secondes, de ne pas rouvrir un nouveau délai pour attaquer la décision elle-même. Mais elle ne touche pas à l'essentiel, c'est-à-dire à la possibilité de contester devant le juge la décision elle-même. Tel n'est pas le cas, en revanche, de l'injusticiabilité des actes de gouvernement et des mesures d'ordre intérieur à caractère disciplinaire.

A 195 La notion d'acte de gouvernement est ancienne. Si l'irrecevabilité opposée aux recours visant des « actes politiques » a officiellement disparu depuis l'arrêt *Prince Napoléon* (CE, 19 févr. 1875, *GAJA*, p. 16), le juge administratif continue de se déclarer incompétent pour connaître des « actes de gouvernement », se contentant d'en réduire de plus en plus le champ d'application. L'acte de gouvernement n'existe plus aujourd'hui que dans deux domaines : les relations entre le pouvoir exécutif d'une part, le pouvoir législatif ou le Conseil constitutionnel d'autre part, et les relations internationales.

En ce qui concerne le premier, il faut en particulier souligner que la décision du président de la République de mettre en œuvre l'article 16 de la Constitution échappe à toute contestation (CE, Ass., 2 mars 1962, *Rubin de Servens, GAJA*, p. 572) : alors même que la Constitution indique avec précision à quelles conditions est subordonnée cette décision et que le Conseil constitutionnel n'émet qu'un simple avis, le juge administratif a estimé que la charge politique de cet acte était telle qu'elle le rend impropre au contrôle juridictionnel. On peut regretter cette abstention, compte tenu de l'importance de l'enjeu pour les libertés publiques, ainsi mises à la discrétion du président de la République. Alors que seules les relations entre une autorité exécutive et le pouvoir législatif tombaient dans le domaine des actes de gouvernement, le Conseil d'État leur a adjoint les relations entre une telle autorité et le Conseil constitutionnel, en estimant que la requête dirigée contre la décision du président de la République nommant un membre du Conseil constitutionnel « doit être rejetée comme portée devant une juridiction incompétente » (CE, Ass., 9 avr. 1999, *Mme Ba, RFD adm.* 1999, p. 566, concl. contr. Salat-Baroux ; *AJDA* 1999, p. 409, chron. F. Raynaud et P. Fombeur ; *Cahiers du Cons. const.*, n° 7, p. 109, obs. J. Robert). Cette extension de l'injusticiabilité, qui ne s'imposait nullement, ne saurait convaincre. En revanche, le Conseil d'État a considéré que « la décision par laquelle le Premier ministre refuse d'engager la procédure prévue au second alinéa de l'article 37 de la Constitution pour procéder par décret à la modification d'un texte de forme législative se rattache à l'exercice du pouvoir réglementaire et revêt ainsi le caractère d'une décision administrative susceptible de faire l'objet d'un recours pour excès de pouvoir » (CE, Sect., 3 déc. 1999, *Association ornithologique et mammalogique de Saône-et-Loire, GAJA,* p. 849) : ni l'implication du législateur ni celle du Conseil constitutionnel n'entravent ici l'exercice, par le juge administratif, de ses pouvoirs.

Quant aux actes intéressant les relations internationales, on remarque à la fois le rétrécissement de leur domaine et leur irréductibilité, d'ailleurs attestée par le fait que les systèmes étrangers connaissent une semblable réserve du juge. C'est ainsi que le juge administratif s'est refusé à apprécier la licéité de la création d'une zone de sécurité dans les eaux internationales pendant des essais nucléaires (CE, Ass., 11 juill. 1975, *Paris de Bollardière, Rec.* p. 423), à se prononcer sur l'interdiction d'inscrire les ressortissants irakiens dans les établissements d'enseignement supérieur au moment de la crise du Golfe (CE, 23 sept. 1992, *GISTI et MRAP, Rec.* p. 347) ou encore sur la décision présidentielle de reprendre les essais nucléaires (CE, Ass., 29 sept. 1995, *Association Greenpeace France, Rec.* p. 348) ou sur celle d'engager des forces militaires en Yougoslavie, en liaison avec les événements du Kosovo ainsi que sur les décisions subséquentes fixant les objectifs militaires et répartissant les moyens mis en œuvre (CE, 5 juill. 2000, *Mégret et autre, Rec.* p. 291). Mais la seule inscription de l'acte en cause dans une perspective internationale ne suffit plus à le rendre injusticiable : conscient de ce que sa compétence serait menacée par l'internationalisation des problèmes, le juge administratif accepte souvent de statuer en déclarant l'acte en cause détachable des relations diplomatiques de la France. C'est la solution adoptée pour les décrets accordant l'extradition depuis l'arrêt d'Assemblée du 30 mai 1952, *Dame Kirkwood, Rec.* p. 291 et récemment étendue aux décisions rejetant une demande d'extradition (CE, Ass., 15 oct. 1993, *Royaume-Uni de Grande-Bretagne et d'Irlande du Nord, GAJA,* p. 753 ; *Rec.* p. 268, concl. Vigouroux). Ce dernier exemple montre bien que le souci déterminant n'est pas la protection des libertés des personnes concernées, mais bien la juridicisation des relations entre les États.

196 La question des mesures d'ordre intérieur à caractère disciplinaire a connu, quant à elle, une évolution extrêmement importante et heureuse dans le sens d'une quasi-disparition de l'injusticiabilité. Jusqu'à des décisions récentes, le juge administratif se refusait à connaître des recours dirigés contre les sanctions disciplinaires prises au sein de certains services – l'école, la caserne et la prison. La justification de ce refus résidait dans la crainte du juge d'être submergé par des

litiges qu'il considérait comme mineurs – *de minimis non curat praetor* – ce qui était très désinvolte à l'égard des situations de détresse que créaient souvent ces mesures. Si l'on peut sourire de l'irrecevabilité opposée à la contestation de l'interdiction faite aux élèves d'un lycée de jeunes filles parisien de venir en classe en pantalons de ski, sauf en cas de neige (CE, 20 nov. 1954, *Chapou, Rec.* p. 541), ce n'est pas le cas de celle frappant le recours d'un militaire contre une décision de mise aux arrêts qui porte atteinte à sa liberté d'aller et venir et risque de nuire à sa carrière (CE, 8 févr. 1991, *M. Cayrat, RD publ.* 1991, p. 1733). Et les choses devenaient franchement scandaleuses, s'agissant du refus de transférer un détenu d'un établissement pénitentiaire à un autre (CE, 8 nov. 1967, *Kayanakis, Rec.*, p. 475) ou du placement d'un détenu en quartier de plus grande sécurité (CE, Ass., 27 janv. 1984, *Caillol, RD publ.* 1984, 497, concl. contr. Genevois), mesures ayant une incidence importante sur la vie familiale du détenu ou sa liberté individuelle.

La véritable explication de cette jurisprudence était le désir du juge de laisser s'exercer, dans le cadre de certains services, un pouvoir disciplinaire souverain, totalement délié de contraintes juridiques. Cette conception archaïque était évidemment contraire à l'idée même d'État de droit et, plus largement, à l'effort visant à ne plus placer l'institution militaire en marge de la société, à faire de l'école un apprentissage de la citoyenneté et à utiliser la prison pour permettre l'accession des détenus à la qualité de citoyens, titulaires de droits et d'obligations, en vue de leur réinsertion. La jurisprudence récente l'a compris, qui a soustrait les mesures disciplinaires les plus graves au régime des mesures d'ordre intérieur, en application notamment de l'article 13 de la Convention européenne des droits de l'homme ménageant un recours effectif à toute personne victime d'une violation des droits consacrés dans la Convention.

197 [C'est l'émotion soulevée par la question du port du « foulard islamique » à l'école qui devait ébranler l'édifice : dans son avis rendu en Assemblée générale le 27 novembre 1989 (*RFD adm.* 1990, p. 6, note Rivero), le Conseil d'État précisait que le règlement intérieur de l'école pouvait déterminer les modalités du port de signes d'appartenance religieuse dans l'établissement, sous réserve d'un contrôle de légalité, s'exerçant également sur les décisions prises par les autorités détentrices du pouvoir disciplinaire. Ce contrôle eut rapidement l'occasion de s'exercer (CE, 2 nov. 1992, *Kherouaa, Rec.* p. 389 :

annulation de la clause d'un règlement intérieur interdisant d'une manière générale et absolue le port de tout signe distinctif d'ordre religieux et de la décision d'exclusion définitive prononcée à l'encontre d'élèves ayant méconnu cette interdiction). Dans deux arrêts d'Assemblée du 17 février 1995, *M. Pascal Marie* et *M. Philippe Hardouin* (*GAJA*, p. 761 ; *RFD adm.* 1995, p. 353, concl. Frydman), le Conseil d'État a accepté d'exercer un contrôle sur la décision infligeant à un détenu la sanction de mise en cellule de punition pour une durée de huit jours avec sursis et sur la punition de dix jours d'arrêt infligée à un militaire. Le fait que, dans le premier cas, la mesure prise se soit avérée parfaitement arbitraire illustre bien la nécessité de ce revirement.

Celui-ci n'emporte pas disparition des mesures d'ordre intérieur à caractère disciplinaire : l'irrecevabilité continuera d'être opposée aux recours dirigés contre des mesures situées en deçà d'un certain degré de gravité (il apparaît inutile de faire appel au juge pour connaître de la légalité de réprimandes ou d'heures de retenue, dès lors que celles-ci resteront sans incidence sur la carrière de l'agent ou la scolarité de l'élève). Le Conseil d'État a ainsi qualifié de mesure d'ordre intérieur la mise à l'isolement d'un détenu, compte tenu du fait que celle-ci « n'a pas pour effet d'aggraver les conditions de détention [et] n'est pas, par nature, susceptible d'exercer une influence sur la situation juridique de la personne qui en est l'objet » (CE, 28 févr. 1996, *Fauqueux*, *Rec.* p. 52), ce qui témoigne d'une volonté de maintenir une assez large irrecevabilité.

La possibilité, pour les victimes d'atteintes aux libertés, de s'adresser à un juge pour être rétablies dans leurs droits a donc connu une extension importante et fort bienvenue.

C. L'étendue du contrôle opéré par le juge

198 [Le contrôle juridictionnel de l'administration, affiné par le juge administratif depuis plus d'un siècle, est le plus élaboré. Il permet de saisir l'illicéité où qu'elle se trouve : au niveau de la compétence de l'auteur de l'acte, au niveau de la procédure et des formes suivies, à celui de la violation, directe ou indirecte, de la règle de droit et à celui du but de l'acte (censure du détournement du pouvoir et de procédure). En ce qui concerne la protection des libertés, les problèmes essentiels sont ceux des règles dont le juge impose le respect aux autorités dépendant de son contrôle, de la détermination de l'intensité

du contrôle exercé sur les appréciations et des exigences que le juge fait peser sur l'administration.

1. Les règles dont le juge impose le respect à l'administration

199 [Le pouvoir exécutif et les autorités qui dépendent de lui doivent évidemment respecter la loi, les règles du droit international et la Constitution, auxquelles s'ajoutent les règles élaborées par le juge lui-même pour parvenir à un contrôle plus adéquat de l'administration.

200 [**L'application de la Constitution**

Le juge administratif a une tendance très marquée à préférer les principes généraux du droit à l'application du Préambule de la Constitution. Il se réfère aux « principes généraux du droit qui, résultant notamment du Préambule de la Constitution, s'imposent à toute autorité réglementaire même en l'absence de disposition législative » (CE, Sect., 26 juin 1959, *Syndicat général des ingénieurs-conseils, GAJA*, p. 541) ou indique « qu'il résulte des principes généraux du droit et, notamment du Préambule de la Constitution du 27 octobre 1946 auquel se réfère la Constitution du 4 octobre 1958, que les étrangers résidant régulièrement en France ont, comme les nationaux, le droit de mener une vie familiale normale » (CE, Ass., 8 déc. 1978, *GISTI, GAJA*, p. 657) : c'est employer des principes théoriquement jurisprudentiels, là où il suffisait d'appliquer le Préambule de la Constitution – mais le résultat est équivalent. Le juge administratif n'hésite cependant pas à utiliser tous les éléments du bloc de constitutionnalité et à reprendre les formules adoptées par le Conseil constitutionnel (v. ainsi, à propos de la garantie de l'indépendance des professeurs d'université, CE, 22 mars 2000, *Ménard, Rec.* p. 124). En revanche, la Cour de cassation n'applique la Constitution qu'avec beaucoup de réserve et à titre très marginal, comme l'a montré un colloque sur ce thème qui s'est tenu à Paris en 1994.

201 [Tant pour les juridictions administratives que pour les juridictions judiciaires, l'application de la Constitution est très limitée par le jeu de la théorie de l'écran législatif. Celle-ci fait obstacle à la confrontation entre l'acte administratif en cause et la Constitution, à chaque fois qu'une loi s'interpose entre les deux normes, c'est-à-dire que l'inconstitutionnalité alléguée de l'acte administratif procède de la loi. On se heurte en effet ici à l'impossibilité absolue pour le juge ordinaire de remettre en cause la constitutionnalité d'une loi promulguée, que ce soit par voie d'action ou par voie d'exception (CE, 6 nov. 1936,

Arrighi, D. 1938, 3, 1, concl. Latournerie, note Eisenmann). C'est la théorie de l'écran législatif qui a fait en toute hypothèse obstacle à ce que les juridictions ordinaires tirent les conséquences de l'affirmation par le Conseil constitutionnel de la compétence exclusive du législateur pour édicter des peines privatives de liberté, même en matière contraventionnelle (Cons. const., 28 nov. 1973, *AJDA* 1974, p. 229, note Rivero) : les articles 464 et 465 du Code pénal, d'origine législative, qui prévoyaient que les peines de police pouvaient comporter un emprisonnement d'une durée inférieure à 2 mois, empêchaient que fussent écartées les dispositions réglementaires instituant de telles peines (Cass. crim., 26 févr. 1974, *Schiavon, D.* 1974, p. 273, concl. Touffait et CE, Sect., 3 févr. 1978, *CFDT et CGT, Rec.*, p. 47). La révision constitutionnelle introduisant l'exception d'inconstitutionnalité n'ayant pu aboutir, la situation reste bloquée à ce niveau. En revanche, le Conseil d'État s'est montré hardi en interprétant une convention d'extradition à la lumière d'un principe fondamental reconnu par les lois de la République dont il a pris l'initiative de l'énonciation : celui aux termes duquel « l'État doit refuser l'extradition d'un étranger lorsqu'elle est demandée dans un but politique » (CE, Ass., 3 juill. 1996, *Koné, GAJA*, p. 777). La norme constitutionnelle gagne donc, face à des conventions internationales que leur supériorité sur la loi (v. *infra*) pourrait rendre dangereuses pour les libertés, une autorité qu'elle ne peut généralement avoir aux niveaux inférieurs de la hiérarchie.

202 [L'hypothèse de la caducité et celle de l'abrogation implicite permettent toutefois au juge ordinaire d'écarter une loi promulguée : il lui suffit alors, en vertu des règles gouvernant les conflits de lois dans le temps, de constater que l'entrée en vigueur d'une nouvelle Constitution a nécessairement eu pour effet de mettre fin à l'application des lois antérieures contenant des dispositions incompatibles avec les principes qu'elle édicte. Le Conseil d'État, sans refuser d'opérer un tel contrôle (CE, Ass., 22 janv. 1982, *Ah Won* et *Butin, RD publ.* 1982, p. 816, note Drago, concl. Bacquet : constatation de l'incompatibilité entre un décret – mais la solution eût été identique pour une loi – de 1933 interdisant aux domestiques de siéger comme assesseurs à la Cour criminelle de Polynésie et le nouveau régime de l'outremer résultant de la Constitution de 1946), ne le pratique qu'avec une extrême réserve... qui confine à l'abstention. Dans un arrêt d'Assemblée (22 janv. 1988, *Association « Les Cigognes », RFD adm.* 1988, p. 95,

concl. Stirn), il a refusé de considérer que la réaffirmation, par les Préambules des Constitutions de 1946 et 1958 des principes fondamentaux reconnus par les lois de la République avait implicitement abrogé le régime des associations maintenu en vigueur en Alsace et en Moselle par la loi du 1er juin 1924. Or, le régime local confère à l'autorité préfectorale le pouvoir de s'opposer à la constitution d'une association, alors que la décision du Conseil constitutionnel du 16 juillet 1971 (*GDCC*, p. 238) prohibe toute intervention préalable d'une autorité publique comme contraire à la liberté d'association... Le tribunal administratif de Strasbourg s'est montré plus hardi en estimant contraire à l'égalité des sexes proclamée par le Préambule de la Constitution de 1946 la loi locale réservant aux seules veuves de fonctionnaires le bénéfice d'une pension de réversion et en estimant, en conséquence, qu'un droit identique ne pouvait être refusé aux veufs (TA Strasbourg, 14 oct. 1997, *M. Aurélio Maronèse*, *RD publ.*, 1998, p. 521, note J.-F. Flauss ; *AJDA*, 1998, p. 501, note J.-M. W.).

Quant à la Cour de cassation, elle refuse tout contrôle de ce type, estimant qu'il revient à contrôler la constitutionnalité de la loi (Cass. crim., 18 nov. 1985, *Bull. crim.* n° 359 : refus de considérer comme implicitement abrogées par l'article 66 de la Constitution des dispositions anciennes du Livre des procédures fiscales permettant à l'administration des impôts d'intervenir dans les locaux professionnels sans prévoir de contrôle adéquat de l'autorité judiciaire). Le manque de hardiesse des deux ordres de juridictions est regrettable, dans la mesure où il affaiblit l'autorité de la Constitution, qui n'est même pas assimilée, dans ces hypothèses, à la loi.

203 [**L'application des conventions internationales**

Le premier problème qui se pose est celui de savoir si peuvent être invoqués devant le juge tous les actes juridiques internationaux. En ce qui concerne les traités, seules les stipulations reconnues d'applicabilité directe peuvent être invoquées devant le juge interne. Il s'agit de celles qui visent à garantir des droits au profit des particuliers et qui ne nécessitent pas de mesures nationales de mise en œuvre pour pouvoir recevoir application. Certains traités sont considérés par le juge comme ne contenant aucune stipulation qui soit directement applicable : ainsi en va-t-il, pour le Conseil d'État, du Pacte international relatif aux droits économiques, sociaux et culturels ou de la Charte sociale européenne (CE, 20 avr. 1984, *Mlle Valton et Mlle Crépeaux*, *Rec.*, p. 148), pour la Cour de cassation – mais cette approche est très critiquable – de la Convention relative aux droits de l'enfant (Cass. civ. 1re, 10 mars 1993, *D.* 1993, p. 361). Dans d'autres cas, le juge décide de l'applicabilité directe stipulation par stipulation – telle est la démarche du Conseil d'État pour la Convention relative aux droits de l'enfant (CE, 29 juill. 1994, *M. et Mme Abdelmoula, AJDA* 1994, p. 841, concl. Denis-Linton ; Sect., 23 avr. 1997, *GISTI, RFD adm.* 1997, p. 585, concl. Abraham ; 22 sept. 1997, *Mlle Cinar, RFD adm.* 1998, p. 562, concl. Abraham).

Le problème se pose également en ce qui concerne les actes unilatéraux pris par les organes compétents de la Communauté européenne en vertu du traité qui l'institue : si l'article 189 du traité prévoit expressément l'applicabilité directe des règlements, il indique que les directives lient les États membres quant au résultat à atteindre, tout en les laissant libres de déterminer la forme et les moyens requis. La jurisprudence de la Cour de justice des Communauté européennes a tiré toutes les conséquences du caractère impératif de l'objectif fixé par la directive, en permettant aux justiciables d'invoquer devant les juridictions nationales ses dispositions claires, précises et inconditionnelles, à l'expiration du délai fixé pour l'intervention des mesures nationales destinées à la mettre en œuvre. Le Conseil d'État a d'abord réagi très négativement à cette jurisprudence, refusant l'invocabilité d'une directive au soutien d'un recours dirigé contre un acte administratif individuel (CE, Ass., 22 déc. 1978, *Cohn-Bendit, GAJA*, p. 669 : le requérant se prévalait d'une directive de 1964 relative aux motifs d'ordre public opposables aux ressortissants communautaires à l'appui d'un recours dirigé contre le refus d'abroger un arrêté d'expulsion pris à son encontre). Mais il accepte de vérifier la conformité à la directive des actes nationaux de transposition et fait échec, par diverses solutions, souvent hardies, à toute tentative des autorités françaises d'éluder les obligations découlant de la directive (en ce sens : CE, Ass., 6 févr. 1998, *Tête et Association de sauvegarde de l'ouest lyonnais, Rec.* p. 30, concl. Savoie), limitant ainsi son désaccord avec la Cour de justice à la seule hypothèse de l'arrêt *Cohn-Bendit.*

204 [Mais la question qui a suscité le plus de polémiques est celle de la supériorité des traités (et des actes unilatéraux pris en vertu de ces traités par les organes internationaux compétents) sur les lois, en dépit des termes dépourvus d'équivoque de l'article 55 de la Constitution. Il était traditionnellement admis qu'en cas de contradiction entre une

loi et un traité ratifié ultérieurement, ce dernier l'emportait, par application des règles gouvernant les conflits de lois dans le temps. Mais dans le cas où la loi est postérieure au traité, le respect dû à l'autorité du Parlement l'emportait sur celui dû à la Constitution. La décision du Conseil constitutionnel du 15 janvier 1975 (*GDCC*, p. 300) a relancé le débat. On se souvient qu'elle indiquait que les dispositions de l'article 55 de la Constitution « ne prescrivent ni n'impliquent » que le respect de leurs dispositions « doive être assuré dans le cadre du contrôle de la conformité des lois à la Constitution prévu à l'article 61 de celle-ci ».

Cette formule a immédiatement été interprétée par la Cour de cassation comme autorisant le juge ordinaire à assurer le respect de la supériorité des traités sur les lois prévue à l'article 55, puisqu'il ne s'agit précisément pas d'un contrôle de constitutionnalité des lois : l'arrêt *Jacques Vabre* (Cass. ch. mixte 24 mai 1975, *D.* 1975, p. 497, concl. Touffait) écarte l'application de l'article 265 du Code des douanes (résultant d'une loi de 1966) comme contraire aux stipulations de l'article 95 du traité instituant la Communauté économique européenne. Le Conseil d'État maintint longtemps son refus et ne s'aligna sur la position de la Cour de cassation que par un arrêt d'Assemblée du 20 octobre 1989, *Nicolo* (*GAJA*, p. 715). Il est donc désormais acquis que les juridictions administrative et judiciaire, par application de l'article 55 de la Constitution, peuvent examiner la conformité des lois, quelle que soit leur date, aux stipulations des conventions internationales – ainsi d'ailleurs que des règlements (CE, 24 sept. 1990, *Boisdet, Rec.* p. 251) et directives (CE, Ass., 28 févr. 1992, *SA Rothmans International France et SA Philip Morris France, Rec.* p. 81, concl. Laroque) communautaires.

Le contrôle de la conventionnalité des lois, comme on n'a pas tardé à l'appeler, comporte des perspectives très riches par rapport aux conventions relatives aux droits de l'homme, dans la mesure même où, en France, le contrôle de constitutionnalité des lois est fermé aux juridictions ordinaires et où la plupart des droits civils et politiques consacrés au niveau constitutionnel ont également fait l'objet d'une garantie internationale. Dans un premier temps, le développement de ce contrôle sur le terrain des libertés a été inhibé par la révérence traditionnelle du juge envers la loi et sa crainte d'être amené à exercer, après la promulgation de la loi, un office qui ne se distinguerait que formellement de celui que la Constitution assigne au Conseil constitutionnel avant la promulgation. Mais très rapidement, le juge a pris conscience de ses responsabilités en ce qui concerne l'exécution par la France de ses obligations conventionnelles et a pris appui sur la jurisprudence de la Cour européenne des droits de l'homme pour asseoir un contrôle désormais assuré de manière très dynamique.

L'évolution, en très peu d'années, de la juridiction administrative est très caractéristique. Au départ, c'est avec une nette réticence qu'est abordée la confrontation entre la loi et les traités consacrant les droits de l'homme. L'ironie de l'histoire a voulu que la première affaire soumise au Conseil d'État repose la question qui avait donné lieu à la décision du Conseil constitutionnel du 15 janvier 1975 : celle de la loi autorisant l'interruption volontaire de la grossesse. Le Conseil d'État juge que le droit à la vie garanti par l'article 2 de la Convention européenne des droits de l'homme s'applique à l'embryon (position qui était rien moins qu'évidente et qu'il ne motive pas) et que les dispositions de la loi « prises dans leur ensemble, ne sont pas incompatibles » avec cet article (CE, Ass., 21 déc. 1990, *Confédération nationale des associations familiales catholiques et autres, Rec.*, p. 369, concl. Stirn ; *RFD adm.* 1991, p. 849, chron. Berger, Labayle et Sudre). L'adoption du critère de l'absence d'incompatibilité (et non de conformité) et le caractère global de l'appréciation indiquent une réticence encore plus manifeste dans l'affaire *Mme Doukouré* (Ass., avis contentieux, 15 avr. 1996, *AJDA* 1996, p. 565 et p. 507, chron. D. Chauvaux et T.-X. Girardot), dans laquelle le Conseil d'État refuse d'interpréter l'article 26 du Pacte international relatif aux droits civils et politiques comme consacrant un principe général d'égalité devant la loi, contrairement à ce qui résulte de la jurisprudence du Comité des droits de l'homme institué dans le cadre dudit Pacte. La réduction de l'article 26 à une clause de non-discrimination dans la jouissance des droits par ailleurs reconnus dans le Pacte (en dépit du fait qu'ainsi interprété, l'article 26 fait en réalité double emploi avec l'article 2 du Pacte) semble s'expliquer surtout par « le refus d'un contrôle détourné de constitutionnalité » (Chauvaux et Girardot, chron. préc.), compte tenu de la coïncidence qu'eût présenté l'article 26 interprété largement avec le principe constitutionnel d'égalité.

C'est le contrôle des lois de validation au regard des exigences du procès équitable inscrites à l'article 6 de la Convention européenne des droits de l'homme qui va donner au Conseil d'État l'occasion de procéder en la matière à un examen exigeant, d'autant plus remarquable qu'il prend appui sur une jurisprudence elle-même novatrice et relativement récente de la Cour de Strasbourg. Les instruments d'un tel contrôle contentieux sont mis en place dans un arrêt (*Mme Lambert*, *AJDA* 1998, p. 149, concl. Bergeal) et un avis (*Ministre de l'Éducation nationale, de la Recherche et de la Technologie c/ OGEC de Saint-Sauveur-le-Vicomte*, *Rec.*, p. 464, concl. Touvet) rendus en Assemblée le 5 décembre 1997 (*AJDA* 1998, p. 97, chr. T.-X. Girardot et F. Raynaud), dans lesquels le Conseil d'État estime que des dispositions législatives validant des actes administratifs n'ont pas porté atteinte au principe du droit à un procès équitable, compte tenu du but d'intérêt général sur lequel elles reposaient. Cette position est d'autant plus remarquable que, dans le second cas, la loi de finances pour 1996 où figure la disposition en cause avait été déférée au Conseil constitutionnel, qui exerce, au besoin d'office, un contrôle sur les dispositions législatives de validation.

Par la suite, un tel examen de conventionnalité sera étendu aux lois intervenant au terme de la procédure instituée à l'article 38 de la Constitution : dans son arrêt du 8 décembre 2000, *M. Hoffer et autres*, *AJDA* 2000, p. 1065, chron. M. Guyomar et P. Collin, le Conseil d'État vérifie que cette loi de ratification, dont l'intervention s'inscrit pourtant dans la logique prévue à l'article 38, n'a pas eu essentiellement pour but « de faire obstacle au droit de toute personne à un procès équitable », et ce « en raison des circonstances de son adoption ». Dans un arrêt du 28 juillet 2000, *Tête et Association du « Collectif pour la gratuité contre le racket »*, *Rec.* p. 319, le Conseil d'État avait, pour le première fois, accepté d'écarter une disposition législative de ratification, estimant celle-ci dépourvue de justification suffisante au regard de l'article 6.

Il ne s'agit pas là d'une jurisprudence isolée : les signes d'une « banalisation » du contrôle de conventionnalité des lois ne manquent pas. Le Conseil d'État a ainsi interprété l'article du Code de l'urbanisme prévoyant l'absence d'indemnisation, à deux exceptions près, des dommages résultant de l'institution d'une servitude d'urbanisme comme ne faisant pas obstacle à l'indemnisation dans le cas exceptionnel où le propriétaire supporterait une charge spéciale et exorbitante : cette adjonction jurisprudentielle d'une troisième exception au principe posé par la loi est apparue nécessaire pour assurer la compatibilité de cette dernière avec les stipulations du 1er Protocole additionnel à la Convention européenne des droits de l'homme, qui consacre le droit au respect de ses biens (CE, Sect., 3 juillet 1998, *Bitouzet*, *Rec.* p. 288, concl. Abraham). C'est en application de ce même article que le Conseil d'État a écarté l'application de la loi de 1964 imposant aux propriétaires de faire apport de leurs terrains à une association communale de chasse agréée et d'y laisser des tiers pratiquer la chasse, quelles que soient par ailleurs leurs convictions personnelles, l'atteinte au droit de propriété étant jugée excessive (CE, 27 oct. 2000, *Mme Vignon*, *Rec.* p. 467) ou celle de dispositions législatives qui remettaient en cause rétroactivement le bénéfice de primes au profit des militaires servant à l'étranger, l'article 6 n'étant pas applicable (CE, Ass., 11 juill. 2001, *Ministre de la Défense c/ M. Préaud*, *AJDA* 2001, p.841, chron. M. Guyomar et P. Collin). Conformément à la jurisprudence de la Cour européenne des droits de l'homme, cette dernière décision qualifiait de biens au sens de l'article 1er du Protocole les primes reconnues aux militaires. Une qualification identique fut ensuite appliquée aux pensions, d'où résultait la possibilité de combiner ce dernier article avec l'article 14 de la Convention, qui prohibe les discriminations arbitraires dans la jouissance des droits par ailleurs consacrés. A été qualifiée de discriminatoire la différence de traitement résultant de ce qu'une loi de 1959 avait substitué aux pensions militaires de retraite une indemnité non revalorisable servie aux personnes ayant la nationalité d'États devenus indépendants : une telle différence, fondée sur la nationalité, ne se justifie pas « eu égard à l'objet des pensions de retraite » (CE, Ass., 30 nov. 2001, *Ministre de la Défense c/ M. Diop*, *AJDA* 2001, p. 1039, chron. M. Guyomar et P. Collin). Ici encore, la solution rejoint la jurisprudence de la Cour européenne des droits de l'homme. Elle termine heureusement, sur le terrain de la Convention européenne, un contentieux que l'avis *Mme Doukouré*, précité, avait refusé d'aborder en application de l'article 26 du Pacte.

Il faut encore indiquer que l'arrêt *M. Meyet* (CE, Sect., 2 juin 1999, *AJDA* 1999, p. 629 et p. 560, chron. F. Raynaud et P. Fombeur) marque tout à la fois un progrès et un point d'arrêt du contrôle de conventionnalité : il accepte, « au regard des exigences inhérentes à la hiérarchie des normes telles qu'elles découlent de l'article 55 de la Constitution » de rechercher si l'incompatibilité entre une disposition législative et une convention internationale non seulement « existait dès l'origine de cette disposition législative mais aussi si elle est apparue postérieurement », dans ce dernier cas toutefois, uniquement si l'incompatibilité résulte d'un changement dans la situation de droit. En revanche, « un changement dans la situation de fait – qu'invoque en réalité le requérant –, s'il peut conduire le législateur, dans l'exercice de son pouvoir d'appréciation, à reconsidérer certaines modalités de la loi ou même son principe, ne saurait avoir d'incidence sur la portée de la loi et sur l'obligation qu'a l'autorité administrative d'en assurer l'application ». Une telle solution, par son excessive prudence, interdit au juge administratif de redresser une violation de la Convention qui résulterait de l'évolution des circonstances de fait et donc de jouer dans sa plénitude le rôle qui lui incombe en vertu de la règle d'épuisement des voies de recours internes. Le contraste avec la solution qui prévaut à l'égard des actes administratifs, s'il a le mérite de rappeler la spécificité de l'acte législatif, a le grave inconvénient d'affaiblir l'autorité des exigences conventionnelles.

Les juridictions judiciaires, en dépit d'initiatives hardies prises très tôt par des juridictions de première instance, ont tardé à oser mettre en œuvre le contrôle de conventionnalité des lois en matière de libertés. Alors que la cour d'appel de Paris n'avait pas hésité, dans un arrêt remarquablement motivé du 18 septembre 1997 (*Gaz. Pal.* 1997.2.697) à écarter l'application de l'article 38, alinéa 3 de la loi sur la presse, qui interdisait la publication d'illustrations relatives aux « circonstances » de certains crimes et délits (en l'occurrence des atteintes à la vie et à l'intégrité physique des personnes), au motif que l'imprécision de l'incrimination n'offrait pas de garanties suffisantes quant à la prévisibilité des poursuites, contrevenant aussi aux exigences des articles 6, 7 et 10 de la Convention européenne des droits de l'homme, la Cour de cassation n'a rejeté le pourvoi formé contre cet arrêt que plus de trois ans plus tard (Cass. crim. 20 févr. 2001, *D.* 2001, p. 3001, note P. Wachsmann), après que le législateur eut modifié (sans d'ailleurs l'améliorer !) le texte en cause. Témoigne, en revanche, du dynamisme très récent de la Cour de cassation en ce domaine l'arrêt du 4 septembre 2001 de la Chambre criminelle (*Légipresse*, n° 186, 2001, III, 183, note B. Ader) estimant que ne répondaient pas à la nécessité exigée par l'article 10 de la Convention européenne des droits de l'homme (droit à la liberté d'expression) les dispositions d'une loi de 1977 interdisant la publication des sondages en rapport avec une élection politique ou un référendum pendant la semaine précédant le scrutin. Cette position (qui aurait gagné à être motivée) est d'autant plus hardie qu'elle contredit celle qu'avait adoptée le Conseil d'État dans son arrêt *Meyet,* précité. Elle a conduit à une modification des dispositions en cause : la loi du 19 février 2002 restreint l'interdiction à la veille et au jour de chaque tour de scrutin.

L'importance aujourd'hui prise par cette jurisprudence a suscité une abondante discussion doctrinale sur la coexistence d'un contrôle *a priori* de constitutionnalité monopolisé par le Conseil constitutionnel, sans aucun rapport procédural avec les juridictions ordinaires, et un contrôle de conventionnalité confié à ces dernières. Une telle situation, qui privilégie, dans la pratique juridictionnelle, les traités internationaux par rapport à la Constitution, provoque des tensions et des interrogations dont témoigne éloquemment le débat rouvert depuis peu sur la question de savoir s'il convient de remettre en cause la jurisprudence *IVG,* afin de confier au seul Conseil constitutionnel la mission de contrôler la loi, la violation des conventions internationales (au moins de celles relatives aux droits de l'homme) étant considérée désormais comme une violation indirecte de l'article 55 de la Constitution (v. « La Constitution, le traité et la loi : contributions au débat sur la hiérarchie des normes », *Cahiers du Conseil constitutionnel,* n° 7, 1999, p. 77). Il nous semble que le changement suggéré serait tout à fait inopportun et marquerait un recul de la protection des libertés en France (Wachsmann, 1998, p. 1671). D'abord parce que le Conseil constitutionnel ne peut intervenir qu'avant la promulgation de la loi, ce qui ne le met pas en mesure de remédier à des situations concrètes de violation des droits de l'homme procédant de la loi, comme l'exigent les engagements internationaux contractés par la France. Ensuite parce que la défiance envers le juge ordinaire que manifesterait un tel revirement serait dépourvue de tout fondement et témoignerait d'une surévaluation injustifiée du Conseil constitutionnel (v. ainsi l'arrêt de la Cour européenne des droits de l'homme du 28 octobre 1999, *Zielinski et Pradal et Gonzalez et autres c/ France,* qui conclut à la violation de l'article 6 de la Convention du fait d'une disposition législative de validation, pourtant déclarée conforme à la Constitution par le Conseil constitutionnel). Le développement d'un contrôle de conventionnalité exercé sans inhibition ne peut, au contraire, que compléter heureusement une garantie constitutionnelle qui reste partielle (pour un point de vue différent, v. D. de Béchillon, 1998, p. 225).

205 [Il faut ajouter que, s'agissant des actes administratifs, il est loisible à tout intéressé de solliciter, sans condition de délai, l'abrogation, par l'autorité compétente, de ceux qui seraient contraires dès l'origine ou devenus contraires, suite à une modification des circonstances de droit ou de fait, à une loi ou aux dispositions de la Constitution, d'un traité international ou des règlements et directives communautaires (CE, Ass., 3 févr. 1989, *Compagnie Alitalia, GAJA*, p. 705).

2. L'intensité du contrôle exercé sur les appréciations opérées par l'administration

206 [La détermination de l'intensité du contrôle juridictionnel des appréciations portées par les autorités administratives n'est pas aisée, pour les libertés publiques comme pour toute matière, notamment parce que le juge entend laisser intact son pouvoir à cet égard. Traitant de la question de savoir si la ratification par la France de la Convention européenne des droits de l'homme devait entraîner un renforcement du contrôle exercé sur les décisions d'interdiction des publications de provenance étrangère, le commissaire du gouvernement Stirn déclarait : « Il est de toute façon certain que la Convention, pas plus qu'aucun texte d'ailleurs, ne saurait déterminer le degré de contrôle auquel doit se fixer le juge de l'excès de pouvoir. C'est, en effet, votre jurisprudence seule qui choisit, pour telle ou telle matière, le contrôle réduit, le contrôle normal ou encore le bilan » (concl. sur CE, 17 avr. 1985, *Société les Éditions des Archers, RD publ.* 1985, p. 1362). Pourtant, le juge fixe le degré de contrôle qu'il opère selon la nature de la compétence conférée à l'autorité qu'il contrôle : si la compétence est entièrement discrétionnaire, l'appréciation à laquelle s'est livrée l'autorité administrative ne fera l'objet d'aucun contrôle ; si la compétence est simplement discrétionnaire, l'appréciation fera l'objet d'un contrôle restreint ; si la compétence est liée, il y aura contrôle entier de l'appréciation. Or, la nature de la compétence résulte des textes qui la régissent, tels qu'interprétés par le juge. Qu'en est-il en matière de libertés publiques ?

207 [L'hypothèse de la compétence entièrement discrétionnaire est incompatible avec la reconnaissance d'une liberté : si le juge laisse l'administration apprécier souverainement les faits, c'est qu'il n'existe pas de droit invocable par les administrés. Ainsi, le juge n'exerce aucun contrôle sur l'appréciation des mérites des postulants à la Légion d'honneur (CE, 10 déc. 1986, *M. Crépin Loredon, AJDA* 1987, p. 133). Les hypothèses d'absence totale de contrôle des appréciations sont

aujourd'hui très peu nombreuses. Elles sont relayées par l'exercice d'un contrôle restreint, comme l'illustre l'exemple des décisions de refus d'autorisation de détention d'armes, où le Conseil d'État est passé d'une absence de contrôle des motifs (CE, 14 janv. 1976, *Guéril, RD publ.* 1976, p. 1063, note Marcel Waline) à l'exercice d'un contrôle de l'erreur manifeste (CE, 1er juill. 1987, *Melki, RD publ.* 1988, p. 581).

208 [Ce dernier exemple montre avec évidence que le contrôle restreint (c'est-à-dire celui où le juge ne censure l'appréciation portée par l'autorité contrôlée que si elle est entachée d'une erreur manifeste), qui a connu une extension considérable depuis son apparition au début des années soixante, correspond également à des hypothèses dans lesquelles les administrés ne peuvent se prévaloir d'un droit (la compétence reste discrétionnaire). L'arrêt *Melki* note bien que le requérant « n'est pas fondé à invoquer un droit général des citoyens à détenir une arme de défense », tandis qu'un arrêt du même jour assujettit les décisions de refus prises en la matière à une obligation de motivation, nonobstant le fait qu'il s'agit d'une police spéciale et que les mesures prises à ce titre « ne peuvent être regardées comme restreignant l'exercice d'une liberté publique » (CE, 1er juill. 1987, *Corbel, RD publ.* 1988, p. 564).

La généralisation du contrôle de l'erreur manifeste montre que même les compétences discrétionnaires de l'administration doivent s'exercer de manière raisonnable. L'exercice d'un tel contrôle signifie donc tout à la fois un renforcement des contraintes pesant sur les autorités publiques et l'absence de droit dont les administrés pourraient se prévaloir. En posant que « dès lors qu'elle n'est pas entachée d'erreur manifeste, l'appréciation à laquelle s'est livrée le ministre de l'Intérieur du danger que la revue présentait pour l'ordre public ne peut pas être discutée devant la juridiction administrative », l'arrêt *S.A. Librairie François Maspero* du 2 novembre 1973 (*GAJA*, p. 636) avait introduit un tel contrôle dans le domaine dit de la « haute police », en l'espèce à propos des mesures d'interdiction de publications de provenance étrangère qui viennent d'être soumises à un contrôle entier (v. *infra*). Le contrôle continue, en revanche, de se limiter à l'erreur manifeste pour l'appréciation du danger que représente pour l'ordre public la présence de l'étranger sur le territoire national, en cas d'expulsion (CE, 3 févr. 1975, *Pardov, Rec.*, p. 83) ou pour le refus de délivrance d'un visa « en l'absence de toute disposition conventionnelle, législative ou réglementaire déterminant les cas où le visa peut être refusé à un étranger désirant se rendre en France et eu égard à la nature d'une telle décision » (CE, 28 févr. 1986, *Ngako Jeuga, Rec.*, p. 49). Ces décisions s'expliquent par le fait que le juge estime que les étrangers n'ont pas un droit général de séjour sur le territoire français.

209 [À chaque fois, au contraire, que le juge estimera que le requérant peut se prévaloir d'un droit, il exercera sur les appréciations de l'autorité administrative un contrôle entier. Cela revient à dire qu'il appréciera à son tour les faits, tels qu'ils se présentaient à l'administrateur : si les appréciations coïncident, le recours sera rejeté ; si elles divergent, l'acte sera annulé. À l'inverse de l'hypothèse précédente, toute erreur d'appréciation (et non plus seulement l'erreur manifeste) fait regarder l'acte comme illégal, parce que le juge considère être en présence d'une compétence liée de l'administration. Ce contrôle entier (souvent marqué par la formule : les faits de l'espèce étaient – ou n'étaient pas – de nature à justifier légalement l'acte...) est souvent appelé contrôle normal. En effet, cette expression le marque bien, dans un État de droit, les compétences de l'administration ne doivent normalement s'exercer que dans un cadre bien précisé par la réglementation juridique.

Le renforcement du contrôle juridictionnel s'est ainsi manifesté par l'exercice d'un contrôle entier sur un grand nombre de matières. C'est le cas, par exemple, des décisions ministérielles accordant ou refusant à un film cinématographique un visa d'exploitation ou d'exportation, depuis un arrêt du Conseil d'État (CE, Ass., 24 janv. 1975, *Société Rome-Paris Films, RD publ.* 1975, p. 286, concl. Rougevin-Baville) qui marque clairement la reconnaissance par le juge de l'existence d'une véritable liberté cinématographique. Ou encore de l'appréciation portée par la chambre d'accusation sur l'avis favorable de laquelle a été pris un décret d'extradition (CE, Ass., 24 juin 1977, *Astudillo Calleja, D.* 1977, p. 695, concl. Genevois). Également caractéristique est l'évolution qu'a connue le contrôle pratiqué sur l'appréciation par le préfet des conséquences d'une décision de reconduite à la frontière sur la situation familiale de l'intéressé : il s'est d'abord agi d'un contrôle restreint (CE, Ass., 29 juin 1990, *M. Imambaccus, RFD adm.* 1990, p. 530, concl. Faugère), puis d'un contrôle entier (CE, Ass., 19 avr. 1991, *Mme Babas, Rec.*, p. 162, concl. Abraham), suite à la prise en compte des répercussions en la matière de l'article 8 de la Convention européenne des droits de l'homme, qui garantit le droit au respect de la vie familiale, tel qu'il a été interprété par la Cour européenne des droits de l'homme. De même, le passage du contrôle restreint au contrôle entier en matière d'interdiction des publications de provenance étrangère (CE, Sect. 9 juill. 1997, *Association Ekin, GAJA*, p. 794) est-il le signe d'une pleine acceptation du droit des étrangers à la liberté d'expression.

210 [La politique jurisprudentielle du Conseil d'État est donc marquée par un renforcement constant du contrôle opéré. Les hypothèses de contrôle restreint sont aujourd'hui peu nombreuses en matière de libertés. Même dans leur domaine d'élection, la police des étrangers, elles sont en nette régression. Le cas du contrôle des mesures d'expulsion est particulièrement caractéristique de cette évolution. Si, depuis l'arrêt *Pardov*, l'appréciation du danger pour l'ordre public de la présence en France de l'étranger ne donne lieu en principe qu'à un contrôle restreint, le contrôle de cette appréciation se fait entier s'il s'agit d'un ressortissant communautaire (CE, 19 nov. 1990, *Raso, Rec.* p. 901), d'une expulsion dérogatoire, telle l'expulsion en urgence absolue qui emporte privation des garanties procédurales normalement accordées (CE, 13 nov. 1985, *Barrutiabengoa Zabarte, Rec.* p. 321) ou encore d'une hypothèse dans laquelle il y a lieu de mettre en balance le danger encouru par l'ordre public et l'atteinte portée au droit de l'intéressé au respect de sa vie familiale (CE, Ass., 19 avr. 1991, *M. Belgacem, Rec.* p. 152, concl. Abraham).

À cela s'ajoute l'exercice d'un contrôle entier sur la décision, considérée comme distincte de l'expulsion elle-même, déterminant le pays à destination duquel sera conduit l'étranger visé (CE, Ass., 6 nov. 1987, *M. Mantumona Buayi, RFD adm.* 1988, p. 86, concl. Vigouroux). La complexité de ces distinctions cache la réduction du contrôle restreint, dont le commissaire du gouvernement concluant sur l'affaire Belgacem prophétisait la disparition prochaine au profit exclusif du contrôle dit à juste titre normal, particulièrement en matière de libertés.

211 [Il est cependant fréquent d'entendre reprocher à la doctrine de se laisser hypnotiser par ces catégories et de leur attribuer une portée qu'elles n'ont pas en pratique. On fera d'abord remarquer qu'il s'agit de catégories forgées par le juge lui-même et qui sont donc indicatives d'une intention de sa part, d'autant qu'elles donnent lieu à des hésitations longuement pesées par les commissaires du gouvernement

et par les membres du Conseil d'État. Quant à l'exercice même du contrôle, il est vrai qu'il obéit à des considérations pragmatiques qui produisent des variations à l'intérieur du contrôle restreint comme du contrôle entier.

En ce qui concerne le contrôle des mesures d'expulsion, par exemple, on a pu noter une assez grande rigueur du juge lorsqu'il s'agissait d'apprécier le danger de la présence en France d'un étranger à travers les condamnations pénales dont il avait fait l'objet (arrêt *Pardov* : l'irrégularité des conditions d'entrée et de séjour de l'étranger en France ne peut, à elle seule, fonder une décision d'expulsion) et au contraire un contrôle plus relâché dans les affaires où jouaient des considérations politiques (CE, Ass., 13 mai 1977, *Perrégaux, RD publ.* 1978, p. 253, note Jacques Robert : un pasteur suisse avait mené plusieurs actions de défense des travailleurs immigrés, son expulsion est considérée comme n'étant pas entachée d'erreur manifeste d'appréciation). En ce qui concerne le contrôle entier, on relèvera que le commissaire du gouvernement Abraham concluant sur les affaires *Belgacem* et *Babas* indiquait lui-même qu'un tel contrôle, qu'il préconisait d'instaurer sur les conséquences de l'acte pour la vie familiale des intéressés, ne saurait avoir la même portée selon qu'il s'agit d'expulsion ou de reconduite à la frontière. Il faisait valoir, en effet, que la situation des personnes reconduites se caractérise par l'illicéité de leur présence en France, qui généralement les aura empêchées d'y construire une vie familiale et que la décision de reconduite n'empêche pas les intéressés de solliciter leur réadmission régulière sur le territoire français. Ces arguments sont inégalement convaincants, mais quoi qu'il en soit, il est évident que le juge administratif annulera plus facilement une mesure d'expulsion qu'une mesure de reconduite à la frontière sur le fondement du droit au respect de la vie familiale. Le tableau est donc effectivement plus nuancé que ne le suggère la seule typologie des degrés de contrôle, encore que celle-ci garde toute sa pertinence (comme l'illustre en particulier l'affaire *Association Ekin*). Ajoutons encore que, dans la sphère de sa compétence, le juge judiciaire s'inspire des techniques de contrôle élaborées par la jurisprudence administrative, bien que généralement avec une inhibition très marquée.

3. L'assujettissement de l'administration à des exigences définies par le juge

212 [À l'existence d'une liberté reconnue par une convention internationale, la Constitution ou une loi correspond donc l'exercice d'un

contrôle entier. Mais il faut encore déterminer l'objet de ce contrôle et le pouvoir du juge intervient ici aussi d'une manière importante, quoique souvent inaperçue. Pour reprendre des exemples déjà évoqués, c'est le juge qui a précisé que le pouvoir d'interdiction reconnu au ministre de l'Intérieur à l'égard des publications de provenance étrangère ne pouvait s'exercer qu'à raison du danger qu'elles représentent pour l'ordre public (arrêt *SA Librairie François Maspero*) ou que le préfet devait, avant de prononcer une reconduite à la frontière, « apprécier si la mesure envisagée n'est pas de nature à comporter, pour la situation personnelle ou familiale de l'intéressé, des conséquences d'une exceptionnelle gravité » (arrêt *Imambaccus*).

213 [C'est également le juge qui, dans certains cas impose à l'administration de prendre sa décision après avoir mis en balance un certain nombre d'éléments, qu'il précise. C'est le cas, en matière d'expropriation, avec la célèbre « théorie du bilan » : les avantages de l'opération projetée ne doivent pas être détruits par l'importance excessive des atteintes à la propriété privée, du coût financier et des inconvénients d'ordre social qu'elle présente (CE, Ass., 28 mai 1971, *Ville nouvelle Est, GAJA*, p. 623). Ou encore, en matière d'autorisation de licenciement des salariés investis de fonctions représentatives, doivent être mis en balance la gravité des faits reprochés, les exigences propres à l'exécution normale du mandat représentatif et des motifs d'intérêt général (CE, Ass., 5 mai 1976, *SAFER d'Auvergne c/ Bernette, GAJA*, p. 646). Droit de propriété, droit syndical et droit de participation à la détermination collective des conditions de travail et à la gestion des entreprises ne sont pas les seuls à donner lieu à cette démarche jurisprudentielle. Le principe de proportionnalité, comme on l'appelle souvent, en dépit de l'ambiguïté de l'expression, joue traditionnellement en matière de police, où doivent être conciliés respect des libertés en cause et sauvegarde de l'ordre public (CE, 19 mai 1933, *Benjamin, GAJA*, p. 300 pour l'interdiction d'une réunion ; Ass. 19 avr. 1991, *Belgacem, Rec.*, p. 152, concl. Abraham pour une mesure d'expulsion portant une atteinte grave à la vie familiale de l'intéressé).

214 [On notera que ce pouvoir normateur du juge s'exerce indépendamment du problème de l'intensité de son contrôle, même si la confusion est souvent faite. Il ne s'agit nullement d'un degré supplémentaire de contrôle, pour la simple raison qu'en la matière, c'est le contrôle entier qui est par définition le contrôle maximal (on ne peut

aller plus loin que la substitution pure et simple de l'appréciation du juge à celle de l'administration : 100 % est ici une limite logique). La meilleure preuve en est qu'on a vu ce pouvoir normateur du juge s'exercer dans des hypothèses de contrôle restreint (arrêts *Maspero* et *Imambaccus*). Bien plus, la théorie du bilan (ou la proportionnalité) elle-même n'est en rien incompatible avec l'exercice d'un contrôle restreint. Il est d'ailleurs permis de penser que la pratique du contrôle de l'utilité publique en matière d'expropriation révèle une censure de la seule erreur manifeste d'appréciation (en ce sens, concl. Dondoux sur CE, Sect., 29 juin 1979, *Malardel, Rec.*, p. 294 et les formules mêmes du commissaire du gouvernement Braibant dans l'affaire *Ville nouvelle Est,* pour qui il s'agissait de « censurer les décisions arbitraires, déraisonnables ou mal étudiées » – ce qui est la logique de l'erreur manifeste), compte tenu de l'importante relativisation qu'a connue le droit de propriété.

215 [En revanche, la question de savoir si l'autorité administrative doit justifier de la nécessité de l'atteinte que la décision qu'elle a prise porte à une liberté ne peut se poser que dans le cadre du contrôle entier. La théorie de la police administrative enseigne en effet que l'autorité de police ne peut porter atteinte à une liberté « reconnue » (par opposition à celles qui font l'objet d'une simple tolérance, à défaut de texte les garantissant) qu'à cette condition. Ainsi, dans le célèbre arrêt *Benjamin* (CE, 19 mai 1933, *GAJA*, p. 300) l'interdiction de la réunion que le requérant devait tenir à Nevers a-t-elle été annulée en raison du fait que la menace alléguée à l'ordre public (l'existence d'une manifestation hostile), pour certaine qu'elle ait été, ne présentait pas un degré de gravité tel qu'elle ne pouvait être parée par des moyens moins rigoureux. « En édictant les mesures de police qu'il lui appartenait de prendre », par exemple en déployant des effectifs de police suffisants, le maire aurait pu tout à la fois assurer l'ordre et garantir l'exercice de la liberté de réunion reconnue par la loi. Il lui est donc imposé de tenter de sauvegarder cette dernière autant qu'il est possible : le sacrifice de la liberté ne doit intervenir qu'à titre d'*ultima ratio.*

Ce contrôle de nécessité de la mesure est pratiqué en matière de police générale, lorsque les mesures prises portent atteinte à des libertés comme la liberté de la presse, la liberté d'aller et venir, la liberté du commerce et de l'industrie. Il intervient également en matière de police spéciale, comme en témoigne le dernier état de la jurisprudence relative à l'expulsion : l'arrêt *Belgacem* annule la mesure d'expulsion prise à l'encontre du requérant, en relevant qu'elle a « eu égard à la gravité de l'atteinte portée à sa vie familiale, excédé ce qui était nécessaire à la défense de l'ordre public ». Certes, à l'inverse de l'espèce *Benjamin,* aucune décision moins rigoureuse ne pouvait intervenir, mais le contrôle opéré tient dûment compte de la gravité des conséquences de la mesure prononcée.

216 [La question qui se pose est celle du champ d'application de ce contrôle de la nécessité. Il est d'abord clair qu'il est resté cantonné aux mesures de police – contrairement aux dispositions de la Convention européenne des droits de l'homme qui, dans ses articles 8 à 11, exige de toute atteinte aux libertés concernées qu'elles soient « nécessaires, dans une société démocratique » à la protection de certaines valeurs, dont l'ordre public. Il nous semble qu'un État libéral devrait, pour toute atteinte, quelle qu'en soit l'origine, à une liberté reconnue par le droit international, la Constitution ou la loi imposer la démonstration de sa nécessité.

Toutes les mesures de police donnant lieu à un contrôle entier font-elles l'objet d'un contrôle de leur nécessité ? On pouvait en douter, au vu d'une décision ancienne concernant les mesures d'interdiction des réunions sur la voie publique, dans laquelle le juge s'est contenté de vérifier l'existence d'une menace de troubles à l'ordre public, sans chercher à mesurer si elle était d'une gravité telle que l'interdiction de la manifestation s'imposait (CE, 19 févr. 1954, *Union des syndicats ouvriers de la région parisienne CGT, Rec.*, p. 113). Mais il fallait tenir compte de la constitutionnalisation de la liberté de manifester, considérée comme un corollaire de la libre communication des pensées et des opinions garantie à l'article 11 de la Déclaration de 1789 (Cons. const., 18 janv. 1995, loi d'orientation et de programmation relative à la sécurité), et de la jurisprudence de la Cour européenne des droits de l'homme imposant aux États, à propos de la liberté de réunion garantie sans autre précision par l'article 11 de la Convention, pourvu qu'il s'agisse d'une réunion pacifique, d'adopter les mesures nécessaires afin que la ou les manifestations projetées puissent se dérouler sans heurts (arrêt *Plattform Ärtzte für das Leben*, 21 juin 1988). Dans son arrêt du 12 novembre 1997, *Ministre de l'Intérieur c/ Association « Communauté tibétaine en France et ses amis », Rec.* p. 417, le Conseil d'État a censuré l'arrêté interdisant les manifestations prévues lors de la visite du président de la République populaire de Chine, au motif qu'une mesure d'interdiction générale « excédait, dans les circonstances de l'espèce, les mesures qui auraient été justifiées par les nécessités du maintien de l'ordre public à l'occasion de cette visite ». La mention dans l'arrêt des « mesures appropriées » qu'il appartenait au préfet de police de prendre, en particulier aux abords de l'ambassade de Chine, indique clairement qu'est, ici aussi, pratiqué le contrôle de nécessité issu de l'arrêt *Benjamin.*

Il faut ajouter que dans bien des cas, les formules employées par le juge ne permettent pas de savoir s'il a entendu ou non effectuer un contrôle de la nécessité de la mesure. Lorsque, s'agissant du film de Jacques Rivette, *Suzanne Simonin, la Religieuse de Diderot,* le Conseil d'État indique « qu'il résulte de l'instruction qui ni les situations ni les comportements des personnages, tels qu'ils sont présentés dans le film dont il s'agit n'étaient de nature à justifier légalement l'interdiction générale d'exploiter le film en France » (arrêt *Société Rome-Paris Films*), il n'est pas absolument certain, mais seulement probable qu'il procède au contrôle de nécessité préconisé par son commissaire du gouvernement (*RD publ.*, 1975, p. 297).

D. L'efficacité des recours disponibles

217 [Dans son arrêt *Hornsby c/ Grèce* du 19 mars 1997, la Cour européenne des droits de l'homme a confirmé solennellement que la prééminence du droit impliquait pour les justiciables le droit à une décision judiciaire efficace. En matière de libertés publiques plus qu'en toute autre, l'efficacité des recours juridictionnels est proportionnelle à la rapidité de l'intervention d'une décision. La Cour de Strasbourg a, pour cette raison, condamné la France dans l'affaire *Association Ekin,* en dépit du renforcement du contrôle juridictionnel finalement consacré, comme on l'a vu, par le Conseil d'État. Relevant que l'annulation de l'arrêté d'interdiction pris par le ministre en 1988 n'était intervenue qu'en 1997 (le Tribunal administratif de Pau avait rejeté le recours), l'arrêt du 17 juillet 2001, *Association Ekin c/ France,* énonce, sur le terrain du droit à la liberté d'expression, qu' « À l'évidence, la durée de cette procédure a, dans une grande mesure, privé d'efficacité pratique le contrôle juridictionnel dans un domaine où l'enjeu du litige demandait précisément une célérité accrue dans la conduite de la procédure [...]. En conclusion, la Cour estime que le contrôle juridictionnel existant en matière d'interdiction administrative de publications ne créait pas les garanties suffisantes pour éviter les abus. »

Il est permis de penser qu'une telle situation pourrait désormais être évitée, grâce à l'importante réforme réalisée par la loi du 30 juin 2000. Celle-ci vient combler la lacune qui expliquait la faveur dont bénéficiaient les clauses de compétence judiciaire, et singulièrement la notion de voie de fait. En effet, la juridiction judiciaire des référés est organisée de manière particulièrement efficace, l'institution du référé d'heure à heure traduisant bien ce phénomène. La juridiction administrative ne connaissait pas une institution équivalente à celle des référés, ce qui a donné à l'affaire *Préfet de police de Paris c/ TGI de Paris* devant le Tribunal des conflits (*supra*, n° 181) son caractère dramatique, l'attribution de compétence au juge administratif débouchant sur une protection peu efficace des victimes de l'arbitraire de l'administration. Une telle situation a entraîné la constitution, au sein du Conseil d'État, d'un groupe de travail dont les conclusions ont inspiré un projet de loi dont est issue la loi du 30 juin 2000 relative au référé devant les juridictions administratives. Un bref exposé de l'état antérieur du droit et de ses lacunes fera comprendre le besoin d'une telle réforme. Jusqu'au 1er janvier 2001, le référé administratif, en cas d'urgence (art. R. 130, C. trib. adm.), pouvait déboucher sur le prononcé de « toutes mesures utiles sans faire préjudice au principal et sans faire obstacle à l'exécution d'aucune décision administrative ». Cette dernière précision conduisait, à chaque fois qu'un acte administratif avait été pris, à imposer le recours à la procédure du sursis à exécution.

218 [Le principe est en effet (et il continue de prévaloir) que l'introduction d'un recours en annulation à l'encontre d'un acte administratif n'en suspend point l'exécution (les exceptions apportées au principe par la loi s'accompagnent souvent d'un délai très bref imparti au juge pour statuer : refus d'agréer une demande d'obtention du statut d'objecteur de conscience, arrêté de reconduite à la frontière...). Mais le requérant peut, par une requête distincte, demander au juge qu'il prononce le sursis à exécution (devenu la suspension de l'exécution avec la loi du 30 juin 2000) de l'acte attaqué. Dans sa décision du 23 janvier 1987 relative à la loi transférant à la juridiction judiciaire le contentieux des décisions du conseil de la concurrence (*GDCC*, p. 698 ; *GAJA*, p. 688), le Conseil constitutionnel a estimé que « compte tenu de la nature non juridictionnelle du conseil de la concurrence, de l'étendue des injonctions et de la gravité des sanctions pécuniaires qu'il peut prononcer, le droit pour le justiciable for-

mant un recours contre une décision de cet organisme de demander et d'obtenir, le cas échéant, un sursis à l'exécution de la décision attaquée constitue une garantie essentielle des droits de la défense ». Il y a, par suite, constitutionnalisation de l'institution du sursis à exécution, avec d'importantes conséquences pour les décisions limitant les libertés publiques. Mais ni les textes ni leur application par les juridictions administratives n'étaient véritablement imprégnés par cette donnée, comme l'attestent quelques solutions restrictives qu'il faut rappeler avant d'étudier l'état actuel du droit.

219 [En premier lieu, le champ d'application du sursis était resté limité aux décisions « exécutoires » de l'administration, c'est-à-dire à celles qui posaient des règles nouvelles. Les décisions négatives, celles qui rejettent, expressément ou tacitement, une demande adressée à l'administration, ne pouvaient donc normalement faire l'objet d'une décision de sursis, compte tenu de l'interdiction d'adresser des injonctions à l'administration (le sursis aurait eu pour effet de contraindre l'administration à prendre un acte donnant satisfaction à la demande qui lui avait été adressée). Cette impossibilité connaissait cependant une exception dans le cas où le maintien de la décision négative « entraînerait une modification dans une situation de droit ou de fait, telle qu'elle existait antérieurement » (CE, Ass., 23 janv. 1970, *Amoros, Rec.* p. 51).

Quand une telle modification intervenait-elle ? La jurisprudence se montrait ici d'une subtilité excessive. Ainsi, la situation d'un étranger retenu dans un aéroport et à qui une décision de refus d'admission sur le territoire national était opposée n'était pas modifiée par cette décision (CE, 27 janv. 1984, *Eksir, RD publ.* 1984, p. 801, note Jacques Robert), de même que celle de l'étranger qui sollicitait une carte de séjour à un moment où sa présence en France était déjà irrégulière, du fait de l'expiration de son visa de touriste (CE, Sect., 13 nov. 1987, *M. Tang Kam Keung, Rec.*, p. 367). Dans une autre espèce, le Conseil d'État a considéré que la situation de fait de la requérante était modifiée par le refus d'accéder à la demande de régularisation de sa situation en France (CE, Ass., 11 juill. 1980, *Mme Montcho, AJDA* 1980, p. 523, chron. Feffer et Pinault), position libérale beaucoup plus conforme à la réalité. La loi du 30 juin 2000 a rendu caduques ces solutions, en permettant au juge administratif des référés d'ordonner la suspension d'une décision administrative « même de rejet » (art. L. 521-1 du Code de justice administrative). En un remords tardif, le Conseil d'État a tenu, une dizaine de jours avant l'entrée en vigueur de la loi, à opérer un revirement de jurisprudence allant dans le même sens, en indiquant que le sursis à l'exécution d'une décision rejetant une demande pouvait désormais être octroyé, à des conditions que l'arrêt précise (CE, Sect., 20 déc. 2000, *M. Ouatah, RFD adm.* 2001, p. 371, concl. Lamy).

220 [Les conditions proprement dites mises à l'octroi du sursis à exécution étaient normalement au nombre de trois. Il fallait d'abord que l'exécution de la décision en cause risque d'occasionner un préjudice difficilement réparable. L'atteinte à une liberté paraissait répondre par excellence à cette condition, mais ici encore, le juge se montrait parfois très restrictif. À propos de l'interdiction d'un ouvrage *(Prisons d'Afrique)* mettant gravement en cause le régime d'un pays entretenant avec la France des relations étroites, le Conseil d'État avait jugé que le préjudice causé « ne présente pas un caractère de nature à justifier le sursis à exécution » (CE, Sect., 28 avr. 1978, *Alata et Société des éditions du Seuil, AJDA* 1978, p. 378, note J.-P. C.). S'agissant de la législation sur les publications de provenance étrangère, le juge considérait, on l'a vu, qu'aucun droit ne pouvait être invoqué, mais il est regrettable que cette approche, condamnable en elle-même au regard de la liberté d'expression, ait été reprise au niveau du sursis à exécution.

La deuxième condition était que l'un au moins des moyens invoqués à l'encontre de l'acte paraisse de nature, en l'état du dossier, à justifier son annulation. L'interprétation, une fois de plus restrictive, qui avait été donnée à cette condition avait pour effet de transformer profondément l'institution du sursis à exécution. En effet, le juge administratif ne se prononçait sur la demande de sursis qu'après un examen extrêmement poussé du dossier, de sorte que la procédure s'allongeait et qu'elle préjugeait pratiquement le fond, ce qui faisait perdre à la procédure de sursis son caractère de mesure d'urgence, au nom d'une révérence excessive pour l'autorité de la chose décidée par l'administration (v. cependant, à propos des décisons d'attribution de préfixes téléphoniques par l'Autorité de régulation des télécommunications, la chron. Raynaud et Fombeur, *AJDA* 1998, p. 569 et CE, Sect., 25 sept. 1998, *Association Greenpeace France, Rec.* p. 343, prononçant le sursis à exécution d'un arrêté ministériel inscrivant au catalogue officiel des espèces et variétés de plantes cultivées en France trois variétés de maïs génétiquement modifié, en vertu du principe de précaution énoncé à l'article L. 200-1 du Code rural et en considération des « conséquences que l'exécution de l'arrêté attaqué pourrait entraîner »). Il en résultait que, très souvent et en dépit d'heureuses exceptions (v. ainsi, à propos de l'expulsion en urgence absolue, au prétexte de ses liens avec des milieux terroristes, d'un ressortissant marocain qui résidait en France depuis près de vingt ans, TA Paris, 10 juill. 1991, *Diouri, RFD adm.* 1991, p. 855, concl. Pujalte, accordant le sursis 19 jours après l'introduction de la demande), que le jugement des demandes de sursis prenait habituellement plusieurs mois. Le législateur en prit acte tout d'abord en imposant, par des textes spéciaux, des délais très brefs pour l'examen de certaines requêtes en sursis (art. 3 de la loi du 2 mars 1982 relative aux droits et libertés des communes, des départements et des régions imposant, lorsque la demande émane du préfet et repose sur un moyen sérieux, que le sursis soit prononcé dans les 48 heures si l'acte attaqué « est de nature à compromettre l'exercice d'une liberté publique ou individuelle *[sic]* ». Il institua ensuite (art. 65 de la loi du 8 févr. 1995 relative à l'organisation des juridictions et à la procédure civile, pénale et administrative) une procédure permettant au président de la juridiction saisie de suspendre par ordonnance, pour une durée maximale de trois mois, l'exécution d'une décision administrative faisant déjà l'objet d'une demande de sursis à exécution « lorsque cette exécution risque d'entraîner des conséquences irréversibles et que la requête comporte un moyen sérieux ». La nécessité d'instituer un recours accessoire à un recours lui-même accessoire par rapport au recours pour excès de pouvoir dirigé contre l'acte témoignait d'une crise grave que cette réforme ne pouvait résoudre à elle seule.

En troisième lieu, le juge avait pris l'initiative d'ajouter une troisième condition : l'octroi du sursis devait lui paraître opportun (CE, Ass., 13 févr. 1976, *Association de sauvegarde du quartier Notre-Dame, AJDA* 1976, p. 300, chron. Nauwelaers et Fabius). Quoiqu'il ait été très peu fait usage de la possibilité de refuser le sursis pour des motifs d'opportunité, il était préoccupant de pouvoir imaginer une hypothèse où, en matière de libertés publiques, la « raison d'État » empêcherait l'octroi du sursis en dépit de l'illégalité avérée de la décision et de la gravité des conséquences qu'entraînerait son exécution.

221 [Les réticences qu'avait alors manifestées le juge administratif à l'égard des procédures d'urgence procédaient d'une méfiance envers les dérives des référés civils et d'un désir de ne pas voir s'instaurer

une justice administrative à deux vitesses. Mais ce souci louable a cédé devant les pressions nées de la crise ouverte par la décision du Tribunal des conflits de 1997 et les légitimes revendications d'efficacité du contentieux, particulièrement en matière de libertés. L'intervention législative, inspirée par les réflexions menées au sein du Conseil d'État sur les procédures d'urgence, a abouti enfin à l'institution d'une véritable procédure de référé devant les juridictions administratives. Aux termes de l'exposé des motifs du projet de loi (*JO doc. parl. Sénat*, 1998-1999, n° 269, p. 4), le but de la réforme « est de conférer au juge administratif statuant en urgence une efficacité comparable à celle du juge civil des référés, tout en tenant compte des spécificités du contentieux administratif ». Le texte institue, au sein des juridictions administratives de droit commun, une juridiction des référés normalement confiée à un juge unique (le président du Tribunal administratif, de la cour administrative d'appel ou de la section du contentieux du Conseil d'État ou les magistrats qu'il désigne à cet effet) et qui comporte l'édiction de mesures présentant un caractère provisoire.

Parmi les mesures que peut prendre le juge des référés statuant en urgence, deux intéressent essentiellement les libertés : celles intervenant au terme d'une procédure spécifique et la suspension qui succède au sursis évoqué précédemment.

222 [Le référé-liberté, comme on n'a pas tardé à l'appeler, est institué par l'article L. 521-2 du Code de justice administrative : « Saisi d'une demande en ce sens justifiée par l'urgence, le juge des référés peut ordonner toutes mesures nécessaires à la sauvegarde d'une liberté fondamentale à laquelle une personne morale de droit public ou un organisme de droit privé chargé de la gestion d'un service public aurait porté, dans l'exercice d'un de ses pouvoirs, une atteinte grave et manifestement illégale. Le juge des référés se prononce dans un délai de quarante-huit heures. »

L'instauration de cette procédure spécifique est destinée à désarmer les critiques adressées à l'impuissance de la juridiction administrative face à des situations d'urgence, suite à la décision du Tribunal des conflits de 1997. L'hypothèse visée par l'article L. 521-2 est précisément celle que présentait l'affaire soumise au Tribunal : une atteinte à une liberté qui est grave et manifestement illégale, mais pas au point d'être insusceptible de se rattacher à un pouvoir de l'administration et donc de relever du juge de la voie de fait.

La jurisprudence déjà constituée à propos de l'article L. 521-2 indique une volonté du Conseil d'État de permettre la pleine utilisation des possibilités qu'il offre pour la protection des libertés, mais à condition que soient strictement respectées les exigences posées par le législateur : il s'agit d'une « protection juridictionnelle particulière » (CE, Sect., 18 janv. 2001, *Commune de Venelles, GAJA*, p. 864), d'où parfois la suggestion faite au requérant qui n'a pu obtenir satisfaction sur le terrain de l'article L. 521-2 de plutôt présenter une demande de référé-suspension au titre de l'article L. 521-1 (même arrêt). Des conclusions au titre des deux procédures ne peuvent cependant pas être présentées simultanément dans une même requête (CE, Sect., 28 févr. 2001, *MM. Philippart et Lesage, RFD adm.* 2001, p. 390, concl. Chauvaux).

Le champ d'application du référé-liberté est d'abord lié à la notion de liberté fondamentale. Celle-ci s'entend de manière autonome par rapport à d'autres occurrences (y compris s'agissant de la voie de fait, comme en témoigne l'inclusion du droit de propriété dans le champ des libertés fondamentales, alors qu'il en est distinct dans le domaine de la voie de fait : CE, 23 mars 2001, *Société Lidl, RFD adm.* 2001, p. 765) : le Conseil d'État parle de liberté fondamentale « au sens de l'article L. 521-2 du Code de la justice administrative » (*Société Lidl*). Il ressort de la jurisprudence qu'il s'agit d'abord de libertés consacrées au niveau constitutionnel, qu'elles le soient expressément (ainsi du « droit constitutionnel d'asile », CE, 12 janv. 2001, *Mme Hyacinthe, AJDA* 2001, p. 589) ou par le biais des normes que le Conseil constitutionnel a déduites du texte (« le principe du caractère pluraliste de l'expression des courants de pensée et d'opinion est une liberté fondamentale », énonce ainsi CE, 24 févr. 2001, *M. Tibéri, RFD adm.* 2001, p. 629). La question de savoir si la notion recoupe l'ensemble des droits et libertés constitutionnellement garantis a été laissée en suspens (CE, 10 avr. 2001, *M. Merzouk*) : la logique commande une réponse affirmative, mais un fort courant contraire semble se dessiner pour exclure certains droits sociaux jugés trop vagues, tel le droit d'obtenir un emploi (v. ainsi, pour le refus de consacrer un droit fondamental au logement, CE, 3 mai 2002, *Association de réinsertion sociale du Limousin et autres, AJDA* 2002, p. 818, note E. Deschamps). Quant aux libertés faisant l'objet d'une garantie internationale, elles n'ont joué jusqu'ici qu'un rôle secondaire, en tant qu'éléments confortatifs de références constitutionnelles (CE, 20 juill. 2001, *Commune de Mandelieu-La Napoule, RFD adm.* 2001, p. 1138 faisant découler le droit fondamental à la sûreté de l'article 2 de la Déclaration de 1789 et de l'article 5 de la Convention européenne des droits de l'homme ; Sect., 30 oct. 2001, *Ministre de l'Intérieur c/ Mme Tliba, RFD adm.* 2002, p. 324, concl. de Silva, visant, s'agissant de la liberté qu'a toute personne de vivre avec sa famille sans ingérence excessive de l'autorité publique, tout à la fois la Constitution et la Convention européenne). Il devrait aussi être admis que des libertés puissent être qualifiées de fondamentales compte tenu de l'importance des garanties législatives dont elles ont fait l'objet : on peut penser qu'en consacrant comme liberté fondamentale, à partir de dispositions législatives, « le droit pour le patient majeur de donner, lorsqu'il se trouve en état de l'exprimer, son consentement à un traitement médical », le Conseil d'État s'est engagé dans cette voie (16 août 2002, *Mme Valérie Feuillatey et Mme Isabelle Feuillatey*).

L'atteinte portée à cette liberté fondamentale doit être grave. Cette condition, qui fait l'objet d'un examen particulier (une atteinte jugée insuffisamment grave à une liberté fondamentale relèvera donc du seul référé-suspension, à condition qu'existe une décision administrative), suppose un impact suffisamment direct et significatif sur cette liberté de l'acte ou agissement administratif mis en cause (v. ainsi CE, 27 mars 2001, *Ministre de l'Intérieur c/ M. Djalout, RFD adm.* 2001, p. 766 : l'irrégularité qui a entaché la procédure ayant précédé la détermination par l'administration du pays de destination du requérant ne porte pas une atteinte grave à une liberté fondamentale, car l'atteinte portée à la liberté d'aller et de venir découle en réalité d'une mesure antérieure, que l'administration ne faisait qu'appliquer, à savoir le prononcé, par le juge pénal, d'une peine d'interdiction du territoire).

Il faut ajouter que s'appliquent au référé-liberté les règles de recevabilité de droit commun, de sorte que le requérant doit justifier « subir directement et personnellement l'atteinte à la liberté fondamentale dont il se prévaut » (CE, 17 avr. 2002, *M. Meyet* : un électeur ne peut, en cette qualité, demander au juge d'enjoindre au Conseil supérieur de l'audiovisuel d'imposer à la société Canal Plus le respect d'un traitement équitable des candidats à l'élection présidentielle).

L'exigence d'une atteinte « manifestement illégale » à une liberté fondamentale différencie radicalement le référé-liberté du référé-suspension, dont on verra qu'il est subordonné à un simple doute sérieux sur la légalité de la mesure. L'exemple de l'arrêt *Mme Tliba*, précité, éclairé par les conclusions, est particulièrement net, s'agissant d'un contrôle de proportionnalité entre atteinte au respect de la vie familiale en France de la requérante et sauvegarde de l'ordre public, suite à une condamnation pénale pour recel en relation avec un trafic de stupéfiants : l'arrêt énonce que l'atteinte au droit doit être « manifestement disproportionnée » pour que le référé-liberté puisse aboutir et Mme de Silva indique, en dépit des doutes qu'elle émet sur le bien-fondé d'une appréciation bien sévère, qu'« aucune illégalité grossière ou manifeste ne se dégage du dossier, comme ce pourrait être le cas si le ministre avait méconnu des principes solidement établis par votre jurisprudence ». L'erreur manifeste est donc ici requise, alors même qu'elle ne l'est plus sur le fond, où est pratiqué un contrôle entier de proportionnalité.

L'appréciation de la condition d'urgence se fait *in concreto*, conformément aux règles posées en matière de référé-suspension (v. *infra*). Il a ainsi été jugé que l'urgence était constituée dans le cas d'un étranger qui avait obtenu une annulation contentieuse de l'arrêté de reconduite à la frontière pris à son encontre, mais qui n'avait bénéficié que d'autorisations provisoires de séjour, dont la dernière expirait un mois plus tard, qui ne lui permettaient ni de travailler en France, ni de quitter le territoire français et y revenir ensuite, alors que le préfet devait, en exécution de ce jugement, statuer rapidement sur le droit du requérant à un titre de séjour définitif : « la carence persistante de l'administration à exécuter complètement ce jugement crée une situation d'urgence au sens de l'article L. 521-2 » (CE, 11 juin 2002, *M. Ait Oubba*). On notera qu'en l'espèce, le référé-liberté est utilisé comme moyen complémentaire, et particulièrement efficace, d'obtenir l'exécution d'une décision de justice (v. *infra*).

Le respect des conditions posées par la loi revêtant « un caractère cumulatif » (CE, 11 oct. 2001, *M. Hauchemaille, RFD adm.* 2001, p. 1329) et étant apprécié avec une grande rigueur, le référé-liberté est voué, en l'état de la jurisprudence, à ne servir que dans des hypothèses extrêmes, situées à la limite de la voie de fait. Le caractère énergique des mesures que peut ordonner le juge des référés lorsqu'il estime remplies les conditions légales (injonction, suspension) et l'extrême rapidité de son intervention, ne bénéficient donc qu'à un petit nombre de justiciables (relevons cependant que ceux dont la situation avait donné lieu à la décision du Tribunal des conflits du 12 mai 1997 en seraient aujourd'hui certainement).

223 [Le référé-suspension, quant à lui, obéit à des règles notablement assouplies par rapport à celles qui régissaient le sursis à exécution, mais aussi, cependant, situées dans une indéniable continuité par rapport

à elles. Aux termes de l'article L. 521-1 du Code de justice administrative, « Quand une décision administrative, même de rejet, fait l'objet d'une requête en annulation ou en réformation, le juge des référés, saisi d'une demande en ce sens, peut ordonner la suspension de l'exécution de cette décision, ou de certains de ses effets, lorsque l'urgence le justifie et qu'il est fait état d'un moyen propre à créer, en l'état de l'instruction, un doute sérieux quant à la légalité de la décision ».

On a vu que le nouveau texte permettait d'obtenir la suspension de l'exécution de tout acte administratif, même négatif. L'arrêt *Ouatah*, précité, a indiqué que dans ce dernier cas, le juge de l'urgence pouvait accompagner sa décision de l'une des injonctions prévues par la loi de 1995, c'est-à-dire d'une injonction de prendre toute mesure conservatoire utile que prescrirait le juge ou de réexaminer la demande dans le délai fixé par le juge (v. *infra*).

L'assouplissement par rapport au sursis se marque d'abord par la suppression de l'exigence que l'exécution de la mesure cause un préjudice difficilement réparable. Désormais, la suspension peut être prononcée dès que l'urgence le justifie, condition qui « doit être regardée comme remplie lorsque la décision administrative contestée préjudicie de manière suffisamment grave et immédiate à un intérêt public, à la situation du requérant ou aux intérêts qu'il entend défendre [...] il appartient au juge des référés, saisi d'une demande tendant à la suspension d'une telle décision, d'apprécier concrètement, compte tenu des justifications fournies par le requérant, si les effets de celle-ci sur la situation de ce dernier ou, le cas échéant, des personnes concernées, sont de nature à caractériser une urgence justifiant que, sans attendre le jugement de la requête au fond, l'exécution de la décision soit suspendue » (CE, Sect., 19 janv. 2001, *Confédération nationale des radios libres, RFD adm.* 2001, p. 378, concl. Touvet ; *AJDA* 2001, p. 150, chron. M. Guyomar et P. Collin). L'appréciation concrète à laquelle est invité à se livrer le juge des référés doit être éclairée par les éléments qu'aura apportés le débat oral qui précédera sa décision. Elle conduit à des résultats plus favorables au requérant que sous l'empire du sursis à exécution, comme en témoigne l'arrêt précité, qui accepte la suspension d'une décision n'ayant qu'un objet ou des répercussions purement financiers. Mais cette appréciation doit également être objective et globale (CE, Sect., 28 févr. 2001, *Préfet des Alpes-Maritimes et Société Sud-Est Assainissement, AJDA* 2001, p. 461, chron. M. Guyomar et P. Collin), ce qui permet la prise en compte de l'intérêt général en une « sorte de théorie du bilan de l'urgence » (M. Guyomar et P. Collin), qui vient relativiser le point de vue subjectif du requérant.

Enfin, ce dernier doit faire naître, dans l'esprit du juge du provisoire, un « doute sérieux » sur la légalité de l'acte administratif en cause. Cette formule marque un important tournant dans la possibilité offerte aux justiciables de contester en justice les décisions administratives : il est désormais admis que les apparences puissent jouer contre l'autorité publique et profiter au particulier. C'est donc véritablement de mesures provisoires qu'il s'agit (les parties peuvent d'ailleurs revenir devant le juge des référés et essayer d'emporter sa conviction par de nouveaux arguments), de sorte qu'elles ne préjugent plus nécessairement le fond. Comme le constatait M. Chauvaux (concl. sur CE, Sect., 28 févr. 2001, *MM. Philippart et Lesage, RFD adm.* 2001, p. 390) : « La situation dans laquelle la demande d'annulation de cette décision serait rejetée, alors que le juge des référés avait ordonné la suspension, ne devrait pas être considérée comme une anomalie », ce qui signifie une véritable rupture par rapport à la pratique antérieure et une volonté, dit encore M. Chauvaux, « de conserver au recours son caractère effectif ». Il est, on le voit, plus facile d'obtenir satisfaction par le biais du référé-suspension que par celui du référé-liberté, comme le soulignait Mme de Silva (concl. sur CE, Sect., 30 oct. 2001, *Ministre de l'Intérieur c/ Mme Tliba, RFD adm.* 2002, p. 324) à propos du contentieux de l'expulsion.

La réforme opérée par la loi du 30 juin 2000 constitue donc un tournant du point de vue de la protection effective des libertés, paradoxalement moins – en tout cas en pratique – par le référé-liberté que par le référé-suspension. Il faut également relever que la « culture de l'urgence », mise en avant lors de l'élaboration de la loi, s'est vite et bien acclimatée au sein de la juridiction administrative. Mais on ne pourra vraiment apprécier la portée du texte qu'à la lumière d'une pratique couvrant une période plus ample (Wachsmann, 2002 ; Dossier Actualité des procédures d'urgence, *RFD adm.* 2002, p. 245).

224 [En dehors des procédures d'urgence, la procédure contentieuse administrative a une regrettable réputation de lenteur, que ni les statistiques ni l'examen de la plupart des décisions publiées n'infirment. Or, redisons-le inlassablement, cela est particulièrement inacceptable lorsque les libertés publiques sont en cause. Une annulation contentieuse intervenant plusieurs années après les faits est purement pla-

tonique et la possibilité de demander réparation du préjudice subi est dérisoire pour le requérant comme pour la cause des libertés. L'affaire *Benjamin* est ici significative : la réunion illégalement interdite devait se tenir en mars 1930, l'annulation fut prononcée en mai 1933, une indemnisation accordée en avril 1936. Les choses, à cet égard, n'ont guère changé (elles se seraient plutôt aggravées) : c'est en février 1995 que fut annulée la sanction de huit jours, avec sursis, de cellule de punition infligée à M. Pascal Marie en juin 1987. Ici encore, le juge devrait prendre l'initiative de statuer plus rapidement lorsque l'affaire intéresse les libertés. Il le fait parfois : ainsi, le tribunal administratif de Strasbourg – auquel on doit d'ailleurs une intéressante liste de priorité des dossiers, d'où il ressort une volonté de juger la plupart des affaires intéressant les libertés dans un délai maximum d'un an, ramené à trois mois en cas d'urgence (*Le Courrier du TA de Strasbourg*, n° 11, 1998, p. 16) – a statué avec une diligence exceptionnelle dans une affaire concernant la liberté de réunion : le refus de location d'une salle municipale à une formation politique est intervenu le 20 février 1992, la requête en annulation a été enregistrée le 5 mars et le jugement est intervenu le 10 mars, jour où devait se tenir la réunion projetée. Les jugements ont aussi été rapides dans l'affaire des ressortissants algériens retenus à Folembray (v. les décisions, *RFD adm.* 1995, p. 129 et 371). La méconnaissance de l'obligation, pour le juge administratif, de statuer dans un délai raisonnable – au-delà même du champ d'application de l'article 6 de la Convention européenne des droits de l'homme qui la prescrit – est désormais analysée comme « un fonctionnement défectueux du service public de la justice », constitutif d'une faute simple engageant la responsabilité de l'État, le Conseil d'État précisant que le caractère raisonnable de la durée doit s'apprécier notamment à l'aune de « l'intérêt qu'il peut y avoir, pour l'une ou l'autre [des parties], compte tenu de sa situation particulière, des circonstances propres au litige et, le cas échéant, de sa nature même, à ce qu'il soit tranché rapidement » (Ass., 28 juin 2002, *Garde des Sceaux c/ M. Magiera, AJDA* 2002, p. 596, chron. F. Donnat et D. Casas). La « nature » des litiges intéressant les libertés impose clairement au juge une diligence particulière.

225 [Mais l'obtention d'une décision d'annulation ne marque pas forcément le terme des épreuves subies par le requérant : il lui reste parfois à obtenir l'exécution de la décision. Longtemps, le refus du juge

(à la seule exception de celui de la voie de fait) d'adresser des injonctions à l'administration a constitué un obstacle majeur, que la convergence des critiques doctrinales (Rivero, 1962, p. 37 ; Moderne, 1990, p. 798) n'avait pas réussi à ébranler.

Les articles 62 et 77 de la loi du 8 février 1995 relative à l'organisation des juridictions et à la procédure civile, pénale et administrative rompent enfin avec cette logique, en autorisant tribunaux administratifs, cours administratives d'appel et Conseil d'État statuant au fond à prescrire les mesures d'exécution nécessairement impliquées par le jugement ou l'arrêt rendu, avec indication éventuelle d'un délai, ou à prescrire le délai dans lequel l'autorité administrative concernée devra prendre une nouvelle décision. Ces pouvoirs, qui peuvent aussi s'exercer après qu'un justiciable se sera trouvé confronté à une inexécution d'un jugement ou d'un arrêt définitif, peuvent s'accompagner du prononcé d'une astreinte. Ces dispositions constituent une véritable révolution dans notre droit administratif et ont renforcé considérablement la portée des décisions rendues (Moderne, 1996, p. 43). Après une brève hésitation, le Conseil d'État s'est efforcé de donner toute leur portée à ces dispositions nouvelles que, pour leur part, les tribunaux administratifs avaient immédiatement accueillies avec faveur (Gourdou, 1996, p. 343). En témoigne la résolution du problème qui s'était posé en cas d'annulation d'une décision de refus de séjour opposée à un étranger en méconnaissance de son droit au respect de sa vie familiale consacré à l'article 8 de la Convention européenne des droits de l'homme : le juge pouvait-il enjoindre à l'administration de délivrer un titre de séjour ou devait-il se contenter de lui prescrire un délai pour réexaminer la demande ? L'enjeu pour les intéressés était évidemment important. Dans un premier temps, le Conseil d'État a choisi la seconde branche de l'alternative, compte tenu de ce que des faits nouveaux avaient pu se produire entre le moment où avait été prise la décision annulée et celui où intervenait la décision du juge (CE, 18 oct. 1995, *M. et Mme Reghis*, *AJDA*, 1996, p. 157 et p. 115, chron. Stahl et Chauvaux). Puis, sous l'impulsion de nombreux tribunaux administratifs, le Conseil d'État adopta une position différente : transformant la question de l'injonction en un contentieux de pleine juridiction, il permet aux parties d'exposer au juge les faits nouveaux ayant pu survenir, une injonction de délivrer le titre étant prononcée en l'absence d'élément déterminant s'y opposant (CE, 4 juill. 1997, *M. et Mme Bourezak*, *RFD adm.*

1997, p. 815, concl. Abraham ; *RD publ.* 1998, p. 271, note Wachsmann). Cette solution assure au droit au respect de la vie familiale une protection efficace (v. CE, Sect., avis contentieux, 30 nov. 1998, *Berrad, Rec.* p. 451). On a vu que le juge des référés a été doté des prérogatives issues de la loi de 1995, ce qui constitue évidemment un élément décisif de renforcement de ses pouvoirs.

226 [Avant 1995, le justiciable se trouvant dans l'impossibilité d'obtenir l'exécution de la décision rendue n'avait d'autres ressources que soit s'adresser au médiateur de la République, doté d'un pouvoir d'injonction qui, s'il n'aboutissait pas, donnait lieu à publication d'un rapport spécial au *Journal officiel,* soit saisir le président de la Section du rapport et des études du Conseil d'État, afin que des contacts informels avec l'administration concernée puissent débloquer la situation, soit enfin solliciter du Conseil d'État la condamnation de la personne publique concernée à une astreinte. Toutes ces possibilités demeurent ouvertes. La première a été fort peu utilisée, tandis que la deuxième a permis de résoudre la plupart des difficultés réelles rencontrées par les justiciables ayant utilisé cette voie, mais elle restait très peu connue des intéressés et de leurs conseils. Quant à la troisième, elle s'est d'abord heurtée à un manque d'enthousiasme perceptible de la part du Conseil d'État (v. ainsi CE, Sect., 5 mai 1986, *David, RD publ.* 1986, p. 1474, note Llorens : la demande d'astreinte se voit opposer une forclusion, faute pour le requérant d'avoir attaqué dans les délais la décision implicite rejetant sa demande d'exécution du jugement... solution heureusement remise en cause par un décret du 15 mai 1990 – pour les seules décisions implicites de refus). Le Conseil d'État a ensuite adopté une conception nettement plus dynamique de l'astreinte, n'hésitant plus à l'employer contre le refus du Premier ministre de prendre un décret d'application d'une loi (CE, 11 mars 1994, *Soulat, Rec.* p. 115 ; 6 janv. 1995, *M. Jean-Louis Soulat,* et *M. Daniel Boivin* ; Sect., 27 janv. 1995, *M. Melot, AJDA* 1995, p. 157 et p. 104, chron. Touvet et Stahl ; 28 juill. 2000, *Association France nature environnement, Rec.* p. 323). On constate donc, sur tous les plans, une volonté d'améliorer l'efficacité des décisions juridictionnelles.

227 [La protection juridictionnelle des libertés, en dépit de ses lacunes, peut donc se prévaloir d'avantages considérables. Il faut ajouter qu'en France durant les années qui viennent de s'écouler, les juges ont acquis une autorité et une indépendance qui leur ont longtemps

été refusées. La mise en examen et la condamnation, naguère inconcevables, de personnalités politiques et d'hommes d'affaires ont renforcé l'idée du nécessaire respect de la règle de droit, par les détenteurs du pouvoir comme par les citoyens ordinaires. Les modes non juridictionnels de protection des libertés ne peuvent pas se targuer, tant s'en faut, de réussites comparables dans notre pays.

Section 2.
La garantie non juridictionnelle des libertés publiques

228[Elle peut revêtir diverses formes, tant il est vrai qu'elle se caractérise par un trait négatif. On distinguera la garantie par les gouvernés eux-mêmes, par le Parlement ou par des organes indépendants dépourvus de caractère juridictionnel.

§ 1. La garantie des libertés par les gouvernés

229[Il s'agit théoriquement du cas de figure idéal : ce sont les citoyens, titulaires des droits et libertés, qui en assument la défense face aux violations que viendraient à tenter les pouvoirs institués. La réalisation de cette hypothèse suppose cependant remplies de nombreuses conditions : des contacts constants entre la population et les détenteurs du pouvoir, la possibilité de donner une expression politique quasi immédiate aux revendications des citoyens, une conscience permanente et très vive, chez ceux-ci, des exigences de la liberté. Ces conditions sont impossibles à remplir dans les États contemporains, ne serait-ce qu'en raison de leur taille : elles évoquent plutôt le « peuple de Dieux », dont parlait Jean-Jacques Rousseau à propos de la démocratie directe (1762, p. 261) – Rousseau qui indiquait que « plus l'État s'agrandit, plus la liberté diminue » (1762, p. 248). Il s'ensuit que l'organisation de la protection des libertés par les gouvernés pose problème : la vieille idée de la résistance à l'oppression est impraticable et comporte des risques importants, la garantie des libertés par l'opinion publique est aléatoire.

230 [En toute hypothèse, les gouvernés ne peuvent agir que s'ils ont été au préalable éduqués et informés. L'éducation civique, au sens large du terme, est de la responsabilité de l'école, de la famille, des médias et, en dernière analyse, de tous : sans elle, pas de citoyens responsables et donc pas de conscience de chacun d'être dépositaire d'un patrimoine de libertés qu'il faut sans cesse accroître et ne pas laisser entamer. L'information est indispensable pour alerter les citoyens sur les menaces pesant sur les libertés ou sur les atteintes dont elles viendraient à faire l'objet. Dans de nombreux arrêts, la Cour européenne des droits de l'homme a rappelé le rôle indispensable des médias pour que les questions d'intérêt public fassent l'objet de débats aussi larges que possible : il incombe à la presse « de communiquer des informations et des idées sur des questions d'intérêt public. À sa fonction qui consiste à en diffuser s'ajoute le droit, pour le public, d'en recevoir. S'il en était autrement, la presse ne pourrait jouer son rôle indispensable de « chien de garde » » (arrêts *Observer et Guardian* et *Sunday Times (n° 2) c/ Royaume-Uni,* 26 nov. 1991). Le Conseil constitutionnel, de son côté, parle de la libre communication des pensées et des opinions comme « d'une liberté fondamentale, d'autant plus précieuse que son existence est l'une des garanties essentielles du respect des autres droits et libertés et de la souveraineté nationale » (Cons. const., 10 et 11 oct. 1984, relative à la loi visant à limiter la concentration et à assurer la transparence financière et le pluralisme des entreprises de presse, *GDCC*, p. 589).

A. La théorie de la résistance à l'oppression

231 [Sans pouvoir remonter jusqu'à Antigone ou à Saint-Thomas d'Aquin, on rappellera l'âpreté du débat sur le droit de résistance au moment des guerres de religion : aux protestants appelant à la révolte contre les monarques niant leur liberté religieuse, sous le mot d'ordre : « Sortez de Babylone ! », répondent les théoriciens catholiques, dont le plus illustre est Bossuet. Celui-ci objecte les persécutions subies par les premiers Chrétiens et tranche : « Les sujets n'ont à opposer à la violence des princes que des remontrances respectueuses, sans mutinerie et sans murmure, et des prières pour leur conversion » (Bossuet, 1709, p. 201).

Les théoriciens du droit naturel moderne et les philosophes des Lumières se partageront sur cette question, que viendront relancer de manière puissante les révolutions anglaise, américaine et française. Elles susciteront un important effort de justification des événements. Le plus accompli sera celui de Locke qui, dans son *Traité du gouvernement civil* (1690), soutient que le peuple n'a fait qu'user du droit de légitime défense face à un monarque dont la gravité des exactions avait détruit le titre à gouverner. Pour bien marquer la permanence de la menace et la nécessité d'y parer, l'article VII du *Bill of Rights* de 1689 proclame que « les sujets qui sont protestants peuvent avoir des armes pour leur défense, comme il convient à leurs conditions et comme les lois le permettent ». La Déclaration d'indépendance des États-Unis est un long plaidoyer pour les insurgés : « Lorsqu'une longue suite d'abus et d'usurpations, tendant invariablement au même but, marque le dessein de les [les hommes] soumettre au despotisme absolu, il est de leur droit, il est de leur devoir de rejeter un tel gouvernement... » Certaines déclarations des droits des États américains réaffirmeront, telle la Déclaration de Pennsylvanie : « Le peuple a le droit de porter les armes pour sa défense et pour celle de l'État », droit qui sera inscrit dans le 2e amendement à la Constitution des États-Unis en faveur de la seule sécurité de l'État.

Les constituants français, en rédigeant la Déclaration de 1789, se contentent d'une brève allusion au passé (« l'ignorance, l'oubli ou le mépris des droits de l'homme sont les seules causes des malheurs publics et de la corruption des gouvernements ») et s'emploient à définir les principes qui doivent fonder les temps nouveaux. L'article 2 dispose : « Le but de toute association politique est la conservation des droits naturels et imprescriptibles de l'homme. Ces droits sont la liberté, la sûreté et la résistance à l'oppression. » Celle-ci fait donc son apparition en tant que telle dans le droit positif. Mais les auteurs de la Déclaration refuseront l'inclusion de dispositions susceptibles d'assurer à ce droit quelque prolongement concret que ce soit (Benoît-Rohmer et Wachsmann, 1988, p. 95).

Lors de l'élaboration de la Constitution de 1793, le débat sera repris. Il opposera les Girondins, soucieux d'encadrer juridiquement le droit de résister à l'oppression, et les Montagnards, hostiles à toute réglementation d'un droit qu'ils se proposent évidemment d'utiliser à leur profit exclusif, par l'intermédiaire des sections, qu'ils contrôlent. La victoire de ces derniers se traduira par les formules restées célèbres de la Déclaration des droits de l'homme et du citoyen précédant la Constitution du 24 juin 1793 : « Article 33. – La résistance à l'oppression est la conséquence des autres droits de l'homme. Article 34. – Il y a oppression contre le corps social, lorsqu'un seul de ses membres est opprimé. Il y a oppression contre chaque membre lorsque le corps social est opprimé. Article 35. – Quand le gouvernement viole les droits du peuple, l'insurrection est, pour le peuple et pour chaque portion du peuple, le plus sacré des droits et le plus indispensable des devoirs. »

232 [Dans un considérant de sa décision du 16 janvier 1982 sur la loi de nationalisation (*GDCC*, p. 448), le Conseil constitutionnel a réaffirmé la valeur constitutionnelle du droit de propriété en soulignant que la Déclaration de 1789 l'avait « mis au même rang que la liberté, la sûreté et la résistance à l'oppression ». Cette dernière se voit donc reconnaître, elle aussi, pleine valeur constitutionnelle. Mais quelles sont les conséquences concrètes qui sont susceptibles d'en découler ? On peut examiner la question à divers niveaux.

233 [La conception minimale de la résistance à l'oppression en fait une *ultima ratio* contre l'illégalité : si le système juridique est impuissant à prévenir cette dernière, il reste à l'individu la ressource de la résistance. C'était la conception de Mirabeau : « La liberté du citoyen consiste à n'être soumis qu'à la loi, à n'être tenu d'obéir qu'à l'autorité établie par la loi, à pouvoir faire, sans crainte de punition, tout usage de ses facultés qui n'est pas défendu par la loi, et par conséquent à résister à l'oppression » (texte du comité des cinq, 17 août 1789). Mais une telle sanction des illégalités est apparue trop dangereuse pour l'ordre établi et aucun texte admettant que le citoyen se fasse aussi énergiquement juge de la légalité n'a jamais été adopté. Il est de jurisprudence constante que le délit de rébellion (art. 433-6, NCP, ex-art. 209) est constitué indépendamment de la légalité de l'acte accompli par l'agent de l'autorité publique (Cass. crim., 5 janv. 1821, *S* 1821.1.358). Les agents publics, quant à eux, ne sont déliés de leur devoir d'obéissance aux ordres de leurs supérieurs hiérarchiques qu'en présence d'un ordre « manifestement illégal et de nature à compromettre gravement un intérêt public » (art. 28 de la loi du 23 juill. 1983 portant droits et obligations des fonctionnaires) : il est caractéristique que l'illégalité, même manifeste, ne suffise pas.

234 [On comprend que la réticence des autorités publiques face au droit de résistance ne fasse que s'accroître, à mesure que l'on progresse

dans la hiérarchie des normes. Le 21 août 1789 est amendée une proposition d'Alexandre de Lameth, au motif qu'il ne faut pas « rendre tous les citoyens juges de la loi ». Lors des débats de 1793, Saint-Just refusa toute réglementation du droit de résistance à l'oppression, car il lui paraissait monstrueux que les auteurs d'une Constitution envisagent l'hypothèse d'une loi oppressive, qui signerait l'échec même de leur œuvre. Au contraire, Condorcet prévoyait, à l'article 32 de son projet de Déclaration du 15 février 1793 (v. Jaume, 1989, p. 240) : « Il y a oppression lorsqu'une loi viole les droits naturels, civils et politiques qu'elle doit garantir », avant d'ajouter : « Dans tout gouvernement libre, le mode de résistance à ces différents actes d'oppression doit être réglé par la Constitution. » Mais, là encore, aucune suite positive ne sera donnée à cette idée.

En dépit de l'absence de contrôle de la constitutionnalité des lois, puis du caractère partiel d'un contrôle qui ne peut s'exercer qu'avant la promulgation de la loi, le droit français a toujours considéré l'obéissance due à la loi comme une donnée indiscutable. La période de Vichy l'a tragiquement illustré, quand bien même la « loi » dont il s'agissait n'était pas d'origine démocratique et qu'elle bafouait les principes de la civilisation juridique (égalité, non-rétroactivité de la loi pénale, etc.). Mais la résistance ne pouvait être efficacement fondée en droit, elle s'appuyait sur une protestation morale qui faisait écho, entre autres, à l'indignation d'un Benjamin Constant : « Anathème à la rédaction d'injustices et de crimes couverte ainsi du nom de loi. Un devoir positif, général, sans restriction, toutes les fois qu'une loi paraît injuste, c'est de ne pas s'en rendre l'exécuteur [...]. Rien ne justifie l'homme qui prête son assistance à la loi qu'il croit inique » (1815, p. 1076). Cette idée de résistance à une loi jugée injuste est revenue au premier plan lors de l'élaboration de la loi du 24 avril 1997 portant diverses dispositions relatives à l'immigration (« loi Debré »), particulièrement au sujet du certificat d'hébergement dont elle renforçait le régime. À l'initiative de cinéastes, fut diffusée une pétition dont les signataires prirent l'engagement de ne pas appliquer ces dispositions qui témoignaient d'une attitude à l'égard des étrangers qu'ils jugeaient moralement inacceptable.

235 [La résistance à l'oppression peut aussi s'exercer contre un ordre constitutionnel ressenti comme oppressif. Mais il est également clair qu'en pareil cas, l'inclusion ou non dans la Constitution mise en cause du droit de résister à l'oppression sera totalement dépourvue de por-

tée : si la révolte triomphe de l'ordre ancien, ses auteurs ne seront pas jugés et si elle est vaincue, aucun organe de l'ordre en place ne fera bénéficier les auteurs de la révolte d'un droit pourtant inscrit dans le texte suprême de cet ordre. Aucun pouvoir ne se reconnaît jamais comme oppressif, la négation par lui-même de sa légitimité s'apparenterait en effet à un suicide politique.

Les mêmes remarques valent, presqu'*a fortiori*, lorsqu'est mise en cause la légitimité de l'appareil étatique lui-même, ressenti comme oppressif. On peut citer ici le *Plaidoyer pour John Brown* de Henry David Thoreau : John Brown avait organisé l'attaque d'un arsenal fédéral pour distribuer les armes volées aux esclaves de Virginie et leur permettre de se révolter. Son procès, suite à l'échec de sa tentative, et son exécution suscitèrent, en 1859, beaucoup d'émotion. Thoreau s'en prend violemment à un État qui a manqué à son devoir d'assurer la justice et qui ne subsiste lui-même qu'au prix d'actes de violence quotidiens. Dans son écrit le plus célèbre, *Du devoir de la désobéissance civile,* qui influença Gandhi et Martin Luther King, Thoreau rejette l'institution étatique comme contraire aux aspirations morales de l'homme et récuse toute participation à l'appareil étatique. Il justifie son refus de payer l'impôt par la déclaration suivante : « Par le présent acte, je soussigné, Henry Thoreau, déclare ne pas vouloir être tenu pour membre d'une société constituée à laquelle je n'ai pas adhéré » (1848, p. 71). Sorti de prison (on avait payé pour lui la taxe litigieuse), il décrit ainsi sa réaction : « Je me trouvais en plein champ d'airelles sur l'une de nos plus hautes collines, à plus de trois kilomètres, et de là on ne voyait l'État nulle part » (1848, p. 80). À la perception de l'État comme oppressif correspond évidemment une impossibilité pour l'ordre juridique de reconnaître cette attitude comme autorisant la moindre désobéissance à ses ordres : Thoreau est libre de parcourir le pays sans rien vouloir savoir de l'État, pas de refuser de s'acquitter de ses impôts... Gandhi a pu, en prônant la non-violence, éviter très longtemps de violer les lois britanniques, il n'en fut pas moins envoyé à plusieurs reprises en prison. À chaque fois, on se heurte à l'impossibilité de structure, pour l'État, d'admettre qu'on lui résiste, fût-ce au nom de la résistance à l'oppression.

236 [Celle-ci soulèverait encore, pour être efficace, la question de savoir qui peut user du droit de résistance. S'il doit s'agir d'une révolte collective, tout risque de se ramener à un problème de rapports de forces où le droit est inutile, sans pour autant que la légitimité de la révolte

puisse être appréciée par une instance tierce. Devant l'impossibilité d'un tel arbitrage, on sera conduit à demander une certaine représentativité des titulaires du droit : Burlamaqui exigeait qu'il s'agisse de « la plus grande et la plus saine partie des sujets de tous les ordres du Royaume » et non de « la vile populace ou la canaille du pays » ou de la « cabale d'un petit nombre de séditieux » (1751, p. 171) et Théodore de Bèze ne confiait ce droit qu'aux magistrats inférieurs, jusqu'à ce qu'une assemblée puisse prendre les mesures convenables.

237 [Quant à l'acte individuel de révolte, il a toutes les chances, on l'a vu, de tomber sous le coup de la loi. La prise en compte du mobile politique ne joue plus, en droit pénal, qu'un rôle très marginal, sans cesse amenuisé par la volonté de lutter contre le terrorisme. Les meurtres et tentative de meurtre sur la personne de dirigeants politiques font l'objet d'une répression énergique, sauf interférence exceptionnelle de considérations politiques (sympathie de l'opinion pour la cause défendue par l'accusé, influence du modèle de la clémence de Titus...). La norme est l'exécution de Bastien-Thiry, condamné à mort après l'échec de sa tentative d'assassiner le général de Gaulle ou celle de Gorguloff, assassin du président Doumer – dans le dernier cas, après des expertises psychiatriques fort sommaires... Napoléon III fut sur le point de gracier Orsini, qui avait organisé contre lui un attentat à la bombe qui fit 8 morts et plus de 150 blessés, compte tenu de l'estime qu'Orsini avait su gagner par ses déclarations empreintes de patriotisme au service de l'unité italienne, mais la raison d'État l'emporta et Orsini fut exécuté comme parricide... En revanche, Villain, qui assassina Jean Jaurès le 31 juillet 1914, fut acquitté par une cour d'assises en 1919, ce qui entraîna une manifestation de protestation de plus de 100 000 personnes à Paris : le climat qui suivit la fin de la guerre était favorable à la cause revancharde qui avait inspiré le crime.

Lorsqu'il s'agit d'actes accomplis par des étrangers contre d'autres étrangers sur le territoire d'un État, la sentence sera largement déterminée par le contexte international et les mouvements de l'opinion. Citons l'exemple de Conradi qui avait servi en Russie dans l'armée des Blancs – et dans un régiment célèbre pour les atrocités auxquelles il se livrait – et voulait venger sa famille : il assassina un diplomate soviétique et blessa grièvement deux de ses collaborateurs, à l'occasion d'une conférence internationale qui se tenait à Lausanne. Il fut pourtant, lui aussi, acquitté, en raison de l'hostilité que le régime soviétique suscitait (Ludwig, 1936, p. 127). Ces affaires montrent bien que la répression est la norme et la clémence l'exception, d'ailleurs scandaleuse, sauf si la victime s'était elle-même rendue coupable d'exactions, comme dans le cas de Talaat Pacha, l'un des principaux responsables du génocide arménien, assassiné à Berlin par un étudiant arménien dont toute la famille avait été massacrée.

238 [La question se pose plus fréquemment sous l'angle du droit pénal international. Il est admis que les États libéraux n'extradent pas les délinquants politiques (principe d'abord posé par la loi belge du 1er octobre 1833 relative à l'extradition et ensuite largement repris, notamment par la loi française du 10 mars 1927). Mais très rapidement, on a refusé aux auteurs de certains actes de violence le bénéfice du refus d'extrader : c'est le cas de la loi belge du 22 mars 1856 qui, ici aussi, a fait école, pour les auteurs d'attentat à la vie d'un chef d'État, auquel fut bientôt assimilé l'attentat contre la famille d'un chef d'État ou contre des personnes investies de responsabilités politiques. L'internationalisation de la lutte contre le terrorisme a accentué cette tendance à faire sortir les actes de violence les plus graves du domaine de l'infraction politique (sur ce problème et pour une critique de la logique qui sous-tend cette évolution, v. Koering-Joulin, 1982) : la Convention européenne pour la répression du terrorisme précise, dans son article 1er, quelles sont les infractions que les États contractants ne pourront plus considérer comme politiques (attaques contre les diplomates ; enlèvements, prises d'otage, séquestration arbitraire ; utilisation de bombes, lettres ou colis piégés...) et dans son article 2 quelles sont celles que ces États pourront ne pas considérer comme politiques (tout acte grave de violence, non visé à l'article 1er, dirigé contre la vie, l'intégrité corporelle ou la liberté des personnes...).

Plus largement, les avis des chambres d'accusation et la jurisprudence du Conseil d'État relative aux décrets d'extradition (rendus sur avis conforme des chambres d'accusation) font leur cette démarche. En témoigne l'évolution que traduit le passage de l'arrêt *Astudillo Calleja* (CE, Ass., 24 juin 1977, *D.* 1977, p. 695, concl. Genevois : l'extradition du requérant vers l'Espagne, quoique visant des infractions de droit commun, « a été demandée, en 1973, dans un but politique ») à l'arrêt *Croissant* (CE, Ass., 7 juill. 1978, *AJDA* 1978, p. 579 : le mobile politique allégué des infractions visées ne suffit pas à leur imprimer un caractère politique, « compte tenu de leur gravité »). La référence à la gravité des faits reprochés à la per sonne visée ne dissimule pas seulement la différence faite par le juge entre le régime autoritaire que connaissait à l'époque l'Espagne et le régime libéral et démocratique de l'Allemagne fédérale. En effet, une fois l'Espagne revenue à la démocratie, le Conseil d'État a fait application du critère de la gravité de l'infraction, tout en prenant en considération, à titre distinct, les garanties offertes par le système juridique de l'État requérant, notant que « le système juridique espagnol respecte les droits et libertés fondamentaux de la personne humaine, ainsi que l'exigent les principes généraux du droit de l'extradition » (CE, Ass., 26 sept. 1984, *Lujambio Galdeano, AJDA* 1984, p. 702). Un étranger ne peut donc prétendre avec succès avoir voulu résister à l'oppression s'il s'est rendu coupable d'actes graves, et ce dans un État respectueux des droits de l'homme.

239 [Au total, la consécration constitutionnelle de la résistance à l'oppression est donc très décevante, du point de vue de ses effets de droit. Dans leur *Traité de droit constitutionnel,* Joseph-Barthélemy et Paul Duez concluaient : « La théorie de la résistance à l'oppression est une théorie politique, non juridique. » Le pouvoir de commandement de l'État ne peut coexister avec la reconnaissance d'un droit de désobéissance des gouvernés, comme Kant l'avait déjà montré, mais la reconnaissance de la résistance à l'oppression revêt cependant une grande importance symbolique. Si pour Saint-Just, préciser la mise en œuvre de ce droit revenait à reconnaître l'imperfection de la Constitution, il s'ensuit qu'existe pour lui une Constitution propre à supprimer tout risque d'oppression, une Constitution idéale qui transmettrait sa perfection à toutes les normes issues d'elle. On voit le danger d'une telle utopie, auquel s'oppose le pragmatisme d'un Condorcet, qui sait que l'hypothèse de l'oppression ne peut jamais être écartée. La garantie du droit de résistance est donc un signe rassurant d'humilité du pouvoir, la reconnaissance de sa faillibilité et de la nécessité de prévoir les moyens de parer à ses excès possibles. La résistance à l'oppression peut alors s'analyser en un appel à la conscience des citoyens, à l'éveil de l'opinion.

B. La sauvegarde des libertés par l'opinion publique

240 [À la supposer même efficace, la résistance à l'oppression ne doit jouer que dans des situations exceptionnelles. Existe-t-il, en dehors d'elle, des moyens pour les gouvernés de rappeler les autorités publiques à leurs devoirs, en ce qui concerne les libertés ?

241[Le premier est évidemment le droit de prendre part aux élections – on retrouve ici le lien entre défense des libertés et démocratie : les candidats peuvent alerter leurs concitoyens sur l'état où elles se trouvent et proposer des réformes, les électeurs peuvent manifester leur mécontentement et leur volonté de changement à ceux qui se représentent à leurs suffrages ou aux candidats qui se réclament d'eux. Karl Popper célébrait dans la démocratie la possibilité de « se débarrasser [d'un gouvernement] sans effusion de sang – par des élections générales par exemple » (1979, p. 107) : le sort des libertés peut, entre autres, motiver ce renvoi.

242[Les procédés de démocratie semi-directe offrent, quant à eux, des perspectives qui diffèrent selon leurs modalités. L'initiative populaire, pratiquée par exemple en Suisse ou en Italie, a l'avantage de permettre une expression non médiatisée des citoyens, mais elle se prête aussi à des manipulations – la France a toujours refusé cette prise de parole populaire, à la seule exception de la Constitution, non appliquée, du 24 juin 1793.

Le référendum permet de substituer le corps électoral à l'organe législatif normalement compétent ou d'apposer un sceau démocratique incontestable à un processus constituant ou à une procédure de révision. Mais il est important de savoir selon quelles modalités le corps électoral sera amené à se prononcer. Lorsque, comme en France, les termes de la question sont entièrement déterminés par le pouvoir exécutif, le risque de dérive plébiscitaire est grand, dans un pays peu habitué à la démocratie semi-directe : la question posée est facilement perdue de vue et le débat se résout en un affrontement entre partisans et adversaires de l'auteur de la question (en dépit de l'éventuel refus de celui-ci de voir les choses prendre cette tournure).

L'article 11 de la Constitution de 1958 n'autorise pas le président de la République à soumettre au référendum les questions intéressant les libertés (celles-ci peuvent, en revanche, venir au référendum par le biais d'une révision constitutionnelle, au terme de la procédure prévue à l'article 89 – aucune révision intéressant directement les libertés n'a encore connu ce sort). Durant l'été 1984, pour dénouer la crise provoquée par la question de l'école privée, le président Mitterrand ouvrit une procédure de révision de l'article 11 de la Constitution, afin d'ajouter à la liste des matières susceptibles de donner lieu à référendum « les garanties fondamentales des libertés publiques ». Le projet se heurta à l'hostilité du Sénat et dut être abandonné. Une importante amélioration lui avait été apportée au cours de la discussion : l'intervention préalable du Conseil constitutionnel pour vérifier la conformité à la Constitution du texte soumis à référendum. Le projet de mars 1993 relatif à l'organisation des pouvoirs publics reprenait un dispositif semblable, mais il ne fut pas discuté. La loi constitutionnelle du 4 août 1995 ajoute à l'article 11 la possibilité d'un référendum « sur des réformes relatives à la politique économique ou sociale de la nation et aux services publics qui y concourent », formule qui exclut toujours les libertés publiques, ce qui est heureux, compte tenu de l'absence de tout contrôle de constitutionnalité du texte soumis au référendum.

243 [Le contrôle des gouvernés peut aussi s'exercer en dehors des canaux institutionnels, notamment par le biais de manifestations. L'ampleur de celles-ci contraint parfois le pouvoir à reculer : l'exemple le plus net est ici fourni par les manifestations qui eurent lieu en octobre 1989 dans les grandes villes d'Allemagne de l'Est ou celles de novembre 1989 en Tchécoslovaquie, puis dans d'autres pays de l'Est, pour réclamer des réformes démocratiques. S'agissant de pays soumis à un régime totalitaire, ces mouvements ne purent évidemment réussir que grâce à l'affaiblissement du pouvoir, privé du soutien que lui prodiguait l'URSS (l'échec, souvent sanglant, de revendications identiques, du temps de la puissance de l'empire soviétique, en est la preuve, comme, dans les derniers temps de celui-ci, l'exemple de la Pologne). La même pratique, qu'on a appelée « une nouvelle sorte de protestation populaire, pacifique et auto-limitée » (Garton Ash, 1997, p. 29) a été utilisée par l'opposition serbe en décembre 1996, suite à l'annulation par le pouvoir d'élections locales qui lui étaient défavorables.

Dans les pays où existent des élections libres, les manifestations massives sont destinées soit à marquer une indignation particulière face à certains événements (attentats et crimes racistes, par exemple – on peut également citer la grande manifestation qui s'est déroulée à Vienne le 19 février 2000 pour protester contre la participation au gouvernement du parti de M. Haider, qui n'avait cessé de soutenir des thèses xénophobes et antisémites et de témoigner d'une sympathie évidente pour le régime nazi, ou encore celles qui ont eu lieu en France, entre les deux tours de l'élection présidentielle de 2002, pour exprimer l'indignation que suscitait l'éventualité de l'accession au pouvoir de M. Le Pen), soit à obtenir le retrait d'une mesure gouvernementale (en France, texte sur l'école privée en 1984, projet de loi sur l'université en 1986, création de contrats d'insertion professionnelle et abrogation de la loi Falloux en 1995). En ce qui concerne ces dernières, on remarquera qu'elles sont moins le signe d'une vigilance face à la violation des libertés que des symptômes de malaise social ou de rejet du gouvernement en place par une fraction de la population. Il est d'ailleurs significatif que les manifestations ne cessent pas immédiatement avec le retrait des mesures qui les avaient suscitées.

244 [D'une manière générale, on peut déplorer une relative indifférence de la majorité des Français à l'égard de la question des libertés. Il est une explication rassurante de ce phénomène, qui serait la conscience, justifiée, de vivre dans un des pays du monde où la situation des libertés est la meilleure. Mais face à des cas flagrants où les libertés sont bafouées, l'apathie des Français est très grande et fait contraste par rapport à ce qu'on peut constater dans d'autres pays. Il suffit de comparer l'énorme scandale suscité aux États-Unis par la révélation du rôle joué par le président Nixon dans l'affaire du Watergate et l'indifférence rencontrée en France lorsqu'une équipe de faux plombiers fut surprise, par un journaliste du *Canard Enchaîné,* en train de poser nuitamment des micros dans les futurs locaux de l'hebdomadaire, pour le compte du ministère de l'Intérieur.

Il est à remarquer aussi qu'en France, les hypothèses de démissions de ministres après la révélation de graves défaillances imputables aux services placés sous leur autorité sont rarissimes (l'exception qui confirme la règle étant la démission de Charles Hernu, ministre de la Défense, suite à l'affaire *Greenpeace* : un navire appartenant à cette organisation, hostile aux essais nucléaires français dans le Pacifique, avait été coulé par des nageurs de combat français et un photographe avait trouvé la mort). Une sorte de loi non écrite semble vouloir qu'un ministre de l'Intérieur ne démissionne jamais, si graves qu'aient été les erreurs dont il est responsable, alors qu'en Allemagne, un ministre de l'Intérieur a dû abandonner ses fonctions après la mise en lumière de graves dysfonctionnements dans l'accomplissement des missions dont il était en charge...

245 [Il faut également déplorer la très faible place tenue par les propositions concernant les libertés dans les programmes qui s'affrontèrent lors des élections présidentielles de 1995 et au premier tour de celles de 2002, de même qu'à l'occasion des élections législatives – le

second tour des présidentielles de 2002 faisant seul exception, en raison de son caractère atypique. L'ensemble de ces données n'incite pas à l'optimisme quant à la mobilisation des Français autour des libertés et peut faire redouter les effets pernicieux que seraient susceptibles d'avoir des référendums portant sur certaines questions, facilement sujettes à des exploitations passionnelles (thème de la sécurité, législation sur les étrangers...). En dehors des cas où ils se sentent directement impliqués, les Français ne semblent donc pas très conscients de leurs responsabilités de citoyens d'un pays libre. Ils devraient se souvenir de l'avertissement de Chateaubriand : « Mais les libertés publiques, que deviendraient-elles, si chacun pour les défendre ne consultait que son intérêt ? » (1828, p. 166).

§ 2. La protection des libertés publiques par le Parlement

246 [On a vu que le droit public français repose historiquement sur l'idée que le Parlement est le meilleur défenseur possible des libertés publiques : par la loi, il en fixe le régime et par le contrôle qu'il exerce sur l'exécutif, il en assure le respect. Cette confiance dans le législateur s'est souvent trouvée déçue, sous la IIIe République, pourtant censée être l'âge d'or des libertés, comme sous la IVe. Qu'en est-il sous la Ve République ? Celle-ci se caractérise, de ce point de vue, par l'apparition du phénomène majoritaire à l'Assemblée nationale, après les élections consécutives à la dissolution de 1962. Ce phénomène a, tant bien que mal, perduré jusqu'à ce jour, avec une parenthèse indécise de 1988 à 1993, où le parti socialiste ne disposait pas, à lui seul, de la majorité absolue et où le gouvernement devait s'appuyer tantôt sur le parti communiste tantôt sur les centristes pour faire adopter ses projets de loi, exercice dans lequel il n'a essuyé aucune véritable déconvenue.

L'existence d'une discipline majoritaire interdit pratiquement toute contestation majeure par les députés des options gouvernementales : le dialogue entre le gouvernement et les formations qui le soutiennent peut conduire à des retouches ponctuelles du projet (souvent importantes du point de vue de la protection des libertés, d'ailleurs : des garanties sont parfois ajoutées pour rassurer telle ou telle fraction de la majorité), l'opposition peut obtenir quelques améliorations de détail, mais il est presque sans exemple qu'un texte auquel le gouvernement tient soit repoussé ou même ajourné du fait des députés. Le sort de l'acte d'opposition le plus énergique d'une majorité parlementaire sous la Vᵉ République l'illustre : il s'agit du projet de loi relatif au règlement de certaines situations résultant des événements d'Afrique du Nord. En 1982, le président Mitterrand avait souhaité effacer toutes les séquelles de la guerre d'Algérie et réintégrer dans leurs droits les militaires ayant participé au putsch d'Alger de 1961. La quasi-totalité des députés socialistes adopta un amendement excluant les officiers généraux du bénéfice de ce texte, compte tenu de la gravité de leur geste contre les institutions de la République. Le président tenant au texte originel, une seconde lecture du texte fut demandée avec utilisation de l'article 49, alinéa 3 : aucune motion de censure n'étant évidemment déposée, le texte gouvernemental fut considéré comme définitivement adopté. La fronde parlementaire (modeste...) avait échoué.

247 [La discipline au sein des groupes (d'opposition comme de ceux appartenant à la majorité) a certes l'avantage de discipliner les parlementaires et d'éviter des initiatives et mouvements intempestifs de leur part : on va vers une certaine modération. Mais elle a pour inconvénient de faire perdre aux parlementaires le sens de leurs responsabilités et de les forcer d'abdiquer leur libre arbitre entre les mains du groupe dont ils relèvent, c'est-à-dire de ses dirigeants. On est loin du schéma idéal du régime représentatif, dans lequel chaque parlementaire, chargé de vouloir pour la nation, se détermine librement. Dans la plupart des votes, *perinde ac cadaver,* les membres d'un groupe votent comme un seul homme... Au risque de résultats curieux, comme en 1984 lors de la discussion de la loi Savary. Estimant la liberté de l'enseignement mise en péril par ce texte, les sénateurs adoptèrent une motion demandant à ce que le projet considéré comme adopté par l'Assemblée nationale (une motion de censure avait été repoussée) soit soumis au référendum par le président de la République. L'Assemblée nationale repoussa cette motion, en relevant que l'article 11 de la Constitution interdisait de soumettre au référendum un texte ayant cet objet. Suite à des manifestations imposantes, le président de la République décida de retirer le projet et de demander une révision de l'article 11 pour que les garanties fondamentales des libertés publiques puissent désormais faire l'objet d'un référendum. On vit alors un étrange paradoxe : les sénateurs, naguère favorables à

la consultation sur la loi Savary, opposèrent la question préalable au projet de révision, tandis que les députés, naguère opposés à la consultation, adoptèrent avec enthousiasme le projet de révision... La prévalence de considérations politiciennes, combinée à la discipline des groupes, conduit ici tous les parlementaires à émettre, en moins de deux mois, deux votes contradictoires, même si leur objet n'était pas tout à fait identique.

Rares sont les scrutins pour lesquels une liberté de vote, comme on l'appelle à juste titre, est laissée aux parlementaires : on peut citer la loi sur l'interruption volontaire de grossesse, adoptée grâce aux voix des députés socialistes et communistes, la loi portant abolition de la peine de mort ou encore celles relatives à la bioéthique. Pour se limiter à ce dernier exemple, la loi relative au don et à l'utilisation des éléments et produits du corps humain, à l'assistance médicale, à la procréation et au diagnostic prénatal a été adoptée en deuxième lecture à l'Assemblée nationale, le 20 avril 1994, par 317 voix pour, 102 voix contre et 140 abstentions, les députés RPR répartissant leurs suffrages en 109 pour, 58 contre et 79 abstentions, les députés UDF faisant de même (respectivement, 140, 40 et 33), tandis que les députés socialistes votaient pour (sauf une abstention) et que les 23 députés communistes s'abstenaient.

Mais, dans la plupart des cas, s'exprime la pure arithmétique des groupes – pour prendre un exemple dans la même législature, la loi relative aux contrôles d'identité a été adoptée à l'Assemblée, le 10 juin 1993, par 482 voix contre 90, tous les députés RPR sauf un et tous les députés UDF sauf un votant pour, tous les députés socialistes et communistes votant contre, ainsi qu'1 député RPR et 1 député UDF. L'adoption de la loi relative au pacte civil de solidarité (PACS) indique la persistance du phénomène : lors de la dernière lecture du texte à l'Assemblée nationale, le 13 octobre 1999, 249 députés socialistes sur 252 votent pour, ainsi que 34 députés communistes sur 35 et 27 membres du groupe Radical, citoyen et vert (un membre de ce groupe s'abstient, un autre vote contre). Quant au groupe RPR, sur 136 membres, 130 votent contre, 4 pour, 1 s'abstient ; 43 membres du groupe Démocratie libérale et indépendants votent contre, tandis qu'un seul s'abstient ; 68 membres du groupe UDF votent contre, 1 pour, un seul s'abstient ; les 7 non-inscrits votent contre. On peut également noter une tendance à réintégrer dans la logique partisane les questions qui en ont été temporairement exemptées. Ainsi, la prorogation de la loi relative à l'interruption volontaire de grossesse est adoptée à l'Assemblée nationale, le 29 novembre 1979 : 24 députés RPR votent pour, 116 contre ; 45 députés UDF votent pour, 73 contre, tandis que 114 députés socialistes et 86 députés communistes votent pour. Mais cette dispersion des voix RPR et UDF cesse, lorsqu'il s'agit de décider la prise en charge par la sécurité sociale des frais d'interruptions volontaires de grossesse non pratiquées à titre thérapeutique : le 20 décembre 1982 (une législature plus tard), 284 députés socialistes et 44 députés communistes approuvent cette mesure, 88 députés RPR et 62 députés UDF votent contre, 1 député UDF seulement votant pour.

248 [Le même phénomène s'observe au niveau du contrôle parlementaire. L'adoption d'une motion de censure est pratiquement exclue, tant que perdure le phénomène majoritaire. À défaut de celui-ci, le renversement du gouvernement pour méconnaissance grave des libertés est envisageable (en 1962, le gouvernement de Georges Pompidou fut censuré pour avoir proposé au président de la République de réviser la Constitution par une procédure inadéquate, celle de l'article 11). Par hypothèse même, il s'agit d'un cas exceptionnel.

249 [Parmi les procédés moins radicaux dans leurs effets que la mise en jeu de la responsabilité politique du gouvernement par l'Assemblée nationale, le plus efficace est celui des commissions d'enquête (commissions d'enquête ou de contrôle avant la loi du 20 juillet 1991). Celles-ci sont formées, par l'une ou l'autre assemblée, « pour recueillir des éléments d'information soit sur des faits déterminés, soit sur la gestion des services publics ou des entreprises nationales, en vue de soumettre leurs conclusions à l'assemblée qui les a créées ». Il s'agit donc *a priori* d'un moyen adéquat, pour les parlementaires, d'assurer une surveillance de l'exécutif, notamment quant à la manière dont il respecte les libertés. Mais un élément décisif vient restreindre la portée de cette institution : la constitution des commissions est subordonnée à un vote de la majorité de l'assemblée concernée. Cette exigence renvoie donc, encore une fois, au fait majoritaire, en ce qui concerne l'Assemblée nationale : la majorité qui soutient le gouvernement peut faire obstacle à la constitution d'une commission d'enquête susceptible de le gêner. Devant le Sénat, la situation est différente et dépend de la coïncidence ou de l'absence de coïncidence entre la majorité sénatoriale et celle existant à l'Assemblée nationale : s'il y a coïncidence, on retombe dans les blocages dus au

phénomène majoritaire ; dans le cas contraire, rien ne paraît s'opposer à un usage abondant, par la Haute Assemblée, de la faculté de constituer de telles commissions.

La pratique de la Ve République n'a pas accordé à ce mode de contrôle une très grande faveur, spécialement dans le domaine des libertés. Même le Sénat n'a créé que parcimonieusement des commissions d'enquête, y compris lorsqu'il se situait dans l'opposition au gouvernement. Citons à titre d'exemples de telles commissions, pour l'Assemblée nationale, les commissions d'enquête sur la lutte contre les tentatives de pénétration de la Mafia en France (1992), sur les sectes (1995), sur l'état des droits de l'enfant en France, notamment au regard des conditions de vie des mineurs et de leur place dans la cité (1998), sur la situation dans les prisons françaises (2000) et pour le Sénat, les commissions d'enquête sur l'accueil en France d'un dirigeant d'une organisation terroriste (1992), la régularisation des « sans papiers » (1997), la politique de sécurité menée par l'État en Corse (1999). Il est vrai que les possibilités de création de ces commissions sont, de surcroît, limitées par la nécessité de ne pas empiéter sur les pouvoirs et sur l'indépendance de l'autorité judiciaire. L'article 6 de l'ordonnance du 17 novembre 1958 relative au fonctionnement des assemblées parlementaires dispose, dans son alinéa 3 : « Il ne peut être créé de commission d'enquête sur des faits ayant donné lieu à des poursuites judiciaires et aussi longtemps que ces poursuites sont en cours. Si une commission a déjà été créée, sa mission prend fin dès l'ouverture d'une information judiciaire relative aux faits sur lesquels elle est chargée d'enquêter. » Mais quand ils le veulent, les parlementaires entendent cette disposition avec la souplesse souhaitable (le rapport sur l'état des connaissances scientifiques et des actions menées à l'égard de la transmission du sida de 1982 à 1992, établi par une commission d'enquête de l'Assemblée nationale en 1992, interférait fatalement avec des litiges portés à la connaissance des tribunaux).

L'activité des commissions constituées peut également se heurter à des obstacles. Les auteurs de l'ordonnance de 1958 ont tenu à consacrer d'importants (et excessifs) privilèges au profit de l'exécutif. Ainsi, les rapporteurs de ces commissions « sont habilités à se faire communiquer tous documents de service, à l'exception de ceux revêtant un caractère secret et concernant la défense nationale, les affaires étrangères, la sécurité intérieure ou extérieure de l'État, et sous réserve du respect du principe de la séparation de l'autorité judiciaire et des autres pouvoirs ». La commission de contrôle du Sénat sur les écoutes téléphoniques (1973) eut l'occasion d'apprendre, à ses dépens, l'efficacité de ces limitations. Elle se heurta également au refus des ministres concernés de laisser leurs subordonnés témoigner devant la commission. Ce dernier point fit l'objet d'une réforme législative, puisque la loi du 19 juillet 1977 renoue avec une tradition inaugurée par la loi du 23 mars 1914, en donnant en la matière aux commissions des pouvoirs comparables à ceux accordés aux magistrats : « Toute personne dont une commission d'enquête a jugé l'audition utile est tenue de déférer à la convocation qui lui est délivrée, si besoin est, par un huissier ou un agent de la force publique, à la requête du président de la commission. » Par ailleurs, la loi du 20 juillet 1991 dispose que la personne qui ne comparaît pas ou qui refuse de comparaître devant une commission d'enquête ou celle qui refuse de communiquer les documents que peut exiger une commission est passible d'un emprisonnement de six mois à deux ans et d'une amende, tandis que les faux témoignages et subornations de témoins sont punis comme s'ils s'étaient produits devant une juridiction civile ou administrative. Il faut encore noter que, depuis la loi de 1991, les auditions auxquelles procèdent les commissions d'enquête et les rapports qu'elles rédigent sont en principe publics.

Le renforcement des pouvoirs des commissions d'enquête est donc notable, même si tous les obstacles juridiques à leur pleine efficacité n'ont pas disparu. On est alors étonné de constater la faible utilisation qui en est faite, quel que soit le contexte politique. Ajoutons que le résultat des travaux de ces commissions laisse parfois songeur. Tel est le cas des commissions d'enquête constituées, dans chacune des deux assemblées, sur « les événements de novembre et décembre 1986 » – c'est-à-dire sur les manifestations lycéennes et étudiantes contre le projet de réforme universitaire. Celles-ci avaient donné lieu à de graves affrontements avec les forces de l'ordre, occasionnant de nombreux blessés graves et même la mort du jeune Malik Oussekine. Or, les commissions parlementaires ont eu pour principale préoccupation de dégager les responsabilités des étudiants et des lycéens dans l'organisation des manifestations de protestation et celles des médias dans le compte rendu des événements. De sorte que pour connaître les responsabilités des forces de police, il est plus instructif de consulter le rapport… de la commission constituée à l'initiative de la Ligue des droits de l'homme en vue de rechercher la vérité sur les violences commises à l'occasion des manifestations d'étudiants et de lycéens provoquées par le projet de loi Devaquet, publié en 1987. La création des commissions parlementaires d'enquête a donc correspondu à une concession faite à l'opinion et n'a pas procédé d'un désir de faire la lumière sur une série d'atteintes très graves aux libertés. Pareillement, le rapport de la commission d'enquête sur l'immigration clandestine et le séjour irrégulier des étrangers en France constituée par l'Assemblée nationale, adopté en 1996, préconisait un durcissement du régime applicable qui ne se signalait pas précisément par son libéralisme...

250 [Le contrôle parlementaire des libertés est donc inhibé par des clivages partisans omniprésents : à l'Assemblée nationale, la majorité en place verrouille toute tentative qui mettrait le gouvernement dans une position délicate. Quant au Sénat, il ne parvient pas à trouver une distance raisonnable, seule à même de créer les conditions d'un contrôle pertinent : soit sa majorité soutient le gouvernement et on retrouve le cas de figure précédent, soit il manifeste une opposition trop radicale pour être efficace (ce fut le cas sous la présidence du général de Gaulle et sous celle de F. Mitterrand, à l'exception des deux périodes de cohabitation qui ramenaient, encore une fois, au cas précédent). L'amélioration des possibilités irremplaçables offertes à la défense des libertés par l'institution parlementaire passe par un renforcement du statut de l'opposition et sans doute aussi par une atténuation de l'emprise des groupes sur les parlementaires (mais il faut aussi reconnaître que dans certains cas, les groupes assurent une discipline salutaire, en modérant des extrémismes qui seraient très nuisibles aux libertés).

§ 3. La garantie des libertés par des instances dépourvues de caractère juridictionnel

251 [En dehors des gouvernés, du Parlement et des juges, y a-t-il place pour d'autres modalités de protection des libertés ? La conception française de la séparation des pouvoirs est ici très traditionaliste : un organe qui n'est ni une juridiction ni rattaché au pouvoir législatif (et un tel rattachement serait très difficilement admis) est forcément situé

dans l'orbe du pouvoir exécutif. C'est ce qu'a décidé le Conseil d'État à propos du médiateur, qui n'avait fait l'objet d'aucune qualification de la part du législateur : il « a le caractère d'une autorité administrative » (CE, Ass., 10 juill. 1981, *Retail, RD publ.* 1981, p. 1441, concl. Franc). « Ce n'est pas, croyons-nous, céder nécessairement à un cartésianisme coupable que de tenter de rattacher cette institution à l'un des trois pouvoirs sur lesquels est fondée notre organisation étatique, depuis que notre pays connaît des constitutions écrites et que Montesquieu inspire plus ou moins leurs auteurs », disait M. Franc, avant de conclure, après avoir analysé les caractéristiques du médiateur : « Faute de pouvoir appartenir au pouvoir judiciaire ou au pouvoir législatif, le médiateur paraît relever de ce que, faute de mieux, l'on nomme le pouvoir exécutif. » Cartésienne ou non, la vision refuse, en tout cas, toute innovation et confirme, au passage, les analyses de M. Paul Amselek : « La fonction administrative c'est ce qui reste des fonctions de l'État quand on a effacé les activités législatives et juridictionnelles » (*AJDA* 1968, p. 500). Une telle réduction a été critiquée, notamment parce que négatrice de la nouveauté de l'institution (Y. Gaudemet, 1987, p. 520, reprenant ses analyses antérieures en réponse à J.-P. Costa, 1987, p. 341). En résulte la compétence du Conseil d'État, en premier et dernier ressort, pour connaître des recours dirigés contre les décisions des autorités administratives indépendantes à caractère collégial (CE, 28 juill. 2000, *Mme Troyon, Rec.* p. 330 pour la Commission nationale de l'informatique et des libertés ; *Dakar, Rec.* p. 331 pour la Commission nationale de contrôle des interceptions de sécurité).

252 [Quelles sont les ressources que l'aménagement du pouvoir exécutif, dont il convient donc de donner une acception extrêmement large, peut procurer à la protection des libertés ? On peut d'abord songer au président de la République, chargé par l'article 5 de la Constitution de 1958 de veiller au respect de la Constitution et d'assurer, par son arbitrage, le fonctionnement régulier des pouvoirs publics ainsi que la continuité de l'État. Rien dans la pratique des républiques précédentes ni dans celle des trois premiers présidents de la Ve République ne semble assigner au chef de l'État des responsabilités particulières en matière de libertés. L'accaparement, dès 1958, par le président des fonctions de chef suprême du pouvoir exécutif, garanti par l'allégeance de la majorité parlementaire à la personne du président, ne le prédisposait pas spécialement à cette mission, qui suppose plutôt que

le chef de l'État soit le « pouvoir neutre » souhaité par Benjamin Constant (1815, p. 1079), qui entendait que son action soit « préservatrice, réparatrice, sans être hostile ».

La première cohabitation, qu'il préférait appeler coexistence (1986-1988), fut l'occasion pour le président Mitterrand d'insister sur la protection des libertés, qu'il estimait faire partie des prérogatives réservées au chef de l'État. Dès son message au pays du 17 mars 1986, au lendemain des élections qui avaient amené à l'Assemblée nationale une majorité de droite, il définissait ainsi son rôle : « Quant à moi, dans la charge que vous m'avez confiée et que j'exerce, je m'attacherai à défendre partout, à l'intérieur comme à l'extérieur, nos libertés et notre indépendance, notre engagement dans l'Europe, notre rang dans le monde. » Cette lecture de l'article 5 de la Constitution devait être précisée le 8 avril 1986, dans son message au Parlement : « Fonctionnement régulier des pouvoirs publics, continuité de l'État, indépendance nationale, intégrité du territoire, respect des traités, l'article 5 désigne de la sorte – et les dispositions qui en découlent précisent – les domaines où s'exercent son autorité ou bien son arbitrage. À quoi s'ajoute l'obligation pour lui de garantir l'indépendance de la justice et de veiller aux droits et libertés définis par la Déclaration de 1789 et le Préambule de la Constitution de 1946. »

F. Mitterrand qui, dans sa campagne de 1981, avait beaucoup insisté sur la nécessité de défendre et renforcer les libertés, a exercé une fonction d'interpellation du gouvernement de J. Chirac, au nom de ses responsabilités en la matière. Mais ses pouvoirs actifs étaient finalement assez faibles et son engagement personnel, puis sa volonté de briguer un second mandat présidentiel retiraient toute objectivité à ses interventions, qui apparaissaient plus comme la manifestation d'un opposant au gouvernement que comme la mise en garde d'un homme au-dessus des partis. Dans un discours prononcé à Lille le 7 juin 1997 (*Le Monde*, 8-9 juin 1997, p. 6), M. Chirac, confronté en tant que président à une situation de cohabitation, devait, d'une manière plus vague, intégrer dans sa fonction le devoir de « veiller à ce que chacun à sa place et respectant l'autre, nous servions tous ensemble des intérêts et des valeurs qui nous dépassent, qui nous unissent et qui sont tout simplement les idéaux de la République, au premier rang desquels l'égalité des chances, la morale civique et la vertu républicaine » ainsi que celui de « garantir l'équilibre de notre société et, en particulier, la solidarité, la cohésion et donc notre système de protection sociale ». Le propos est donc plus général que celui de son prédécesseur, d'autant qu'il voisine avec l'accroissement de nos parts de marché et la promotion des « hautes technologies sans lesquelles nous resterions à l'écart de la croissance et du plein emploi ». Les interventions de M. Chirac, elles aussi, ont traduit beaucoup moins une volonté de défendre les libertés que celle de marquer son opposition aux choix du gouvernement.

En réalité, sauf à redevenir un chef de l'État désengagé de l'action politique (mais l'échec de Gaston Defferre et d'Alain Poher à l'élection présidentielle de 1969 a condamné pour longtemps cette conception), le président de la Ve République ne peut prétendre incarner une défense des libertés dégagée du jeu politicien. On remarquera qu'il n'en est pas de même dans de nombreux pays : le président allemand apparaît comme la conscience morale de la nation (ses déclarations suite aux attentats racistes qui se sont produits après la réunification ont eu un important retentissement) et il en est assez largement de même des présidents autrichien, italien ou israélien (ainsi, l'intervention de ce dernier, suite aux massacres commis par des milices libanaises dans les camps palestiniens de Sabra et de Chatila, situés dans un secteur contrôlé par l'armée israélienne, entraîna la formation d'une commission d'enquête présidée par le président de la Cour suprême, dont les conclusions forcèrent le ministre de la Défense à abandonner ses fonctions).

253 [Le chef de l'État français étant, sauf cohabitation, le chef suprême de l'exécutif, il ne peut exercer sur l'administration, par l'intermédiaire du Premier ministre et du gouvernement, que le contrôle que tout supérieur hiérarchique exerce sur les services qui dépendent de lui. Il lui incombe de donner des instructions propres à prévenir les actes arbitraires et, au cas ou de tels actes auraient néanmoins été perpétrés, d'en assurer la répression, de manière à en prévenir le retour. Le rôle des corps d'inspection dont sont dotées les principales administrations peut être décrit de manière identique. Il faut se rappeler que la seule manière vraiment efficace de protéger les libertés est d'empêcher qu'elles soient violées, ce qui relève de la responsabilité de leurs violateurs potentiels et de ceux qui les dirigent. Mais le contrôle proprement dit repose sur la méfiance et postule donc l'intervention d'une autorité indépendante du gouvernement et de l'administration.

C'est ce qui explique l'apparition en France, depuis près d'un quart de siècle, de la notion d'autorité administrative indépendante

(Sabourin, 1983, p. 275 ; Gazier et Cannac, 1984, p. 13 ; Colliard et Timsit, 1988). Celle-ci a des précédents dans notre organisation administrative : à propos des conseils de révision, peu après la perte de leur qualité juridictionnelle, le commissaire du gouvernement Rigaud avait parlé d'organismes « à compétences propres » (concl. sur CE, Sect., 6 déc. 1968, *Ruffin, RD publ.* 1969, p. 700), entendant par là souligner leur soustraction au pouvoir hiérarchique du ministre. Mais l'utilisation de la notion à partir de la loi du 6 janvier 1978, qui institue une Commission nationale de l'informatique et des libertés qualifiée, dans son article 8, d'autorité administrative indépendante, revêt une toute autre ampleur : il s'agit de créer des instances autonomes de régulation dans certains domaines (Autin, note sous Cons. const., 17 janv. 1989, *Rev. adm.* 1989, p. 223), autrement dit de charger une autorité autre que le gouvernement et le juge de définir les règles et d'assurer les arbitrages susceptibles d'y assurer un équilibre satisfaisant (Autin, 1988, p. 1213). Cette volonté du législateur répond à un désir louable d'innovation par rapport aux procédés classiques. Il faut cependant remarquer que la qualification de ces autorités comme autorités administratives, destinée à les assujettir au respect de certaines contraintes, compromet quelque peu l'originalité de l'expérience et a été critiquée (v. Autin, 1991, p. 1533).

254 [Avant d'esquisser une typologie des diverses autorités administratives indépendantes qui ont été créées dans des secteurs déterminés, il convient de dire quelques mots du médiateur de la République. Son appartenance à cette catégorie a été très nettement affirmée, mais son instauration, en 1973, procédait d'une logique sensiblement différente : il s'agissait non d'assurer la régulation d'un secteur déterminé, mais de créer un nouveau mode de contrôle de l'administration tout entière – ambition dont, assurément, les moyens n'ont pas été pris.

A. Le médiateur de la République

255 [Compte tenu des lacunes inhérentes au contrôle juridictionnel, un très vif intérêt fut manifesté en France, au début des années 1970, pour un autre type de contrôle, sur le modèle de celui pratiqué dans les pays scandinaves par l'*ombudsman*. Celui-ci apparaît dans la Constitution suédoise de 1809 pour appuyer les citoyens dans leurs difficultés avec l'administration et s'assurer que la loi a été correctement appliquée – il peut, dans le cas contraire, intenter des pour-

suites contre les agents coupables. Beaucoup de pays s'inspirèrent de ce modèle, notamment la Grande-Bretagne, qui créa en 1967 un commissaire parlementaire pour l'administration. De nombreuses voix s'élevèrent en France en faveur de la création d'une institution similaire. Il leur fut très souvent objecté que l'ampleur du contrôle juridictionnel de l'administration pratiqué en France était sans équivalent dans les autres pays et qu'ainsi la superposition d'un nouvel organisme au contrôle existant comporterait plus d'inconvénients que d'avantages. En dépit de ces controverses, la discussion parlementaire qui aboutit à la création du médiateur par la loi du 3 janvier 1973 fut d'une brièveté caricaturale. Le projet de loi élaboré par le gouvernement participait de la technique du contre-feu : il s'agissait de prendre de vitesse des initiatives émanant des républicains indépendants (proposition de loi de M. Poniatowski) et des socialistes (proposition de loi reprenant une idée inscrite dans le programme commun). L'examen du texte fut concentré sur une dizaine de jours, à la fin de la session budgétaire, après déclaration de l'urgence par le gouvernement. Faute d'une réflexion suffisante sur la signification de l'institution, celle-ci présente un certain nombre de défauts que plusieurs réformes partielles n'ont pu supprimer.

Le médiateur (devenu médiateur de la République en 1989, pour éviter la confusion avec des institutions homonymes existant en droit privé) a pour mission, aux termes de l'article 1er de la loi de 1973, de recevoir « les réclamations concernant, dans leurs relations avec les administrés, le fonctionnement des administrations de l'État, des collectivités publiques territoriales, des établissements publics et de tout autre organisme investi d'une mission de service public ». Cette définition générale paraît faire double emploi avec le rôle des juridictions administratives à l'égard des administrés et indique l'absence de vision claire de la spécificité de la nouvelle institution.

256[Le statut du médiateur assure-t-il son indépendance ? La loi du 13 janvier 1989 a indiqué qu'il est une « autorité indépendante », précisant ainsi l'intention qui avait été celle des auteurs de la loi de 1973. Mais les modalités de sa nomination sont peu judicieuses, puisqu'il est nommé pour 6 ans par décret en conseil des ministres, trait qui le distingue fâcheusement de ses collègues étrangers, généralement liés au parlement. Comme le faisait observer un commentateur (Raschauer, 1973, p. 503), le seul précédent en ce sens est celui apparu en Grèce sous le régime des colonels, comparaison évidemment peu flatteuse… Les autres traits du statut du médiateur assurent, en revanche, son indépendance : la durée du mandat est raisonnable, elle ne peut être écourtée sans que l'empêchement ait été constaté par un collège composé du vice-président du Conseil d'État, du premier président de la Cour de cassation et du premier président de la Cour des comptes, saisi par le président de la République et statuant à l'unanimité (tout au plus peut-on regretter que cette importante garantie ne résulte que d'un décret – le décret n° 73-253 du 9 mars 1973), les fonctions ne sont pas renouvelables et aucune responsabilité pénale n'est encourue du fait d'actes ou d'opinions se rattachant à l'exercice des fonctions. Enfin, l'article 1er de la loi indique : « Dans la limite de ses attributions, il ne reçoit d'instruction d'aucune autorité. » Toutes les conditions juridiques de l'indépendance sont donc réunies, une fois le médiateur entré en fonctions.

257 [Les conditions d'intervention du médiateur sont ainsi définies par l'article 6 de la loi de 1973, dans sa rédaction actuelle : « Toute personne physique ou morale qui estime, à l'occasion d'une affaire la concernant, qu'un organisme visé à l'article 1er n'a pas fonctionné conformément à la mission de service public qu'il doit assurer, peut, par une réclamation individuelle, demander que l'affaire soit portée à la connaissance du médiateur de la République. » L'institution, qui n'a pas compétence pour connaître des différends entre l'administration et ses agents, a donc vocation à intervenir pour rappeler aux gestionnaires de service public les exigences de leur mission. À ce stade, rien ne vient encore distinguer son office de celui du juge administratif. Il faut par ailleurs préciser que la réclamation formulée par un administré doit avoir été précédée des démarches nécessaires auprès de l'administration intéressée (ce qui évoque la règle de la décision préalable) et qu'elle n'interrompt pas les délais de recours. Cette règle risque de conduire à des irrecevabilités pour tardiveté du recours contentieux, ce qui est évidemment regrettable.

Mais ce sont les modalités mêmes de saisine du médiateur qui témoignent du manque de hardiesse du législateur : la réclamation est adressée à un député ou à un sénateur qui la transmettent au médiateur « si elle leur paraît entrer dans sa compétence et mériter son intervention » (en outre, depuis la loi du 24 décembre 1976, les parlementaires peuvent saisir le médiateur de leur propre chef). Ce n'est évidemment pas le principe même de l'intervention d'un député ou d'un sénateur qui pose problème, mais le fait que le médiateur soit ainsi... médiatisé, c'est-à-dire mis dans l'impossibilité d'agir rapidement, sur saisine directe et en urgence ou de son propre mouvement (l'auto-saisine lui a été refusée, alors qu'elle eût été particulièrement souhaitable pour un organisme de ce type). La souplesse, qui eût caractérisé l'action du médiateur par rapport à celle du juge, a semblé dangereuse au législateur. De ce fait, l'intérêt de l'institution du médiateur pour la sauvegarde des libertés se trouve considérablement affaibli : il ne peut être ni un protecteur dans les situations d'urgence ni un regard extérieur susceptible de se porter à tout moment sur l'action administrative (par exemple, dans les rues ou les commissariats, un soir de manifestation...). Au surplus, cette réduction des pouvoirs du médiateur n'a même pas eu les vertus de filtrage qu'on en attendait, puisque les parlementaires transmettent sans grandes vérifications les réclamations qui leur sont adressées.

258 [Les pouvoirs du médiateur, après sa saisine, sont loin d'être négligeables. Il dispose, tout d'abord, de moyens d'investigation importants, surtout depuis la loi du 24 décembre 1976. Il peut exiger la communication de tout document ou dossier concernant l'affaire qui fait l'objet de son enquête, sous la seule réserve du secret de la défense nationale, de la sûreté de l'État ou de la politique extérieure. Les ministres et toutes autorités publiques sont tenus d'autoriser les agents placés sous leur autorité à répondre aux questions et aux convocations du médiateur, qui peut également solliciter les corps de contrôle pour des vérifications et enquêtes, le Conseil d'État et la Cour des comptes pour des études.

259 [« Lorsqu'une réclamation lui paraît justifiée, le médiateur de la République fait toutes les recommandations qui lui paraissent de nature à régler les difficultés dont il est saisi et, notamment, recommande à l'organisme mis en cause toute solution permettant de régler en équité la situation de l'auteur de la réclamation.

Lorsqu'il apparaît au médiateur de la République qu'un organisme mentionné à l'article 1er n'a pas fonctionné conformément à la mission de service public qu'il doit assurer, il peut proposer à l'autorité compétente toutes mesures qu'il estime de nature à remédier à cette situation.

Lorsqu'il lui apparaît que l'application de dispositions législatives ou réglementaires aboutit à des situations inéquitables, il peut suggérer les modifications qui lui paraissent opportunes. »

Ces termes de l'article 9 de la loi de 1973, modifiée par celle du 12 avril 2000, indiquent bien la véritable originalité du médiateur et donc sa raison d'être parallèlement au contrôle juridictionnel (il ne peut intervenir dans une procédure engagée devant une juridiction, ni remettre en cause le bien-fondé d'une décision juridictionnelle, mais conserve la faculté de faire des recommandations à l'organisme mis en cause). Alors que le juge ne peut trancher le litige qui lui est soumis que dans le cadre du droit existant (que son pouvoir d'interprétation ne lui permet d'ajuster que dans une certaine mesure), le médiateur a pour mission de réagir au cas concret qui lui est soumis et d'indiquer la solution qui lui paraît juste, quitte à suggérer une modification des règles en vigueur si celles-ci ne permettent pas de consacrer cette solution.

Le médiateur est informé de la suite donnée à ses interventions : si celle-ci ne le satisfait pas, il pourra rendre publiques ses recommandations et ses propositions. Il publie, par ailleurs, un rapport annuel qui donne lieu à une communication de sa part devant chacune des deux assemblées. Indiquons encore qu'il peut également enjoindre à un organisme relevant de son contrôle de se conformer à une décision de justice passée en force de chose jugée, sous la menace de la publication au *Journal officiel* d'un rapport spécial. Enfin, à l'image de ses homologues scandinaves, il peut se substituer à l'autorité compétente pour « engager contre tout agent responsable une procédure disciplinaire ou, le cas échéant, saisir d'une plainte la juridiction répressive » (art. 10 de la loi de 1973).

260 [Malgré l'intérêt que peut présenter son intervention, le médiateur n'est que rarement saisi d'atteintes majeures aux libertés, comme cela a été remarqué dès l'entrée en vigueur de la loi de 1973 (Lindon, 1974). Il est, dans l'ensemble, resté confiné au règlement des difficultés quotidiennes (qui sont d'ailleurs loin d'être négligeables) qui surviennent dans les relations entre les services publics et leurs usagers. Mais le bilan de son action, sur près de trente ans maintenant, interdit de le présenter comme un mode de contrôle à part entière du respect des libertés. Comme le disait le doyen Vedel, lors du colloque « La Médiation : Quel avenir ? » qui s'est tenu en février 1998 : « le Médiateur ne s'occupe pas tellement des droits fondamentaux » (actes du colloque, p. 120). S'il est probable que l'institution n'a pas encore épuisé ses virtualités, elle reste handicapée par son mode de saisine et la réticence marquée des pouvoirs publics à lui donner un

rôle de premier plan (lors de l'affaire des « sans papiers » en 1998, l'offre de services du médiateur a été très clairement ignorée). Encore peu connu du public (que les médias n'informent pas suffisamment), le médiateur n'est pas ce « contre-pouvoir » que rêvait d'en faire l'un des titulaires de la fonction, Robert Fabre, en 1981. Il n'est pas non plus l'équivalent, à l'égard de l'administration, des censeurs de la Rome antique, dont Montesquieu écrit dans ses *Considérations sur les causes de la grandeur des Romains et de leur décadence* qu'ils « corrigeaient les abus que la loi n'avait pas prévus ou que le magistrat ordinaire ne pouvait pas punir ».

261[La loi du 6 mars 2000 instituant un défenseur des enfants obéit à une logique assez proche. « Autorité indépendante », nommé pour six ans par décret en Conseil des ministres, le défenseur des enfants est « chargé de défendre et de promouvoir les droits de l'enfant consacrés par la loi ou par un engagement international régulièrement ratifié ou approuvé. Il reçoit les réclamations individuelles d'enfants mineurs ou de leurs représentants légaux qui estiment qu'une personne publique ou privée n'a pas respecté les droits de l'enfant » et peut également être saisi par les associations reconnues d'utilité publique qui défendent les droits des enfants. On voit qu'il se distingue du médiateur de la République du fait qu'il peut être saisi sans intermédiaire par les intéressés et par sa compétence à l'égard des personnes privées, auxquelles il peut adresser des recommandations, qui sont rendues publiques à défaut de réponse satisfaisante dans le délai qu'il a fixé. Lorsqu'une réclamation sérieuse concerne des autorités relevant de la compétence du médiateur de la République, le défenseur des enfants la transmet à ce dernier. Le défenseur des enfants peut suggérer les modifications de dispositions législatives ou réglementaires dont son activité lui révèle la nécessité en équité et aussi celles qui visent à permettre la transposition en droit interne des stipulations des conventions internationales relatives aux droits de l'enfant qui seraient dépourvues d'effet direct (essentiellement la Convention des Nations unies sur les droits de l'enfant). Un rapport annuel au président de la République établit le bilan de son activité. Cette institution nouvelle paraît de nature à apporter une réponse adéquate aux situations dans lesquelles les droits des enfants sont menacés, le législateur ayant, fort heureusement, évité les principales erreurs commises lors de l'instauration du médiateur. Mais les objectifs de la loi ne pourront être atteints qu'à la condition que les intéressés, y compris les plus jeunes, connaissent la possibilité qui leur est désormais offerte.

B. Les autorités administratives indépendantes à compétence sectorielle

262 [Depuis la loi de 1978 créant la Commission nationale de l'informatique et des libertés, le législateur a manifesté, dans de nombreux secteurs, son intérêt pour les autorités administratives indépendantes, expressément qualifiées telles ou non, au point que celles-ci font presque figure de phénomènes de mode, comme l'ont été, en leur temps, les offices ou les administrations de mission. Il est certain que le procédé permet de manifester une volonté de soustraire à l'emprise gouvernementale une matière déterminée, placée sous la responsabilité d'une instance indépendante.

Le secteur de la communication audiovisuelle était, à cet égard, le terrain idéal, une fois le monopole public aboli. Mais l'âpreté des combats politiques fut telle que trois organismes furent successivement créés : la Haute Autorité de la communication audiovisuelle (loi du 29 juillet 1982), la Commission nationale de la communication audiovisuelle (loi du 30 sept. 1986) et le Conseil supérieur de l'audiovisuel (loi du 17 janv. 1989), qui réussit l'exploit de survivre aux alternances, à l'inverse de ses prédécesseurs. On citera également, sans vouloir être exhaustif, la Commission des opérations de bourse (ordonnance du 28 sept. 1967 et loi du 2 août 1989) la Commission d'accès aux documents administratifs (loi du 17 juill. 1978), le Conseil de la concurrence (ordonnance du 1er déc. 1986 et loi du 6 juill. 1987), la Commission nationale des comptes de campagne et des financements politiques (loi du 15 janv. 1990), la Commission nationale de contrôle des interceptions de sécurité (loi du 10 juill. 1991), la Commission consultative du secret de la défense nationale (loi du 8 juillet 1998), la Commission nationale de déontologie de la sécurité (loi du 6 juin 2000). Certaines de ces institutions ont déjà été supprimées : outre les instances précitées en matière audiovisuelle, ce fut le cas de la Commission pour la transparence et le pluralisme de la presse qu'avait créée la loi du 23 octobre 1984.

L'hétérogénéité même de cette énumération indique bien que le procédé dont il est ici question est susceptible d'utilisations très diverses et, par conséquent, qu'il revêt un intérêt variable pour la protection des libertés. Ici aussi, se pose le problème de l'intérêt du recours à ce type d'autorité par rapport à une protection juridictionnelle dont il n'est nullement exclusif, du fait du qualificatif d'administratif employé par le juge et le législateur. Une fois encore, cet intérêt réside dans la possible prise en compte de l'opportunité par des organismes qui doivent à la fois définir certaines des règles applicables dans leur domaine de compétence et faire application à des cas concrets des principes définis par le législateur, ainsi que dans la souplesse et la rapidité de leur intervention. Mais à des domaines d'intervention et à des enjeux diversifiés correspondent évidemment des règles peu homogènes, tant du point de vue de l'indépendance que des pouvoirs conférés aux autorités administratives indépendantes mises en place.

1. La diversité des indépendances constatées

263 [Quelle que soit la solution retenue quant à la composition des autorités en question et à la durée de leur mandat, leur indépendance est à la discrétion du législateur. Il s'agit en effet ici de la définition des garanties fondamentales accordées aux citoyens pour l'exercice des libertés publiques (encore que même cette qualification ait été refusée par le Conseil constitutionnel au droit d'accès aux documents administratifs) qui, aux termes de l'article 34, relève du domaine de la loi. Dans sa décision du 18 septembre 1986 (*AJDA* 1987, p. 102, note Wachsmann), le Conseil constitutionnel n'a élevé aucune objection au remplacement, avant le terme du mandat de ses membres, de la Haute Autorité de la communication audiovisuelle par la Commission nationale de la communication et des libertés – il n'a même pas vérifié que les garanties d'indépendance étaient équivalentes d'un organisme à l'autre. Indépendantes, ces autorités ne sauraient donc l'être vis-à-vis du législateur : il s'agit d'une indépendance « sous la loi », qui ne bénéficie d'aucun ancrage constitutionnel (l'idée de constitutionnaliser l'instance responsable de la régulation de l'audiovisuel, lancée par F. Mitterrand lors de l'élection présidentielle de 1988, a été abandonnée et n'a trouvé qu'une forme édulcorée dans le projet de révision constitutionnelle, non discuté, de mars 1993).

264 [La composition des autorités administratives indépendantes varie sensiblement. Il s'agit généralement d'organismes collégiaux (à l'exception, on l'a vu, du médiateur), ce qui permet d'imaginer des formules qui soustraient au pouvoir exécutif le droit de désigner la majorité des membres de l'instance. Ici aussi, le Conseil constitutionnel se limite à des exigences minimales : aux auteurs de la saisine qui contestaient le pouvoir de sanction conféré à la Commission des opé-

rations de bourse en raison de son défaut d'indépendance, le Conseil répond « que le président est nommé par décret en conseil des ministres pour une durée de six ans non renouvelable ; que, par cette disposition, le législateur a entendu garantir l'indépendance et l'autorité du président ; que celui-ci est, au surplus, soumis aux règles d'incompatibilité prévues pour les emplois publics » (Cons. const., 28 juill. 1989, loi relative à la sécurité et à la transparence du marché financier). Il n'est évidemment pas fortuit qu'il s'agisse là du régime applicable au médiateur de la République, d'ailleurs soumis à des incompatibilités moins strictes. Quant aux 8 autres membres de la Commission, il s'agissait, à l'époque, respectivement d'un conseiller d'État désigné par le vice-président du Conseil, d'un conseiller à la Cour de cassation désigné par son premier président, d'un conseiller-maître à la Cour des comptes désigné par son premier président, d'un membre du Conseil des bourses de valeurs désigné par ce Conseil, d'un membre du Conseil du marché à terme désigné par ce Conseil, d'un représentant de la Banque de France désigné par le gouverneur, ainsi que de deux personnalités choisies en raison de leur compétence et leur expérience en matière d'appel public à l'épargne par les autres membres et le président. Après avoir rappelé ces dispositions et le fait que le mandat est de quatre ans, renouvelable une fois, la décision du 28 juillet 1989 conclut « que tant le mode de désignation des membres que la durée fixe de leurs fonctions sont à même de garantir l'indépendance de la commission dans l'exercice de ses missions ».

Il serait fastidieux de passer en revue les différentes solutions retenues. Notons l'appel aux trois hautes juridictions dont il vient d'être question (selon des modalités généralement similaires – ainsi, les neuf membres de la Commission nationale des comptes de campagne sont désignés par les présidents de ces juridictions, après avis de leur bureau). Les instances parlementaires peuvent également être sollicitées. Ainsi, la Commission nationale de contrôle des interceptions de sécurité a un président nommé pour une durée de six ans par le président de la République sur une liste de quatre noms établie conjointement par le vice-président du Conseil d'État et le premier président de la Cour de cassation et deux autres membres qui sont un député désigné pour la durée de la législature par le président de l'Assemblée nationale et un sénateur désigné après chaque renouvellement partiel par le président du Sénat. Une tradition de représentation de l'opposition au sein de la Commission s'est, fort heureusement, instituée.

265 [En ce qui concerne l'audiovisuel, la Haute Autorité de la communication audiovisuelle et le Conseil supérieur de l'audiovisuel virent leur composition calquée sur celle du Conseil constitutionnel (ce qui, en 1982 comme en 1989, garantissait, au départ, une majorité de gauche), tandis que la composition de la Commission nationale de la communication et des libertés était complexe, puisqu'elle comportait deux membres désignés par le président de la République, deux membres désignés par le président de l'Assemblée nationale, deux membres désignés par le président du Sénat, un membre du Conseil d'État, un membre de la Cour de cassation et un membre de la Cour des comptes élus par leurs pairs, un membre de l'Académie française élu par celle-ci et trois personnalités qualifiées dans chacun des trois secteurs suivants : création audiovisuelle, télécommunications et presse écrite, cooptées par les dix membres précédents (ce qui, cette fois, garantissait en 1986 une majorité de droite). On le voit, les cocktails législatifs sont composés avec beaucoup d'art politique, au moins pour le court terme (mais, pour l'instant, seul le Conseil supérieur de l'audiovisuel a survécu au court terme)...

266 [Une fois nommés, les membres des autorités administratives indépendantes bénéficient de garanties importantes : ils ne peuvent être révoqués (par exemple, la loi relative à l'informatique, aux fichiers et aux libertés dispose, à propos de la CNIL : « Sauf démission, il ne peut être mis fin aux fonctions de membre qu'en cas d'empêchement constaté par la Commission dans les conditions qu'elle définit »), ils sont soustraits à toute subordination hiérarchique (même loi : « Dans l'exercice de leurs attributions, les membres de la Commission nationale de l'informatique et des libertés ne reçoivent d'instruction d'aucune autorité »), enfin, ils disposent des moyens nécessaires à l'accomplissement de leurs missions (ils peuvent procéder ou faire procéder aux investigations nécessaires).

2. La diversité des utilisations possibles

267 [L'importance des pouvoirs conférés aux autorités administratives indépendantes varie selon l'objectif visé par le législateur, les spécificités du secteur concerné et les enjeux politiques qu'il présente. Dans la conception minimale, c'est un simple pouvoir consultatif ou de recommandation, dépourvu de caractère contraignant, qui est attribué à l'autorité. Il ne s'agit pas alors de décider, mais de persuader

l'autorité investie du pouvoir de décision de suivre une certaine politique, par l'exercice de ce que l'on pourrait appeler une magistrature d'influence. C'est le cas de la Commission d'accès aux documents administratifs, instituée par la loi du 17 juillet 1978 : toute personne qui rencontre des difficultés pour obtenir la communication d'un document administratif doit la saisir et elle rend alors un avis qui ne lie nullement l'autorité concernée. Le juge administratif ne peut être saisi sans que la Commission d'accès l'ait été au préalable : seul peut être déféré au juge le refus persistant de communiquer le document (CE, Sect., 19 févr. 1982, *Dame Commaret, D.* 1983, p. 124, note Laveissière, solution désormais inscrite dans la loi). La jurisprudence de la Commission apparaissant, dans l'ensemble, plus libérale que celle du juge administratif (Laveissière, 1987, p. 275), se trouve posée la question de la superposition du contrôle juridictionnel à la régulation (seulement virtuelle en l'espèce, il est vrai) opérée par l'autorité indépendante. La Commission nationale de contrôle des interceptions de sécurité est également dotée d'un simple pouvoir de recommandation. Quant à la Commission consultative du secret de la défense nationale, comme son nom l'indique, elle se borne à « donner un avis sur la déclassification et la communication d'informations ayant fait l'objet d'une classification en application des dispositions de l'article 413-9 du Code pénal » (art. 1er de la loi du 8 juill. 1998). La saisine de la Commission incombe à l'autorité administrative, elle-même saisie d'une demande motivée par une juridiction française dans le cadre d'une procédure engagée devant elle. Le pouvoir de décision est ici retenu par l'autorité administrative en charge de la classification, mais le sens de l'avis de la Commission, qui doit intervenir dans les deux mois à compter de sa saisine, est communiqué à la juridiction et publié au *Journal officiel*, ce qui devrait conduire l'autorité administrative à ne s'écarter que difficilement du sens de l'avis rendu. En 2001, la Commission a rendu 16 avis.

268 [Le poids de l'autorité administrative indépendante peut être renforcé par la faculté qui lui est reconnue de déclencher ou de faire déclencher des poursuites pénales, au cas où ses investigations l'amèneraient à découvrir des infractions se rattachant à ses attributions. C'est ainsi que la Commission des opérations de bourse s'était vue reconnaître le pouvoir de se constituer partie civile en ce qui concerne certaines infractions prévues par la loi sur les sociétés de 1966 : si le Conseil constitutionnel a soulevé d'office l'inconstitutionnalité de cette

disposition, dans sa décision du 28 juillet 1989, c'est uniquement parce qu'elle se cumulait avec un pouvoir de sanction attribué à la Commission à raison des mêmes faits, au mépris des droits de la défense. La Commission nationale des comptes de campagne et des financements politiques, quant à elle, transmet le dossier au Parquet, dans le cas où elle a relevé des irrégularités de nature à contrevenir aux règles régissant les dépenses électorales. De même, la Commission nationale de contrôle des interceptions de sécurité donne avis sans délai au procureur de la République de toute infraction aux dispositions de la loi relative au secret des correspondances émises par la voie des télécommunications. Le Conseil d'État a décidé que le pouvoir attribué à la CNIL de dénoncer au Parquet les infractions dont elle a connaissance comporte une appréciation discrétionnaire, soumise au contrôle restreint quant à l'établissement des faits et au caractère suffisamment caractérisé de l'atteinte qu'ils portent aux dispositions dont elle a pour mission d'assurer l'application (CE, Sect., 27 oct. 1999, *N. Solana, AJDA* 1999, p. 1042 et p. 1002, chron. P. Fombeur et M. Guyomar).

269 [L'intervention de l'autorité indépendante peut également entraîner une modification des conditions d'exercice de compétences normatives non transférées. Ainsi, la loi relative à l'informatique, aux fichiers et aux libertés impose que les traitements automatisés d'informations nominatives opérés pour le compte d'une personne publique soient décidés par un acte réglementaire pris après avis de la Commission nationale de l'informatique et des libertés. Si cet avis est défavorable, il ne peut être passé outre que par décret pris sur avis conforme du Conseil d'État ou, s'agissant d'une collectivité territoriale, en vertu d'une décision de son organe délibérant approuvée par décret pris sur avis conforme du Conseil d'État.

270 [Enfin, un pouvoir de décision peut être attribué aux autorités administratives indépendantes, sous certaines réserves qu'impose le juge constitutionnel. S'agissant d'un pouvoir d'autorisation ou de sanction, il est analysé abstraction faite de l'indépendance par ailleurs conférée à l'instance en question. Le pouvoir de décision remis à la Commission pour la transparence et le pluralisme de la presse à l'égard des publications faisant l'objet d'une prise de possession ou de contrôle interdite par la loi a été jugé contraire aux exigences de la liberté de communication. Le Conseil constitutionnel a en effet estimé que ce dispositif produisait « des effets équivalant à ceux d'un

régime d'autorisation préalable » prohibé par l'article 11 de la Déclaration de 1789 (Cons. const., 10 et 11 oct. 1984, loi visant à limiter la concentration et à assurer la transparence financière et le pluralisme des entreprises de presse, *GDCC*, p. 589).

En revanche, alors même que la liberté de communication était également en cause, le Conseil constitutionnel a admis que l'autorité administrative indépendante constituée pour la communication audiovisuelle pouvait se voir attribuer un pouvoir d'autorisation des radios privées, compte tenu du fait que les contraintes techniques (la rareté des fréquences disponibles) subordonnent ici, à l'inverse du cas de la presse, l'exercice de la liberté à son organisation sous forme de régime d'autorisation (Cons. const., 18 sept. 1986, *AJDA* 1987, p. 102). Ce qui, dans le cas de la presse, constituait une régression apparaît donc comme une garantie de la liberté dans le cas de l'audiovisuel : l'analyse du Conseil constitutionnel est toujours attentive aux conditions concrètes d'exercice des libertés.

271 [Quant au pouvoir de sanction remis aux autorités administratives indépendantes, le Conseil constitutionnel exige qu'il s'exerce, sous le contrôle de la juridiction administrative, dans le respect de certaines règles, souvent transposées de celles applicables à la répression pénale : respect des droits de la défense, du principe de proportionnalité des peines par rapport à la gravité des faits et de la règle de non-rétroactivité de la loi plus sévère notamment (Cons. const., 17 janv. 1989, loi modifiant la loi du 30 sept. 1986 relative à la liberté de communication, *GDCC*, p. 713, et 28 juill. 1989, loi relative à la sécurité et à la transparence du marché financier).

272 [Le Conseil constitutionnel a également limité les transferts du pouvoir réglementaire susceptibles d'être effectués au profit des autorités administratives indépendantes. Il a en effet égard à l'article 21 de la Constitution, qui confie le pouvoir réglementaire au Premier ministre, et décide que si cet article ne fait « pas obstacle à ce que le législateur confie à une autorité de l'État autre que le Premier ministre le soin de fixer des normes permettant de mettre en œuvre une loi, c'est à la condition que cette habilitation ne concerne que des mesures de portée limitée tant par leur champ d'application que par leur contenu » (Cons. const., 17 janv. 1989). Le fait de confier au seul Conseil supérieur de l'audiovisuel le soin de fixer par voie réglementaire les règles déontologiques concernant la publicité et l'ensemble des règles relatives à la communication institutionnelle, au

parrainage et aux pratiques analogues à celui-ci a été considéré comme une habilitation de portée trop étendue (même décision). Par ailleurs, le législateur ne peut mettre en place un système qui subordonne le pouvoir réglementaire du Premier ministre aux règles générales définies par l'autorité administrative indépendante (Cons. const., 18 sept. 1986).

273 [Dans ces limites, le législateur peut conférer un pouvoir normateur aux autorités administratives indépendantes. Celui de la Commission nationale de l'informatique et des libertés est assez réduit : il s'agit de l'établissement de normes simplifiées pour les catégories les plus courantes de traitements à caractère public ou privé qui ne comportent manifestement pas d'atteinte à la vie privée ou aux libertés (les traitements conformes à ces normes peuvent ensuite faire l'objet d'une déclaration simplifiée auprès de la Commission).

En ce qui concerne les autorités établies dans le secteur de l'audiovisuel, elles n'ont cessé de bénéficier de transferts de compétences accrus à chaque réforme. La Haute Autorité de la communication audiovisuelle disposait, par exemple, du pouvoir d'autoriser les services locaux de radiodiffusion sonore par voie hertzienne et de radiotélévision par câble, de nommer des administrateurs dans les conseils d'administration des établissements publics et sociétés nationales du service public et les présidents de ces sociétés et de fixer par des recommandations (auxquelles a été reconnu un caractère décisoire : CE, Ass., 20 mai 1985, *Labbé et autre, Rec.*, p. 157) certaines normes destinées à régir le service public. En revanche, l'article 78, alinéa 2, de la loi du 29 juillet 1982 prévoyait que « Le gouvernement délivre les autorisations autres que celles qui sont accordées par la Haute Autorité » en vertu de dispositions expresses de la loi (il s'agissait des hypothèses mentionnées plus haut). C'est ainsi que les 5e et 6e chaînes de télévision ont été attribuées en 1986, sans même que la Haute Autorité ait été consultée au préalable sur cette décision... La loi du 30 septembre 1986 institue un régime unique d'autorisations et charge la Commission nationale de la communication et des libertés de leur délivrance. Si la Commission était dotée de pouvoirs de sanction énergiques, elle était cependant paralysée par l'importance même des mesures qu'elle était susceptible de prendre. La loi du 17 janvier 1989 dote le Conseil supérieur de l'audiovisuel de pouvoirs plus diversifiés et aptes à prendre en compte d'une manière plus fine la gravité des faits examinés.

274 [Au total, quel bilan peut-on dresser de l'institution des autorités administratives indépendantes ? Il paraît positif dans la plupart des cas : avec le temps, la plupart de ces organismes ont pu affirmer leur autorité et assurer une régulation effective de leur secteur d'intervention. L'accès aux documents administratifs, la recherche d'une concurrence disciplinée, la moralisation d'un certain nombre de comportements boursiers, le plafonnement des dépenses électorales constituent autant de terrains où les autorités administratives indépendantes ont su permettre l'épanouissement d'une liberté nouvelle. Lorsque la dimension politique du problème est plus importante, le bilan est plus mitigé. Ainsi, la question des interceptions de sécurité paraît encore rebelle à la régulation, comme l'illustrent beaucoup d'affaires récentes – il faut d'ailleurs relever que les pouvoirs conférés à la Commission nationale de contrôle sont plus réduits que ceux détenus par les autres autorités indépendantes (il s'agit essentiellement de pouvoirs de recommandation). Quant au domaine de l'audiovisuel, il appelle des appréciations nuancées.

Si le remplacement d'une autorité « indépendante » par une autre lors des alternances de 1986 et 1988 n'incite guère à l'optimisme, force est aussi de constater la continuité qui se dissimule derrière ces changements (Chevallier, 1987, p. 59 et 1989, p. 59) et de relever l'importance et la rapidité du bouleversement imposé en peu de temps à un secteur qui, avant 1981, était sous l'emprise d'un monopole public particulièrement rigoureux. Au demeurant, on peut observer que, sur beaucoup de points, l'action de l'autorité indépendante est aujourd'hui bien acceptée, quelques incidents mis à part – on pense notamment aux autorisations accordées aux radios privées.

C'est essentiellement sur la désignation des présidents des sociétés et établissements du secteur public, point politiquement sensible s'il en est, que se focalisent les critiques : la Haute Autorité et surtout la Commission nationale de la communication et des libertés ont, avant tout, été victimes de leur incapacité à être crédibles sur cette question, qui est aussi la plus suivie par l'opinion. La Haute Autorité avait procédé à un premier train de nominations plutôt bien accueilli, en particulier en ce qui concerne la 2e chaîne de télévision où Pierre Desgraupes était reconnu pour sa compétence et son indépendance. Suite à l'adoption de la loi du 13 septembre 1984, Pierre Desgraupes, atteint par la limite d'âge de 65 ans nouvellement instaurée (il est probable que cette perspective ne fut pas absente de l'esprit du législateur...), dut être remplacé. Or il le fut par M. Héberlé, dont il était notoire que l'hôtel Matignon souhaitait la nomination, en dépit de l'opposition, tout aussi notoire, de Mme Cotta, qui présidait la Haute Autorité et savait que se jouait là l'avenir de l'institution, que l'approche des élections législatives acheva de déstabiliser.

La Commission nationale de la communication et des libertés, quant à elle, accumula les maladresses dès le départ, ne renommant aucun des présidents en place, choisissant 5 présidents particulièrement proches de la nouvelle majorité, dont 3 étaient membres de la commission « communication » du RPR... tout en affirmant, par la voix de son président, avoir tout ignoré des orientations politiques des candidats. Plusieurs incidents ultérieurs achevèrent de discréditer la CNCL, en particulier son acharnement contre l'émission « Droit de réponse » animée par Michel Polac, où régnait une très grande liberté de parole et qui fut déprogrammée. Après une condamnation sans appel du président Mitterrand (selon qui la CNCL n'avait rien fait « qui puisse mériter ce sentiment qu'on appelle le respect »), les démêlés avec la justice d'un de ses membres et l'appel à une réforme de l'institution émanant des propres rangs de la majorité de l'époque, le sort de la CNCL était scellé.

Le Conseil supérieur de l'audiovisuel, sans doute instruit par l'expérience, a su éviter les erreurs de ses prédécesseurs et a donc pu survivre aux alternances ultérieures. Mais l'histoire tumultueuse des instances de régulation de l'audiovisuel conduit à se demander s'il est bien judicieux de compromettre la perception de leur indépendance dans des nominations qui restent inévitablement prises dans les turbulences politiques : ne serait-il pas moins hypocrite de faire prendre cette responsabilité au gouvernement ? Car, en l'état actuel des choses, même si se trouve nommée une personne ne bénéficiant pas du soutien du gouvernement en place, celui-ci dispose des moyens de contrecarrer son action, comme l'illustre le refus à M. Guilhaume, PDG des chaînes de télévision publique, des moyens financiers qu'il réclamait et qui furent aussitôt accordés à son successeur, plus proche du pouvoir. Il est vrai que l'immersion des chaînes publiques dans un milieu de plus en plus dominé par la seule logique du marché semble dissoudre les enjeux politiques du problème...

275 [Les libertés sont donc renforcées par la création des autorités administratives indépendantes, mais pas de la même manière dans tous

les domaines. Au demeurant, on remarquera que le rattachement à l'administration de ces autorités en limite essentiellement l'originalité. Le contrôle juridictionnel, qui s'exerce sur elles, reste bien le mode de contrôle par excellence des libertés publiques. La même remarque vaut, toutes choses égales d'ailleurs, sur le plan du droit international.

SECTION 3. LES PROCÉDURES INTERNATIONALES DE GARANTIE DES LIBERTÉS

276 [L'effort de consécration des libertés au niveau international aurait été vain si l'on ne s'était préoccupé d'en faire bénéficier concrètement les individus, titulaires des droits proclamés. Cela supposait non seulement que les conventions relatives aux droits de l'homme puissent être directement applicables par le juge interne, mais aussi que puisse être posée au niveau international la question de savoir si les États contractants se sont bien acquittés de leurs obligations. Les systèmes internationaux de protection des droits de l'homme varient, quant à la hardiesse dont ils font preuve pour assurer cette garantie, selon le degré d'intégration de l'organisation qui leur sert de cadre et selon que la norme de protection appelle ou non des mesures nationales de mise en œuvre.

277 [La procédure la moins contraignante pour les États est celle qui se contente de mettre à leur charge l'obligation d'adresser, à intervalles réguliers, des rapports détaillant les mesures qu'ils ont prises pour assurer l'exécution de leurs obligations. Plusieurs modalités d'examen de ces rapports peuvent être envisagées : l'organe qui les reçoit peut être plus ou moins indépendant des États, il peut soumettre les rapports à un examen plus ou moins critique, il peut se limiter à des observations générales ou mettre en cause nommément un ou des États qui ne se conformeraient pas à leurs obligations.

La Convention relative aux droits de l'enfant du 20 novembre 1989 offre l'exemple d'une utilisation prudente du système des rapports. Il est institué un Comité des droits de l'enfant, composé de 10 experts indépendants, à qui les États soumettent, par l'intermédiaire du secrétaire général de l'Organisation des Nations unies, des rapports sur les mesures qu'ils auront adoptées pour donner effet aux droits reconnus dans la Convention et sur les progrès réalisés dans la jouissance de ces droits. Le premier rapport doit être adressé au Comité dans les deux ans suivant l'entrée en vigueur de la Convention à l'égard de l'État concerné et, par la suite, tous les cinq ans. Le contenu des rapports doit être précis et indiquer, le cas échéant, « les facteurs et les difficultés empêchant les États parties de s'acquitter pleinement des obligations prévues dans la présente Convention » (art. 44). Le Comité a la faculté de demander des renseignements complémentaires aux États et peut s'assurer du concours des institutions spécialisées des Nations unies. Il « soumet tous les deux ans à l'Assemblée générale, par l'entremise du Conseil économique et social, un rapport sur ses activités », mais il est précisé que les suggestions et recommandations qu'il peut faire sur la base des renseignements qu'il a reçus ne peuvent être que « d'ordre général » (art. 45). Le Comité est donc mis dans l'incapacité de réagir à une situation précise de violation des droits qu'il a mission de protéger. Il faut toutefois préciser que le Comité n'a pas tardé à s'affranchir du cadre tracé par ces stipulations : ses rapports n'hésitent pas à détailler les défaillances reprochées aux différents États dont les rapports ont été examinés. Un tel phénomène peut être constaté pour tous les organismes similaires.

Le Pacte international relatif aux droits civils et politiques institue également un comité formé d'experts indépendants, au nombre de dix-huit, le Comité des droits de l'homme. Celui-ci est, en toute hypothèse, chargé d'examiner les rapports que les États parties sont tenus de présenter sur les mesures qu'ils auront prises pour donner effet aux droits reconnus dans le Pacte et sur les progrès réalisés dans la jouissance de ces droits. De tels rapports sont exigés dans le délai d'un an suivant l'entrée en vigueur du Pacte à l'égard de l'État concerné et ensuite à intervalles réguliers, que le Comité a fixés à cinq ans. La pratique du Comité lui a permis de mettre en place une technique intéressante : celle de l'examen contradictoire, avec les représentants de l'État, du rapport présenté, en vue de faire la lumière sur les insuffisances éventuelles et de suggérer les réformes qui s'imposent (Dhommeaux, 1987, p. 447).

278 [Le système des rapports a cependant l'inconvénient de ne permettre aux instances internationales qui les reçoivent qu'un contrôle global et de n'offrir aux victimes de violations aucun recours contre l'État à qui elles sont imputables. L'ouverture de cette dernière possibilité supposait que le droit international franchisse un pas essentiel : l'admission de la capacité de l'individu à se servir des recours qu'il aménage. C'est la Convention européenne des droits de l'homme, signée à Rome le 4 novembre 1950, qui, la première, prévoit un droit de recours individuel auprès de la Commission européenne des droits de l'homme (mais à la condition que l'État en cause l'ait expressément accepté) susceptible de déboucher sur un règlement juridictionnel du litige (à cette même condition). L'ampleur de la révolution alors opérée se mesure encore à la rareté des conventions aménageant un droit de recours individuel : on ne peut guère citer que le Protocole facultatif se rapportant au Pacte international relatif aux droits civils et politiques de 1966 (mais aucun acte juridictionnel ne peut intervenir), la Convention américaine relative aux droits de l'homme de 1969 (selon des modalités très proches du système européen, et avec une compétence obligatoire de la Commission interaméricaine des droits de l'homme pour connaître de pétitions individuelles) et, dans une mesure bien moindre, la Charte africaine des droits de l'homme et des peuples de 1981. Il faut y ajouter le mécanisme facultatif permettant l'examen de communications individuelles par le Comité pour l'élimination de la discrimination raciale (art. 14 de la Convention sur l'élimination de toutes les formes de discrimination raciale de 1965) et le Comité pour l'élimination de la discrimination à l'égard des femmes, aux termes d'un Protocole adopté en 1999. La procédure de réclamations collectives instituée par un Protocole additionnel à la Charte sociale européenne au profit d'organisations syndicales (1995) en constitue un équivalent dans le cadre de la protection des droits économiques et sociaux.

279 [Il est, en tous cas, une condition que les utilisateurs de ces mécanismes internationaux (ceci vaut d'abord pour les individus, mais aussi pour les États, dans la mesure où un droit de recours leur est ouvert) doivent respecter : celle de l'épuisement préalable des voies de recours internes. Cette règle, traditionnelle, a pour finalité de réaffirmer le caractère subsidiaire des recours internationaux : ils constituent une *ultima ratio,* dans l'hypothèse où les moyens procéduraux ménagés par le droit interne ne permettraient pas de redresser la vio-

lation de ses obligations initialement commise par l'État. La Commission et la Cour européennes des droits de l'homme ont interprété cette condition de recevabilité avec un mélange de souplesse et de rigueur.

Seuls les recours adéquats et ayant des chances raisonnables de succès doivent avoir été utilisés, solution qui doit inciter les États à permettre l'invocation de la Convention devant leurs juridictions internes dans les conditions les plus larges (par exemple, il n'était pas exigé des personnes expulsées de France et soutenant que leur droit au respect de la vie familiale était ainsi méconnu qu'elles intentent un recours pour excès de pouvoir contre l'arrêté d'expulsion, dès lors qu'avant les arrêts *Beldjoudi* et *Belgacem* de 1991, les juridictions administratives françaises se refusaient à examiner un tel moyen). Par ailleurs, les instances de Strasbourg se contentent d'une équivalence substantielle entre les moyens soulevés devant les juridictions internes et le grief de violation de la Convention invoqué devant elles. Cela signifie qu'il n'est pas nécessaire que le juge interne ait été invité formellement à se prononcer sur la base de la Convention (l'État reste libre de ne pas en autoriser l'invocation devant ses tribunaux et le justiciable n'est pas tenu d'utiliser – ou de connaître – immédiatement ses ressources) : la seule chose qui importe est que les juridictions nationales aient été saisies d'un grief qui leur permettait de redresser le manquement allégué.

C'est faute d'avoir critiqué avec suffisamment de netteté, dans son pourvoi en cassation, l'absence d'audition de témoins par les juges du fond que le requérant a été considéré par la Cour européenne des droits de l'homme comme n'ayant pas épuisé les voies de recours internes dans l'affaire *Cardot c/ France* (arrêt du 19 mars 1991, *D.* 1992, p. 177, note J.-F. Flauss) : le moyen invoqué en cassation était, dit la Cour, « trop vague pour attirer l'attention de la Cour suprême sur la question ultérieurement soumise aux organes de la Convention ». En revanche, il n'eût pas été exigé du requérant qu'il invoquât l'article 6 de la Convention : les ressources du droit interne – principe du respect des droits de la défense ou disposition du Code de procédure pénale – eussent également convenu.

On examinera brièvement le recours au Comité des droits de l'homme, avant d'envisager le système de protection mis en place par la Convention européenne des droits de l'homme.

§ 1. Le recours prévu dans le cadre du pacte international relatif aux droits civils et politiques

280 [En plus de ses attributions, déjà évoquées, quant à l'examen des rapports établis par les États, le Comité des droits de l'homme peut se voir conférer, par tout État qui souscrit au Protocole facultatif adopté le même jour que le Pacte, « compétence pour recevoir et examiner des communications émanant de particuliers relevant de sa juridiction qui prétendent être victimes d'une violation, par cet État partie, de l'un quelconque des droits énoncés dans le Pacte ». La France a ratifié ce Protocole le 17 février 1984.

281 [Le Comité porte toutes les communications qu'il ne juge pas irrecevables à l'attention de l'État mis en cause, qui doit présenter des observations écrites en réponse dans un délai de six mois. Celles-ci doivent exposer le point de vue de l'État, apporter tous les éclaircissements souhaitables et indiquer, le cas échéant, les mesures prises pour remédier à la situation. Le Comité, siégeant à huis clos, examine ensuite les communications qu'il a reçues, à la lumière des informations recueillies, et fait part de ses constatations. Ces dernières sont motivées et indiquent si un manquement de l'État à ses obligations aux termes du Pacte a bien été établi. Dans l'affirmative, le Comité fait connaître quelles sont les mesures qu'appelle la situation constatée, tant pour l'auteur de la requête que d'un point de vue plus général. Selon les espèces, l'État devra remettre en liberté le requérant, l'autoriser à intenter un recours déterminé, assurer sa protection, procéder à des investigations, verser une indemnisation, voire modifier sa législation en ce qu'elle a de contraire aux exigences du Pacte. Il faut ici noter l'interprétation très constructive que le Comité a fait prévaloir quant à l'étendue de ses pouvoirs : là où le Protocole ne parlait que de constatations dont il devait faire part à l'État partie intéressé et au particulier, il a estimé que l'effet utile du mécanisme institué et le caractère contraignant du Pacte impliquaient un véritable pouvoir d'injonction destiné à rétablir une situation conforme aux exigences de la légalité internationale (Sudre, 2001, p. 488).

Une même attitude dynamique du Comité s'observe au stade du contrôle du respect par l'État des observations qui lui ont été faites :

l'État est tenu d'informer le Comité des mesures prises, un rapporteur spécial est désigné pour surveiller l'exécution des constatations, les cas de résistance peuvent être stigmatisés par une mise en cause publique dans le rapport annuel à l'Assemblée générale (Sudre, 2001, p. 489). Mais il ne faut évidemment pas surestimer l'efficacité du Comité, dans un cadre universel où tous les États sont loin de manifester pour les droits de l'homme l'engagement authentique que paraissait impliquer leur signature.

282 [Un dernier problème doit être évoqué : celui de la coordination entre l'action du Comité des droits de l'homme et les autres recours internationaux mis à la disposition des individus. Le Protocole prévoit simplement que le Comité doit s'assurer que « la même question n'est pas déjà en cours d'examen devant une autre instance internationale d'enquête ou de règlement », formule qui laisse subsister la possibilité d'un recours au Comité après achèvement d'un tel examen. Pour éviter d'ériger le Comité en instance d'appel des décisions prises par les organes de la Convention européenne sur les dispositions substantiellement équivalentes des deux traités, la plupart des États européens, telle la France, ont émis une réserve faisant également obstacle à la compétence du Comité si la même question a déjà été examinée par une autre instance internationale d'enquête ou de règlement.

Quant à la compétence que les États peuvent reconnaître au Comité pour recevoir des requêtes étatiques, en vertu de l'article 41 du Pacte, elle n'a fait l'objet que de peu de déclarations (la France n'a pas souscrit cet engagement) et n'a encore donné lieu à aucune application.

§ 2. Le système de protection de la Convention européenne des droits de l'homme

283 [Issue de projets ambitieux visant à mettre à la disposition des individus une juridiction européenne habilitée à sanctionner les manquements des États aux droits de l'homme, la Convention européenne des droits de l'homme, signée à Rome le 4 novembre 1950, combine réalisme et hardiesse. Pour éviter un afflux de requêtes abusives devant la Cour, est créée une Commission chargée de les fil-

trer et de favoriser une conciliation, tandis qu'est affirmée la nécessité d'un consentement spécial de l'État aussi bien pour l'admission du recours individuel devant la Commission (art. 25) que pour celle de la compétence de la Cour (art. 46). Il n'en reste pas moins que l'avancée par rapport au droit international classique est considérable : l'individu se voit reconnaître la possibilité de saisir une instance internationale d'une plainte dirigée contre un État (généralement celui dont il a la nationalité), ce déclenchement de la procédure pouvant conduire au prononcé d'un acte juridictionnel international qui établira si l'État a ou non respecté les obligations qu'il a contractées. Non seulement l'État a perdu la maîtrise de sa réglementation juridique, y compris à l'égard de ses propres nationaux, mais encore il doit se soumettre à un contrôle européen qui porte sur son comportement un jugement totalement extérieur (même le membre de la Commission ou le juge de la Cour ayant sa nationalité est pleinement indépendant par rapport à lui).

Petit à petit, les éléments introduits dans ce système pour rassurer les États inquiets de l'ampleur de la révolution opérée (les clauses facultatives, la compétence décisionnelle de principe du Comité des ministres, formé des ministres des Affaires étrangères des États membres du Conseil de l'Europe ou de leurs représentants) perdront de leur actualité et le système européen de protection gagnera en autorité et en renom. Il sera d'ailleurs victime de son succès, puisque la multiplication des recours individuels provoquera un encombrement considérable de la Commission et un allongement inquiétant des délais d'examen des affaires. De surcroît, l'accroissement du nombre d'États parties, avec la chute du communisme dans les États d'Europe centrale et orientale, rendait difficile le fonctionnement des organes mis en place à l'origine. Après beaucoup d'hésitations, il fut décidé de restructurer le mécanisme de sauvegarde de la Convention, en créant une Cour unique se substituant au système initial. Adopté à Strasbourg le 11 mai 1994, ce 11e Protocole à la Convention ne pouvait entrer en vigueur qu'après ratification par l'ensemble des États parties à la Convention. C'est le 1er novembre 1998 que la Cour permanente, dite aussi « unique » a pris le relais du mécanisme originel, dont il est cependant nécessaire de rappeler l'économie avant de présenter le système actuel et des éléments jurisprudentiels qui demeurent valables.

284 [**Le système originel : Commission européenne des droits de l'homme, Comité des ministres et Cour européenne des droits de l'homme**
La saisine de la Commission constituait la première étape obligée de toute procédure intentée à Strasbourg. Cette instance comportait autant de membres qu'il y avait d'État parties à la Convention et ne pouvait comprendre plus d'un ressortissant du même État. Élus pour une durée de six ans par le Comité des ministres, les membres de la Commission y siégeaient « à titre individuel » (art. 33 ancien de la Convention), selon un système de sessions mensuelles, dont la durée ne cessait d'ailleurs de s'accroître, compte tenu de la surcharge du rôle.

285 [La Commission devait, en premier lieu, s'assurer qu'étaient remplies les conditions de recevabilité (v. *infra*), peu important qu'il se fût agi d'une requête émanant d'un État ou d'un individu. Elle le faisait par une décision et devait ensuite instaurer un dialogue entre les parties en vue de les concilier et, à défaut, d'établir les faits et de formuler un avis sur le point de savoir si ceux-ci « révèlent, de la part de l'État intéressé, une violation des obligations qui lui incombent aux termes de la Convention » (art. 31 ancien de la Convention). Ce rapport, qui pouvait exprimer les opinions individuelles des membres de la Commission, était motivé.

286 [Sa transmission au Comité des ministres ouvrait un délai de trois mois à l'issue duquel cet organe du Conseil de l'Europe, formé de la réunion des ministres des Affaires étrangères des États membres ou de leurs représentants, était doté du pouvoir de trancher le litige, sauf si la Cour européenne des droits de l'homme avait été saisie entre temps. L'organe de décision de droit commun était donc un organe politique, qui devait statuer, à la majorité des deux tiers des représentants ayant le droit de siéger au Comité, sur la question de savoir s'il y avait eu ou non violation de la Convention (art. 32 ancien de la Convention). L'acceptation progressive de la compétence de la Cour par tous les États parties à la Convention et la politique de la Commission, désireuse de soumettre à l'organe juridictionnel les questions d'interprétation posées par la Convention, ont rapidement marginalisé son intervention, discréditée par une grave rupture de l'égalité des armes entre le requérant, ni entendu ni représenté, et l'État dont un représentant siège au Comité et par de fréquents cas de paralysie, dus à l'impossibilité de réunir l'importante majorité requise pour décider (ce qui avait entraîné l'adoption d'un 10e Protocole, qui n'est

jamais entré en vigueur). Très rapidement, la compétence décisionnelle du Comité des ministres ne s'est plus justifiée que par la prépondérance, dans une affaire, des éléments politiques (ainsi pour les requêtes inter-étatiques dirigées contre la Turquie) ou par la banalité des questions posées, qui rendait inutile l'intervention de la Cour.

287 [Celle-ci comptait autant de juges qu'il y avait d'États membres du Conseil de l'Europe. Les juges étaient élus pour neuf ans par l'Assemblée parlementaire de l'Organisation et étaient rééligibles. La Cour siégeait par sessions, de plus en plus nombreuses et longues.

À l'égard des États ayant accepté la compétence de la Cour, la saisine devait intervenir dans les trois mois de la transmission au Comité des ministres du rapport de la Commission, à l'initiative de cette dernière, de l'État défendeur, de l'État qui avait saisi la Commission ou de l'État dont la victime était le ressortissant. Les auteurs de la Convention avaient donc jugé trop hardie la possibilité conférée à l'individu de saisir la Cour. Le 9e Protocole, adopté en 1990 à Rome, à l'occasion du 40e anniversaire de la Convention (et que la France n'avait pas ratifié) comblait cette lacune, non sans soumettre les saisines individuelles de la Cour à un filtrage préalable.

La procédure suivie devant la Cour était marquée par l'importance qu'y revêtait le principe du contradictoire. Celui-ci a conduit la Cour à accorder à l'individu requérant un droit de participer à la procédure que lui refusait la lettre de la Convention. La Commission, quant à elle, jouait devant la Cour un rôle essentiel – elle était « associée au fonctionnement de celle-ci », aux termes de l'arrêt *Lawless* du 14 novembre 1960 – mais cela n'avait pas empêché la Cour de réaffirmer avec force la possibilité, pour elle, de remettre en cause aussi bien les décisions de recevabilité ou les constatations de fait de la Commission que l'opinion de cette dernière quant au fond de l'affaire (cas fréquents de divergences entre la Commission et la Cour, y compris à des majorités importantes de part et d'autre ; substitution d'un autre fondement juridique à celui retenu par la Commission – ainsi dans l'affaire *Guerra et autres c/ Italie,* où la Cour conclut, dans son arrêt du 19 février 1998, que le refus des autorités italiennes d'informer des dangers encourus et des mesures envisagées en cas d'accident les personnes vivant dans le voisinage d'une usine chimique émettant des pollutions nocives a violé l'article 8 de la Convention, alors que la Commission avait fondé son constat de violation sur l'article 10).

L'ancien article 54 de la Convention confiait au Comité des ministres le soin d'assurer la surveillance de l'exécution des arrêts de la Cour. Cette mission, exercée par l'intermédiaire de la Direction des droits de l'homme du Conseil de l'Europe, s'est limitée, dans un premier temps, à s'assurer du versement, par l'État, de la somme au paiement de laquelle la Cour l'avait condamné au titre de la satisfaction équitable et avait ensuite été entendue comme comportant également la vérification que l'État en cause avait bien opéré les réformes propres à éviter le renouvellement de la violation constatée par la Cour.

288 [**L'instauration d'une Cour unique : le 11e Protocole à la Convention**

L'urgence d'une réforme étant admise par tous, il restait à opter entre le maintien de la dualité Commission/Cour, qui offrait notamment l'intérêt d'un double examen systématique des affaires déclarées recevables, et la fusion des deux institutions en une Cour unique. Après bien des hésitations, c'est cette dernière solution qui a été retenue dans le texte adopté à Strasbourg le 11 mai 1994. Protocole d'amendement, celui-ci est entré en vigueur le 1er novembre 1998.

Le texte prend acte de l'évolution qui s'est produit, en rendant obligatoire l'admission du droit de recours individuel (et la compétence de la nouvelle Cour). Il va au bout de la logique de marginalisation du rôle décisionnel du Comité des ministres, en supprimant entièrement le pouvoir de décision de ce dernier, qui est désormais cantonné à la surveillance de l'exécution des arrêts. La Cour unique est dotée d'un caractère permanent. Les requêtes individuelles et les requêtes étatiques sont portées devant elle, ce qui offre l'avantage d'une plus grande simplicité que le système initial.

Les membres de la Cour, en nombre égal à celui des États parties à la Convention, sont élus par l'Assemblée parlementaire du Conseil de l'Europe, au titre de chaque État, sur une liste de trois candidats présentés par celui-ci. Aucune limitation tenant à la nationalité n'est édictée. Les juges sont élus pour une durée de six ans et sont rééligibles, mais leur mandat s'achève dès qu'ils atteignent l'âge de 70 ans. Pendant la durée de leur mandat, ils ne peuvent exercer aucune activité incompatible avec les exigences d'indépendance, d'impartialité ou de disponibilité liées à l'exercice à plein temps d'une activité juridictionnelle.

Derrière la façade simplifiée d'une Cour unique se dissimule une structure d'une grande complexité, cumulant les fonctions autrefois réparties entre la Commission et la Cour. Les requêtes adressées à la Cour font en effet l'objet d'un examen de recevabilité, qui précède l'organisation d'un débat contradictoire entre les parties, la recherche, par l'intermédiaire du greffe, d'un règlement amiable, et, en cas d'échec de ce dernier, l'établissement des faits et le prononcé de l'arrêt.

De ce fait, la nouvelle Cour se décompose en un grand nombre de formations. La Cour siège en effet en comités de trois juges (pour déclarer irrecevables, à l'unanimité, les requêtes individuelles, lorsqu'une telle décision pourra être prise sans examen complémentaire), en Chambres de sept juges (formations ordinaires de jugement) ou en Grande Chambre de dix-sept juges (soit initialement, sur renvoi de la Chambre d'abord saisie, s'il existe une question grave relative à l'interprétation de la Convention ou de ses Protocoles ou en cas de risque de contradiction avec un arrêt antérieur, soit comme instance de second degré, sur renvoi de l'affaire à la demande d'une partie, dans les trois mois à compter de la date de l'arrêt rendu par une Chambre « dans des cas exceptionnels », après acceptation de la demande par un collège de cinq juges de la Grande Chambre). On voit que, pour tout de même ménager la possibilité d'un double examen des affaires, le nouveau système prévoit une voie de recours interne à la Cour : l'arrêt rendu par une Chambre ne deviendra définitif qu'après renonciation des parties à demander le renvoi devant la Grande Chambre, expiration d'un délai de trois mois durant lequel ce renvoi n'aura pas été demandé ou rejet de la demande de renvoi par le collège de la Grande Chambre. Le risque est évidemment d'affaiblir l'autorité des arrêts rendus par une Chambre. La nouvelle Cour n'admet les recours contre les arrêts des Chambres que dans des cas exceptionnels.

289 [**Les conditions de recevabilité des requêtes**

Les conditions de recevabilité auxquelles sont soumises les requêtes déposées à Strasbourg, qui n'ont pas été modifiées par le 11e Protocole, ont donné lieu à une jurisprudence abondante de la Commission et de la Cour, dont il est clair que la nouvelle Cour n'a pas entendu s'écarter. Outre l'exigence d'épuisement des voies de recours internes (*supra*, no 279), il faut mentionner des conditions relatives au demandeur, au défendeur, au délai et celles propres aux requêtes individuelles.

290[La Cour peut être saisie soit par un État partie à la Convention, soit par un individu. Même si cette dernière hypothèse est de loin la plus fréquente, l'admission du recours étatique est également remarquable par son caractère obligatoire et par la généralité de l'intérêt pour agir conféré aux États. L'article 33 de la Convention stipule en effet : « Toute Haute Partie contractante peut saisir la Cour de tout manquement aux dispositions de la Convention et de ses Protocoles qu'elle croira pouvoir être imputé à une autre Haute Partie contractante. » On voit que chaque État partie est ainsi investi d'une véritable fonction de ministère public quant au respect de la Convention par les autres parties. En pratique, ce droit de recours a été rarement utilisé, et seulement dans des situations posant un problème politique aigu : par exemple, requêtes des États scandinaves et des Pays-Bas contre la Grèce, à l'époque de la dictature des « colonels », de l'Irlande contre le Royaume-Uni à propos de l'Irlande du Nord, de la République de Chypre contre la Turquie, suite à l'occupation par cette dernière du nord de l'île, et des États scandinaves, de la France et des Pays-Bas contre la Turquie, également, en 1982, alors que la situation des droits de l'homme y était particulièrement préoccupante.

291[Surtout, le droit de saisir la Cour est accordé par l'article 34 à « toute personne physique, toute organisation non gouvernementale ou tout groupe de particuliers, qui se prétend victime d'une violation par l'une des Hautes Parties contractantes des droits reconnus dans la Convention ou ses Protocoles ». En ce qui concerne les titulaires du droit de saisine, il s'agit des personnes physiques, sans aucune condition de nationalité, des personnes morales de droit privé et des groupes de particuliers. La qualité de victime d'une violation alléguée de la Convention suppose que l'on ait été affecté d'une manière suffisamment directe par la mesure étatique mise en cause. Un individu ne peut ainsi normalement contester devant la Cour une loi nationale que si elle a été appliquée à son détriment, ce qui sera par exemple le cas si une condamnation pénale ou une mesure défavorable est prononcée sur le fondement de cette loi. Mais dans certaines hypothèses, la Cour se contente de vérifier que le requérant risque de subir directement les effets d'une législation, dont la seule existence sera alors considérée comme ayant une répercussion suffisamment directe sur ses droits. La jurisprudence offre maint exemple d'une telle situation, qu'il s'agisse de la victime potentielle d'écoutes téléphoniques secrètes (arrêt *Klass* du 4 juill. 1978), d'une mère célibataire et de sa fille mettant en cause la situation légale faite en Belgique aux enfants nés hors mariage (arrêt *Marckx* du 13 juin 1979) ou d'un homosexuel protestant contre la législation incriminant les relations homosexuelles entre adultes consentants (arrêt *Dudgeon* du 22 oct. 1981).

Par ailleurs, l'État défendeur doit être mis en cause à raison de l'acte ou de l'omission d'un organe étatique ou public dont il doit répondre en vertu du droit international. Tel n'est pas le cas, pour les États membres de l'Union européenne, d'un acte pris par une autorité communautaire – en revanche, les mesures nationales d'exécution continuent de se situer dans le champ de la Convention ainsi que les traités conclus entre les États membres et constituant le droit originaire, dont la conclusion peut, du fait de ses conséquences, engager la responsabilité de ces États (arrêt *Matthews c/ Royaume-Uni* du 18 févr. 1999 : l'accroissement des pouvoirs du Parlement européen résultant du traité de Maastricht rend l'article 3 du 1er Protocole à la Convention européenne des droits de l'homme applicable à l'élection de ses membres, entraînant la violation par l'État défendeur de cette disposition, compte tenu de l'impossibilité pour les habitants de Gibraltar de participer à cette élection en vertu d'un Acte de 1976). À partir d'une conception essentiellement territoriale de la juridiction des États, la Cour a déclaré irrecevable une requête dirigée contre 17 États parties et mettant en cause, au regard de la Convention, le bombardement de la Radio-télévision serbe par les force de l'OTAN : « La Convention est un traité multilatéral opérant [...] dans un contexte essentiellement régional, et plus particulièrement dans l'espace juridique des États contractants, dont il est clair que la République fédérale de Yougoslavie ne relève pas » (décision du 12 déc. 2001, *Bankovic*).

Le droit de recours à la Cour est, par ailleurs, enfermé dans un délai de six mois, à compter de la décision interne définitive.

Enfin, certaines conditions de recevabilité sont propres aux requêtes individuelles. Tout d'abord, sera déclarée irrecevable la requête qui « est essentiellement la même qu'une requête précédemment examinée par la Cour ou déjà soumise à une autre instance internationale d'enquête ou de règlement » et qui ne contient pas de faits nouveaux. Cette précision permet d'éviter les requêtes à répétition et les situations dans lesquelles la Cour serait saisie après le Comité des droits de l'homme. Encourt également l'irrecevabilité la requête individuelle que la Cour estime « incompatible avec les dispositions de la Convention ou de ses Protocoles, manifestement mal fondée ou abusive » (art. 35). Ces formules confèrent à la Cour un pouvoir de filtrage considérable, puisque très peu des requêtes enregistrées franchissent l'obstacle de la recevabilité. En particulier, la notion de requête manifestement mal fondée donne aux comités de la Cour, qui examinent en premier lieu la recevabilité, de larges possibilités d'élimination des requêtes individuelles par voie de décisions définitives.

292 [Le système de contrôle de la Convention, tel qu'il fonctionne depuis l'origine, a permis la constitution d'une jurisprudence abondante de la Commission et de la Cour. Cette dernière rend des arrêts qui, de même que les décisions déclarant les requêtes recevables ou irrecevables, sont motivés. Les arrêts peuvent comprendre l'exposé de l'opinion séparée des juges. Les États « s'engagent à se conformer aux arrêts définitifs de la Cour dans les litiges auxquels ils sont parties » et ce sous la surveillance du Comité des ministres (art. 46 de la Convention). En cas de constat de violation « et si le droit interne de la Haute Partie contractante ne permet d'effacer qu'imparfaitement les conséquences de cette violation, la Cour accorde à la partie lésée, s'il y a lieu, une satisfaction équitable » (art. 41 – ex-50 – de la Convention). Cette disposition a conduit à l'octroi au requérant d'indemnités de plus en plus importantes.

L'autorité, à l'égard des États, des solutions adoptées est considérablement renforcée par l'existence du droit de recours individuel, qui expose l'État récalcitrant à de nouvelles condamnations : pour les éviter, législateur et juges sont généralement amenés à opérer les réformes ou les revirements nécessaires. En ce qui concerne la France, la jurisprudence de la Cour européenne des droits de l'homme a été directement à l'origine de la loi du 10 juillet 1991 relative au secret des correspondances émises par la voie des télécommunications et d'une jurisprudence de plus en plus abondante acceptant de tirer les conséquences qu'implique la Convention, telle qu'interprétée à Strasbourg. En témoigne l'admission par le Conseil d'État, après une longue résistance, de l'applicabilité de l'article 6 de la Convention aux juridictions disciplinaires des ordres professionnels (CE, Ass., 14 févr. 1996, *Maubleu*, *Rec.* p. 35), conformément à ce que la Cour européenne avait jugé dès son arrêt *Le Compte, Van Leuven et De Meyere c/ Belgique* du 23 juin 1981.

CHAPITRE 3

Le principe de l'égalité des droits

293 [Dès lors que la philosophie des droits de l'homme repose sur la reconnaissance de l'égale dignité de chaque homme, la consécration du principe d'égalité lui est consubstantielle. Des libertés qui seraient reconnues à certains et refusées à d'autres seraient des privilèges, non des droits dignes de ce nom. La Déclaration des droits de l'homme et du citoyen du 26 août 1789 l'affirme avec force et avec insistance, dès son article 1er : « Les hommes naissent et demeurent libres et égaux en droits. Les distinctions sociales ne peuvent être fondées que sur l'utilité commune ». L'article 4 tire les conséquences de ce principe quant aux libertés : « La liberté consiste à pouvoir faire tout ce qui ne nuit pas à autrui : ainsi, l'exercice des droits naturels de chaque homme n'a de bornes que celles qui assurent aux autres membres de la société la jouissance de ces mêmes droits. Ces bornes ne peuvent être déterminées que par la loi », tandis que l'article 6 dispose : « La loi est l'expression de la volonté générale. Tous les citoyens ont droit de concourir personnellement, ou par leurs représentants, à sa formation. Elle doit être la même pour tous, soit qu'elle protège, soit qu'elle punisse. Tous les citoyens, étant égaux à ses yeux, sont également admissibles à toutes dignités, places et emplois publics, selon leur capacité et sans autre distinction que celles de leurs vertus et

de leurs talents » et que l'article 13 précise que la contribution commune « doit être également répartie entre tous les citoyens, en raison de leurs facultés ».

Ces formules admirables disent bien le lien intime qui unit le principe d'égalité aux concepts de base de la démocratie libérale : l'égalité et la liberté, l'égalité et la démocratie ne se conçoivent pas l'une sans l'autre. L'égalité est donc tout à la fois la limite et le principe des libertés, puisque la liberté de l'un ne doit pas s'exercer aux dépens de celle de l'autre et qu'elle n'est pas véritablement assurée si tous ne peuvent en jouir. Il s'agit, notons-le, d'une égalité **de droits.** Dans son projet de Déclaration du 21 juillet 1789, Siéyès précisait ainsi cette conception : « Il existe, il est vrai, de grandes inégalités de moyens parmi les hommes. La nature fait des forts et des faibles ; elle départ aux uns une intelligence qu'elle refuse aux autres. Il suit qu'il y aura entre eux inégalité de travail, inégalité de produit, inégalité de consommation ou de jouissance ; mais il ne suit pas qu'il puisse y avoir inégalité de droits. Tous ayant un droit découlant de la même origine, il suit que celui qui entreprendrait sur le droit d'un autre franchirait les bornes de son propre droit ; il suit que le droit de chacun doit être respecté par chaque autre, et que ce droit et ce devoir ne peuvent pas ne pas être réciproques. Donc le droit du faible sur le fort est le même que celui du fort sur le faible » (*Archives parlementaires,* VIII, p. 257). On ne saurait mieux exprimer l'idée que la consécration de l'égalité est la condition même de la socialité, par-delà les différences nées du hasard et quand bien même ce pari pour l'égalité paraîtrait parfois difficile à soutenir (voir ainsi le récit d'Italo Calvino, *La journée d'un scrutateur,* qui place, avec beaucoup de sensibilité, face à ses contradictions un scrutateur communiste affecté dans un bureau de vote situé à l'intérieur d'un hospice religieux, où des pensionnaires misérables sont poussés à voter pour la démocratie chrétienne ; le livre s'achève dans la paix retrouvée : « Même la ville des plus grandes imperfections, songea le scrutateur, connaît des heures parfaites : l'heure, l'instant où dans toute cité paraît la liberté »).

294 [Les doutes du héros de Calvino en témoignent, le triomphe de l'égalité, même réduite à sa dimension d'égalité de droits, est toujours précaire. À la Libération, les auteurs du Préambule de la Constitution de 1946 ont tenu à réaffirmer leur foi en l'égalité, à l'encontre de la négation dont elle venait de faire l'objet de la part des nazis et de

leurs imitateurs vichyssois : « Au lendemain de la victoire remportée par les peuples libres sur les régimes qui ont tenté d'asservir et de dégrader la personne humaine, le peuple français proclame à nouveau que tout être humain, sans distinction de race, de religion ni de croyance, possède des droits inaliénables et sacrés. » Le Préambule précise que « la loi garantit à la femme, dans tous les domaines, des droits égaux à ceux des hommes » et que « nul ne peut être lésé, dans son travail ou son emploi, en raison de ses origines, de ses opinions ou de ses croyances ». La Constitution de 1958, enfin, énonce dans son article 1er que la France « assure l'égalité devant la loi de tous les citoyens sans distinction d'origine, de race ou de religion ».

Cette multiplicité des titres constitutionnels consacrant l'égalité (Leben, 1982, p. 295) traduit bien le fait que le combat pour l'égalité, tout comme celui pour la liberté, n'est jamais achevé et doit toujours être repris. Les textes de droit international témoignent aussi de la nécessité de toujours réaffirmer le refus des discriminations. La Charte des Nations unies, qui marque le début de la consécration des droits de l'homme au niveau international, lie bien leur reconnaissance à celle de l'égalité, ceci dès l'article 1er qui fait figurer parmi les buts de l'Organisation le développement et l'encouragement du « respect des droits de l'homme et des libertés fondamentales pour tous sans distinction de race, de sexe, de langue ou de religion », formule plusieurs fois reprise ensuite. Il faut aussi rappeler deux instruments adoptés dans le cadre des Nations unies : la Convention internationale sur l'élimination de toutes les formes de discrimination raciale du 21 décembre 1965 et la Convention sur l'élimination de toutes les formes de discrimination à l'égard des femmes du 1er mars 1980, toutes deux ratifiées par la France.

295 [La Convention européenne des droits de l'homme suit une logique identique. Son article 14 stipule : « La jouissance des droits et libertés reconnus dans la présente Convention doit être assurée, sans distinction aucune, fondée notamment sur le sexe, la race, la couleur, la langue, la religion, les opinions politiques ou toutes autres opinions, l'origine nationale ou sociale, l'appartenance à une minorité nationale, la fortune, la naissance ou toute autre situation. » Il s'agit d'une clause de non-discrimination extrêmement large, que la Cour européenne des droits de l'homme a interprétée de manière à lui donner toute son efficacité. Dans son arrêt du 23 juillet 1968, rendu dans l'*affaire relative à certains aspects du régime linguistique de l'en-*

seignement en Belgique, elle indique qu'« une mesure conforme en elle-même aux exigences de l'article consacrant le droit ou la liberté en question peut cependant enfreindre cet article, combiné avec l'article 14, pour le motif qu'elle revêt un caractère discriminatoire », avant de dire de l'article 14 que « tout se passe comme si ce dernier faisait partie intégrante de chacun des articles consacrant des droits et libertés. Il n'y a pas lieu, à cet égard, de distinguer selon la nature de ces droits et libertés et des obligations qui y correspondent et, par exemple, suivant que le respect du droit dont il s'agit implique une action positive ou une simple abstention » de l'État. L'identité avec la philosophie de 1789 est très nette, même si elle reste cantonnée à la jouissance des droits par ailleurs proclamés par la Convention, l'article 14 étant dépourvu d'autonomie, à l'inverse de ce que prévoit le 12e Protocole, non encore en vigueur, signé à Rome le 4 novembre 2000, qui énonce : « La jouissance de tout droit prévu par la loi doit être assurée sans discrimination » et « Nul ne peut faire l'objet d'une discrimination de la part d'une autorité publique quelle qu'elle soit. » Ces stipulations auront notamment pour effet d'étendre les règles précitées à l'ensemble des droits sociaux.

L'article 2, paragraphe 1, du Pacte international relatif aux droits civils et politiques reprend une logique identique à celle de l'article 14, tandis que l'article 26 énonce : « Toutes les personnes sont égales devant la loi et ont droit sans discrimination à une égale protection de la loi. À cet égard, la loi doit interdire toute discrimination et garantir à toutes les personnes une protection égale et efficace contre toute discrimination, notamment de race, de sexe, de langue, de religion, d'opinion politique et de toute autre opinion, d'origine nationale ou sociale, de fortune, de naissance ou de toute autre situation. » Le Comité des droits de l'homme a indiqué que « l'article 26 ne se contente pas de réitérer les garanties déjà prévues à l'article 2 », qu'il revêt une portée générale et peut ainsi concerner un droit inscrit dans le Pacte international relatif aux droits économiques, sociaux et culturels (communication n° 172/1984, *Broeks c/ Pays-Bas*, 9 avr. 1987). À l'inverse, le Conseil d'État français a estimé que le seul effet propre de l'article 26 était de conférer l'applicabilité directe à la règle de non-discrimination dans la jouissance des seuls droits reconnus dans le Pacte relatif aux droits civils et politiques (CE, Ass., avis contentieux, 15 avr. 1996, *Mme Doukouré*, *Rec.* p. 126).

Si notre système juridique répudie les discriminations avec vigueur, il n'en reste pas moins que la mise en œuvre concrète de l'idéal égalitaire se heurte à de très grandes difficultés, d'autant que certaines différenciations apparaissent légitimes à de larges secteurs de l'opinion. La question des étrangers cristallise les passions à cet égard, particulièrement depuis que des partis extrémistes ont choisi de convertir en refus d'une certaine immigration étrangère des pulsions racistes caractérisées (et d'ailleurs parfois sanctionnées par la justice). Mais on ne peut s'en tenir à une approche purement juridique : le racisme, le rejet de l'égalité mettent en jeu la question de l'altérité, telle que la psychanalyse permet de l'élucider. On en dira quelques mots, avant d'envisager les diverses conceptions de l'égalité et quelques problèmes concrets qu'elle soulève, en particulier à l'égard des étrangers.

Section 1.
Le racisme et la question de l'altéralité

296 [Le peu de prise des arguments rationnels sur les réactions racistes a souvent été souligné. La présence de sentiments hostiles envers des minorités pratiquement absentes là où ils sont exprimés est ainsi fréquemment notée. C'est donc vers l'inconscient qu'il faut se tourner, pour tenter de comprendre l'origine du problème raciste. La psychanalyse lacanienne introduit ici des concepts essentiels.

297 [Et d'abord, le stade du miroir, dont Jacques Lacan a montré le rôle formateur de la fonction du *Je*. Il s'agit du moment, dans la formation de l'être humain (à partir de l'âge de six mois environ), où celui-ci reconnaît son image dans le miroir comme telle, anticipant ainsi une maîtrise de son corps comme totalité coordonnée, qu'il ne possède pas encore. Cette identification à l'image spéculaire ne peut se réaliser que sous la forme d'une identification à l'autre, anticipant sur le plan imaginaire ce que le langage accomplira ensuite. « Ce moment où s'achève le stade du miroir, dit Lacan, inaugure, par l'identification à l'*imago* du semblable et le drame de la jalousie primordiale [...] la dialectique qui dès lors lie le *je* à des situations socialement élaborées. C'est ce moment qui décisivement fait

basculer tout le savoir humain dans la médiatisation par le désir de l'autre, constitue ses objets dans une équivalence abstraite par la concurrence d'autrui, et fait du *je* cet appareil pour lequel toute poussée des instincts sera un danger » (1949, p. 98). L'agressivité apparaît donc indissociable de la constitution d'un *moi* aliéné, au regard du psychanalyste : « Le sentiment altruiste est sans promesse pour nous, qui perçons à jour l'agressivité qui sous-tend l'action du philanthrope, de l'idéaliste, du pédagogue, voire du réformateur » (Lacan, 1949, p. 100).

Les manifestations de l'agressivité sont nombreuses, alternativement tournées vers le sujet lui-même ou vers ses semblables, en une dialectique qui procède de la constitution même du *moi*. « Aussi bien les deux moments se confondent-ils où le sujet se nie lui-même et où il charge l'autre et l'on y découvre cette structure paranoïaque du *moi* qui trouve son analogue dans les négations fondamentales, mises en valeur par Freud dans les trois délires de jalousie, d'érotomanie et d'interprétation. C'est le délire même de la belle âme misanthrope, rejetant sur le monde le désordre qui fait son être » (1948, p. 114).

298 [Dans sa contribution au séminaire de Maria-Antonietta Macciocchi sur le fascisme, Daniel Sibony s'est intéressé plus spécifiquement au phénomène du racisme, où il voit une tentative désespérée de nier le manque qui est au cœur de l'expérience humaine, en identifiant un autre à ce manque. Comme dans le stade du miroir, un rapport dialectique se noue entre le semblable et le différent, qu'illustre un souvenir rapporté par Freud dans son texte sur *L'inquiétante étrangeté (Das Unheimliche)* (1919, p. 204). Freud raconte qu'alors qu'il était assis seul dans un compartiment de wagons-lits, la porte qui menait au cabinet de toilette voisin s'ouvrit à la suite d'un cahot et un homme d'un certain âge en robe de chambre entra. Alors qu'il voulait renseigner l'inconnu, dont il supposait qu'il s'était trompé de porte, il s'aperçut que l'intrus n'était que sa propre image reflétée dans la glace de la porte de communication... Freud note que l'apparition lui avait « profondément déplu ». Cet épisode, où il est question de miroir et de double, permet d'élucider un trouble, dont le racisme témoigne aussi. « Le racisme, écrit Daniel Sibony, pointe non pas l'intolérance à ce qui est différent mais la peur, ou l'horreur panique, de ce que cette différence cache de semblable » (1976, p. 159). Ou encore : « Le « c'est pas de chez nous, ça » dont se remparde d'abord

le raciste lui révèle dans une rétorsion étonnée à quel point – horreur – c'était de la famille. On comprend que toute tentative d'assimilation de l'exclu ne peut qu'exacerber l'impasse du refoulement [...] Impasse de la délimitation du moi : projection – rejet – refoulement du double hors du moi et en même temps lecture de leur implacable connivence » (1976, p. 162).

La très grande difficulté du problème naît de ce lien intime entre le réflexe raciste et la constitution même du moi. Il est alors chimérique de croire qu'il est facile de sortir du discours raciste et qu'on en est soi-même exempt. Tout comme, en allemand, le contraire du terme *heimlich* (caché, secret), *unheimlich*, participe encore du même ordre de significations (inquiétant, sinistre), « la dénégation dans laquelle est prise la passion raciste est invariante par négation : niez le racisme et vous y êtes encore » (1976, p. 161). La leçon à en tirer est évidemment une vigilance qui doit d'abord et en toutes circonstances s'adresser à soi-même. Pour Daniel Sibony, seule la littérature parce qu'elle est travail sur le langage, peut véritablement s'opposer au racisme, qui est « toujours un forçage par quoi le sujet obtient un coup d'arrêt dans le langage, un point fixe signifiant » (1976, p. 199). L'œuvre de Joyce lui paraît être l'incarnation même de cette résistance au racisme.

299 [L'approche psychanalytique du racisme se distingue donc bien du discours lénifiant à quoi se réduit trop souvent l'anti-racisme. Ce refus des illusions permet la lucidité. Interrogé en 1973 : « D'où vous vient par ailleurs l'assurance de prophétiser la montée du racisme ? Et pourquoi diable le dire ? », Jacques Lacan répondait : « Parce que ce ne me paraît pas drôle et que pourtant, c'est vrai. Dans l'égarement de notre jouissance, il n'y a que l'Autre qui la situe, mais c'est en tant que nous en sommes séparés. D'où des fantasmes, inédits quand on ne se mêlait pas. Laisser cet Autre à son mode de jouissance, c'est ce qui ne se pourrait qu'à ne pas lui imposer le nôtre, à ne pas le tenir pour un sous-développé. S'y ajoutant la précarité de notre mode, qui désormais ne se situe que du plus-de-jouir, qui même ne s'énonce plus autrement, comment espérer que se poursuive l'humanitairerie de commande dont s'habillaient nos exactions ? » (1973, p. 53). Ces propos n'ont malheureusement pas été démentis et les passages à l'acte racistes ont été nombreux. Une vigilance de tous les instants est plus que jamais nécessaire.

SECTION 2.
LES DIVERSES CONCEPTIONS DE L'ÉGALITÉ

300[Quelle doit être l'attitude de l'État à l'égard de l'égalité et de la signification à lui donner? On a vu que pour les constituants de 1789, il s'agit d'une égalité de droits, qui est en quelque sorte la transposition à ce niveau de la conception de la liberté qu'ils consacraient : il est attendu des pouvoirs publics qu'ils s'abstiennent d'introduire des discriminations qui empêcheraient la compétition au sein de la société civile de produire ses résultats spontanés (ainsi, pour pourvoir aux emplois publics, la hiérarchie issue de la confrontation des vertus et des talents ne peut être contrariée, comme sous l'Ancien Régime, par la prise en compte des quartiers de noblesse).

Mais la promesse de l'égalité fait inévitablement naître le désir d'une égalité concrète, non cantonnée au seul traitement juridique des situations et la tentation de confier à l'État la mission de prendre les mesures nécessaires à la réalisation de cette égalité de fait. On a déjà eu l'occasion d'évoquer les risques que cet interventionnisme faisait courir aux libertés (il suffira de rappeler l'opposition faite par Tocqueville entre la passion qu'ont les hommes pour l'égalité et le simple goût qu'ils manifestent pour la liberté), en même temps que l'indispensable prise en charge par l'État de cette revendication égalitaire. En dehors de l'hypothèse extrême d'un encadrement totalitaire de la société au nom d'un projet promettant la réalisation d'une égalité parfaite (Freud dans *Malaise dans la civilisation* s'interrogeait ironiquement sur ce que feraient les Soviétiques, une fois qu'ils auraient exterminé les bourgeois...), la question se pose de savoir comment concilier liberté et égalité et quelles sont les formes acceptables de l'intervention de l'État au service de l'égalité.

301[Les débats qui ont eu lieu aux États-Unis d'Amérique, spécialement sur le problème noir, sont très révélateurs des difficultés d'une réponse juste et efficace à des situations d'inégalité. À l'issue de la guerre de Sécession, l'esclavage est aboli (13e amendement, 1865) et le 15e amendement (1870) proclame que « le droit des citoyens des États-Unis de voter ne sera dénié ou restreint ni par les États-Unis, ni par aucun État, pour raison de race, couleur ou condition antérieure de servitude ». On sait que cette disposition n'empêchera pas certains États du Sud de subordonner l'inscription sur les listes électorales à des conditions de connaissance de la Constitution, dont une application inégale permettra d'écarter les Noirs, sans pour autant qu'une fraude au 15e amendement puisse être aisément démontrée.

D'une manière plus générale, le 14e amendement, adopté en 1868, dispose qu'aucun État « ne refusera à quiconque relève de sa juridiction l'égale protection des lois *(equal protection of the laws)* ». Mais l'interprétation de ces dispositions par la Cour suprême sera longtemps extraordinairement restrictive, au point que la ségrégation raciale a été jugée conforme aux exigences du 14e amendement par l'arrêt *Plessy v. Ferguson* de 1896, *GACS*, p. 301). La condamnation d'un Noir qui avait pris place dans un compartiment de chemin de fer réservé aux Blancs est donc admise : c'est la doctrine « séparés mais égaux » *(separate but equal)*, qui prétend distinguer les discriminations « raisonnables » (comme celle de l'espèce !) et celles qui ne le sont pas, au motif qu'il n'appartient pas au législateur de lutter contre les tendances spontanées de la société. À cette doctrine, le juge Harlan objecte, dans son opinion dissidente, que la prise en compte de la race des citoyens est inacceptable, lorsque leurs droits civils sont en cause. « Notre Constitution, écrit-il, ne prend pas en compte la couleur de la peau *(is color-blind)*. » Prenant en compte l'effet de la décision majoritaire, il note qu'elle revient, contrairement à la Constitution, à consacrer la domination d'une partie de la population sur l'autre.

302 [Il faudra attendre l'arrêt *Brown v. Board of education of Topeka* de 1954, *GACS*, p. 601), pour que la Cour suprême, à l'unanimité, renverse cette jurisprudence, à propos de la ségrégation raciale dans les écoles publiques. Prenant en considération l'importance décisive acquise par l'éducation et les sentiments d'infériorité et d'humiliation induits par la ségrégation chez les écoliers noirs, la Cour indique nettement que « des écoles séparées sont intrinsèquement inégales ». À partir de là, s'engagera un combat pour lutter contre les pratiques discriminatoires qui subsistent, par exemple par l'institution du *« busing »*, qui consiste à acheminer par autobus les enfants noirs des quartiers défavorisés vers des établissements scolaires qui, sans cela, leur resteraient fermés. Mais ici encore, des mesures destinées à faire échec à ces tentatives de dé-ségrégation seront imaginées (notamment l'inscription des enfants blancs dans des écoles privées non visées par les principes dégagés dans l'arrêt *Brown*). Les prési-

dents Kennedy et Johnson œuvreront avec énergie en faveur d'une égalité concrète des droits (*Civil Rights Act* du 2 juillet 1964, arrêté présidentiel du 24 septembre 1965).

303 [Ce dernier texte inaugure une politique volontariste de lutte contre les inégalités : *l'affirmative action* (littéralement : l'action positive). Celle-ci consiste en la résolution de ne plus s'en tenir à une attitude de passivité face à la reconduction automatique des inégalités dans la société américaine. Puisque la force des préjugés et la reproduction sociale continuent d'exclure les membres des minorités de l'accès à l'emploi, aux universités, aux promotions, il convient de prendre des mesures favorisant ces personnes, même s'il faut, pour cela, mettre temporairement entre parenthèses le principe d'égalité dans son acception classique. Cette politique allait susciter un important débat, quant à son opportunité et quant à sa conformité à la Constitution (v. Beaud, 1984, p. 503 et Calvès, 1998).

Dans l'arrêt *Regents of University of California v. Bakke* de 1978, *GACS*, p. 917, la Cour suprême rendit un arrêt très nuancé. L'Université avait réservé 16 % des places de sa faculté de médecine à des étudiants appartenant à diverses minorités. Non retenu, alors que des étudiants ayant un moins bon dossier que le sien avaient été acceptés, grâce à la procédure spéciale d'admission, Allan Bakke soutenait que le principe d'égalité avait été violé à son détriment. Il s'agissait donc de savoir si l'*affirmative action* constituait ou non une discrimination à rebours *(reverse discrimination)*. Selon que l'on se plaçait d'un point de vue individualiste ou dans une perspective collective, la réponse différait : dans la première lecture, on relève que l'individu est brimé par la pratique des quotas, puisqu'un candidat méritant échoue en raison de sa non-appartenance à une minorité, facteur sur lequel il n'a aucune prise ; dans la seconde, on insiste sur la nécessité de remédier à l'exclusion des minorités par une promotion de leurs membres qui permettra de casser la logique héritée de l'esclavage et de la discrimination. Tout en reconnaissant comme légitime l'objectif de diversité des étudiants, qui avait inspiré l'université, et en relevant la sous-représentation des minorités dans le corps médical et ses inconvénients en termes de politique de santé publique, la Cour censure le système retenu, estimant qu'il accordait à l'appartenance ethnique un rôle excessif. Cela revenait à admettre l'*affirmative action* dans le système d'éducation, mais à lui imposer des formes moins rigides que celles en cause en l'espèce.

Par la suite, la Cour sembla plus favorable à l'*affirmative action*, tout en restant très divisée sur cette question et en établissant des distinctions entre les différentes situations. Ainsi, dans l'arrêt *Weber v. Kaiser Aluminium*, 463 US 193 (1979), l'entreprise en cause avait, en accord avec les syndicats, décidé d'attribuer aux Noirs 50 % des places de stage de formation professionnelle, sans tenir compte de l'ancienneté des employés, afin que le nombre d'ouvriers noirs corresponde à la proportion de Noirs dans la population locale. Un ouvrier blanc, évincé en dépit d'une ancienneté plus importante que celle de candidats retenus, contestait ce système. La Cour suprême ne retient pas son argumentation, notant qu'il s'agissait d'une libre initiative de l'entreprise, destinée à lutter contre les inégalités raciales, et introduisant des conditions, ici réunies, à ces pratiques : ne pas imposer aux Blancs des contraintes excessives, être en présence d'un déséquilibre racial manifeste et conserver au dispositif un caractère temporaire. L'arrêt devait susciter une opinion dissidente très vive du juge Rehnquist, qui manifesta son rejet des quotas raciaux comme incompatibles absolument avec les exigences de l'égalité. L'arrêt *Fullilove v. Klutznick* de 1980, *GACS*, p. 945, admettra, quant à lui, la politique fédérale consistant à réserver certains marchés publics à des entrepreneurs appartenant à des minorités ethniques. La Cour devait ensuite admettre l'emploi d'une technique identique dans la lutte contre les discriminations sexuelles.

304 [Mais l'arrivée de Ronald Reagan à la présidence, accompagnée d'une très grande hostilité face à beaucoup d'aspects de la politique démocrate, devait entraîner une nette défaveur à l'égard de ces techniques anti-discriminatoires. La dénonciation de l'échec des politiques volontaristes (le nombre de Noirs n'a pas augmenté de façon significative dans les secteurs où on souhaitait les promouvoir, l'armée mise à part) s'accompagne d'un accent mis sur l'individualisme et les vertus du laissez-faire. S'y ajoutent une volonté de réduire le rôle du juge et une exaspération face aux abus de la *political correctness* qui, tout à son souci du respect des différences minoritaires, aboutit à des actes de censure et à une dévalorisation absurde de la culture majoritaire. Tout cela conduit, d'une manière à son tour excessive, à une dépréciation des politiques de lutte contre les discriminations au nom du malaise de « l'homme blanc » (v. les articles de Sylvie Kauffmann dans *Le Monde* des 18 février et 7 juin 1995). La Cour suprême, dans son arrêt *Adarand Constructors Inc. v. Pena*

de 1995, *GACS*, p. 1191 – v. Vroom, 1995, p. 805 – a décidé de soumettre les programmes destinés à promouvoir les minorités raciales au contrôle de constitutionnalité le plus rigoureux (*strict scrutiny*) : « Les distinctions raciales instituées par l'État fédéral, comme celles instituées par les États, doivent servir un intérêt public impérieux et doivent être précisément ajustées à la réalisation de cet intérêt. » Si elle n'aboutit pas à une condamnation des politiques d'*affirmative action*, cette exigence conduit évidemment à en restreindre considérablement l'utilisation, en privilégiant la défense des individus éventuellement victimes de ces politiques sur la lutte contre les inégalités structurelles.

Le renforcement des exigences de la Cour suprême a pu être interprété comme un renversement de la jurisprudence *Bakke*. C'est ainsi que la Cour d'appel du 5e circuit, dans un arrêt *Hopwood v. Texas* 78 F 3d 932 de 1996, a déclaré inconstitutionnelle la politique de recrutement de la faculté de droit de l'université d'Austin, en tant qu'elle incluait la diversité raciale, la Cour suprême refusant d'évoquer l'affaire. En 1996 également, fut adopté en Californie un référendum interdisant toute discrimination et tout traitement préférentiel fondés sur la race, le sexe, la couleur, l'origine nationale ou ethnique, en matière d'emploi, d'éducation et de marchés publics. Cela entraîna une forte baisse des effectifs d'étudiants noirs dans les universités concernées (Dworkin, 1998, p. 91 et p. 56).

305 [Quels sont les enseignements de ces débats américains pour la question de l'égalité en France ? Le dépassement de la conception purement passive de l'égalité de droits a eu lieu depuis longtemps. Il est acquis que l'égalité n'est pas satisfaite par le simple fait que les normes juridiques ne procèdent à aucune discrimination : l'engagement de l'État pour l'égalité doit aller au-delà. C'est ainsi qu'il appartient aux pouvoirs publics d'imposer aux particuliers le respect du principe d'égalité. Peu après l'entrée en vigueur du Préambule de la Constitution de 1946, le tribunal civil de la Seine (22 janv. 1947, *D.* 1947, p. 126) a décidé, sur son fondement, qu'« est nulle comme illicite et doit être réputée non écrite la clause d'un testament portant révocation d'un legs au cas où le légataire épouserait un Juif ». Dans les cas extrêmes, il appartient au législateur d'édicter des dispositions pénales incriminant les comportements et propos trop profondément négateurs de l'égalité.

306 [La Convention internationale sur l'élimination de toutes les formes de discrimination raciale, adoptée par l'Assemblée générale de l'Organisation des Nations unies le 21 décembre 1965 (que les États-Unis n'ont ratifiée qu'en 1994), oblige par exemple les États parties à interdire la discrimination raciale pratiquée par des personnes, des groupes ou des organisations et à y mettre fin « par tous les moyens appropriés, y compris, si les circonstances l'exigent, des mesures législatives » (art. 2) et à « déclarer délits punissables par la loi toute diffusion d'idées fondées sur la supériorité ou la haine raciale, toute incitation à la discrimination raciale, ainsi que tous actes de violence, ou provocation à de tels actes, dirigés contre toute race ou tout groupe de personnes d'une autre couleur ou d'une autre origine ethnique, de même que toute assistance apportée à des activités racistes, y compris leur financement » (art. 4 *a*).

Ces stipulations ont obligé la France à renforcer son dispositif répressif en la matière, par adoption de la loi du 1er juillet 1972 relative à la lutte contre le racisme. Celle-ci incriminait le refus de fourniture d'un bien ou d'un service, le refus d'embaucher ou le licenciement d'une personne en raison de son origine ou de son appartenance ou de sa non-appartenance à une ethnie, une nation, une race ou une religion déterminée. La loi punissait également les propos publiés qui constituaient une provocation à la discrimination, à la haine ou à la violence à l'égard d'une personne ou d'un groupe de personnes à raison de ces mêmes éléments. Il est significatif que les textes législatifs ultérieurs ont élargi la liste des discriminations interdites.

L'article 225-1 du Nouveau Code pénal, inclus dans un chapitre relatif aux atteintes à la dignité de la personne, dispose : « Constitue une discrimination toute distinction opérée entre les personnes physiques à raison de leur origine, de leur sexe, de leur situation de famille, de leur état de santé, de leur handicap, de leurs caractéristiques génétiques, de leurs mœurs, de leurs opinions politiques, de leurs activités syndicales, de leur appartenance ou de leur non-appartenance, vraie ou supposée, à une ethnie, une nation, une race ou une religion déterminée » – il en va de même pour les personnes morales lorsqu'une distinction se fonde sur les caractéristiques en question de leurs membres ou de certains de leurs membres. L'article 225-2 énumère cinq catégories d'actions ou d'omissions punies de 2 ans d'emprisonnement et de 30 000 € d'amende lorsqu'elles procèdent des discriminations prohibées, sous réserve des exceptions prévues à l'article 225-3. Les dispositions applicables aux infractions de presse, en revanche, n'ont pas connu une extension semblable de leur champ d'application, en raison des exigences de la liberté d'expression. L'article 24, alinéa 6 de la loi du 29 juillet 1881 incrimine donc seulement la provocation à la discrimination, à la haine ou à la violence racistes, tandis que le racisme constitue une circonstance aggravante de la diffamation (art. 32, al. 2) et de l'injure (art. 33, al. 3). Le législateur français tient donc largement compte du fait que le racisme constitue, comme le dit Etiemble, « le péché vraiment capital » (Gallimard, 1957), avec cependant une loi sur la presse très lacunaire, ce qui explique que la chancellerie a estimé que les propos de M. Le Pen affirmant sa croyance en « l'inégalité des races humaines » ne tombaient probablement pas sous les coups de la loi pénale.

307 [Quant aux techniques plus volontaristes, du type de celles de l'*affirmative action*, elles ne sont guère prisées en France, où on les analyse volontiers comme des discriminations à rebours essentiellement contraires au principe d'égalité (Jouanjan, 1999, p. 673). On retrouve, ici encore, le débat entre une conception hostile à toute reprise par la loi des catégorisations qu'il s'agit précisément d'abolir et une autre qui rétorque, telle l'opinion dissidente des juges Stevens et Ginsburg dans l'arrêt *Adarand Constructors Inc. v. Pena,* qu'on ne peut se refuser à « voir la différence entre un panneau où est écrit "Défense d'entrer" et un paillasson portant l'inscription "Bienvenue" » (*GACS,* p. 1217). Certaines conventions internationales ratifiées par la France autorisent expressément le recours à de telles techniques. Ainsi, l'article 2, paragraphe 2, de la Convention sur l'élimination de toutes les formes de discrimination raciale prévoit-il que « les États parties prendront, si les circonstances l'exigent, dans les domaines social, économique, culturel et autres, des mesures spéciales et concrètes pour assurer comme il convient le développement ou la protection de certains groupes raciaux ou d'individus appartenant à ces groupes en vue de leur garantir, dans des conditions d'égalité, le plein exercice des droits de l'homme et des libertés fondamentales. Ces mesures ne pourront en aucun cas avoir pour effet le maintien de droits inégaux ou distincts pour les divers groupes raciaux, une fois atteints les objectifs auxquels elles répondaient ».

308 [Même ainsi limitées, de telles mesures heurtent la conception française de l'égalité, fondée sur la non-différenciation entre les citoyens

français, dont les particularismes doivent se résorber ou du moins se relativiser fortement dans cette qualité de citoyen qui les unit. C'est ce qui explique le refus de la France de reconnaître l'existence de minorités nationales ou ethniques sur son territoire. L'article 27 du Pacte international relatif aux droits civils et politiques, qui donne aux membres des minorités ethniques, religieuses ou linguistiques un droit à la protection de cette culture minoritaire qui leur est commune, a fait l'objet de la déclaration suivante de la France : « Le gouvernement français déclare, compte tenu de l'article 2 de la Constitution de la République française, que l'article 27 n'a pas lieu de s'appliquer en ce qui concerne la France. » L'article 2 (devenu l'article 1er) est celui qui proclame l'indivisibilité de la République et l'égalité devant la loi de tous les citoyens sans distinction d'origine, de race ou de religion. La question de la ratification de la Charte européenne des langues régionales ou minoritaires adoptée au sein du Conseil de l'Europe le 5 novembre 1992, après infléchissement de la position initiale du gouvernement, s'est heurtée à la décision du Conseil constitutionnel du 15 juin 1999 déclarant contraires à la Constitution certaines clauses de cette convention. Au-delà du cas particulier qui lui était soumis – et de l'insertion, par voie de révision en 1992, dans l'article 2 de la Constitution de la phrase « la langue de la République est le français », sur laquelle s'était fondé l'avis du Conseil d'État du 24 septembre 1996, *EDCE*, n° 48, p. 303 –, le Conseil a tenu à réaffirmer dans leur généralité les « principes fondamentaux » d'indivisibilité de la République, d'égalité devant la loi de tous les citoyens sans distinction d'origine, de race ou de religion et d'unicité du peuple français, pour en déduire qu'ils « s'opposent à ce que soient reconnus des droits collectifs à quelque groupe que ce soit, défini par une communauté d'origine, de culture, de langue ou de croyance ». La Charte étant analysée comme conférant, par combinaison de ses stipulations, « des droits spécifiques à des « groupes » de locuteurs de langues régionales ou minoritaires, à l'intérieur de « territoires » dans lesquels ces langues sont pratiquées », elle est considérée comme portant atteinte à ces principes et ne pourra donc être ratifiée qu'après une révision préalable de la Constitution dont les conditions politiques ne paraissent pas actuellement réunies. Il faut cependant préciser que derrière ce refus de principe se développe une très large tolérance envers les langues régionales (Benoît-Rohmer, 2001, p. 3), pourvu que leur enseignement demeure facultatif (Cons. const.,

9 mai 1991, loi portant statut de la collectivité territoriale de Corse, *GDCC*, p. 755, 27 déc. 2001, loi de finances pour 2002, et 17 janv. 2002, loi relative à la Corse).

Le refus de reconnaître l'existence de groupes au sein de la collectivité nationale différencie fondamentalement la France par rapport aux États-Unis et à la plupart des autres États européens. Le Conseil constitutionnel l'avait fortement souligné dans sa décision du 9 mai 1991, qui énonçait que « la mention faite par le législateur du « peuple corse, composante du peuple français », est contraire à la Constitution, laquelle ne connaît que le peuple français, composé de tous les citoyens français sans distinction d'origine, de race ou de religion ». Dans une décision antérieure (18 janv. 1985, loi modifiant et complétant la loi n° 83-663 du 22 juill. 1983 relative aux rapports entre l'État et les collectivités territoriales), il avait déjà posé que « si le principe de libre administration des collectivités territoriales a valeur constitutionnelle, il ne saurait conduire à ce que les conditions essentielles d'application d'une loi organisant l'exercice d'une liberté publique dépendent de décisions des collectivités territoriales et, ainsi, puissent ne pas être les mêmes sur l'ensemble du territoire », ce que la décision du 9 avril 1996, loi organique portant statut d'autonomie de la Polynésie française, confirme et amplifie en posant que « les conditions essentielles de mise en œuvre des libertés publiques doivent être les mêmes sur l'ensemble du territoire de la République », ce qui conduit à exiger l'uniformité législative en la matière, y compris à l'égard des territoires d'outre-mer (v. Flauss, 1997, p. 89).

Ce que ce modèle gagne en force d'intégration, il le perd évidemment en capacité d'accueil des diversités culturelles, au risque, en outre, d'aggraver des situations d'exclusion sur le territoire. Il est clair, par conséquent, que l'utilisation par notre pays des possibilités ouvertes par l'article 2, paragraphe 2, de la Convention contre la discrimination raciale supposerait une véritable révolution des conceptions.

309 [La Convention sur l'élimination de toutes les formes de discrimination à l'égard des femmes du 1er mars 1980 prévoit, quant à elle, dans son article 4 : « L'adoption par les États parties de mesures temporaires spéciales visant à accélérer l'instauration d'une égalité de fait entre les hommes et les femmes n'est pas considérée comme un acte de discrimination », à condition, là aussi, que cela n'aboutisse pas

au maintien de normes inégales ou distinctes. Or, il est intéressant de relever qu'une initiative en ce sens avait été prise en France dès avant la ratification de cette Convention, en vue de favoriser l'élection des femmes dans les conseils municipaux. On constate en effet qu'alors que les femmes disposent du droit de vote depuis 1945, elles restent très nettement sous-représentées quant à l'exercice de responsabilités politiques, au niveau local comme au niveau national. En 1982, le législateur avait décidé de mettre en œuvre une politique volontariste, en disposant que pour les élections municipales, « les listes de candidats ne peuvent comporter plus de 75 % de personnes du même sexe ». La rédaction était habile, qui évitait d'expliciter l'objectif de la loi en s'abstenant de toute référence à la féminité.

Le Conseil constitutionnel, hypocritement saisi à propos d'une disposition insignifiante du texte par des parlementaires qui espéraient bien qu'il soulèverait d'office le problème crucial, a déclaré ce dispositif contraire à la Constitution. La décision du 18 novembre 1982 (*GDCC*, p. 538 ; *AJDA* 1983, p. 79, note Boulouis ; *Dr. soc.* 1983, p. 131, note Lochak) se fonde à la fois sur les dispositions de l'article 3 de la Constitution, qui réaffirme le principe selon lequel la souveraineté nationale appartient au peuple, le caractère « universel, égal et secret » du suffrage et la qualité d'électeurs des nationaux français majeurs des deux sexes, jouissant de leurs droits civils et politiques et sur celles de l'article 6 de la Déclaration de 1789 proclamant l'égalité devant la loi. « Du rapprochement de ces deux textes, note le Conseil, il résulte que la qualité de citoyen ouvre le droit de vote et l'éligibilité dans des conditions identiques à tous ceux qui n'en sont pas exclus [...] ces principes de valeur constitutionnelle s'opposent à toute division par catégories des électeurs ou des éligibles ; il en est ainsi pour tout suffrage politique, notamment pour l'élection des conseillers municipaux. » La règle qui, pour l'établissement des listes soumises aux électeurs, comporte une distinction entre candidats en raison de leur sexe viole donc la Constitution.

Il paraît important de relever que cette affirmation solennelle de la conception française de l'égalité comme refus de toute catégorisation ne vaut que pour l'exercice de la souveraineté : l'article 6 de la Déclaration ne conduirait pas, à lui seul, à un résultat aussi radical. Ce point a été fortement souligné par J. Boulouis, qui note dans son commentaire : « Il paraît ainsi tout à fait clair qu'il ne s'agit pas tant d'égalité que d'identité, les citoyens n'étant pas identiques parce qu'ils sont égaux mais étant égaux parce que leur qualité les fait par définition identiques, « toute division par catégorie des électeurs et des éligibles » ne pouvant qu'être exclue. » Le Conseil avait voulu fermer la porte à toute tentative future de différenciation au sein du corps électoral, condamnant ainsi une réforme que l'incapacité des hommes politiques français à permettre spontanément l'accès des femmes aux postes de responsabilité ne pouvait manquer de relancer. Engagée au printemps de 1998, la révision devait déboucher sur la loi constitutionnelle du 8 juillet 1999 relative à l'égalité entre les femmes et les hommes, qui complète l'article 3 de la Constitution par un alinéa aux termes duquel : « la loi favorise l'égal accès des femmes et des hommes aux mandats électoraux et fonctions électives » et charge les partis et groupements politiques de la mise en œuvre de ce principe dans les conditions déterminées par la loi. Dans sa décision du 14 janvier 1999, loi relative au mode d'élection des conseillers régionaux et des conseillers à l'Assemblée de Corse et au fonctionnement des conseils régionaux (*GDCC*, p. 538), le Conseil constitutionnel avait auparavant réaffirmé la position qu'il avait prise en 1982. La nouvelle disposition constitutionnelle a été interprétée par le Conseil, dans sa décision du 30 mai 2000 (*GDCC*, p. 538), comme levant les obstacles d'ordre constitutionnel antérieurement relevés par lui. La loi du 6 juin 2000 tendant à favoriser l'égal accès des femmes et des hommes aux mandats électoraux et fonctions électives a donc pu poser, pour les élections qui se déroulent au scrutin de liste, que « sur chacune des listes, l'écart entre le nombre des candidats de chaque sexe ne peut être supérieur à un », des précautions étant prises pour que cette exigence de parité ne puisse être tournée par concentration des femmes au bas de la liste.

Quoi qu'il en soit, les discussions ont été vives, durant la procédure de révision de la Constitution, sur l'opportunité d'introduire dans notre droit ce qu'on a appelé le principe de parité. Il est clair que l'idée selon laquelle la composition des assemblées élues doit, en vertu d'un automaticité fixée par la loi, refléter celle du corps électoral ouvre une boîte de Pandore, si l'on décide d'étendre cette obligation en matière socio-professionnelle ou religieuse par exemple. Même cantonné à la différence sexuelle, le principe de parité a suscité des approches opposées. Ses adversaires objectent qu'il conduit à « introduire le biologique dans le politique », en rupture avec l'esprit de la République (Élisabeth Badinter, *Libération*, 18 juin 1998, p. 3), à remettre en cause l'universalité des droits par la valorisation d'une différence qui reste telle en dépit de son caractère constitutif de l'humain (v. les opinions recueillies par *L'Express*, 11 févr. 1999, p. 78). Pour ses partisans, la parité constitue « la reconnaissance de la différence sexuelle qui bâtit et spécifie la culture humaine, laquelle lui donne sa signification » et, par elle, « le principe universaliste sera considérablement élargi par la prise en compte de cette moitié du genre humain qui s'en trouvait jusqu'ici écartée » (Julia Kristeva, « Le sens de la parité », *Le Monde*, 23 mars 1999, p. 16). Il faut ajouter que dans sa décision du 19 juin 2001, loi organique relative au statut des magistrats et au Conseil supérieur de la magistrature, le Conseil constitutionnel a strictement cantonné la portée de la révision constitutionnelle aux élections de caractère politique et a, en conséquence, refusé que des règles de parité soient introduites dans la composition des listes de candidats aux élections au Conseil supérieur de la magistrature. Cela confirme qu'une « distinction selon le sexe » est en principe prohibée, quelle que soit par ailleurs la motivation qui l'inspire. La Cour constitutionnelle italienne et le Tribunal fédéral suisse, entre autres, ont adopté une approche semblable, ce dernier relevant, dans un arrêt du 19 mars 1997, *G. et consorts c/ Soleure, Grand Conseil, ATF* 123, I, 152, que la mission de réalisation de l'égalité entre l'homme et la femme dévolue au législateur par la Constitution devait s'étendre comme visant « une égalité des chances et non pas du résultat », le but étant d' « éliminer l'appartenance à un sexe en tant que facteur déterminant pour la position sociale de l'individu ». En résulte une condamnation comme disproportionnée de l'initiative populaire qui entendait prescrire que les femmes et les hommes soient représentés, au sein des institutions cantonales, « en proportion de leur nombre respectif dans la population » (système de quotas rigides). Il reste cependant à se demander, en vertu de cette logique elle-même, dans quelle mesure la réalisation d'une égalité des chances ne passe pas parfois, face à des blocages structurels, par des mesures imposant à titre temporaire un résultat déterminé.

310 [Dans sa décision du 12 janvier 2002, loi de modernisation sociale, le Conseil constitutionnel a admis que la loi fixe « un objectif de représentation équilibrée entre les femmes et les hommes », dès lors que ces dispositions « n'ont pas pour objet et ne sauraient avoir pour effet de faire prévaloir, lors de la constitution de ces jurys [attribuant des diplômes par validation des acquis de l'expérience] la considération

du genre sur celle des compétences, des aptitudes et des qualifications ». C'est dire que la portée de la décision du Conseil constitutionnel de 1982 n'est nullement de faire tomber toute disposition inspirée de l'*affirmative action* sous le coup de l'interdiction des discriminations. C'est ainsi que l'on lit, dans la décision relative à la 3e voie d'accès à l'École nationale d'administration (Cons. const., 14 janv. 1983, loi relative au statut général des fonctionnaires) que « si le principe de l'égal accès des citoyens aux emplois publics, proclamé par l'article 6 précité de la Déclaration de 1789, impose que, dans les nominations des fonctionnaires, il ne soit tenu compte que de la capacité, des vertus et des talents, il ne s'oppose pas à ce que les règles de recrutement destinées à permettre l'appréciation des aptitudes et des qualités des candidats à l'entrée dans une école de formation ou dans un corps de fonctionnaires soient différenciées pour tenir compte tant de la variété des mérites à prendre en considération que de celle des besoins du service public ». On reconnaîtra dans ces dernières formules des considérations assez semblables à celles développées par la Cour suprême des États-Unis dans son arrêt *Bakke*. La décision du 11 juillet 2001, loi portant diverses dispositions d'ordre social, éducatif et culturel, admet pareillement le principe d'un recrutement différencié des élèves de l'Institut d'études politiques de Paris, mais à la condition que ses modalités « reposent sur des critères objectifs de nature à garantir le respect de l'exigence constitutionnelle d'égal accès à l'instruction ». Les techniques inspirées de l'*affirmative action* ne sont donc recevables en France que dans d'étroites limites.

Telle est également la solution adoptée en droit communautaire. Dans un arrêt du 17 octobre 1995, *Eckhard Kalanke c/ Freie Hansestadt Bremen*, aff. C-450/93, *Rec.* p. I-3051, concl. Tesauro, la Cour de justice des Communautés européennes a estimé contraire à une directive de 1976 interdisant toute discrimination fondée sur le sexe « une règle nationale qui prévoit que lors d'une promotion, les femmes ayant une qualification égale à celle de leurs concurrents masculins bénéficient automatiquement de la priorité dans les secteurs dans lesquels elles sont sous-représentées ». Un arrêt du 11 novembre 1997, *Hellmut Marschall c/ Land Nordrhein-Westfalen*, aff. C-409/95, *Rec.* p. I-6363, concl. Jacobs, a, en revanche, admis la compatibilité avec cette même directive d'une priorité d'engagement en faveur des femmes en cas de sous-représentation de celles-ci au niveau du poste considéré, dès lors qu'il était prévu que cette priorité n'avait pas lieu de s'appliquer si des motifs tenant à la personne du candidat le justifiaient. L'absence d'automaticité de la préférence, par ailleurs objectivement motivée, accordée aux femmes, la nécessaire prise en compte des caractéristiques propres à chaque candidat conditionnent donc l'accueil de telles politiques en droit communautaire. Aux termes du traité d'Amsterdam, les techniques d'*affirmative action* sont expressément prévues (art. 141 [ex-119] du traité CE), ce qui, là encore, devrait contribuer à en généraliser l'emploi en Europe « pour assurer concrètement une pleine égalité entre hommes et femmes dans la vie professionnelle ».

SECTION 3.
LA MISE EN ŒUVRE DE L'ÉGALITÉ : PROBLÈMES CONCRETS

311 [L'application du principe d'égalité ne va jamais sans difficultés, comme les exemples évoqués à propos des conceptions concurrentes du principe l'ont déjà montré. Les choix politiques sont en effet présents à tout moment : ils conditionnent les différenciations que l'on croit légitime d'opérer et la mesure dans laquelle on décide de les prendre en compte. Comme l'écrivait avec netteté le doyen Vedel : « L'égalité ne pouvant s'entendre que toutes choses égales d'ailleurs, il s'agit précisément de savoir quelles sont ces « choses » dont il est légitime de tenir compte pour autoriser des traitements différents » (1969, XIII).

Le Conseil constitutionnel part des mêmes prémisses, comme l'indique déjà la décision du 9 janvier 1980 rendue à propos de la loi portant aménagement de la fiscalité directe locale : « Le principe d'égalité devant la loi, énoncé dans l'article 6 de la Déclaration des droits de l'homme de 1789 et à ce titre solennellement réaffirmé par le Préambule de la Constitution, s'il implique qu'à situations semblables il soit fait application de règles semblables, n'interdit aucunement qu'à des situations différentes soient appliquées des règles différentes. » Il s'est ensuite efforcé de définir sa doctrine quant aux différences qu'il est loisible au législateur de prendre en compte – étant rappelé que l'article 1er de la Constitution prohibe celles tenant à l'origine, à la race ou à la religion – ou d'introduire. La décision du 7 janvier 1988 à propos de la loi relative à la mutualisation de la Caisse nationale de crédit agricole précise : « Le principe d'égalité ne s'oppose ni à ce que le législateur règle de façon différente des situations différentes, ni à ce qu'il déroge à l'égalité pour des raisons d'intérêt général pourvu que, dans l'un et l'autre cas, la différence de traitement qui en résulte soit en rapport avec l'objet de la loi qui l'établit » – « en rapport direct » avec cet objet, selon la formulation adoptée de manière constante depuis la décision du 23 juillet 1996, loi relative à l'entreprise nationale France Télécom. Cela revient à soumettre les dérogations à l'égalité de traitement, qu'elles procèdent de la prise en compte de différences de situation ou de considérations d'intérêt général, au principe de proportionnalité, étant précisé que, dans le second cas, le contrôle exercé par le juge constitutionnel est généralement un contrôle restreint, le Conseil ne s'estimant pas habilité à récuser les choix discrétionnaires opérés par le législateur, en l'absence d'erreur manifeste.

Le Conseil d'État a depuis longtemps adopté, pour définir les traitements différenciés dont il admet la légalité, des formules identiques (pour un exemple récent : CE, Ass., 28 juin 2002, *M. Villemain, AJDA* 2002, p. 586, chron. F. Donnat et D. Caras, sur le rapprochement à opérer, par le pouvoir réglementaire, entre la situation des personnes ayant conclu un pacte civil de solidarité et celle, respectivement, des célibataires, concubins ou conjoints). Quant à la Cour européenne des droits de l'homme, elle admet les différenciations à la condition qu'elles reposent sur une « justification objective et raisonnable » et qu'il existe un « rapport raisonnable de proportionnalité entre les moyens employés et le but visé », en soulignant qu'elle suit, en procédant de la sorte, « les principes qui se dégagent de la pratique judiciaire d'un grand nombre d'États démocratiques » (arrêt du 23 juill. 1968, affaire *linguistique belge*). La Cour de Strasbourg a, en revanche, innové en indiquant, dans son arrêt *Thlimmenos c/ Grèce* du 6 avril 2000, que « le droit de jouir des droits garantis par la Convention sans être soumis à discrimination est également transgressé lorsque, sans justification objective et raisonnable, les États n'appliquent pas un traitement différencié à des personnes dont les situations sont sensiblement différentes ». La consécration d'un tel droit à un traitement différencié pose cependant de délicats problèmes de mise en œuvre, qui ont amené le Conseil d'État à en refuser le principe (Ass., 28 mars 1997, *Société Baxter et autres, Rec.* p. 115 : « Le principe d'égalité n'implique pas que des entreprises se trouvant dans des situations différentes doivent être soumises à des régimes différents. »

312 [Parmi les différenciations que le Conseil constitutionnel a jugées licites, on peut d'abord citer celle établie entre les personnes privées et les organismes investis d'une mission de service public. On touche ici à la distinction du privé et du public qui structure le droit français. Il n'est donc pas étonnant qu'elle autorise des différences de traitement. Ainsi, dans la décision des 30 et 31 octobre 1981 relative à la loi portant dérogation au monopole d'État de la radiodiffusion, il est répondu aux auteurs de la saisine qui critiquaient au nom du principe d'égalité l'interdiction de recourir à la publicité alors faite aux associations titulaires d'une autorisation d'émettre en modulation de fréquences que « si le service public émettant sous le régime du monopole est habilité à recueillir des ressources provenant de la publicité, cette différence de situation par rapport aux associations visées par la loi est justifiée au regard des charges particulières que doit assurer le service public dans l'intérêt général ». Ces sujétions spécifiques aux services publics, on les voit à l'œuvre dans la décision du 29 juillet 1994 à propos de la loi relative à l'emploi de la langue française (*AJDA* 1994, p. 731, note Wachsmann) : le Conseil constitutionnel admet que le législateur puisse imposer l'emploi d'une terminologie officielle « aux personnes morales de droit public comme aux personnes de droit privé dans l'exercice d'une mission de service public », mais non aux autres personnes privées et aux organismes – publics et privés – de radiodiffusion sonore et télévisuelle.

313 [On mentionnera également l'admission par le Conseil constitutionnel de la distinction entre les activités lucratives et non lucratives, les premières étant clairement tenues en suspicion. La décision, déjà citée, des 30 et 31 octobre 1981 répond aux auteurs de la saisine qui soutenaient que le fait de réserver à des associations la possibilité de bénéficier de dérogations au monopole de la radiodiffusion contrevenait aux exigences de l'égalité « qu'eu égard au nombre limité des dérogations techniquement possibles le législateur, en ouvrant aux seules associations la faculté d'obtenir des dérogations au monopole d'émission radiophonique, n'a fait qu'imposer aux personnes désireuses d'émettre par ce procédé l'obligation de se regrouper et de s'interdire tout but lucratif dans l'exercice de cette activité ; que de

telles conditions ne sont pas contraires à la liberté d'expression ; que, pouvant être remplies par tous les intéressés, elles ne sont pas non plus contraires au principe d'égalité ». On remarquera l'approbation explicite donnée à l'objectif d'élimination du but lucratif et le contrôle de proportionnalité opéré (l'exclusion des sociétés commerciales n'aurait pas été justifiée s'il n'avait pas fallu répartir la pénurie des fréquences hertziennes disponibles ; la condition posée par la loi peut être facilement satisfaite, puisque la constitution des associations est libre). L'hostilité du Conseil envers la spéculation s'exprime à bien d'autres occasions, par exemple dans la décision des 10 et 11 octobre 1984 relative à la loi visant à limiter la concentration et à assurer la transparence financière et le pluralisme des entreprises de presse (*GDCC*, p. 589) où il déclare les seuils fixés par la loi applicables seulement lorsque « leur dépassement résulterait de pures transactions financières », imposant ainsi dans son interprétation de la loi sous examen une distinction qu'elle ne comportait pas expressément.

314 [La question de savoir si la qualité d'étranger (de non-national, faudrait-il plus précisément dire) autorise des traitements discriminatoires est aujourd'hui au centre d'importants débats. La dégradation des conditions d'existence d'une importante partie de la population, de plus en plus coupée des valeurs et de la richesse du plus grand nombre, la permanence d'un taux de chômage élevé, la déstabilisation provoquée par la remise en cause de valeurs traditionnelles ont, entre autres facteurs, provoqué une crise d'identité qui trouve dans les étrangers des boucs émissaires commodes, tendance que des partis extrémistes n'ont cessé de favoriser. On se trouve clairement ici en présence de manifestations, plus ou moins habilement camouflées, de racisme : le rejet des étrangers ne vise pratiquement que ceux originaires d'Afrique et des Proche et Moyen Orient, il reproduit les traits du racisme dont l'économie inconsciente a été rappelée plus haut. L'hostilité aux étrangers permet en effet, sous couvert de « débats de société » et de libre discussion des affaires publiques, d'exprimer des idées racistes qui, sans cet habillage, tomberaient clairement sous le coup de la loi pénale. Le thème de l'étranger est facilement mobilisable pour une telle entreprise : l'unité nationale se forge volontiers dans la haine de l'ennemi et l'exclusion de l'étranger – l'étymologie n'indique-t-elle pas l'étrange ? – s'ensuit facilement.

Même l'acquisition de la nationalité ne suffit pas toujours à rédimer l'intéressé de son passé : il a fallu attendre 1978 en France pour que les naturalisés soient immédiatement admissibles dans la fonction publique. Rappelons, en outre, que le régime de Vichy n'a pas hésité à remettre en cause des naturalisations prononcées antérieurement (loi du 22 juill. 1940). Quant à la décision du Conseil constitutionnel du 16 juillet 1996, loi tendant à renforcer la répression du terrorisme, si elle a rappelé « qu'au regard du droit de la nationalité les personnes ayant acquis la nationalité française et celles auxquelles la nationalité française a été attribuée à leur naissance sont dans la même situation », elle n'en a pas moins admis que le législateur autorise l'autorité administrative, pendant une durée limitée (qui est de 10 ans, en l'espèce), à déchoir de la nationalité française ceux qui l'ont acquise et qui auront été condamnés pour un crime ou un délit constituant un acte de terrorisme.

Comme on le voit, le commandement biblique : « Il sera pour vous comme un de vos compatriotes, l'étranger qui séjourne avec vous et tu l'aimeras comme toi-même, car vous avez été étrangers dans le pays d'Égypte » (*Lévitique,* XIX, 33) ne paraît pas être l'inspiration principale des législations, si l'on excepte, en France, l'enthousiasme révolutionnaire de 1792, 1848 ou 1870 (Garibaldi fut élu député par 4 départements français). Mais ces tendances libérales ne tardent guère à s'inverser, comme en témoigne la « carte de surveillance » bientôt instituée par la Convention. La méfiance envers l'étranger reste le réflexe spontané des sociétés politiques (Mourgeon, 1978, p. 243), que le principe d'égalité ne combat qu'imparfaitement, parce que précisément il est facilement admis que l'étranger est, par rapport au national, dans une situation différente qui autorise un traitement différent.

Il faut cependant noter – et on retrouve ici la dialectique du semblable et du différent à l'œuvre dans l'identification – que le sort des étrangers est souvent la préfiguration de celui des nationaux. Le régime de Vichy en témoigne, ici encore précédé, à la fin de la IIIe République, par des textes extrêmement restrictifs, tel le décret-loi du 12 novembre 1938. L'article 1er de la loi du 4 octobre 1940 sur les ressortissants étrangers de race juive disposait : « Les ressortissants étrangers de race juive pourront, à dater de la promulgation de la présente loi, être internés dans des camps spéciaux par décision du préfet du département de leur résidence. » On sait ce qu'il advint des hommes, des femmes et des enfants internés dans ces « camps spéciaux », antichambres des camps d'extermination nazis. Les républicains espagnols, les opposants au fascisme italien et au nazisme réfugiés en France, entre autres, seront également livrés aux nazis après avoir connu ces camps, au mépris de l'honneur.

315 [À la Libération sera prise l'ordonnance du 2 novembre 1945 relative aux conditions d'entrée et de séjour en France des étrangers et portant création d'un Office national d'immigration. Aujourd'hui encore, c'est ce texte qui continue de définir les règles de base applicables aux étrangers, mais les nombreuses réformes dont il a fait l'objet l'ont rendu d'une complexité telle que le législateur a dû en prescrire une nouvelle rédaction (elle-même dépassée depuis, au fil des changements) tenant compte des modifications qu'il a subies... C'est que la politique relative aux étrangers a connu des fluctuations spectaculaires : accueil généreux de la main-d'œuvre étrangère nécessaire à l'expansion économique jusque vers 1972, politique restrictive de 1972 à 1981, libéralisme à partir de 1981 (avec, notamment, la loi du 17 octobre 1981 qui favorisait la régularisation de la situation des travailleurs étrangers en situation irrégulière) qui tourne rapidement court, suite à de fortes pressions xénophobes émanant de l'extrême droite et à la nécessité de la rigueur économique. Le discours officiel ne cessera ensuite de faire la distinction entre les « bons » étrangers (ceux en situation régulière) et les « mauvais »... au risque d'encourager des amalgames dangereux entre immigration et illicéité. La majorité issue des élections législatives de 1986 devait sensiblement accentuer les mesures restrictives. L'alternance de 1988 marqua un retour particulièrement prudent à plus de libéralisme, ce qui n'empêcha pas un renforcement sensible de la rigueur après les élections de 1993, puis en 1997 (« loi Debré »). La loi du 11 mai 1998, issue d'une volonté de créer un consensus sur la question (rapport de Patrick Weil, 1997) n'a fait que corriger très marginalement les dispositions restrictives introduites précédemment, quand elle ne les a pas aggravées.

Cette succession de réformes laisse-t-elle cependant place à des principes communs ? Une réponse largement positive paraît pouvoir être donnée à cette question. On peut d'abord relever qu'à partir de 1983 environ, un consensus s'établit sur certains objectifs politiques : stopper l'immigration et mettre un terme à la régularisation des situations irrégulières, permettre la sauvegarde de l'ordre public, favoriser l'intégration des étrangers en situation régulière (Weil, 1991). Mais les divergences sur les moyens à déployer pour atteindre ces objectifs restent importantes. Elles sont encadrées par des principes juridiques que la multiplicité des saisines a permis au Conseil constitutionnel de préciser et que le Conseil d'État n'a cessé de réaffirmer depuis les années 1970. La place de l'égalité dans ce corps de principes est très paradoxale : son déni ne cesse de structurer la matière et pourtant des décisions récentes sont venues réaffirmer son importance essentielle.

316 [Un premier trait frappant est l'extrême hétérogénéité de la condition des étrangers. « Les figures de l'étranger sont plurielles dans le temps comme dans l'espace », écrit Danièle Lochak (1985, p. 11). Selon sa nationalité, d'abord, l'étranger bénéficiera d'un statut plus ou moins favorable. Les ressortissants communautaires apparaissent très privilégiés : ils bénéficient des libertés aménagées dans le cadre de la Communauté européenne (libre circulation des travailleurs, des marchandises et des capitaux, liberté d'établissement) et de la citoyenneté de l'Union introduite par le traité sur l'Union européenne et comportant notamment un droit, certes mesuré, de participation à la vie politique de l'État de résidence. Pour les personnes ne bénéficiant pas de la citoyenneté de l'Union, des accords bilatéraux conclus entre la France et l'État dont elles ont la nationalité peuvent entraîner leur soustraction aux règles de droit commun de l'ordonnance du 2 novembre 1945. Les ressortissants des États jadis placés sous la domination coloniale ou le protectorat de la France ont ainsi bénéficié, au lendemain de l'indépendance de ces États, d'avantages importants qui n'ont cessé de se réduire au fil du temps. L'ordonnance de 1945 s'applique en l'absence de traité ou dans le cas où celui-ci y renvoie. La qualité de réfugié politique entraîne l'application d'un statut spécial, ce qui est aussi le cas des personnes bénéficiant de la qualité de membres du personnel diplomatique ou consulaire ou de l'application d'une convention sur les privilèges et immunités des organisations internationales situées sur le territoire français.

317 [Par ailleurs, le bénéfice du principe d'égalité est clairement refusé aux étrangers pour certains types de droits. C'est d'abord le cas pour le droit à l'entrée et au séjour sur le territoire national. Prenant acte de l'ampleur des pouvoirs reconnus par l'ordonnance de 1945 à l'autorité administrative pour refuser aux étrangers l'octroi d'une carte de séjour ou son renouvellement, la décision du Conseil constitutionnel du 9 janvier 1990, loi modifiant l'ordonnance n° 45-2658 du 2 novembre 1945 relative aux conditions d'entrée et de séjour des

étrangers en France, note que la loi sous examen se situe « dans ce cadre juridique où les étrangers se trouvent placés dans une situation différente de celle des nationaux », ce qui prive de pertinence l'invocation en l'espèce du principe d'égalité (les auteurs de la saisine prétendaient qu'en prévoyant le caractère suspensif des recours contre les arrêtés préfectoraux de reconduite à la frontière, la loi octroyait aux étrangers des privilèges au détriment des nationaux...). La décision du 13 août 1993 (*GDCC*, p. 825) reprend cette formule avec encore plus de force.

Le principe d'égalité est aussi écarté s'agissant des droits politiques. Dans sa première décision relative au traité sur l'Union européenne (9 avr. 1992, *GDCC*, p. 781), le Conseil constitutionnel a consacré une conception large de ces droits, conformément à ce qu'avait soutenu la majorité de la doctrine. Combinant l'article 72 de la Constitution, qui dispose que l'organe délibérant d'une collectivité territoriale de la République ne peut procéder que d'une élection au suffrage universel et le fait « que le Sénat doit, dans la mesure où il assure la représentation des collectivités territoriales de la République, être élu par un corps électoral qui est lui-même l'émanation de ces collectivités », le Conseil en arrive à la conclusion que « la désignation des conseils municipaux a une incidence sur l'élection des sénateurs ; qu'en sa qualité d'assemblée parlementaire le Sénat participe à l'exercice de la souveraineté nationale » et que dès lors s'applique l'article 3, alinéa 4 de la Constitution : « Sont électeurs, dans les conditions déterminées par la loi, tous les nationaux français majeurs des deux sexes, jouissant de leurs droits civils et politiques. » D'où la proposition, qui nécessitera une révision de la Constitution pour que puisse être ratifié le traité de Maastricht : « Seuls les « nationaux français » ont le droit de vote et d'éligibilité aux élections effectuées pour la désignation de l'organe délibérant d'une collectivité territoriale de la République, et notamment pour celle des conseillers municipaux ou des membres du Conseil de Paris. » Un lien, même indirect, avec l'exercice de la souveraineté nationale introduit donc une opposition radicale entre nationaux et étrangers. Cette opposition, l'article 88-3 introduit dans la Constitution par la révision du 25 juin 1992 s'emploie à la sauvegarder autant qu'il était possible : il précise que « le droit de vote et d'éligibilité aux élections municipales peut être accordé aux seuls citoyens de l'Union résidant en France » et seulement selon les modalités prévues par le traité et sous réserve de réciprocité. L'article 88-3 ajoute : « Ces citoyens ne peuvent exercer les fonctions de maire ou d'adjoint ni participer à la désignation des électeurs sénatoriaux et à l'élection des sénateurs. » On est donc en présence d'une réaffirmation résolue du principe d'exclusion des étrangers du bénéfice des droits politiques : il vaut absolument pour les étrangers qui n'ont pas la nationalité d'un État membre de l'Union et, même pour ces derniers, il n'est écarté que fort chichement.

La décision du 5 mai 1998, loi relative à l'entrée et au séjour des étrangers en France et au droit d'asile, a précisé que le caractère national de la souveraineté impliquait le principe selon lequel « ne sauraient être confiées à des personnes de nationalité étrangère, ou représentant un organisme international, des fonctions inséparables de l'exercice de la souveraineté nationale », telles les fonctions juridictionnelles exercées « au nom du peuple français ». Seules sont admises des dérogations nécessaires à la mise en œuvre d'un engagement international de la France, sous réserve qu'il ne soit pas porté atteinte aux conditions essentielles d'exercice de la souveraineté nationale (cela implique notamment que la présence de ces personnes dans les juridictions reste minoritaire).

318 [Dans le domaine voisin de l'admissibilité aux emplois de la fonction publique, le principe d'égalité n'a pénétré que très partiellement pour ce qui concerne les étrangers. L'article 6 de la Déclaration de 1789 n'énonce en effet le principe d'égale admissibilité qu'à l'égard des « citoyens ». Comme la participation politique, l'exercice des attributions de l'administration publique est donc jugé être la chose des seuls nationaux. Mais l'exclusivisme est ici nettement moins prononcé et dépendra de la nature des fonctions en cause. Comme l'a énoncé le Conseil d'État, « les fonctions publiques ne sont accessibles aux étrangers que si n'y mettent obstacle aucune disposition législative en vigueur, aucun principe général du droit public français ni aucun acte pris par l'autorité disposant du pouvoir réglementaire dans les limites de sa compétence et compte tenu des nécessités propres et de la mission du service » (CE, 12 mai 1978, *Élection des membres étudiants du conseil d'administration du CROUS de Nancy-Metz, Rec.*, p. 205). L'admission des étrangers est donc sujette à d'importantes restrictions, que même l'exécutif, sous le contrôle du juge, peut définir : c'est dire qu'en réalité, le principe est le refus, comme l'illustre le fait que l'accès des fonctions aux étrangers est expressément

prévu par les textes pertinents, qu'il s'agisse d'un corps de fonctionnaires ou d'emplois ne donnant pas lieu à titularisation.

Ici encore, le droit communautaire a entraîné une importante évolution. Le traité instituant la Communauté économique européenne excepte de la libre circulation des travailleurs les « emplois dans l'administration publique » (art. 48, aujourd'hui 49). Mais la Cour de justice des Communautés européennes, soucieuse de faire prévaloir une interprétation uniforme des termes du traité, a jugé que pour savoir si on était en présence d'emplois dans l'administration publique, il fallait déterminer « si les emplois en cause sont ou non caractéristiques des activités spécifiques de l'administration publique en tant qu'elle est investie de l'exercice de la puissance publique et de la responsabilité pour la sauvegarde des intérêts généraux de l'État » (CJCE, 17 déc. 1980, *Commission c/ Royaume de Belgique,* aff. 149/79, *Rec. CJCE,* 3881), peu important que soient en cause des emplois de fonctionnaires ou de contractuels (CJCE, 3 juin 1986, *Commission c/ République française,* aff. 307/84, *AJDA* 1987, p. 44).

Une loi du 26 juillet 1991 a intégré les obligations communautaires dans le statut général des fonctionnaires, en ajoutant à la loi du 13 juillet 1983 portant droits et obligations des fonctionnaires un article 5 *bis* qui dispose : « Les ressortissants des États membres de la Communauté économique européenne autres que la France ont accès, dans les conditions prévues au statut général, aux corps, cadres d'emplois et emplois dont les attributions soit sont séparables de l'exercice de la souveraineté, soit ne comportent aucune participation directe ou indirecte à l'exercice de prérogatives de puissance publique de l'État ou des autres collectivités publiques. » Une fois encore apparaît l'exclusivité nationale de l'exercice de la souveraineté, dont l'exercice de la puissance publique constitue en réalité une manifestation. Mais il est prévu que les corps, cadres d'emplois et emplois pouvant être ouverts aux ressortissants communautaires non français doivent être « désignés par leurs statuts particuliers respectifs », ce qui traduit une méfiance persistante et contredit le caractère directement applicable du principe de libre circulation des travailleurs, pour autant qu'il est invocable en vertu du droit communautaire.

Il faut encore noter que la décision du Conseil constitutionnel du 23 juillet 1991 a déclaré la loi dont il vient d'être question conforme à la Constitution, estimant que l'article 6 de la Déclaration de 1789 ne saurait être interprété comme réservant aux citoyens français l'application du principe d'égale admissibilité aux emplois publics.

319 [En revanche, pour les droits autres que politiques, on ne voit pas quelle raison objective permettrait d'en refuser le bénéfice aux étrangers se trouvant régulièrement sur le territoire national. La distinction des droits de l'homme et des droits du citoyen, inscrite dans l'intitulé même de la Déclaration de 1789, devrait s'entendre comme limitant ces derniers aux seuls droits politiques dont il vient d'être question. Comme leur nom l'indique, les droits de l'homme doivent être reconnus sans restriction à toute personne soumise à l'ordre juridique français, d'autant qu'ils font partie de l'ordre public français au sens du droit international privé. Ainsi, le Conseil d'État a estimé que l'abolition de la peine de mort en France et la ratification du 6e Protocole additionnel à la Convention européenne des droits de l'homme concernant l'abolition de la peine de mort avaient pour conséquence que « l'application de la peine de mort à une personne ayant fait l'objet d'une extradition accordée par le gouvernement français serait contraire à l'ordre public français » (CE, Sect., 27 févr. 1987, *Fidan, Rec.* p. 81). Il serait paradoxal que des principes dont l'État doit s'assurer du respect par les autorités publiques étrangères ne s'imposent pas aux autorités françaises dans leurs relations avec les étrangers se trouvant sur le territoire soumis à leur juridiction. Par ailleurs, l'article 14 de la Convention européenne des droits de l'homme, qui interdit toute discrimination dans la jouissance des droits consacrés par la Convention, a été interprété par la Cour européenne des droits de l'homme comme prohibant, en principe, les différences de traitement exclusivement fondées sur la nationalité : « seules des considérations très fortes » pourraient conduire à une conclusion différente (arrêt *Gaygusuz c/ Autriche* du 16 sept. 1996, à propos d'une allocation d'urgence accordée aux chômeurs). La Cour de cassation a repris cette solution et a, en conséquence, censuré le refus au titulaire d'une pension d'invalidité de l'allocation supplémentaire du Fonds national de solidarité en raison de sa nationalité étrangère (Cass. soc., 17 janv. 1999, *JCP* 1999, II, 10082, note F. Sudre), tandis que le Conseil d'État, comme on l'a vu, a intégré cette logique à son contrôle de conventionnalité des lois, à propos de l'allocation forfaitaire subsituée, pour les ressortissants d'États ayant acquis leur indépendance, à la pension militaire de retraite à laquelle ils avaient droit (CE, Ass., 30 nov. 2001, *Ministre de la Défense c/ M. Diop, AJDA* 2001, p. 1039, chron.

M. Guyomar et P. Collin : « la différence de situation existant entre d'anciens agents publics de la France, selon qu'ils ont la nationalité française ou sont ressortissants d'États devenus indépendants, ne justifie pas, eu égard à l'objet des pensions de retraite, une différence de traitement »).

320 La jurisprudence administrative française a été attentive, depuis plusieurs années, à ce que les étrangers ne fissent l'objet d'aucune restriction abusive de leurs droits. L'arrêt *GISTI* (CE, Ass., 8 déc. 1978, *GAJA*, p. 657) est d'autant plus net qu'il a trait à la question de l'entrée des étrangers sur le territoire français. Un décret de 1977 avait subordonné le droit pour les travailleurs étrangers en situation régulière de faire venir auprès d'eux leur conjoint et leurs enfants mineurs à la condition que ces derniers renoncent à occuper un emploi. Le Conseil d'État annule ce décret en proclamant « qu'il résulte des principes généraux du droit [...] que les étrangers résidant régulièrement en France ont, comme les nationaux, le droit de mener une vie familiale normale ; que ce droit comporte, en particulier, la faculté, pour ces étrangers, de faire venir auprès d'eux leur conjoint et leurs enfants mineurs ; que, s'il appartient au gouvernement, sous le contrôle du juge de l'excès de pouvoir et sous réserve des engagements internationaux de la France, de définir les conditions d'exercice de ce droit, pour en concilier le principe avec les nécessités tenant à l'ordre public et à la protection sociale des étrangers et de leur famille, ledit gouvernement ne peut interdire par voie de mesure générale l'occupation d'un emploi par les membres des familles des ressortissants étrangers ». Plus récemment, le Conseil d'État a considéré que « les principes généraux du droit applicables aux réfugiés, résultant notamment des stipulations de la Convention de Genève, imposent, en vue d'assurer pleinement aux réfugiés la protection prévue par ladite Convention, que la même qualité soit reconnue à la personne de même nationalité qui était unie par le mariage à un réfugié à la date à laquelle celui-ci a demandé son admission au statut, ainsi qu'aux enfants mineurs de ce réfugié » (CE, Ass., 2 déc. 1994, *Mme Agyepong, RFD adm.* 1995, p. 86, concl. Denis-Linton). Même si le droit reconnu aux étrangers l'est de manière assez restrictive (quant à la définition des membres de la famille concernés notamment), le principe posé aboutit à ce qu'un noyau dur du droit à une vie familiale normale soit assuré aux étrangers comme aux nationaux.

321 [Il est, par ailleurs, frappant de voir les réformes législatives successives effacer progressivement les différenciations établies entre les étrangers et les nationaux : tel est le cas du régime des associations étrangères, aboli par une loi du 9 octobre 1981, ou des restrictions à la liberté de se marier supprimées par une loi du 29 octobre 1981. La seule disposition discriminatoire qui subsiste à cet égard est l'article 14 de la loi sur la presse, résultant d'un décret-loi du 6 mai 1939, qui soumet les écrits de provenance étrangère à un régime spécial, mais il faut souligner qu'à l'inverse du Conseil d'État, la Cour européenne des droits de l'homme a jugé que « si la situation très particulière régnant en 1939, à la veille de la deuxième guerre mondiale, pouvait justifier un contrôle renforcé des publications étrangères, il apparaît difficilement soutenable qu'un tel régime discriminatoire à l'encontre de ce type de publications soit toujours en vigueur » (17 juill. 2001, *Association Ekin c/ France*).

La décision du Conseil constitutionnel du 13 août 1993, loi relative à la maîtrise de l'immigration et aux conditions d'entrée, d'accueil et de séjour des étrangers en France (*GDCC*, p. 825), confirmera cette approche, tout en donnant une liste – forcément indicative – des droits ainsi reconnus aux étrangers. Le Conseil énonce que « si le législateur peut prendre à l'égard des étrangers des dispositions spécifiques, il lui appartient de respecter les libertés et droits fondamentaux de valeur constitutionnelle reconnus à tous ceux qui résident sur le territoire de la République ; que s'ils doivent être conciliés avec la sauvegarde de l'ordre public qui constitue un objectif de valeur constitutionnelle, figurent parmi ces droits et libertés, la liberté individuelle et la sûreté, notamment la liberté d'aller et venir, la liberté du mariage, le droit de mener une vie familiale normale ; qu'en outre les étrangers jouissent des droits à la protection sociale, dès lors qu'ils résident de manière stable et régulière sur le territoire français ; qu'ils doivent bénéficier de l'exercice de recours assurant la garantie de ces droits et libertés ». La décision du 22 avril 1997, loi portant diverses dispositions relatives à l'immigration, précisera que la liberté d'aller et venir « n'est pas limitée au territoire national mais comporte également le droit de le quitter ».

322 [La reconnaissance d'une égalité dans la jouissance des droits est-elle également assurée pour les droits économiques et sociaux ? La réponse de principe à cette question est positive, la décision du Conseil constitutionnel qu'on vient de citer l'indique clairement,

au-delà des solutions, déjà évoquées, adoptées sur le fondement de la Convention européenne des droits de l'homme. Cela confirme une nouvelle fois qu'il n'existe pas de différence de nature entre les droits et libertés « classiques » et les droits économiques, sociaux et culturels. Seul le droit au travail fait exception, parce qu'il est généralement lié au droit de séjourner sur le territoire national : dans la plupart des cas, le titre de séjour accordé à l'étranger détermine s'il a ou non le droit de travailler en France (mention que porte la carte de séjour temporaire, droit d'exercer la profession de son choix par le titulaire d'une carte de résident). Même si l'autorisation de travailler fait l'objet d'une décision distincte de celle relative au séjour, le juge administratif refuse de considérer que l'étranger est titulaire d'un droit : les décisions de refus font l'objet d'un contrôle restreint (v. pour un refus de délivrance de la carte de commerçant étranger : CE, Sect., 10 juill. 1987, *M. Lachger et M. Abarchih, RFD adm.* 1989, p. 186, concl. de Clausade).

323 [La jurisprudence administrative censure, en revanche, les discriminations dont sont victimes les étrangers, qu'il s'agisse du refus de leur garantir l'accès aux services publics ou du refus de leur octroyer des prestations sociales. Face à certaines municipalités qui refusaient d'inscrire à l'école maternelle ou primaire de enfants de nationalité étrangère, a été réaffirmé « le principe d'égalité des usagers devant le service public de l'enseignement » (TA Bordeaux 14 juin 1988, *El Rhazouani et autre, Rec.*, p. 519). Ont également été censurées deux décisions du Conseil de Paris, l'une réservant le bénéfice de l'allocation de congé parental d'éducation aux seuls parents de nationalité française, l'autre excluant de ce bénéfice les familles dont aucun des parents n'est de nationalité française, sauf s'il s'agissait de ressortissants de la Communauté économique européenne ou de réfugiés ou apatrides justifiant d'au moins trois années de résidence à Paris. Le Conseil d'État relève « que la ville de Paris ne soutient pas qu'il existerait, au regard des charges occasionnées par l'éducation des enfants, une différence de situation tenant à la nationalité des parents » et ne considère pas le désir de remédier à l'insuffisance des familles nombreuses françaises comme une nécessité d'intérêt général en rapport avec l'objet de l'allocation (CE, 30 juin 1989, *Ville de Paris et bureau d'aide sociale de Paris c/ Lévy, Rec.*, p. 157).

324 [Le Conseil constitutionnel devait apporter à ces solutions une importante consécration dans sa décision du 22 janvier 1990, loi portant

diverses dispositions relatives à la sécurité sociale et à la santé (*AJDA* 1990, p. 471, note Benoît-Rohmer; *RFD adm.* 1990, p. 406, note Genevois). La loi sous examen disposait que l'allocation supplémentaire du Fonds national de solidarité n'était due aux étrangers qu'en application des règlements communautaires ou de conventions internationales de réciprocité. Soulevant la question d'office, le Conseil constitutionnel énonce que « le législateur peut prendre à l'égard des étrangers des dispositions spécifiques à la condition de respecter les engagements internationaux souscrits par la France et les libertés et droits fondamentaux de valeur constitutionnelle reconnus à tous ceux qui résident sur le territoire de la République ». S'agissant d'une allocation à laquelle pouvaient prétendre les personnes âgées ne bénéficiant pas du minimum vital, le Conseil décide que « l'exclusion des étrangers résidant régulièrement en France » non couverts par une convention internationale « méconnaît le principe consitutionnel d'égalité ». C'est dire que désormais les dérogations à l'égalité ne peuvent plus se justifier par le seul fait que des étrangers sont en cause : il faudra, à chaque fois, démontrer que les justifications ordinaires des dérogations au principe d'égalité sont telles que le traitement diminué des étrangers est légitime. Cette démonstration ne sera guère facile à faire, en dehors du domaine des droits politiques : même les restrictions traditionnelles au droit au travail des étrangers résidant régulièrement en France apparaissent peu fondées au regard de ce critère.

Mais la décision du 13 août 1993 admet que l'affiliation des étrangers à un régime obligatoire de sécurité sociale, l'attribution d'avantages d'invalidité et de vieillesse et leur droit aux prestations d'assurance maladie, maternité et décès soient subordonnés à la condition de la régularité de leur séjour en France. Il décide que « les étrangers qui résident et travaillent régulièrement sur le territoire français et ceux qui ne satisfont pas aux mêmes conditions de régularité ne sont pas dans la même situation au regard de l'objet de la loi ; qu'au regard de cet objet, les nationaux et les étrangers sont également placés dans des situations différentes ; que dès lors le grief tiré d'une rupture du principe d'égalité doit être écarté ». On voit que le lien établi avec la question de la présence de l'étranger sur le territoire français a pour effet de paralyser l'application du principe d'égalité. En dépit de l'impression mitigée qu'elle laisse, la décision du 13 août 1993 ne paraît pas remettre en cause l'esprit égalitaire qui se dégageait cependant avec plus de force de celle du 22 janvier 1990.

Ces éléments constitutionnels et internationaux condamnent très clairement le slogan de la « préférence nationale » émis par une formation d'extrême-droite et dont on peut regretter (et s'étonner) qu'il ait eu quelque écho au-delà d'elle (v. Moutouh, 1999, p. 419, qui montre que la « préférence nationale » apparaît « fondamentalement illégitime, dans le cadre d'une société démocratique » et « fortement anachronique »).

325 [L'égalité de droits a donc enregistré récemment des progrès notables. Cette constatation réconfortante ne doit cependant pas dissimuler la gravité des inégalités de fait qui persistent et même s'aggravent dans la société française. Avant d'être un thème de campagne électorale, l'exclusion est une tragédie où nantis et démunis finissent par ne même plus trouver de langage qui leur soit commun, avec les dangers de passage à l'acte que comporte cette situation et le discrédit dans lequel elle risque d'entraîner l'égalité et les autres principes libéraux.

CONCLUSION DE LA PREMIÈRE PARTIE

326 [L'étude des techniques juridiques de protection des libertés en France, à laquelle on vient de procéder, révèle un bilan contrasté : en dépit des principes libéraux sur lesquels il repose et des progrès souvent considérables réalisés récemment, notre système juridique continue de présenter des lacunes ou d'autoriser des régressions auxquelles l'opinion reste dans l'ensemble indifférente. La situation juridique des libertés en France est, à bien des égards, paradoxale : les proclamations solennelles abondent dans de grands textes admirables, qui restent muets sur les procédures concrètes aptes à assurer leur mise en œuvre. Lorsque celles-ci sont mises en place, c'est parfois presque par hasard (le Conseil constitutionnel !) et grâce seulement à l'œuvre jurisprudentielle des instances ainsi créées (le Conseil d'État, le Conseil constitutionnel), dans un climat parfois tendu (les réactions présidentielles à l'arrêt *Canal,* l'hostilité persistante d'une bonne partie de la classe politique envers le principe même d'un contrôle de constitutionnalité des lois, les réticences sensibles de certaines juridictions envers la Convention européenne des droits de l'homme et la jurisprudence de la Cour suffisent à l'attester). À l'éclat de principes en réalité abandonnés à la discrétion des majorités politiques s'opposent des avancées concrètes, réalisées dans des décisions dont l'importance n'est pas toujours immédiatement perçue.

Ainsi, les arrêts *Marie* et *Hardouin* (CE, Ass., 17 févr. 1995, *GAJA*, p. 761) admettant le recours pour excès de pouvoir à l'encontre de mesures disciplinaires dans les prisons et l'armée sont-ils de nature à transformer de manière non négligeable le climat régnant dans ces institutions, en y réduisant la part d'arbitraire. De même, la décision du Conseil constitutionnel des 10 et 11 octobre 1984 relative à la loi visant à limiter la concentration et à assurer la transparence financière et le pluralisme des entreprises de presse (*GDCC*, p. 589) pose-t-elle le principe de non-rétroactivité des lois en matière de libertés publiques, élément capital d'un ordre juridique libéral qui repose sur la capacité des citoyens à toujours connaître avec précision leur situation au regard du droit.

Destinée à démanteler l'empire de presse constitué par Robert Hersant à la faveur de la rédaction défectueuse d'une ordonnance de 1944, la loi sous examen imposait le respect des limites qu'elle instituait à la possession et au contrôle des quotidiens par une personne non seulement pour l'avenir, mais également à son entrée en vigueur, quand bien même il s'agissait de situations constituées sous l'empire d'une législation moins rigoureuse. Le Conseil constitutionnel a fermement condamné cette remise en cause des situations existantes. Il pose le principe suivant : « Considérant que s'il est loisible au législateur, lorsqu'il organise l'exercice d'une liberté publique en usant des pouvoirs que lui confère l'article 34 de la Constitution, d'adopter pour l'avenir, s'il l'estime nécessaire, des règles plus rigoureuses que celles qui étaient auparavant en vigueur, il ne peut, s'agissant de situations existantes intéressant une liberté publique, les remettre en cause que dans deux hypothèses : celle où ces situations auraient été illégalement acquises ; celle où leur remise en cause serait réellement nécessaire pour assurer la réalisation de l'objectif constitutionnel poursuivi. » En l'espèce, le Conseil constitutionnel relève que les dispositions qui lui ont été déférées devaient s'appliquer sans acception de l'illicéité des conditions de création des situations existantes et que la situation des quotidiens nationaux n'est pas telle qu'une remise en cause des situations existantes s'impose, d'autant plus que celle-ci supposerait des transferts ou des suppressions de titres, éventuellement contre le gré des lecteurs.

Témoigne aussi de la prise en compte croissante des libertés au niveau concret, l'article 22 de la loi du 12 avril 2000 relative aux droits des citoyens dans leurs relations avec les administrations, qui interdit l'instauration par décret de décisions implicites d'acceptation de l'administration lorsque « la protection des libertés » s'y opposerait.

327 [À l'inverse de la « malencontre » où La Boétie voyait l'origine de la servitude volontaire, c'est donc d'une série de hasards heureux que procède la protection des libertés en France. Mais il ne faut pas trop céder à l'illusion que l'État de droit cherche à entretenir sur lui-même. D'abord, parce que la France, pour reprendre les mots de Carré de Malberg, ne s'est toujours pas « élevée jusqu'à la perfection de l'État de droit », ne serait-ce que parce que la justice constitutionnelle continue d'échapper aux citoyens, à l'inverse de ce qui existe dans la plupart des États européens – l'Autriche, l'Italie, l'Allemagne, l'Espagne, la République tchèque, pour se limiter à quelques exemples. Même ce qui a été réalisé par le Conseil constitutionnel paraît excessif à certains. C'est le Premier ministre lui-même qui déclarait devant le Congrès réuni à Versailles, le 19 novembre 1993 : « Depuis que le Conseil constitutionnel a décidé d'étendre son contrôle au respect du Préambule de la Constitution, cette institution est conduite à contrôler la conformité de la loi au regard de principes généraux, parfois plus philosophiques et politiques que juridiques, quelquefois contradictoires et, de surcroît, conçus à des époques bien différentes de la nôtre. » Qui ne voit que ces propos de M. Balladur reviennent purement et simplement à un refus du contrôle de constitutionnalité des lois ?

328 [En second lieu, le projet même de l'État de droit a pu être critiqué comme illusoire. La multiplication des normes, les contradictions existant entre elles aboutissent au pouvoir souverain de l'interprète : de cette constatation, aussi faite par M. Balladur, des enseignements inverses sont tirés, c'est à savoir la fragilité de la protection offerte aux libertés. Comme l'écrit Walter Leisner (1975, p. 69) : « Le perfectionnisme juridique de l'État de Droit lui permet de « régler normativement des exceptions à ses propres principes » qui seront acceptées parce qu'elles portent le titre de norme [...] L'État de Droit est censé lier les mains du Pouvoir – il les affranchit astucieusement sous forme normative. Ce que le citoyen n'aurait jamais permis aux Hommes, il l'accepte sous forme normative. La technique normative est un opium de Liberté. » Cette dénonciation est sans doute injuste dans son excès, il n'en reste pas moins qu'elle constitue une utile mise en garde contre une certaine fétichisation de l'État de droit, dont la théorie tend parfois à édulcorer les phénomènes de pouvoir. À cet égard, le pragmatisme anglo-saxon paraît préférable à M. Leisner : « Les grandes traditions de la Liberté, surtout celles des Anglo-

Saxons, démontrent que c'est dans la pluralité des pouvoirs, représentés par une multiplicité d'organes, que réside la véritable garantie de la Liberté, aucun des acteurs de la scène étatique ne pouvant imposer tout seul sa volonté à un public qui n'est pas seulement amusé, mais aussi protégé par ces "combats de géants" » (1975, p. 78).

329 [Enfin, il faut être conscient du fait que, si sophistiqués que puissent être les mécanismes juridiques de sauvegarde des libertés, certaines situations risquent toujours de leur échapper. C'est vrai d'abord des pouvoirs, plus ou moins apparents, qui se développent en marge de l'appareil étatique (mais éventuellement en symbiose avec lui), telles les grandes entreprises, les groupes d'intérêts professionnels (on a pu parler d'une « biocratie » pour désigner les milieux qui souhaitaient que la loi permette une exploitation, notamment économique, des possibilités ouvertes par les développements de la biologie), voire les mafias. Mais c'est vrai aussi de certains organes de l'État : un livre consacré aux scandales qui n'ont cessé de jalonner le cours de la Ve République a pu s'intituler *La République bananière* (Coignard et Lacan, 1989)...

Quant à l'ouvrage, *La part d'ombre* (1992), d'Edwy Plenel, journaliste au *Monde* qui s'est notamment rendu célèbre par son enquête sur l'affaire du *Rainbow Warrior* coulé à Auckland en 1985 par les services secrets français, il met bien en relief le contraste entre les progrès réalisés en matière de libertés sous la présidence de François Mitterrand et la persistance de certaines pratiques. Il s'agit, là encore, d'une utile relativisation de l'État de droit : « À trop sacraliser la loi entendue comme une règle abstraite et intangible, neutre et objective, nous avons fini par oublier les partis pris de l'État, dont la secrète raison sait ne jamais perdre ses droits », écrit-il (Plenel, 1992, p. 17). Pour convaincre l'un de ses subordonnés de livrer un faux témoignage à propos de l'affaire « des Irlandais de Vincennes » (la cellule anti-terroriste de l'Élysée avait procédé à trois arrestations spectaculaires en introduisant des armes au domicile des personnes visées, pour pouvoir se targuer de cette opération auprès de l'opinion), le chef de cette cellule lui aurait déclaré : « Ne te fais pas de bile. J'en ai discuté avec le président ; il n'est pas question de laisser un petit juge emmerder des gendarmes qui font leur devoir pour de simples détails » (Plenel, 1992, p. 59). De tels propos rappellent cruellement les limites de la pénétration dans les consciences de l'idéal de l'État de droit...

DEUXIÈME PARTIE

ÉTUDE DU RÉGIME JURIDIQUE DES LIBERTÉS

330 [La description du régime juridique des libertés peut s'effectuer selon différentes modalités. L'une des plus classiques consiste à opposer le régime répressif aux régimes préventifs, distinction qui prend en compte l'ampleur des pouvoirs respectivement conférés au juge et à l'administration.

Contrairement à ce que suggère la terminologie, le régime répressif est le plus libéral. Il laisse l'individu libre d'agir, sans que l'administration soit autorisée à intervenir pour l'en empêcher, mais en réprimant les abus de cette liberté. Lorsque l'individu en question a commis une infraction pénale, il incombe au juge répressif de prononcer les sanctions prévues par la loi. Le régime répressif repose donc sur une confiance accordée au titulaire de la liberté, à qui il revient de décider de sa conduite, compte tenu de limites que lui impose une loi pénale connue au moment de l'action et suffisamment précise pour que la frontière du licite et de l'illicite puisse être déterminée en connaissance de cause. L'article 8 de la Déclaration des droits de l'homme et du citoyen de 1789 exprime l'essence de ce régime libéral : « La loi ne doit établir que des peines strictement et évidemment nécessaires et nul ne peut être puni qu'en vertu d'une missibilité des diverses solutions retenues par le législateur dépendra des dispositions constitutionnelles applicables. Ainsi, l'édiction des infractions et des sanctions qui s'y rapportent devra-t-elle respecter le principe de la nécessité des peines (mais le Conseil constitutionnel ne censure que l'erreur manifeste du législateur : Cons. const., 19 et 20 janv. 1981, loi renforçant la sécurité et protégeant la liberté des personnes, *GDCC*, p. 427), tandis que le régime de l'autorisation préalable est exclu pour certaines libertés (liberté d'association : Cons. const., 16 juill. 1971, *GDCC*, p. 238 ; liberté de la presse : Cons. const., 10 et 11 oct. 1984, *GDCC*, p. 589).

Il est aussi remarquable qu'apparaisse une tendance à ne plus confier la répression exclusivement au juge pénal, mais à investir des autorités administratives – il s'agira le plus souvent d'autorités administratives indépendantes – d'un pouvoir de prononcer des sanctions. Face à une telle évolution, l'effort jurisprudentiel a tendu à assujettir cette « répression administrative » aux disciplines gouvernant la répression pénale. C'est ainsi que la Commission et la Cour européennes des droits de l'homme ont adopté une conception extensive de la matière pénale qui conditionne l'applicabilité des garanties procédurales inscrites à l'article 6 de la Convention. Quant au Conseil constitutionnel, il a admis qu'un pouvoir de sanction puisse être confié à une autorité administrative : « Le principe de la séparation des pouvoirs, non plus qu'aucun principe ou règle de valeur constitutionnelle, ne fait obstacle à ce qu'une autorité administrative, agissant dans le cadre de prérogatives de puissance publique, puisse exercer un pouvoir de sanction dès lors, d'une part, que la sanction susceptible d'être infligée est exclusive de toute privation de liberté et, d'autre part, que l'exercice du pouvoir de sanction est assorti par la loi de mesures destinées à sauvegarder les droits et libertés constitutionnellement garantis » (Cons. const., 28 juill. 1989, loi relative à la sécurité et à la transparence du marché financier).

Outre l'interdiction pour les autorités administratives de prononcer des peines privatives de liberté, le Conseil s'est employé à reconstituer devant ces autorités des garanties comparables à celles existant devant le juge répressif : principe du respect des droits de la défense, qui interdit qu'une sanction soit infligée sans que l'intéressé ait été mis à même tant de présenter ses observations sur les faits qui lui sont reprochés que d'avoir accès au dossier le concernant ; absence de caractère automatique des sanctions ; obligation de motivation des sanctions ; ouverture d'un recours juridictionnel à l'encontre de la décision infligeant une sanction et possibilité d'obtenir qu'il soit sursis à son exécution ; principe de légalité des délits et des peines ; principe de nécessité des peines ; principe de non-rétroactivité de la loi pénale plus sévère (Cons. const., 17 janv. 1989, loi modifiant la loi du 30 sept. 1986 relative à la liberté de communication, *GDCC*, p. 713) ; obligation d'impartialité dans l'examen des affaires (Cons. const., 28 juill. 1989, loi relative à la sécurité et à la transparence du marché financier) – v. Moderne, 1997, p. 1.

Parallèlement, on assiste à une dégradation des garanties théoriquement offertes par le régime répressif : prolifération des dispositions de nature pénale, déclin de la précision de beaucoup d'incriminations, accroissement du pouvoir d'appréciation laissé au juge, avec comme conséquence des variations importantes dans le traitement d'affaires présentant à juger des faits comparables, différenciation de la réponse pénale à l'infraction, avec des institutions comme la médiation ou la transaction pénales...

332 [Au total, on peut constater que si la frontière entre régimes préventifs et régime répressif tend à se brouiller, il s'agit toujours de notions opératoires : elles valent comme révélateur des intentions du législateur quant au traitement d'une liberté, sans pour autant dispenser d'une analyse précise de la réglementation applicable.

Comme il est impossible d'être exhaustif (d'autant que pour l'être, le droit pénal et la procédure pénale, le droit du travail, le droit administratif, entre autres, devraient être systématiquement repris), on a choisi, dans cette seconde partie, de se limiter à certaines libertés. On a retenu l'admission sur le territoire français, le droit au respect de la personne humaine, la liberté individuelle, la liberté d'expression, la liberté religieuse et la liberté de l'enseignement et enfin la liberté d'association. Si on a retenu essentiellement des libertés « classiques », c'est parce que les autres soit relèvent plutôt des disciplines spécifiques qui les étudient (droit de grève, droit de participer à la détermination des conditions collectives de travail, droit de propriété, liberté d'entreprendre, droit à l'environnement...), soit feraient appel à des techniques de mise en œuvre et de protection trop hétérogènes par rapport à celles ici envisagées (droit à la santé, droit au travail, droit au développement...).

TITRE PREMIER

L'ADMISSION SUR LE TERRITOIRE FRANÇAIS

333 [Apparemment, la question de l'admission sur le territoire français concerne essentiellement les étrangers. Cependant, des problèmes peuvent également se poser à l'égard des nationaux.

Chapitre premier

L'admission des Français

334 [Aucun texte constitutionnel ne consacre explicitement le droit à l'admission des Français sur le territoire national (v. au contraire l'article 19 de la Constitution espagnole, qui dispose : « Les Espagnols ont le droit de choisir librement leur résidence et de circuler sur le territoire national. De même, ils ont le droit d'entrer en Espagne et d'en sortir librement dans les termes que la loi établira. Ce droit ne pourra pas être limité pour des motifs politiques ou idéologiques »). En revanche, les instruments internationaux auxquels la France est partie consacrent ce droit. L'article 12 du Pacte international relatif aux droits civils et politiques indique, dans ses paragraphes 2 et 4, respectivement : « Toute personne est libre de quitter n'importe quel pays, y compris le sien » et « Nul ne peut être arbitrairement privé du droit d'entrer dans son propre pays ». L'article 3 du 4e Protocole additionnel à la Convention européenne des droits de l'homme stipule quant à lui : « 1) Nul ne peut être expulsé, par voie de mesure individuelle ou collective, du territoire de l'État dont il est le ressortissant. 2) Nul ne peut être privé du droit d'entrer sur le territoire de l'État dont il est le ressortissant » et l'article 2, paragraphe 2, du même Protocole : « Toute personne est libre de quitter n'importe quel pays, y compris le sien », mais sous la réserve (§ 3) des mesures nécessaires, dans une société démocratique, à la protection de l'ordre public, des droits et libertés d'au-

trui et d'un certain nombre d'autres valeurs. Deux aspects essentiels doivent donc être distingués.

SECTION 1.
LE DROIT DE NE PAS ÊTRE FORCÉ DE QUITTER LE TERRITOIRE NATIONAL ET LE DROIT D'Y ENTRER

335 [Aux termes de la Convention européenne, ce droit est absolu. Comme le souhaitait Victor Hugo, l'exil est donc déclaré aujourd'hui « impie »... Cependant, la peine du bannissement n'a disparu qu'avec le Nouveau Code pénal. Temporaire et réservée aux crimes politiques, elle consistait, pour le condamné, à être « transporté, par ordre du gouvernement, hors du territoire de la République » (ancien art. 32, C. pén.). Cette peine était pratiquement tombée en désuétude depuis de nombreuses années.

Le droit, pour un Français, d'entrer sur le territoire national ou d'y revenir n'a plus posé de difficultés, une fois réglé le problème posé par les nobles émigrés (v. l'art. 373 de la Constitution de l'an III). La République victorieuse s'est en effet contentée de décréter l'inéligibilité à la présidence de la République des membres des familles ayant régné sur la France (art. 2 de la loi constitutionnelle du 14 août 1884 ; art. 44 de la Constitution du 27 oct. 1946), disposition que la Constitution de 1958 n'a pas reprise (v. l'application de la réserve autrichienne à l'art. 3 du 4e Protocole dans la décision de la Commission européenne des droits de l'homme du 14 déc. 1989, *C.L. et L. Habsburg-Lothringen c/ Autriche, DR,* 64, 210).

336 [Mais l'État dispose évidemment d'un moyen de contourner le droit en question : prononcer la déchéance de la nationalité de l'intéressé. Les États autoritaires ont toujours beaucoup usé de cette faculté (qu'on se souvienne de la déchéance de la nationalité soviétique qui avait empêché de rentrer dans son pays le violoncelliste Mstislav Rostropovich, coupable d'avoir hébergé l'écrivain Alexandre Soljenitsine, puis frappé Soljenitsine lui-même). En ce qui concerne la France, le Code civil n'autorise à prononcer la perte ou la déchéance de la nationalité française contre le gré de l'intéressé que dans des

cas très rares et strictement définis (art. 23-7, 23-8, 25 et 25-1). Au titre de ce dernier article, peuvent notamment faire l'objet d'une déchéance de la nationalité française prononcée par décret pris après avis conforme du Conseil d'État les personnes ayant acquis la nationalité française qui, dans le délai de 10 ans à compter de leur naturalisation, auront été l'objet d'une condamnation pénale à raison de certaines infractions. La loi du 22 juillet 1996 tendant à renforcer la répression du terrorisme a inclus dans celles-ci les crimes et délits constituant un acte de terrorisme, ce que la décision du Conseil constitutionnel du 16 juillet 1996 a jugé conforme à la Constitution, relevant « la gravité toute particulière que revêtent par nature les actes de terrorisme ».

Section 2. Le droit de ne pas être empêché de quitter le territoire national

337 Il s'agit, cette fois-ci, d'un droit sujet à restrictions et qui n'a été reconnu comme tel que grâce aux conventions internationales que l'on a citées. C'est ainsi que deux arrêts de la Cour de cassation (Civ. 1re, 28 nov. 1984, *JCP* 1986.II.20600, note Lombard) qualifient de voie de fait le refus de délivrer un passeport « dont la possession conditionne l'exercice effectif du droit de quitter le territoire national en ce qui concerne l'accès à certains pays » à un contribuable redevable de sommes importantes envers le Trésor public. « La liberté fondamentale d'aller et de venir, dit la Cour de cassation, n'est pas limitée au territoire national mais comporte également celui de le quitter » : ce droit, « expressément reconnu » par la Convention européenne et le Pacte, ne peut être restreint qu'en vertu d'une loi, inexistante en l'espèce. Le Tribunal des conflits devait confirmer cette analyse dans une espèce similaire (T. confl., 9 juin 1986, *Eucat, RFD adm.* 1987, p. 53, concl. Latournerie), non sans faire remonter la liberté fondamentale en cause à la Déclaration de 1789, Convention et Pacte venant seulement la confirmer... La disposition pertinente de la Déclaration ne peut être que celle de son article 4 (« La liberté

consiste à pouvoir faire tout ce qui ne nuit pas à autrui »), disposition extrêmement générale qui vient rétroactivement sauver l'honneur national, mais à laquelle nul n'avait jamais eu l'idée de donner cette portée avant que n'intervienne le droit international (v. ainsi CE, 19 févr. 1975, *Fouéré, RD publ.* 1975, p. 1495, où le contrôle restreint opéré indique bien que le juge ne considérait pas être en présence d'un droit à la délivrance du passeport)... Quant au Conseil constitutionnel, c'est à la liberté d'aller et venir, principe de valeur constitutionnelle, qu'il s'est référé, énonçant que celle-ci « n'est pas limitée au territoire national mais comporte également le droit de le quitter » (décision du 22 avril 1997, loi portant diverses dispositions relatives à l'immigration). La constitutionnalisation de ce droit est donc acquise, par-delà les flottements quant à la nature de la liberté d'aller et venir.

338 [Certains textes permettent aux tribunaux répressifs de prononcer, à titre de peine complémentaire, l'interdiction de quitter le territoire de la République, pour une durée de cinq ans au plus. C'est le cas en matière de proxénétisme (art. 225-20, NCP) ou d'infractions liées au trafic de stupéfiants (art. 222-47, NCP). Dans le cadre du contrôle judiciaire, le juge d'instruction peut ordonner la remise par l'intéressé de tous documents justificatifs de l'identité et notamment du passeport (art. 138, 7°, C. pr. pén.). La question s'est également posée de savoir sur la base de quel texte l'administration pouvait empêcher la sortie du territoire, lorsque celle-ci risquait de porter atteinte aux intérêts fondamentaux de l'État (cas, par exemple, d'une personne ayant eu accès à des secrets de la défense nationale et s'apprêtant à un voyage à destination d'un pays qui serait très désireux de les connaître...). Répugnant à puiser directement des restrictions au droit de quitter le territoire dans le paragraphe 3 de l'article 2 du 4e Protocole, le Conseil d'État a maintenu en vigueur les dispositions d'un décret de la Convention du 7 décembre 1792, à seule fin d'autoriser l'administration à refuser le passeport « si les déplacements de l'intéressé à l'étranger sont de nature à compromettre la sécurité nationale ou la sûreté publique » (CE, Ass., 8 avr. 1987, *Peltier, Rec.*, p. 128, concl. Massot) – ce qui est parfaitement conforme au Protocole. Constitue, par exemple, un motif valable de refuser le passeport le fait que l'intéressé avait déjà, à plusieurs reprises, perdu des papiers d'identité dans des conditions suspectes et ne pouvait fournir de précisions sur son ou ses pays de destination (CE, 15 avr. 1988, *Michelix, Rec.*, p. 143).

CHAPITRE 2

L'admission des étrangers

339 [En vertu du droit international, l'État dispose d'une compétence discrétionnaire pour déterminer sa politique d'immigration, ce qui explique que la Convention européenne des droits de l'homme (art. 4 du 4e Protocole et article 1er du 7e Protocole) et le Pacte international relatif aux droits civils et politiques (art. 13) ne régissent expressément que l'expulsion, et dans des termes particulièrement peu contraignants pour l'État. Les règles constitutionnelles confirment ce pouvoir discrétionnaire du législateur, comme l'indique très nettement la décision du Conseil constitutionnel du 13 août 1993 à propos de la loi relative à la maîtrise de l'immigration et aux conditions d'entrée, d'accueil et de séjour des étrangers en France (*GDCC*, p. 825) : « Aucun principe, non plus qu'aucune règle de valeur constitutionnelle n'assure aux étrangers des droits de caractère général et absolu d'accès et de séjour sur le territoire national. » Le législateur est donc libre de choisir d'accueillir avec générosité ou parcimonie les étrangers. Comme on l'a vu plus haut, la législation actuellement en vigueur est particulièrement restrictive.

340 [Mais le législateur ne fixe que les règles générales applicables aux étrangers. Compte tenu de la valeur supra-législative des règles figurant dans les conventions internationales ou prises en vertu de celles-ci, les régimes particuliers sont nombreux. Une place à part doit évidemment être réservée aux ressortissants de l'Union euro-

péenne, puisqu'en vertu du droit communautaire, ils bénéficient d'un droit au séjour, qui ne peut être refusé que pour un motif d'ordre public dûment établi (v. décret n° 94-211 du 11 mars 1994 modifié par celui du 23 septembre 1998 réglementant les conditions d'entrée et de séjour en France des ressortissants des États membres de la Communauté européenne bénéficiaires de la libre circulation des personnes – ce texte est également applicable aux ressortissants des États parties à l'accord sur l'Espace économique européen). Les conventions bilatérales, en particulier celles avec l'Algérie, le Maroc et la Tunisie, adoptent également des règles spécifiques – mais nettement moins favorables.

Mais l'incidence de la construction communautaire ne se limite pas au statut privilégié conféré aux citoyens de l'Union européenne. La réalisation de l'objectif de libre circulation des personnes dans l'espace communautaire impliquait à terme la définition de principes communs concernant la politique d'asile, le franchissement des frontières extérieures des États membres, la politique d'immigration et celle à l'égard des ressortissants des États tiers. D'abord traitée en marge des institutions communautaires, dans le cadre des accords de Schengen, puis mentionnée dans le traité sur l'Union européenne au titre des dispositions sur la coopération dans les domaines de la justice et des affaires intérieures, cette question a été, selon le traité d'Amsterdam, intégrée pour sa partie essentielle au traité instituant la Communauté européenne (dans un titre IV, intitulé « Visas, asile, immigration et autres politiques liées à la libre circulation des personnes »), l'autre partie continuant de relever des politiques menées au sein de l'Union.

341 [Il convient également de tenir compte de l'incidence de l'article 8 de la Convention européenne des droits de l'homme, qui consacre le droit au respect de la vie familiale. Dans un arrêt *Moustaquim c/ Belgique* du 18 février 1991, la Cour européenne des droits de l'homme a adopté une interprétation particulièrement extensive de cette disposition, en estimant que l'expulsion du requérant, qui avait commis quelque 147 délits durant son adolescence, avait porté une atteinte disproportionnée à son droit au respect de sa vie familiale, dès lors qu'arrivé en Belgique à l'âge d'un an, l'intéressé y avait accompli toute sa scolarité, que toute sa famille se trouvait en Belgique et que lui-même n'avait aucun lien avec le Maroc, pays dont il avait la nationalité.

Le Conseil d'État tira immédiatement les conséquences de cette jurisprudence, en acceptant d'examiner le moyen pris de l'atteinte au droit au respect de la vie familiale et en vérifiant la proportionnalité entre la gravité de l'atteinte à ce droit et celle du trouble que représenterait la présence de l'étranger sur le territoire français dans son contrôle des arrêtés d'expulsion (CE, 18 janv. 1991, *Beldjoudi, Rec.*, p. 19 – arrêt pris au vu de la jurisprudence de la Commission européenne des droits de l'homme dispensant les requérants de saisir préalablement la juridiction administrative, en raison de son refus de pendre en considération le moyen tiré de l'article 8 – et Ass. 19 avr. 1991, *Belgacem, Rec.*, p. 152, concl. Abraham), des arrêtés de reconduite à la frontière (CE, Ass., 19 avr. 1991, *Mme Babas, Rec.*, p. 162, concl. Abraham) et des refus de visa d'entrée (CE, Sect., 10 avr. 1992, *Aykan, Rec.*, p. 153) ou de titre de séjour (CE, Sect., 10 avr. 1992, *Marzini, Rec.*, p. 155). On notera également que la mise en balance des considérations liées à l'ordre public et du droit au respect de la vie familiale relève de la qualification juridique des faits soumise au contrôle du juge de cassation (CE, Sect., 11 juin 1999, *Ministre de l'Intérieur c/ M. El Mouhaden, AJDA* 1999, p. 840 et p. 789, chron. P. Fombeur et M. Guyomar). Malgré la garantie, au profit des étrangers, du droit à une vie familiale normale par les principes généraux du droit et l'application du Préambule de la Constitution, l'invocation de l'article 8 conserve son intérêt : d'abord parce que, d'origine conventionnelle, elle prévaut sur les dispositions législatives applicables ; ensuite, parce que la famille y est entendue plus largement (elle inclut au minimum les grands-parents, petits-enfants, frères et sœurs). Depuis l'arrêt *Moustaquim*, la jurisprudence de la Cour européenne s'est cependant souvent montrée nettement moins favorable aux requérants invoquant les dispositions de l'article 8, comme l'illustre par exemple un arrêt *Boujlifa c/ France* du 21 octobre 1997 (l'expulsion d'un Marocain venu en France à l'âge de 5 ans, y ayant vécu sans interruption et fait ses études et dont la famille se trouvait en France n'a pas méconnu l'article 8, en raison des atteintes particulièrement graves à la sécurité des personnes et des biens et à l'ordre public dont il s'était rendu coupable et qui lui avaient valu une condamnation pénale pour vol avec violence) et le confirme plus récemment l'arrêt *Baghli c/ France* du 30 novembre 1999 (non-violation de l'article 8 du fait d'une interdiction du territoire français de dix ans infligée à un Algérien condamné à une peine de trois ans d'emprisonnement, dont deux avec sursis, pour trafic d'héroïne, la Cour relevant les ravages de la drogue dans la population et le fait que l'intéressé avait conservé avec l'Algérie des liens autres que la nationalité, alors même qu'il avait passé presque toute sa vie en France, où se trouvaient ses parents et tous ses frères et sœurs). Le caractère chaotique de cette jurisprudence a été dénoncé (v. l'opinion dissidente du juge van Dijk sous l'arrêt de 1997 et aussi Labayle, 2, 1997, p. 977). Un critère important est le fait que la personne expulsée a gardé ou non des liens (connaissance de la langue et de la culture, contacts dans le pays) avec l'État dont il a la nationalité : l'éloignement forcé d'un étranger exclusivement intégré dans l'État où il séjourne supposera la commission d'infractions extrêmement graves, exigence qui disparaîtra si à la nationalité de l'intéressé correspond une réalité vécue. En revanche, la Cour n'accorde qu'un poids assez faible au fait que la mesure touche « un immigré de la seconde génération, un « quasi-Français », dont la très grande majorité des attaches familiales, sociales, professionnelles, culturelles se trouvait en France » (opinion dissidente de M. Costa et Mme Tulkens dans l'affaire *Baghli*). Dans son arrêt du 2 août 2001, *Boultif c/ Suisse,* la Cour a indiqué quels étaient les éléments à mettre en balance lorsque résultent de l'éloignement forcé des « difficultés pour les époux de demeurer ensemble et, en particulier, pour un conjoint et/ou des enfants de vivre dans le pays d'origine de l'autre conjoint », son appréciation se montrant plutôt libérale en l'espèce (prise en compte de la réinsertion du requérant, qui avait commis un vol avec violence, après sa sortie de prison et de la forte probabilité que son épouse, ressortissante suisse non arabophone, ne puisse le suivre en Algérie). La violation du droit au respect de la vie privée, également garanti par l'article 8 de la Convention européenne des droits de l'homme peut aussi être censurée par le juge (CE, 28 avr. 2000, *Préfet des Alpes-Maritimes c/ M. Maroussitch* : atteinte disproportionnée au respect de la vie privée d'un homosexuel justifiant d'une liaison stable avec un Français handicapé).

Il faut également mentionner l'interprétation dynamique donnée par la Cour européenne des droits de l'homme de l'article 3 de la Convention, qui prohibe la torture et les peines ou traitements inhumains ou dégradants. La protection « par ricochet » qu'il confère aux étrangers interdit à un État partie de les exposer, du fait d'une mesure d'éloignement forcé, à subir de tels traitements dans leur État d'origine. D'abord appliquée au cas où la menace de tels traitements émanait des autorités de l'État en cause (arrêt *Cruz Varas* du 20 mars 1991), cette jurisprudence a été ensuite étendue au cas où l'État s'avérerait incapable de protéger l'intéressé, menacé de tels traitements par des groupes privés (arrêt *H.L.R. c/ France* du 29 avr. 1997 : cas d'un trafiquant de drogue colombien qui soutenait que ses commanditaires exerceraient des représailles à son encontre, s'il était expulsé vers la Colombie – la menace n'a pas été jugée suffisamment sérieuse et avérée). Dans l'affaire *D. c/ Royaume-Uni* (arrêt du 2 mai 1997), la Cour a jugé que serait contraire à l'article 3 l'expulsion d'un toxicomane, atteint d'un sida en phase terminale, vers un pays du tiers-monde où il serait privé du soutien médical et psychologique dont il disposait jusqu'ici, ce qui aurait pour lui les conséquences les plus graves et ne pourrait que hâter sa fin. La jurisprudence française adopte sur ces questions une démarche identique (v. ainsi TA Versailles, 26 sept. 1996, *M.B.B.*, *AJDA* 1997, p. 110, note Krulic, dans une affaire proche de celle jugée par la Cour le 2 mai 1997, avec une référence plus vague à la « situation personnelle » de l'intéressé, et TA Lyon 12 juin 1996, *Conde*, *RTDH* 1996, p. 695, note Levinet, à propos d'une menace d'excision des fillettes de la requérante, en cas de retour dans son pays). Le Conseil d'État accepte également de se référer, pour interdire l'extradition lorsqu'il existe des motifs sérieux de croire que l'intéressé risque d'être soumis à la torture dans l'État requérant, à la Convention des Nations unies contre la torture et autres peines ou traitements cruels, inhumains ou dégradants, dont l'article 3 énonce expressément cette règle (CE, 15 févr. 1999, *M. Cimpoesu* : illicéité d'une extradition accordée à la Turquie, compte tenu des précisions fournies par le requérant sur les sévices déjà subis par lui dans ce pays et des constatations faites par diverses instances internationales sur la situation régnant en Turquie de ce point de vue).

Enfin, le Conseil d'État a fait application, d'une manière très libérale, des stipulations de l'article 3-1 de la Convention internationale des droits de l'enfant, imposant aux autorités administratives de traiter l'intérêt supérieur de l'enfant comme « une considération primordiale » (CE, 22 sept. 1997, *Mlle Cinar*, *RFD adm.* 1998, p. 562, concl. Abraham), à propos d'une décision préfectorale renvoyant en Turquie une enfant de 4 ans.

Section 1.
L'entrée sur le territoire

342 [L'ordonnance de 1945 la subordonne à la production d'un certain nombre de documents : passeports et visas, et – sauf pour les personnes bénéficiant du regroupement familial ou d'un régime de faveur – renseignements sur l'objet et les conditions du séjour, les moyens d'existence et les garanties de rapatriement, ainsi que documents nécessaires à l'exercice d'une activité professionnelle si l'étranger se propose d'en exercer une. L'administration dispose d'un large pouvoir d'appréciation pour refuser d'accorder un visa : elle peut se fonder sur toute considération d'intérêt général (et non pas seulement sur des motifs d'ordre public) et n'est soumise qu'à un contrôle de l'erreur manifeste (CE, 28 févr. 1986, *Ngako Jeuga, Rec.*, p. 49). Elle n'est pas tenue de motiver ses décisions de refus. L'article 1er de la loi du 11 mai 1998 relative à l'entrée et au séjour des étrangers en France et au droit d'asile a cependant instauré une obligation de motiver, sous réserve de considérations tenant à la sûreté de l'État, à l'égard de certaines catégories d'étrangers. De plus, l'accès au territoire français peut être refusé à tout étranger dont la présence constituerait une menace pour l'ordre public ou qui fait l'objet soit d'une interdiction du territoire, soit d'un arrêté d'expulsion. En application de la Convention de Schengen de 1990 a été constitué un fichier informatique dénommé « Système d'information Schengen » (SIS) alimenté par les États parties. Le signalement sur ce fichier aux fins de non-admission du ressortissant d'un État n'appartenant pas à l'Union européenne fait normalement obstacle à l'octroi d'un visa de court séjour. Le Conseil d'État a jugé que l'autorité compétente peut aussi prendre en considération ce signalement pour refuser un visa de long séjour, à condition de ne pas s'estimer liée par lui (CE, 9 juin 1999, *M. et Mme Forabosco, AJDA* 1999, p. 725, concl. Martin Laprade). Pour éviter les dangers liés à un tel système, le juge administratif se considère comme compétent pour « se prononcer sur le bien-fondé du moyen tiré du caractère injustifié de ce signalement alors même qu'il a été prononcé par une autorité administrative étrangère » (même arrêt).

Tout refus d'entrée doit faire l'objet d'une décision écrite, spécialement motivée. L'étranger qu'elle concerne peut avertir ou faire avertir la personne qui devait l'accueillir, son consulat ou le conseil de son choix. Aucun rapatriement forcé ne peut avoir lieu avant l'expiration d'un délai d'un jour franc.

Lorsqu'il s'agit d'un ressortissant d'un État non membre de la Communauté européenne, l'entreprise de transport aérien, maritime ou routier qui l'a acheminé devra le ramener sans délai et à ses frais à son point de départ ; quant à l'entreprise de transport ferroviaire, elle devra réacheminer cet étranger au-delà de la frontière française. Ces dispositions, aggravées par le fait que l'entreprise en cause encourt une amende (v. ainsi CE, Sect., 23 nov. 2001, *Cie nationale Air-France, RFD adm.* 2002, p. 188), sont destinées à inciter les compagnies de transport à se faire juges, pour éviter d'avoir à supporter les frais de rapatriement, de la possibilité de l'admission en France. Mais il est dangereux de recourir à une telle solution, qui risque d'aboutir à un refus, par excès de prudence, de transporter vers la France des étrangers pouvant légitimement prétendre y entrer.

343 [Pour s'assurer de la personne, puis du départ effectif, des étrangers non autorisés à entrer sur le territoire français, le législateur a prévu la possibilité de les maintenir dans une zone d'attente. C'est un amendement d'origine gouvernementale qui, sous le nom de zone de transit, avait en 1991, introduit cette possibilité, pour entériner, tout en encadrant leurs modalités, les pratiques administratives antérieures (placement dans une zone non aménagée d'un aéroport ou dans une chambre d'hôtel). Devant les protestations d'une partie de la majorité de l'époque contre un texte qui autorisait des maintiens dans ces zones, sur décision administrative, pour une durée de vingt jours, le Premier ministre s'était engagé à saisir le Conseil constitutionnel. Dans sa décision du 25 février 1992 (*RFD adm.* 1992, p. 185, note Genevois), celui-ci a censuré le dispositif gouvernemental, au motif qu'il ne prévoyait aucune intervention du juge judiciaire, alors que « le maintien d'un étranger en zone de transit, en raison de l'effet conjugué du degré de contrainte qu'il revêt et de sa durée, a néanmoins pour conséquence d'affecter la liberté individuelle de la personne qui en fait l'objet au sens de l'article 66 de la Constitution ».

Compte tenu de ce rappel à l'ordre, la loi du 6 juillet 1992 (ensuite modifiée) a institué des zones d'attente (l'euphémisme est apparu politiquement plus correct. « L'attente seule est un pays sans frontières », disait François Mauriac...) situées dans certaines gares ferroviaires ouvertes au trafic international, les ports ou les aéroports. Le maintien en zone d'attente est prononcé par une décision écrite et motivée du chef de service du contrôle aux frontières ou d'un fonctionnaire désigné par lui, titulaire au moins du grade d'inspecteur, pour une durée qui ne peut excéder quarante-huit heures, mais qui est renouvelable pour la même durée. Une nouvelle prolongation ne peut être décidée, pour une durée de huit jours au plus, que par le juge des libertés et de la détention, après audition de l'intéressé, qui peut se faire assister d'un conseil et d'un interprète, et justification de la demande de prolongation par l'administration. L'ordonnance peut être frappée d'appel. Elle est renouvelable une fois, pour un même délai, « à titre exceptionnel », ce qui porte à vingt jours la durée maximale du séjour dans ces zones, que l'étranger est libre à tout moment de quitter pour toute destination, pourvu qu'elle soit située hors de France...

L'étranger retenu est libre de communiquer avec toute personne de son choix et de demander l'assistance d'un interprète et d'un médecin. La zone est accessible au procureur de la République, au président du tribunal de grande instance ou à son délégué si la prolongation du maintien a été décidée par eux, au délégué du Haut Commissariat des Nations unies pour les réfugiés ou à ses représentants et à des associations humanitaires. Si le maintien en zone d'attente n'est pas ou ne peut plus être renouvelé, l'étranger est autorisé à entrer sur le territoire français, sous le couvert d'un visa de régularisation de huit jours, délai qui lui est imparti pour quitter le territoire. Il faut noter que l'institution des zones d'attente n'a pas mis fin à des pratiques administratives très critiquables, comme l'illustre l'affaire tranchée par le Tribunal des conflits le 12 mai 1997, *Préfet de police c/ TGI de Paris, RFD adm.* 1997, p. 514, concl. Arrighi de Casanova, dans laquelle deux passagers clandestins avaient été consignés à bord du navire où ils se trouvaient, ce qui revenait à éluder les garanties mises en place par le législateur (v. aussi CE, 29 juill. 1998, *Ministre de l'Intérieur c/ M. Mwinyl, AJDA* 1998, p. 936, concl. Abraham, cet arrêt décidant par ailleurs, pour sauvegarder les droits des demandeurs d'asile dont il sera question dans un instant, que l'obligation de les maintenir en zone d'attente durant le temps nécessaire à un examen tendant à déterminer si leur demande n'est pas manifestement infondée conditionne la régularité procédurale du rejet de leur demande d'entrée en France).

344 [Le cas des demandeurs d'asile doit être mis à part, en raison du statut privilégié qui leur est reconnu (v. Alland et Teitgen-Colly, 2002). Encore faut-il préciser qu'il y a lieu de distinguer le droit d'asile reconnu constitutionnellement depuis 1946, mais qui n'a fait l'objet que récemment d'une réglementation juridique spécifique, et le droit au refuge issu de la Convention de Genève du 28 juillet 1951, dont les conditions de mise en œuvre en France ont été définies par la loi du 25 juillet 1952 (v. Labayle, 1, 1997, p. 242). La loi du 11 mai 1998 a confié à l'Office français de protection des réfugiés et apatrides le soin de reconnaître la qualité de réfugié aux personnes se réclamant du droit d'asile, comme à celles se prévalant de la Convention de Genève – et ce, sous l'intitulé commun du droit d'asile, ce qui ne contribue guère à clarifier les choses (v. I. Dodet-Cauphy, 1999, p. 469). La loi de 1998 ajoute, en application du 2e alinéa de l'article 53-1 introduit dans la Constitution en novembre 1993, que « dans les conditions compatibles avec les intérêts du pays, l'asile territorial peut être accordé par le ministre de l'Intérieur après consultation du ministre des Affaires étrangères à un étranger si celui-ci établit que sa vie ou sa liberté est menacée dans son pays ou qu'il y est exposé à des traitements contraires à l'article 3 de la Convention européenne de sauvegarde des droits de l'homme et des libertés fondamentales », sans que ces décisions aient à être motivées. Cette dernière hypothèse doit être mise à part, puisqu'elle correspond à l'exercice d'un pouvoir discrétionnaire d'accorder l'asile, sans que l'étranger en cause puisse se prévaloir d'un droit quelconque (mais le contrôle juridictionnel de l'exercice du pouvoir discrétionnaire jouera, bien sûr, dans les conditions habituelles – v. ainsi TA Lyon, 20 oct. 1999, *Yagouni, RFD adm.* 2001, p. 813, concl. Josserand-Jaillet, annulant une décision de refus de l'asile territorial fondée sur l'absence de menace personnelle contre le requérant, militant de la cause berbère, alors que celui-ci avait été enlevé et torturé par des inconnus avant son départ d'Algérie).

Il faut donc, en premier lieu, se référer au droit constitutionnel à l'asile, qui résulte des dispositions du Préambule de la Constitution de 1946, aux termes desquelles « tout homme persécuté en raison de son action en faveur de la liberté a droit d'asile sur les territoires de la République ». Comme l'a indiqué le Conseil constitutionnel dans sa décision du 13 août 1993 (*GDCC*, p. 825), « le respect du droit d'asile, principe de valeur constitutionnelle, implique d'une manière générale que l'étranger qui se réclame de ce droit soit autorisé à demeurer provisoirement sur le territoire jusqu'à ce qu'il ait été statué sur sa demande ». Le régime applicable aux demandeurs d'asile en vertu de la Constitution et celui applicable aux demandeurs du statut de réfugié en vertu de la Convention de 1951 se confondent ici. Ainsi, l'admission du demandeur d'asile ne peut être refusée du seul fait qu'il est démuni des documents et visas normalement exigés. Les seuls motifs permettant de refuser de l'admettre sont limitativement énumérés : demande relevant de la compétence d'un autre État partie aux accords de Schengen relatifs à la suppression des frontières entre les État concernés (la décision du Conseil constitutionnel du 13 août 1993 a nécessité une révision de la Constitution – article 53-1 – pour permettre le refus d'admission dans cette hypothèse), refuge adéquat déjà trouvé dans un autre État, présence en France de l'étranger constituant une menace grave pour l'ordre public, fraude délibérée à l'institution de l'asile. Le principe est donc que le demandeur d'asile *(lato sensu)* doit se voir délivrer un titre de séjour provisoire (solution déjà admise par les arrêts d'Assemblée du Conseil d'État du 13 déc. 1991, *M. Nkodia* et *M. Dakoury, RFD adm.*, 1992, p. 90, concl. Abraham). La pratique administrative est cependant loin de toujours respecter cette exigence, comme en témoigne, par exemple, l'ordonnance de référé du Conseil d'État du 12 janvier 2001, *Mme Hyacinthe, AJDA* 2001, p. 589, note J. Morri et S. Slama.

Ce titre doit leur permettre de saisir de leur demande l'Office français de protection des réfugiés et apatrides, compétent pour décider de l'octroi du statut de réfugié en application de la Convention de Genève du 28 juillet 1951, modifiée par le Protocole de New York du 31 janvier 1967, relative au statut des réfugiés. Celle-ci s'applique à « toute personne [...] qui, craignant avec raison d'être persécutée du fait de sa race, de sa religion, de sa nationalité, de son appartenance à un certain groupe social ou de ses opinions politiques se trouve hors du pays dont elle a la nationalité et qui ne peut ou, du fait de cette crainte, ne veut se réclamer de la protection » de ce pays.

La notion de réfugié est donc plus large que celle qui permet de se prévaloir de la protection résultant du Préambule de la Constitution de 1946. Les arrêts précités du Conseil d'État exigent que le titre de séjour provisoire décerné à l'étranger demandant l'octroi du statut de réfugié soit prorogé jusqu'à ce que la Commission des recours des réfugiés (qui peut être saisie, suite à la décision prise par le directeur de l'Office français de protection des réfugiés et apatrides) ait statué. Pour éviter que ne se multiplient les demandes dont la seule fin serait l'obtention d'un titre de séjour provisoire pendant de nombreux mois (situation qui rend difficile le départ forcé de l'étranger finalement débouté), une réforme de l'Office et de la Commission des recours a été réalisée, afin d'accélérer le déroulement de la procédure.

Les termes de la Convention de 1951 sont assez restrictifs et exigent des demandeurs une démonstration souvent difficile. Les « réfugiés économiques », c'est-à-dire ceux qui fuient avant tout la misère économique de leur pays d'origine, ne peuvent espérer convaincre les instances compétentes. Même si sont en cause des régimes évidemment oppressifs, cette constatation est insuffisante : elle doit s'accompagner de la preuve de persécutions subies par l'intéressé lui-même (la preuve de persécutions subies par le groupe auquel il appartient serait elle-même insuffisante, solution excessivement restrictive).

Le Conseil d'État peut être saisi de pourvois en cassation à l'encontre des décisions de la Commission des recours. Il a notamment admis qu'il ne résulte pas des termes de la Convention de Genève « que les persécutions subies doivent émaner directement des autorités publiques ; que des persécutions exercées par des particuliers, organisées ou non, peuvent être retenues, dès lors qu'elles sont en fait encouragées ou tolérées volontairement par l'autorité publique, de sorte que l'intéressé n'est pas effectivement en mesure de se réclamer de la protection de celle-ci » (CE, Sect., 27 mai 1983, *M. Dankha, AJDA* 1983, 481, concl. Genevois, à propos d'un Irakien membre de la minorité assyro-chaldéenne). La Commission des recours a fait application de cette solution, en reconnaissant la qualité de réfugié à une Algérienne victime de menaces et de violences répétées de la part de groupes islamistes, du fait qu'elle refusait d'abandonner son travail de secrétaire et d'adopter un mode de vie traditionnel, et qui avait dû quitter son pays suite à une agression particulièrement violente. La Commission note que les autorités locales, « qui avaient eu connaissance des agissements dont la requérante avait été victime, doivent, en raison de l'abstention délibérée de toute intervention de leur part, être regardées comme ayant toléré volontairement ces agissements » (CRR 22 juill. 1994, *Mlle Nadia Elkebir, AJDA* 1995, p. 52, note Mallol). Mais on peut déplorer l'excessive prudence dont fait par ailleurs preuve cette décision. Celle-ci affirme en effet que les dispositions législatives régissant le sort des femmes en Algérie s'appliquent sans distinction à l'ensemble des femmes de ce pays et que celles qui entendent les contester ne constituent pas un groupe social particulier, alors qu'il est notoire que la seule résistance constituée par un mode de vie occidental expose celles qui la manifestent à un péril mortel et qu'il en va ainsi *a fortiori* de celles qui militent en faveur des droits des femmes. Une vision aussi restrictive des persécutions visées par la Convention de Genève apparaît très inadéquate à la situation actuelle des femmes en Algérie. Il faut relever, à cet égard, que le Haut Commissariat pour les réfugiés, pour sa part, estime que les termes de la Convention n'impliquent pas que la persécution redoutée soit imputable aux autorités publiques : ils exigent simplement l'absence de protection fournie par l'État, ce qui peut parfaitement concerner l'hypothèse d'une impuissance des autorités étatiques face à des menaces émanant de groupes terroristes. Un abandon de ce que la jurisprudence *Dankha* comporte de restrictif (v. ainsi CE, 31 janv. 1996, *Abib*, *Rec.* p. 25) est donc hautement souhaitable (v. Tiberghien, 1998, p. 244, qui cite la jurisprudence de certains États – Autriche, Belgique, Canada, Danemark, Finlande, Pays-Bas, Royaume-Uni… – appliquant la doctrine du Haut Commissariat).

SECTION 2.
LES TITRES PERMETTANT LE SÉJOUR SUR LE TERRITOIRE FRANÇAIS

345 [Aux termes de l'article 6 de l'ordonnance du 2 novembre 1945, « tout étranger doit, s'il séjourne en France et après l'expiration d'un délai de trois mois depuis son entrée sur le territoire français, être muni d'une carte de séjour ». Il pourra s'agir, dans le régime de droit commun, d'une carte de séjour temporaire ou d'une carte de résident.

346 [**La carte de séjour temporaire**

Il s'agit d'un titre précaire, puisque sa durée de validité ne peut excéder un an et ne peut dépasser la durée de validité des documents et visas sous le couvert desquels l'étranger est entré sur le territoire français. Cette carte porte différentes mentions : « visiteur » si l'étranger justifie de ressources suffisantes et prend l'engagement de n'exercer en France aucune activité professionnelle soumise à autorisation ; « étudiant », ce qui suppose la justification de moyens d'existence suffisants ; « scientifique », pour permettre de mener des travaux de recherche ou de dispenser un enseignement de niveau universitaire ; « profession artistique et culturelle » pour les artistes-interprètes et les créateurs titulaires d'un contrat de plus de trois mois avec une entreprise ou une institution littéraire ou artistique ; « vie privée et familiale » dans toute une série d'hypothèses, allant du regroupement familial au cas des bénéficiaires de l'asile territorial accordé discrétionnairement et de leur famille (art. 12 *bis* et 12 *ter* de l'ord. de 1945) ; enfin, pour les étrangers autorisés à exercer en France une activité professionnelle soumise à autorisation, cette activité sera mentionnée.

La carte peut être refusée à tout étranger dont la présence constitue une menace pour l'ordre public. Par ailleurs, sauf exception, on retrouve ici le principe de la précarité du séjour : le juge administratif n'exerce qu'un contrôle restreint sur les décisions de refus de l'administration (CE, 9 nov. 1992, *Mlle Boni, Rec.*, p. 1171 : étudiante ayant successivement suivi des cours de bureautique, de droit et de modélisme-stylisme, sans obtenir aucun diplôme : le préfet de police n'a commis aucune erreur manifeste d'appréciation en lui déniant la qualité d'étudiante, compte tenu de ces changements successifs d'orientation non couronnés de succès, pour refuser de renouveler son titre de séjour). En revanche, sauf menace pour l'ordre public, la carte de séjour temporaire est délivrée de plein droit à diverses catégories de personnes, parmi lesquelles on mentionnera l'étranger mineur ou dans l'année qui suit son dix-huitième anniversaire si l'un de ses parents au moins est titulaire de la carte de séjour temporaire, s'il a été autorisé à séjourner en France au titre du regroupement familial ou s'il justifie par tous moyens avoir une résidence habituelle en France depuis qu'il a atteint au plus l'âge de dix ans et l'étranger marié avec un ressortissant de nationalité française, à la condition qu'il ne vive pas en état de polygamie, qu'il soit entré régulièrement sur le territoire français, que le conjoint ait conservé la nationalité française et que le mariage, s'il a été célébré à l'étranger, ait été transcrit préalablement sur les registres de l'état civil français.

347 [**La carte de résident**

Elle offre l'avantage d'une bien plus grande stabilité, puisqu'elle est valable dix ans et est renouvelable de plein droit, sauf menace pour l'ordre public, polygamie ou péremption suite à une absence du territoire français pendant une période de plus de trois ans consécutifs, sans demande spéciale de l'intéressé. De surcroît, la carte de résident donne à son titulaire le droit d'exercer en France la profession de son choix. Peuvent y prétendre les étrangers qui justifient d'une résidence non interrompue, conforme aux lois et règlements en vigueur, d'au moins trois années en France. Il s'agit donc de cas dans lesquels l'administration n'a pas fait antérieurement d'objection à la présence en France des intéressés. Mais ici encore, l'administration dispose d'un pouvoir discrétionnaire, compte tenu des moyens d'existence dont l'étranger peut faire état (notamment les conditions de son activité professionnelle) et des faits qu'il peut invoquer à l'appui de son intention de s'établir durablement en France.

Cependant, les hypothèses dans lesquelles la délivrance d'une carte de résident est de droit, sauf menace pour l'ordre public, sont assez nombreuses (art. 15 de l'ordonnance de 1945). On mentionnera le mariage depuis au moins un an avec un ressortissant de nationalité française à condition que la communauté de vie entre les époux n'ait pas cessé, le cas de l'enfant de moins de vingt et un ans ou de l'ascendant d'un ressortissant français, de l'étranger en situation régulière en France depuis plus de 10 ans, dès lors qu'il ne l'a pas exclusivement été à titre d'étudiant, ou encore celui qui a obtenu le statut de réfugié. Certaines de ces catégories (treize au total actuellement) ont soulevé des difficultés. C'est le cas notamment des mariages contractés exclusivement en vue de l'obtention de la carte de résident : dans un avis rendu en Section le 9 octobre 1992 (*Abihilali, Rec.*, p. 363), le Conseil d'État a conféré au préfet le droit de faire échec à une demande de carte de résident « s'il est établi de façon certaine [...] que le mariage a été contracté dans le but exclusif d'obtenir un titre de séjour ». Lorsque le préfet envisage de refuser la délivrance d'une carte de séjour à un étranger qui se trouve dans l'un des cas où son obtention est de droit, il doit au préalable saisir la commission du titre de séjour (composée d'un membre du tribunal administratif, d'un magistrat de l'ordre judiciaire et d'une personnalité qualifiée désignée par le préfet pour sa compétence en matière sociale), devant laquelle l'étranger est convoqué et qui rend un avis motivé.

348 **La carte de séjour accordée aux ressortissants communautaires ou d'un État membre de l'Espace économique européen et aux membres de leur famille**

Sous réserve de menace à l'ordre public, une carte de séjour est attribuée aux ressortissants des États membres de la Communauté européenne ou de l'Espace économique européen exerçant en France une activité économique salariée ou indépendante ainsi qu'aux membres de leur famille, s'ils souhaitent établir en France leur résidence habituelle. Pour ces personnes, le séjour est un droit. Le juge administratif opère donc un contrôle entier sur les appréciations portées par le préfet (CE, 24 oct. 1984, *Ragusi, Rec.* p. 290 : validité du refus opposé à un membre des Brigades rouges, alors même qu'il s'en était dissocié). La validité de la carte de séjour est fixée à dix ans pour la première délivrance, elle est permanente ensuite.

349 À tous ces niveaux, et sauf exceptions, la condition des étrangers non communautaires est donc marquée d'une grande précarité : ils sont soumis à un pouvoir discrétionnaire de l'administration, que le juge contrôle faiblement. C'est si vrai que l'existence d'un grand nombre d'étrangers présents sur le territoire sans titre de séjour, mais qu'il est humainement et matériellement impossible de reconduire à la frontière, repose régulièrement la question des régularisations de la situation de ces « sans-papiers ». Saisi, en 1996, par le ministre de l'Intérieur, le Conseil d'État dut, dans un avis du 22 août 1996 (*EDCE*, n° 48, p. 279), observer « qu'il ne peut exister un "droit à la régularisation", expression contradictoire en elle-même. La régularisation, par définition, est accordée dans l'hypothèse où le demandeur d'un titre de séjour ne bénéficie pas d'un droit, sinon il suffirait qu'il le fasse valoir » : il ne peut donc s'agir que d'une mesure gracieuse. La question du sort des étrangers ne pouvant prétendre à un titre de séjour mais ne pouvant pas non plus être contraints de quitter le territoire était, en particulier, posée. Au-delà de cette législation créatrice de situations absurdes, il est clair que des problèmes humains graves naissent lorsque des personnes réussissent à s'établir, fût-ce clandestinement, sur le territoire durant un certain laps de temps. La circulaire du ministre de l'Intérieur du 24 juin 1997 relative au réexamen de la situation de certaines catégories d'étrangers en situation irrégulière envisage très parcimonieusement la régularisation, qui devait concerner des cas à la lisière du droit au séjour (quand il n'y avait pas confusion avec celui-ci...). Le grand nombre de demandes de régularisation ne pouvait alors déboucher que sur

de très nombreux refus d'y procéder. L'ampleur de l'émotion suscitée par cette politique restrictive devait entraîner l'annonce par le gouvernement, le 2 juillet 1998, de la création d'une commission consultative, présidée par M. Galabert, chargée « d'éclairer l'administration sur l'application de la circulaire du 24 juin 1997 », autrement dit d'en suggérer l'assouplissement. Celui-ci fut obtenu, en deux temps, pour chacune des rubriques permettant la régularisation, ce qui permit le réexamen de très nombreux cas. Au total, sur 143 000 dossiers déposés, 80 000 régularisations furent accordées. On estime cependant que la moitié des « clandestins » présents sur le territoirs français a préféré ne pas présenter de dossier, compte tenu du risque de se faire repérer par les autorités qu'implique une telle démarche (*Le Monde,* 20 janv. 1999, p. 8). « Hôte précaire à la lisière de nos villes, tu ne franchiras point le seuil des Lloyds, où ta parole n'a point cours et ton or est sans titre... », dit Saint-John Perse (*Exil,* VI). Les conditions de départ forcé du territoire confirment cette précarité.

Section 3. Le départ forcé du territoire français

350[Quatre modalités doivent être distinguées selon leurs finalités, leur régime et leurs effets.

§ 1. L'interdiction du territoire

351[Elle est prononcée par le juge répressif dans deux séries de cas. D'abord, à titre de peine complémentaire, à l'encontre d'étrangers ayant commis des infractions particulièrement graves. L'article 131-30 du Nouveau Code pénal dispose : « Lorsqu'elle est prévue par la loi, la peine d'interdiction du territoire français peut être prononcée, à titre définitif ou pour une durée de dix ans au plus, à l'encontre de tout étranger coupable d'un crime ou d'un délit », mais cette peine ne peut être prononcée à l'égard des étrangers ayant des attaches particulièrement fortes en France que « par une décision spécialement motivée au regard de la gravité de l'infraction ». Moyen énergique de lutte contre la délinquance étrangère (qui aboutit à la possibilité du prononcé d'une « double peine » à l'encontre des délinquants étrangers – la peine principale normalement encourue et l'interdiction du territoire), cette peine complémentaire est, par exemple, prévue en cas d'atteinte volontaire à la vie, infraction à la législation sur les stupéfiants, atteinte grave aux biens, terrorisme.

En second lieu, l'interdiction du territoire sanctionne, à titre de peine complémentaire, les infractions à la législation sur les étrangers prévues par l'ordonnance du 2 novembre 1945 (art. 19, 21, 27 et 33), notamment le fait de pénétrer ou de séjourner en France en contravention aux prescriptions de l'ordonnance. L'interdiction du territoire est prononcée pour une durée maximale de trois ans.

Lorsqu'elle est prononcée, l'interdiction du territoire emporte de plein droit reconduite à la frontière du condamné, le cas échéant à l'expiration de la peine d'emprisonnement. Mesure d'exécution par l'administration d'une condamnation judiciaire, la reconduite à la frontière est en outre devenue, depuis 1986, une institution autonome.

§ 2. La reconduite à la frontière

352 [Créée par la loi du 9 septembre 1986, la reconduite à la frontière constitue « une décision administrative d'un type nouveau » (Benoît-Rohmer, 1994, p. 439) que peuvent prendre, par arrêté motivé, le représentant de l'État dans le département et, à Paris, le préfet de police. Cette mesure vient sanctionner la méconnaissance des règles relatives à l'entrée et au séjour des étrangers en France dans les cas prévus à l'article 22 de l'ordonnance de 1945. Il faut relever que la plupart d'entre elles concernent des hypothèses dans lesquelles l'étranger encourt également une condamnation pénale, comportant éventuellement l'interdiction du territoire, de sorte que la voie judiciaire et la voie administrative se recoupent (elles peuvent d'ailleurs aussi se cumuler : CE, Sect., 28 juill. 2000, *Préfet de police c/ Diagola, RFD adm.* 2001, p. 1021, concl. Fombeur), cette dernière permettant d'obtenir plus rapidement le départ de l'étranger du territoire national.

La reconduite à la frontière peut être prononcée si l'étranger ne peut justifier être rentré régulièrement sur le territoire français, à moins qu'il ne soit titulaire d'un titre de séjour en cours de validité, si l'étranger s'est maintenu sur le territoire au-delà de la durée de validité de son visa ou, s'il n'est pas soumis à l'obligation du visa, à l'expiration d'un délai de trois mois à compter de son entrée sur le territoire sans être titulaire d'un premier titre de séjour régulièrement délivré, etc. Les ressortissants d'un État membre de l'Union européenne, lorsqu'ils ne satisfont pas aux règles régissant leur séjour en France, peuvent faire l'objet d'une mesure de reconduite (CE, 15 mars 2000, *Préfet des Pyrénées-Atlantiques, Rec.* p. 118). En revanche, la reconduite ne peut pas être prononcée à l'égard des étrangers énumérés à l'avant-dernier alinéa de l'article 25 de l'ordonnance de 1945 : mineurs de 18 ans ; étrangers justifiant, par tous moyens, résider en France habituellement depuis plus de quinze ans ou depuis l'âge de dix ans ; étrangers mariés depuis au moins un an avec un conjoint de nationalité française si la communauté de vie n'a pas cessé, etc. Le Conseil d'État a précisé qu'indépendamment de l'article 25, la reconduite à la frontière ne peut pas non plus être prononcée à l'encontre d'étrangers dont la loi prescrit qu'ils doivent se voir attribuer de plein droit un titre de séjour, ce qui est notamment le cas de ceux qui résident habituellement en France depuis plus de dix ans (23 juin 2000, *Diaby, Rec.* p. 243 et Sect., 22 févr. 2002, *M. Dieng, AJDA* 2002, p. 415, chron. M. Guyomar et P. Collin).

La reconduite à la frontière d'office prévue à l'article 26 *bis*, alinéa 2, de l'ordonnance de 1945 peut, quant à elle, être prononcée à l'encontre d'un étranger non ressortissant d'un État membre de la Communauté européenne ayant fait l'objet d'un signalement aux fins de non-admission en vertu d'une décision exécutoire prise par un autre État partie à la Convention de Schengen et se trouvant irrégulièrement sur le territoire métropolitain. Le Conseil d'État a mis à part cette hypothèse, placée dans un chapitre distinct de l'ordonnance de 1945 : elle est soumise au droit commun du contentieux administratif et non à la procédure spéciale qu'on examinera dans un instant (CE, avis, 22 mai 1996, *M. Lautaru, AJDA* 1996, p. 703, concl. Denis-Linton). Cette spécificité traduit le caractère impératif que revêtent, pour la France, les stipulations conventionnelles et peut se justifier par le fait que la situation de l'étranger en cause a, par hypothèse, déjà été examinée par les autorités d'un autre État partie à la Convention.

353 [La compétence d'une autorité administrative pour prononcer cette mesure n'est admise par le Conseil constitutionnel que dans la mesure où la décision prise « peut donner lieu à un recours juridic-

tionnel devant le tribunal administratif assorti d'une demande de sursis à exécution » (Cons. const., 3 sept. 1986 à propos de la loi relative aux conditions d'entrée et de séjour des étrangers en France). Pour essayer d'améliorer le sort des étrangers visés par ces mesures, tout en conservant l'institution de la reconduite à la frontière à l'initiative de l'administration, le législateur avait, en 1989, prévu la compétence du juge judiciaire pour connaître, dans des délais très brefs, des recours dirigés contre ces décisions. Le Conseil constitutionnel ayant estimé qu'il s'agissait d'un empiètement injustifiable sur la compétence constitutionnellement réservée à la juridiction administrative (Cons. const., 28 juill. 1989, loi relative aux conditions de séjour et d'entrée des étrangers en France), la loi du 10 janvier 1990 a dû reprendre le dispositif prévu pour l'adapter à la juridiction administrative.

Aux termes de l'article 22 *bis* de l'ordonnance de 1945, « l'étranger qui fait l'objet d'un arrêté préfectoral de reconduite à la frontière peut, dans les quarante-huit heures suivant sa notification, lorsque l'arrêté est notifié par voie administrative ou dans les sept jours lorsqu'il est notifié par voie postale, demander l'annulation de cet arrêté au président du tribunal administratif ». Le délai pour agir est donc exceptionnellement bref, ce qui explique que l'on ait rendu le recours suspensif, d'autant que « le président ou son délégué statue dans un délai de quarante-huit heures à compter de sa saisine ». Le jugement rendu est susceptible d'appel dans un délai d'un mois devant le président de la Section du contentieux du Conseil d'État ou un conseiller d'État délégué par lui. Cet appel n'est pas suspensif.

Du particularisme de la procédure instituée par la loi de 1990, marquée par un désir d'échapper aux lenteurs de la procédure ordinaire, le Conseil d'État a tiré des conséquences inégalement libérales. Il a d'abord estimé (CE, Sect., 19 avr. 1991, *Demir, Rec.*, p. 149) que la procédure en question étant exhaustivement définie dans l'ordonnance de 1945, n'avait pas lieu de s'appliquer l'obligation, normalement liée à celle de motiver les décisions individuelles défavorables, de mettre l'intéressé à même de présenter ses observations écrites avant intervention de la décision de l'administration, et ce contrairement à la solution qui prévalait antérieurement. En revanche, le Conseil d'État a admis la possibilité pour l'étranger faisant appel de la décision rendue en premier ressort et rejetant son recours de solliciter du juge d'appel qu'il prononce le sursis à exécution de l'arrêté de reconduite à la frontière, aux conditions de droit commun (CE, Ass., 29 juin 1990, *Engin* et *Hablani, Rec.*, p. 190 et 191). Il a aussi été jugé que la question de savoir si le requérant a la nationalité française, circonstance qui ferait évidemment obstacle à ce qu'il puisse être reconduit à la frontière, peut donner lieu à question préjudicielle, ce qui interdit au juge de la reconduite de se prononcer jusqu'à décision définitive de l'autorité judiciaire (CE, 28 juill. 2000, *Dilekh, Rec.* p. 339). D'une manière générale, le juge administratif s'est montré soucieux de donner leur pleine effectivité aux garanties juridictionnelles offertes aux étrangers : jouant à nouveau sur l'exhaustivité de l'article 22 *bis*, il a estimé que le droit de timbre de 100 F institué par la loi de finances pour 1994 n'était pas, en l'absence de mention expresse, applicable aux recours dirigés contre les arrêtés de reconduite à la frontière (avis de la Section du contentieux du 18 févr. 1994, *Mme Chatbi, Rec.*, p. 80, concl. Abraham).

354 [Quant au fond, la jurisprudence s'est également montrée d'un dynamisme protecteur. Dépassant les seuls termes de l'ordonnance, elle a très rapidement indiqué que le préfet ne peut se contenter d'une application mécanique de la loi et qu'il lui appartient en outre « d'apprécier si la mesure envisagée n'est pas de nature à comporter, pour la situation personnelle ou familiale de l'intéressé, des conséquences d'une exceptionnelle gravité ; qu'il incombe au juge de l'excès de pouvoir de contrôler si ladite appréciation n'est pas entachée d'une erreur manifeste » (CE, Ass., 29 juin 1990, *Préfet du Doubs* et *M. Imambaccus, RFD adm.* 1990, p. 530, concl. Faugère). Peu après, l'admission de l'invocation de l'article 8 de la Convention européenne des droits de l'homme en matière de police des étrangers a entraîné le passage au contrôle entier pour apprécier la nécessité de porter atteinte au droit de l'intéressé au respect de sa vie familiale (CE, Ass., 19 avr. 1991, *Mme Babas, Rec.*, p. 162, concl. Abraham : la décision oppose le contrôle entier pratiqué quant à l'atteinte à la vie familiale et le contrôle restreint opéré quant aux conséquences sur la situation personnelle). La prise en compte de la situation familiale aboutit ainsi à l'annulation de l'arrêté de reconduite à la frontière, s'agissant d'un Algérien marié à une Française attendant un enfant dont il est le père, l'arrêt notant que « compte tenu des conditions générales de sécurité régnant en Algérie, sa femme et son enfant à naître ne pourront le rejoindre sans compromettre leur sécurité » (CE,

2 févr. 1998, *Cherchour, D.* 1998, p. 343, note Artus). Pour l'appréciation des répercussions de l'arrêté sur la situation personnelle de l'intéressé, en dehors du champ d'application de l'article 8, c'est un contrôle restreint qui continue de s'exercer (CE, 21 févr. 2000, *Préfet de la Seine-Saint-Denis, Rec.* p. 64 ; Sect., 28 juill. 2000, *Préfet de police c/ Diagola, Rec.* p. 340).

En revanche, il a été jugé que le moyen pris de la violation de l'article 3 de la Convention européenne des droits de l'homme était inopérant à l'encontre d'un arrêté de reconduite à la frontière et ne pouvait être invoqué qu'à l'encontre de la décision-distincte (v. *infra*) – déterminant le pays vers lequel l'intéressé serait reconduit (CE, 1er déc. 1997, *M. Kechemir, Rec.* p. 457).

Le souci d'assurer l'effectivité du droit d'asile a, par ailleurs, amené le Conseil d'État à interdire au préfet de prendre un arrêté de reconduite à la frontière avant d'avoir statué sur la demande d'admission faite au titre de l'asile (CE, 2 juin 1997, *M. Osmanovic et autres, RFD adm.*, 1999, p. 485, note E. Aubin).

355 [Il faut aussi préciser que l'étranger faisant l'objet d'un arrêté de reconduite à la frontière et ne pouvant quitter immédiatement le territoire français peut être maintenu, en cas de nécessité, par décision écrite motivée du préfet, dans des locaux ne relevant pas de l'administration pénitentiaire, pendant le temps strictement nécessaire à son départ (art. 35 *bis* de l'ordonnance de 1945). Cette décision préfectorale peut être contestée devant la juridiction administrative (avis du CE, 26 mai 1995, *Mme Yilmaz, Rec.* p. 217). Au-delà de quarante-huit heures, le juge des libertés et de la détention est saisi. Il ne peut autoriser la prolongation de la rétention que pour cinq jours au plus, délai qui ne peut être prorogé pour une durée maximale de cinq jours qu'en cas d'urgence absolue et menace d'une particulière gravité pour l'ordre public ou lorsque l'impossibilité d'exécuter la mesure d'éloignement résulte de la perte ou de la destruction des documents de voyage de l'intéressé, de la dissimulation par celui-ci de son identité ou de l'obstruction volontaire faite à son éloignement. Il est recouru très largement à cette rétention, afin d'empêcher l'étranger reconduit à la frontière de se soustraire à l'exécution de la mesure.

356 [Quant à l'annulation d'un arrêté de reconduite à la frontière, elle revêt une portée circonscrite : quels qu'en soient les motifs, elle n'implique pas nécessairement l'obligation pour l'administration de délivrer à l'intéressé une carte de séjour temporaire, ce qui interdit au juge de

prononcer une injonction en ce sens. En revanche, cette annulation oblige le préfet non seulement à munir le requérant d'une autorisation provisoire de séjour, mais aussi, et ceci qu'il ait ou non été saisi d'une demande en ce sens, à se prononcer sur son droit à un titre de séjour, dans un délai qu'il appartient au juge, saisi de conclusions en ce sens, de fixer (CE, Sect., 22 févr. 2002, *M. Dieng, AJDA* 2002, p. 415, chron. M. Guyomar et P. Collin : délai d'un mois).

357 [Enfin, la loi du 30 décembre 1993 a autorisé l'auteur d'un arrêté de reconduite à la frontière à décider d'une interdiction du territoire d'un an à l'encontre de l'étranger concerné « en raison de la gravité du comportement ayant motivé la reconduite à la frontière et en tenant compte de la situation personnelle de l'intéressé ». Cette décision doit être précédée d'une phase contradictoire et être motivée. Elle n'en constitue pas moins un empiètement peu justifiable sur des prérogatives normalement confiées au juge répressif. De ce fait, elle a été, fort judicieusement, soumise par le juge administratif à un contrôle entier, destiné à empêcher une utilisation systématique de cette faculté par l'administration (TA Montpellier, 19 mars 1997, *M. Kordli, M. Padurariu* et *M. Ene, RFD adm.* 1998, p. 282, concl. E. Fernandez).

§ 3. L'expulsion

358 [Il s'agit, cette fois-ci, d'un élément traditionnel de la police des étrangers, puisque l'expulsion apparaît dès la loi du 3 décembre 1849. Prononcée par une autorité administrative (qui est, normalement, le préfet), elle vise au départ forcé des étrangers dont la présence sur le territoire constitue une menace pour l'ordre public. La variation des définitions de cette menace est significative de l'esprit des législations qui se sont succédé : menace grave (loi du 29 oct. 1981), menace (loi du 9 sept. 1986), menace grave à nouveau (loi du 2 août 1989), formule qui n'a plus été modifiée.

359 [Toutefois, dans huit séries de cas, l'expulsion ne peut normalement être prononcée : mineur de 18 ans, résidence habituelle en France depuis l'âge de 10 ans au plus, résidence habituelle en France depuis plus de quinze ans (ou de dix ans à un titre autre qu'étudiant) – sauf condamnation à une peine d'emprisonnement ferme d'au moins cinq ans, mariage depuis au moins un an avec un conjoint de nationalité française si la communauté de vie n'a pas cessé – sous la même

réserve que précédemment, père ou mère d'un enfant français résidant en France exerçant l'autorité parentale ou subvenant à ses besoins – sous la même réserve, titulaire d'une rente d'accident de travail ou de maladie professionnelle en France dont le taux d'incapacité permanente est d'au moins 20 % – sous la même réserve, étranger résidant régulièrement en France sous le couvert d'une carte de séjour temporaire ou d'une carte de résident non condamné définitivement à une peine au moins égale à un an d'emprisonnement sans sursis (sauf s'il s'agit d'infractions visées par le texte) et étranger résidant habituellement en France dont l'état de santé nécessite une prise en charge médicale sans équivalent dans le pays de renvoi et dont le défaut pourrait entraîner des conséquences d'une exceptionnelle gravité.

360 [L'expulsion a lieu au terme d'une procédure qui offre la garantie du principe du contradictoire : avisé, l'étranger est convoqué devant une commission composée de deux magistrats de l'ordre judiciaire et d'un conseiller de tribunal administratif. Il peut être assisté d'un conseil et d'un interprète. L'avis de la commission ainsi que le procès-verbal consignant les explications de l'étranger sont transmis au préfet qui statue.

361 [Mais des procédures dérogatoires sont prévues : en cas d'urgence absolue, la procédure contradictoire ne s'impose plus ; en cas de « nécessité impérieuse pour la sûreté de l'État ou la sécurité publique », les étrangers normalement à l'abri de cette mesure peuvent être expulsés ; enfin, lorsque les deux conditions qu'on vient de citer sont remplies simultanément, les étrangers protégés peuvent être expulsés sans garantie procédurale. En revanche, aucune dérogation ne peut intervenir, s'agissant de mineurs de 18 ans. L'autorité compétente reste alors le ministre de l'Intérieur.

362 [Les arrêtés d'expulsion font l'objet d'un contrôle restreint, nouvelle illustration de la précarité de la condition de l'étranger. Le juge vérifie que la mesure a bien été prise au vu de la situation personnelle de l'intéressé, afin d'éviter les expulsions automatiquement consécutives au prononcé d'infractions pénales (CE, Ass., 21 janv. 1977, *Sieur Dridi, AJDA* 1977, p. 154). Mais l'appréciation par l'administration de la menace, grave ou non, que représente pour l'ordre public la présence de l'étranger sur le territoire français ne peut être récusée qu'en cas d'erreur manifeste d'appréciation (CE, 3 févr. 1975, *Pardov, AJDA* 1975, p. 131). En revanche, si l'expulsion concerne

un ressortissant communautaire, le contrôle exercé sur l'appréciation du danger de sa présence pour l'ordre public devient un contrôle entier (CE, 19 nov. 1990, *Raso, Rec.*, p. 901), puisqu'il y a atteinte à un droit au séjour.

Par ailleurs, rappelons que la question de l'atteinte portée par l'arrêté d'expulsion au droit de l'étranger au respect de sa vie familiale (art. 8 de la Convention européenne des droits de l'homme) donne lieu à un contrôle entier (CE, Ass., 19 avr. 1991, *M. Belgacem, Rec.* p. 152, concl. Abraham). L'article 4 du 4e Protocole additionnel à cette Convention, qui interdit les expulsions collectives d'étrangers, a été interprété par la Cour de Strasbourg de la manière suivante : « il faut entendre par expulsion collective [...] toute mesure contraignant des étrangers en tant que groupe à quitter un pays, sauf dans les cas où une telle mesure est prise à l'issue et sur la base d'un examen raisonnable et objectif de la situation particulière de chacun des étrangers qui forment le groupe », énonce l'arrêt du 5 février 2002, *Čonka c/ Belgique,* avant d'ajouter que même si cette dernière condition est satisfaite, les circonstances entourant la mise en œuvre de décisions d'expulsion peuvent cependant amener la Cour à conclure que l'on est en présence d'une expulsion collective. L'obligation pour l'État de procéder à un examen individuel de chaque situation, déjà imposée par l'arrêt *Dridi,* a parfois été quelque peu oubliée dans la pratique ministérielle, voulue spectaculaire, des « charters » d'expulsés, où figurent à chaque fois des personnes qui n'auraient pas dû faire l'objet d'une telle mesure...

363 [L'article 1er du 7e Protocole exige, pour les étrangers résidant régulièrement sur le territoire d'un État, que l'expulsion se fasse en exécution d'une décision prise conformément à la loi et soit, en principe, précédée d'une phase durant laquelle l'intéressé peut se défendre et faire examiner son cas. Mais si l'expulsion est « nécessaire dans l'intérêt de l'ordre public ou est basée sur des motifs de sécurité nationale », cette procédure contradictoire peut se dérouler après l'expulsion. La procédure française de l'expulsion en urgence absolue satisfait bien aux conditions de fond posées par cet article, mais le méconnaît en ce qu'elle autorise une dérogation définitive à l'obligation de la contradiction. Quant au fond, le juge administratif exerce un contrôle entier sur tous les aspects de l'expulsion en urgence absolue ou répondant à une nécessité impérieuse (CE, 13 nov. 1985, *Barrutiabengoa Zubarte, Rec.*, p. 321 : le juge relève qu'en estimant que l'expulsion

de l'intéressé constituait une nécessité impérieuse pour la sécurité publique, le ministre n'a pas fait des circonstances de l'espèce une appréciation erronée, v. aussi CE, 20 nov. 1996, *El Mardi, Rec.* p. 457, pour une décision d'annulation). Cette solution signifie que l'expulsé peut faire valoir un droit au respect des garanties offertes par la procédure de droit commun, le juge souhaitant conserver aux procédures dérogatoires un caractère exceptionnel, comme l'atteste aussi l'exercice, en cassation, d'un contrôle de la qualification juridique des faits sur l'existence d'une telle nécessité impérieuse (CE, Sect., 11 juin 1999, *M. Cheurfa, AJDA* 1999, p. 841 et p. 789, chron. P. Fombeur et M. Guyomar).

Ce souci est loin d'être superflu, comme l'illustrent quelques affaires dans lesquelles le ministre de l'Intérieur, a oublié la rigueur et les contraintes du droit : affaires des opposants iraniens (CE, 25 mai 1988, *M. Habibi Kalheroudi, RFD adm.* 1989, p. 26, concl. Vigouroux : sursis à exécution accordé), d'un opposant marocain (CE, Ass., 11 oct. 1991, *M. Diouri, RFD adm.* 1991, p. 978, concl. de Saint-Pulgent : sursis accordé, le danger pour l'ordre public que représentaient les contacts du requérant avec certains milieux liés au terrorisme ne présentant pas un caractère de gravité suffisant), des ressortissants algériens retenus à Folembray (TA Lille 10 nov. 1994, *M. Zitouni, RFD adm.* 1995, p. 144 : faits reprochés au requérant d'une gravité insuffisante, cpr. TA Lille 25 oct. 1994, *M. Magri, RFD adm.* 1995, p. 143 : rejet de la requête, compte tenu du soutien logistique apporté à un groupe prônant l'action armée et TA Lille 10 nov. 1994, *M. Sedjerai, RFD adm.* 1995, p. 145 : rejet de la requête pour le même motif) ou des jeunes ayant lancé des pierres lors d'une manifestation à Lyon contre le contrat d'insertion professionnelle.

364 [Le contrôle juridictionnel est ici efficace, puisque le prononcé du sursis à exécution de l'arrêté d'expulsion autorise l'intéressé à revenir sur le territoire français, s'il avait été contraint de le quitter, et que l'annulation de l'arrêté « fait revivre, à la date de cet arrêté et pour la durée qui restait à courir à cette date, le titre de séjour que l'expulsion avait abrogé », ce qui permet donc « le retour de l'intéressé pendant toute la période de validité de ce titre sans qu'il ait à solliciter de visa d'entrée sur le territoire » (CE, Sect., 4 nov. 1994, *M. Al Joujo, AJDA* 1995, p. 231, concl. Abraham ; v. aussi TA Nantes, 30 mai 1997, *M. Soualmi, RFD adm.* 1998, p. 290, concl. Millet, admettant le bénéfice d'un renouvellement de plein droit du titre de séjour acquis,

sur demande de l'intéressé, alors qu'il se trouvait illégalement éloigné du territoire français).

365 [Par ailleurs, le Conseil d'État a accepté de considérer comme distinct de l'arrêté d'expulsion le choix par l'administration de l'État à destination duquel aurait lieu l'expulsion et d'exercer sur ce choix un contrôle entier (CE, Ass., 6 nov. 1987, *M. Mantumona Buayi, RFD adm.* 1988, p. 86, concl. Vigouroux : l'arrêt relève que l'intéressé n'a pas démontré que son retour dans son pays d'origine lui ferait courir des risques graves). Cette solution a été étendue à la reconduite à la frontière et codifiée dans l'ordonnance de 1945. Celle-ci précise, dans son article 27 *bis*, qu'« un étranger ne peut être éloigné à destination d'un pays s'il établit que sa vie ou sa liberté y sont menacées où qu'il y est exposé à des traitements contraires à l'article 3 de la Convention européenne de sauvegarde des droits de l'homme et des libertés fondamentales du 4 novembre 1950 » – c'est-à-dire à des tortures ou traitements inhumains ou dégradants. Dans un arrêt du 1er décembre 1997, *M. Kechemir, Rec.* p. 457, le Conseil d'État a annulé une décision éloignant vers l'Algérie un policier qui avait démontré que sa vie y serait menacée par des groupes islamistes. L'arrêt admit que l'article 27 *bis* trouve à s'appliquer, même si le risque pour sa personne émane « de personnes ou groupes de personnes ne relevant pas des autorités publiques, dès lors que [...] les autorités de l'État de destination ne sont pas en mesure de parer à un tel risque par une protection appropriée ». Quoique ne pouvant prétendre au statut de réfugié (v. *supra*), ces personnes ne peuvent donc être éloignées vers l'État en cause : cette solution de compromis, assez hypocrite, préserve du moins l'essentiel.

366 [La question du placement en détention des étrangers qui sont sous le coup d'un arrêté d'expulsion mais ne peuvent quitter immédiatement le territoire français a longtemps posé problème. Alors même que l'ordonnance de 1945 prévoyait, dans ce cas, que l'étranger concerné pouvait être assigné à résidence, une pratique administrative aussi constante que douteuse substituait à cette mesure un placement dans des « centres d'hébergement » *(sic)*, dont le plus célèbre était celui d'Arenc, près de Marseille. Les deux ordres de juridiction avaient, de surcroît, estimé que l'ordonnance de 1945 n'avait pas abrogé l'article 120 du Code pénal, résultant d'une loi du 7 février 1933, qui autorisait la détention de l'étranger en instance d'expulsion, point de vue fort contestable. Le premier effort législatif pour

régler la question fut déclaré non conforme à la Constitution (Cons. const., 9 janv. 1980 à propos de la loi sur la prévention de l'immigration clandestine) : le texte ne prévoyait l'intervention du juge judiciaire qu'après sept jours de détention décidée par l'administration, délai trop important pour satisfaire aux exigences de la liberté individuelle.

C'est la loi du 29 octobre 1981 qui reprit ce dispositif en l'assortissant des garanties indispensables au respect de la liberté individuelle. L'article 35 *bis* de l'ordonnance de 1945 prévoit, dans sa rédaction actuelle, que le préfet peut, « s'il y a nécessité » (la loi de 1981 parlait de « nécessité absolue »), par décision écrite motivée, maintenir l'étranger expulsé dans des locaux ne relevant pas de l'administration pénitentiaire, pendant le temps strictement nécessaire à son départ. Après quarante-huit heures, le juge des libertés et de la détention est saisi. Au terme d'un débat contradictoire, celui-ci peut ordonner le maintien en détention pour une période de cinq jours au maximum ou, exceptionnellement, l'assignation à résidence de l'étranger. Une prorogation peut être décidée, pour cinq jours au plus, par une nouvelle ordonnance, en cas d'urgence absolue et de menace d'une particulière gravité pour l'ordre public (ces formules correspondent aux limitations de la possibilité d'une prolongation supplémentaire de la détention imposées par la décision du Conseil constitutionnel du 3 septembre 1986, loi relative aux conditions d'entrée et de séjour des étrangers en France).

Des tribunaux administratifs ont eu l'occasion de censurer le détournement de procédure qu'a constitué l'utilisation par le ministre de l'Intérieur de l'assignation à résidence pour cantonner dans l'enceinte d'une ancienne caserne à Folembray des personnes soupçonnées de sympathie active pour des mouvements terroristes (TA Lyon 29 nov. 1994, *M. Saker, AJDA* 1995, p. 69, note Laugier et TA Versailles 6 déc. 1994, *M. Bahri, M. Naami* et *M. Chibani, RFD adm.* 1995, p. 371, concl. Krulic). Il est en effet inadmissible que le confinement dans un espace clos ne soit pas soumis aux exigences de l'article 66 de la Constitution, rappelées par le Conseil constitutionnel et mises en œuvre par l'article 35 *bis* de l'ordonnance de 1945.

Le maintien des étrangers, expulsés ou reconduits à la frontière, dans des locaux spéciaux se fait très souvent dans des conditions indignes d'un pays qui dit être la patrie des droits de l'homme. Déjà dénoncées par le Comité européen pour la prévention de la torture et des peines ou traitements inhumains ou dégradants (v. son rapport *RUDH* 1993, p. 86) les conditions de détention qui régnaient au « dépôt des étrangers » de la préfecture de police de Paris ont fini par entraîner sa fermeture, suite à de très légitimes protestations. On notera que les litiges relatifs aux conditions matérielles d'exécution de la rétention des étrangers en instance d'éloignement relèvent, en l'absence de voie de fait, de la compétence des juridictions administratives (T. confl., 25 avr. 1994, *M. Dulangi, AJDA* 1994, p. 556).

§ 4. L'extradition

367 [C'est le « mécanisme juridique par lequel un État (l'État requis), sur le territoire duquel se trouve un individu, remet ce dernier à un autre État (l'État requérant), afin qu'il le juge (extradition à fin de jugement) ou lui fasse exécuter sa peine (extradition à fin d'exécution) » (Huet et Koering-Joulin, 2001, p. 343). Du fait des conséquences très graves qu'elle emporte pour l'intéressé, on comprend le caractère particulièrement contraignant de la procédure et l'intensité du contrôle juridictionnel pratiqué : il s'agit ici d'un contrôle entier, l'étranger ayant un véritable droit de ne pas être extradé.

368 [Transmise par le ministre des Affaires étrangères au ministre de la Justice, la demande d'extradition est soumise, après interrogatoires de l'intéressé, à la chambre de l'instruction (ex-chambre d'accusation) de la cour d'appel dans le ressort de laquelle se trouve cette personne. Au terme d'une audience où le principe du contradictoire est pleinement respecté, la chambre de l'instruction donne un avis motivé sur la demande d'extradition. S'il est défavorable, l'extradition est impossible et l'intéressé doit être immédiatement libéré. S'il est favorable, le Premier ministre dispose d'un choix : accorder ou non l'extradition.

369 [Après quelques hésitations (dues au fait que le Conseil d'État a été dans l'obligation de combler le vide créé par le refus initial de la Cour de cassation d'exercer un contrôle sur l'avis de la chambre d'accusation), s'est opéré, entre les deux ordres de juridiction, le partage suivant des tâches : la Cour de cassation contrôle la légalité externe de l'avis émis par la chambre de l'instruction (Cass. crim., 17 mai 1984, *Dore, D.* 1984, p. 536, note Jeandidier), tandis que le Conseil d'État, compétent en premier et dernier ressort s'agissant d'un décret,

contrôle la légalité interne du décret dans tous ses éléments (ce qui peut l'amener à censurer les appréciations du fond de l'affaire portées par la chambre de l'instruction) et peut censurer les éventuels vices propres du décret d'extradition (CE, Ass., 26 sept. 1984, *M. Lujambio Galdeano, AJDA* 1984, p. 702). Critiquée par la doctrine privatiste, qui estime que l'avis de la chambre de l'instruction doit être traité comme un véritable acte juridictionnel (Koering-Joulin, 1985, p. 165), cette répartition des tâches aboutit en réalité à un contrôle efficace, permettant notamment de prendre en compte les éléments de droit et de fait qui seraient apparus entre l'avis et le décret, et peut donc être considérée comme satisfaisante (Labayle, 1985, p. 183).

370 [Le Conseil d'État exerce un contrôle entier sur les décrets d'extradition (CE, Ass., 24 juin 1977, *Sieur Astudillo Calleja, AJDA* 1977, p. 516 et 483, chron. Nauwelaers et Dutheillet de Lamothe) – comme d'ailleurs sur les décisions rejetant une demande d'extradition (CE, Ass., 15 oct. 1993, *Royaume-Uni de Grande-Bretagne et d'Irlande du Nord, GAJA*, p. 753 ; *Rec.* p. 268, concl. Vigouroux). Le contrôle du juge est ici particulièrement strict, combinant traditionnellement les dispositions de la loi du 10 mars 1927, les stipulations des conventions internationales, bilatérales ou multilatérales (Convention européenne d'extradition du 13 déc. 1957, ratifiée par la France en 1986 ; Convention européenne pour la répression du terrorisme du 27 janv. 1977, ratifiée par la France en 1987...), qui priment sur la loi, et les principes généraux du droit de l'extradition ou l'ordre public international, d'origine jurisprudentielle. C'est ainsi que le Conseil d'État s'assure que le système judiciaire de l'État requérant « respecte les droits et libertés fondamentaux de la personne humaine, ainsi que l'exigent les principes généraux du droit de l'extradition » (CE, Ass., 26 sept. 1984, *M. Lujambio Galdeano, préc.*) ou que les charges réunies contre l'intéressé par l'État requérant l'ont été dans des conditions qui ne sont pas contraires à l'ordre public français (CE, Ass., 8 mars 1985, *Garcia Henriquez, Rec.* p. 70). La liste des principes généraux du droit applicables à l'extradition a été récemment enrichie par l'indication que « l'extradition d'un étranger peut être refusée si elle est susceptible d'avoir des conséquences d'une gravité exceptionnelle pour la personne réclamée, notamment en raison de son âge ou de son état de santé » (CE, 13 oct. 2000, *Kozirev, RFD adm.* 2001, p. 1042, concl. de Silva : annulation du décret, l'affection diabétique dont souf-

frait le requérant nécessitant un traitement médical que les conditions de détention dans les prisons russes ne permettent pas d'assurer ; v. aussi, la possibilité de refuser l'extradition pour un tel motif résultant du traité lui-même, CE, 11 févr. 2002, *Mlle G., RFD adm.* 2002, p. 446 : erreur manifeste d'appréciation sur ce point, alors que l'intéressée avait été précédemment livrée à un réseau de prostitution par des policiers moldaves). Mais la supériorité des conventions internationales sur les lois, que les développements de la jurisprudence *Nicolo* affermissaient constamment, rendait difficile qu'un principe général du droit de l'extradition puisse prévaloir sur les termes précis d'une convention d'extradition. C'est ce qui explique que l'arrêt d'Assemblée du 3 juillet 1996, *Koné, GAJA*, p. 777, ait choisi d'interpréter l'accord de coopération franco-malien en matière de justice à la lumière d'un principe constitutionnel, le « principe fondamental reconnu par les lois de la République, selon lequel l'État doit refuser l'extradition d'un étranger lorsqu'elle est demandée dans un but politique » – alors même que le traité bilatéral ne prévoyait la possibilité de refuser l'extradition que pour les seules infractions politiques ou connexes à des infractions politiques. Le Conseil d'État accepte même de se prononcer sur le moyen pris de l'inconstitutionnalité d'une loi de l'État requérant fondant la demande d'extradition, dans le cas exceptionnel où « cet acte a déjà été déclaré inconstitutionnel par une décision devenue définitive d'une juridiction de l'État requérant ou, le cas échéant, de l'État fédéré, ou si son adoption a été entachée de vices d'une gravité telle qu'il doive être regardé comme inexistant » (CE, 12 juill. 2001, *Einhorn, RFD adm.* 2001, p. 1144).

371 [L'abolition de la peine de mort en France et la ratification par la France du 6e Protocole additionnel à la Convention européenne des droits de l'homme concernant l'abolition de la peine de mort ont amené le Conseil d'État à estimer que « l'application de la peine de mort à une personne ayant fait l'objet d'une extradition accordée par le gouvernement français serait contraire à l'ordre public français » (CE, Sect., 27 févr. 1987, *Fidan, Rec.*, p. 81). Lorsque la peine capitale est encourue par la personne concernée, l'extradition ne peut avoir lieu que si l'État requérant a pris des engagements tels qu'il est certain que cette peine ne sera pas exécutée, ce qui peut parfois susciter des difficultés. Dans l'affaire *Aylor*, le Conseil d'État a estimé suffisantes les garanties offertes (assurance du gouvernement américain que la

sentence capitale ne serait pas exécutée si elle était prononcée, engagement du procureur du comté de Dallas que le ministère public ne requerrait pas la peine capitale, alors qu'une telle demande conditionne le prononcé de la peine), tandis que le commissaire du gouvernement Vigouroux était d'une opinion contraire, relevant l'absence de l'engagement décisif, celui du gouverneur de l'État du Texas, et la structure non hiérarchisée du ministère public dans les États américains (CE, Ass., 15 oct. 1993, *Mme Aylor, Rec.*, p. 283, concl. Vigouroux). La Commission européenne des droits de l'homme a partagé la certitude du Conseil d'État quant au caractère suffisant des engagements obtenus et a estimé, à l'unanimité, la requête manifestement mal fondée (décision du 20 janv. 1994, *Joy Aylor-Davis c/ France, RUDH* 1994, p. 195). Dans un arrêt ultérieur (8 avr. 1998, *Stacy, Rec.* p. 960), le Conseil d'État a utilisé ses pouvoirs d'instruction pour s'assurer que toutes les garanties nécessaires avaient bien été obtenues. La jurisprudence progressiste du Conseil d'État prive pratiquement d'intérêt la question de la transposition en France de la solution adoptée par l'arrêt *Soering* de la Cour européenne des droits de l'homme du 7 juillet 1989 (l'extradition vers les États-Unis d'une personne y encourant la peine de mort méconnaissait l'interdiction des traitements inhumains ou dégradants posée à l'article 3 de la Convention, en raison de l'exposition des condamnés à mort au « syndrome du couloir de la mort »). En revanche, il a été décidé qu'une peine incompressible de réclusion criminelle à perpétuité ne heurtait pas l'ordre public français (CE, 6 nov. 2000, *Nivette, RFD adm.* 2001, p. 1037, concl. de Silva).

372 [Compte tenu de ce strict contrôle juridictionnel de la procédure d'extradition, la tentation peut être grande d'en contourner les contraintes. C'est ce qu'illustre l'affaire *Bozano,* qui valut à la France sa première condamnation par la Cour européenne des droits de l'homme (arrêt *Bozano* du 18 déc. 1986, *RFD adm.* 1989, p. 3, note Labayle). Le requérant avait fait l'objet d'une demande d'extradition de la part des autorités italiennes, mais la chambre d'accusation de la cour d'appel de Limoges avait émis un avis défavorable, un aspect de la procédure pénale italienne étant contraire à l'ordre public français. Un arrêté d'expulsion fut alors pris contre M. Bozano, des policiers en civil le lui notifièrent, lui passèrent des menottes et le contraignirent à monter dans un véhicule qui se dirigea aussitôt vers la Suisse où il fut conduit à un poste de police. Son extradition vers

l'Italie put alors avoir lieu à partir de la Suisse. Ce détournement de pouvoir manifeste fut censuré par le tribunal administratif de Limoges, près de deux ans après les faits. Mais la situation de M. Bozano n'en était guère affectée, le gouvernement français se refusant à entreprendre auprès de l'Italie des démarches diplomatiques demandant sa libération. La Cour européenne des droits de l'homme condamne la France pour violation de l'article 5 de la Convention, qui n'autorise à priver une personne de sa liberté que s'il s'agit d'une arrestation ou d'une détention *régulière* en cas d'expulsion ou d'extradition : tel n'était assurément pas le cas d'une « mesure d'extradition déguisée, destinée à tourner l'avis défavorable que la chambre d'accusation de la cour d'appel de Limoges avait exprimé ». L'instauration ultérieure d'un contrôle du choix par l'administration du pays de destination de l'expulsé (arrêt *Buayi, préc.*) est de nature à renforcer les garanties contre ces extraditions déguisées (ou « expulsions dirigées »), encore qu'une violation délibérée du droit, comme celle commise en l'espèce, soit particulièrement difficile à prévenir par les tribunaux, d'autant que les poursuites pénales dont l'étranger fait l'objet dans son pays d'origine ne font pas obstacle, lorsqu'aucune demande d'extradition n'a été présentée aux autorités françaises, à ce qu'il fasse l'objet d'une décision d'éloignement forcé vers ce pays, dès lors évidemment que les conditions en sont remplies (CE, 10 avr. 2002, *M. Lopez de la Calle Gauna, RFD adm.* 2002, p. 669). Les risques de collusion entre les autorités françaises et celles de l'État en cause deviennent, du coup, difficiles à parer, compte tenu des difficultés à convaincre le juge de l'existence d'un détournement de pouvoir.

373 [Enfin, on notera qu'un visa de sortie avait été imposé à certains étrangers, au moment de la crise du Golfe. Décidée sans base légale, cette mesure portant atteinte à la liberté fondamentale de quitter le territoire français avait été annulée pour incompétence du ministre de l'Intérieur (CE, 22 mai 1992, *Groupe d'information et de soutien des travailleurs immigrés, RFD adm.* 1993, p. 567, concl. Abraham). Le législateur a alors introduit dans l'ordonnance de 1945 un article 36 qui, tout en proclamant le droit des étrangers résidant en France de quitter le territoire, autorise le ministre de l'Intérieur, lorsque la sécurité nationale l'exige, à instituer un visa de sortie à la charge des étrangers non communautaires. Dans sa décision du 13 août 1993 (*GDCC*, p. 825), le Conseil constitutionnel a précisé qu'il ne pouvait

s'agir d'un régime d'autorisation préalable : la déclaration préalable constitue une simple information de l'administration, qui est tenue de délivrer le visa de sortie. Cette interprétation neutralisante du Conseil entérinait toutefois la possibilité d'une nouvelle restriction apportée aux droits des étrangers, qu'a abrogée la loi du 11 mai 1998.

Titre II

Le droit au respect de la personne humaine

374 [Invité à se prononcer sur la conformité à la Constitution des lois sur la bioéthique que venait d'adopter, après de longues discussions, le Parlement français, le Conseil constitutionnel, rappelant les termes qui ouvrent le Préambule de la Constitution de 1946, conclut qu'il en ressort « que la sauvegarde de la dignité de la personne humaine contre toute forme d'asservissement et de dégradation est un principe de valeur constitutionnelle » (Cons. const., 27 juill. 1994, loi relative au respect du corps humain et loi relative au don et à l'utilisation des éléments et produits du corps humain, à l'assistance médicale à la procréation et au diagnostic prénatal ; *GDCC,* p. 854). Mais ce principe une fois posé, le Conseil reconnaît au Parlement un pouvoir d'appréciation et de décision qui le conduit à n'exercer sur les textes qui lui étaient déférés qu'un contrôle des plus vagues (ainsi de la question de l'anonymat du donneur de gamètes vis-à-vis de l'enfant à naître : le Conseil indique « qu'aucune disposition ni aucun principe à valeur constitutionnelle ne prohibe les interdictions prescrites par le législateur d'établir un lien de filiation entre l'enfant issu de la procréation et l'auteur du don et d'exercer une action en responsabilité à l'encontre de celui-ci »).

Cela indique bien la difficulté particulière du droit en question : si certains de ses corollaires vont de soi (interdiction de l'esclavage ou de la torture, des expérimentations médicales pratiquées sans le consentement du patient..., d'autres, au contraire, suscitent des débats passionnés. Pour ne prendre que quelques exemples : la peine de mort est-elle une négation de la dignité humaine ou l'expression de son risque suprême ? L'avortement porte-t-il atteinte à une personne humaine ? Dans la négative, peut-on tolérer que les embryons recueillis fassent l'objet d'expérimentations ? Le suicide est-il un témoignage de dignité humaine ou une abjuration de celle-ci ? Qu'en est-il de l'euthanasie ? Les conceptions religieuses, philosophiques et politiques s'affrontent sur ces thèmes, auxquels on peut ajouter le transsexualisme, la consommation des drogues, les techniques de procréation médicalement assistées – et la liste n'est évidemment pas limitative. Il est impossible, dans le cadre de cet ouvrage d'approfondir ces questions, même en s'en tenant à leurs seules données juridiques.

375 [Mais on voudrait insister sur la spécificité du droit ici examiné par rapport aux autres libertés publiques. Certes, dans beaucoup de cas, on est ramené au schéma familier de la protection du droit contre les menaces que font peser sur lui les pouvoirs publics (torture) ou des particuliers (proxénétisme) ou à des questions qui peuvent être résolues selon ce schéma (peine de mort, avortement, suicide). Dans certains cas, en revanche, on a le sentiment que le fait de déclarer la voie libre aux revendications qui s'expriment (et qui sont, notamment, rendues possibles par les avancées récentes de la biologie) risquerait de produire des conséquences difficilement maîtrisables et d'ébranler rien moins que notre conception de l'humain. Il est dangereux de donner satisfaction à toute demande, même folle. Non, bien sûr, que le fou n'ait pas droit au respect, mais parce que ce respect ne doit pas consister à entrer dans son délire et à y faire plier la loi. Il ne s'agit pas seulement d'une confrontation entre un individu (qui veut un enfant à tout prix, changer de sexe, pousser plus loin ses recherches...) et on ne sait quelle entité abstraite (la « société », tout occupée à imposer des valeurs vides de sens), mais de la perpétuation même de la Loi en tant qu'elle donne aux hommes leur identité et l'accès à leur désir.

Enregistrer sur les registres de l'état civil le changement de sexe d'une personne ayant convaincu un chirurgien de pratiquer l'intervention nécessaire, comme l'a admis la Cour de cassation (Ass. plén., 11 déc. 1992, *JCP* 1993.II.21991, concl. Jéol) et comme l'a imposé la Cour européenne des droits de l'homme, d'abord en considération de la situation faite au requérant dans sa vie quotidienne (arrêt *B. c/ France* du 25 mars 1992), puis d'une manière générale, au nom du « droit pour chacun d'établir les détails de son identité d'être humain » (arrêts *Christine Goodwin c/ Royaume-Uni* et *I. c/ Royaume-Uni* du 11 juill. 2002), ce n'est pas seulement permettre au transsexuel de vivre sous une identité sociale qui corresponde à son identité sexuelle subjective et à son apparence physique, c'est aussi introduire dans la chaîne des générations une perturbation porteuse de risques futurs de psychoses, par application d'une conception que l'on pourrait appeler « compassionnelle » des droits de l'homme, qui tient pour négligeable l'inscription de chaque sujet humain dans une lignée et une histoire que l'on rend ici manipulables au gré d'une subjectivité rendue toute puissante par l'instance même qui devait lui assigner des limites.

À propos d'un problème que pourrait également poser la reconnaissance juridique du transsexualisme, Jacques Lacan écrivait : « Nous savons en effet quel ravage déjà allant jusqu'à la dissociation de la personnalité du sujet peut exercer une filiation falsifiée, quand la contrainte de l'entourage s'emploie à en soutenir le mensonge. Ils peuvent n'être pas moindres quand un homme épousant la mère de la femme dont il a eu un fils, celui-ci aura pour frère un enfant frère de sa mère. Mais s'il est ensuite, – et le cas n'est pas inventé –, adopté par le ménage compatissant d'une fille d'un mariage antérieur du père, il se trouvera encore une fois demi-frère de sa nouvelle mère, et l'on peut imaginer les sentiments complexes dans lesquels il attendra la naissance d'un enfant qui sera à la fois son frère et son neveu, dans cette situation répétée » (Lacan, 1953, p. 277). Se plier aux revendications de maternité les plus déraisonnables (et la presse s'est déjà fait l'écho de situations parfaitement délirantes, telle la fécondation médicalement assistée, comme on l'appelle, d'une jeune fille vierge), c'est également faire courir à l'enfant né grâce à cette opération et aux générations futures un danger dont la gravité ne peut être mesurée.

Il faut cependant constater que le concept de dignité de la personne humaine fait actuellement l'objet d'une promotion (v. Edelman, 1997, p. 185) qui conduit à lui faire produire des conséquences difficiles à maîtriser, parce qu'entachées d'un très grand subjectivisme. Tel est, en particulier le cas de l'affaire dite du « lancer de nain », tranchée par un arrêt aussitôt rangé dans la catégorie des « grands arrêts » (CE, Ass., 27 oct. 1995, *Commune de Morsang-sur-Orge*, *GAJA*, p. 768 ; *Rec.* p. 372, concl. Frydman). Contrairement au tribunal administratif de Versailles, le Conseil d'État estime légal l'arrêté par lequel un maire avait interdit l'attraction consistant à faire lancer un nain par des spectateurs. « Le respect de la dignité de la personne humaine, énonce l'arrêt, est une des composantes de l'ordre public ; [...] l'autorité investie du pouvoir de police municipale peut, même en l'absence de circonstances locales particulières, interdire une attraction qui porte atteinte au respect de la dignité humaine », ce qui était le cas en l'espèce, nonobstant les précautions prises pour assurer la sécurité de l'intéressé et son libre choix de cette activité professionnelle. Le caractère exorbitant de cette jurisprudence est marqué : l'autorité de police municipale est affranchie de l'élément local toujours exigé par ailleurs pour son intervention, la volonté de l'intéressé est contrainte de céder devant l'importance de la valeur en cause, l'ordre public est doté d'une composante supplémentaire. À l'appui de cette solution, le commissaire du gouvernement fait valoir que l'attraction litigieuse consiste à abaisser l'intéressé au rang d'objet et à le traiter, du fait de son handicap, en être humain de second rang. Il invoque les jeux de cirque dans l'Antiquité et même le traitement des « *Untermenschen* » par l'Allemagne nazie... Mais un tel rapprochement est pour le moins artificiel puisque, comme l'observe Olivier Cayla (1998, p. 130), « la question est de savoir s'il est vraiment possible de retrancher, comme s'y emploie le juge administratif, le point de vue de l'intéressé de la définition de sa propre dignité, sans porter préjudice au concept de dignité lui-même ». Ajoutons qu'à l'inverse des pays dans lesquels la dignité de l'être humain est proclamée comme droit fondamental (par ex. loi fondamentale allemande, art. 1er), celle-ci est ici utilisée non pour promouvoir de nouvelles libertés, mais au contraire pour permettre de nouvelles limitations à celles déjà consacrées. En réalité, le juge administratif a eu, dans cette affaire, la volonté de pallier, au niveau local, l'inexistence au niveau national d'une police spéciale permettant l'interdiction d'une activité jugée par lui immorale (v. note N. Deffains, *RTDH* 1996, p. 673). À cet égard, cette décision qui, au nom de la dignité de la personne humaine, aboutit à priver l'intéressé de son gagne-pain, devrait heureusement rester isolée, comme en témoigne l'arrêt *Commune d'Arcueil c/ Régie publicitaire des transports parisiens* du 8 décembre 1997, *Rec.* p. 482. L'interdiction par un maire, au nom de la dignité de la personne humaine, de tout affichage publicitaire en faveur des « messageries roses » est censurée, faute de circonstances locales particulières accompagnant l'immoralité, « à la supposer établie », desdites messageries. On ne peut que se féliciter de ce retour au droit commun, qui semble dissiper le risque de voir le nouveau concept se transformer en version « politiquement correcte » de l'ordre moral (v. en ce sens note G. Lebreton, *D.* 1996, p. 177).

On préférera parler de respect de la personne humaine et éviter l'emploi du terme dignité, dont la grandiloquence est indécente, au terme d'un siècle marqué par la barbarie concentrationnaire. Comme l'écrit Giorgio Agamben dans son livre *Ce qui reste d'Auschwitz* : « Auschwitz signe l'arrêt de mort de toute éthique de la dignité » (1999, p. 87). Le philosophe italien fonde ses réflexions sur l'œuvre de Primo Levi, en particulier sur ce que ce dernier écrit de ceux que l'argot des camps désignait comme les « musulmans », les déportés qui avaient renoncé à lutter, submergés par l'horreur des camps : « On hésite à les appeler des vivants [...] Ils peuplent ma mémoire de leur présence sans visage, et si je pouvais résumer tout le mal de notre temps en une seule image, je choisirais cette vision qui m'est familière : un homme décharné, le front courbé et les épaules voûtées, dont le visage et les yeux ne reflètent nulle trace de pensée » (1958, p. 97). Agamben dit des « musulmans » que « Conformément à la loi qui veut que l'homme ait en horreur ce à quoi il craint le plus d'être assimilé, le musulman est évité par tous, parce que tous, dans le camp, se reconnaissent dans son visage biffé. » (1999, p. 63). Il souligne la volonté de Primo Levi d'être la voix de ceux qui furent ainsi broyés par l'entreprise d'anéantissement nazie : « Levi commence à témoigner une fois la déshumanisation accomplie, et seulement quand parler de dignité n'a plus de sens. Il est le seul à se proposer expressément de témoigner pour les musulmans, pour les engloutis, pour les démolis, pour ceux qui ont touché le fond » (1999, p. 73). Si l'on peut interpréter le titre de l'ouvrage le plus célèbre de Levi, *Si c'est un homme*, comme signifiant, ainsi que le propose G. Agamben, que « l'*homme est celui qui peut survivre à l'homme* », car « le témoin intégral de l'homme est celui dont l'humanité fut intégralement détruite » (1999, p. 106), on mettra entre parenthèses le terme « dignité ».

Le droit au respect de la personne humaine – que la loi du 29 juillet 1994 relative au respect du corps humain inscrit à l'article 16 du Code civil : « La loi assure la primauté de la personne, interdit toute atteinte à la dignité de celle-ci et garantit le respect de l'être humain dès le commencement de sa vie » – sera envisagé à travers les interdictions édictées en vue de le faire respecter, la question de l'avortement et celle du droit à la mort.

CHAPITRE PREMIER

L'interdiction des atteintes au respect de la personne humaine

376 [Elle revêt divers aspects, qu'il est évidemment impossible de passer en revue, même rapidement (ainsi, on a déjà évoqué la lutte contre le racisme, qui relève pleinement de la question ici envisagée). On dira quelques mots de la prohibition des crimes contre l'humanité, de l'interdiction de la torture et des peines ou traitements inhumains ou dégradants, de l'abolition de la peine de mort et de l'interdiction des interventions sur le corps humain si elles ne sont pas effectuées dans certaines conditions.

SECTION 1.

LA PROHIBITION DES CRIMES CONTRE L'HUMANITÉ

377 [Elle apparaît, en tant qu'élément du droit international pénal, pour le jugement des principaux responsables des atrocités commises par les nazis et les Japonais. L'accord de Londres du 8 août 1945 éta-

blit un tribunal international, qui siégera à Nuremberg, dont le statut précise à l'article 6 c ce qu'est ce crime : « L'assassinat, l'extermination, la réduction en esclavage, la déportation, et tout autre acte inhumain commis contre toutes populations civiles, avant ou pendant la guerre, ou bien les persécutions pour des motifs politiques, raciaux ou religieux, lorsque ces actes ou persécutions, qu'ils aient constitué ou non une violation du droit interne du pays où ils ont été perpétrés, ont été commis à la suite de tout crime rentrant dans la compétence du tribunal [c'est-à-dire les crimes contre la paix et les crimes de guerre] ou en liaison avec ce crime. » Il s'agit donc d'actes dont l'exceptionnelle cruauté appelait un régime juridique spécifique, illustré notamment par la loi française du 26 décembre 1964 qui édicte leur imprescriptibilité, en renvoyant à la définition de l'accord de Londres.

378 [Il est revenu à la Cour de cassation de préciser les contours de la notion, ce qu'elle a fait dans un sens à la fois extensif et restrictif. L'arrêt *Barbie* (Cass. crim., 20 déc. 1985, *JCP* 1986.II.20655, rapp. Le Gunehec, concl. Dontenwille) indique que tombent sous la qualification de crimes contre l'humanité, « les actes inhumains et les persécutions qui, au nom d'un État pratiquant une politique d'hégémonie idéologique, ont été commis de façon systématique, non seulement contre des personnes en raison de leur appartenance à une collectivité raciale ou religieuse, mais aussi contre les adversaires de cette politique, quelle que soit la forme de leur opposition ». Sont donc visées non seulement les atrocités commises contre les Juifs et les Tsiganes, mais également celles dont furent victimes les Résistants (ce qui, au nom d'un refus de distinguer entre lesdites atrocités, aboutit à relativiser la monstruosité propre au projet d'extermination nazi, pourtant attestée par une différence dans l'horreur du sort réservé aux Juifs et aux Tsiganes relevée par tous les rescapés des camps).

Mais l'exigence d'actes commis au nom d'un État pratiquant une politique d'hégémonie idéologique opère une restriction très critiquable de la notion, sans doute destinée à prévenir l'utilisation du crime contre l'humanité à l'égard de certains comportements durant la guerre d'Algérie. La nocivité de cette restriction est apparue évidente lorsque la chambre d'accusation de la cour d'appel de Paris a rendu, le 13 avril 1992, un arrêt de non-lieu au profit de Paul Touvier, au motif que le régime de Vichy n'aurait pas pratiqué une politique d'hégémonie idéologique... Cet arrêt a été cassé non sur la qualification erronée qu'il attribuait au régime de Vichy, mais sur la contradiction qui l'entachait, en ce qu'il niait l'existence de crimes contre l'humanité, tout en relevant que les assassinats commis l'avaient été à l'instigation d'un responsable de la Gestapo (Cass. crim., 27 nov. 1992, *JCP* 1993.II.21977, note Dobkine). L'arrêt affirme nettement « qu'aux termes de l'article 6 du statut du tribunal militaire international de Nuremberg, les auteurs ou complices de crimes contre l'humanité ne sont punis que s'ils ont agi pour le compte d'un pays européen de l'Axe ». Comme effrayée par les questions que sa définition précédente du crime contre l'humanité avait fait lever quant à certains pans de notre histoire, la Cour de cassation entend clore (ou plutôt : forclore) la question : il n'y a de crime contre l'humanité que nazi.

379 [La loi du 2 janvier 1995 adapte la législation française à la poursuite des crimes commis depuis 1991 sur le territoire de l'ex-Yougoslavie : les personnes présumées responsables de violations graves du droit international humanitaire peuvent être poursuivies et jugées par les juridictions françaises si elles sont trouvées en France et ne sont pas renvoyées au tribunal international de La Haye constitué par la résolution 827 du Conseil de sécurité. Les crimes contre l'humanité ne constituent qu'un des chefs de compétence du tribunal, et uniquement lorsqu'ils ont été commis au cours d'un conflit armé et dirigés contre une population civile (v. la circulaire d'application du 10 févr. 1995, *JO* du 21 févr. 1995, 2757). Un dispositif similaire a été adopté à propos des actes de génocide ou d'autres violations graves du droit international humanitaire commis en 1994 sur le territoire du Rwanda et alentour et relevant de la compétence du tribunal international d'Arusha institué par la résolution 955 du Conseil de sécurité (loi du 22 mai 1996 et circulaire d'application du 22 juill. 1996, en annexe au *JO* du 31 août 1996, p. TR 38003). Entré en vigueur le 1er juillet 2002, le traité portant création d'une Cour pénale internationale adopté à Rome le 17 juillet 1998 ne manquera pas, en dépit de ses imperfections, de renforcer la prohibition des crimes contre l'humanité, définis dans son article 7, en rendant plus crédible la menace d'une sanction pénale en cas de violation de celle-ci. Aux termes de l'article 53-2 inséré dans la Constitution par la loi constitutionnelle du 8 juillet 1999, « la République peut reconnaître la juridiction de la Cour pénale internationale dans les conditions prévues par le traité signé le 18 juillet 1998 ». Celui-ci a été publié au

Journal officiel du 11 juin 2002 – v. aussi la loi du 26 février 2002 relative à la coopération avec la Cour pénale internationale.

380 [Les crimes contre l'humanité ont été consacrés par le Nouveau Code pénal, en tête du livre consacré aux crimes et délits contre les personnes. Il s'agit du génocide (art. 211-1) et de « la déportation, la réduction en esclavage ou la pratique massive et systématique d'exécutions sommaires, d'enlèvements de personnes suivis de leur disparition, de la torture ou d'actes inhumains, inspirées par des motifs politiques, philosophiques, raciaux ou religieux et organisées en exécution d'un plan concerté à l'encontre d'un groupe de population civile » (art. 212-1). Les violations les plus massives du droit au respect de la personne humaine font donc l'objet d'une répression spécifique.

Outre les crimes contre l'humanité sont évidemment incriminés par ailleurs les atteintes à la vie de la personne (dans son arrêt *McCann et autres c/ Royaume-Uni* du 27 sept. 1995, la Cour européenne des droits de l'homme a insisté, à ce titre, sur « les précautions dans le maniement des armes à feu que l'on est en droit d'attendre de responsables de l'application des lois dans une société démocratique », tandis que dans son arrêt *L.C.B. c/ Royaume-Uni* du 9 juin 1998, elle a en outre imposé aux États parties de prendre les mesures nécessaires à la protection de la vie des personnes relevant de leur juridiction), les atteintes à l'intégrité physique ou psychique de la personne, les agressions sexuelles, le trafic des stupéfiants, la mise en danger de la personne et les atteintes à la dignité de la personne. Le droit pénal remplit donc bien, quoiqu'avec une rigueur conceptuelle inégale (R. Koering-Joulin, *in* Pavia et Revet, 1999, p. 77), son rôle protecteur, qu'accentue encore l'incrimination du bizutage par la loi du 17 juin 1998 relative à la prévention et à la répression des infractions sexuelles ainsi qu'à la protection des mineurs : l'article 225-16-1 du Nouveau Code pénal incrimine désormais « hors les cas de violences, de menaces ou d'atteintes sexuelles, le fait pour une personne d'amener autrui, contre son gré ou non, à subir ou à commettre des actes humiliants ou dégradants lors de manifestations ou de réunions liées aux milieux scolaire et socio-éducatif ».

Section 2.

L'interdiction de la torture et des peines ou traitements inhumains ou dégradants

381 Elle est formulée en termes particulièrement stricts, au niveau universel, sous l'intitulé « droit à l'intégrité de la personne », par le Pacte international relatif aux droits civils et politiques de 1966 (art. 7) et au niveau européen par la Convention européenne des droits de l'homme (art. 3). Aucune circonstance, même la guerre ou un autre danger public menaçant la vie de la nation (art. 15 de la Convention européenne), ne peut en effet autoriser une levée, même partielle, de cette interdiction, essentielle au respect de la personne humaine – il s'agit, dit la Cour européenne des droits de l'homme dans son arrêt *Soering* du 7 juillet 1989, d'« une des valeurs fondamentales des sociétés démocratiques qui forment le Conseil de l'Europe ». En conséquence, le comportement antérieur de la victime ne peut évidemment autoriser ou excuser l'emploi de ces méthodes.

382 La question de la définition des termes utilisés par l'article 3 de la Convention a été posée dans l'affaire *Irlande c/ Royaume-Uni* (arrêt du 18 janv. 1978) à propos des techniques d'interrogatoire utilisées par les forces britanniques pour lutter contre l'IRA en Irlande du Nord. Celles-ci consistaient à imposer aux détenus, avant leur interrogatoire, la station debout contre un mur, l'encapuchonnement, l'exposition au bruit, la privation de sommeil et de nourriture. La Commission européenne des droits de l'homme avait considéré, dans son rapport, qu'il s'agissait là de torture. La Cour ne l'a pas pensé, notant que les techniques employées « n'ont pas causé des souffrances de l'intensité et de la cruauté particulières qu'implique le mot torture ainsi entendu ». Elle a, en revanche, estimé, avec la Commission qu'« employées cumulativement, avec préméditation et durant de longues heures, les cinq techniques ont causé à ceux qui les subissaient sinon de véritables lésions, du moins de vives souffrances physiques et morales ; elles ont entraîné de surcroît chez eux des troubles psychiques aigus en cours d'interrogatoire. Partant, elles s'analysaient en un traitement inhumain au sens de l'article 3. Elles revêtaient en outre un caractère dégradant car elles étaient de nature à créer en

eux des sentiments de peur, d'angoisse et d'infériorité propres à les humilier, à les avilir et à briser éventuellement leur résistance physique ou morale ».

Dans l'affaire *Tyrer* (arrêt du 25 avr. 1978), il s'agissait de savoir si la peine de la fustigation judiciaire, alors encore en vigueur dans l'île de Man, méconnaissait les prescriptions de l'article 3. La Cour a estimé « que la souffrance provoquée doit se situer à un niveau particulier pour que l'on puisse qualifier une peine d'« inhumaine » au sens de l'article 3 » et que cette condition n'était pas remplie, mais elle a considéré que le niveau d'humiliation qui accompagnait cette peine était excessif, surtout à une époque où les châtiments corporels ont été supprimés presque partout. Il y a donc bien eu traitement dégradant, « quoique le requérant n'ait pas subi de lésions physiques graves ou durables, son châtiment, consistant à le traiter en objet aux mains de la puissance publique, a porté atteinte à ce dont la protection figure précisément parmi les buts principaux de l'article 3 : la dignité et l'intégrité physique de la personne ». On voit le souci de la Cour de faire procéder les qualifications qu'elle opère de l'esprit même de la Convention.

La qualification de torture a été plusieurs fois retenue par la Cour à l'encontre de la Turquie, pour la première fois dans l'arrêt *Aksoy c/ Turquie* du 18 décembre 1996 (le requérant avait été détenu à la section anti-terroriste de la direction de la sûreté à Mardin, attaché les mains derrière le dos, suspendu par les bras, soumis à des décharges électriques puis battu).

383 [Dans son arrêt *Selmouni c/ France* du 28 juillet 1999, *RGDIP* 2000, p. 181, note G. Cohen-Jonathan, la Cour a renforcé la rigueur de ses exigences, en vue d'assurer à la protection du droit consacré à l'article 3 une plus grande effectivité et de donner des dispositions de la Convention une interprétation adaptée aux données actuelles : l'arrêt énonce en effet « que le niveau d'exigence croissant en matière de protection des droits de l'homme et des libertés fondamentales implique, parallèlement et inéluctablement, une plus grande fermeté dans l'appréciation des atteintes aux valeurs fondamentales des sociétés démocratiques ». Relevant les sévices graves dont le requérant avait été victime, lors de sa garde à vue (coups nombreux et d'une intensité attestée par les traces qu'ils ont laissées, cheveux tirés, menaces avec un chalumeau puis une seringue, entre autres exactions), et ce à plusieurs reprises, la Cour conclut : « que les actes de

violence physique et mentale commis sur la personne du requérant, pris dans leur ensemble, ont provoqué des douleurs et des souffrances "aiguës" et revêtent un caractère particulièrement grave et cruel. De tels agissements doivent être regardés comme des actes de torture au sens de l'article 3 de la Convention ». Cette affaire est d'autant plus grave qu'elle révèle des comportements inadmissibles de la part de personnes ayant le rang d'officier de police judiciaire et qui ont, de surcroît, bénéficié, de la part de leurs collègues, de surprenantes manifestations de solidarité après leur condamnation par le juge répressif. À cela s'ajoute le fait que les autorités françaises ont laissé s'écouler un délai de sept ans entre les faits et la comparution des policiers devant un tribunal... Déjà dans l'arrêt *Tomasi c/ France* du 27 août 1992, la garde à vue du requérant au commissariat de Bastia avait donné lieu à une condamnation de la France pour traitements inhumains et dégradants. La Cour rappelle, dans l'arrêt *Selmouni,* « qu'à l'égard d'une personne privée de sa liberté, l'usage de la force physique qui n'est pas rendu strictement nécessaire par le comportement de ladite personne porte atteinte à la dignité humaine et constitue, en principe, une violation du droit garanti par l'article 3 ».

384 [En dehors d'hypothèses aussi extrêmes, des conditions de détention particulièrement dures sont-elles susceptibles d'être qualifiées de traitement inhumain ou dégradant ? Si une telle possibilité a été laissée ouverte par la Commission, celle-ci s'est toujours montrée très compréhensive pour les États, admettant aisément que les mesures restrictives prises à l'encontre des détenus étaient inspirées non par le désir de les punir, les humilier ou les briser, mais par celui d'assurer la sécurité, en particulier dans des contextes marqués par le terrorisme (affaire *Kröcher et Möller,* rapp. du 16 déc. 1982, *DR,* 34, 25). Des mesures punitives telles que celles imaginées récemment dans certains États américains (boulet fixé à la cheville, séjour dans des tentes placées dans des régions torrides...) seraient donc clairement prohibées dans l'espace couvert par la Convention. Par ailleurs, la jurisprudence se montre aujourd'hui plus rigoureuse, en ce qui concerne les conditions de détention, comme le montre, par exemple, l'arrêt *Peers c/ Grèce* du 19 avril 2001, qui qualifie de traitement dégradant, contraire aux exigences de la dignité humaine, les modalités de l'emprisonnement du requérant (confinement dans une cellule surchauffée, obligation de partager avec un codétenu une cellule individuelle comprenant des toilettes dépourvues d'un dispositif permettant de s'isoler).

Dans le même sens, il faut relever l'article 10 du Pacte relatif aux droits civils et politiques, qui énonce : « Toute personne privée de sa liberté est traitée avec humanité et avec le respect de la dignité inhérente à la personne humaine. » Rappelons aussi l'important progrès que représente à cet égard le mécanisme de contrôle que comporte la Convention européenne pour la prévention de la torture et des peines ou traitements inhumains ou dégradants du 26 novembre 1987 : les visites que peut décider le Comité doivent avoir un effet dissuasif important (v. la circulaire du 25 mars 1996, *JO* du 27, p. 4668, sur la mise en œuvre de cette Convention). L'homme déclaré coupable, disait Duport en 1789, « perd, pendant qu'il subit sa peine, tout ou partie de ses droits de citoyen ; mais il conserve toujours ceux d'homme ; l'insulter ou le maltraiter est une lâcheté et un délit punissable » (*Archives parlementaires,* X, p. 746). Cette phrase n'a rien perdu de son actualité, comme l'attestent de nombreux scandales, notamment celui des conditions de détention régnant à la prison de la Santé à Paris, qui ont donné lieu à la constitution d'une commission d'enquête de l'Assemblée nationale sur la situation dans les prisons françaises. La prise de conscience de cette situation a conduit le législateur à renforcer le contrôle des lieux de détention. Aux termes de l'article 720-1-A du Code de procédure pénale, ajouté par la loi du 15 juin 2000 : « Les députés et les sénateurs sont autorisés à visiter à tout moment les locaux de garde à vue, les centres de rétention, les zones d'attente et les établissements pénitentiaires. »

385 [Par ailleurs, en ce qui concerne les étrangers, les États se sont vus imposer l'obligation de ne pas prendre de décision qui les exposerait à subir des tortures, des peines ou des traitements inhumains ou dégradants dans le pays à destination duquel ils seraient acheminés. On a vu que le contrôle juridictionnel pratiqué en France sur les décisions en question garantissait, sauf mauvaise foi de l'administration, le respect de cette exigence. D'une manière générale, la Cour européenne des droits de l'homme insiste, on l'a vu, sur le fait que les droits définis par la Convention doivent être concrets et effectifs. En conséquence, l'État a également le devoir de protéger les personnes soumises à sa juridiction contre les comportements contraires à l'article 3, quand bien même ils seraient le fait de particuliers. L'État a ainsi l'obligation d'incriminer de tels comportements, ce que font notamment les articles 222-1 et suivants du Nouveau Code pénal. Mais là ne s'arrêtent pas les obligations positives des États. Ceux-ci

ont notamment le devoir d'assurer une protection efficace des enfants et autres personnes vulnérables et de prendre des mesures raisonnables pour empêcher les mauvais traitements dont les autorités avaient ou auraient dû avoir connaissance (v. ainsi l'arrêt du 10 mai 2001, *Z. et autres c/ Royaume-Uni* concluant, à l'unanimité, à la violation de l'article 3, faute pour les services sociaux d'avoir retiré en temps utile à leur mère des enfants vivant dans des conditions sanitaires et éducatives effrayantes). En revanche, la Cour n'a pas accepté de considérer que l'immunité de juridiction des États étrangers devait céder face à une demande de dommages-intérêts pour des actes de torture qui auraient été perpétrés en dehors de l'État du for (arrêt *Al-Adsani c/ Royaume-Uni* du 21 novembre 2001 : le requérant se plaignait de ce que les juridictions britanniques l'avaient débouté de son action dirigée contre l'État du Koweït, suite à des actes de torture qu'il disait y avoir subis du fait des autorités). La Cour admet que « l'interdiction de la torture est devenue une règle impérative du droit international », mais elle cantonne la portée procédurale de ladite règle à la seule responsabilité pénale des individus à raison d'actes de torture qu'ils auraient commis, ce que conteste comme contradictoire avec la logique même du *jus cogens* une forte minorité de la Cour (l'arrêt a été rendu, sur le terrain du droit au recours impliqué par l'article 6 de la Convention, par 9 voix contre 8).

SECTION 3.
L'ABOLITION DE LA PEINE DE MORT

386 [Encore admise comme exception possible au droit à la vie par l'article 2 de la Convention européenne des droits de l'homme et par l'article 6 du Pacte international relatif aux droits civils et politiques, la peine de mort a été, depuis, remise en cause dans la plupart des États, ce que consacrent le 6e Protocole à la Convention européenne concernant l'abolition de la peine de mort (1983) et le 2e Protocole facultatif se rapportant au Pacte, visant à abolir la peine de mort (1989). La France a aboli la peine de mort par la loi du 9 octobre 1981, après deux siècles de discussions passionnées. Les partisans de la peine de mort mettaient en avant son caractère dissuasif, l'élimination radicale d'un individu socialement dangereux et la logique de la res-

ponsabilité individuelle de l'auteur de crimes particulièrement graves. Les abolitionnistes rétorquaient que l'exemplarité de la peine de mort n'était pas démontrée, qu'elle était même démentie par certaines statistiques et par le fait qu'au moment de perpétrer un crime, son auteur est persuadé d'échapper aux rigueurs de la loi. Ils faisaient valoir que l'élimination n'est pas la justice, qui ne se confond pas avec la vengeance, et qu'au demeurant l'erreur judiciaire, alors irréparable, ne peut jamais être exclue. Quant à la responsabilité individuelle, ils faisaient observer que des déterminations sociales pouvaient l'atténuer fortement et rendre alors injuste une peine de mort au demeurant administrée fort inégalement par les différentes cours d'assises. Enfin, ils insistaient sur la cruauté du châtiment mortel, indigne d'une nation civilisée.

L'abolition, défendue avec talent par le garde des sceaux, Robert Badinter, conformément à l'une des propositions sur lesquelles venait d'être élu François Mitterrand, donna finalement raison à Jaurès contre Barrès (les deux hommes s'étaient affrontés sur la question lors d'un débat mémorable en 1908 ; v. Badinter, 2000). On peut donc désormais dire que la France, comme tous les pays qui ont aboli la peine de mort, la considère comme une peine inhumaine et/ou dégradante. Il faut aussi rappeler qu'est désormais considérée comme contraire à l'ordre public français, et en conséquence prohibée, toute extradition accordée à un État qui risquerait d'appliquer la peine de mort à la personne en cause (CE, Sect., 27 févr. 1987, *Fidan, Rec.*, p. 81).

SECTION 4.
L'INTERDICTION DES INTERVENTIONS SUR LE CORPS HUMAIN NE RÉPONDANT PAS À DES CONDITIONS BIEN PRÉCISES

387 [L'interdiction de la torture et des peines ou traitements cruels, inhumains ou dégradants est suivie, à l'article 7 du Pacte international relatif aux droits civils et politiques, par la phrase suivante : « En particulier, il est interdit de soumettre une personne sans son libre

consentement à une expérience médicale ou scientifique. » La référence au libre consentement de la personne interdit en effet son instrumentalisation et permet de sauvegarder sa dignité. Telle est également la perspective de l'article 223-8 du Nouveau Code pénal qui incrimine « le fait de pratiquer ou de faire pratiquer sur une personne une recherche biomédicale sans avoir recueilli le consentement libre, éclairé et exprès de l'intéressé, des titulaires de l'autorité parentale ou du tuteur » ou malgré le retrait de ce consentement.

Le législateur français, s'il a placé cette nécessité du consentement au cœur du dispositif d'expérimentation, est également soucieux de ne pas entraver la libre expansion de la recherche scientifique. La loi du 20 décembre 1988 relative à la protection des personnes qui se prêtent à des recherches biomédicales (art. L. 209-1 et ss., C. santé publ.), modifiée par une loi du 25 juillet 1994, soumet les « essais, études ou expérimentations organisés et pratiqués sur l'être humain en vue du développement des connaissances biologiques ou médicales » à l'examen préalable de comités consultatifs régionaux de protection des personnes dans la recherche biomédicale. Un dossier complet sur le projet de recherche doit être adressé à un de ces comités, qui rend un avis sur les conditions de validité de la recherche. Si l'avis est défavorable, le projet ne peut être mis en œuvre avant un délai de deux mois à compter de sa réception par le ministre de la Santé, toujours doté du pouvoir de l'interdire ou de le suspendre.

L'intérêt de la recherche scientifique peut justifier des expérimentations sans bénéfice thérapeutique direct pour la personne qui s'y prête. Celles-ci ne peuvent cependant concerner des personnes en état de dépendance (personnes privées de liberté par une décision judiciaire ou administrative, malades en situation d'urgence, personnes hospitalisées sans leur consentement). Elles doivent ne comporter aucun risque prévisible sérieux pour la santé des personnes qui s'y prêtent et être précédées d'un examen médical dont les résultats sont communiqués à l'intéressé avant qu'il n'exprime son consentement.

388 [L'exigence du consentement préalable du malade ou, lorsqu'il est hors d'état d'exprimer sa volonté, de ses proches et celle de ne rien faire qui ne soit dans l'intérêt direct du patient résultaient déjà des dispositions du Code de déontologie médicale (décret du 28 juin 1979). Le Conseil d'État a ainsi été amené à confirmer la sanction d'un mois d'interdiction d'exercer la médecine infligée à un médecin anesthé-

siste qui avait procédé à une expérimentation sur un patient se trouvant en état végétatif chronique (4 oct. 1991, *M. Milhaud, Rec.* p. 321). Statuant dans une autre affaire concernant le même praticien, qui pour contribuer à la solution d'une affaire criminelle avait procédé à des expériences sur un patient en état de mort cérébrale, le Conseil d'État a tenu à affirmer « que les principes déontologiques fondamentaux relatifs au respect de la personne humaine qui s'imposent au médecin dans ses rapports avec son patient ne cessent pas de s'appliquer à la mort de celui-ci ; qu'en particulier, ces principes font obstacle à ce que [...] il soit procédé à une expérimentation sur un sujet après sa mort », en l'absence de tout consentement de l'intéressé ou de ses proches et de « nécessité scientifique reconnue » (Ass., 2 juill. 1993, *M. Mihaud, RFD adm.* 1993, p. 1002, concl. Kessler). La loi du 25 juillet 1994 a codifié cette solution.

389 [Par ailleurs, l'article L. 2141-8 du Code de la santé publique (loi du 29 juillet 1994 relative au don et à l'utilisation des éléments et produits du corps humain, à l'assistance médicale à la procréation et au diagnostic prénatal) dispose : « La conception *in vitro* d'embryons humains à des fins d'étude, de recherche ou d'expérimentation est interdite. Toute expérimentation sur l'embryon est interdite », mais il assortit aussitôt cette disposition d'une exception, sur décision, exprimée par écrit, de l'homme et de la femme formant le couple : ceux-ci peuvent, « à titre exceptionnel », accepter que soient menées sur leurs embryons des études ayant une finalité médicale et ne portant pas atteinte à l'embryon. Ici encore, le désir de ne pas entraver le développement de la recherche autorise une dérogation aux principes affirmés, sur avis conforme de la Commission nationale de médecine et de biologie de la reproduction et du diagnostic prénatal, dans laquelle les chercheurs sont majoritaires (la technicité de la matière conduisait nécessairement à leur confier le pouvoir de décision). La question de la recherche sur l'embryon appellera certainement une nouvelle intervention du législateur, dont la décision du Conseil constitutionnel du 27 juillet 1994 éclaire bien imparfaitement le cadre (Mathieu, 1999, p. 451).

390 [En ce qui concerne les prélèvements opérés sur le corps humain, ils sont évidemment très strictement réglementés, ce qui est loin d'être le cas dans tous les États (la Chine, en particulier, procède à des prélèvements d'organes sur le corps des condamnés à mort aussitôt après leur exécution...), d'où l'existence d'un très fructueux trafic inter-

national (Rothman, 1998, p. 14). Les articles 511-2 et suivants du Nouveau Code pénal, issus de la loi du 29 juillet 1994 relative au respect du corps humain, incriminent le fait d'obtenir d'une personne l'un de ses organes contre un paiement, le fait de prélever un organe, un tissu ou des cellules ou de collecter un produit sur une personne vivante sans son consentement ou encore le fait d'obtenir des gamètes contre un paiement. Cette prohibition redouble celle que l'on déduisait traditionnellement de l'article 1128 du Code civil, qui dispose que seules les choses qui sont dans le commerce peuvent faire l'objet des conventions, à savoir l'interdiction de faire commerce du corps et de ses produits. Celle-ci est aujourd'hui confirmée par l'article 16-1, dernier alinéa, du Code civil (résultant de cette même loi du 29 juill. 1994) : « Le corps humain, ses éléments et ses produits ne peuvent faire l'objet d'un droit patrimonial. »

La loi du 21 juillet 1952 avait déjà établi la gratuité du don de sang, et sa finalité exclusivement thérapeutique. Les progrès de la technique des greffes d'organes ont ensuite contraint le législateur à concilier le respect du corps humain et les besoins, sans cesse croissants, en organes à greffer. La loi du 7 juillet 1949 autorisait le legs de la cornée, ce fut ensuite la loi du 22 décembre 1976, dite loi Caillavet, du nom du sénateur qui en prit l'initiative, qui réglementa l'ensemble de la matière, aujourd'hui régie par la loi du 29 juillet 1994 relative au don et à l'utilisation des éléments et produits du corps humain, à l'assistance médicale à la procréation et au diagnostic prénatal.

391 [Le principe premier qui s'applique au don et à l'utilisation des éléments et produits du corps humain est, à nouveau, celui du consentement de la personne concernée. L'article L. 1211-2 du Code de la santé publique dispose : « Le prélèvement d'éléments du corps humain et la collecte de ses produits ne peuvent être pratiqués sans le consentement préalable du donneur. Ce consentement est révocable à tout moment. » Comme pour le sang, le principe de gratuité s'impose également.

392 [Le prélèvement d'organes sur une personne vivante est, on le comprendra aisément, limité par la loi de manière très importante : il ne peut se faire que dans l'intérêt thérapeutique d'un receveur qui ne peut être – sauf pour le prélèvement de moelle osseuse – que le père, la mère, le fils, la fille, le frère, la sœur ou, mais seulement en cas d'urgence, le conjoint du donneur. Le consentement du donneur est

recueilli dans des formes particulièrement solennelles (normalement par le président du tribunal de grande instance ou le magistrat délégué par lui), après information sur les risques encourus et les conséquences éventuelles du prélèvement. Le donneur ne peut être un mineur ou un majeur protégé par la loi, sauf en cas de prélèvement de moelle osseuse en vue d'une greffe, où il peut s'agir du frère ou de la sœur mineur du receveur (mais chacun des titulaires de l'autorité parentale ou le représentant légal doit avoir consenti, un comité d'experts doit avoir autorisé le prélèvement et le refus du mineur concerné fait obstacle à l'opération).

393 [Le prélèvement d'organes sur une personne décédée est également soumis à des dispositions précises. Il ne peut (ce qui rassurera...) être effectué qu'après établissement du constat de la mort, par des médecins faisant partie d'une unité fonctionnelle ou d'un service autre que celle ou celui où s'effectuera la greffe, dans des conditions définies par décret en Conseil d'État. Seules des fins thérapeutiques ou scientifiques peuvent le motiver. L'exigence du consentement s'exprime différemment pour un majeur et pour un mineur (ou un majeur faisant l'objet d'une mesure de protection légale).

Pour les majeurs, il y a présomption de consentement : le prélèvement est possible « dès lors que la personne concernée n'a pas fait connaître, de son vivant, son refus d'un tel prélèvement » (art. L. 1232-1, al. 2). S'agissant des greffes, ce refus peut être exprimé par l'indication de sa volonté sur un registre national automatisé spécial, mais il peut aussi être exprimé directement au médecin, qui doit, dans le doute, s'efforcer de recueillir le témoignage de la famille. S'il s'agit de prélèvement à fins d'investigations scientifiques, le consentement du défunt, exprimé directement ou par le témoignage de sa famille est nécessaire, sauf s'il s'agit de prélèvement ayant pour but de rechercher les causes du décès. On voit qu'ici le principe du consentement subit un très net déclin : en pratique, le prélèvement pourra avoir lieu en l'absence d'opposition formellement manifestée par le défunt.

Pour les mineurs, en revanche, le principe du consentement retrouve sa force, mais il ne s'agit pas de celui de la personne concernée : le prélèvement en vue d'un don est subordonné au consentement exprès et écrit de chacun des titulaires de l'autorité parentale ou du représentant légal, le prélèvement à des fins scientifiques autres que la recherche des causes du décès à celui d'un des titulaires de l'autorité parentale. On remarquera que la science bénéficie de plus de facilités que le don d'organes à fins thérapeutiques, ce qui est contestable. Le Conseil d'État avait interprété de manière très critiquable l'exigence du consentement du représentant légal, s'agissant d'un mineur : dans une affaire où un service hospitalier avait prélevé l'organe d'un enfant décédé, en vue de rechercher les causes de l'échec de la thérapie mise en œuvre, il avait admis, *contra legem,* que le consentement exprès des parents n'ait pas été recueilli (17 févr. 1988, *Époux Camara, AJDA* 1988, p. 366 et 329, chron. – justement indignée – Azibert et de Boisdeffre). Cette solution est d'autant plus choquante que les convictions religieuses, musulmanes, des parents attachent une grande importance à l'intégrité du cadavre. On regrettera que la loi du 29 juillet 1994 ne réagisse pas contre cette jurisprudence avec plus de netteté. On notera enfin que la loi impose désormais une « restauration décente » du corps sur lequel a été opéré un prélèvement.

394 [La loi du 29 juillet 1994 relative au don et à l'utilisation des éléments et produits du corps humain, à l'assistance médicale à la procréation et au diagnostic prénatal s'emploie à contenir la procréation médicalement assistée dans des limites qui concernent ses motifs, les personnes qui peuvent y recourir et les techniques utilisées. L'article L. 2141-2 du Code de la santé publique dispose, en particulier, que l'assistance médicale à la procréation « est destinée à répondre à la demande parentale d'un couple », a pour objet de remédier à une infertilité dont le caractère pathologique a été médicalement constaté et que « l'homme et la femme formant le couple doivent être vivants, en âge de procréer, mariés ou en mesure d'apporter la preuve d'une vie commune d'au moins deux ans et consentants préalablement au transfert des embryons ou à l'insémination ». Ces exigences paraissent de nature à éviter les dérives les plus dangereuses, mais des techniques comportant une grande part d'incertitude quant à leurs conséquences pour l'enfant à naître ont déjà été utilisées, sans qu'ait été appliqué un principe de précaution qui s'impose ici particulièrement (v. la dénonciation de « l'acharnement procréatif » par A. Kahn, *Le Monde*, 16 mars 1999, p. 13) et qui a été omis par le législateur. La Cour de cassation a fait application des principes posés par la loi de 1994 dans une affaire non encore soumise à ses prescriptions (Cass. civ. 1re, 9 janv. 1996, *D.* 1996, p. 376, note F. Dreifuss Netter : refus

de permettre l'implantation de l'embryon obtenu par fécondation *in vitro* avec le sperme du mari, en cas de décès accidentel de celui-ci).

Le principe a été arrêté d'une réévaluation périodique des textes législatifs relatifs à la bioéthique, de manière à pouvoir tenir compte des évolutions scientifiques extrêmement rapides et profondes en ce domaine (v. le rapport du Conseil d'État, *Les lois de bioéthique : cinq ans après*, La Documentation française, 1999).

On regrettera que l'examen du projet de loi relatif à la bioéthique, issu de ces réflexions, n'ait pu s'achever en temps utile. Le législateur est cependant intervenu sur la question des droits des malades (loi du 4 mars 2002), notamment en renforçant le poids donné, d'une manière générale, au consentement de ces derniers. L'article L. 1111-4 du Code de la santé publique dispose désormais que « Toute personne prend, avec le professionnel de santé et compte tenu des informations et des préconisations qu'il lui fournit, les décisions concernant sa santé ». Cette phrase signifie clairement que la décision appartient au malade, le médecin étant un partenaire éclairant cette décision, ce que confirme l'alinéa suivant : « Le médecin doit respecter la volonté de la personne après l'avoir informée des conséquences de ses choix. Si la volonté de la personne de refuser ou d'interrompre un traitement met sa vie en danger, le médecin doit tout mettre en œuvre pour la convaincre d'accepter les soins indispensables. » Cette disposition rompt avec les solutions antérieures, qui faisaient prévaloir le devoir du médecin de sauver la vie sur la volonté, même exprimée en toute lucidité, du malade – v. ainsi, à propos de l'absence de prise en compte du refus de toute transfusion sanguine manifesté par un témoin de Jéhovah, CE, Ass., 26 oct. 2001, *Mme Senanayake, RFD adm.* 2002, p. 146, concl. contr. Chauvaux, note D. de Béchillon, cassant pour erreur de droit l'arrêt de la cour d'appel qui avait « entendu faire prévaloir de façon générale l'obligation pour le médecin de sauver la vie sur celle de respecter la volonté du malade », mais refusant cependant de juger fautif un acte indispensable à la survie du malade, proportionné à son état et décidé par les médecins « dans le seul but de le sauver », compte tenu de la situation extrême dans laquelle il se trouvait. L'article L. 1111-4 énonce ensuite : « Aucun acte médical ni aucun traitement ne peut être pratiqué sans le consentement libre et éclairé de la personne et ce consentement peut être retiré à tout moment », le cas des personnes hors d'état d'exprimer leur volonté, des mineurs et des majeurs sous tutelle étant ensuite envisagé. La netteté de ces dispositions conduit à porter un regard très critique sur l'ordonnance de référé confirmant qu'il n'y a pas atteinte grave et manifestement illégale à la liberté fondamentale que constitue « le droit pour le patient majeur de donner, lorsqu'il se trouve en état de l'exprimer, son consentement à un traitement médical » lorsqu'il est procédé, dans une espèce semblable à celle de l'arrêt *Mme Senanayake,* à une transfusion destinée à sauver la vie du malade (CE, 16 août 2002, *Mme Valérie Feuillatey et Mme Isabelle Feuillatey*). L'adjonction « qu'il incombe au préalable aux médecins du centre hospitalier d'une part de tout mettre en œuvre pour convaincre la patiente d'accepter les soins indispensables, d'autre part de s'assurer que le recours à une transfusion soit un acte indispensable à la survie de l'intéressée et proportionné à son état » ne change rien à la constatation d'une continuité jurisprudentielle indifférente aux modifications législatives intervenues.

Par ailleurs, la loi du 4 mars 2002 garantit le droit de toute personne à être informée sur son état de santé, cependant qu'elle indique : « La volonté d'une personne d'être tenue dans l'ignorance d'un diagnostic ou d'un pronostic doit être respectée, sauf lorsque des tiers sont exposés à un risque de transmission » (art. L. 1111-2, al. 4, C. santé publ.).

CHAPITRE 2

L'avortement

395 [Longtemps considérée comme un corollaire de l'interdiction du meurtre, la prohibition de l'avortement a fait l'objet de vives critiques à compter de la seconde moitié de ce siècle, entraînant des débats passionnés. Partout où l'influence de l'Église catholique a, si peu que ce soit, décliné, des hypothèses de recours licite à l'avortement (pudiquement appelé interruption volontaire de grossesse) ont été admises. En France, les dernières poursuites pénales intentées contre des jeunes filles qui avaient eu recours à l'avortement ont donné lieu à des manifestations de protestation importantes (procès de Bobigny, « manifeste des 363 » dans lequel 363 femmes revendiquaient d'être également poursuivies pour avortement). Il était devenu clair que la répression pénale de l'avortement ne correspondait plus aux aspirations libérales de la majorité de la société française. Le président Giscard d'Estaing en prit acte, au nom de la « société libérale avancée » dont il s'était fait le promoteur. À l'issue d'un des débats parlementaires les plus tendus de notre histoire, le ministre de la Santé, Simone Veil, obtint une suspension, pour une période de cinq ans, de la prohibition pénale dans certaines circonstances (loi du 17 janv. 1975). La loi du 31 décembre 1979 a pérennisé ces dispositions, qui ont été modifiées par la loi du 4 juillet 2001.

Le débat juridique sur la question est particulièrement malaisé, comme l'illustre la diversité des solutions nationales en la matière.

Si l'on part du point de vue de la mère, on est amené à insister sur le droit de celle-ci à la libre disposition de son corps. Si l'on considère, comme le fait l'Église catholique, que l'embryon est déjà un être humain à part entière, on dote celui-ci d'un droit à la vie qu'il faut alors protéger. Mais le point de départ du droit à la vie peut être fixé à des moments différents : fécondation, nidation (implantation de l'œuf fécondé dans la muqueuse utérine, au sixième jour environ après la fécondation), début du développement individuel de l'embryon (formation de la gouttière neurale, environ dix-huit jours après la fécondation), viabilité du fœtus ou naissance. L'Irlande a ainsi retenu le moment de la fécondation, tandis que la Cour constitutionnelle autrichienne a estimé que le droit à la vie ne déploie ses effets qu'à la naissance (arrêt du 11 oct. 1974, *EuGRZ,* 1975, p. 74). La manière dont les juridictions constitutionnelles et les instances internationales ont réglé cette question traduit leur souci de compromis acceptables, par-delà la diversité des modes de raisonnement et des solutions. Les exemples américain, allemand et français l'illustrent.

396 [C'est dans l'arrêt *Roe v. Wade, GACS,* p. 745, de 1973 que la Cour suprême des États-Unis a décidé que le droit au respect de la vie privée issu du 14e amendement est suffisamment large pour inclure la décision d'une femme de mener ou non sa grossesse à son terme. Le préjudice que causerait l'État en refusant ce libre choix à la femme enceinte est jugé excessif : dommage à la santé de la mère, détresse psychologique occasionnée par la perspective d'une vie gâchée, problèmes liés à la venue d'un enfant dans un cadre familial incapable de l'accueillir sont notamment évoqués. Mais la Cour n'est pas disposée pour autant à admettre un droit absolu de la mère d'interrompre sa grossesse à n'importe quelle époque, par n'importe quel moyen et pour n'importe quel motif : le droit au respect de la vie privée peut être limité par l'État. Celui-ci peut légitimement invoquer la protection de la santé, le respect des normes médicales et la protection de la potentialité d'une vie humaine *(potential life).* À un certain stade de la grossesse, qui est celui de la viabilité du fœtus, ces motifs deviennent suffisamment impérieux pour justifier une réglementation des éléments qui déterminent la décision d'avorter. La loi du Texas est ensuite déclarée contraire à la Constitution, en raison du fait qu'elle n'admettait, à quelque moment que ce soit, d'exception à l'incrimination pénale de l'avortement qu'en cas de danger pour la vie de la mère.

Cette décision envisage donc l'avortement à travers le prisme du droit au respect de la vie privée de la femme, le situant ainsi dans la continuité de la liberté d'user ou non de méthodes contraceptives, de décider ou non de procréer. À ce droit, nul droit à la vie de l'embryon n'est opposable : le fœtus n'est pas une personne au sens de la Constitution. Ce qui n'empêche pas l'État d'intervenir au nom de la protection du fœtus. Comme l'écrit Ronald D. Dworkin (1990, p. 77), celui-ci est « une entité d'une signification morale et émotionnelle considérable dans notre culture [...]. Une communauté politique dans laquelle l'avortement deviendrait banal et éthiquement indifférent, comme l'ablation de l'appendice, serait certainement une communauté plus dure et plus insensible et elle pourrait bien aussi être plus dangereuse ». Ceci en raison du fait qu'un avortement trop largement toléré risquerait d'affaiblir des valeurs de civilisation essentielles, comme le respect pour la vie humaine, s'il pouvait concerner un enfant viable, c'est-à-dire ayant déjà l'apparence d'un nouveau-né quoiqu'il se trouve encore dans le ventre de la mère (critère de la ressemblance).

Malgré les tentatives des conservateurs et en particulier des présidents républicains pour obtenir un renversement de la jurisprudence *Roe v. Wade* – les nominations à la Cour suprême ont longtemps été dictées par la position des intéressés sur la question de l'avortement – l'équilibre qu'elle consacrait a fait l'objet d'une réaffirmation solennelle dans l'arrêt *Planned Parenthood of Southeastern Pennsylvania v. Robert P. Casey* du 29 juin 1992, *GACS*, p. 1121. Cette décision repose largement sur l'idée qu'une annulation du principe essentiel posé en 1973 causerait un dommage grave à la légitimité de la Cour et à l'engagement de la Nation de respecter l'État de droit (v. Pinto, 1993, p. 917). Tout en réitérant les principes énoncés en 1973, la Cour assouplit cependant les conditions mises à l'intervention étatique : celle-ci, est admise à condition de ne pas imposer à la femme une « condition indue » *(undue burden)* – v. Moderne, 1992, p. 559.

397 [C'est d'un tout autre point de vue que part la Cour constitutionnelle fédérale allemande dans son arrêt du 25 février 1975 (*BVerfGE*, t. 39, p. 1) : elle déclare inconstitutionnelle la dépénalisation de l'avortement pratiqué par un médecin durant les douze semaines suivant la conception, en se fondant sur l'article 2 de la Loi fondamentale qui dispose : « Chacun a droit à la vie et à l'intégrité physique. » La

Cour considère en effet que ce droit « protège même la vie qui se développe dans le corps de la mère ». L'État a donc l'obligation de protéger la vie, même à l'encontre de la mère, qui ne peut se prévaloir que de manière limitée de ce que son intimité est concernée. Compte tenu du caractère fondamental du droit en cause, la Cour exige que la protection de la vie à naître soit assurée par la répression pénale : des politiques préventives seraient insuffisantes. Celle-ci peut simplement être modulée, voire suspendue dans des cas où la mère se trouverait dans une situation de détresse, mais seulement dans des circonstances exceptionnelles. La différence avec la dépénalisation plus large opérée par beaucoup d'États est justifiée par le fait que l'Allemagne a connu un régime totalitaire, ce qui amène à se montrer plus exigeant en matière de respect de la vie (v. Fromont, 1977, p. 344).

La réunification allemande a remis à l'ordre du jour la question de l'avortement. En effet, la République démocratique allemande disposait d'une législation qui admettait largement l'avortement et que le traité d'Union avait maintenue en vigueur jusqu'au 31 décembre 1992. La loi de 1992 définissant les règles applicables à l'ensemble de l'Allemagne a été déférée à la Cour qui l'a déclarée inconstitutionnelle par un arrêt du 28 mai 1993 (*BVerfGE*, t. 88, p. 203), qui n'assouplit que faiblement les exigences posées en 1975 (v. Jouanjan, 1993, p. 642). La Cour réaffirme sa conviction qu'au moins à partir de la nidation, on est en présence d'une « vie individuelle, déjà fixée dans son identité génétique et, dès lors, dans son caractère unique et non-interchangeable », qui se développe déjà en tant qu'être humain. Cette vie humaine appelle alors une protection suffisante, qui ne peut céder que devant le caractère insupportable qu'aurait pour la mère la continuation de la grossesse, une situation de détresse pouvant répondre à cette exigence, à condition d'être définie avec une rigueur suffisante. La Cour réaffirme également que « Le droit pénal est en principe le lieu où il convient d'ancrer l'interdiction fondamentale de l'interruption de grossesse et l'obligation juridique de la femme, qui en résulte, de mener la grossesse à terme ». Mais, d'une manière logiquement peu convaincante (Jouanjan, 1993, p. 645), la Cour admet, cette fois, que le législateur renonce à la répression pénale dans une mesure limitée, à la condition de maintenir l'illicéité des avortements en cause et de chercher à dissuader les femmes d'y recourir (notamment grâce à la formalité de la consultation obligatoire, ici transformée en une séance de propagande hostile à l'avortement...). L'assouplissement de la position prise en 1975 est donc assez relatif et ne porte que sur les moyens d'affirmer l'illicéité de l'avortement, même pendant les douze semaines suivant immédiatement la conception. Parti d'un principe opposé à celui qui fondait la décision de la Cour suprême des États-Unis, le juge allemand aboutit donc à des solutions beaucoup plus restrictives.

398 [Par comparaison, la décision du Conseil constitutionnel français du 15 janvier 1975 (*GDCC*, p. 300) frappe par le caractère particulièrement sommaire de sa motivation. Une fois écarté le moyen pris de la violation de l'article 2 de la Convention européenne des droits de l'homme comme ne ressortissant pas au contrôle de constitutionnalité (v. *supra*), le Conseil se borne à noter que la loi qui lui est déférée « n'admet qu'il soit porté atteinte au principe du respect de tout être humain dès le commencement de la vie, rappelé dans son article 1er, qu'en cas de nécessité et selon les conditions et limitations qu'elle définit » et estime « qu'aucune des dérogations prévues par cette loi n'est, en l'état, contraire à l'un des principes fondamentaux reconnus par les lois de la République ni ne méconnaît le principe, énoncé dans le Préambule de la Constitution du 27 octobre 1946, selon lequel la nation garantit à l'enfant la protection de la santé, non plus qu'aucune des autres dispositions ayant valeur constitutionnelle édictées par le même texte ». Ce dernier considérant n'indique ni s'il existe un droit à la vie protégé constitutionnellement, ni, dans l'affirmative, à partir de quel moment s'applique ce droit, ni quel est le critère auquel doit satisfaire une restriction législative au « respect de tout être humain dès le commencement de la vie » (principe posé par la loi sous examen dont il est impossible de savoir s'il a ou non valeur constitutionnelle...). L'*imperatoria brevitas,* imitée du Conseil d'État, permet ici d'éluder les problèmes et de réduire le contrôle de constitutionnalité à un tour de magie, dont on peut apprécier le résultat, mais pas, faute de le connaître, le procédé utilisé pour y parvenir.

La décision du Conseil constitutionnel du 27 juillet 1994 relative aux deux lois sur la bioéthique (*GDCC*, p. 854) ne nous paraît pas plus éclairante. Il y est à nouveau question, à propos des embryons *in vitro,* de la garantie du respect de l'être humain dès le commencement de la vie, mais il s'agit, cette fois encore, d'un principe posé par la loi sous examen, non d'une des « normes de constitutionnalité applicables au contrôle des lois déférées », où ne figure que la sauvegarde de la dignité de la personne humaine. Le Conseil indique simplement, à la fin de sa décision, qu'un certain nombre de principes énoncés par les lois déférées, dont celui du respect de l'être humain dès le commencement de sa vie, « tendent à assurer le respect du principe constitutionnel de sauvegarde de la dignité de la personne humaine », ce qui ne signifie pas qu'ils aient eux-mêmes valeur constitutionnelle, mais pose la question de savoir si leur abrogation ou leur remise en cause porterait atteinte au principe de valeur constitutionnelle dont ils sont le soutien. Dans sa décision du 21 janvier 1993, loi portant diverses mesures d'ordre social, le Conseil constitutionnel a ainsi relevé que la dépénalisation de l'interruption de grossesse pratiqué par la femme sur elle-même « n'aboutit pas à priver de garanties légales des principes constitutionnels ».

Dans sa décision du 27 juin 2001, loi relative à l'interruption volontaire de grossesse et à la contraception (*GDCC*, p. 300), le Conseil constitutionnel se réfère à « l'équilibre que la Constitution impose entre, d'une part, la sauvegarde de la dignité de la personne humaine contre toute forme de dégradation et, d'autre part, la liberté de la femme qui découle de l'article 2 de la Déclaration des droits de l'homme et du citoyen ». Il se confirme donc que le droit à la vie de l'embryon ne fait pas, en lui-même, l'objet d'une constitutionnalisation : celle-ci ne concerne que la protection de la dignité. L'appel à ce concept est ici particulièrement curieux : ou bien, en effet, l'embryon est lui-même une personne humaine, fût-elle potentielle, et ce n'est pas tant sa dignité que sa vie qui devrait être protégée, ou bien il n'en est pas une et la référence à la dignité, à la personne humaine et à la dégradation qui menacerait la première devient énigmatique – d'autant que si la dignité a un sens, elle ne devrait céder devant aucune autre valeur... Du moins, la décision assigne-t-elle enfin à la liberté de la femme un statut constitutionnel net, en la faisant procéder du principe de liberté, qui fait partie des « droits naturels et imprescriptibles de l'homme » dont la conservation est le but de toute association politique, aux termes de la Déclaration. L'article 2 ne protégeait précédemment que la liberté du médecin de refuser de pratiquer une interruption volontaire de grossesse, qui est réaffirmée par la décision de 2001, ainsi que celle des auxiliaires médicaux de refuser d'y recourir. En dépit de cette avancée, les normes de constitutionnalité applicables en France à la question de l'avortement restent donc singulièrement imprécises.

399 [Les conventions internationales relatives aux droits de l'homme ratifiées par la France, et placées sous la sauvegarde du juge ordinaire, offrent-elles une réponse plus circonstanciée ? La Convention européenne des droits de l'homme reconnaît à toute personne le droit au respect de sa vie privée, sous réserve des ingérences nécessaires à la sauvegarde de certaines valeurs (art. 8) et le droit de toute personne à la vie, droit intangible en toutes circonstances, sauf certaines exceptions limitativement énumérées et qui ne concernent pas notre problème (art. 2) – v. de même les articles 17 et 6 du Pacte international relatif aux droits civils et politiques. Le débat s'est focalisé sur la question de savoir si le droit à la vie bénéficiait ou non au fœtus. Il n'a, à ce jour, reçu aucune réponse claire de la part des instances de Strasbourg. La Commission européenne des droits de l'homme s'est bornée, dans sa décision du 13 mai 1980, *X. c/ Royaume-Uni, DR* 19, p. 244, à recenser les diverses options possibles et à éliminer l'hypothèse extrême d'un droit à la vie absolu de l'enfant à naître, relevant que l'avortement thérapeutique, dans le cas où la vie ou la santé de la mère est en danger, est admis depuis 1950 par tous les États parties à la Convention (à l'exception de l'Irlande, à l'origine). Dans une décision du 19 mai 1992, *H. c/ Norvège, DR* 73, p. 171, elle s'est contentée de noter que « dans un domaine aussi délicat, les États contractants doivent jouir d'un certain pouvoir discrétionnaire », sans motiver davantage sa position au regard de l'article 2.

400 [Le Conseil d'État français, saisi d'un recours pour excès de pouvoir dirigé contre l'autorisation de mise sur le marché d'une pilule abortive, la Mifégyne, a estimé que les dispositions des lois autorisant l'interruption volontaire de grossesse « prises dans leur ensemble, ne sont pas incompatibles » avec les stipulations de l'article 2 de la Convention (CE, Ass., 21 déc. 1990, *Confédération nationale des associations familiales catholiques et autres, Rec.*, p. 369, concl. Stirn). Comme l'on fait remarquer MM. Berger, Labayle et Sudre (*RFD adm.* 1991, p. 849), il est étrange de déclarer le droit à la vie applicable au fœtus pour ensuite se contenter d'un examen aussi désinvolte des dérogations qui y sont apportées. Du moment où ces dérogations ne sont pas prévues par la Convention elle-même et s'agissant d'un droit intangible, la démonstration que l'on avait affaire à des limitations implicites s'imposait. Ni le Conseil d'État ni le com-

missaire du gouvernement ne croient cependant devoir s'astreindre à cette discipline.

En l'état actuel du droit, c'est donc le législateur qui détermine dans quelle mesure l'interruption volontaire de grossesse est possible, sous réserve d'un double contrôle de constitutionnalité et de conformité à la Convention européenne des droits de l'homme dont on a vu qu'ils étaient, l'un et l'autre, particulièrement peu explicites quant aux limites qu'ils imposent aux arbitrages législatifs.

401 [Une première catégorie de cas concerne l'interruption volontaire de la grossesse pour motif médical. Celle-ci est possible à toute époque. D'abord lorsque la poursuite de la grossesse met en péril grave la santé de la femme : le droit à la vie et à la santé de la mère l'emporte sur le droit d'une personne seulement virtuelle. En second lieu, lorsqu'il existe « une forte probabilité que l'enfant à naître soit atteint d'une affection d'une particulière gravité reconnue comme incurable au moment du diagnostic » (art. L. 2213-1, C. santé publ.). Cette disposition a été très critiquée en raison des risques d'eugénisme inavoué qu'elle comporte (d'autant que le diagnostic prénatal régi par l'article L. 2131-1, résultant de la loi du 29 juillet 1994 relative au don et à l'utilisation des éléments et produits du corps humain, à l'assistance médicale à la procréation et au diagnostic prénatal, permet de déceler lesdites affections avec une grande fiabilité) et que les progrès de la médecine prédictive peuvent considérablement renforcer. Il est vrai que la généralisation du recours à l'interruption volontaire de grossesse dans de tels cas menace les personnes atteintes des affections en question d'une marginalisation encore accrue. Mais d'une part, la loi subordonne ces interventions à la condition d'une affection d'une particulière gravité, ce qui supprime le risque d'une sélection non motivée par des raisons médicales (sexe de l'enfant à naître par exemple) suffisamment graves ; d'autre part, le droit à la santé des enfants à naître doit également être pris en considération.

402 [Le second cas concerne l'interruption volontaire de grossesse pour motif non médical. Celle-ci ne peut être pratiquée après la fin de la douzième semaine de grossesse (loi du 4 juill. 2001). Elle a lieu sur décision de la femme enceinte « que son état place dans une situation de détresse » (art. L. 2212-1, C. santé publ.). Des formalités, allégées en 2001, entourent cette décision de la femme : première consultation d'un médecin, qui doit notamment l'informer des méthodes médicales et chirurgicales d'interruption de grossesse et des risques

et des effets secondaires potentiels et lui remettre un dossier-guide informatif ; proposition (qui doit être réitérée après l'interruption de la grossesse) d'une consultation avec une personne ayant satisfait à une formation qualifiante en conseil conjugal ou toute autre personne qualifiée dans un établissement d'information, de consultation ou de conseil familial, un centre de planification ou d'éducation familiale, un service social ou un autre organisme agréé, ladite consultation comportant un entretien particulier permettant d'obtenir une assistance ou des conseils appropriés à la situation de l'intéressée – cette consultation préalable est obligatoire pour la femme mineure non émancipée et doit être attestée ; seconde consultation d'un médecin, – au moins une semaine après la précédente, sauf urgence –, à qui la demande d'interruption de grossesse doit être confirmée par écrit. Ces consultations sont destinées à éviter une banalisation de l'acte sollicité, qui ne peut évidemment être assimilé à une méthode contraceptive. À l'inverse du système allemand, elles doivent être informatives et non dissuasives. L'intervention elle-même doit être pratiquée par un médecin dans un établissement hospitalier qui doit ultérieurement fournir une information en matière de régulation des naissances. Le personnel médical et hospitalier est toujours en droit de refuser de pratiquer une interruption volontaire de grossesse ou d'y concourir. Depuis la loi du 31 décembre 1982, l'interruption volontaire de grossesse est prise en charge par la Sécurité sociale.

403 [Saisi d'une action en réparation intentée par une femme dont l'interruption volontaire de grossesse avait échoué, le Conseil d'État a jugé que la naissance d'un enfant, même dans cette circonstance, « n'est pas génératrice d'un préjudice de nature à ouvrir à la mère un droit à réparation » (Ass. 2 juill. 1982, *Mlle R..., AJDA* 1983, 206). Cette décision est sage, compte tenu des répercussions désastreuses sur le psychisme de l'enfant en cause qu'aurait pu entraîner l'admission de la responsabilité... Mais son maintien s'avère parfois délicat. Dans un arrêt de Section du 14 février 1997, *Centre hospitalier régional de Nice, RD publ.* 1997, p. 1147, note J. Waline, le Conseil d'État était confronté à la naissance d'un enfant trisomique, l'amniocentèse effectuée dans la dix-septième semaine de la grossesse ayant, à tort, conclu que les cellules du foetus ne présentaient aucune anomalie. Si les parents sont bien indemnisés à raison des préjudices que leur cause la naissance d'un enfant atteint d'une grave infirmité, la décision de pratiquer une interruption de grossesse si la vérité avait été

connue ne faisant guère de doute, l'enfant se voit refuser toute indemnisation, au motif que la cause directe de son handicap se trouve dans son patrimoine génétique et non dans l'information erronée donnée par l'hôpital public. Par son célèbre arrêt *Perruche* (Ass. plén. 17 nov. 2000, *D.* 2001, 492, note L. Aynès), la Cour de cassation a, quant à elle, accepté, dans un cas semblable, d'indemniser l'enfant, solution qui a soulevé une vive controverse. On a fait valoir à l'encontre de cette jurisprudence qu'elle revenait à consacrer un véritable droit de ne pas naître, qu'elle mettait à la charge du médecin un préjudice, le handicap, dont il n'était en rien responsable selon les règles classiques régissant la causalité et qu'elle était de nature à renforcer encore la marginalisation des personnes affectées d'un handicap. À ces arguments, il est rétorqué (Cayla et Thomas, 2002) que la faute médicale a bel et bien empêché la mère « d'exercer son droit d'interrompre sa grossesse afin d'éviter la naissance d'un enfant atteint d'un handicap » (ce sont les termes de l'arrêt) et que rejeter ce raisonnement revient à annuler la parole de la mère, à refuser de prendre acte de sa volonté déclarée et, plus radicalement encore, à refuser la liberté de l'individu qui caractérise l'ère moderne et à ne pas saisir la différence entre décision juridique et constatation de fait, différence qui permet de séparer le préjudice et la naissance (le sujet de droit, écrit Yan Thomas (p. 108), a le droit de se prévaloir de la faute « d'où résulte non le dommage de son existence, mais le dommage dont son existence est grevée »). L'article 1er de la loi du 4 mars 2002 relative aux droits des malades et à la qualité du système de santé renverse cette jurisprudence, en disposant : « Nul ne peut se prévaloir d'un préjudice du seul fait de sa naissance. La personne née avec un handicap dû à une faute médicale peut obtenir la réparation de son préjudice lorsque l'acte fautif a provoqué directement le handicap ou l'a aggravé, ou n'a pas permis de prendre les mesures susceptibles de l'atténuer », le principe selon lequel « toute personne handicapée a droit, quelle que soit la cause de sa déficience, à la solidarité de l'ensemble de la collectivité nationale » étant ensuite posé. On remarquera l'embarras du législateur et le recours à la solidarité nationale, donc à une logique assurantielle dont il n'est pas sûr qu'elle soit de nature à atténuer la singularisation des handicapés, que l'on prétend combattre.

Le système français fait toujours l'objet de contestations périodiques, parfois menées sous la forme de tentatives d'intimidation, souvent accompagnées de voies de fait, sur les femmes recourant à l'interruption volontaire de grossesse et les personnels médicaux et hospitaliers qui pratiquent ces interventions. Ces exactions ont amené le législateur à incriminer l'entrave à l'interruption volontaire de grossesse (art. L. 2223-2, C. santé publ.). La méconnaissance des conditions mises à l'interruption volontaire de la grossesse est également sanctionnée pénalement (art. 223-10 et s., NCP).

Obligée de composer entre le respect de la volonté de la femme de ne pas mener la grossesse à son terme et le respect d'une vie humaine virtuelle, la réglementation juridique de l'avortement est vouée à des compromis qui, par définition, ne peuvent vraiment satisfaire. Celui réalisé en France est, dans l'ensemble, suffisamment bien accepté pour que le pouvoir politique ne puisse prendre le risque de le remettre en cause. En revanche, les conditions permettant concrètement à toutes les femmes désirant recourir à l'interruption volontaire de grossesse de le faire ne sont pas assurées partout de manière satisfaisante (v. le rapport rédigé sur cette question par I. Nisand en février 1999, *L'IVG en France. Propositions pour diminuer les difficultés que rencontrent les femmes).*

Chapitre 3

La question du droit à la mort

404[Il est certain que cette formulation est lourde de connotations sinistres et paraît monstrueuse. Pourtant, la liberté humaine s'étend jusqu'à son point extrême et comporte la faculté de se détruire, par imprudence ou par volonté. La question de l'euthanasie suscite également des débats véhéments : peut-on admettre que, en présence d'une volonté clairement exprimée du patient, un tiers soit autorisé à lui donner la mort ?

Section 1.

Le droit de se détruire

405[Quelle que soit la valeur qu'une société attache à la personne humaine, elle ne peut aller, sauf à prétendre exercer une emprise totalitaire d'ailleurs vouée à l'échec, jusqu'à interdire les comportements ayant pour effet ou pour finalité, plus ou moins consciente, la destruction de ceux qui s'y livrent.

406[La consommation excessive d'alcool ou de tabac, par exemple, peut – et même doit – faire l'objet d'une information par les pouvoirs publics quant aux dangers qu'elle présente. Elle ne peut, en revanche, être interdite que dans la mesure où elle serait susceptible de porter atteinte à la santé ou à la vie des tiers (interdiction de fumer dans des lieux où des tiers pourraient en être incommodés, interdiction de conduire une automobile après une consommation significative d'alcool, par exemple). Celui qui fume en dépit des avertissements sinistres portés sur les paquets en vertu de la loi, celui qui abuse de l'alcool peuvent détériorer leur santé, voire détruire leur vie sans que l'État puisse venir interférer dans ces choix, plus ou moins délibérés d'ailleurs. Une conception contraire, parfois soutenue par des médecins, reviendrait évidemment à nier toute liberté, l'État se chargeant d'imposer un mode de vie qu'il déclarerait sain : pourquoi, alors, ne pas imposer au citoyen quelques heures de culture physique, des horaires de coucher et de lever, un régime alimentaire et l'usage de ses loisirs ? On notera d'ailleurs que la loi du 10 janvier 1991 relative à la lutte contre le tabagisme et l'alcoolisme pousse très loin les restrictions à la liberté au nom de la protection de la santé, allant jusqu'à interdire toute « propagande ou publicité, directe ou indirecte, en faveur du tabac ou des produits du tabac ». Saisi sur le seul terrain de la liberté d'entreprendre et du droit de propriété, le Conseil constitutionnel n'a pas relevé d'office la question de l'atteinte à la liberté d'expression et a déclaré ces dispositions non contraires à la Constitution (Cons. const., 8 janv. 1991, *AJDA* 1991, p. 382, note Wachsmann). On évoquera aussi l'interdiction de l'absinthe par la loi du 16 mars 1915 : un certain mode d'auto-destruction est ici prohibé.

Des remarques similaires pourraient être faites à propos d'autres matières, comme la sécurité routière. Les limitations de vitesse se justifient amplement, parce qu'il est établi que la vitesse est une cause d'aggravation des conséquences des accidents de la route et parce que les conducteurs amateurs de vitesse ne sont pas seuls en cause et mettent en danger la vie et l'intégrité corporelle des autres usagers de la route et de leurs passagers éventuels. L'imposition du port de la ceinture de sécurité, en revanche, constitue une atteinte (certes légère) à la liberté qui ne peut se prévaloir de la protection des tiers, du moins lorsque l'obligation concerne des adultes.

407 [La consommation des stupéfiants fait l'objet d'une répression qui revient à interdire de s'auto-détruire par ce moyen. L'article 222-37 du Nouveau Code pénal punit de dix ans d'emprisonnement et 7 500 000 € d'amende non seulement le transport, l'offre et la cession, mais aussi la détention, l'acquisition ou l'emploi illicite de stu-

péfiants. La possibilité, pour le procureur de la République, d'enjoindre aux personnes ayant fait un usage illicite de stupéfiants, dont l'article L. 3411-1 du Code de la santé publique dit qu'elles sont placées « sous la surveillance de l'autorité sanitaire », de subir une cure de désintoxication ou de se placer sous surveillance médicale (art. L. 3423-1, C. santé publ.) indique bien une volonté de sauver les personnes en question des dangers auxquels les exposent leurs penchants pour les drogues (l'action publique ne sera pas exercée à l'égard des personnes qui se seront conformées au traitement qui leur aura été prescrit et l'auront suivi jusqu'à son terme). Les toxicomanes pourront également être astreints par ordonnance du juge d'instruction ou du juge des enfants ou par la juridiction de jugement à subir ce traitement.

La gravité des troubles liés à la consommation de drogue est mise en avant pour justifier cette prohibition. Ici encore, se pose la question de savoir s'il appartient à l'État d'interdire aux individus de disposer d'eux-mêmes, fût-ce au risque de leur mort, et si une répression du trafic ne serait pas suffisante (justifiée, quant à elle, par la contribution à la destruction d'autrui). Des controverses portent aussi sur la question de savoir si certaines substances, actuellement qualifiées de stupéfiants, appellent la même sévérité que les drogues reconnues comme les plus destructrices. En tous cas, la France se montre résolument insensible à la contribution qu'a pu apporter la consommation de drogues à l'art et à la littérature (il est vrai que l'existence de l'interdit y tient une place essentielle...).

408 [Quant à la forme la plus radicale d'auto-destruction, le suicide, son statut actuel est défini à la Révolution. Sont alors abrogées les dispositions de l'Ancien Régime organisant les procès faits au cadavre ou à la mémoire d'un défunt, notamment en cas d'« homicide de soi-même ». Il en résulte nécessairement que la tentative de suicide n'est pas punissable. La liberté humaine comporte donc la faculté de mettre fin à ses jours, lorsqu'il apparaît à l'intéressé que la vie ne vaut plus d'être vécue, pour des motifs dont il est le seul juge. Ce droit a toutefois quelque peine à s'exercer lorsqu'il comporte des modalités d'exécution étalées dans le temps (« grèves de la faim ») et s'accompagne d'une publicité destinée à le transformer en manifestation de protestation : ainsi, l'article D. 390 du Code de procédure pénale dispose que « si un détenu se livre à une grève de la faim prolongée, il peut être procédé à son alimentation forcée, mais seulement

sur décision et sous surveillance médicale, et lorsque ses jours risquent d'être mis en danger ». Il appartient alors aux médecins de décider, en leur âme et conscience, s'il est légitime, au nom du respect de la vie et de l'ordre public, de faire échec à un usage désespéré de la liberté.

Le cas de l'assistance au suicide d'autrui est différent : le législateur et le juge l'estiment illicite (ce qui indique qu'en réalité, le suicide n'est pas considéré comme un véritable droit, puisqu'il est clair qu'aider une personne à exercer un droit ne pourrait pas être punissable). Il ne peut, certes, y avoir complicité, puisque le suicide n'est pas une infraction punissable. En revanche, l'auteur d'une lettre répondant à la demande d'une personne qui lui avait fait part de son intention de se suicider et avait sollicité ses conseils quant à la manière de mettre le projet à exécution a été condamné pour non-assistance à personne en péril (Cass. crim., 29 avr. 1988, *Le Bonniec, Bull.* n° 178).

La publication de l'ouvrage *Suicide mode d'emploi* en 1982 (l'un des auteurs était d'ailleurs en cause dans l'affaire précédemment rapportée) a relancé les polémiques sur la question. Le livre comportait notamment (ce qui lui avait valu un important succès de librairie) une liste de médicaments dont l'absorption était présentée comme procurant une mort « douce », accompagnée de l'indication des doses létales. L'ouvrage avait été trouvé au chevet d'adolescents, mais les velléités de plainte des proches n'avaient pu aboutir, faute d'incrimination possible. Adoptée en 1987 à l'initiative du sénateur Dailly, la loi punit désormais (v. art. 223-13 à 15, NCP) le fait de provoquer au suicide d'autrui, ainsi que « la propagande ou la publicité, quel qu'en soit le mode, en faveur de produits, d'objets ou de méthodes préconisés comme moyens de se donner la mort ». L'atteinte portée à la liberté d'expression (ces dispositions n'ont pas été soumises au Conseil constitutionnel) nous paraît ici excessive. Les informations sur les moyens de se suicider sans souffrances ne peuvent avoir d'impact que sur des personnes ayant décidé de mettre fin à leurs jours. Est-il condamnable, dès lors que ces informations sont exactes – ce qui était controversé, dans le cas de l'ouvrage en question, pour certaines d'entre elles –, de leur éviter de recourir à des méthodes qui occasionneraient des souffrances ? L'argument selon lequel l'indication des doses létales aurait permis à des projets, sans cela voués à l'échec, d'aboutir est bien peu respectueux de la volonté des intéressés. Ce genre de dispositions est surtout révélateur de la culpabilité qu'entraînent des actes de désespoir assez nombreux et émanant en particulier d'adolescents. L'interdiction de publier tout texte ou illustration concernant le suicide de mineurs de dix-huit ans (art. 39 *ter* de la loi du 29 juill. 1881 sur la liberté de la presse, ajouté en 1955), participe du même esprit : le législateur a craint un effet de contagion.

SECTION 2.
L'INTERDICTION DE L'EUTHANASIE

409 [Les remarques que l'on vient de faire sur les situations dans lesquelles un tiers se trouve impliqué dans un suicide indiquent que notre droit n'admet le suicide qu'exécuté par un individu isolé. Or l'euthanasie se définit par l'aide qu'un tiers (proche ou médecin) apporte à une demande de mettre fin à ses jours émanant d'une personne qui estime n'avoir plus rien à attendre de la vie, mais qui ne peut exécuter elle-même ce projet (généralement parce qu'elle est dans un état de faiblesse extrême, voire de paralysie). La réponse du droit français est dépourvue d'ambiguïté : celui qui répond à une telle demande commet un meurtre, au sens de l'article 221-1 du Nouveau Code pénal. Il faut toutefois ajouter que, compte tenu des circonstances qui l'entourent, ce « meurtre » n'est que rarement révélé, très exceptionnellement poursuivi et quasiment jamais puni. Un large consensus s'établit en effet autour de l'idée qu'à partir d'un certain stade des maladies entraînant des souffrances et/ou des handicaps graves, sans espoir raisonnable de guérison, l'administration massive d'analgésiques doit être approuvée, quand bien même elle entraîne le décès du patient. La situation française se caractérise donc par une hypocrisie certaine et la volonté de ne pas savoir ce qui se déroule à cet égard dans la relation singulière entre le malade et le médecin.

Cet état de choses a l'inconvénient d'exposer les médecins à des poursuites, en raison de l'accomplissement de gestes à vrai dire fréquents et d'entraîner une très grande inégalité entre les patients, dont il ne dépend pas toujours de la volonté qu'ils aient affaire ou non à un praticien convaincu de l'inutilité de prolonger des souffrances inhumaines. Atteint d'un cancer de la mâchoire qui lui causait des douleurs atroces, Freud avait fait promettre au confrère qui le soignait de « l'aider lorsqu'elles deviendraient insupportables et que tout cela n'aurait plus de sens », mais tout le monde n'est pas soigné par un ami à qui faire pleine confiance...

410 [Par-delà une distinction spécieuse entre euthanasie passive (ne plus administrer les soins indispensables à la survie) et active (faire un geste actif qui entraîne la mort), il nous semblerait souhaitable de tirer en cette matière les conséquences de la valeur constitutionnelle attachée à la sauvegarde de la dignité humaine contre toute forme de dégradation, rappelée par le Conseil constitutionnel dans sa décision du 27 juillet 1994. La vie **humaine** n'ayant de sens que dans le respect de la dignité qui y est attachée, sa dégradation forte et irréversible par la maladie n'appelle-t-elle pas la possibilité de la faire cesser ? Il va de soi qu'un tel acte devrait être entouré de toutes les garanties nécessaires, dont les principales seraient l'exigence d'une demande du patient, si elle peut s'exprimer, et, à défaut, la décision d'un collège de médecins, en l'absence d'opposition des proches et d'opposition antérieurement exprimée de l'intéressé.

L'exemple néerlandais montre qu'il est possible de mettre en place un système qui assure tout à la fois la dignité de la fin de vie des personnes concernées et une protection suffisante contre les abus dont le spectre est toujours agité pour discréditer toute volonté de légiférer en matière d'euthanasie (sans parler d'arguments moins honnêtes, telle l'assimilation à l'élimination par les nazis des malades mentaux...). Il faut aussi rappeler qu'à l'heure actuelle, en dépit de textes intraitables sur la nécessité de prolonger autant qu'il est possible et par tous les moyens toute vie humaine, les équipes médicales sont contraintes quotidiennement d'opérer des choix « techniques » qui signifient la condamnation de patients dont l'état est jugé ne pas justifier le déploiement de procédés sophistiqués, au demeurant extrêmement onéreux pour la collectivité (telle intervention ne sera pas tentée, parce que le patient est estimé trop âgé ou trop handicapé par son mode de vie antérieur pour offrir des chances de survie à long terme suffisantes, etc.). Preuve que le caractère absolu du respect de la vie, que l'admission de l'euthanasie ruinerait irrémédiablement aux yeux de certains, est déjà démenti par la pratique hospitalière, et dans des hypothèses où la décision des médecins contredit la volonté du patient et de ses proches, ce qui est authentiquement scandaleux.

L'hostilité à l'euthanasie participe d'ailleurs souvent d'une croyance, plus ou moins avouée, dans la valeur rédemptrice de la souffrance. Celle-ci a longtemps fait obstacle, singulièrement en France, à la prise en compte de la douleur par le corps médical. Les pouvoirs publics ont constaté le trop petit nombre d'unités de soins palliatifs (spécialisées dans l'accompagnement des malades en phase terminale et soucieuses d'atténuer leurs souffrances physiques et psychiques) dans notre pays et ont manifesté le désir de rattraper rapidement le retard constaté (v. la loi du 9 juin 1999 visant à garantir le droit à l'accès aux soins palliatifs et les art. L. 1110-9 à 11, C. santé publ.). Il est certain que les progrès enregistrés à ce niveau rendront moins nombreuses les demandes d'euthanasie, sans pour autant supprimer le problème. Il importe également d'améliorer la prise en charge des personnes âgées. Comme l'écrit Maud Mannoni : « Notre société n'a pas tant aujourd'hui à apprendre à approcher la mort autrement qu'à se prononcer d'abord pour savoir si elle entend assurer une qualité de vie à ses vieux, une vie digne et paisible jusqu'à son terme. Ce n'est pas le cas actuellement » (1991, p. 154).

La question de l'euthanasie a été soulevée devant la Cour suprême des États-Unis, après que des patients en phase terminale et leurs médecins eurent soulevé l'inconstitutionnalité de législations étatiques interdisant aux patients d'obtenir, à leur demande, des traitements propres à accélérer leur mort. L'arrêt *Washington v. Glucksberg, GACS*, p. 1257, rendu le 26 juin 1997, refuse de reconnaître un tel droit aux patients, par une décision rendue à l'unanimité. Celle-ci a été critiquée et présentée comme susceptible d'évoluer (Dworkin, 1998, p. 40). Elle repose sur l'idée qu'un tel droit ne peut être déduit de la tradition américaine, comme l'exige l'interprétation donnée à la clause de « *due process of law* » du XIVe amendement.

La Cour européenne des droits de l'homme a été saisie du problème par une requérante paralysée et atteinte d'une maladie dégénérative incurable, qui estimait que le refus des autorités britanniques d'accorder une immunité de poursuites à son mari au cas où il l'aiderait à se suicider et la prohibition de l'aide au suicide édictée par la loi constituaient une violation de plusieurs articles de la Convention. Dans son arrêt du 29 avril 2002, *Pretty c/ Royaume-Uni,* elle a conclu, à l'unanimité, à l'absence de violation des articles invoqués, estimant notamment que le droit à la vie ne peut être interprété comme comportant le droit de mourir qui lui est « diamétralement opposé » et qu'obliger l'État à cautionner des actes visant à interrompre la vie serait forcer le sens des termes de l'article interdisant les traitements inhumains. C'est sur le terrain du droit au respect de la vie privée garanti par l'article 8 que se situe la discussion essentielle : la Cour admet l'applicabilité de cet article, du moment qu'est en cause le droit de la requérante à une autonomie personnelle, « au sens du droit d'opérer des choix concernant son propre corps », mais conclut à la nécessité de l'ingérence en cause, son caractère général procédant légitimement de l'importance attachée par l'État au droit à la vie et des risques importants d'abus que comporterait la solution contraire à l'égard des personnes vulnérables. L'arrêt renvoie aux tribunaux répressifs le soin de prendre en compte les particularités de chaque cas et attire l'attention sur la gravité des conséquences qu'aurait un précédent posé par elle dans le sens d'une consécration d'un droit au suicide. L'importance de la question posée suscite donc très généralement l'idée qu'il n'appartient qu'au législateur d'en décider.

Pour ce qui concerne la France, le Comité d'éthique, dans un avis du 3 mars 2000, a proposé l'instauration d'une « exception d'euthanasie », qui dans des situations limites ou des cas extrêmes, en présence d'une demande authentique du patient, pourrait permettre à l'autorité judiciaire, après avis d'une commission sur les mobiles des personnes poursuivies, de ne pas prononcer de condamnation. Cette solution, qui n'empêcherait pas l'applicabilité des incriminations de droit commun tout en tenant compte de « l'engagement solidaire » des patients, de leurs proches et de l'équipe soignante, ne change pas fondamentalement les termes du problème, ni même leur formulation. Elle a le mérite d'inciter le législateur à aborder enfin la question de front, ce que n'a pas fait la loi du 4 mars 2002 relative aux droits des malades et à la qualité du système de santé, en dépit de l'accent qu'elle a mis sur l'obligation de respecter la volonté du malade. La crainte des abus possibles inhibe donc, pour l'instant, toute réforme – et même tout débat public – sur l'euthanasie dans notre pays – cpr., en Belgique, les propositions de loi relatives à l'euthanasie et aux soins palliatifs et l'avis rendu sur celles-ci par le Conseil d'État (*RTDH* 2002, p. 259, note F. Rigaux), qui étudie les garanties envisagées quant à l'expression de la volonté de l'intéressé, quant à la décision médicale d'y donner suite et quant au contrôle automatique *a posteriori* de chaque euthanasie pratiquée et conclut qu'elles permettent « d'assurer que l'euthanasie n'est pratiquée que dans les cas strictement définis dans la proposition. Sur ce point, la proposition répond à l'obligation positive [de protéger le droit à la vie] qui incombe à l'autorité ».

411 [Le droit au respect de la personne humaine comporte, bien sûr, des corollaires qu'on n'a pas évoqués : le droit au travail, dont la reconnaissance par le Préambule de la Constitution de 1946 est dérisoire, face à l'installation d'un chômage important et persistant ; la possibilité pour toute personne de disposer d'un logement décent, qualifiée d'objectif de valeur constitutionnelle par la décision du Conseil constitutionnel du 19 janvier 1995, loi relative à la diversité de l'habitat ; plus généralement, un minimum de confort dans les conditions matérielles d'existence s'impose au titre de la dignité humaine (v. cependant la très critiquable décision de la Commission européenne des droits de l'homme déclarant irrecevable comme manifestement mal fondée la requête d'une femme divorcée sans profession, vivant avec ses trois enfants dans un logement social chauffé à l'électricité, qui soutenait que l'interruption de fourniture du courant suite à des factures impayées constituait un traitement inhumain et dégradant : 9 mai 1990, *van Volsem c/ Belgique, RUDH* 1990, p. 349, note Sudre – v. en France le décret du 20 juin 2001 relatif à l'aide aux personnes en situation de précarité pour préserver ou garantir leur accès à l'électricité). Tous ces corollaires, la dernière affaire évoquée l'illustre, posent malheureusement la question de leur mise en œuvre effective, que leur seule proclamation par des textes (v. ainsi l'article 1er de la loi d'orientation du 29 juillet 1998 relative à la lutte contre les exclusions, qui dispose : « La lutte contre les exclusions est un impératif national fondé sur le respect de l'égale dignité de tous les êtres humains et une priorité de l'ensemble des politiques publiques de la nation ») est impuissante à provoquer.

TITRE III

LA LIBERTÉ INDIVIDUELLE

412 [De cette liberté, il a déjà été assez largement question, à propos de la répartition des compétences entre le juge administratif et le juge judiciaire, en raison du fait que l'article 66 de la Constitution de 1958 en confie la protection au juge judiciaire, ce qui soulève d'importantes difficultés (v. *supra*). Cette question mise à part, il convient de souligner que c'est dans la rapidité, l'effectivité et l'utilité de l'intervention du juge judiciaire que réside le noyau dur des garanties conférées à la liberté individuelle. D'une manière significative, la décision du Conseil constitutionnel du 29 décembre 1983 relative à la loi de finances pour 1984 (*GDCC*, p. 554) censure pour violation de l'article 66 de la Constitution des dispositions législatives qui autorisaient des perquisitions de l'administration fiscale dans des locaux privés, sans limiter de manière suffisamment claire le domaine ouvert à ces investigations, sans assigner de façon explicite au juge ayant le pouvoir de les autoriser « la mission de vérifier, de façon concrète, le bien-fondé de la demande qui lui est soumise », sans mentionner les possibilités d'intervention et de contrôle de l'autorité judiciaire dans le déroulement des opérations autorisées et sans exiger formellement une autorisation spéciale du juge, s'agissant des locaux non affectés exclusivement à l'habitation. Compte tenu de ces lacunes, le risque d'interprétation et de pratique abusives n'est pas entièrement écarté, de sorte que l'intervention de l'autorité judiciaire

n'a pas été aménagée « pour conserver à celle-ci toute la responsabilité et tout le pouvoir de contrôle qui lui reviennent ».

Au contraire, la version rectifiée de ces dispositions a été jugée conforme à la Constitution (Cons. const., 29 déc. 1984, loi de finances pour 1985 ; *GDCC*, p. 554), en raison des précisions introduites quant aux infractions concernées par les recherches, quant au contrôle de la nécessité des visites par le juge, qui a, par ailleurs, « les pouvoirs d'en suivre effectivement le cours, de régler les éventuels incidents et, le cas échéant, de mettre fin à la visite à tout moment ». La décision du 16 juillet 1996, loi tendant à renforcer la répression du terrorisme, a, quant à elle, apporté une limitation importante aux visites, perquisitions et saisies de nuit en matière de terrorisme : celles-ci n'ont été admises que pour les seules enquêtes de flagrance, « à condition que l'autorisation de procéder auxdites opérations émane de l'autorité judiciaire, gardienne de la liberté individuelle, et que le déroulement des mesures autorisées soit assorti de garanties procédurales appropriées » – ce que vérifie minutieusement le Conseil constitutionnel. En revanche, de telles opérations ne peuvent, sans violer l'article 66, être pratiquées ni dans le cadre de l'enquête préliminaire, celle-ci étant placée sous la responsabilité du procureur de la République, c'est-à-dire d'un magistrat du Parquet, ni dans celui de l'instruction préparatoire, car la loi sous examen confiait au juge d'instruction, déjà en charge de celle-ci, le soin d'ordonner également ces mesures, ce qui eût abouti à une concentration excessive de pouvoirs entre ses mains.

De ce respect dû, en cas d'atteinte à la liberté individuelle, et en vertu de l'article 66 de la Constitution, aux prérogatives des magistrats de l'ordre judiciaire témoigne aussi la décision du 29 août 2002, loi d'orientation et de programmation pour la justice, qui indique que seuls des magistrats de carrière peuvent se voir conférer le pouvoir de prononcer des mesures privatives de liberté. Seul le jugement des contraventions de police, qui ne peuvent comporter de telles peines, pouvait donc être confié à la juridiction de proximité formée de juges non professionnels.

En retenant la conception la plus large de la liberté individuelle, on envisagera successivement le droit de n'être ni arrêté ni détenu arbitrairement, la liberté d'aller et venir et le droit au respect de la vie privée (en dépit du fait que ce dernier a été détaché de la notion de liberté individuelle par la décision du Conseil constitutionnel du 23 juillet 1999 – *supra*, n° 188).

CHAPITRE PREMIER

Le droit de n'être ni arrêté ni détenu arbitrairement

413 Ce droit résulte déjà de la Déclaration des droits de l'homme et du citoyen de 1789, qui le proclame, sous le nom de sûreté, dans son article 2, et confie, dans son article 7, l'organisation de sa protection à la loi (« Nul homme ne peut être accusé, arrêté ni détenu que dans les cas déterminés par la loi et selon les formes qu'elle a prescrites »). L'article 66 de la Constitution de 1958 ne fait donc sur ce point que réaffirmer une garantie ancienne contre un arbitraire incarné par les « lettres de cachet » de l'Ancien Régime.

Pareillement, l'article 5 de la Convention européenne des droits de l'homme énonce : « Toute personne a droit à la liberté et à la sûreté. Nul ne peut être privé de sa liberté, sauf dans les cas suivants et selon les voies légales. » Suit l'énumération de six séries de cas. Dans son arrêt sur les affaires *De Wilde, Ooms et Versyp (« Vagabondage »)* du 18 juin 1971, la Cour a insisté sur l'importance particulière que revêt ce droit dans une « société démocratique », au sens de la Convention, et a posé la nécessité d'un « contrôle scrupuleux » des décisions portant atteinte à ce droit. Pour sa part, la Commission européenne des droits de l'homme a indiqué, dans son rapport du 18 mars 1981, dans l'affaire *Mc Veigh et autres* (*DR* 25, p. 15) : « Pour qu'une privation de liberté soit permise au regard de l'article 5, paragraphe 1, il est nécessaire qu'à tout moment, elle entre dans l'une des catégories d'arrestation ou de détention indiquées aux alinéas a) à f) de cet article. Il s'agit d'une liste exhaustive d'exceptions à un droit fondamental prévu par la Convention et, en tant que telle, elle doit être interprétée étroitement. » L'article 9 du Pacte international relatif aux droits civils et politiques pose, avec une précision moindre, des principes identiques.

C'est en droit international que l'exigence de légalité a été le mieux précisée. Elle implique, outre le respect des conditions posées par le texte légal, que celui-ci soit à la fois accessible et prévisible (« qualité de la loi »), de manière à ne laisser aux autorités chargées de sa mise en œuvre qu'une marge d'initiative minimale et à assurer ainsi la « prohibition de l'arbitraire » sur laquelle insiste la jurisprudence de Strasbourg.

Section 1. Le droit de ne pas être victime d'une arrestation arbitraire

414 [On entendra le terme **arrestation** d'une manière large, y incluant non seulement l'appréhension d'une personne en vue de la poursuivre pénalement, mais également toute mesure mettant une personne à la disposition d'une autorité publique, fût-ce pour un court moment.

415 [En cas de crime flagrant ou de délit flagrant, puni d'une peine d'emprisonnement, il appartient à toute personne d'en appréhender l'auteur et de le conduire devant l'officier de police judiciaire le plus proche (art. 73, C. pr. pén.), ce dernier ayant compétence, en cas de crime ou délit flagrant, pour appeler et entendre toutes personnes susceptibles de fournir des renseignements sur les faits, le procureur de la République avisé pouvant contraindre ces personnes à comparaître par la force publique en cas de refus de comparution de leur part (art. 62, C. pr. pén.).

Dans le cadre de l'enquête préliminaire, l'officier de police judiciaire peut convoquer toutes personnes pour les nécessités de l'enquête, avec également la possibilité, pour le procureur de la République, de les contraindre à comparaître par la force publique (art. 78, C. pr. pén.).

Dans le cadre de l'instruction, le juge d'instruction peut décerner des mandats de comparution (qui mettent leur destinataire en demeure de se présenter devant le juge à la date et à l'heure indiquées), d'amener (qui ordonnent à la force publique de conduire immédiatement l'intéressé devant le juge), ou d'arrêt (qui ordonnent à la force publique de rechercher la personne visée et de la conduire à la maison d'arrêt indiquée, où elle sera reçue et détenue), qui contraignent tous l'intéressé à se tenir à sa disposition (art. 122, C. pr. pén.).

416 [La question la plus controversée est celle des contrôles d'identité. Longtemps, de tels contrôles n'ont été licites que dans le cadre de « recherches judiciaires ». Mais leur utilisation, sous la forme d'opérations « coup de poing » destinées à dissuader les délinquants potentiels, fut revendiquée par certains policiers et, en dépit de résultats médiocres, considérée favorablement par une partie de l'opinion publique. La loi du 2 février 1981 renforçant la sécurité et protégeant la liberté des personnes légalise ces pratiques, en prévoyant que les contrôles d'identité peuvent viser à « prévenir une atteinte à l'ordre public, notamment une atteinte à la sécurité des personnes et des biens », ce que la décision du Conseil constitutionnel des 19 et 20 janvier 1981 (*GDCC*, p. 427) juge conforme à la Constitution. Alors que l'abrogation de cette loi figurait parmi les propositions de F. Mitterrand lors de l'élection présidentielle de 1981, une polémique opposa le garde des Sceaux, M. Badinter, qui souhaitait cette abrogation, au ministre de l'Intérieur, Gaston Defferre, qui souhaitait le maintien des contrôles d'identité préventifs. La loi du 10 juin 1983 les admet « dans des lieux déterminés, là où la sûreté des personnes et des biens se trouve immédiatement menacée », formule nettement plus restrictive que celle de 1981. C'est pourtant à cette dernière que revient, à l'initiative du gouvernement de M. Chirac, la loi du 3 septembre 1986 relative aux contrôles et vérifications d'identité. L'alternance de 1988 ne remit pas en cause cette solution.

Suite à un arrêt de la Cour de cassation exigeant que l'atteinte à l'ordre public que visait à prévenir le contrôle d'identité soit « directement rattachable au comportement de la personne dont l'identité est contrôlée » (Cass. crim. 10 nov. 1992, *Bassilika, D.* 1993, p. 36, note D. Mayer), la loi du 10 août 1993 indiqua que le contrôle d'identité pouvait avoir lieu quel que soit le comportement de la personne qui en est l'objet. Destinée, entre autres, à briser la jurisprudence de la Cour de cassation, la loi fit cependant l'objet, de la part du Conseil constitutionnel, d'une réserve d'interprétation qui en limite fortement l'impact (Cons. const., 5 août 1993, *AJDA* 1993, p. 815, note Wachsmann).

417 [Il faut donc, aujourd'hui, distinguer plusieurs types de contrôles d'identité (art. 78-2, C. pr. pén.). En premier lieu, dans le cadre d'opérations de police judiciaire, les officiers et, sous leurs ordres, les agents de police judiciaire « peuvent inviter à justifier, par tout moyen de son identité toute personne à l'égard de laquelle existe un indice faisant présumer :

– qu'elle a commis ou tenté de commettre une infraction ;

– ou qu'elle se prépare à commettre un crime ou un délit ;

– ou qu'elle est susceptible de fournir des renseignements utiles à l'enquête en cas de crime ou de délit ;

– ou qu'elle fait l'objet de recherches ordonnées par une autorité judiciaire » ;

ces formules sont issues de la loi du 10 juin 1983. L'exigence d'un indice justifiant le contrôle d'identité limite évidemment le recours à cette possibilité.

Un deuxième cas de contrôle a été créé par la loi du 10 août 1993 : « Sur réquisitions écrites du procureur de la République aux fins de recherche et de poursuite d'infractions qu'il précise, l'identité de toute personne peut être également contrôlée [...] dans les lieux et pour une période de temps déterminés par ce magistrat. » La qualité de magistrat du procureur de la République a paru au Conseil constitutionnel assurer à la liberté individuelle une protection suffisante, en dépit du caractère fort relatif de son indépendance. L'indication par le procureur des infractions pour la recherche desquelles il autorise le contrôle apparaît en réalité très formelle, puisqu'il est précisé que le fait que le contrôle ait révélé d'autres infractions ne constitue pas une cause de nullité des procédures incidentes engagées suite au contrôle. Les possibilités de contrôle sur décision du procureur sont donc considérables et peuvent, en matière de terrorisme, d'infraction à la législation sur les armes et explosifs ou de trafic des stupéfiants, s'accompagner de la visite des véhicules circulant, arrêtés ou stationnant sur la voie publique ou dans des lieux accessibles au public, sur réquisitions spéciales du procureur (art. 78-2-2, C. pr. pén., introduit par la loi du 15 nov. 2001 relative à la sécurité quotidienne).

La troisième hypothèse est celle des contrôles intervenant dans le cadre de la police administrative, dont il a été question plus haut.

Selon le texte actuellement applicable, « l'identité de toute personne, quel que soit son comportement » peut être contrôlée « pour prévenir une atteinte à l'ordre public, notamment à la sécurité des personnes et des biens ». Dans sa décision du 5 août 1993, le Conseil constitutionnel a indiqué que « la pratique de contrôles d'identité généralisés et discrétionnaires serait incompatible avec le respect de la liberté individuelle », et en a déduit que de tels contrôles ne sont licites que si l'autorité qui les ordonne justifie « dans tous les cas, des circonstances particulières établissant le risque d'atteinte à l'ordre public qui a motivé le contrôle ». L'abandon, par le législateur, de la référence, imposée par l'arrêt *Bassilika* de la Cour de cassation, au comportement de la personne contrôlée n'est donc admis qu'en raison des exigences qui pèsent sur les circonstances de fait motivant le contrôle.

La précision requise quant à la menace pesant sur l'ordre public permettra d'opérer des contrôles aux abords d'un lieu où se trouve une personnalité menacée ou dans des lieux exposés à une menace terroriste dans un contexte particulier, mais pas d'une manière routinière et systématique, en l'absence du particularisme requis. Dans cet ordre d'idées, la Cour de cassation avait déjà eu l'occasion de déclarer illégal un contrôle d'identité opéré à 10 heures du matin à la station Stalingrad, en considérant comme insuffisante l'allégation de la fréquence des agressions et des vols dans l'enceinte du métro parisien (Cass. crim., 4 oct. 1984, *Kandé, D.* 1985, p. 54, concl. Dontenwille, note Roujou de Boubée) : on était en effet en présence d'une situation endémique qui ne répondait pas aux exigences de la loi de 1983, alors applicable.

Cette rigueur nouvelle du Conseil constitutionnel nous paraît devoir être approuvée : elle donne tout son sens à la proclamation constitutionnelle de la liberté individuelle, en n'acceptant qu'il y soit porté atteinte qu'à la condition que cela apparaisse véritablement nécessaire à la sauvegarde de l'ordre public.

La quatrième hypothèse où les contrôles d'identité sont possibles est limitée à certaines portions du territoire national et destinée à compenser la suppression des contrôles aux frontières résultant de l'application des accords de Schengen. La loi du 10 août 1993 permet en effet les contrôles destinés à vérifier le respect des obligations de détention, de port et de présentation des titres et documents prévus par la loi « dans une zone comprise entre la frontière terrestre de la

France avec les États parties à la Convention signée à Schengen le 19 juin 1990 et une ligne tracée à 20 kilomètres en deçà, ainsi que dans les zones accessibles au public des ports, aéroports et gares ferroviaires ou routières ouverts au trafic international et désignés par arrêté ». Ces dispositions ont été déclarées conformes à la Constitution par application du critère précédemment dégagé : les zones dans lesquels ces contrôles sont possibles, « précisément définies dans leur nature et leur étendue, présentent des risques particuliers d'infractions et d'atteintes à l'ordre public liées à la circulation internationale des personnes » (Cons. const., 5 août 1993). En revanche, le Conseil constitutionnel a censuré une disposition qui permettait à l'autorité administrative de porter à une largeur de 40 kilomètres la zone dans laquelle de tels contrôles étaient possibles, estimant excessive l'atteinte portée à la liberté individuelle « en l'absence de justifications appropriées tirées d'impératifs constants et particuliers de la sécurité publique et compte tenu des moyens de contrôle dont par ailleurs l'autorité publique dispose de façon générale » (même décision). Le juge constitutionnel se montre donc particulièrement exigeant quant à l'intensité et à la précision de la menace sur l'ordre public que les contrôles d'identité visent à parer.

418 [Lorsqu'un étranger fait l'objet d'un contrôle d'identité dans le cadre d'une des quatre hypothèses décrites plus haut, il est tenu de justifier de la régularité de son séjour (art. 8, al. 2, de l'ordonnance du 2 nov. 1945). En outre, sur le fondement d'un décret de 1946, la Cour de cassation avait admis que fût requise, en dehors d'un contrôle d'identité, la justification de la régularité du séjour en France d'un étranger, « lorsque des éléments objectifs déduits de circonstances extérieures à la personne même de l'intéressé sont de nature à faire apparaître celui-ci comme étranger » (Cass. crim., 25 avr. 1985, *Bogdan, JCP* 1985.II.20465, concl. Dontenwille, note Jeandidier). Il s'agissait évidemment d'éviter le risque de contrôles arbitraires, voire inspirés par le racisme... tout en permettant la lutte contre l'immigration clandestine. La volonté de renforcer cette dernière, qui anima la majorité issue des élections de 1993, donna lieu à un épisode pénible devant l'Assemblée nationale, qui adopta un amendement déposé par M. Marsaud, autorisant les policiers à effectuer des contrôles en se fondant « sur tout élément permettant de présumer la qualité d'étranger autre que des considérations de race », formulation illustrant fort bien la notion de dénégation, en son sens freudien...

Finalement, la loi du 24 août 1993 relative à la maîtrise de l'immigration et aux conditions d'entrée, d'accueil et de séjour des étrangers en France se borna à reprendre au niveau législatif les dispositions du décret de 1946 imposant aux étrangers, en dehors même des contrôles d'identité ordinaires, de justifier de la régularité de leur séjour en France sur réquisition des officiers de police judiciaire. Dans sa décision du 13 août 1993 (*GDCC*, p. 825), le Conseil constitutionnel considéra que le régime administratif d'autorisation préalable auquel sont soumis l'entrée et le séjour en France des étrangers pouvait comporter un tel dispositif, afin de vérifier la mise en œuvre de ses prescriptions, mais sous réserve – et ceci est essentiel, compte tenu des débats qu'on vient d'évoquer – que l'application de ces dispositions se fonde « exclusivement sur des critères objectifs » et exclue « dans le strict respect des principes et règles de valeur constitutionnelle, toute discrimination, de quelque nature qu'elle soit, entre les personnes ». Cette stricte réserve d'interprétation vient donc constitutionnaliser et préciser la solution dégagée par la Cour de cassation dans son arrêt *Bogdan*. Il n'en reste pas moins que le particularisme de la situation des étrangers au regard des contrôles policiers se trouve consacré et que la pratique des contrôles risque fort de tenir pour négligeables les impératifs énoncés par le Conseil constitutionnel.

Pour assurer le respect des règles gouvernant les contrôles d'identité, le Conseil constitutionnel (décisions des 5 et 13 août 1993) renvoie aux autorités administratives et judiciaires, précisant qu'il appartiendra à ces dernières, conformément aux exigences de l'article 66 de la Constitution, « de censurer et de réprimer, le cas échéant, les illégalités qui seraient commises et de pourvoir éventuellement à la réparation de leurs conséquences dommageables ».

SECTION 2.
LE DROIT DE NE PAS ÊTRE ARBITRAIREMENT DÉTENU

419 Il s'agit ici du droit de ne pas être retenu contre son gré en un lieu quelconque. L'article 224-1 du Nouveau Code pénal incrimine « le fait, sans ordre des autorités constituées et hors les cas prévus par

la loi d'arrêter, d'enlever, de détenir ou de séquestrer une personne ». Les deux derniers termes nous retiendront seuls ici. Les cas où la loi autorise la détention sont relativement nombreux. Ils comportent les garanties impliquées par l'article 66 de la Constitution et varient tant en ce qui concerne la durée que la sévérité des modalités de la privation de liberté.

420 [L'hypothèse comportant l'atteinte la plus brève à la liberté individuelle est celle de la vérification d'identité dont peuvent être l'objet les personnes qui, lors d'un contrôle d'identité, ont refusé de ou n'ont pu justifier de leur identité ou celles qui n'ont pu satisfaire au relevé de leur identité par un agent de police municipale agissant dans le cadre de ses attributions, lorsqu'un officier de police judiciaire a ordonné qu'elles lui fussent présentées. En cas de nécessité, elles peuvent être retenues sur place ou dans un local de police aux fins de vérification de leur identité. Immédiatement présentées à un officier de police judiciaire, ces personnes sont mises en mesure de fournir les éléments permettant l'établissement de leur identité, de faire aviser le procureur de la République et de prévenir, à tout moment, leur famille ou la personne de leur choix. La rétention, à laquelle le procureur de la République peut mettre fin à tout moment, ne doit durer que le temps strictement exigé par l'établissement de l'identité et ne peut excéder quatre heures à compter du contrôle ou du relevé d'identité à l'origine de la vérification. Ce n'est qu'exceptionnellement qu'il peut être procédé à la prise d'empreintes digitales et de photographies. Toutes les pièces relatives à la vérification sont normalement détruites dans un délai de six mois, sous le contrôle du procureur de la République (v. art. 78-3, C. pr. pén.).

421 [On a déjà examiné les atteintes à la liberté individuelle susceptibles d'affecter les étrangers : maintien en « zone d'attente », lorsque l'accès au territoire français est refusé (rappelons que la décision du Conseil constitutionnel du 25 février 1992 a constaté que cette mesure affectait la liberté individuelle, en raison de l'effet conjugué du degré de contrainte qu'elle revêt et de sa durée – v. aussi, pour la situation antérieure, la condamnation de la France pour violation de l'article 5 par l'arrêt *Amuur c/ France* du 25 juin 1996 de la Cour européenne des droits de l'homme) ; maintien dans des locaux ne relevant pas de l'administration pénitentiaire pour les étrangers devant être reconduits à la frontière, ou faisant l'objet d'un arrêté d'expulsion ou devant être remis aux autorités d'un État partie aux accords de Schengen

en application de ceux-ci (pour l'admission de la nécessité d'une décision de maintien en rétention, en l'absence de garanties de représentation de personnes dépourvues de documents d'identité : CE, 12 nov. 1997, *Préfet du Rhône c/ Époux Drame, Rec.* p. 416). On relèvera que les tribunaux administratifs ont eu à censurer le véritable détournement de procédure qu'a constitué l'utilisation par le ministre de l'Intérieur et le préfet de leurs pouvoirs d'assigner à résidence des étrangers (art. 28 de l'ordonnance de 1945 par substitution au placement en détention ; art. 2 du décret n° 46-448 du 18 mars 1946, s'agissant des étrangers que leur attitude ou leurs antécédents expose à une surveillance spéciale) pour les soumettre à un véritable enfermement (ils étaient assignés à résidence dans une caserne désaffectée à Folembray), soustrait aux garanties qu'emporte l'article 66 de la Constitution (TA Lyon 29 nov. 1994, *M. Omar Saker, AJDA* 1995, p. 69, note Laugier ; TA Versailles 6 déc. 1994, *M. Bahri, M. Naami, M. Chibani, RFD adm.* 1995, p. 371, concl. Krulic ; v. aussi, pour une assignation à résidence dans un hôtel : TA Lille 10 nov. 1994, *M. Sara, RFD adm.* 1995, p. 131, concl. Laugier).

422 [Les atteintes à la liberté individuelle peuvent être nombreuses dans le cadre de la procédure pénale, où elles sont d'autant plus redoutables qu'elles portent à la présomption d'innocence un coup extrêmement grave. La loi du 15 juin 2000 renforçant la protection de la présomption d'innocence et les droits des victimes a, une nouvelle fois, tenté de limiter le recours à la privation de liberté à ce stade, notamment en transcrivant les exigences européennes gouvernant la matière et en chargeant un juge des libertés et de la détention – dont l'appellation est pour le moins contradictoire ! – d'ordonner ou de prolonger les détentions provisoires, responsabilité qui relevait jusqu'ici du juge d'instruction. Les contraintes que ce texte impose à la puissance publique ont souvent été mal accueillies par certains des policiers, gendarmes ou magistrats chargés de son exécution. C'est pour tenir compte de celles de ces critiques qui sont apparues justifiées, et aussi de l'émotion d'une partie de l'opinion, suite à des décisions de remise en liberté ou d'annulation de la procédure dues à la seule violation des formes prescrites par la loi (et dont il faut rappeler qu'elles constituent autant de garanties pour les personnes privées de leur liberté), qu'a été prise la loi du 4 mars 2002 complétant celle du 15 juin 2000. Celle-ci n'est cependant que peu modifiée et reste une étape importante dans la protection de la liberté individuelle.

Il faut distinguer, conformément à la tradition, selon que la privation de liberté se produit dans le cadre de l'enquête ou dans celui de l'instruction.

423 [La **garde à vue** est la mesure par laquelle « l'officier de police judiciaire peut, pour les nécessités de l'enquête, garder à sa disposition toute personne à l'encontre de laquelle il existe des indices faisant présumer qu'elle a commis ou tenté de commettre une infraction » (art. 77, C. pr. pén.). La loi du 15 juin 2000 a subordonné à des motifs identiques la garde à vue dans le cadre de l'enquête de flagrance (art. 63 du Code) et pour l'exécution d'une commission rogatoire (art. 154, C. pr. pén.). Ces formules s'étant avéré trop restrictives, la loi du 4 mars 2002 a permis le placement en garde à vue, dès lors qu'existent « une ou plusieurs raisons plausibles de soupçonner » la personne d'avoir commis ou tenté de commettre une infraction. Le procureur de la République (le juge d'instruction saisi des faits dans le cas où il y a eu commission rogatoire – on n'envisagera plus cette hypothèse par la suite) doit, en toute hypothèse, être informé dès le début de la garde à vue.

La personne gardée à vue ne peut être retenue plus de vingt-quatre heures, sauf prolongation pour un nouveau délai de vingt-quatre heures au plus par le procureur de la République, après présentation préalable de la personne à ce magistrat (à titre exceptionnel, sans cette présentation, par décision écrite et motivée) dans le cadre de l'enquête préliminaire ou sur autorisation écrite de celui-ci, avec simple possibilité d'une présentation préalable dans le cadre de l'enquête de flagrance. Dans sa décision du 11 août 1993, le Conseil constitutionnel a admis que l'intervention du procureur de la République, qui a la qualité de magistrat, répondait en l'espèce aux exigences de l'article 66 de la Constitution.

Si la durée maximale de la garde à vue est ainsi normalement de quarante-huit heures (elle ne peut faire l'objet d'un fractionnnement, dès lors qu'elle excède globalement le délai légal : Cass. crim. 13 févr. 1996, *D.* 1996, SC, p. 258, obs. Pradel), il en va différemment pour les infractions en matière de trafic de stupéfiants (art. 706-29, C. pr. pén. : possibilité d'une prolongation supplémentaire de quarante-huit heures, à la requête du procureur de la République, par le juge des libertés et de la détention) ou d'actes de terrorisme (art. 706-23, C. pr. pén. : possibilité, pour les majeurs, d'une prolongation supplémentaire de quarante-huit heures décidée par ce même magistrat après présentation préalable de l'intéressé).

424 Les garanties de la personne, faisant l'objet d'une garde à vue sont précisées aux articles 63-1 et suivants du Code de procédure pénale : elle doit être informée de la nature de l'infraction sur laquelle porte l'enquête et de ses droits, entre autres du choix qui lui est laissé de faire des déclarations, de répondre aux questions qui lui seront posées ou de se taire, toutes les informations devant se faire dans une langue qu'elle comprend, elle peut faire prévenir sans délai par téléphone de la mesure dont elle est l'objet une personne avec laquelle elle vit habituellement ou l'un de ses parents en ligne directe, l'un de ses frères et sœurs ou son employeur (le procureur de la République doit être avisé si les nécessités de l'enquête conduisent l'officier de police judiciaire à refuser de faire droit à cette demande), elle peut demander à être examinée par un médecin (ce droit pouvant à nouveau s'exercer en cas de prolongation de la garde à vue). Les diligences résultant pour les enquêteurs de la notification de ses droits à la personne gardée à vue doivent intervenir au plus tard dans un délai de trois heures à compter du placement en garde à vue, « sauf en cas de circonstances insurmontables » : c'est la loi du 4 mars 2002 qui a ainsi notablement assoupli les exigences en la matière, dont la méconnaissance avait entraîné de nombreuses nullités.

Enfin, depuis la loi du 4 janvier 1993, la personne gardée à vue peut demander à s'entretenir avec un avocat, ce qui constitue un progrès extrêmement important, « un droit de la défense qui s'exerce durant la phase d'enquête de la procédure pénale », comme l'a caractérisé le Conseil constitutionnel dans sa décision du 11 août 1993. Malheureusement, alors que la loi du 4 janvier 1993 prévoyait une application progressive de la réforme, qui devait permettre l'entretien avec l'avocat dès le début de la garde à vue, la loi du 24 août 1993 l'avait cristallisée à son stade initial, en ne prévoyant l'entretien avec l'avocat que lorsque vingt heures s'étaient écoulées depuis le début de la garde à vue, ce délai étant porté à trente-six heures, s'agissant de certaines infractions : participation à une association de malfaiteurs, proxénétisme aggravé, extorsion de fonds, infraction commise en bande organisée, à soixante-douze heures pour les infractions en matière de stupéfiants et les infractions terroristes.

On relèvera qu'avait été déclarée contraire à la Constitution comme procédant d'une discrimination injustifiée la disposition privant de tout droit à un avocat les personnes gardées à vue dans le cadre des deux dernières séries d'infractions (Cons. const., 11 août 1993). C'est la loi du 15 juin 2000 qui a enfin parachevé la réforme entreprise en 1993, en prévoyant la possibilité de l'entretien avec un avocat « dès le début de la garde à vue ainsi qu'à l'issue de la vingtième heure » et, en cas de prolongation, à l'issue de la douzième heure de celle-ci, les exceptions précédemment mentionnées restant en vigueur pour les infractions qu'elles concernent. L'avocat choisi par l'intéressé (ou commis d'office par le bâtonnier), après avoir été informé de la nature et de la date présumée de l'infraction sur laquelle porte l'enquête, peut communiquer avec la personne gardée à vue dans des conditions qui garantissent la confidentialité de l'entretien. Celui-ci ne peut excéder trente minutes. L'intervention de l'avocat contrebalance quelque peu la position très diminuée dans laquelle la garde à vue place celui qui en est l'objet. Dans son arrêt *John Murray c/ Royaume-Uni* du 8 février 1996, la Cour européenne des droits de l'homme a jugé que l'exigence d'un procès équitable posée à l'article 6 de la Convention impliquait le droit à l'assistance d'un avocat durant les interrogatoires de police, dès lors que l'instruction préliminaire détermine les perspectives de la défense pour la suite du procès. En l'espèce, le refus durant 48 heures de l'accès à un avocat a été estimé contraire à la Convention, ce qui rend problématique la licéité des dispositions dérogatoires au regard de l'article 6.

L'institution de la garde à vue ne peut que susciter une grande méfiance, compte tenu surtout de la manière dont elle est conçue en France (les réactions hostiles à la présence de l'avocat en ont témoigné avec évidence). Tendant avant tout à obtenir des aveux de la personne concernée (et on sait les critiques que, de manière croissante, suscite ce mode de preuve), la garde à vue permet que s'instaure un climat de pression psychologique, que l'on a songé à prévenir en imposant un enregistrement audiovisuel des interrogatoires effectués durant la garde à vue. Face à l'hostilité des syndicats de policiers envers cette proposition, il a été décidé de ne l'appliquer qu'aux interrogatoires des mineurs placés en garde à vue, tandis que les modalités de l'extension aux majeurs de ces dispositions devaient être arrêtées, après réflexion sur la première année d'application de cette réforme, ce qui n'a pas été fait. De surcroît, la garde à vue se déroule en dehors de tout contrôle effectif de l'autorité judiciaire (l'intervention du procureur de la République est organisée d'une manière beaucoup trop laxiste, l'obligation qui lui est faite de visiter au moins une fois par an les locaux de garde à vue étant très insuffisante). Ce dernier trait est paradoxal, par contraste avec les formalités minutieuses qui entourent l'interrogation par le magistrat instructeur de la personne mise en examen ou ayant le statut de témoin assisté, durant l'instruction.

425 [Le **placement en détention provisoire**, jadis appelé détention préventive, et ainsi nommée par la loi du 17 juillet 1970, est aux termes de la loi du 15 juin 2000, décidé par un magistrat du siège, le juge des libertés et de la détention, distinct du juge d'instruction, qui auparavant décidait à la fois des actes d'information jugés par lui utiles à la manifestation de la vérité et des mesures de privation de liberté qui lui paraissaient s'imposer. Cette dissociation des fonctions d'instruction et d'éventuel placement en détention de personnes, alors pratiquement désignées comme coupables aux yeux de l'opinion, est bienvenue. Des réformes antérieures visant à la réaliser avaient tourné court. Il ne semble toutefois pas que ce progrès ait suffi, du moins pour l'instant, à mettre un terme au recours particulièrement abondant à la détention provisoire que connaît notre pays, nonobstant toutes les précisions textuelles qui visaient déjà à l'endiguer. Il était, en toute hypothèse, souhaitable de séparer l'office du juge d'instruction, dont il est indiqué expressément qu'il s'exerce « à charge et à décharge », des décisions touchant à la liberté individuelle.

Le juge des libertés et de la détention, saisi par une ordonnance motivée du juge d'instruction, ordonne ou prolonge la détention provisoire et connaît également des demandes de mise en liberté (art. 137-1, C. pr. pén.). Le placement en détention de la personne mise en examen est décidé au terme d'un débat contradictoire – si l'intéressé demande à disposer d'un délai pour préparer sa défense, il pourra être incarcéré pour une durée déterminée qui ne pourra excéder quatre jours ouvrables – la personne concernée pouvant être assistée d'un avocat, de son choix ou commis d'office. L'ordonnance de placement en détention provisoire doit être spécialement motivée. L'appel interjeté contre elle devant la chambre de l'instruction peut, s'il est effectué au plus tard le jour suivant la décision de placement en détention, s'accompagner d'une demande adressée au président de la chambre de l'instruction ou à son remplaçant de déclarer cet appel suspensif (art. 187-1, C. pr. pén.).

Les magistrats sont invités par le législateur à n'utiliser la détention provisoire que lorsque les obligations que peut comporter le contrôle judiciaire (limitation du champ territorial dans lequel peut se déplacer la personne visée, remise des pièces d'identité à la police ou à la gendarmerie, interdiction de rencontrer certaines personnes, fourniture d'un cautionnement...) apparaissent insuffisantes. Sauf si la personne visée s'est volontairement soustraite aux obligations du contrôle judiciaire, la privation de liberté ne peut intervenir qu'à l'encontre des personnes mises en examen en matière criminelle, ainsi qu'en matière correctionnelle si la peine encourue est égale ou supérieure à trois ans d'emprisonnement.

Elle n'est possible, à titre d'*ultima ratio*, que dans trois séries de cas : si elle est l'unique moyen de conserver les preuves ou les indices matériels ou d'empêcher soit une pression sur les témoins ou les victimes soit une concertation frauduleuse entre personnes mises en examen et complices ; si elle est l'unique moyen de protéger la personne mise en examen, de garantir son maintien à la disposition de la justice, de mettre fin à l'infraction ou de prévenir son renouvellement ; si elle est l'unique moyen de mettre fin à un trouble exceptionnel et persistant à l'ordre public provoqué par la gravité de l'infraction, les circonstances de sa commission ou l'importance du préjudice qu'elle a causé (art. 144, C. pr. pén.).

426 [Par ailleurs, le législateur a tenté de limiter, par un système complexe, la durée des détentions provisoires, que les lenteurs de l'instruction et les tentations de la routine n'ont que trop tendance à allonger. En matière correctionnelle, la détention ne peut excéder quatre mois si la personne mise en examen n'a pas déjà été condamnée pour crime ou délit de droit commun à une peine criminelle ou à une peine d'emprisonnement sans sursis d'une durée supérieure à un an et lorsqu'elle encourt une peine inférieure ou égale à cinq ans. Dans les autres cas et « à titre exceptionnel », peut intervenir une prolongation de la détention provisoire, pour une durée qui ne peut excéder quatre mois, par ordonnance motivée du juge des libertés et de la détention, rendue après un débat contradictoire. La durée totale de la détention ne peut normalement excéder un an (art. 145-1, C. pr. pén.). En matière criminelle, la détention ne peut excéder un an, mais peut être prolongée au terme de ce délai par une nouvelle ordonnance, pour une durée de six mois maximum. La durée totale de la détention ne peut normalement excéder deux ans lorsque la peine encourue est inférieure

à vingt ans de réclusion ou de détention criminelles et trois ans dans les autres cas. Dans les hypothèses exceptionnelles prévues par le texte, ce délai ne peut être supérieur à trois ou quatre ans (art. 145-2, C. pr. pén.).

Toutes ces dispositions résultent d'améliorations – auxquelles la loi du 9 septembre 2002 d'orientation et de programmation pour la justice n'apporte que des modifications ponctuelles – qui ont tendu à intégrer dans le Code de procédure pénale les impératifs résultant de l'article 5 de la Convention européenne des droits de l'homme. Celui-ci subordonne la validité de la détention d'une personne en vue de la conduire devant l'autorité judiciaire compétente à l'existence de raisons plausibles de soupçonner qu'elle a commis une infraction, à des motifs raisonnables de croire à la nécessité de l'empêcher de commettre une infraction ou à des motifs raisonnables de croire à la nécessité de l'empêcher de s'enfuir après l'accomplissement de l'infraction. Par ailleurs, toute personne arrêtée ou détenue pour ces motifs a le droit d'être jugée dans un délai raisonnable ou libérée pendant la procédure.

La Cour européenne des droits de l'homme a interprété ces exigences dans un sens favorable à la liberté : elle impose la mise en liberté « du moment où le maintien en détention cesse d'être raisonnable » et prescrit au juge national de vérifier qu'existe « une véritable exigence d'intérêt public justifiant une dérogation à la règle du respect de la liberté individuelle » (arrêt *Neumeister,* 27 juin 1968). Par ailleurs, elle interprète les termes de l'article 5 non comme offrant trois possibilités alternatives de détention avant jugement, mais comme subordonnant toujours celle-ci à l'existence et à la persistance de raisons plausibles de soupçonner la personne en cause d'avoir commis une infraction (arrêts *Lawless,* 1er juill. 1961 et *Stögmüller,* 10 nov. 1969), ceci parce que la finalité de la détention ici envisagée est la conduite de la personne en cause devant l'autorité judiciaire compétente.

Le délai raisonnable dans lequel doit être jugée la personne détenue est entendu par la Cour comme devant être plus bref que celui statué à l'article 6 de la Convention, précisément parce que la personne concernée se trouve privée de sa liberté. La Cour se refuse évidemment à indiquer *a priori* des plafonds en la matière : ainsi un délai de quatre ans a-t-il été jugé conforme aux exigences de l'article 5 dans une affaire particulièrement complexe de délinquance économique (arrêt *W. c/ Suisse*, 26 janv. 1993). La persistance des soupçons constitue une condition nécessaire, mais pas une condition suffisante : elle « ne suffit pas à justifier, au bout d'un certain temps, la prolongation de la détention » (arrêt *Stögmüller*). Celle-ci devra, alors, s'appuyer sur d'autres motifs, qui ne seront eux-mêmes pertinents que pendant un certain laps de temps : risque de pression sur les témoins, risque de fuite, préservation de l'ordre public lorsque l'infraction que l'intéressé est soupçonné d'avoir commise revêt une gravité particulière et a suscité un trouble dans l'opinion, soupçon d'une récidive probable... L'examen des circonstances de l'affaire opéré par la Cour de Strasbourg est minutieux et contraint le juge national à une motivation extrêmement circonstanciée des décisions de mise et de maintien en détention. Une motivation stéréotypée conduit immanquablement à une condamnation de l'État, comme en témoignent les formules employées par la Cour dans son arrêt *Clooth c/ Belgique* du 12 décembre 1991, où il est relevé que la plupart des décisions rejetant les demandes de mise en liberté « se bornaient à mentionner, sans plus, les besoins de l'instruction, quand ils ne se contentaient pas de renvoyer, par une formule stéréotypée, à une décision antérieure, remontant à plus de onze mois dans un cas ».

Le législateur français ne s'est pas seulement soucié, comme on l'a vu, de subordonner à des conditions strictes le recours à la détention provisoire, il a également indiqué, à l'article 144-1, ajouté par la loi du 30 décembre 1996, que « la détention provisoire ne peut excéder une durée raisonnable, au regard de la gravité des faits reprochés à la personne mise en examen et de la complexité des investigations nécessaires à la manifestation de la vérité », la mise en liberté immédiate s'imposant dès que les conditions requises pour la détention cessent d'être remplies. Les condamnations de la France en raison de leur violation ne sont cependant pas rares. Ainsi, dans l'affaire *Kemmache* (arrêt du 27 nov. 1991), la France est-elle condamnée à raison de la détention pendant une période de deux ans et neuf mois d'une personne inculpée d'introduction en France de monnaie contrefaite et de subornation d'autrui. La Cour examine successivement les motifs invoqués à l'appui du maintien en détention et les juge insuffisamment convaincants pour une période aussi longue : la gravité des faits et de la sanction encourue (la réclusion criminelle à perpétuité) ne saurait justifier, à elle seule, la détention avant jugement ; les impératifs de l'ordre public cessent d'être opérants au bout d'un certain temps (il faudrait démontrer que l'élargissement du détenu troublerait réellement l'ordre public) ; les risques de pression sur les témoins et les coinculpés ont disparu, dès lors que leurs déclarations ont été recueillies par le juge d'instruction ; le danger de fuite, s'il était vraisemblable durant un certain temps, n'avait plus été invoqué après une certaine date. On voit que la Cour se montre relativement exigeante.

Malgré les données internationales, constitutionnelles et législatives militant en sens contraire, la tendance à recourir à la détention provisoire reste particulièrement forte. C'est si vrai que lorsque la Cour d'assises de la Gironde a ordonné la mise en liberté de Maurice Papon, en rappelant que « la liberté demeure la règle et la détention l'exception », cette décision a provoqué une émotion considérable, justifiée, il est vrai, par ce que ce retour à la règle avait d'inhabituel et, du coup, de choquant au bénéfice d'un accusé de complicité de crimes contre l'humanité. En instituant une commission de suivi de la détention provisoire, chargée de réunir les données diverses concernant ce phénomène et de rédiger un rapport annuel, l'article 72 de la loi du 15 juin 2000 indique bien une volonté de renverser les pratiques en ce domaine.

427 [Il faut encore préciser que l'article 5 de la Convention européenne, dans son paragraphe 4, impose que toute personne privée de sa liberté dispose d'un recours devant un tribunal « afin qu'il statue à bref délai sur la légalité de sa détention et ordonne sa libération si la détention est illégale ». La Cour a estimé qu'un tel recours doit pouvoir être réitéré selon une périodicité raisonnable, de manière à ce qu'un juge puisse, à intervalles réguliers, s'assurer de la nécessité persistante de la privation de liberté (arrêts *X. c/ Royaume-Uni,* 5 nov. 1981 et *Van Droogenbroeck,* 24 juin 1982). Il est satisfait à ces exigences par le Code de procédure pénale, en particulier aux articles 148 (possibilité de demander à tout moment la mise en liberté au juge d'instruction, qui, s'il persiste à solliciter le maintien en détention, doit, dans les cinq jours suivant la communication du dossier au procureur de la République, transmettre la demande, avec son avis motivé, au juge des libertés et de la détention, qui doit lui-même statuer dans les trois jours ouvrables, faute de quoi la chambre de l'instruction pourra être directement saisie, elle-même devant statuer dans les vingt jours) et 148-4 (possibilité de saisir la chambre

de l'instruction d'une demande de mise en liberté, à l'expiration d'un délai de quatre mois depuis la dernière comparution devant le juge d'instruction) – v. aussi, pour l'appel, l'article 187-1. Au regard de la logique selon laquelle le maintien en liberté est le principe, la détention provisoire l'exception, on ne peut que s'étonner que le Conseil constitutionnel, dans sa décision du 29 août 2002, loi d'orientation et de programmation pour la justice, ait admis d'une part que le juge d'instruction devait motiver l'ordonnance par laquelle il décide de ne pas suivre les réquisitions du procureur de la République tendant au placement d'une personne en détention provisoire, d'autre part et surtout que les effets d'une ordonnance de mise en liberté puissent être suspendus pendant un délai maximal de deux jours ouvrables du seul fait que le procureur de la République faisant appel de cette ordonnance sollicite du premier président de la cour d'appel qu'il déclare cet appel suspensif. Cette dernière solution rend quelque peu dérisoire l'affirmation, déduite de la présomption d'innocence, que « lorsqu'un magistrat du siège a, dans la plénitude des pouvoirs que lui confère l'article 66 de la Constitution en tant que gardien de la liberté individuelle, décidé par une décision juridictionnelle qu'une personne doit être mise en liberté, il ne peut être fait obstacle à cette décision, fût-ce dans l'attente, le cas échéant, de celle du juge d'appel »...

428 [Enfin, le paragraphe 5 de l'article 5 prévoit que « toute personne victime d'une arrestation ou d'une détention contraires aux dispositions de cet article a droit à réparation ». La loi du 17 juillet 1970 (art. 149 et s., C. pr. pén.), même après sa modification par les articles 70 et 71 de la loi du 15 juin 2000, ne satisfait que partiellement à cette obligation, puisqu'elle ne prévoit l'allocation d'une indemnité à la personne ayant fait l'objet d'une détention provisoire que si la procédure s'est terminée à son égard par une décision de non-lieu, de relaxe ou d'acquittement devenue définitive, ce qui laisse sans réparation les victimes de privation de liberté abusives, dès lors qu'elles ont été condamnées, même à une peine éventuellement légère. En revanche, la loi du 30 décembre 1996 relative à la détention provisoire et aux perquisitions de nuit en matière de terrorisme a cessé d'exiger que le préjudice causé par la détention soit manifestement anormal et d'une particulière gravité. Une telle condition était, à l'évidence, contraire aux termes de l'article 5, paragraphe 5.

429[La cause la plus habituelle de privation de liberté réside dans les **condamnations à des peines d'emprisonnement, de réclusion ou de détention prononcées par les juridictions pénales.** La Convention européenne des droits de l'homme, dans son article 5, place en tête des hypothèses légitimes de privation de liberté la détention régulière après condamnation par un tribunal compétent. Le recours à l'enfermement comme sanction pénale paraît aujourd'hui aller de soi. Il n'en obéit pas moins à une logique remarquablement analysée par Michel Foucault (1975), celle d'une société de type disciplinaire utilisant la prison pour gérer les illégalismes. De cette logique, le Nouveau Code pénal ne permettra pas de sortir, en dépit de la volonté affichée de privilégier les peines de substitution à l'enfermement : la lecture de ses dispositions montre une tendance très nette à l'inflation quant à la fixation des peines dont sont assorties les incriminations... On notera cependant que la loi du 19 décembre 1997 consacrant le placement sous surveillance électronique comme modalité d'exécution des peines privatives de liberté prévoit que l'exécution d'une peine privative de liberté inférieure à un an pourra s'effectuer sous le régime du placement sous surveillance électronique. Décidé par le juge de l'application des peines, ce régime, qui suppose le consentement du condamné, donné en présence de son avocat, comporte interdiction de s'absenter de son domicile ou de tout autre lieu désigné par le juge. La vérification du respect de ces prescriptions est assurée grâce à un procédé électronique (bracelet) qui « doit garantir le respect de la dignité, de l'intégrité et de la vie privée de la personne ». La loi du 15 juin 2000 a, par ailleurs, tenté de rendre plus aisées les libérations conditionnelles dont peuvent bénéficier certains détenus.

Le régime organisé par l'ordonnance du 2 février 1945 relative à l'enfance délinquante comporte, lui aussi, la possibilité, pour les juridictions spécialisées, de prononcer diverses mesures privatives de liberté, plus ou moins proches de celles applicables aux adultes.

430[La **loi n° 90-527 du 27 juin 1990 relative aux droits et à la protection des personnes hospitalisées en raison de troubles mentaux et à leurs conditions d'hospitalisation** indique, par son intitulé même, une volonté de rompre avec la logique d'assistance et de police (Machelon, 1984, p. 1009) qui marquait la vieille loi du 30 juin 1838. Le principe posé par l'article L. 3211-1 du Code de la santé publique est que « nul ne peut être sans son consentement ou, le cas échéant, sans celui de son représentant légal, hospitalisé ou maintenu en hospitalisation dans un établissement accueillant des malades atteints de troubles mentaux hormis les cas prévus par la loi ». En ce qui concerne les personnes hospitalisées sans leur consentement, la loi précise que les restrictions à l'exercice de leurs libertés individuelles doivent être limitées à celles nécessitées par leur état de santé et la mise en œuvre de leur traitement. Il n'en reste pas moins que leur liberté individuelle subit une atteinte considérable, que la loi de 1990 s'est attachée à entourer de garanties.

Lorsqu'il s'agit d'une hospitalisation sur demande d'un tiers (autrefois appelée « placement volontaire »..., mais la volonté n'était pas celle du malade !), il est exigé que les troubles rendent le consentement du malade impossible et que son état impose des soins immédiats assortis d'une surveillance constante en milieu hospitalier. La demande d'admission est présentée soit par un membre de la famille du malade, soit par une personne susceptible d'agir dans l'intérêt de celui-ci, à l'exclusion des personnels soignants dès lors qu'ils exercent dans l'établissement d'accueil. Toutes les précautions sont prises pour éviter les abus : exigence de deux certificats médicaux circonstanciés, dont l'un établi par un médecin n'exerçant pas dans l'établissement accueillant le malade ; examen du malade dans les vingt-quatre heures suivant l'admission par un psychiatre de l'établissement d'accueil (il ne peut être l'auteur de l'un des certificats précédents) qui rédige un nouveau certificat ; visite du malade par deux psychiatres désignés par le préfet si l'hospitalisation est faite dans un établissement privé n'assurant pas le service public hospitalier. Dans les trois jours précédant l'expiration des quinze premiers jours de l'hospitalisation, un nouvel examen par un psychiatre a lieu et un certificat circonstancié est établi, qui peut conduire au maintien de l'hospitalisation pour une durée maximale d'un mois. Il est ensuite procédé ainsi tous les mois, si nécessaire.

Lorsqu'il s'agit d'une hospitalisation d'office (ex-placement d'office), il est exigé que les troubles mentaux compromettent l'ordre public (« de façon grave », précise désormais la loi du 4 février 2002 relative aux droits des malades et à la qualité du système de santé) ou la sûreté des personnes. La décision est prise par le préfet (à Paris, par le préfet de police) au vu d'un certificat médical circonstancié, qui ne peut émaner d'un psychiatre exerçant dans l'établissement accueillant le malade. La motivation, exigée par le texte, ainsi que par l'article 5, paragraphe 2 de la Convention européenne des droits de l'homme en cas de privation de liberté, peut se faire par référence à ce certificat médical, joint à l'arrêté préfectoral. Les conditions de mise à exécution de l'arrêté, en revanche, n'ont aucune incidence, aux yeux du Conseil d'État, sur sa conformité à l'article 5, paragraphe 2 – ce qui paraît douteux, au regard des exigences de la prééminence du droit telles que les a développées la jurisprudence de la Cour de Strasbourg – (CE, 3 nov. 1997, *Ministre de l'Intérieur c/ M.G.*, *Rec.* p. 409) : le défaut d'accomplissement, par l'administration, de son obligation d' « informer le plus rapidement possible [...] l'intéressé, d'une manière appropriée à son état » des motifs de la mesure de placement ne peut avoir que des conséquences indemnitaires (CE, Sect., 28 juill. 2000, *M.E.A.*, *RFD adm.* 2001, p. 1239, concl. Boissard). Dans les vingt-quatre heures suivant l'admission, un certificat médical est établi par un psychiatre de l'établissement. Mais, « en cas de danger imminent pour la sûreté des personnes, attesté par un avis médical ou, à défaut, par la notoriété publique, le maire et, à Paris, les commissaires de police arrêtent, à l'égard des personnes dont le comportement révèle des troubles mentaux manifestes, toutes les mesures provisoires nécessaires, à charge d'en référer dans les vingt-quatre heures au préfet qui statue sans délai » dans les formes ordinaires. Faute de décision préfectorale, ces mesures provisoires sont caduques au terme d'une durée de quarante-huit heures (art. L. 3213-2, C. santé publ.). Il est procédé à un examen régulier (au moins tous les mois) par un psychiatre de l'établissement. Dans les trois jours précédant l'expiration du premier mois d'hospitalisation, le préfet peut prononcer, après avis motivé d'un psychiatre, le maintien de l'hospitalisation d'office pour une nouvelle durée de trois mois. Le renouvellement est ensuite prononcé par le préfet pour des périodes de six mois, si nécessaire.

Lorsque l'hospitalisation d'office a été prononcée à l'initiative des autorités judiciaires, s'agissant de personnes ayant bénéficié d'une décision de relaxe ou d'acquittement en raison d'un trouble psychique ayant aboli leur discernement ou le contrôle de leurs actes au moment des faits (art. 122-1, NCP), il ne peut y être mis fin qu'après que deux psychiatres n'appartenant pas à l'établissement et désignés par le préfet auront tous deux, après examens séparés de l'intéressé, estimé que celui-ci n'est plus dangereux ni pour lui-même ni pour autrui.

Par ailleurs, toute personne hospitalisée sans son consentement ou retenue dans quelque établissement que ce soit qui accueille des personnes souffrant de troubles mentaux peut, à tout moment, saisir le juge des libertés et de la détention du tribunal de grande instance du lieu de la situation de l'établissement qui, statuant en la forme des référés après débat contradictoire et après les vérifications nécessaires, ordonne, s'il y a lieu, la sortie immédiate (art. L. 3211-12, C. santé publ.). Le droit de saisir ce magistrat appartient également au tuteur, au curateur, au conjoint, au concubin du patient, à tout parent, à toute personne susceptible d'agir dans son intérêt, à la personne qui a demandé l'hospitalisation ou au procureur de la République. Le juge des libertés et de la détention peut également se saisir d'office, par exemple après que son attention aura été appelée sur la situation d'un malade hospitalisé. Cette procédure simplifiée paraît de nature à offrir à la liberté individuelle une garantie efficace contre les internements arbitraires.

431 [Les **internements administratifs**, que de nombreux textes de circonstance avaient instaurés dans des périodes troublées et qui ont été trop longtemps tolérés à l'encontre de certaines catégories de personnes (ainsi des prostituées livrées, au mépris des libertés officiellement proclamées, à des détentions arbitrairement décidées par les autorités de police – v. Berlière, 1992), ont aujourd'hui, fort heureusement, disparu. Ils étaient contraires à l'article 5 de la Convention européenne, dès lors que n'était prévue aucune possibilité de recours juridictionnel permettant d'obtenir une mise en liberté. Seules les circonstances prévues à l'article 15 de la Convention (guerre ou autre danger public menaçant la vie de la nation) peuvent, dans la stricte mesure où la situation l'exige, venir légitimer des privations extra-judiciaires de liberté (arrêts *Lawless,* 1er juill. 1961, *Irlande c/ Royaume-Uni,* 18 janv. 1978 et *Brannigan et Mc Bride c/ Royaume-Uni,* 26 mai 1993). En revanche, subsistent des privations de liberté, plus ou moins importantes, dans le cadre des rapports disciplinaires existant au sein de certains services. L'admission récente des recours contentieux contre ce qui constituait, il y a peu de temps encore, des mesures d'ordre intérieur devrait diminuer l'arbitraire de ces pratiques (CE, Ass., 17 févr. 1995, *M. Marie* et *M. Hardouin, GAJA*, p. 761).

CHAPITRE 2

La liberté d'aller et venir

432 [« La liberté d'aller et venir est un principe de valeur constitutionnelle », énonce la décision du Conseil constitutionnel du 12 juillet 1979, à propos de la loi relative à certains ouvrages reliant les voies nationales ou départementales. Cette formulation a ensuite cédé la place à des solutions rattachant sans ambiguïté la liberté d'aller et venir à la liberté individuelle. Tel est le cas de la question, déjà évoquée, des contrôles d'identité : la décision des 19 et 20 janvier 1981 les analyse comme des atteintes à la liberté d'aller et venir, tandis que celle du 5 août 1993 les envisage exclusivement sous l'angle de la liberté individuelle. Il paraît donc acquis (et logique) que la liberté d'aller et venir constitue un corollaire de la liberté individuelle (v. cependant en sens contraire la décision du 16 juin 1999, loi portant diverses mesures relatives à la sécurité routière, qui dissocie à nouveau nettement « la liberté individuelle et la liberté d'aller et venir »).

Les problèmes posés par l'entrée et la sortie du territoire français et par les contrôles d'identité ayant déjà été étudiés, il reste à dire quelques mots de la liberté de se déplacer à l'intérieur du territoire national. Celle-ci peut d'abord subir des atteintes du fait de l'autorité judiciaire, tant au titre du contrôle judiciaire pendant l'instruction (la personne visée peut être astreinte à ne pas sortir des limites territoriales déterminées par le juge d'instruction, à ne pas se rendre en certains lieux ou à ne se rendre que dans des lieux déterminés par le juge d'instruction...) qu'à titre de peine complémentaire (aux termes de l'article 131-31 du Nouveau Code pénal, « la peine d'interdiction de séjour emporte défense de paraître dans certains lieux déterminés par la juridiction », elle ne peut excéder une durée de dix ans en cas de condamnation pour crime, cinq ans en cas de condamnation pour délit).

433 [L'autorité administrative ne peut évidemment s'arroger un semblable pouvoir. Le Conseil d'État a eu l'occasion de le rappeler en déclarant illégale une délibération de l'assemblée territoriale de la Polynésie française instituant une taxe de sortie à la charge des personnes quittant le territoire, qu'elles se rendent à l'étranger ou sur une autre partie du territoire français : ces dispositions « ont pour effet de porter atteinte à la liberté d'aller et venir, qui constitue une liberté fondamentale » (CE, 9 nov. 1992, *Président du gouvernement du territoire de la Polynésie française, RFD adm.* 1993, p. 570, concl. Lasvignes) ou en annulant le refus du Premier ministre d'abroger un décret de 1939 obligeant les citoyens français désireux de se rendre en Polynésie française à produire un certain nombre de documents (fiche spéciale d'identité, garantie de rapatriement...) en raison d'une atteinte non justifiée à « la liberté de circulation des citoyens sur le territoire de la République » (CE, Ass., 20 déc. 1995, *Mme Vedel, M. Jannot, RFD adm.* 1996, p. 313, concl. Delarue). Mais sur la base de l'article 8 de l'ordonnance du 2 novembre 1945 (« Les conditions de la circulation des étrangers en France seront déterminées par un décret pris sur le rapport du ministre de l'Intérieur »), le décret n° 46-448 du 18 mars 1946, après avoir énoncé que « les étrangers séjournent et circulent librement sur le territoire de la métropole » (on remarquera la restriction !) s'emploie à définir les limitations qui peuvent être apportées à ce droit. Tout d'abord, le ministre de l'Intérieur peut désigner par arrêté certains départements dans lesquels les étrangers ne pourront établir leur domicile sans obtention préalable d'une autorisation préfectorale. Il paraît très douteux que cette disposition, tout à la fois par sa généralité et son caractère discriminatoire, satisfasse au critère de justification dans une société démocratique des restrictions apportées, « dans certaines zones déterminées », au droit de circuler librement sur le territoire de l'État et d'y choisir librement sa résidence (art. 2, § 4 du 4e Protocole additionnel à la Convention européenne des droits de l'homme).

Par ailleurs, toujours en application de l'article 2 du décret du 18 mars 1946, un étranger non titulaire de la carte de résident peut se voir interdire, par arrêté du ministre de l'Intérieur, de résider dans un ou plusieurs départements lorsqu'il « doit, en raison de son attitude ou de ses antécédents, être soumis à une surveillance spéciale ». Dans une telle hypothèse, le préfet peut réduire au département ou, à l'intérieur de ce dernier, à une ou plusieurs circonscriptions de son choix la validité territoriale de la carte de séjour ou titre en tenant lieu dont l'intéressé est muni. Il faut regretter que le juge administratif n'exerce, pour l'instant, sur ces mesures qu'un contrôle restreint, alors pourtant qu'il est porté atteinte à une liberté que lui-même qualifie de fondamentale (TA Lille 10 nov. 1994, *M. Sefouane, RFD adm.* 1995, p. 131, concl. Laugier ; le commissaire du gouvernement cite deux arrêts, non publiés, du Conseil d'État s'en tenant à la censure de l'erreur manifeste : CE, 27 févr. 1987, *Zabala Mugira* et 28 avr. 1987, *Brena Rodriguez*). Dans ces conditions, il est douteux que ces dispositions répondent au critère de nécessité dans une société démocratique posé par le paragraphe 3 de l'article 2 du 4e Protocole à la Convention européenne des droits de l'homme pour déterminer la validité des restrictions au droit de libre circulation sur le territoire de l'État, d'autant qu'elles ne s'appliquent qu'aux étrangers non résidents, ce qui pose pour le moins problème au regard de l'article 14 de la Convention.

434 [Les circonstances exceptionnelles permettent aisément des atteintes à la liberté d'aller et venir (v. ainsi art. 5, 6 et 7 de la loi du 3 avr. 1955 instituant un état d'urgence). Mais, en toute hypothèse, les pouvoirs de police générale permettent également des restrictions à cette liberté, comme est venu le rappeler le problème posé par un certain nombre d'arrêtés municipaux visant à interdire la mendicité au centre des agglomérations puis par ceux instituant un « couvre-feu » à l'égard des mineurs de douze ou treize ans non accompagnés.

Ces pouvoirs de police ont donné lieu à une jurisprudence du Conseil d'État dont l'étude relève de l'enseignement du droit administratif. Rappelons cependant que les « dangers que présente la locomotion automobile » (CE, 8 août 1919, *Labonne, GAJA*, p. 224) ont de longtemps justifié l'exercice par l'administration d'importants pouvoirs. D'une manière générale, il appartient à l'administration d'arbitrer entre les différentes utilisations susceptibles d'être faites des dépendances du domaine public affectées à l'usage du public. Pour rejeter le recours d'une association qui contestait un arrêté autorisant le stationnement des véhicules sur le trottoir, le Conseil d'État rappelle qu'il appartient à l'autorité de police « de prendre les mesures nécessaires pour concilier, à tout moment et en tous lieux, les droits des usagers de la voie publique avec les exigences de la circulation automobile » (CE, Ass., 23 mars 1973, *Association « Les droits du piéton », Rec.*, p. 245). Ces pouvoirs peuvent également justifier la création de zones réservées aux piétons, celle-ci pouvant se réclamer d'un souci « d'assurer dans de meilleures conditions de sécurité, de commodité et d'agrément la circulation respective des piétons et des automobiles dans le centre de la ville » (CE, Sect., 8 déc. 1972, *Ville de Dieppe, Rec.*, p. 794).

S'agissant d'activités commerciales et, plus généralement, lucratives, s'exerçant sur la voie publique, leur réglementation est facilitée par la gêne qu'elles apportent immanquablement à la circulation générale et, donc, par le fait qu'elles se situent à la limite de l'utilisation normale du domaine public. S'il est interdit aux maires de subordonner de telles activités à la délivrance d'une autorisation (CE, Ass., 22 juin 1951, *Daudignac, GAJA*, p. 447), la jurisprudence leur reconnaît d'importants pouvoirs d'interdiction et de restriction, pourvu que les mesures prises ne revêtent pas une généralité excessive – mais le juge se montre assez peu exigeant pour les autorités administratives (v. ainsi CE, Sect., 25 janv. 1980, *Gadiaga, Rec.*, p. 44, concl. Rougevin-Baville). Ces principes ont été appliqués à la mendicité dans les rues : seuls les arrêtés d'interdiction limités dans l'espace et le temps sont légaux – ce qui ne signifie évidemment pas qu'ils témoignent de beaucoup d'humanité... étant précisé que les tribunaux administratifs se sont montrés ici très protecteurs de la liberté d'aller et venir, en estimant entachés d'une généralité excessive les arrêtés municipaux attaqués devant eux (TA Pau, 22 nov. 1995, *M. Couveinhes*, concl. Madec et TA Poitiers, 19 oct. 1995, *Abderrazak c/ Commune de La Rochelle, RFD adm.* 1996, pp. 373 et 377).

Quant aux arrêtés prescrivant que tout enfant de moins de douze ans circulant entre 23 heures et 6 heures sur le territoire de la commune sans être accompagné d'une personne majeure ou ayant autorité sur lui serait reconduit chez ses parents par la force publique ou, en cas d'absence des parents ou d'impossibilité d'identifier l'enfant, protégé « par les voies légales » – c'est-à-dire retenu dans les locaux de la police, c'est pour avoir accordé à l'administration un pouvoir d'exécution forcée de ses décisions qu'ils ont, dans un premier temps, été estimés illégaux (CE, ordonnance du Président de la Section du contentieux, 29 juill. 1997, *Préfet du Vaucluse*, *RFD adm.* 1998, p. 383, note P.-L. Frier). Mais, dès lors que sont respectées les contraintes inhérentes aux pouvoirs de l'autorité municipale, et notamment que l'exécution forcée de l'arrêté n'est prévue qu'en cas d'urgence, ce qu'autorise la théorie générale de l'acte administratif, la légalité de tels arrêtés a été admise, compte tenu du danger que le développement de la délinquance dans certains quartiers fait courir aux mineurs. Le maire ne peut cependant intervenir que si existent des « circonstances locales particulières » et doit faire la démonstration que les mesures prises sont « justifiées par l'existence de risques particuliers dans les secteurs pour lesquels elles sont édictées » et « adaptées par leur contenu à l'objectif de protection pris en compte » (CE, 9 juill. 2001, *Préfet du Loiret* et 27 juill. 2001, *Ville d'Étampes, AJDA* 2002, p. 351, note G. Armand). Ces règles amènent le juge à s'interroger, secteur par secteur, sur le caractère plus ou moins anormal du taux de délinquance, ce qui tout à la fois conduit à limiter le champ couvert par l'arrêté (c'est le cas dans les deux affaires précitées) et à accentuer la stigmatisation dont sont l'objet certains quartiers. Il est significatif que le principe de telles mesures ait été admis et qu'elles n'aient été jugées contradictoires ni avec les procédés moins contraignants (« correspondants de nuit ») par ailleurs mis en place, ni avec la législation visant à la protection des mineurs : l'autonomie de la notion de police administrative apparaît ici encore.

CHAPITRE 3

Le droit au respect de la vie privée

435 [On a vu que l'opposition d'une sphère privée et d'une sphère publique était essentielle dans une société libérale. Pour reprendre une formule éloquente de Sieyès, la République n'est pas la Ré-totale. Les descriptions de George Orwell dans *1984* n'ont été que trop souvent l'anticipation des réalisations des nombreux régimes totalitaires qui ont traversé le XXe siècle, mais aussi des possibilités ouvertes par les techniques les plus sophistiquées pour espionner la vie privée des citoyens, dans le cadre d'États officiellement libéraux. Constitutionnalisé d'une manière non dépourvue d'ambiguïté (v. *supra*), le droit au respect de la vie privée est consacré à l'article 8 de la Convention européenne des droits de l'homme, qui énonce : « Toute personne a droit au respect de sa vie privée et familiale, de son domicile et de sa correspondance », sous la réserve des restrictions prévues par la loi et nécessaires, dans une société démocratique, à la protection des valeurs énumérées au paragraphe 2 de cet article (défense de l'ordre et prévention des infractions pénales, protection de la morale, des droits et libertés d'autrui...).

On distinguera trois aspects de ce droit : l'inviolabilité du domicile, le libre choix de la vie privée et le secret de la vie privée.

SECTION 1.
L'INVIOLABILITÉ DU DOMICILE

436 [La Constitution de l'an VIII affirmait avec force, dans son article 76 : « La maison de toute personne habitant le territoire français est un asile inviolable. » Le Conseil constitutionnel, plus sobrement, a indiqué, dans sa décision du 29 décembre 1983 relative à la loi de finances pour 1984 (*GDCC*, p. 554) que l'article 66 de la Constitution « confie à l'autorité judiciaire la sauvegarde de la liberté individuelle sous tous ses aspects et notamment celui de l'inviolabilité du domicile ». Une fois encore, c'est donc entre les mains du juge judiciaire que se trouve remis le sort de ce principe, dans les conditions fixées par la loi.

L'« asile inviolable » l'est plus ou moins selon la période considérée. L'article 59 du Code de procédure pénale dispose : « Sauf réclamation faite de l'intérieur de la maison ou exceptions prévues par la loi, les perquisitions et les visites domiciliaires ne peuvent être commencées avant 6 heures et après 21 heures. » Les exceptions légales concernent les locaux – de quelque nature qu'ils soient – où on use en société de stupéfiants ou dans lesquels sont fabriqués, transformés ou entreposés illicitement des stupéfiants, sur autorisation du juge des libertés et de la détention ou du juge d'instruction, pour la seule recherche et constatation d'infractions liées au trafic de stupéfiants (art. 706-28, C. pr. pén.) et les lieux ouverts au public ou utilisés par le public (hôtel, club, cercle...) lorsqu'il est constaté que des personnes se livrant à la prostitution y sont reçues habituellement, pour la seule recherche et constatation d'infractions en matière de proxénétisme (art. 706-35, C. pr. pén.). L'absence, dans ce dernier cas, de décision judiciaire tient au fait qu'il s'agit seulement de lieux ouverts au public. On a vu que la décision du Conseil constitutionnel du 16 juillet 1996, loi tendant à renforcer la répression du terrorisme, avait limité l'admission des visites de nuit, en matière de terrorisme, aux seules enquêtes de flagrance, sur autorisation du juge judiciaire et sous réserve de garanties procédurales appropriées. La loi du 22 juillet 1996 permet donc, lorsque les nécessités de l'enquête de flagrance l'exigent, les visites, perquisitions et saisies de nuit, après autorisation écrite circonstanciée par le juge des libertés et de la détention (art. 706-24, C. pr. pén.). Celui-ci contrôle les opérations qu'il a autorisées, qui ne peuvent, à peine de nullité – dont le Conseil constitutionnel a précisé qu'elle était d'ordre public – avoir un autre objet que la recherche et la constatation des infractions en matière de terrorisme. La loi du 30 décembre 1996 relative à la détention provisoire et aux perquisitions de nuit en matière de terrorisme – qui n'a pas été déférée au Conseil constitutionnel – a ajouté à ces dispositions la possibilité, aux mêmes conditions formelles et procédurales, de visites de nuit en cas d'urgence, s'agissant d'actes de terrorisme punis d'au moins 10 ans d'emprisonnement lorsqu'il s'agit d'un crime ou d'un délit flagrant, lorsqu'il existe un risque immédiat de disparition des preuves ou des indices matériels ou lorsqu'il existe des présomptions qu'une ou plusieurs personnes se trouvant dans les locaux où la perquisition doit avoir lieu se préparent à commettre de nouveaux actes de terrorisme (art. 706-24-1, C. pr. pén.). On est ici en présence d'hypothèses exceptionnelles, encore qu'elles se prêtent à des dérives qu'il appartient aux magistrats d'éviter.

Durant le jour (du moins dans sa définition légale), les officiers de police judiciaire ne peuvent légalement procéder à des perquisitions ou saisies qu'en cas de crime ou de délit flagrant puni d'emprisonnement (Cass. crim., 30 mai 1980, *D.* 1981, p. 533, note Jeandidier), sauf assentiment exprès de la personne chez laquelle l'opération a lieu – sous réserve, ici encore, des dispositions spécifiques en matière de terrorisme (art. 706-24, C. pr. pén.), d'infraction à la législation sur les armes et les explosifs et de stupéfiants (art. 76-1, C. pr. pén.), sur décision du juge des libertés et de la détention – ou commission rogatoire du juge d'instruction. Celui-ci peut effectuer ou faire effectuer des perquisitions « dans tous les lieux où peuvent se trouver des objets dont la découverte serait utile à la manifestation de la vérité » (art. 94, C. pr. pén.), dans le respect des droits de la défense et du secret professionnel. D'une manière générale, les perquisitions dans le cabinet d'un avocat ou à son domicile ne peuvent être effectuées que par un magistrat (à l'exclusion des officiers de police judiciaire) et en présence du bâtonnier ou de son délégué, ceci pour éviter toute violation abusive du secret professionnel dont l'article 4 de la loi du 7 avril 1997 a réaffirmé l'étendue. Des dispositions similaires s'appliquent, s'agissant du cabinet (mais non du domicile) des médecins, notaires, avoués ou huissiers. Les correspondances échangées entre l'avocat et son client ne peuvent évidemment être saisies, sans quoi on porterait dangereusement atteinte aux droits de la défense, mais la Cour de cassation a réaffirmé sa jurisprudence autorisant la saisie et le refus de restitution « de documents saisis dans le cabinet d'un avocat et couverts par le secret professionnel, dès lors que leur maintien sous la main de la justice en vue de déterminer l'existence d'infractions pénales est nécessaire à la manifestation de la vérité et qu'il ne porte pas atteinte aux droits de la défense » (Cass. crim., 30 juin 1999, *D.* 1999, p. 458, note J. Pradel). La loi du 15 juin 2000 a mis en place une procédure permettant au bâtonnier ou à son délégué de s'opposer à la saisie d'un document, lorsqu'il estime que celle-ci serait irrégulière : le document est alors placé sous scellé fermé et transmis au juge des libertés et de la détention, qui décide après un débat contradictoire (art. 56-1, C. proc. pén.).

Depuis quelques temps, le législateur a, sous l'impulsion du Conseil constitutionnel, aligné sur ces principes les dispositions gouvernant la recherche des fraudes fiscales (art. L. 38 du *Livre des procédures fiscales*) et des délits douaniers (art. 64, C. douanes) : sauf en cas de flagrant délit, chaque visite doit être autorisée par une ordonnance du juge des libertés et de la détention, qui en assure le contrôle directement ou par l'intermédiaire d'un officier de police judiciaire qu'il désigne. Cette évolution était indispensable, compte tenu également du fait que la faiblesse des garanties offertes, « trop lâches et lacunaires » en l'absence de toute intervention d'un juge, constituait aussi une violation de l'article 8 de la Convention européenne, comme l'a relevé la Cour européenne des droits de l'homme dans ses arrêts *Funke, Crémieux* et *Miailhe c/ France* du 25 février 1993.

Il faut encore ajouter que la Cour européenne a adopté une conception large du terme **domicile**, y incluant certains locaux professionnels ou commerciaux (en l'espèce, un cabinet d'avocat), afin de ne pas risquer de compromettre, par une interprétation trop étroite, l'objet et le but de l'article 8 (arrêt *Nimietz c/ Allemagne,* 16 déc. 1992). Le droit français ne paraît pas contredire une telle conception.

SECTION 2.
LE LIBRE CHOIX DE LA VIE PRIVÉE

437 [La faculté de déterminer librement sa vie privée est la manifestation même de l'existence d'une sphère privée soustraite aux ingérences

étatiques. La Cour européenne des droits de l'homme a défini en termes très généraux les corollaires du droit au respect de la vie privée garanti à l'article 8 de la Convention, indiquant « Bien qu'il n'ait été établi dans aucune affaire antérieure que l'article 8 de la Convention comporte un droit à l'autodétermination en tant que tel, la Cour considère que la notion d'autonomie personnelle reflète un principe important qui sous-tend l'interprétation des garanties de l'article 8 », avant de se référer au « principe de l'autonomie personnelle, au sens du droit d'opérer des choix concernant son propre corps » (arrêt *Pretty c/ Royaume-Uni* du 29 avr. 2002). On étudiera en premier lieu la liberté de se marier, quoiqu'elle résulte de l'article 12 et non de l'article 8 de la Convention européenne, en second lieu celle d'opérer les choix quant à l'orientation de son existence personnelle.

438 [**La liberté de se marier**

Dans sa décision du 13 août 1993 relative à la loi sur la maîtrise de l'immigration (*GDCC*, p. 825), le Conseil constitutionnel a consacré « le principe de la liberté du mariage qui est une des composantes de la liberté individuelle » et censuré, en conséquence, une disposition qui permettait au procureur de la République, saisi par l'officier d'état civil, de décider, dans un délai de quinze jours, qu'il serait sursis à la célébration du mariage pour une durée pouvant aller jusqu'à trois mois, sans que sa décision soit assortie d'une voie de recours. Ce pouvoir pouvait s'exercer en présence d'indices sérieux laissant présumer que le mariage n'est envisagé que dans un but autre que l'union matrimoniale, c'est-à-dire essentiellement dans le cas de mariages destinés à permettre à celui des époux n'ayant pas la nationalité française de bénéficier d'un titre de séjour. Une fois de plus, le Conseil constitutionnel condamne donc une atteinte à la liberté individuelle dont le contrôle était retiré à un magistrat du siège.

Les régimes d'autorisation préalable qui s'appliquaient au mariage de certains fonctionnaires ont progressivement disparu, à la seule exception des militaires en activité de service désirant épouser un ressortissant étranger et des militaires servant à titre étranger (art. 14 de la loi du 13 juill. 1972 portant statut général des militaires). Compte tenu du caractère particulièrement dérogatoire de ce régime, le Conseil d'État a jugé que seuls des motifs tirés de l'intérêt de la Défense nationale pouvaient justifier une décision ministérielle de refus et a exercé un contrôle entier sur ladite décision (CE, 15 déc. 2000, *Nerzic, RFD adm.* 2001, p. 725, concl. Bergeal, note J. Gourdou et S. Perdu).

439 [Une fois célébré, le mariage peut-il se voir privé par l'autorité administrative de certaines des conséquences qui y sont normalement attachées ? À cette question, le Conseil d'État a, d'une manière à notre sens critiquable, répondu par l'affirmative. Par un avis rendu en Section à la demande d'un tribunal administratif (9 oct. 1992, *M. Abihilali, RFD adm.* 1993, p. 175, concl. Abraham), après avoir rappelé qu'en principe, un acte de droit privé opposable aux tiers l'est également à l'administration tant qu'il n'a pas été déclaré nul par le juge judiciaire, il a réservé le cas de fraude. La demande de carte de séjour peut alors être refusée par le préfet « s'il est établi de façon certaine [...] que le mariage a été contracté dans le but exclusif d'obtenir un titre de séjour ». Le commissaire du gouvernement avait écarté l'argument pris d'un empiètement sur les prérogatives du juge judiciaire en faisant valoir que le mariage en lui-même n'était pas affecté et continuait de produire l'intégralité de ses effets civils. Il nous semble cependant grave d'autoriser une autorité administrative, même dans des conditions strictement définies, à paralyser un effet que la loi a entendu attacher au mariage (v. *contra* Rubellin-Devichi, 1993, p. 166).

440 [L'article 12 de la Convention européenne des droits de l'homme proclame que « à partir de l'âge nubile, l'homme et la femme ont le droit de se marier et de fonder une famille selon les lois nationales régissant l'exercice de ce droit ». La Cour a sensiblement limité la faculté, pour les législations nationales, d'aménager l'exercice du droit : aucune atteinte à sa substance même ne peut être tolérée. Ainsi a été déclarée contraire à la Convention l'interdiction de remariage d'un an infligée au requérant dans le cadre d'une procédure de divorce, en application de la loi suisse (arrêt *F. c/ Suisse,* 18 déc. 1987).

441 [En revanche, le droit au divorce ne peut être déduit du droit au mariage, comme l'a indiqué la Cour dans son arrêt *Johnston et autres* du 18 décembre 1986 (la présence de l'Irlande parmi les États signataires de la Convention interdisait en toute hypothèse l'inclusion du droit au divorce dans le texte de la Convention). La France, on le sait, connaît trois formes de divorce : le divorce par consentement mutuel, introduit par la loi du 11 juillet 1975, le divorce pour rupture de la vie commune et le divorce pour faute (art. 229, C. civ.). Le consensus existant autour de cette institution a rendu inutile, pour l'instant, la question de savoir si le droit au divorce était constitutionnellement garanti.

442 **Concubinage et PACS**

Le concubinage, de plus en plus répandu, tend à s'assimiler au mariage, au moins pour ce qui concerne certains droits reconnus aux deux partenaires. La loi du 15 novembre 1999 relative au pacte civil de solidarité a inséré dans le Code civil un article 515-8, qui indique : « Le concubinage est une union de fait, caractérisée par une vie commune présentant un caractère de stabilité et de continuité, entre deux personnes, de sexe différent ou de même sexe, qui vivent en couple. » Cette disposition est destinée à faire échec à la jurisprudence de la Cour de cassation refusant d'assimiler concubinage homosexuel et hétérosexuel (de son côté, la Cour de justice des Communautés européennes a décidé, comme la Cour de cassation, que « les relations stables entre deux personnes du même sexe ne sont pas assimilables aux relations entre personnes mariées ou aux relations stables hors mariage entre personnes de sexe opposé », dans son arrêt du 17 février 1998, *Lisa Jacqueline Grant c/ South-West Trains Ltd,* aff. C-249/96, *Rec.* p. I-621, concl. Elmer – v. la position similaire adoptée par la Commission européenne des droits de l'homme, fondée, de manière très discutable, sur la protection de la famille, rappelée par la décision du 10 février 1990, *B. c/ Royaume-Uni, DR* 64, p. 278).

Le législateur français ne s'en est tenu ni à cette assimilation des concubinages hétérosexuel et homosexuel, ni à l'octroi aux partenaires d'un couple homosexuel des droits normalement issus d'une cohabitation insusceptible de déboucher sur le mariage (entre autres, droit à la continuation du contrat de location du logement en cas de décès du partenaire, avantages fiscaux et successoraux, droit au bénéfice de la qualité d'ayant droit au titre de la Sécurité sociale). Il a mis en place par une loi du 15 novembre 1999, un pacte civil de solidarité (PACS), que l'article 515-1 du Code civil définit comme « un contrat conclu par deux personnes physiques majeures, de sexe différent ou de même sexe, pour organiser leur vie commune ». Issu de propositions de loi, le texte a été discuté dans une atmosphère particulièrement tendue, l'essentiel du débat portant sur la nature du PACS : « contrat par lequel un couple qui ne veut ni ne peut se marier s'engage dans la durée », selon les termes de Mme Guigou, garde des Sceaux (AN, séance du 12 oct. 1999, *JO* débats, p. 7149), pour ses partisans, le PACS est, aux yeux de ses détracteurs, « une monstruosité juridique qui ne peut trouver sa place entre l'institution républicaine du mariage et le droit général des contrats » (P. Gélard, Sénat, séance du 17 mars 1999, *JO* débats, p. 1520). L'approche purement contractualiste, à vrai dire, est peu convaincante : tout en niant que le pacte soit une institution, Mme Guigou indiquait que « les deux personnes signataires du PACS ont voulu, s'engager, dans la durée, *aux yeux de la société* » (souligné par nous ; Sénat, 17 mars 1999, *JO* débats, p. 1515) et que, du fait du texte, le mode de vie à deux dans la durée « entre également dans la sphère symbolique » (AN, séance du 12 oct. 1999, *JO* débats, p. 7149). La création d'une nouvelle catégorie juridique, fût-elle de nature contractuelle, ne peut, en effet, que signifier une reconnaissance par le législateur des situations en question (sans quoi les démarches indiquées précédemment eussent suffi). En ce qui concerne les couples hétérosexuels, la création d'une possibilité intermédiaire entre le concubinage et le mariage ne s'imposait guère. Il s'est donc bien agi d'une démarche visant essentiellement les couples homosexuels, dont il n'est pas sûr que l'Assemblée nationale ait pris le temps de mesurer tous les enjeux. Pierre Legendre énonce bien le principal d'entre eux : « Dans la sphère publique, au sens juridique, il s'agit de garantir les repères de la raison, c'est-à-dire à la fois d'assurer l'égalité de l'un et l'autre sexe dans la reproduction, de sauvegarder les images de l'homme et de la femme, d'en faire des images fondatrices du père et de la mère par le relais du droit. Or, la raison instituée passe par la cohérence du montage, l'exigence d'un nouage conséquent entre l'identité biologique, psychique et sociale » (1998, p. 13).

En dépit des précisions ajoutées par la décision du Conseil constitutionnel du 9 novembre 1999, le texte qui, n'étant pas issu d'un projet de loi, n'a pu bénéficier de l'avis du Conseil d'État, souffre de nombreuses imperfections quant aux règles applicables aux souscripteurs d'un pacte, ce qui a entraîné, au départ, des difficultés, dont certaines étaient dues à des renseignements erronés fournis par l'administration. Celle-ci s'est d'ailleurs vu rappeler que « lorsqu'une loi crée une situation juridique nouvelle, il appartient au pouvoir réglementaire, afin d'assurer la pleine application de la loi, de tirer toutes les conséquences de cette situation nouvelle en apportant, dans un délai raisonnable, les modifications à la réglementation applicable qui sont rendues nécessaires par les exigences inhérentes à la hiérarchie des normes et, en particulier, aux principes généraux du droit tels que le principe d'égalité » (CE, Ass., 28 juin 2002, *M. Villemain, AJDA* 2002, p. 586, chron. F. Donnat et D. Casas). Ce même arrêt indique

que les partenaires liés par un pacte civil de solidarité, s'ils ne peuvent prétendre à un statut entièrement semblable à celui applicable à deux conjoints, ne peuvent pas non plus se voir refuser le bénéfice d'avantages patrimoniaux consentis à ces derniers – d'où la nécessaire intervention du pouvoir réglementaire.

La possibilité, pour les couples homosexuels, d'adopter un enfant fait l'objet de revendications insistantes. La jurisprudence traditionnelle du Conseil d'État rejette les recours en annulation dirigés contre les refus d'agrément en vue de l'adoption d'un enfant étranger ou d'un pupille de l'État, lorsque ces refus sont motivés par l'engagement du candidat dans une relation homosexuelle. Dans son arrêt du 26 février 2002, *Fretté c/ France*, la Cour européenne des droits de l'homme a refusé, à une très courte majorité (4 voix contre 3), d'y voir une violation des articles 8 et 14 de la Convention : le traitement différent des refus d'agrément sollicités par les homosexuels a été considéré comme reposant sur une base objective et raisonnable, compte tenu de la large marge d'appréciation consentie aux États dans un domaine où il n'y a guère de communauté de vues entre les États membres du Conseil de l'Europe et à propos duquel « la communauté scientifique – et plus particulièrement les spécialistes de l'enfance, les psychiatres et les psychologues – est divisée sur les conséquences éventuelles de l'accueil d'un enfant par un ou des parents homosexuels ». Le Conseil d'État a alors maintenu sa jurisprudence, l'arrêt du 5 juin 2002, *Mlle B., AJDA* 2002, p. 615, concl. Fombeur, se refusant à considérer comme illégale la référence au « défaut de repères identificatoires dû à l'absence d'image ou de référent paternel » et acceptant que la relation homosexuelle stable dans laquelle était engagée la requérante puisse être légalement prise en considération « au regard des besoins et de l'intérêt d'un enfant adopté ». Cette motivation nous paraît de nature à « garantir les repères de la raison », au sens où l'entend Pierre Legendre.

443 [Le libre choix de son existence personnelle

Dans la conception européenne libérale, dont la Cour européenne des droits de l'homme est le porte-parole, les ingérences étatiques dans le droit au respect de la vie privée doivent être d'autant plus limitées que sont en cause des aspects plus intimes de la vie privée (arrêt *Dudgeon,* 22 oct. 1981). La Cour suprême des États-Unis d'Amérique est loin d'adopter une telle attitude : dans son arrêt *Bowers v. Hardwick* de 1986, *GACS*, p. 1055, elle confirme la loi d'un État qui incriminait pénalement la sodomie (même accomplie dans le cadre de relations conjugales) au motif qu'il est impossible à la Cour de dégager un droit non explicitement énoncé si l'histoire et la tradition ne l'ont pas implicitement consacré et que l'homosexualité et la sodomie ne font pas partie de l'histoire et de la tradition d'une société qui ne les a ni encouragées ni même acceptées. Mais, sur ce dernier point, on notera que dans son arrêt *Romer v. Evans*, 116 S. Ct. 1620 (1996), la Cour suprême a déclaré inconstitutionnel un amendement à la Constitution du Colorado excluant que les réglementations destinées à lutter contre les discriminations puissent s'appliquer lorsqu'était en cause l'orientation sexuelle. L'égalité était ici évidemment violée au détriment des homosexuels, à qui une protection légale était arbitrairement refusée (v. chron. D. Meltzer et G. Scoffoni, *RFD const.* 1996, p. 624). Ces deux décisions sont, à bien des égards, contradictoires.

Le libéralisme européen, quant à lui, considère qu'il est interdit à l'État de s'immiscer dans les comportements sexuels, sauf pour la protection des mineurs. L'indignation soulevée par le procès pour homosexualité qui a abouti à la condamnation d'Oscar Wilde et par les persécutions nazies à l'encontre des homosexuels a contribué à faire évoluer les mentalités, ce qui a progressivement conduit à une dépénalisation de l'homosexualité entre majeurs consentants. La Cour européenne des droits de l'homme a déclaré contraires à l'article 8 de la Convention les législations retardataires (arrêts *Dudgeon, Norris c/ Irlande,* 26 oct. 1988 et *Modinos c/ Chypre,* 22 avr. 1993), y compris lorsqu'il s'agit de pratiques impliquant plus de deux personnes (arrêt *A.D.T. c/ Royaume-Uni* du 31 juill. 2000). Elle a toutefois refusé d'étendre ce libéralisme à des pratiques sado-masochistes entre adultes consentants : le cadre sexuel des activités incriminées est effacé, aux yeux de la Cour, par le fait que des lésions et blessures ont été occasionnées (arrêt *Laskey, Jaggard et Brown c/ Royaume-Uni* du 19 févr. 1997).

444 [Mais il ne suffit pas de ne pas poursuivre pénalement certains comportements, encore faut-il qu'ils n'exposent pas leurs auteurs à des traitements défavorables. Ici encore, les conceptions européenne et américaine différent. Ainsi la Cour suprême a-t-elle refusé de se prononcer sur le licenciement de deux employés d'une bibliothèque publique qui vivaient en concubinage et avaient eu un enfant ensemble, après que l'homme eut quitté sa femme sans divorcer d'avec elle : la Cour n'a pas récusé le raisonnement du conseil d'adminis-

tration de la bibliothèque, selon lequel il serait imprudent de donner l'impression d'accepter l'adultère et l'existence d'un enfant naturel (*Hollenbaugh v. Carnegie Free Library*, 1978) ! Au rebours de cette attitude, les articles 225-1 et suivants du Nouveau Code pénal français incriminent non seulement les discriminations raciales, sexuelles et liées à l'état de santé, mais aussi celles opérées à raison de la situation de famille, des mœurs, des opinions politiques et des activités syndicales des personnes, lorsqu'elles consistent à leur refuser la fourniture d'un bien ou d'un service, à entraver l'exercice normal de leurs activités économiques, à refuser de les embaucher, à les sanctionner ou les licencier... Quant à elle, la Cour européenne des droits de l'homme a jugé que l'impossibilité absolue, pour les homosexuels, de faire partie des forces armées méconnaissait le droit au respect de la vie privée consacré par l'article 8 de la Convention (arrêts *Lustig-Prean et Beckett* et *Smith et Grady c/ Royaume-Uni* du 27 sept. 1999) – cpr. CJCE 11 janv. 2000, *Kreil*, aff. C-285/98, *Rec.* p. I-69.

Section 3. Le secret de la vie privée

445 [Amoureux déçu par le départ de sa petite amie pour un stage de formation du Parti, le héros du livre de Milan Kundera, *La Plaisanterie*, lui envoie, par défi, une carte postale où il écrit : « L'optimisme est l'opium du genre humain ! L'esprit sain pue la connerie. Vive Trotski ! Ludvik. » Cette plaisanterie brisera la vie de son auteur, privé du droit de poursuivre ses études et exclu du Parti pour intellectualisme... On ne saurait mieux illustrer combien il est précieux, pour l'individu, de pouvoir maintenir certains propos, certaines opinions, certains comportements à l'abri de la curiosité du pouvoir et du public. Ce droit à l'intimité, au secret, passe par l'inviolabilité des correspondances, le droit de s'opposer à certaines publications et la protection contre le stockage de certaines données.

§ 1. L'inviolabilité des correspondances

446 [Elle est acquise depuis longtemps pour la correspondance écrite, en réaction contre le « cabinet noir » de l'Ancien Régime ou l'ouverture

des plis pendant la guerre. L'article 432-9 du Nouveau Code pénal incrimine « le fait, par une personne dépositaire de l'autorité publique ou chargée d'une mission de service public, agissant dans l'exercice ou à l'occasion de l'exercice de ses fonctions ou de sa mission, d'ordonner, de commettre ou de faciliter, hors les cas prévus par la loi, le détournement, la suppression ou l'ouverture de correspondances ou la révélation du contenu de ces correspondances » (v. aussi, pour les particuliers, l'art. 226-15).

Le Code de procédure pénale autorise les officiers de police judiciaire en cas d'enquête de flagrance (art. 56 et 57) et le juge d'instruction (art. 81 et 97) à procéder à la saisie et à la prise de connaissance de tous documents, sous la réserve du respect du secret professionnel et des droits de la défense (ceux-ci, rappelons-le, font obstacle à l'interception de la correspondance de la personne mise en examen avec son avocat). Les textes généraux autorisant l'ouverture des correspondances sont heureusement rares – ainsi, l'article 66 du Code des douanes relatif au contrôle douanier des envois par la poste prend-il soin d'indiquer qu'« il ne peut, en aucun cas, être porté atteinte au secret des correspondances ». En revanche, certaines situations particulières autorisent un contrôle de la correspondance de ceux qui s'y trouvent placés. L'exemple le plus caractéristique est celui des détenus : l'article D. 415 du Code de procédure pénale dispose que « les lettres adressées aux détenus ou envoyées par eux doivent être écrites en clair et ne comporter aucun signe ou caractère conventionnel », l'article D. 416 que « les lettres de tous les détenus, tant à l'arrivée qu'au départ, peuvent être lues aux fins de contrôle », à l'exception de la correspondance avec leur défenseur, l'aumônier de l'établissement et certaines autorités administratives et judiciaires françaises. Les correspondances sont retenues lorsqu'elles contiennent des menaces précises contre la sécurité des personnes ou celle des établissements pénitentiaires.

Ces dispositions sont conformes aux indications qui résultent de la jurisprudence de la Cour européenne des droits de l'homme, telle qu'elle s'est développée depuis l'origine et a été précisée notamment dans l'arrêt *Campbell c/ Royaume-Uni* du 25 mars 1992, sous la réserve d'ajouter aux cas où le courrier ne peut être lu celui échangé avec la Cour européenne des droits de l'homme, ainsi d'ailleurs qu'avec le Comité des droits de l'homme et tous organismes internationaux dont la France a accepté qu'ils puissent être saisis de recours individuels.

447 [La question des correspondances téléphoniques a été moins facile à résoudre : il a fallu attendre fort longtemps que le Parlement se décide à légiférer ; quant à la pratique, elle semble avoir quelque mal à se plier aux contraintes de l'État de droit… S'agissant de la liberté individuelle, il convient, ici encore, de distinguer selon que l'atteinte qui y est portée émane d'une autorité judiciaire ou administrative.

448 [Pour les écoutes téléphoniques pratiquées dans le cadre d'une instruction pénale, la faculté, pour le juge d'instruction, de les ordonner a longtemps été rattachée au seul article 81 du Code de procédure pénale, qui lui confère le pouvoir de procéder « à tous les actes d'information qu'il juge utiles à la manifestation de la vérité ». Cette base légale était évidemment trop fragile pour justifier une ingérence dans le droit au respect de la correspondance téléphonique, dont l'article 8 de la Convention européenne exige qu'elle soit « prévue par la loi », ce qui suppose un minimum de précision, en vertu d'une jurisprudence constante de la Cour européenne des droits de l'homme (ainsi dans l'arrêt *Malone* du 2 août 1984, la Cour précise que « la loi doit user de termes assez clairs pour indiquer à tous de manière suffisante en quelles circonstances et sous quelles conditions elle habilite la puissance publique à opérer pareille atteinte secrète, et virtuellement dangereuse, au droit au respect de la vie privée et de la correspondance »).

En dépit des efforts de la Cour de cassation pour définir par voie prétorienne des règles limitant le recours aux écoutes téléphoniques (en particulier, l'exclusion de tout artifice ou stratagème, de manière à exclure toute provocation et l'obligation de respecter la confidentialité des relations entre la personne concernée et son avocat), la Cour a estimé que ce corps de règles restait fragmentaire et lacunaire, compte tenu de son silence sur certains points essentiels, comme la définition des catégories de personnes susceptibles d'être mises sur écoute, la nature des infractions justifiant une mise sous écoute, la durée de l'exécution de la mesure, les conditions de transcription des écoutes, l'obligation de détruire les enregistrements réalisés. La France fut donc condamnée pour n'avoir pas procuré le « degré minimal de protection voulu par la prééminence du droit dans une société démocratique » (arrêts *Kruslin* et *Huvig*, 24 avr. 1990).

La loi du 10 juillet 1991 relative au secret des correspondances émises par la voie des télécommunications s'emploie enfin à combler les lacunes dénoncées par la Cour. En ce qui concerne les interceptions ordonnées par l'autorité judiciaire, « le juge d'instruction peut, lorsque les nécessités de l'information l'exigent, prescrire l'interception, l'enregistrement et la transcription de correspondances émises par la voie des télécommunications », mais uniquement en matière criminelle et en matière correctionnelle si la peine encourue est égale ou supérieure à deux ans d'emprisonnement. On relèvera d'abord qu'aux termes de ce qui est désormais l'article 100 du Code de procédure pénale, seul le juge d'instruction peut ordonner des écoutes téléphoniques, à l'exclusion des officiers de police judiciaire, même agissant dans le cadre d'une enquête de flagrance – ce qui résultait déjà de la jurisprudence antérieure de la Cour de cassation (Ass. plén., 24 nov. 1989, *Baribeau, D.* 1990, p. 34 et chron. Pradel, *D.* 1990, p. 15 et Crim., 15 mai 1990, *Bacha Baroudé, JCP* 1990.II.21541). Ensuite que toute correspondance émise par la voie des télécommunications est concernée, ce qui vise non seulement les échanges téléphoniques, mais aussi par exemple les messages transmis par télécopieur ou le courrier électronique.

Les opérations ordonnées par le juge d'instruction sont effectuées sous son autorité et son contrôle. La décision, qui doit être motivée et précise, est prise pour une durée maximum de quatre mois, mais peut être renouvelée dans les mêmes conditions de forme et de durée. Il doit être dressé procès-verbal des opérations effectuées, les enregistrements doivent être placés sous scellés fermés, leur transcription, par le juge d'instruction ou l'officier de police judiciaire commis par lui, ne peut concerner que ce qui est utile à la manifestation de la vérité, elle est versée au dossier. La destruction des enregistrements, dont il est dressé procès-verbal, intervient à l'expiration du délai de prescription de l'action publique. Il est encore précisé qu'aucune interception ne peut avoir lieu sur une ligne dépendant du cabinet d'un avocat ou de son domicile sans que le bâtonnier en soit informé par le juge d'instruction, ceci sans préjudice de la jurisprudence antérieure de la Cour de cassation interdisant de méconnaître la confidentialité des relations du suspect ou de la personne mise en examen avec son conseil. La loi de 1991 satisfait donc aux prescriptions de la Convention européenne quant aux « écoutes judiciaires ».

449 [Elle s'emploie, par ailleurs, à réglementer les « écoutes administratives », sous le nom d'« interceptions de sécurité ». Celles-ci peuvent être autorisées « à titre exceptionnel », pour « rechercher des renseignements intéressant la sécurité nationale, la sauvegarde des éléments

essentiels du potentiel scientifique et économique de la France, ou la prévention du terrorisme, de la criminalité et de la délinquance organisées et de la reconstitution ou du maintien de groupements dissous en application de la loi de 1936 sur les groupes de combat et les milices privées » (art. 3 de la loi). On notera le caractère limitatif de cette énumération, qui restreint les interférences avec des écoutes judiciaires à des cas extrêmes, comme le terrorisme ou les activités mafieuses (à l'exclusion, par exemple, d'une hypothèse comme celle de l'affaire *Schuller-Maréchal,* de décembre 1994 à février 1995, où rien de tout cela n'était même allégué !).

L'autorisation de telles écoutes ne peut émaner que du Premier ministre ou d'une des deux personnes spécialement déléguées par lui, par décision écrite et motivée, sur proposition, également écrite et motivée, du ministre de la Défense, du ministre de l'Intérieur ou du ministre chargé des Douanes ou de la personne que chacun d'eux aura spécialement déléguée. Les autorisations, dont le nombre est limité, ne peuvent être données que pour une durée maximum de quatre mois, mais sont renouvelables. La transcription des conversations interceptées ne peut être faite que dans la mesure où il s'agit de renseignements en relation avec l'un des objectifs énumérés par l'article 3. Les enregistrements effectués doivent être détruits à l'expiration d'un délai de dix jours, les transcriptions doivent l'être dès que leur conservation n'est plus indispensable à la réalisation des fins mentionnées à l'article 3, procès-verbal étant dressé de ces opérations de destruction.

Une autorité administrative indépendante, la Commission nationale de contrôle des interceptions de sécurité, est chargée de veiller au respect de ces dispositions. Présidée par une personnalité désignée, pour une durée de six ans, par le président de la République, sur une liste de quatre noms dressée conjointement par le vice-président du Conseil d'État et le premier président de la Cour de cassation, elle comprend également un député et un sénateur désignés par le président de la chambre à laquelle ils appartiennent. Le président de la Commission reçoit, dans les quarante-huit heures, communication de la décision motivée du Premier ministre accordant une autorisation. S'il éprouve des doutes sur la régularité de la décision, il réunit la Commission qui statue, dans un délai très bref. Lorsqu'elle estime que l'autorisation méconnaît les dispositions de la loi, la Commission recommande au Premier ministre d'y mettre fin. La

Commission peut également, de sa propre initiative ou sur réclamation de toute personne y ayant un intérêt direct et personnel, procéder au contrôle de toute interception de sécurité en vue de vérifier sa régularité et de recommander, le cas échéant, qu'elle soit interrompue. La Commission rédige également un rapport annuel sur ses activités, qui est rendu public.

Le système de contrôle mis en place par la loi du 10 juillet 1991 est quelque peu paradoxal, puisqu'alors même que la Commission estime une écoute illégale, le Premier ministre reste libre de la maintenir, à l'inverse de ce que prévoit le système allemand, qui assure par ailleurs une représentation de l'opposition, en tant que telle, au sein du comité chargé de contrôler les écoutes de ce type (dans le système français, la représentation de l'opposition ne procède que d'un usage qui s'est fort heureusement instauré). Dans son arrêt *Klass et autres* du 6 septembre 1978, la Cour européenne des droits de l'homme n'a déclaré ce système de contrôle conforme à la Convention qu'après avoir relevé ces deux caractéristiques. Il est à souhaiter que les garanties offertes soient accrues, notamment par un renforcement des pouvoirs conférés à la Commission. Quoi qu'il en soit, les auteurs d'interceptions illégales encourent par ailleurs les sanctions pénales qui les punissent au même titre que les auteurs d'un attentat au secret des correspondances postales, ce qui permet de réintroduire le juge dans la protection de la vie privée, avec, il est vrai, le retard inhérent à la répression pénale (art. 432-9 et 226-15, NCP).

Depuis 1991 se trouve donc protégé un aspect essentiel de ce que M. Pettiti appelait, dans son opinion concordante sur l'arrêt *Malone,* la reconnaissance du droit de l'individu à être « laissé seul », en ajoutant : « L'homme, de nos jours, a besoin de voir préserver son identité, de refuser la transparence complète de la Société, de garder le secret de sa personnalité. »

§ 2. Le droit de s'opposer aux publications portant atteinte à l'intimité de la vie privée

450 [Il se produit ici un conflit entre deux libertés constitutionnellement garanties : la liberté d'expression et le droit au respect de la vie privée. Cherchant à séduire lecteurs, auditeurs ou téléspectateurs, les

médias ont une tendance marquée à flatter leur goût pour les informations sur l'intimité des personnalités. Encore cette tendance estelle moins débridée en France qu'en Grande-Bretagne ou en Allemagne, par exemple. L'affaire *Caillaux* a sans doute profondément imprégné les mœurs de la presse française : *Le Figaro,* hostile à l'impôt sur le revenu que voulait imposer Caillaux, alors ministre des Finances, avait entrepris à son encontre une violente campagne et menaçait de publier les lettres qu'encore marié à sa première femme, Caillaux avait adressées à celle qui allait devenir sa seconde femme. Celle-ci, violemment émue, se rendit dans le bureau de Calmette, directeur du journal, et l'abattit. Elle fut acquittée par la cour d'assises, qui tint compte du trouble qu'avait occasionné la menace d'une aussi grossière intrusion dans sa vie intime.

451 [La jurisprudence, sur la base de l'article 1382 du Code civil, accordait réparation aux victimes de divulgations fautives sur leur vie privée. La loi du 17 juillet 1970 tendant à renforcer la garantie des droits individuels des citoyens alla plus loin, en proclamant dans ce qui devint l'article 9 du Code civil : « Chacun a droit au respect de sa vie privée » et en précisant les moyens de protection donnés aux tribunaux : « Les juges peuvent, sans préjudice de la réparation du dommage subi, prescrire toutes mesures, telles que séquestre, saisie et autres, propres à empêcher ou faire cesser une atteinte à l'intimité de la vie privée ; ces mesures peuvent, s'il y a urgence, être ordonnées en référé. »

À la vérité, ce pouvoir de prononcer des mesures préventives est redoutable, s'agissant de la liberté de la presse. Dès avant la loi de 1970, les tribunaux avaient énergiquement limité le recours aux mesures de saisie : « La liberté de la presse est la règle. La saisie d'une publication est une mesure exceptionnelle que la juridiction des référés n'a le pouvoir d'ordonner qu'en cas d'urgence, c'est-à-dire si l'atteinte portée à la vie privée du demandeur présente un caractère intolérable et cause un dommage que l'allocation ultérieure de dommages-intérêts par le juge du fond ne saurait compenser » (TGI Paris, réf. 21 févr. 1970, *JCP* 1970.II.16293). Cette doctrine, confortée par des références à l'article 11 de la Déclaration de 1789 et à l'article 10 de la Convention européenne des droits de l'homme qui consacrent la liberté d'expression, s'est maintenue de manière constante. Elle nous paraît devoir être pleinement approuvée, compte tenu de la conciliation à opérer entre deux libertés : la saisie, négation pure et simple de la liberté de la presse, n'est effectivement concevable que si le préjudice causé par la publication est extrêmement grave (cela peut être le cas si la personne concernée est mineure, ou si la révélation est particulièrement choquante). Il a également été jugé que l'interdiction de publier un ouvrage non encore écrit n'était pas compatible avec les exigences de la liberté d'expression (TGI Paris, 18 nov. 1998, *D.* 1999, p. 462, note D. Rebut, à propos d'un projet de biographie concernant la vie privée d'Alain Delon). À défaut de saisie, le juge des référés peut prononcer diverses mesures adaptées aux circonstances : il peut ordonner l'insertion d'un encart dans un livre, l'impression d'un bandeau noir rendant méconnaissables les traits d'une personne sur une photographie, allouer des dommages-intérêts à titre provisionnel, ordonner la publication d'un communiqué dans le prochain numéro d'un périodique...

Le plus souvent, c'est l'allocation d'une indemnité par les juges du fond qui réparera l'atteinte portée à la vie privée. L'importance de la somme accordée sera fonction de celle du préjudice subi, c'est-à-dire de la nature de la révélation dommageable, de la position sociale de la personne (un chanteur de variété ou un homme politique doivent s'attendre à faire l'objet d'une curiosité plus vive qu'un professeur ou un magistrat...) et de son attitude antérieure (une personne qui étale complaisamment sa vie privée des années durant subit un préjudice moindre, en cas de publication indésirable, qu'une autre qui a toujours observé la plus grande discrétion).

452 [Quels sont les éléments protégés au titre de la vie privée ? Outre le droit à l'image, il s'agit de la vie sentimentale et sexuelle, des relations familiales, de l'état de santé et, plus généralement, du comportement intime de la personne. Mais la frontière entre la vie privée et la vie publique doit être appréciée compte tenu des circonstances et sans apporter d'obstacles injustifiés à la liberté d'expression. Il est admis en jurisprudence que le respect dû à la vie privée cesse d'être invocable, dès lors que l'information dont il s'agit est utile à l'appréciation des actes de la vie publique de la personne. Ainsi, l'adresse et le montant des loyers d'un homme politique et de sa famille peuvent-ils être portés à la connaissance du public si les intéressés se trouvent être locataires d'une collectivité publique où cet homme politique exerçait d'importantes fonctions de responsabilité – mais il n'en va pas de même de particuliers qui ne sont pas dans cette situation. Cette logique a conduit les tribunaux à faire aisément sortir du

domaine de la vie privée les indications se rapportant au patrimoine des personnages publics, notamment des chefs d'entreprise. En revanche, n'est pas admissible le fait d'ajouter à une chronique consacrée à des grandes affaires criminelles des précisions relatives à la vie privée actuelle d'une personne impliquée dans l'un de ces procès, et qui vit à présent retirée : il n'y a ici aucune « nécessité pour l'information du public » (TGI Paris 18 déc. 1991, *Légipresse* 1992, III, p. 1, note Gras). De même, la cour d'appel de Paris, dans un arrêt du 24 février 1998 (*D.* 1998, p. 225, note Beignier), a-t-elle ordonné sous astreinte l'insertion d'un communiqué par deux hebdomadaires qui avaient publié une photographie du préfet Erignac gisant sur la chaussée quelques instants après son assassinat, en relevant que cette publication « au cours de la période de deuil des proches parents de Claude Erignac, constitue, dès lors qu'elle n'a pas reçu l'assentiment de ceux-ci, une profonde atteinte à leurs sentiments d'affliction, partant à l'intimité de leur vie privée ». Cette solution a été confirmée par la Cour de cassation sur le fondement, selon nous très contestable, de l'atteinte portée par ce cliché à la dignité de la personne humaine (Cass. civ. 1re, 20 déc. 2000, *D.* 2001, p. 885).

L'interdiction en référé (v. Cass. 16 juill. 1997, *Légipresse*, 1997, III, p. 137, concl. contr. Le Foyer de Costil), confirmée ensuite au fond, du livre du Dr. Gubler, ancien médecin de F. Mitterrand, constitue un cas-limite : le livre, intitulé *Le Grand secret*, était consacré à la maladie dont avait souffert l'ancien président de la République et à la manière dont celui-ci l'avait vécue. Le viol du secret médical, la trahison de la confiance du malade, dont la publication de l'ouvrage suivait la mort de quelques jours, l'implication de ses proches l'ont ici emporté, aux yeux des magistrats, sur le fait qu'était en cause la répercussion qu'a pu avoir son état de santé sur le comportement d'un président de la République dans l'exercice de ses fonctions, alors surtout qu'en publiant régulièrement un bulletin de santé, celui-ci avait manifesté la volonté de faire entrer cette question dans le domaine public. Cette affaire a, par ailleurs, permis de préciser que « le droit d'agir pour le respect de la vie privée s'éteint au décès de la personne concernée, seule titulaire de ce droit », ce qui interdit aux héritiers de se prévaloir de ce droit (Cass. civ. 1re, 14 déc. 1999, *D.* 2000, p. 372, note B. Beignier).

453 [La répression pénale, quant à elle, est réservée aux cas les plus graves de méconnaissance du respect dû à la vie privée. L'article 226-1

du Nouveau Code pénal punit « le fait, au moyen d'un procédé quelconque, volontairement de porter atteinte à l'intimité de la vie privée d'autrui : 1° en captant, enregistrant ou transmettant, sans le consentement de leur auteur, des paroles prononcées à titre privé ou confidentiel ; 2° en fixant, enregistrant ou transmettant, sans le consentement de celle-ci, l'image d'une personne se trouvant dans un lieu privé ». Le consentement des intéressés n'est présumé que si les actes en question ont été accomplis ostensiblement, sans qu'ils s'y soient opposés. La conservation, l'utilisation ou la diffusion des enregistrements ou documents obtenus illicitement sont également punissables. Il s'agit ici de cas particulièrement inacceptables d'espionnage de personnes privées, qui sont incriminés depuis la loi du 17 juillet 1970.

§ 3. La protection contre le stockage de certaines données

454 La généralisation de l'usage de l'informatique et des moyens de paiement électroniques, la multiplication des possibilités d'enregistrement et de stockage des données constituent pour les libertés une menace grave, dans la mesure où il devient aisé de reconstituer minutieusement l'ensemble des activités d'une personne à laquelle on s'intéresse. L'affaire de corruption liée au match de football ayant opposé L'Olympique de Marseille au club de Valenciennes, durant l'été 1993, en a fourni une saisissante illustration : le témoignage apporté par un ancien ministre put être démenti par l'utilisation combinée des données enregistrées sur un magnétoscope, une carte bancaire et une carte de paiement automatique des péages autoroutiers, tandis que les allégations de corruption étaient corroborées par le relevé des numéros appelés à partir d'une chambre d'hôtel (v. l'article d'Éric Inciyan, *Le Monde,* 22-23 août 1993).

455 Pour tenter de parer aux risques de cette surveillance généralisée, la loi du 6 janvier 1978 relative à l'informatique, aux fichiers et aux libertés a été l'une des premières dans le monde à adopter un dispositif de protection. Elle repose sur le principe que « toute personne a le droit de connaître et de contester les informations et les raisonnements utilisés dans les traitements automatisés dont les résultats lui sont opposés » (art. 3) et sur les pouvoirs conférés à une auto-

rité administrative indépendante, la Commission nationale de l'informatique et des libertés (CNIL). Les traitements automatisés d'informations nominatives opérés pour le compte d'une personne publique sont décidés par un acte réglementaire pris après avis de la CNIL – si cet avis est défavorable, il ne peut y être passé outre que par décret pris sur avis conforme du Conseil d'État. Lorsqu'il s'agit de personnes privées, le traitement doit simplement faire l'objet d'une déclaration auprès de la CNIL, celle-ci étant tenue d'en délivrer récépissé, dès lors que le dossier présenté comprend toutes les précisions requises par la loi ainsi que l'engagement que le traitement satisfait aux exigences de la loi (CE, Sect., 6 janv. 1997, *Caisse d'épargne Rhône-Alpes-Lyon*, *AJDA* 1997, p. 206 et p. 156, chron. Chauvaux et Girardot). Mais une déclaration simplifiée suffit pour les traitements répondant aux normes simplifiées arrêtées par la CNIL – ce sont ceux qui sont insusceptibles de menacer les libertés. La CNIL dispose de tous pouvoirs de contrôle et de vérification permettant d'éviter les abus ou de les dénoncer au Parquet. Elle rédige un rapport annuel, rendu public, au président de la République.

La loi définit les conditions de collecte, d'enregistrement et de conservation des informations nominatives. La collecte des informations doit se faire dans la transparence, leur conservation dans le respect de la sécurité que les personnes concernées sont en droit d'en attendre, notamment l'absence de leur communication à des tiers non autorisés. Certaines informations ne peuvent être stockées : « Il est interdit de mettre ou conserver en mémoire informatisée, sauf accord exprès de l'intéressé, des données nominatives, qui, directement ou indirectement, font apparaître les origines raciales ou les opinions politiques, philosophiques ou religieuses ou les appartenances syndicales ou les mœurs des personnes », cette interdiction ne s'appliquant pas aux groupements à caractère religieux, philosophique, politique ou syndical pour le registre de leurs membres ou correspondants et étant susceptible d'exception « pour des motifs d'intérêt public » sur proposition ou avis conforme de la CNIL par décret en Conseil d'État (art. 31). Le système est globalement satisfaisant, en dépit de certaines défaillances, comme celle apparue lors de l'édiction du décret du 27 février 1990 relatif aux fichiers gérés par les services des renseignements généraux, pris sur avis conforme de la CNIL, qui autorisait à consigner « des informations nominatives qui font apparaître l'origine ethnique en tant qu'élément de signalement »... et qui dut être retiré en raison de l'ampleur des protestations (décret du 3 mars 1990). Dans sa décision du 22 avril 1997, loi portant diverses dispositions relatives à l'immigration, le Conseil constitutionnel, s'est référé, dans l'hypothèse où serait établi un fichier relatif aux certificats d'hébergement, aux « dispositions protectrices de la liberté individuelle prévues par la législation relative à l'informatique, aux fichiers et aux libertés ». La même décision, admettant la constitution d'un traitement automatisé des empreintes digitales des étrangers sollicitant la délivrance d'un titre de séjour, en situation irrégulière en France ou faisant l'objet d'une mesure d'éloignement du territoire, compte tenu de l'application des garanties liées à la loi du 6 janvier 1978, a, en revanche, censuré la disposition permettant l'accès des policiers et gendarmes aux données du fichier informatisé des empreintes digitales des demandeurs du statut de réfugié. Le Conseil a estimé que la confidentialité de ces données, garantie essentielle du droit d'asile, en réservait l'accès aux agents de l'Office français de protection des refugiés et apatrides, habilités à mettre en œuvre ce droit de caractère constitutionnel. Dans sa décision du 29 décembre 1998, loi de finances pour 1999, il a admis la possibilité pour certaines administrations financières, fiscales et douanières d'utiliser le numéro d'inscription du répertoire national d'identification des personnes physiques, pour éviter les erreurs d'identité et vérifier les adresses des personnes concernées, en ayant égard au caractère limité de ces finalités, à l'existence du secret professionnel, aux possibilités d'intervention de la CNIL ainsi qu'à la pleine application de la loi de 1978, à laquelle un brevet d'efficacité est ainsi décerné (v. également en ce sens les décisions du 23 juillet 1999, loi portant création d'une couverture maladie universelle, et du 9 novembre 1999, loi relative au pacte civil de solidarité). Il reste évidemment de surcroît à déterminer dans quelle mesure la CNIL a véritablement prise sinon sur la totalité, du moins sur l'essentiel du phénomène.

Ces dispositions de la loi du 6 janvier 1978 recoupent assez largement celles de la Convention pour la protection des personnes à l'égard du traitement automatisé des données à caractère personnel conclue au sein du Conseil de l'Europe le 28 janvier 1981 (v. décret du 15 nov. 1985). Le Conseil d'État, entérinant en cela la jurisprudence de la CNIL, a reconnu l'applicabilité directe de la Convention, étendant la protection renforcée de l'article 31 de la loi aux « données à caractère personnel relatives à la santé ou à la vie sexuelle » ou « concernant des condamnations pénales » mentionnées à l'article 6 de la Convention (CE, Sect., 18 nov. 1992, *Ligue internationale contre le racisme et l'antisémistisme et autres, AJDA* 1993, p. 213, note Letteron). Mais on peut déplorer que l'interprétation combinée de la loi et de la convention par le Conseil d'État conduise à une lecture minimaliste des obligations pesant sur l'administration (v. note Letteron).

La directive communautaire 95/46 du 24 octobre 1995 relative à la protection des personnes physiques à l'égard du traitement des données à caractère personnel et à la libre circulation de ces données vise à créer les conditions d'une libre circulation de celles-ci entre États membres, en garantissant un seuil minimal de protection de la vie privée dans tout l'espace communautaire. Fondée sur une préférence donnée au contrôle *a posteriori* sur le contrôle *a priori* de conformité des traitements à la loi par l'autorité indépendante chargée du contrôle (Fauvet, 1998, p. 111), la directive imposera une refonte du mécanisme mis en place par la loi de 1978 – v. le rapport au Premier ministre (Braibant, 1998) faisant le point de la question. La nouvelle législation devra évidemment tenir compte des impératifs constitutionnels évoqués ci-dessus.

456 [Quant à la vidéosurveillance dans les lieux publics ou accessibles au public, elle est réglementée par l'article 10 de la loi d'orientation et de programmation relative à la sécurité du 21 janvier 1995 (v. aussi le décret du 17 oct. 1996, *JO* du 20 oct., et la circulaire du 22 oct. 1996, *JO* du 7 déc. 1996). Sauf utilisation pour la constitution d'un fichier nominatif, les enregistrements visuels de vidéosurveillance ne relèvent pas du champ d'application de la loi de 1978 et donc de la compétence de la CNIL, contrairement à ce que celle-ci avait préconisé dans sa délibération du 21 juin 1994 (*JO* 28 juin, p. 9350). Les garanties qui entourent la mise en œuvre de la vidéosurveillance par les autorités publiques compétentes sont définies de manière beaucoup plus souple que ne l'avait recommandé la CNIL : la loi ne fait aucune référence au principe de proportionnalité que la CNIL avait souhaité imposer et se contente d'autoriser le recours à cette technique « aux fins d'assurer la protection des bâtiments et installations publics et de leurs abords, la sauvegarde des installations utiles à la défense nationale, la régulation du trafic routier, la constatation des infractions aux règles de la circulation ou la prévention des atteintes à la sécurité des personnes et des biens dans des lieux particulière-

ment exposés à des risques d'agression ou de vol » ou « dans des lieux et établissements ouverts au public particulièrement exposés à des risques d'agression ou de vol, aux fins d'y assurer la sécurité des personnes et des biens ».

Dans sa décision du 18 janvier 1995, le Conseil constitutionnel a déclaré ces dispositions conformes à la Constitution, à l'exception de celle prévoyant que le silence gardé par le préfet pendant un délai de quatre mois sur une demande d'autorisation valait octroi de celle-ci, compte tenu des risques que peut comporter pour la liberté individuelle l'installation d'un système de vidéosurveillance. Pour le reste, il a estimé suffisantes les garanties octroyées par la loi : information claire et permanente du public de l'existence d'un tel système ; interdiction de visualiser les images *(sic)* de l'intérieur des immeubles d'habitation ou, de façon spécifique, celles de leurs entrées ; avis d'une commission départementale présidée par un magistrat du siège avant l'installation d'un tel système (sauf en matière de défense nationale) ; imposition de toutes les prescriptions utiles par le préfet dans son autorisation ; droit d'accès aux enregistrements au profit des personnes concernées et droit pour elles de vérifier leur destruction dans le délai d'un mois maximum (sauf enquête de flagrant délit, enquête préliminaire ou information judiciaire) ; droit de s'adresser à la commission départementale en cas de difficulté, sans préjudice de la saisine du juge judiciaire, au besoin en la forme du référé ; existence de sanctions pénales en cas de méconnaissance de ces dispositions.

En dépit des quelques réserves d'interprétation émises par le Conseil constitutionnel, ces garanties apparaissent pourtant assez fragiles : en particulier, même si elle doit, dans sa composition, présenter des garanties d'indépendance, comme l'a exigé le Conseil constitutionnel, la commission départementale n'a qu'une compétence consultative et ses avis ne sont pas rendus publics (pas plus que la décision préfectorale d'autorisation n'a à être motivée). On est sensiblement en deçà de la recommandation de la CNIL, qui avait attiré l'attention sur les risques importants liés à la généralisation de la vidéosurveillance, risques encore accrus par l'évolution des techniques qui, avec le traitement numérique des images, en multiplie de manière considérable les possibilités de traitement et de stockage, dans des conditions difficilement contrôlables.

Comme la Cour européenne des droits de l'homme l'a souligné dans son arrêt *Rotaru c/ Roumanie* du 4 mai 2000, « des données de nature publique peuvent relever de la vie privée lorsqu'elles sont, d'une manière systématique, recueillies et mémorisées dans des fichiers tenus par les pouvoirs publics. Cela vaut davantage encore lorsque ces données concernent le passé lointain d'une personne ». À chaque fois, la Cour y insiste, devront donc être mises en place les garanties nécessaires à la prohibition de l'arbitraire, c'est à savoir la définition par la loi du genre d'informations pouvant être consignées, des catégories de personnes susceptibles de faire l'objet de telles mesures, des circonstances les justifiant, des personnes ayant accès aux informations conservées, de la procédure à suivre, de l'ancienneté des données pouvant être stockées, des contrôles à mettre en place. Seules l'accumulation de telles contraintes (v. ainsi l'art. 29 de la loi du 15 nov. 2001 relative à la sécurité quotidienne, à propos de la conservation, par les opérateurs de télécommunication, des données relatives aux communications achevées) et leur effectivité sont à même d'empêcher l'avènement du « *Big Brother* » redouté par Orwell.

TITRE IV

LA LIBERTÉ D'EXPRESSION

457 [« La liberté d'expression constitue l'un des fondements essentiels de pareille société [la société démocratique], l'une des conditions primordiales de son progrès et de l'épanouissement de chacun » énonce la Cour européenne des droits de l'homme dans son arrêt *Handyside* du 7 décembre 1976. La formule utilisée par le Conseil constitutionnel dans sa décision des 10 et 11 octobre 1984 relative à la loi visant à limiter la concentration et à assurer la transparence financière et le pluralisme des entreprises de presse (*GDCC*, p. 589) semble lui faire écho : la liberté de communication des pensées et des opinions constitue, dit le Conseil, « une liberté fondamentale, d'autant plus précieuse que son exercice est l'une des garanties essentielles du respect des autres droits et libertés et de la souveraineté nationale ».

De fait, l'ampleur de la liberté d'expression est l'un des meilleurs indicateurs du caractère authentiquement libéral d'une société : tout glissement vers l'autoritarisme se traduit immanquablement par des restrictions (souvent d'apparence anodine, mais il n'est rien d'anodin en cette matière...) apportées à la liberté d'expression ; inversement, la conquête de la liberté passe au premier chef par celle de la liberté d'expression. Dans les combats pour la liberté de la presse, c'est peu dire que chaque mot compte, les signes de ponctuation ont également leur importance comme en témoignent les débats qui ont entouré la reconnaissance de cette liberté dans les derniers temps de l'Union soviétique. Aux libéraux qui souhaitaient un texte ainsi rédigé : « La liberté de la presse est garantie. La censure est abolie », s'opposaient les conservateurs qui défendaient la rédaction suivante : « La liberté de la presse est garantie : la censure est abolie », de manière à épuiser dans l'abolition de la censure les effets de cette liberté.

Il n'est que trop clair que la négation de la liberté d'expression prélude à d'autres exactions : les bûchers où les nazis, après leur prise de pouvoir, brûlaient les livres d'écrivains libéraux, d'avant-garde ou juifs (il était d'ailleurs possible de relever de plusieurs de ces catégories) en témoignent, qui en annonçaient d'autres... Les discours de Goebbels sur l'art allemand « authentique », négateur de toute modernité et de toute complexité, rejoignent, d'une manière significative, ceux de Jdanov sous Staline, pourchassant les « déviations bourgeoises » en littérature, en musique et en peinture, au nom d'un « réalisme socialiste », censé être directement accessible aux masses et se signalant surtout par sa niaiserie. « Oublier cette vérité [l'importance de l'art national], dit Jdanov, cela signifie perdre la ligne directrice, perdre son visage, devenir des cosmopolites sans attaches » – on remarquera la constante de la lutte contre le « cosmopolitisme » dans le vocabulaire de la régression (sur le jdanovisme, v. le dossier d'*Art press*, n° 13, déc. 1977).

458 [Compte tenu de l'importance et de la spécificité de la jurisprudence de la Cour européenne des droits de l'homme et du Conseil constitutionnel sur cette question, il est nécessaire de l'évoquer dans un chapitre préliminaire, avant d'examiner le régime des différentes modalités que peut revêtir la liberté d'expression : liberté de la presse (ou de la parole publique, soumise au même régime), liberté des spectacles, liberté de l'audiovisuel et liberté de réunion.

Il faut rappeler, auparavant, que l'État exerce également un contrôle sur la langue elle-même, c'est-à-dire sur ce qui constitue la condition de toute parole. Victor Klemperer a relevé scrupuleusement, au jour le jour, les déformations que l'idéologie nazie imprimait à la langue : « Le nazisme s'insinua dans la chair et le sang du grand nombre à travers des expressions isolées, des tournures, des formes syntaxiques qui s'imposaient à des millions d'exemplaires et qui furent adoptées de façon mécanique et inconsciente » (1947, p. 38). Il montre que ce qu'il appelle la LTI (*Lingua Tertii Imperii*, langue du IIIe Reich) « s'efforce par tous les moyens de faire perdre à l'individu son essence individuelle, d'anesthésier sa personnalité, de le transformer en tête de bétail, sans pensée ni volonté, dans un troupeau mené dans une certaine direction et traqué [...] La LTI est la langue du fanatisme de masse » (1947, p. 47), avant d'en noter des traits caractéristiques (pauvreté, prégnance du vocabulaire militaire, racisme, mobilisation d'un fanatisme de type religieux, romantisme, usage systématique du superlatif, etc.). En ce qui concerne la France – non sans avoir rappelé le travail majeur de Roland Barthes sur le langage et les effets de pouvoir qu'il dissimule, notamment dans *Mythologies* (1957), et le livre de Gérard Miller sur le discours pétainiste (1975) – il est remarquable que la création de l'Académie française par Richelieu en 1634 soit précisément contemporaine de l'affirmation définitive du pouvoir central et signifie sa volonté de codifier et d'imposer les règles de la langue française. Cette volonté étatique n'a pas disparu, comme en témoignent des épisodes récents, mais a fait l'objet d'une opportune limitation par le Conseil constitutionnel, dans sa décision du 29 juillet 1994 à propos de la loi relative à l'emploi de la langue française (*AJDA* 1994, p. 731, note Wachsmann). Le Conseil y indique en effet que la liberté de communication des idées et des opinions proclamée par la Déclaration de 1789 « implique le droit pour chacun de choisir les termes jugés par lui les mieux appropriés à l'expression de sa pensée ; que la langue française évolue, comme toute langue vivante, en intégrant dans le vocabulaire usuel des termes de diverses sources, qu'il s'agisse d'expressions issues de langues régionales, de vocables dits populaires ou de mots étrangers ». Si cette conception méconnaît la force de contrainte attachée à la langue, elle n'en a pas moins le mérite de limiter les interventions étatiques dont celle-ci fait l'objet. Les polémiques actuelles relatives à la « féminisation » de certains noms de métier, de fonction ou de titre (faut-il dire « la ministre », « la directrice » de ministère ?) reposent la question de l'activisme étatique en la matière. L'accès des femmes à ces métiers, fonctions ou titres sera-t-il facilité par une féminisation qui méconnaît l'absence de genre neutre dans la langue française (« la répartition de ces deux genres [masculin et féminin] n'a jamais coïncidé avec la division des sexes », rappelle Marc Fumaroli, dans *Le Monde* du 31 juill. 1998, p. 10) et heurte un usage dont Jean-François Revel – qui relève qu'on dit *une* vedette, *une* canaille ou *une* fripouille... – écrit : « Une langue bouge de par le mariage de la logique et du tâtonnement, qu'accompagne en sourdine une mélodie originale. Le tout est fruit de la lenteur des siècles, non de l'opportunisme des politiques » (*Le Point*, 11 juill. 1998, p. 39). Il faut cependant reconnaître que les accoutumances d'oreille se modifient assez rapidement : depuis la deuxième édition de cet ouvrage (1998), on s'est habitué à « la ministre », alors qu'on reste sceptique devant « la directrice de ministère », pour ne pas parler de « la maîtresse de conférences »...

Chapitre préliminaire

Les données internationales et constitutionnelles

Section 1.

La jurisprudence de la Cour européenne des droits de l'homme relative à la liberté d'expression

459[L'article 10 de la Convention européenne des droits de l'homme, relatif à la liberté d'expression comprend deux paragraphes : le premier proclame le principe de la liberté, tandis que le second définit, de manière restrictive, les limitations susceptibles de lui être apportées.

460[**L'étendue de la liberté d'expression**

Elle comprend « la liberté d'opinion et la liberté de recevoir ou de communiquer des informations ou des idées sans qu'il puisse y avoir ingérence d'autorités publiques et sans considération de frontière ». La liberté d'opinion concerne les convictions non exprimées de l'individu et interdit donc toute tentative étatique d'endoctrinement. La liberté d'expression *stricto sensu* concerne aussi bien l'émetteur que le récepteur du message, et ceci quel que soit le contenu de celui-ci : la Cour interprète de manière large les « informations » et « idées » visées par l'article 10, y incluant les œuvres d'art (arrêt *Müller*, 24 mai 1988 : la Cour énonce que « ceux qui créent, interprètent, diffusent ou exposent une œuvre d'art contribuent à l'échange d'idées et d'opinions indispensable à une société démocratique ») ou les messages publicitaires (arrêt *markt intern Verlag*, 20 nov. 1989). La Cour a même estimé que le droit de procéder à la démonstration d'un matériel permettant la réception d'émissions de télévision par satellite était impliqué par l'article 10 (arrêt *Autronic AG*, 22 mai 1990) ou encore, appliquant la théorie de la « protection par ricochet », qu'une mesure d'expulsion assortie d'une interdiction d'entrée sur le territoire de la Polynésie française, en période de campagne électorale, pouvait s'analyser en une atteinte à la liberté d'expression (arrêt *Piermont c/ France*, 27 avr. 1995). De même, dans son arrêt *Goodwin c/ Royaume-Uni* du 27 mars 1996, la Cour énonce que « la protection des sources journalistiques est l'une des pierres angulaires de la liberté de la presse [...] L'absence d'une telle protection pourrait dissuader les sources journalistiques d'aider la presse à informer le public sur des questions d'intérêt général », ce qui confirme l'étendue très large donnée à la liberté d'expression, tandis que l'arrêt *Fressoz et Roire c/ France* du 21 janvier 1999 énonce que l'article 10 « protège le droit des journalistes de communiquer des informations sur des questions d'intérêt général dès lors qu'ils s'expriment de bonne foi, sur la base de faits exacts et fournissent des informations « fiables et précises » dans le respect de l'éthique journalistique » (à propos de la publication par *Le Canard enchaîné* de l'avis d'imposition de M. Calvet à l'occasion d'un conflit social dans l'entreprise que celui-ci dirigeait). L'État assume également l'obligation positive d'assurer une protection effective à une publication victime d'une campagne d'intimidation dirigée contre elle et ses collaborateurs (arrêt *Özgür Gündem c/ Turquie* du 16 mars 2000).

En revanche, la Cour a refusé de considérer comme une ingérence étatique dans l'exercice de la liberté d'expression le refus de titulariser des enseignants en raison de leurs opinions, jugées extrémistes : la Cour a considéré, de manière très contestable, que le problème des « interdictions professionnelles » en Allemagne, qui lui était soumis, concernait avant tout le droit d'accès à la fonction publique qu'à l'inverse du Pacte international relatif aux droits civils et politiques, la

Convention européenne des droits de l'homme ne consacre pas (arrêts *Glasenapp* et *Kosiek,* 28 août 1986). Mais dans son arrêt *Vogt c/ Allemagne* du 26 septembre 1995, la Cour a, d'une manière peu cohérente (v. note F. Sudre, *RTDH,* 1996, p. 405), adopté une solution différente, s'agissant de la révocation d'un fonctionnaire titulaire pour manquement à son devoir de loyauté envers l'ordre constitutionnel libéral et démocratique. L'arrêt *Guerra et autres c/ Italie* du 19 février 1998 est, lui aussi, très critiquable, dans la mesure où il refuse d'interpréter l'article 10 comme « imposant à un État, dans des circonstances telles que celles de l'espèce, des obligations positives de collecte et de diffusion, *motu proprio,* des informations », dans une affaire où était en cause le refus des autorités d'informer le public sur les risques que présentait pour le voisinage une usine chimique (il faut cependant ajouter que l'Italie a été condamnée, en raison de cette carence, pour violation du droit des requérants au respect de leur vie privée et familiale).

La dernière phrase de l'article 10, paragraphe 1, stipule : « Le présent article n'empêche pas les États de soumettre les entreprises de radiodiffusion, de cinéma ou de télévision à un régime d'autorisations. » Ici encore, l'interprétation de la Cour a été libérale : elle a considéré que cette phrase ne signifie pas la soustraction de la radiodiffusion, du cinéma ou de la télévision aux exigences générales de l'article 10 (en particulier à la définition stricte des limitations contenue au paragraphe 2), mais simplement l'admission de la soumission de ces activités à « un système de licences » (arrêt *Groppera Radio AG,* 28 mars 1990).

461 [**Les limitations à la liberté d'expression**

Elles sont définies par le deuxième paragraphe de l'article 10 : « L'exercice de ces libertés [celles précédemment définies] comportant des devoirs et des responsabilités peut être soumis à certaines formalités, conditions, restrictions ou sanctions prévues par la loi, qui constituent des mesures nécessaires, dans une société démocratique », à la sauvegarde de certaines valeurs ensuite énumérées. La Cour a indiqué qu'elle entendait interpréter ces dispositions comme des exceptions de droit étroit à un principe de liberté résultant du premier paragraphe.

462 [Les restrictions doivent, en premier lieu, être prévues par la loi. Cette notion est entendue largement quant à l'origine de la norme générale devant servir de base à la mesure critiquée : il pourra s'agir

d'une norme prise non seulement par le Parlement, mais aussi par l'exécutif, une institution habilitée (tel un ordre professionnel), une organisation internationale ou les tribunaux, que ce soit dans le cadre de la *common law* ou d'un système de droit écrit. Mais la Cour se montre exigeante quant à la « qualité » de la loi : celle-ci doit être suffisamment accessible et suffisamment précise « pour permettre au citoyen de régler sa conduite, en s'entourant au besoin de conseils éclairés » (arrêt *Sunday Times*, n° 1, 26 avr. 1979). Dans son arrêt *Hashman et Harrup c/ Royaume-Uni* du 25 novembre 1999, la Cour a estimé que la constatation, par un tribunal, que les requérants avaient eu un comportement « contraire aux bonnes mœurs » (ils avaient perturbé le déroulement d'une chasse à courre en sonnant du cor et huant les chiens) ne pouvait être considérée comme prévue par la loi, en raison du caractère trop vague de cette notion et même des inconsistantes précisions jurisprudentielles auxquelles elle avait donné lieu.

463 [Elles doivent, ensuite, être inspirées par l'un des buts reconnus comme légitimes par l'article 10. Cette exigence est en réalité de peu de poids, compte tenu des termes de la Convention, qui visent les restrictions nécessaires « à la sécurité nationale, à l'intégrité territoriale ou à la sûreté publique, à la défense de l'ordre ou à la prévention du crime, à la protection de la santé ou de la morale, à la protection de la réputation ou des droits d'autrui, pour empêcher la divulgation d'informations confidentielles ou pour garantir l'autorité et l'impartialité du pouvoir judiciaire ». La liste, on le voit, est assez fournie...

464 [Le débat se concentrera donc sur le point de savoir si les restrictions litigieuses étaient bien « nécessaires, dans une société démocratique, » à la protection desdites valeurs. La Cour a tenu à insister sur le cadre dans lequel la Convention impose d'apprécier cette nécessité : celui d'une société démocratique, notion qui est au cœur de tout le système européen de protection des droits de l'homme. La société démocratique suppose « le pluralisme, la tolérance et l'esprit d'ouverture » (arrêt *Handyside*, 7 déc. 1976), ce qui a pour conséquence que la liberté d'expression « vaut non seulement pour les « informations » ou « idées » accueillies avec faveur ou considérées comme inoffensives ou indifférentes, mais aussi pour celles qui heurtent, choquent ou inquiètent l'État ou une fraction quelconque de la population » (même arrêt). Cette admirable définition de la société démocratique en fait une « société ouverte », au sens de Popper, qui

considère le libre affrontement des idées comme essentiel. Le terrain politique est celui où cette conception trouve son terrain privilégié : « La liberté de la presse fournit à l'opinion publique l'un des meilleurs moyens de connaître et juger les idées et attitudes des dirigeants », énonce la Cour dans son arrêt *Lingens* du 8 juillet 1986, avant de poser qu'un homme politique, qui s'expose intentionnellement au contrôle de ses faits et gestes par l'opinion publique, doit se montrer plus tolérant envers les attaques dont il est l'objet qu'un particulier ordinaire, remarque qui vaut *a fortiori* pour le gouvernement lui-même, qui ne devrait user qu'exceptionnellement de la voie pénale à l'encontre de ses adversaires (arrêt *Castells contre Espagne,* 23 avr. 1992). Mais ces principes valent également pour tout problème d'intérêt général, au sujet duquel le débat public doit pouvoir être aussi large que possible (arrêt *Barthold,* 25 mars 1985, à propos du service de nuit des vétérinaires à Hambourg).

465 [Quant à l'adjectif « nécessaire », il est ainsi explicité par la Cour : s'il n'est pas synomyme d'« indispensable », il n'a pas non plus la souplesse de termes tels qu'« admissible », « normal », « utile », « raisonnable » ou « opportun » et implique un « besoin social impérieux » (arrêt *Handyside*).

L'équilibre réalisé par la Cour entre la volonté de faire prévaloir un ordre public européen favorable à la liberté d'expression et le souci de ménager une marge nationale d'appréciation est essentiellement instable. Depuis l'entrée en fonctions de la nouvelle Cour, la première donnée est nettement privilégiée : la Cour utilise à cette fin son pouvoir de vérifier que les motifs sur lesquels reposent les décisions des juridictions internes sont à la fois « pertinents et suffisants ». Il est toutefois intéressant de retracer rapidement l'histoire de cette jurisprudence. La Cour a d'abord semblé prendre comme critère le but légitime visé par l'État. Dans l'arrêt *Handyside,* il s'agissait de la protection de la morale, au nom de laquelle les tribunaux britanniques avaient ordonné la saisie et la destruction de tous les exemplaires d'un ouvrage destiné aux adolescents et traitant de sexualité d'une manière jugée trop incitative. La Cour a considéré que l'article 10 n'avait pas été méconnu, en insistant sur le fait que l'absence de définition européenne uniforme de la morale conférait aux autorités nationales une importante marge d'appréciation. Au contraire, dans l'arrêt *Sunday Times* (n° 1), la Cour conclut à la violation de l'article 10, dans une espèce où il avait été fait interdiction à un journal de publier des commentaires sur une affaire (l'indemnisation des victimes de la thalidomide) pendante devant les tribunaux. La Cour relevait qu'à l'inverse de la morale, la garantie de l'autorité et de l'impartialité du pouvoir judiciaire était susceptible d'une définition européenne uniforme.

Mais à la vérité, l'intensité du contrôle opéré par l'ancienne Cour a semblé varier moins selon un critère déterminé qu'en fonction des données propres à chaque affaire, voire des formations de la Cour appelées à en connaître. Il est alors aisé d'opposer les uns aux autres les arrêts et de souligner, par exemple, le contraste existant entre la sévérité pour le Danemark dont fait preuve l'arrêt *Jersild* du 23 septembre 1994 (*RUDH* 1995, p. 1, note Cohen-Jonathan), qui condamne l'État défendeur à raison de la sanction pénale infligée à un journaliste qui, au cours d'un magazine d'informations télévisées, avait consacré une séquence à de jeunes extrémistes tenant des propos racistes particulièrement primaires et l'indulgence pour l'Autriche que manifeste l'arrêt *Otto-Preminger-Institut* du 20 septembre 1994 (*RUDH* 1994, p. 441, note Wachsmann), qui refuse de considérer que viole l'article 10 la confiscation d'un film jugé blasphématoire que se proposait de projeter une association de cinéphiles, qui avait pourtant dûment averti le public des caractéristiques de l'œuvre. On peut aussi évoquer le contraste existant entre l'arrêt, extrêmement libéral, du 1er juillet 1997, *Oberschlick c/ Autriche (n° 2)* et l'arrêt, très restrictif, du 29 août 1997, *Worm c/ Autriche* : dans le premier, la Cour considère comme contraire à l'article 10 la condamnation d'un journaliste pour injure envers M. Haider, homme politique d'extrême-droite qui avait été traité d'imbécile, en replaçant le terme employé dans son contexte (la réaction à un discours provocateur de M. Haider), tandis que dans le second, elle estime que ne viole pas l'article 10 la condamnation d'un journaliste qui avait dénoncé l'arrogance envers le tribunal d'un ancien ministre poursuivi pour fraude fiscale, en des termes préjugeant de sa culpabilité et jugés constitutifs d'une ingérence dans la mission dévolue aux tribunaux. Cette dernière décision de la Cour se concilie malaisément avec la solution consacrée dans l'arrêt *Sunday Times (n° 1)*.

Cela ne doit toutefois pas faire oublier le caractère très libéral des principes posés par la Cour et le caractère authentiquement novateur de certaines solutions. On mentionnera ainsi l'arrêt *Informationsverein Lentia et autres c/ Autriche* du 24 novembre 1993 qui déclare contraire à la Convention le monopole autrichien de la radiodiffusion, en estimant qu'il impose des contraintes trop lourdes, que ne justifient ni des arguments techniques ni la petite taille du pays, comme en témoigne l'expérience d'États européens de taille comparable. Pour regrettables (v. encore l'arrêt *Prager et Oberschlick c/ Autriche,* 26 avr. 1995) qu'ils soient, les arrêts qui s'écartent de la ligne libérale dominante n'en restent pas moins marginaux.

La nouvelle Cour s'est montrée, pour l'instant, fidèle à l'inspiration originaire de cette jurisprudence, comme en témoignent, entre autres, les arrêts *Bladet Tromsø et Stensaas c/ Norvège* du 20 mai 1999 (obligation de permettre un débat sur la chasse aux phoques, en dépit de la mise en cause des pratiques de certains chasseurs), *News Verlags GmbH et CoKg c/ Autriche* du 11 janvier 2000 (l'interdiction de publier la photographie d'un militant néo-nazi soupçonné d'être l'auteur d'attentats à la lettre piégée porte une atteinte excessive à la liberté d'informer sur une question préoccupant légitimement l'opinion), *Bergens Tidende et autres c/ Norvège* du 2 mai 2000 (violation de l'article 10 du fait de la condamnation d'un journal qui avait publié des témoignages mettant gravement en cause la qualité d'opérations de chirurgie esthétique pratiquées par un médecin, en raison de l'existence d'un intérêt public légitime) et *Colombani et autres c/ France* du 25 juin 2002 (incompatibilité avec l'article 10 de la disposition de la loi sur la presse incriminant l'offense à un chef d'État étranger, le régime dérogatoire institué, qui interdisait de prouver la vérité des faits allégués, ne pouvant satisfaire à l'exigence de proportionnalité).

Section 2.
La jurisprudence du Conseil constitutionnel relative à la liberté de communication des pensées et des opinions

466 C'est l'article 11 de la Déclaration des droits de l'homme et du citoyen du 26 août 1789 qui dispose : « La libre communication des

pensées et des opinions est un des droits les plus précieux de l'homme ; tout citoyen peut donc parler, écrire, imprimer librement, sauf à répondre de l'abus de cette liberté dans les cas déterminés par la loi. » Le Conseil constitutionnel a déjà eu plusieurs occasions de préciser la portée de ces dispositions.

467 [**Généralité du champ d'application de la liberté de communication**

Tous les aspects de la liberté de communication bénéficient de la liberté constitutionnelle proclamée à l'article 11, même s'ils empruntent des supports techniques inconnus en 1789. La décision du Conseil constitutionnel du 27 juillet 1982 relative à la loi sur la communication audiovisuelle fait ainsi application de l'article 11 à la radiodiffusion. Le Conseil donne à l'article 11 une portée très générale, rendant ainsi inutile, à l'intérieur de son champ d'application, l'appel aux principes fondamentaux reconnus par les lois de la République. Ainsi en va-t-il de la liberté de la presse, à laquelle la loi du 29 juillet 1881 eût pourtant offert un support idéal (Cons. const., 10 et 11 oct. 1984, *GDCC*, p. 589) et, plus récemment, de la liberté de manifester, que le Conseil rattache au « droit d'expression collective des idées et des opinions » (Cons. const., 18 janv. 1995, loi d'orientation et de programmation relative à la sécurité). Mais cela ne signifie pas que les implications de l'article 11 soient les mêmes quelles que soient les conditions matérielles et techniques dans lesquelles s'opère la communication.

468 [**Nécessité de concilier la liberté de communication et d'autres principes de valeur constitutionnelle**

Compte tenu de l'importance que revêt la liberté de communication, la compétence que le législateur tient de l'article 34 pour définir les garanties fondamentales accordées aux citoyens pour l'exercice des libertés publiques ne peut s'exercer que pour en rendre l'exercice plus effectif ou pour la concilier avec d'autres règles ou principes de valeur constitutionnelle. Cette intervention législative se fait et s'apprécie « en l'état actuel des techniques et de leur maîtrise », dit la décision du 27 juillet 1982. Cela signifie qu'une restriction à la liberté de communication pourra être admise, s'agissant de la communication audiovisuelle par voie hertzienne, parce que se pose un problème de rareté des fréquences disponibles, mais pas pour les autres supports de la communication où il ne se pose pas. C'est ce qui explique qu'un régime d'autorisation peut être institué par la loi dans le secteur de l'audiovisuel (Cons. const., 27 juill. 1982), mais pas en ce qui concerne la presse (Cons. const., 10 et 11 oct. 1984). Cela explique aussi que les restrictions mises en place pourront être d'autant plus importantes que la rareté des ressources radioélectriques disponibles sera grande (Cons. const., 27 juill. 2000, loi modifiant la loi du 30 sept. 1986 relative à la liberté de communication).

Quels sont les principes constitutionnels auxquels doit être confrontée la liberté de communication ? Il s'agit de la sauvegarde de l'ordre public, du respect de la liberté d'autrui et de « la préservation du caractère pluraliste des courants d'expression socioculturels auxquels ces modes de communication [audiovisuels], par leur influence considérable, sont susceptibles de porter atteinte », dans la décision du 27 juillet 1982. Dans la décision du 29 juillet 1994, il s'agissait de la phrase ajoutée à l'article 2 de la Constitution par la révision du 25 juin 1992 : « La langue de la République est le français » – dont la décision du 15 juin 1999, Charte européenne des langues régionales ou minoritaires, précise qu'elle interdit aux particuliers de « se prévaloir, dans leurs relations avec les administrations et les services publics, d'un droit à l'usage d'une langue autre que le français ».

Cette conciliation, le législateur l'opère sous le strict contrôle du Conseil constitutionnel, qui vérifie que les restrictions apportées à la liberté d'expression ne sont pas excessives. Ainsi furent censurés comme trop contraignants le dispositif destiné à assurer le respect des seuils de diffusion définis par la loi visant à limiter la concentration et à assurer la transparence financière et le pluralisme des entreprises de presse (Cons. const., 10 et 11 oct. 1984) et l'obligation faite aux personnes privées et aux services et entreprises de radiodiffusion d'utiliser, sous peine de sanction, la terminologie officielle destinée à lutter contre la prolifération de termes techniques issus de langues étrangères (Cons. const., 29 juill. 1994).

469 [**Promotion du pluralisme comme objectif de valeur constitutionnelle**

Aux auteurs de la saisine qui contestaient les bases mêmes de la loi de 1984, le Conseil répond en rappelant « que le pluralisme des quotidiens d'information politique et générale [...] est en lui-même un objectif de valeur constitutionnelle » (Cons. const., 10 et 11 oct. 1984), précisant que la liberté de communication « ne serait pas effective si le public auquel s'adressent ces quotidiens n'était pas à même de disposer d'un nombre suffisant de publications de tendances et de caractères différents » et fixant comme objectif « que les lecteurs qui sont au nombre des destinataires essentiels de la liberté proclamée par l'article 11 de la Déclaration de 1789 soient à même d'exercer leur libre choix sans que ni les intérêts privés ni les pouvoirs publics puissent y substituer leurs propres décisions ni qu'on puisse en faire l'objet d'un marché ». Envisagée du point de vue du lecteur (ou de l'auditeur et du téléspectateur, décision du 18 sept. 1986, loi relative à la liberté de communication), la liberté de communication signifie donc un choix largement ouvert, qui est aussi un choix éclairé, compte tenu de l'objectif de transparence financière qui « tend à renforcer un exercice effectif de cette liberté » (décision de 1984). En matière audiovisuelle, l'exigence de pluralisme se manifeste aussi bien globalement que, respectivement, au sein du secteur privé et du secteur public (décision du 18 sept. 1986). On l'aura remarqué : les menaces émanant de personnes privées et celles émanant des personnes publiques sont ici mises exactement sur le même plan.

De ce que le pluralisme constitue un objectif de valeur constitutionnelle résulte, pour le législateur, l'obligation de lui assurer une protection adéquate. C'est pour n'avoir pas satisfait à cet impératif que les lois de 1986, qui avaient allégé les exigences relatives aux concentrations jusqu'à les rendre dérisoires, ont été déclarées contraires à la Constitution dans certaines de leurs dispositions (Cons. const., 29 juill. 1986, loi portant réforme du régime juridique de la presse et Cons. const., 18 sept. 1986).

Le législateur se heurte donc à des limites non négligeables lorsqu'il intervient en matière de liberté d'expression.

CHAPITRE PREMIER

La liberté de la presse

470 [Dans son sens strict, le mot « presse » désigne les produits de la machine à imprimer, c'est-à-dire les écrits qui en sont issus, sous quelque forme qu'ils se présentent (volumes ou feuilles périodiques). La conquête de la liberté de la presse en France a été laborieuse : de 1789 à 1881, c'est une succession de lois contradictoires, les unes établissant cette liberté, d'autres rétablissant la censure. À l'article 11 de la Déclaration de 1789, qui rompt avec l'Ancien Régime, succède une prolifération de périodiques, au ton souvent incroyablement violent, que la mise en place de la Terreur interrompra. Ces alternances ne cesseront ensuite de se produire, notamment sous la Restauration, qui est le moment où ont lieu à la Chambre les grands débats sur la liberté de la presse. Chateaubriand et Benjamin Constant, que tant de choses séparent, conjuguent leurs efforts pour obtenir l'abolition de la censure. Le régime libéral triomphera, pour peu de temps, avec la loi de Serre (1819), qui servira de modèle à la loi de 1881. À la chute du Second Empire, qui avait multiplié les attaques contre la presse, la IIIe République revint sans hésitation au libéralisme, mais mit plus de dix ans avant que soit adoptée la loi du 29 juillet 1881 sur la liberté de la presse (en seconde lecture, à la Chambre des députés, par 444 voix contre 4), aujourd'hui encore en vigueur.

On dira quelques mots du système libéral consacré par la loi de 1881, avant d'envisager les régimes particuliers, préventifs, qui subsistent et la législation destinée à répondre à la crise de la presse et à lutter contre les concentrations.

SECTION 1.
LE PRINCIPE DE LA LIBERTÉ DE LA PRESSE ET SES LIMITES PÉNALES ET CIVILES

471 « L'imprimerie et la librairie sont libres », proclame sobrement l'article 1er de la loi de 1881, visant ainsi la fabrication et la diffusion des écrits imprimés. En ce qui concerne la création d'un titre relevant de la presse périodique, l'article 5 de la loi précise : « Tout journal ou écrit périodique peut être publié, sans autorisation préalable et sans dépôt de cautionnement », après une déclaration au Parquet dont il est donné récépissé (il s'agit donc d'un régime semblable à celui des associations déclarées).

En ce qui concerne son contenu, la presse est donc soumise par la loi de 1881 à un régime répressif, conformément à ce qui résulte de l'article 11 de la Déclaration de 1789 : l'activité est libre, sauf commission d'une infraction pénale emportant, *a posteriori*, le prononcé d'une sanction par les tribunaux. À l'origine, la loi de 1881 visait à constituer un code de la presse : sa lecture devait instruire les auteurs de tout ce qu'il leur était interdit d'écrire, la répression des infractions de presse obéissant de surcroît à un particularisme marqué, tant au niveau procédural (formalisme accentué) qu'au niveau de la juridiction compétente (la cour d'assises, considérée comme un élément indispensable du libéralisme en raison de la grande mansuétude des jurys).

L'évolution ultérieure ruinera ce projet : les infractions de presse proliféreront en dehors de la loi de 1881 (Code pénal, Code de la santé publique, lois spéciales accueilleront des infractions de presse), le droit civil prendra une place accrue en la matière, la compétence de la cour d'assises sera abandonnée en 1944 au profit des règles du droit commun déterminant la juridiction compétente d'après la gravité des peines encourues (il s'agit presque toujours du tribunal correctionnel). Demeureront cependant un système spécifique de détermination de la personne pénalement responsable (responsabilité dite « en cascade » : le responsable principal est le directeur de la publication, à défaut l'auteur, à défaut l'imprimeur, à défaut le vendeur, distributeur ou afficheur, les personnes situées en aval pouvant éventuellement être poursuivies comme complices) et un formalisme procédural qui conduit souvent à l'insuccès les plaintes les mieux fondées (par exemple l'obligation de préciser et qualifier dans la citation le fait incriminé et l'article de la loi de 1881 sur lequel on entend se fonder, toute requalification ultérieure étant impossible).

Compte tenu de la multiplicité des limites aujourd'hui imposées au droit d'écrire, on se contentera d'en indiquer certaines, fondées respectivement sur la protection de la morale, la sauvegarde de l'ordre public ou la protection des droits d'autrui.

472 [**La protection de la morale**

En 1819 fut créé un délit d'outrage à la morale publique et religieuse et aux bonnes mœurs, pour compenser, en quelque sorte, la suppression de la censure. En 1857 furent intentées des poursuites contre Flaubert, pour avoir écrit *Madame Bovary,* et contre Baudelaire, en raison de certains poèmes des *Fleurs du Mal...* Flaubert fut acquitté de justesse, le tribunal déplorant que certains passages contiennent « soit des expressions, soit des images, soit des tableaux que le bon goût réprouve et qui sont de nature à porter atteinte à de légitimes et honorables susceptibilités », mais concédant « que l'ouvrage dont Flaubert est l'auteur est une œuvre qui paraît avoir été longuement et sérieusement travaillée »... Comme Flaubert l'écrira à Maupassant : « Les gouvernements vont et viennent : Monarchie, Empire, République, aucune importance. Mais l'esthétique officielle ne change pas ! En vertu de leurs fonctions, les hommes de gouvernement et les hommes de justice ont le monopole du bon goût (ex. : les attendus de mon acquittement). Ils savent comment il faut écrire, leur rhétorique est infaillible et ils possèdent les moyens de vous en convaincre. »

Quant à Baudelaire, il sera condamné à une amende de 300 F et les six poèmes incriminés *(Lesbos, Femmes damnées, Le Léthé, À celle qui est trop gaie, Les Bijoux, Les Métamorphoses du vampire)* interdits en raison de « leurs passages ou expressions obscènes ou immorales ». Cette condamnation n'étant pas précisément à l'honneur de la justice française, certains entreprirent de réhabiliter Baudelaire *(sic !),* ce qui aboutit à l'adoption de la loi du 25 septembre 1946 ouvrant un recours en révision contre les condamnations prononcées pour outrages aux bonnes mœurs commis par la voie du livre... et à un arrêt de la Cour de cassation (Crim. 31 mai 1949, *JCP* 1949.III.4940, rapport Falco) qui ressemble fort à une répétition de l'acquittement de Flaubert et qui, non sans excuser les magistrats de l'époque, décharge la mémoire de Baudelaire de la condamnation.

Entre temps l'infraction s'était transformée en outrage aux bonnes mœurs (loi de 1881), puis avait été distraite de la loi sur la presse pour s'intégrer au Code pénal. Mais l'idéologie qui avait conduit à poursuivre Flaubert et Baudelaire demeurait, qu'exprimait à l'époque le procureur impérial Pinard : « L'art sans règle n'est plus l'art, c'est comme une femme qui quitterait tout vêtement. Imposer à l'art l'unique règle de la décence publique, ce n'est pas l'asservir mais l'honorer. » C'est cette apologie du refoulement qui amènera la cour d'appel de Paris à condamner l'éditeur Jean-Jacques Pauvert pour avoir réédité les œuvres de Sade, *Les 120 Journées de Sodome, La Nouvelle Justine* et *La Philosophie dans le Boudoir,* écrits qualifiés d'obscènes et suscitant cette remarque : « La lecture de ces pages au cours desquelles Sade laisse sans aucun frein courir son imaginative lubricité dans laquelle de son propre aveu il puise des satisfactions particulières, est, sans contestation possible, de nature à choquer violemment les sentiments de pudeur même chez les personnes les plus tolérantes et à provoquer chez l'homme normalement équilibré un sentiment de répulsion dont peuvent seuls être exempts les dépravés et les anormaux capables de repaître leur esprit et leurs sens de l'évocation de telles scènes » (CA Paris, 12 mars 1958, *D.* 1958, p. 608). La force de la littérature est ici ramenée à une appréciation pénale de la transposition du récit dans la réalité judiciaire, où s'exprime la crainte d'effets d'entraînement qui lui sont prêtés (par projection ?), comme l'a bien montré Roland Barthes (1971, p. 42).

473 [S'il fait disparaître l'outrage aux bonnes mœurs, le Nouveau Code pénal n'en dispose pas moins, à l'article 227-24 : « Le fait soit de fabriquer, de transporter, de diffuser par quelque moyen que ce soit et quel qu'en soit le support, un message à caractère violent ou pornographique ou de nature à porter gravement atteinte à la dignité humaine, soit de faire commerce d'un tel message, est puni de trois ans d'emprisonnement et de 75 000 € d'amende lorsque ce message est susceptible d'être vu ou perçu par un mineur. » Sous l'apparence anodine d'une protection des mineurs, cette disposition risque de n'être qu'une simple réactualisation de l'incrimination de l'outrage aux

bonnes mœurs, comme l'a déjà illustré le refus, en 1994, de beaucoup de libraires inquiets d'exposer dans leur vitrine l'ouvrage de Jacques Henric, *Adorations perpétuelles,* dont la couverture s'orne de la reproduction du tableau de Courbet, l'*Origine du monde* (1866), représentant une femme dénudée, les cuisses ouvertes. Ce ne serait pas la première fois qu'un texte adopté sous couvert de la protection de l'enfance serait détourné de cette fin : en 1970, le livre de Pierre Guyotat, *Eden, Eden, Eden,* se vit appliquer la loi de 1949 sur les publications destinées à la jeunesse (cf. *infra*) dont, à l'évidence, il ne relevait pas...

474 [**La sauvegarde de l'ordre public**

Les multiples aspects de l'ordre public donnent lieu à un très grand nombre d'infractions de presse, de l'offense au chef de l'État à l'atteinte au secret de la défense nationale, en passant par les provocations et apologies. On se limitera ici à l'étude des infractions destinées à lutter contre le racisme. Négateur des valeurs essentielles de notre société (le respect de la personne humaine, l'égalité, l'individualisme), le racisme menace aussi la paix sociale en tentant de dresser des groupes les uns contre les autres et cause à ses victimes un préjudice considérable. La Cour européenne des droits de l'homme a affirmé « qu'il importe au plus haut point de lutter contre la discrimination raciale sous toutes ses formes et manifestations » (arrêt *Jersild c/ Danemark,* 23 sept. 1994, *RUDH* 1995, p. 1, note Cohen-Jonathan). Pourtant, le droit français tardera à incriminer les propos racistes (décret-loi Marchandeau du 21 avr. 1939 destiné à lutter contre la propagande nazie, abrogé par le régime de Vichy qui fût tombé sous le coup de ses dispositions et remis en vigueur à la Libération) : les efforts les plus significatifs résultent de la loi du 1er juillet 1972 relative à la lutte contre le racisme, dont l'adoption avait été rendue nécessaire par la ratification de la Convention sur l'élimination de toutes les formes de discrimination raciale.

En matière de presse, le racisme constitue une circonstance aggravante de la diffamation (art. 32 de la loi de 1881) et de l'injure (art. 33). Tombent également sous le coup de la loi sur la presse (art. 24) ceux qui « auront provoqué à la discrimination, à la haine ou à la violence à l'égard d'une personne ou d'un groupe de personnes à raison de leur origine ou de leur appartenance ou de leur non-appartenance à une ethnie, une nation, une race ou une religion déterminée ». On constate toutefois que les tribunaux manifestent une réticence certaine à l'égard de ces dispositions, en les interprétant d'une manière excessivement restrictive (ce qu'ils sont loin de faire pour les autres infractions de presse, la diffamation par exemple). C'est ainsi que les attaques visant les étrangers ou les immigrés en général ont été considérées comme ne constituant pas l'infraction prévue à l'article 24 (Cass. crim., 6 mai 1986, *Bull.* n° 153), de même qu'une profession de foi raciste, analysée comme la simple manifestation d'une « préférence pour les idéologies refusant le mélange des races » non accompagnée d'une « incitation manifeste » du lecteur à commettre l'un des actes incriminés par la loi (TGI Paris, 17e ch., 12 juill. 1989, *Légipresse,* n° 66, 1989, p. 102)... Les exemples d'une telle attitude sont nombreux (v. Greilsamer et Lesnes, « Chronique du racisme ordinaire », *Le Monde,* 1er sept. 1987). Ces interprétations du texte lui ajoutent, en réalité, des conditions qu'il ne pose pas (ainsi, il ne parle pas de provocation directe à la haine ou à la violence ni n'exige une incitation manifeste).

Parfois cependant, les tribunaux n'hésitent pas à faire de l'article 24 une application plus ferme. C'est le cas d'un jugement (au civil) du tribunal d'instance d'Aubervilliers du 11 mars 1986 (*Le Monde,* 13 mars 1986) condamnant M. Le Pen qui, lors d'une réunion de son parti, avait dédié l'accueil enthousiaste que lui avaient réservé les militants à quatre journalistes dont il avait cité les noms : le tribunal note que « s'agissant d'un discours tenu dans un lieu public, visant quatre personnes choisies pour leur appartenance à la communauté juive, et qui provoqua dans le public des cris et des huées révélateurs de haine », on se trouvait devant « une invitation à exclure ces quatre personnes de France constituant une provocation à la discrimination raciale ». Cette décision n'hésite donc pas à condamner le racisme par connotation qui, se gardant de tout propos direct dans l'espoir d'échapper à l'application de la loi, procède par allusions aisément décodées par un public complaisant. Le même souci a conduit le législateur (loi du 13 juill. 1990) à incriminer la contestation des crimes contre l'humanité sanctionnés par le Tribunal international de Nuremberg.

475 [**La protection de la réputation et des droits d'autrui**

Il est clair que si la liberté d'expression comporte le droit de critique (Tillement, 1991), on ne saurait admettre qu'elle soit utilisée pour attaquer injustement et léser autrui. C'est ce qui explique que la loi du 29 juillet 1881 incrimine l'injure et la diffamation. Cette dernière est d'ailleurs l'infraction de presse qui donne lieu au plus grand nombre de poursuites. Ces deux infractions sont punies de peines plus ou moins lourdes selon qu'elles visent des corps constitués ou des administrations publiques, des fonctionnaires, parlementaires, ministres ou agents de l'autorité publique à raison de leurs fonctions ou de leur qualité ou de simples particuliers. En ce qui concerne ces derniers, seule une plainte de leur part pourra déclencher les poursuites : ils sont seuls juges de l'atteinte à leur honneur et de l'opportunité de saisir les tribunaux.

476 [La diffamation se définit (art. 29 de la loi de 1881) comme « toute allégation ou imputation d'un fait qui porte atteinte à l'honneur ou à la considération de la personne ou du corps auquel le fait est imputé ». C'est l'exigence d'un fait précis qui différencie la diffamation de l'injure, non sans difficulté parfois. Au cœur de la notion de diffamation se trouve l'atteinte portée soit à l'honneur soit à la considération de la personne. La première notion se rapporte à l'opinion qu'a de la personne le public en général, la seconde à celle de l'entourage ou des collègues de l'intéressé. Cette atteinte peut être directe ou indirecte (reproduire des propos diffamatoires ou les laisser tenir sans s'en désolidariser s'analyse en une diffamation, mais la compatibilité de cette solution avec l'article 10 de la Convention européenne des droits de l'homme est très douteuse, depuis l'arrêt *Thoma c/ Luxembourg*, rendu par la Cour européenne le 29 mars 2001). Les insinuations, les présentations équivoques (insertion d'une photographie de la personne pour illustrer un article consacré à des pratiques douteuses ; rédaction d'une légende de photographie ou d'un titre diffamatoire, quand bien même le contenu de l'article ne tomberait pas dans ce travers) ont également été jugées diffamatoires par les tribunaux. En revanche, le fait d'établir une filiation entre un parti politique et le mouvement fasciste européen des années trente, dûment argumenté, ne peut être considéré comme diffamatoire : il s'agit d'un débat situé sur le plan des idées qui « fait partie de la vie politique normale dans un pays où chacun est libre d'exprimer ses opinions » (Cass. civ. 2e, 3 juill. 1991, *Légipresse,* n° 95, 1992, p. 107). Lorsque la diffamation est constituée, la loi offre au prévenu deux moyens de défense : la preuve de la vérité des faits, qui n'est pas toujours admise, et celle de sa bonne foi, qui peut toujours être faite.

477 [La possibilité pour le prévenu de prouver les faits diffamatoires n'existait pas avant 1944, ce qui lésait les prévenus, privés d'un moyen

de défense, et les victimes qui, même si elles obtenaient une condamnation du diffamateur, ne voyaient jamais établie la fausseté des faits allégués. L'article 35 de la loi de 1881 permet en principe de faire la preuve des faits diffamatoires, cette preuve devant être administrée selon des modalités particulièrement rigoureuses : dans les dix jours de la signification qui lui est faite de la citation, le prévenu devra faire signifier les faits dont il entend prouver la vérité, la copie des pièces et les noms, professions et demeures des témoins par lesquels il entend faire la preuve. On comprend, dans ces conditions, qu'il ne soit guère aisé de rapporter la preuve de la vérité des faits : une confirmation ultérieure, même par une décision de justice, ne saurait la constituer. Celle-ci est en outre rendue impossible par l'article 35 dans trois cas : lorsque l'imputation concerne la vie privée de la personne (sans quoi la protection due au droit au respect de la vie privée serait compromise), lorsque l'imputation se réfère à des faits qui remontent à plus de dix années ou lorsque l'imputation se réfère à un fait constituant une infraction amnistiée ou prescrite ou qui a donné lieu à une condamnation effacée par la réhabilitation ou la révision. Ces deux derniers cas, qui procèdent d'un désir d'oubli du passé, sont très contestables. L'affirmation par la Cour de cassation de leur conformité à l'article 10 de la Convention européenne des droits de l'homme convainc d'autant moins qu'elle n'est pas motivée (Cass. crim., 10 févr. 1987, *Bull.* n° 68). Aux termes de la loi du 17 juin 1998 relative à la prévention et à la répression des infractions sexuelles ainsi qu'à la protection des mineurs, la preuve de la vérité des faits redevient possible, nonobstant la mise en cause de la vie privée ou l'ancienneté des faits, lorsque sont en cause des agressions sexuelles commises contre un mineur ou certaines infractions consistant en la mise en péril d'un mineur.

478 [L'essentiel des débats dans les procès en diffamation porte sur la question de la bonne foi, ultime moyen donné au prévenu, lorsque l'infraction est constituée et qu'il n'a pu prouver la vérité des faits, d'échapper à la condamnation. C'est au prévenu qu'il incombe de faire, devant le tribunal, la démonstration de sa bonne foi : du moment qu'il a diffamé, il est réputé être de mauvaise foi, sauf à apporter la preuve contraire. Celle-ci suppose que l'on convainque le tribunal que l'on a visé un but légitime (l'information diffamatoire doit être objectivement utile à l'information du public, la critique d'un agissement, d'un propos, ou d'une œuvre ne doit pas servir de prétexte

à une mise en cause de la personne), que l'on a été sincère (c'est-à-dire que l'on ait cru et pu légitimement croire à la véracité de l'information publiée) et que l'on ait fait preuve de prudence et d'objectivité (ce qui suppose des vérifications qui doivent être d'autant plus approfondies que l'information est *a priori* surprenante ou préjudiciable à la personne mise en cause, une enquête honnêtement menée et une présentation de l'information qui fasse état des contestations dont elle peut faire l'objet et des réactions de la personne mise en cause). On le voit, ces exigences sont extrêmement lourdes et peu compatibles avec l'impératif de rapidité qui caractérise la presse quotidienne et hebdomadaire. Elles tendent à mettre à la charge du journaliste une déontologie assez proche de celle qui pèse sur l'historien.

C'est ainsi qu'un jugement fait bénéficier de la bonne foi un historien qui, dans un ouvrage consacré aux ordres de chevalerie, avait qualifié d'ordre de chevalerie de fantaisie l'Ordre souverain de Saint-Jean de Jérusalem : il est noté que l'œuvre est le fruit d'un travail de recherche approfondi et sérieux et qu'elle fait état, quoiqu'avec ironie, de la thèse de l'Ordre – on est donc en présence d'un exercice légitime de la critique historique (TGI Paris, 1re ch., 14 mars 1984, *JCP* 1986.II.20611, note Bosquet-Denis). À l'inverse, avant la loi de 1990, les historiens négateurs de l'extermination des Juifs par les nazis se sont vus refuser le bénéfice de la bonne foi, un arrêt relevant que M. Faurisson « se prévaut abusivement de son travail critique pour tenter de justifier sous son couvert, mais en dépassant largement son objet, des assertions d'ordre général qui ne présentent plus aucun caractère scientifique et relèvent de la pure polémique » (CA Paris, 26 avr. 1983, *in* note Bécourt, *JCP* 1988.II.21083).

Appliquée à la presse périodique, cette conception de la bonne foi ne conduit que rarement à des décisions de relaxe. Le cumul de toutes les conditions à remplir pour obtenir le bénéfice de la bonne foi ressemble fort à un parcours d'obstacles, dont il est rare de triompher – cf. ainsi une affaire où le tribunal reconnaît comme sincère l'interprétation faite par le journaliste d'un commentaire paru dans la *Revue du droit public* de 1941 sur le statut de la fonction publique, mais lui reproche de n'avoir pas cherché à prendre contact avec l'intéressé afin de faire état de ses explications (TGI Paris, 17e ch., 17 nov. 1988, *Légipresse*, 1989, n° 58, III, p. 10). Cela ne conduit-il pas à transformer les colonnes des journaux en un prétoire où doit se mener une véritable instruction contradictoire, c'est-à-dire à édulcorer singulièrement leur contenu ? La presse satirique, polémique ou simplement engagée risque fort de se trouver constamment en porte-à-faux par rapport à ces exigences, de même que des propos tenus en direct à la radio ou à la télévision, ce qui serait fort inquiétant pour la liberté d'expression.

Il est toutefois des situations dans lesquelles la bonne foi est envisagée avec plus d'indulgence. C'est d'abord le cas, sous réserve bien sûr du respect de certaines limites, en période électorale, parce que la compétition ne s'accommode pas toujours du respect des nuances et parce qu'elle offre à la personne mise en cause l'occasion de répliquer. Plus généralement, surmontant ses réticences initiales, la Cour de cassation (ch. mixte, 24 nov. 2000, *B. info C. cass.*, 15 janv. 2001, concl. Lucas) a accepté d'assouplir ses exigences, s'agissant d'un débat politique ayant lieu en direct : « Au regard des dispositions de l'article 10 de la Convention européenne de sauvegarde des droits de l'homme, la protection de la réputation d'un homme politique doit être conciliée avec la libre discussion de son aptitude à exercer les fonctions pour lesquelles il se présente au suffrage des électeurs ; que, par suite, l'intention d'éclairer ceux-ci sur le comportement d'un candidat est un fait justificatif de bonne foi, lorsque les imputations, exprimées dans le contexte d'un débat politique, concernent l'activité publique de la personne mise en cause, en dehors de toute attaque contre sa vie privée, et à la condition que l'information n'ait pas été dénaturée. » Cette jurisprudence, qui, pour satisfaire aux exigences européennes, devrait s'appliquer à tout débat sur une question d'intérêt général, rejoint la solution plus ancienne, selon laquelle la manifestation des opinions et doctrines sur le fonctionnement de l'une des institutions de l'État « bénéficie de la liberté attachée à la critique du fonctionnement de ces institutions », aux termes de l'arrêt *Foyer* (Cass. crim., 23 mars 1978, *Bull.* n° 115), qui conclut que « dans le domaine de la polémique politique touchant à des sujets de cette nature, le fait justificatif de la bonne foi, propre à la diffamation, n'est pas nécessairement subordonné à la prudence dans l'expression de la pensée ». Dans cette affaire, le Syndicat de la magistrature avait porté plainte contre M. Foyer qui, dans un article, l'avait violemment mis en cause, l'accusant notamment de mener une véritable entreprise subversive. Cette jurisprudence favorable à la liberté d'expression est excellente, mais il est troublant qu'elle soit d'application fort rare : son bénéfice fut refusé à un journal d'extrême gauche qui avait dénoncé, à partir d'un certain nombre d'incidents, le climat existant à l'époque au commissariat de police de Nanterre (Cass. crim., 12 juin 1978, *Gaz. Pal.* 1979.I.113). Tout en admettant comme établie l'existence de certains des faits mentionnés, la cour casse l'arrêt d'appel en estimant que « l'amplification et la généralisation systématiques ainsi que la présentation tendancieuse de certains faits révélaient non seulement l'insuffisance des vérifications préalables, mais aussi le manque d'objectivité et de sincérité du journaliste ».

Le sentiment que vise à susciter cette jurisprudence complexe sur la diffamation est donc la prudence, ce qui correspond à une conception très restrictive de la liberté d'expression…

479 [Quant à l'injure, elle se définit comme « toute expression outrageante, termes de mépris ou invective qui ne renferme l'imputation d'aucun fait » (art. 29 de la loi de 1881). On laisse au lecteur le soin de trouver des exemples répondant à cette définition.

480 [La publicité parfois importante qui accompagne les procès en diffamation devant les juridictions répressives amène de plus en plus les victimes à s'abstenir de porter plainte et à préférer intenter une action civile. Cette option n'est ouverte qu'aux particuliers (art. 46 de la loi de 1881) et emporte application par le juge civil des règles ci-dessus étudiées (certains des arrêts cités relevaient d'ailleurs de cette hypothèse). La tentation, pour certaines victimes de diffamations, de solliciter du juge des référés le prononcé de mesures d'urgence (allocation de dommages-intérêts à titre provisionnel, obligation de publier un communiqué, voire saisie) a été fortement restreinte par le rappel, par la Cour de cassation, de la nécessité de respecter le délai de dix jours imparti au prévenu pour ses offres de preuve de la vérité des faits allégués (Cass. civ. 2e, 5 févr. 1992, *D.* 1993, p. 53, note Wachsmann). Quant au fond, la formation la plus solennelle de la Cour de cassation a mis un coup d'arrêt bienvenu à la tentative de contourner par la notion générale de faute de l'article 1382 du Code civil la précision des incriminations contenues dans la loi sur la presse, en énonçant : « les abus de la liberté d'expression prévus et réprimés par la loi du 29 juillet 1881 ne peuvent être réparés sur le fondement de l'article 1382 du Code civil » (Ass. plén., 12 juill. 2000, *B. info. C. cass.*, 1er nov. 2000, concl. Joinet, rapports et note Durieux). La faute civile ne pourra donc désormais plus jouer que

dans des hypothèses non prévues par la loi sur la presse (déformation par le journaliste des propos tenus par une personne, dénigrement d'une marque...), mais ne peut plus avoir pour effet d'élargir les incriminations édictées par la *lex specialis* applicable à la presse. Il faut également rappeler qu'en cas d'atteinte à la vie privée des personnes (v. *supra*), c'est le juge civil qui devra être saisi (sauf application, exceptionnelle, des art. 226-1 et s., NCP), s'il y a lieu en référé, en vertu de l'article 9 du Code civil.

481 [Afin de renforcer le respect de la présomption d'innocence, fréquemment malmenée par la presse, a été ajouté (loi du 4 janv. 1993 portant réforme de la procédure pénale) un article 9-1 du Code civil qui rappelle : « Chacun a droit au respect de la présomption d'innocence et permet au juge, s'il y a lieu en référé, d'ordonner l'insertion d'un communiqué faisant cesser l'atteinte à la présomption d'innocence. De même, le juge d'instruction qui prononce une décision de non-lieu peut ordonner la publication de celle-ci ou l'insertion d'un communiqué en rendant compte. »

482 [Enfin, l'article 13 de la loi de 1881 ouvre à toute personne nommée ou désignée dans un périodique le droit d'exiger l'insertion, dans un très bref délai, d'une réponse, dont la longueur est minutieusement réglementée. Le droit de réponse, inusité en matière de critique artistique (v. cependant dans *Libération* du 28 février 1991 la réponse du cinéaste Claude Berri à une critique de Serge Daney), a d'abord été conçu comme un droit général et absolu. Il tend aujourd'hui a être enfermé dans les limites du raisonnable (TGI Paris, réf., 27 mai 1988 et CA Paris, 13 juill. 1988, *JCP* 1988.II.21079) et requiert une véritable réplique à l'article initial, à l'exclusion du développement d'opinions sans lien avec celui-ci (Cass. crim., 16 janv. 1996, *D.* 1996, p. 462, note Bigot). C'est ce qui a permis de refuser le droit de réponse qu'avait décidé de solliciter systématiquement le Front national, à chaque fois qu'un périodique le qualifierait de mouvement d'extrême-droite ou le mettrait en cause (Cass. crim. 3 nov. 1999, *D.* 2000, *IR*, p. 29). Par ailleurs, le droit de réponse peut être refusé si le contenu de la réponse est lui-même susceptible de tomber sous le coup de la loi.

Le moins que l'on puisse dire est donc que les droits des tiers sont bien protégés par les dispositions applicables à la presse et par l'interprétation jurisprudentielle qui en est faite.

Section 2.
La persistance de régimes préventifs en matière de presse

483 [Normalement prohibée par les termes de l'article 11 de la Déclaration de 1789 et l'interprétation qu'en donne le Conseil constitutionnel, l'intervention préalable d'une autorité administrative en matière de presse est parfois possible. C'est d'abord le cas en vertu des pouvoirs de police générale reconnus à l'administration, mais à condition que la mesure soit indispensable à la sauvegarde de l'ordre public (T. confl., 8 avr. 1935, *Action française, GAJA,* p. 311 ; CE, 10 janv. 1968, *Association Enbata, Rec.*, p. 28). Par ailleurs, deux textes mettent en place un régime préventif exorbitant du droit commun de la presse : la loi du 16 juillet 1949 sur les publications destinées à la jeunesse et le décret-loi du 6 mai 1939 pour les publications de provenance étrangère (Rabiller, 2002).

484 [**La loi du 16 juillet 1949 sur les publications destinées à la jeunesse**

En ce qui concerne les publications correspondant à l'intitulé de la loi (celles qui « par leur caractère, leur présentation ou leur objet apparaissent comme principalement destinées aux enfants et aux adolescents »), elles sont soumises à une surveillance administrative et ne doivent rien comporter qui présente sous un jour favorable « le banditisme, le mensonge, le vol, la paresse, la lâcheté, la haine, la débauche, ou tous actes qualifiés crimes ou délits » ou qui soit « de nature à démoraliser l'enfance ou la jeunesse ou entretenir des préjugés ethniques » (art. 2 de la loi). Du moins ces dispositions (exagérément vagues et qui permettent d'incriminer les aventures de Robin des Bois ou de Gaston Lagaffe, pour s'en tenir à des classiques éprouvés !) restent-elles dans le cadre du régime répressif (c'est aux tribunaux à se prononcer).

485 [Le régime préventif prévu à l'article 14 de la loi présente la particularité de s'appliquer aux publications « de toute nature », c'est-à-dire essentiellement à celles qui ne correspondent pas à l'intitulé de la loi et ne prétendent pas s'adresser spécifiquement aux enfants et aux adolescents (confirmé par CE, 29 juill. 1994, *Roques, Rec.*, p. 403). Sont visées les publications « présentant un danger pour la

jeunesse en raison de leur caractère licencieux ou pornographique ou de la place faite au crime, à la violence, à la discrimination ou à la haine raciale, à l'incitation à l'usage, à la détention ou au trafic de stupéfiants ». Le ministre de l'Intérieur peut prendre un arrêté interdisant de les donner ou de les vendre à des mineurs de 18 ans, de les exposer à la vue du public et de faire de la publicité en leur faveur (il peut ne prononcer que les deux premières ou la première de ces interdictions). L'intervention de ces mesures a des répercussions graves sur la vie de ces publications, puisque leur diffusion est gênée de manière considérable.

Ce régime d'interdiction administrative est-il conforme aux exigences de l'article 10 de la Convention européenne des droits de l'homme ? La réponse affirmative du Conseil d'État (19 janv. 1990, *Société française de revues, AJDA* 1990, p. 124) est motivée de manière pour le moins sommaire (Wachsmann, 1991, p. 290) – l'arrêt du 28 juillet 1995, *Société Alexandre, LPA,* 11 oct. 1996, n° 123, p. 19, note Dreyer, n'infirme pas fondamentalement cette conclusion – et convainc d'autant moins que la loi de 1949 est aisément susceptible de détournements de procédure, comme l'ont montré au moins deux précédents, datant de 1970. Après avoir titré, fidèle à son style provocateur : « Bal tragique à Colombey : un mort » (allusion à un fait divers tragique – l'incendie d'un dancing – survenu peu auparavant) au lendemain de la mort du général de Gaulle, *Hara-kiri* fut frappé d'une interdiction de vente aux mineurs et d'exposition. S'agissant d'une publication périodique, cette mesure signifiait l'impossibilité de recourir aux sociétés coopératives de diffusion et donc la disparition. Celle-ci fut décidée par les responsables de la revue, fidèles à son titre, en dépit d'une modification partielle de l'arrêté, suite aux protestations. La même année, la loi de 1949 fut appliquée à l'encontre de l'ouvrage de Pierre Guyotat, *Eden, Eden, Eden,* pourtant préfacé par Michel Leiris, Roland Barthes et Philippe Sollers ! Il est clair que l'interdiction administrative constituait ici une solution de facilité pour des autorités qui ne voulaient pas s'exposer aux aléas de poursuites pénales pour outrage aux bonnes mœurs (v. la lettre de protestation de Jérôme Lindon, *Le Monde,* 8 et 9 nov. 1970). Le Conseil d'État a pourtant estimé que l'incrimination pénale de l'outrage aux bonnes mœurs n'était pas exclusive de l'application du régime préventif spécial de la loi de 1949 (CE, 20 déc. 1985, *SARL Éditions du Pharaon, ADJA* 1986, p. 190, note Richer). L'article 227-24 du Nouveau Code pénal laisse ce problème intact.

486 [On relèvera cependant que le juge administratif exerce un contrôle entier tant sur le respect des conditions mises par le texte à l'exercice des pouvoirs ministériels (CE, 3 févr. 1958, *Sté les Éditions du Fleuve Noir, D.* 1958, p. 570, note Rouyer-Hameray) que sur la nécessité des interdictions prononcées (CE, Sect., 9 mai 1980, *Veyrier, D.* 1980, p. 416, concl. Genevois : l'interdiction d'exposer est justifiée par le fait que les illustrations de l'ouvrage font à la représentation de certaines scènes de violence une place qui apparaît dès un premier examen de l'ouvrage). Il n'en reste pas moins que cette législation fait de l'administration la gardienne d'un ordre moral (cf. concl. Mosset sur CE, 5 déc. 1956, *Thibault, D.* 1957, p. 20, aux termes desquelles le mot « licencieux » couvre « non seulement ce qui est contraire à la décence, mais encore ce qui est déréglé. L'homosexualité, c'est de la licence. Faire l'apologie de ce vice, c'est se montrer licencieux »). L'offensive menée en 1987 contre des revues dites « de charme », avec menace d'utilisation à leur encontre de la loi de 1949, illustre le caractère archaïque de ces dispositions. Quant à la lutte contre la drogue et le racisme, elle a, fort heureusement, à sa disposition d'autres armes.

487 [Par ailleurs, l'éditeur dont trois publications auront été frappées, au cours de douze mois consécutifs, de deux des interdictions prévues ne pourra, pendant une période de cinq ans, rien mettre en vente sans dépôt préalable au ministère de la Justice et avant que se soient écoulés trois mois à compter de ce dépôt. Une telle contrainte ne saurait passer pour une restriction nécessaire, dans une société démocratique, à la protection de la morale ou des droits d'autrui (Wachsmann, 1999, p. 7).

488 [**Le décret-loi du 6 mai 1939 sur les publications de provenance étrangère**

Destiné à lutter, à la veille de la guerre, contre la propagande ennemie, ce texte a été, comme il arrive souvent, maintenu en vigueur jusqu'à nos jours. Le Conseil d'État en a affirmé la valeur réglementaire et la conformité à la loi d'habilitation en vertu de laquelle il a été pris (CE, Ass., 2 nov. 1973, *SA Librairie François Maspero, GAJA*, p. 636). On peut pourtant douter fortement de la conformité à l'article 11 de la Déclaration de 1789 d'un texte qui autorise le ministre de l'Intérieur à interdire la circulation, la distribution ou la mise en vente en France des journaux ou écrits, périodiques ou non, rédigés en langue étrangère ou de provenance étrangère rédigés en langue française, imprimés à l'étranger ou en France. Dans son arrêt *Association Ekin* (Sect., 9 juill. 1997, *GAJA*, p. 794 ; *RFD adm.* 1997, p. 1284, concl. Denis-Linton, note Pacteau ; *RD publ.* 1998, p. 539, note Wachsmann), le Conseil d'État a considéré, contrairement aux conclusions de Mme Denis-Linton, que le décret-loi de 1939 n'était pas contraire aux exigences des articles 10 et 14 de la Convention européenne des droits de l'homme. Telle n'a pas été l'appréciation de la Cour européenne des droits de l'homme qui, dans son arrêt *Association Ekin c/ France* du 17 juillet 2001, a rappelé que les régimes préventifs devaient faire l'objet, en matière de liberté d'expression, de « l'examen le plus scrupuleux », estimé que le champ d'application du texte est trop général, le contrôle juridictionnel insuffisamment efficace et relevé que le caractère discriminatoire de cette disposition, s'il pouvait se justifier à l'origine par le contexte très particulier de la veille de la guerre, ne pouvait plus être admis aujourd'hui.

Le Conseil d'État a interprété les termes, aux connotations inquiétantes, « écrits de provenance étrangère », de manière large, les déclarant applicables à toutes les traductions en français des textes étrangers, fussent-ils signés de noms illustres (CE, 19 févr. 1958, *Société des éditions de la Terre de feu, Rec.*, p. 114), aux adaptations de textes étrangers (CE, Ass., 2 nov. 1973, *préc.*) et même aux ouvrages écrits en français par un auteur étranger, à l'aide d'une documentation étrangère et qui révèlent « une inspiration étrangère » *(sic)* (CE, Ass., 30 janv. 1980, *SA Librairie François Maspero, AJDA* 1980, p. 242, concl. contr. Genevois, note Jordan).

489 [C'est le juge administratif qui a dû préciser (le texte ne le faisait pas !) que le ministre ne pouvait utiliser ses pouvoirs qu'à la condition que la publication visée présentât un danger pour l'ordre public (CE, Ass., 2 nov. 1973, *préc.*). L'appréciation de ce danger par le ministre a été successivement soustraite à tout contrôle du juge (CE, Sect., 4 juin 1954, *Sieurs Joudoux et Riaux, AJDA* 1954, II, p. 360, note R. Pinto), soumise à un contrôle restreint (CE, Ass., 2 nov. 1973, *préc.*) puis à un contrôle entier (CE, Sect., 9 juill. 1997, *Association Ekin*, préc.). Celui-ci tient enfin compte du fait qu'est ici en cause la liberté d'expression, qui doit prévaloir, à travers même la mise en œuvre du régime administratif d'interdiction que laisse subsister le juge administratif : la conciliation des intérêts généraux dont le ministre de l'Intérieur

a la charge et le respect dû aux libertés publiques, et notamment à la liberté de la presse, s'effectue désormais sous le contrôle plénier du juge de l'excès de pouvoir. Dans l'arrêt *Ekin*, celui-ci débouche sur une annulation de la mesure prise, l'ouvrage visé s'employant à justifier la violence déployée contre l'État espagnol par les autonomistes basques, sans pour autant constituer une apologie de cette violence. Le caractère radical de toute mesure d'interdiction amènera nécessairement à n'en admettre la licéité que dans des cas très exceptionnels, même si le Conseil d'État devait se refuser à suivre la Cour de Strasbourg quant à l'inconventionnalité du texte lui-même.

490 [La lutte contre les idées d'extrême-gauche était naguère le motif le plus fréquent des mesures d'interdiction prises par le ministre de l'Intérieur (arrêt *Maspero* de 1973, à propos d'une adaptation de la revue cubaine « Tricontinental »). Lui a succédé une utilisation plutôt tournée vers les nostalgiques de l'Occupation (arrêt *Les Éditions des Archers*, à propos d'une réédition belge de la revue « Signal », à la gloire des armées nazies), les propagateurs d'idées racistes ou les apologistes du terrorisme contre l'Occident. Il faut cependant souligner que la répression pénale permettrait également de combattre de telles publications.

Un dernier type d'usage du décret-loi de 1939 appelle de sérieuses réserves : l'interdiction d'écrits à des fins diplomatiques, pour complaire à un régime étranger. Dans l'arrêt *Maspero* de 1980, le Conseil d'État a jugé que le ministre avait légalement pu invoquer le fait que la publication de l'ouvrage (*L'ascension de Mobutu*) était de nature à nuire à la conduite des relations entre la France et le Zaïre. Une telle solution se rattache fort mal à la défense de l'ordre public et amoindrit la liberté d'expression dans notre pays. Elle expose le gouvernement à des demandes auxquelles il eût mieux valu lui interdire de céder. « Une dernière considération importante pour les ministres, c'est que la liberté de la presse les dégagera d'une responsabilité fâcheuse envers les gouvernements étrangers. Ils ne seront plus importunés de toutes ces notes diplomatiques que leur attirent l'ignorance des censeurs et la légèreté des journaux, et, n'étant plus forcés d'y céder, ils ne compromettront plus la dignité de la France », écrivait Chateaubriand en 1816... Car il peut être inopportun de prendre parti pour un gouvernement étranger (interdiction, en 1986, de la revue *El Badil* éditée par des opposants algériens). Dans ses conclusions précitées, Mme Denis-Linton indiquait fort justement que la prise en compte d'un tel motif était exclue par l'article 10 de la Convention européenne des droits de l'homme (comp. le refus de l'admettre, à propos de la liberté de réunion : CE, 12 nov. 1997, *Ministre de l'Intérieur c/ Association « Communauté tibétaine en France et ses amis »*, *Rec.* p. 417 et aussi l'arrêt de la Cour européenne des droits de l'homme du 25 juin 2002, *Colombani et autres c/ France,* qui juge insuffisante, pour justifier le régime exorbitant de l'offense au chef d'État étranger, l'invocation du désir d'entretenir des rapports amicaux et confiants avec les dirigeants des autres États). Ajoutons que toute censure court le risque de s'exercer à très mauvais escient (interdiction du livre *Le licite et l'illicite en Islam* par arrêté du 24 avr. 1995... et retrait de l'acte le 9 mai 1995).

Ni nécessaires dans une société démocratique ni en harmonie avec ce que consacre la Déclaration de 1789, ces régimes d'exception sont donc dangereux. On ne peut que souhaiter leur disparition prochaine...

SECTION 3.
LA CRISE DE LA PRESSE PÉRIODIQUE ET LA LUTTE CONTRE LES CONCENTRATIONS

491 [À la multiplicité des titres et aux forts tirages (parfois supérieurs au million) dont pouvait s'enorgueillir la presse périodique française du début du XXe siècle correspondent aujourd'hui une raréfaction des titres (pour la presse nationale d'opinion quotidienne, en particulier) et des tirages en stagnation ou en régression. La concurrence des informations radiophoniques et télévisées n'explique pas, à elle seule, ce phénomène, puisque de nombreux pays étrangers offrent l'exemple d'une forte résistance de la presse : les facteurs culturels semblent avoir été trop négligés dans notre pays.

492 [Toujours est-il que les pouvoirs publics ont dû prendre des mesures pour permettre aux publications périodiques de faire face à une situation qui retentit gravement sur leurs finances. Une fiscalité avantageuse et des tarifs postaux et téléphoniques réduits allègent les charges de la presse périodique, si la publication présente un carac-

tère d'intérêt général (celui-ci s'apprécie au regard non seulement de l'objet de la publication, mais aussi de son contenu – v. ainsi, à propos d'une revue prônant des thérapies alternatives, mais y ajoutant un dénigrement des méthodes pratiquées en médecine, CE, 30 mars 2001, *SARL Vérités Santé pratique, AJDA* 2001, p. 458, chron. M. Guyomar et P. Collin), une aide accordée aux quotidiens d'information dont les ressources publicitaires sont insuffisantes a par ailleurs été instituée à partir de 1973 (elle est évidemment liée à des conditions définies objectivement, de manière à éliminer toute considération politique dans l'octroi de l'aide). On notera que le Conseil constitutionnel a refusé de considérer comme une rupture de l'égalité une remise de dettes autorisée par la loi au profit de l'entreprise éditant le journal *L'Humanité*, qui était en proie à des difficultés importantes, en relevant qu'une telle initiative n'était pas inhabituelle et qu'elle « participe au surplus de la volonté de préserver le pluralisme des quotidiens d'information politique et générale, qui constitue un objectif de valeur constitutionnelle » (Cons. const., 28 déc. 2000, 2e loi de finances rectificative pour 2000). L'État a également assumé la création de l'Agence France-Presse (initialement établissement public, l'Agence est, depuis 1957, un organisme autonome de droit privé) afin de garantir une autonomie nationale en matière de fourniture de l'information. Il en assure le financement par divers moyens.

493 [La volonté d'instaurer la transparence et de lutter contre les concentrations en matière de presse s'exprime dans les travaux du Conseil national de la Résistance et se concrétise, dès la Libération, dans l'ordonnance du 26 août 1944 sur l'organisation de la presse française. Celle-ci précise que « lorsque la majorité du capital de l'entreprise publiant un quotidien ou un hebdomadaire appartient à une même personne, celle-ci sera obligatoirement directeur de la publication » (art. 7) et que « la même personne ne peut être directeur ou directeur délégué de plus d'un quotidien » (art. 9). L'intention des auteurs du texte était claire. Elle s'exprimait cependant en des termes qui permirent à Robert Hersant de la tourner, en soutenant que les sociétés contrôlées par lui constituaient autant de « personnes » lui permettant de ne pas enfreindre l'interdiction des cumuls. Cette rédaction défectueuse devait entraîner l'enlisement des nombreuses poursuites dirigées contre R. Hersant, au fur et à mesure que se multipliaient les prises de contrôle réalisées par lui.

C'est cette contradiction entre l'esprit de l'ordonnance de 1944 et le renforcement constant de l'empire de presse de R. Hersant qui amena le gouvernement Mauroy à déposer un projet de loi renforçant la rigueur des dispositions applicables en matière de transparence et de lutte contre les concentrations. Comme on l'a vu, la décision du Conseil constitutionnel des 10 et 11 octobre 1984 (*GDCC*, p. 589) déclara contraires à la Constitution de nombreuses dispositions du texte, en particulier celles dotant de pouvoirs de décision la Commission pour la transparence et le pluralisme de la presse que la loi instituait. Elle émit par ailleurs des réserves d'interprétation qui en limitaient considérablement la portée, notamment en interdisant toute rétroactivité des dispositions nouvelles. Au nom du libéralisme économique dont elle voulait se faire le champion, la majorité parlementaire issue des élections de 1986 entendit abroger la loi du 23 octobre 1984 et fixer les seuils imposés aux concentrations de presse à un niveau très élevé et selon des modalités telles qu'elles devaient être aussi faciles à tourner que les dispositions de l'ordonnance de 1944. La décision du Conseil constitutionnel du 29 juillet 1986 y mit obstacle, imposant que l'exigence de valeur constitutionnelle de respect du pluralisme fût assortie de dispositions législatives propres à en assurer effectivement le respect. La loi du 1er août 1986 portant réforme du régime juridique de la presse dut donc être complétée, pour satisfaire à ces impératifs, par celle du 27 novembre 1986.

494 [Est désormais « interdite, à peine de nullité, l'acquisition, la prise de contrôle ou la prise en location-gérance d'une publication quotidienne imprimée d'information politique et générale lorsque cette opération a pour effet de permettre à une personne physique ou morale ou à un groupement de personnes physiques ou morales de posséder, de contrôler, directement ou indirectement, ou d'éditer en location-gérance des publications quotidiennes imprimées d'information politique et générale dont le total de la diffusion excède 30 % de la diffusion sur le territoire national de toutes les publications quotidiennes imprimées de même nature ». Cette disposition retient une notion extrêmement large du contrôle, tout en fixant très haut la limite à ne pas dépasser. Malgré cela, le rachat des *Dernières Nouvelles d'Alsace* par le groupe de R. Hersant, durant l'été 1993, a soulevé beaucoup de discussions quant à sa validité, compte tenu de l'existence de deux filiales (France-Antilles et Socpresse) et de l'incertitude quant à la diffusion contrôlée (moins de 30 % pour le ministère de la Justice ;

32,95 % selon la Fédération française des sociétés de journalistes et le Syndicat national des journalistes ; 33,23 % selon le journal *Le Monde* – v. son n° du 14 sept. 1993). On voit qu'il n'est guère aisé d'assurer en ces matières le respect de la loi...

CHAPITRE 2

La liberté des spectacles

495 [Plaidant en 1832 pour le ministre du Commerce qui avait interdit à la Comédie française de représenter *Le Roi s'amuse* de Victor Hugo, Chaix d'Est-Ange déclarait : « La représentation dramatique, avec sa mise en scène et ses illusions, agit vivement sur l'âme des spectateurs : ce n'est pas un froid récit qu'elle fait, c'est une action vivante et animée qu'elle reproduit ; ce n'est pas à un individu isolé qu'elle s'adresse, c'est à une masse de citoyens qui s'exaltent ensemble et s'électrisent, et se communiquent l'un à l'autre leurs sentiments et leurs passions. Ainsi, la représentation dramatique, lorsqu'elle est dangereuse, l'est bien autrement que la presse. » Ce qui inquiète le pouvoir dans les spectacles, c'est donc qu'ils s'adressent à un public assemblé dont on craint qu'il prenne exemple sur ces Bruxellois qui, exaltés par une représentation de *La Muette de Portici* d'Auber, firent la révolution d'où sortit l'indépendance de la Belgique...

Aujourd'hui, ces fantasmes n'ont plus cours, mais le régime juridique des spectacles n'est toujours pas aligné sur celui de la presse. Ou plutôt, il convient de distinguer selon le type de spectacles dont il s'agit, le cas du cinéma devant être mis à part.

SECTION 1.
LES SPECTACLES AUTRES QUE LE CINÉMA

496[L'ordonnance du 13 octobre 1945 relative aux spectacles distinguait six catégories d'entreprises de spectacles, dont la sixième seule, celle des spectacles dits de curiosités était soumise à autorisation préalable. La loi du 18 mars 1999 a supprimé cette dernière, unifiant avec retard le régime des spectacles.

497[Les spectacles « nobles », c'est-à-dire les spectacles d'art dramatique, lyrique ou chorégraphique, les concerts symphoniques et autres, les « théâtres de marionnettes, cabarets artistiques, cafés concerts, music-halls et cirques », selon la désuète énumération de l'ordonnance de 1945, ont bénéficié les premiers du régime qui est celui de la presse : ils peuvent être donnés librement (sous réserve qu'il soit satisfait aux dispositions tendant à assurer la sécurité du public), sauf à donner lieu à une répression pénale (le chapitre IV de la loi sur la presse du 29 juillet 1881 est relatif aux « crimes et délits commis par la voie de la presse ou par tout autre moyen de publication », or la représentation s'analyse à cet égard en une publication).

498[La liberté théâtrale fut particulièrement lente à s'établir, en raison des craintes qu'on a évoquées : la censure fut abolie en fait par la loi de finances du 7 juin 1906, qui cesse de prévoir les crédits nécessaires à la rémunération des censeurs et en droit par l'ordonnance de 1945. Il faut cependant rappeler que les pouvoirs de police générale permettent, aux termes de la jurisprudence du Conseil d'État, le prononcé d'une mesure d'interdiction si celle-ci apparaît nécessaire au maintien de l'ordre public. L'arrêt *Commune de Morsang-sur-Orge* (Ass., 27 oct. 1995, *GAJA*, p. 768) a expressément accordé au maire le pouvoir d'interdire à ce titre un spectacle jugé attentatoire au respect de la dignité de la personne humaine (en l'espèce, un « lancer de nain »).

Compte tenu de l'ampleur de la participation publique à l'activité théâtrale (théâtres publics, subventions aux théâtres privés), nécessitée par des coûts financiers considérables, le problème essentiel est aujourd'hui d'éviter que l'État et les collectivités locales n'exercent des pressions de type politique ou économique sur les choix artistiques des compagnies.

499 [Les « spectacles forains, exhibitions de chant et de danse dans les lieux publics et tous spectacles de curiosités et de variétés » étaient soumis par l'article 13 de l'ordonnance de 1945 à une autorisation du maire. Le critère permettant de distinguer un spectacle d'art chorégraphique d'une exhibition de danse dans un lieu public était évidemment l'opinion des pouvoirs publics quant à la valeur artistique dudit spectacle... Ces spectacles avaient été jugés indignes du bénéfice de la liberté d'expression, en raison de leur caractère populaire ou de divertissement. L'arbitraire d'une telle exclusion était atténué par l'exercice, par le juge administratif, d'un contrôle entier sur les refus d'autorisation (CE, Sect., 11 juill. 1975, *Sieur Clément, AJDA* 1975, p. 581 et p. 564, chron. Boyon et Nauwelaers, à propos de la décision du maire d'Aix-en-Provence concernant un festival de musique « pop »). La loi du 18 mars 1999, en abrogeant le régime d'autorisation, met fin à un anachronisme notoire (v. N. Deffains, *RTDH* 1996, p. 657), en soumettant ces spectacles au droit commun, celui des « spectacles vivants produits ou diffusés par des personnes qui, en vue de la représentation en public d'une œuvre de l'esprit, s'assurent la présence physique d'au moins un artiste du spectacle percevant une rémunération ».

SECTION 2.
LE RÉGIME DU CINÉMA

500 [Soumis dans un premier temps au régime des spectacles de curiosités, le cinéma fut assujetti, à partir de 1916, à un régime d'autorisation préalable des films au niveau national. Celui-ci subsiste à l'heure actuelle en vertu d'une ordonnance du 3 juillet 1945, incluse dans un Code de l'industrie cinématographique, dont l'article 19 subordonne la représentation et l'exportation hors de la Communauté européenne des films cinématographiques à l'obtention de visas délivrés par le ministre chargé de l'Information.

501 [Les conditions d'exercice de ses pouvoirs par le ministre ont été redéfinies par un décret du 23 février 1990. Le visa est délivré par le ministre chargé de la Culture, après avis d'une commission rebaptisée Commission de classification des œuvres cinématographiques – on appréciera l'euphémisme : la censure devient une modalité de « clas-

sification »... Cette commission comprend quatre collèges où siègent respectivement des représentants des ministères intéressés, des professionnels, des experts (personnalités qualifiées dans le domaine de la protection de l'enfance et de la jeunesse, représentants des associations familiales et de l'Association des maires de France...) et des jeunes (choisis par le ministre après consultation du Conseil national de l'éducation populaire et de la jeunesse ou sur proposition du directeur général du Centre national de la cinématographie).

Les avis comportant une restriction quelconque à l'exploitation d'un film doivent être donnés en Assemblée plénière et motivés. Les mesures que le ministre peut prendre doivent elles-mêmes être motivées. Il peut s'agir d'un visa autorisant pour tous publics la représentation de l'œuvre cinématographique, d'un visa comportant l'interdiction de la représentation aux mineurs de 12, de 16 ou de 18 ans ou d'une interdiction totale de l'œuvre cinématographique. La décision du ministre peut être assortie de l'obligation d'exposer à la vue du public, à l'entrée des salles où l'œuvre sera représentée, un avertissement de la commission destiné à l'information des spectateurs sur le contenu de l'œuvre ou certaines de ses particularités. Le ministre ne peut prendre une mesure plus restrictive que celle proposée par la commission sans avoir, au préalable, adressé à celle-ci une demande motivée de nouvel examen.

502 [Le Conseil d'État, en exerçant un contrôle entier sur les décisions prises par le ministre, a fort justement consacré l'existence d'une « liberté publique de l'expression cinématographique » (Mourgeon, 1975, p. 350). Saisi d'un recours dirigé contre la décision ministérielle refusant l'autorisation de projeter en France le film de Jacques Rivette, *Suzanne Simonin, la Religieuse de Diderot,* le Conseil d'État précise que le ministre doit utiliser ses pouvoirs en conciliant « les intérêts généraux dont il a la charge avec le respect dû aux libertés publiques et, notamment, à la liberté d'expression », ceci sous le contrôle – entier – du juge administratif. En l'espèce, « il résulte de l'instruction que ni les situations ni les comportements des personnages, tels qu'ils sont présentés dans le film dont il s'agit, n'étaient de nature à justifier légalement l'interdiction générale d'exploiter le film en France » (CE, Ass., 24 janv. 1975, *Société Rome-Paris Films, RD publ.* 1975, p. 286, concl. Rougevin-Baville).

Cette solution, qui consacre le principe de la liberté en dépit de l'existence d'un régime d'autorisation, est pleinement conforme aux données constitutionnelles et internationales qu'on a rappelées. La Cour européenne des droits de l'homme en particulier, a décidé que la possibilité de soumettre à un régime d'autorisations les entreprises de radiodiffusion et de cinéma, prévue au premier paragraphe de l'article 10 de la Convention, ne signifiait pas l'affranchissement des exigences posées au paragraphe 2, en particulier de celle de la nécessité des mesures restrictives (arrêts *Groppera Radio AG,* 28 mars 1990 pour la radiodiffusion et *Otto-Preminger-Institut c/ Autriche,* 20 sept. 1994 pour le cinéma). Au demeurant, on remarquera que l'article 10 prévoit un régime d'autorisations pour les entreprises de cinéma et non pour les œuvres cinématographiques de sorte que les bases du régime issu de l'ordonnance de 1945 apparaissent assez discutables : la censure cinématographique ne correspond plus aux exigences contemporaines (v. cependant l'admission du système des visas et d'une décision de refus d'octroi pour un film vidéo jugé blasphématoire dans l'arrêt de la Cour européenne des droits de l'homme du 25 novembre 1996, *Wingrove c/ Royaume-Uni*).

Il faut ajouter que le juge administratif exerce le même contrôle entier lorsqu'est attaquée devant lui une décision ministérielle octroyant le visa, alors qu'un contrôle restreint eût été plus indiqué, s'agissant d'une mesure qui fait droit à une liberté solennellement garantie. Dans un cas, le requérant attaquait l'octroi du visa au film de Martin Scorsese, *La dernière tentation du Christ :* sa requête est rejetée, au motif que la projection du film n'était pas de nature à porter une atteinte suffisamment grave à l'ordre public et ne comportait pas d'atteinte grave aux consciences, eu égard aux situations présentées et aux comportements des personnages, tels qu'ils sont exposés dans le film (CE, 9 mai 1990, *Pichène, Rec.,* p. 116 ; *Rev. adm.* 1990, p. 431, note Ruiz Fabri). La notion d'atteinte grave aux consciences dans un film que les spectateurs sont libres d'aller voir ou non laisse quelque peu songeur... Dans un arrêt du même jour, *De Bénouville* (*Rec.,* p. 117), est rejeté le recours concernant un film portant sur la Résistance, le Conseil d'État relevant que les événements traités dans le film avaient déjà fait l'objet de larges débats qui avaient suffisamment averti l'opinion, de sorte que l'ordre public n'était pas affecté ni les consciences gravement atteintes. De surcroît, l'incidence du film sur des procès en cours n'est pas jugée suffisante pour justifier l'interdiction du film (v. au contraire l'admission de la délivrance d'un visa avec effet différé au film de Claude Chabrol, *Les*

Noces rouges, inspiré d'un fait divers dont le protagoniste devait être rejugé, en raison du risque d'atteinte aux droits de l'accusé : CE, 8 juin 1979, *Chabrol et SA Fims La Boétie, RD publ.* 1980, p. 222, concl. Bacquet). Le contrôle entier pratiqué sur les décisions d'octroi du visa d'exploitation devait déboucher sur une annulation dans l'affaire *Association Promouvoir et époux Mazaudier et autres* (CE, Sect., 30 juin 2000, *Rec.* p. 265, concl. contr. Honorat). L'arrêt relève « qu'il ressort de l'instruction que le film *Baise-moi* est composé pour l'essentiel d'une succession de scènes de grande violence et de scènes de sexe non simulées, sans que les autres séquences traduisent l'intention, affichée par les réalisatrices, de dénoncer la violence faite aux femmes par la société ; qu'il constitue ainsi un message pornographique et d'incitation à la violence susceptible d'être vu ou perçu par des mineurs et qui pourrait relever des dispositions de l'article 227-24 du Code pénal ». La réglementation applicable à l'époque ne prévoyant plus la possibilité d'interdire un film aux mineurs de 18 ans, le Conseil d'État annule la décision accordant le visa, en indiquant que le ministre n'avait d'autre possibilité légale que celle du « classement X » (v. *infra*), qui emporte interdiction du film à cette partie du public. On notera, une fois encore, que l'existence d'une répression pénale ne prive pas l'administration de son pouvoir, et même de son devoir, d'agir. Le contrôle juridictionnel se fait en l'espèce particulièrement minutieux, puisque la nécessité d'empêcher les spectateurs ayant entre 16 et 18 ans de voir le film en salle (la diffusion du film sous forme de vidéogrammes destinés à l'usage privé du public n'est pas concernée : CE, réf., 31 janv. 2001, *Association Promouvoir*) aboutit ici à le soustraire entièrement à une exploitation en salle (seule la réouverture, par un décret du 12 juillet 2001, de la possibilité d'interdire un film aux mineurs de 18 ans lèvera cet obstacle, l'interdiction de *Baise-moi* aux mineurs de 18 ans, mais sans classement X, étant jugée légale : CE, 14 juin 2002, *Association Promouvoir*). C'est l'absence de toute qualité esthétique du film, qui eût été, aux yeux du juge, de nature à en racheter le contenu, qui explique la solution exceptionnelle adoptée en l'espèce (v. *a contrario* l'arrêt du 4 oct. 2000, *Association Promouvoir, Rec.* p. 388, rejetant le recours dirigé contre l'octroi du visa au film *Fantasmes*).

503 [Des tentatives pour obtenir du juge judiciaire des référés qu'il prononce l'interdiction de films ayant obtenu le visa d'exploitation, au motif que leur projection causerait un trouble manifestement illicite,

se sont heurtées à un refus très ferme, fondé sur la liberté d'expression et les particularités de l'accès aux œuvres cinématographiques. À des associations traditionalistes qui s'en prenaient au film de Jean-Luc Godard, *Je vous salue, Marie,* le tribunal de grande instance de Paris oppose le droit de « soumettre une œuvre à la critique et à la sanction du spectateur individuel qui prend l'initiative, en payant un billet d'entrée, d'engager un colloque singulier avec ladite œuvre » et le droit pour le spectateur de prendre, en connaissance de cause, le risque de subir « le caractère provocant ou même choquant » de l'œuvre (TGI Paris, réf., 28 janv. 1985, *D.* 1985, p. 129, note Lindon).

504 [En revanche, le Conseil d'État, appliquant la théorie classique du concours des polices, a jugé que l'octroi d'un visa d'exploitation au niveau national ne privait pas les autorités de police générale, principalement les maires, de la possibilité d'interdire la projection du film lorsque certaines conditions sont remplies. Seules deux circonstances peuvent justifier une mesure locale d'interdiction : le risque de troubles sérieux occasionnés par la projection ; la conjugaison, préjudiciable à l'ordre public, de l'immoralité du film et de circonstances locales (CE, Sect., 18 déc. 1959, *Société Les Films Lutétia, GAJA,* p. 550). Le premier de ces deux motifs est dangereux, puisqu'il permet à une minorité disposée à fomenter des troubles d'avoir raison de la liberté d'expression (le Conseil d'État n'exige pas – mais cette jurisprudence est certainement dépassée sur ce point – de l'autorité de police qu'elle déploie les moyens nécessaires pour assurer le calme) et le second fait en réalité double emploi avec la censure exercée au niveau national, les « circonstances locales » en relation avec le « caractère immoral » du film étant mal caractérisées (dans l'espèce *Lutétia,* il s'agissait, selon le maire, d'une « vague d'immoralité » qui aurait déferlé sur la ville de Nice...). Le Conseil d'État a maintenu cette jurisprudence, tout en exerçant un contrôle plus rigoureux sur les décisions prises par les maires (CE, 26 juill. 1985, *Ville d'Aix-en-Provence, RFD adm.* 1986, p. 439, concl. Genevois).

505 [Les décisions de refus d'autorisation ou d'interdiction s'accordant mal avec l'évolution des mœurs, c'est vers des formes plus discrètes de pénalisation que l'on a préféré aujourd'hui se tourner. Les articles 11 et 12 de la loi du 30 décembre 1975 portant loi de finances pour 1976 permettent au ministre chargé de délivrer les visas d'exploitation de classer, après avis de la Commission, un film dans la catégorie

(dite X) des films pornographiques ou d'incitation à la violence. Ce classement emporte interdiction du film aux mineurs de 18 ans, exclusion du circuit normal de distribution et confinement dans des salles spécialisées, exclusion de tout soutien financier public et soumission à un régime fiscal défavorable. Le Conseil d'État exerce également un contrôle entier sur ces décisions, de manière à éviter toute censure larvée (CE, 13 juill. 1979, *Société Les Comptoirs français du film*, *Gaz. Pal.* 1981, I, p. 321, concl. Genevois – le commissaire du gouvernement retient une définition stricte de la pornographie : « Le film qui présente au public, sans recherche esthétique et avec une crudité provocante, des scènes de la vie sexuelle, et notamment des scènes d'accouplement »). Moins d'une dizaine de salles spécialisées subsisterait en France, des formes de diffusion plus discrètes étant désormais disponibles, ce qui explique également qu'aucun classement X n'est intervenu depuis 1996 (*Le Monde*, 29 août 2001).

Par ailleurs, il faut se garder de négliger les facteurs économiques, aujourd'hui déterminants. En particulier, presque aucun film ne peut voir le jour sans le soutien financier accordé par l'État (v. décret du 24 févr. 1999 relatif au soutien financier de l'industrie cinématographique, modifié par un décret du 6 nov. 2001 et arrêtés du 22 mars 1999).

CHAPITRE 3

La liberté dans le secteur de l'audiovisuel

506 [Avant 1981, parler de liberté dans le secteur de l'audiovisuel eût été parfaitement saugrenu : un monopole public entendu avec la dernière rigueur proscrivait toute initiative privée et les efforts pour établir l'indépendance des organismes publics par rapport au pouvoir politique survivaient difficilement aux lendemains d'élections...

Les premières expériences radiophoniques ont lieu en France en 1921. Dès 1923, le législateur déclare applicable à la nouvelle technique le régime du télégraphe, qui permet un étroit contrôle de l'État. Celui-ci souhaite couvrir l'ensemble du territoire national, mais se heurte à des problèmes financiers qui conduisent à faire place à l'initiative privée, sous forme de concessions de service public (décret du 28 déc. 1926). C'est avec l'ordonnance du 23 mars 1945 qu'est véritablement instauré un monopole public de la radiodiffusion : toutes les autorisations accordées à des postes privés de radiodiffusion sont révoquées, laissant seul subsister le réseau public. Entre temps, la guerre avait révélé toutes les ressources que la propagande d'État pouvait tirer de la radiodiffusion.

L'ordonnance du 4 février 1959 réaffirme un monopole étendu à la télévision naissante et en confie la gestion à un établissement public, la Radiodiffusion-télévision française, qui prendra, en 1964, le nom d'Office de radiodiffusion-télévision française. La mainmise du pouvoir gaulliste sur la radio et la télévision, spécialement au niveau de l'information, confine à la caricature : un téléspectateur ne lisant pas les journaux ne pouvait soupçonner l'existence d'une opposition qu'à l'occasion de brèves interventions lors de campagnes électorales au demeurant dominées par la majorité... Les purges effectuées sans ménagements après les événements de mai 1968, la phrase fameuse de Georges Pompidou, devenu président de la République, pour qui la télévision était « la voix de la France » attesteront de la permanence de cette conception autoritaire. Ni la réforme opérée par la loi du 3 juillet 1972 (la tutelle sur l'Office est allégée) ni celle résultant de la loi du 7 août 1974 (éclatement de l'Office et prise en charge de ses activités par un établissement public de diffusion et des sociétés nationales de programme et de production) ne parviendront à couper le « cordon ombilical », unissant les dirigeants des chaînes et les responsables gouvernementaux.

507 [Il était clair que seule la disparition du monopole public (qui portait sur la définition des programmes, leur diffusion et la gestion des installations de diffusion) serait à même d'ouvrir à la liberté le secteur de l'audiovisuel, comme le montrait l'exemple de la radiophonie où de puissantes stations « périphériques » (qui couvrent le territoire français à partir d'émetteurs situés à sa périphérie : Sarre, Luxembourg, Andorre, Monaco) introduisaient un certain pluralisme, en dépit d'une plus ou moins forte présence de l'État français dans leur capital social. C'est l'Italie qui va montrer la voie en la matière : la contestation de la mainmise de la démocratie chrétienne sur la RAI débouchera sur deux décisions de la Cour constitutionnelle du 10 juillet 1974 imposant un réel pluralisme au sein de l'organisme public et le droit à la liberté locale d'antenne qui prélude à un démantèlement du monopole (Thibaut, 1980, p. 1601). L'expérience des radios libres, qui proliféreront en Italie à partir de cette date, trouvera son prolongement en France, en dépit de poursuites systématiquement entreprises par le gouvernement de R. Barre (notamment contre F. Mitterrand et d'autres parlementaires socialistes qui avaient créé « Radio-Riposte »). La liberté des ondes constituait à l'évidence une revendication importante pour une large partie de l'opinion, notamment parmi les jeunes.

Les élections présidentielle et législative de 1981 allaient signifier la fin du monopole public de la radiodiffusion : une loi du 9 novembre

1981 autorise la création de radios privées, en dérogation à un monopole qu'abolira la loi du 29 juillet 1982 sur la communication audiovisuelle, dont l'article 1er proclame, en écho à une autre loi du 29 juillet : « La communication audiovisuelle est libre. » À côté du service public de la radiodiffusion sonore et de la télévision existent également des services de communication audiovisuelle soumis à déclaration ou autorisation, soit un secteur privé. Est par ailleurs créée une autorité administrative indépendante, la Haute Autorité de la communication audiovisuelle, chargée d'assurer un pluralisme effectif dans ce secteur nouvellement ouvert à la liberté et, en particulier, de couper définitivement le fameux « cordon ombilical ». Ce dispositif fut dénoncé par l'opposition de l'époque.

Redevenue majorité à l'issue des élections législatives de 1986, celle-ci entreprit de remodeler le régime de la communication audiovisuelle (loi du 30 sept. 1986), remplaçant la Haute Autorité par une Commission nationale de la communication et des libertés, accroissant les pouvoirs de celle-ci et décidant de la privatisation de la première chaîne de télévision. L'opposition de l'époque, à son tour, critiqua cette réforme, et en particulier la CNCL, très vite discréditée (v. *supra*, nos 264 et s.).

Il est significatif que la loi du 30 septembre 1986 relative à la liberté de communication reste aujourd'hui en vigueur : lors des alternances intervenues depuis, on n'a pas jugé utile de refondre entièrement le régime de l'audiovisuel, preuve qu'un certain consensus commence à s'établir. La loi du 17 janvier 1989 substitue à la CNCL un Conseil supérieur de l'audiovisuel, dont les neuf membres sont désignés comme ceux du Conseil constitutionnel et dont les pouvoirs sont, une fois encore, renforcés. La majorité issue des élections législatives de 1993 ne remettra pas cette institution en cause et la campagne présidentielle de 1995 laissera également l'audiovisuel hors de son champ, de même que les consultations électorales postérieures. Il semble donc qu'en ce qui concerne l'autorité indépendante, l'on entre dans une ère de stabilité législative (ce qui ne signifie évidemment pas que la bataille ait cessé sur d'autres terrains...), sans doute propice à un affermissement de l'autorité et de la jurisprudence de l'instance de régulation. En revanche, les modifications législatives ont été nombreuses sur beaucoup d'autres points, la loi du 1er août 2000 constituant la vingt-troisième – mais non la dernière – modification de la loi du 30 septembre 1986 (D. Truchet, comment. à l'*AJDA* 2000, p. 1024).

508 [Le régime français se caractérise donc par sa répudiation du monopole public, rendue irréversible par l'application à l'audiovisuel de la liberté de communication instaurée par la Déclaration de 1789 (Cons. const., 27 juill. 1982) et par la jurisprudence de la Cour européenne des droits de l'homme (arrêt *Informationsverein Lentia c/ Autriche* du 24 nov. 1993, *D.* 1995, p. 161, note Wachsmann : la Cour estime que les justifications du monopole avancées par le gouvernement ne démontrent pas la nécessité d'une atteinte aussi grave à la liberté d'expression). Il y a depuis 1982, coexistence d'un secteur public et d'un secteur privé, sous la férule, depuis 1989, du Conseil supérieur de l'audiovisuel dont les pouvoirs ont été sans cesse accrus (la loi du 1er févr. 1994 étend les pouvoirs de mise en demeure et de sanction du Conseil aux sociétés nationales de programme). Le Conseil supérieur de l'audiovisuel doit garantir le respect de la liberté de la communication audiovisuelle, la concilier avec d'autres valeurs (dignité de la personne humaine, droits d'autrui, pluralisme, sauvegarde de l'ordre public, besoins de la défense nationale, exigences du service public, nécessité de développer une industrie nationale de production audiovisuelle), compte tenu des contraintes techniques inhérentes aux moyens de communication. Plus spécifiquement, le Conseil « assure l'égalité de traitement ; il garantit l'indépendance et l'impartialité du secteur public de la radiodiffusion sonore et de la télévision ; il veille à favoriser la libre concurrence ; il veille à la qualité et à la diversité des programmes, au développement de la production et de la création audiovisuelles nationales ainsi qu'à la défense et à l'illustration de la langue et de la culture françaises. Il peut formuler des propositions sur l'amélioration de la qualité des programmes » (art. 1er de la loi de 1986, dans sa rédaction issue de la loi du 17 janv. 1989). Le Conseil constitutionnel a insisté sur l'importance de l'objectif de respect du pluralisme, tant à l'intérieur du secteur public qu'au sein du secteur privé (et non pas seulement d'un point de vue global), dans ses décisions du 18 septembre 1986 et du 21 janvier 1994.

SECTION 1.
LA RADIOPHONIE

509 [En ce qui concerne le secteur public, elle est confiée à deux sociétés nationales de programme, dont l'une destinée à la diffusion

internationale (en laissant de côté le cas des départements et territoires d'outre-mer). Les présidents de ces sociétés sont nommés par le Conseil supérieur de l'audiovisuel, qui est consulté sur la rédaction des cahiers des charges définissant les obligations de ces sociétés, « et notamment celles qui sont liées à leur mission éducative, culturelle et sociale ».

510 [Les radios privées utilisant la voie hertzienne sont, depuis 1981, soumises à un régime d'autorisation, ce que justifient les contraintes techniques liées à ce mode d'émission (rareté des fréquences disponibles) et qu'imposent les obligations internationales contractées par la France au sein de l'Union internationale des télécommunications. La loi du 9 novembre 1981 entendait cantonner les radios privées à un niveau modeste (seules des associations pouvaient bénéficier d'autorisations, il leur était interdit de recourir à la publicité, leur zone de couverture était limitée à 30 kilomètres, de nombreuses dispositions étaient destinées à éviter toute constitution de réseaux). Très rapidement, ces restrictions ont été abandonnées : la loi du 1er août 1984 ouvre aux sociétés le bénéfice des autorisations et admet le recours à la publicité, la loi du 30 septembre 1986 supprime toute restriction quant à la portée des radios autorisées, tandis que la loi du 27 novembre 1986, puis celle du 1er février 1994, s'attachent à limiter les concentrations, tant en ce qui concerne les réseaux de diffusion à caractère national (il n'est possible de disposer en droit ou en fait de plusieurs réseaux que dans la mesure où la somme des populations recensées dans les zones desservies par ces différents réseaux n'excède pas 150 millions d'habitants) qu'en ce qui concerne la « concentration multimédias ».

La loi veille à ce que l'attribution des autorisations se fasse dans des conditions équitables : le Conseil supérieur de l'audiovisuel publie un appel aux candidatures « pour les zones géographiques et les catégories de services qu'il a préalablement déterminées » – ce qui a permis au Conseil de distinguer plusieurs catégories de demandeurs : réseaux de caractère national, généralistes ou thématiques, services non commerciaux pouvant bénéficier d'un financement public (radios de proximité, communautaires, culturelles ou scolaires), services commerciaux locaux ou régionaux indépendants ou liés à un réseau national pour une partie de leurs émissions. Le Conseil supérieur de l'audiovisuel n'est cependant pas lié de manière rigide par cette catégorisation : il lui est loisible de « comparer des projets relevant de catégories différentes » (CE, 12 déc. 1997, *Société RTL-Ediradio, Rec.* p. 489). Les candidats adressent un dossier motivé, accompagné d'un projet de convention, au comité technique radiophonique compétent, qui instruit les dossiers qu'il transmet au Conseil supérieur, seul compétent pour délivrer les autorisations. Celles-ci s'accompagnent de la conclusion entre le Conseil, au nom de l'État, et le titulaire de l'autorisation d'une convention qui prévoit des obligations techniques (implantation et puissance de l'émetteur) et de programmation. L'autorisation est accordée pour une durée initiale de cinq ans ; elle peut, en vertu de la loi du 1er février 1994, être reconduite deux fois pour une durée équivalente, hors appel aux candidatures, une seule fois à compter du 1er janvier 2002 (loi du 1er août 2000). Cet avantage, destiné à permettre l'obtention de crédits bancaires pour les investissements nécessaires, aboutit à figer excessivement la situation, au détriment de l'accession aux fréquences de concurrents de meilleure qualité, d'autant que le Conseil d'État s'est montré très restrictif dans l'appréciation de la légalité des décisions écartant un titulaire d'autorisation du bénéfice de ces dispositions (CE, 19 mars 1997, *Association Ici et Maintenant, AJDA* 1997, p. 633, note D.M.K. : le fait que des auditeurs aient tenu à l'antenne des propos racistes et antisémites constituant une atteinte au respect de la dignité de la personne humaine justifiait le prononcé d'une sanction mais n'était pas d'une gravité suffisante pour priver l'association du droit à un examen de sa demande de renouvellement hors appel à candidatures – la loi du 1er août 2000 autorise désormais ce type de décision). Les décisions de refus d'octroi d'une autorisation doivent être motivées, le Conseil d'État veillant à ce que la motivation ne revête pas un caractère stéréotypé (v. CE, 18 mai 1990, *Association arménienne d'aide sociale, AJDA* 1990, p. 722, concl. Stirn) et à ce qu'elle ne soit pas entachée d'erreur de droit (CE, 17 oct. 1997, *Société Belenos Lorraine, Rec.* p. 369).

511 [Le Conseil supérieur de l'audiovisuel est doté de pouvoirs lui permettant d'obtenir le respect effectif de leurs obligations par les titulaires d'autorisation. Il peut adresser, à cette fin, des mises en demeure, de sa propre initiative (les comités techniques radiophoniques lui permettent de disposer des informations nécessaires) ou sur demande des organisations professionnelles et syndicales représentatives du secteur de la communication audiovisuelle, du Conseil national des langues et cultures régionales ou d'associations familiales reconnues

(on remarquera cependant que les associations d'usagers ne sont pas habilitées à présenter de telles demandes). Un pouvoir de sanction est également reconnu au Conseil supérieur par l'article 42-1 de la loi de 1986 si les éditeurs ou distributeurs de services ne se conforment pas aux mises en demeure qui leur ont été adressées : selon la gravité du manquement constaté, il pourra s'agir de la suspension de l'autorisation ou d'une partie du programme pour un mois au plus, de la réduction de la durée de l'autorisation dans la limite d'une année, d'une sanction pécuniaire (dont le montant ne peut excéder 3 % du chiffre d'affaires annuel) ou du retrait de l'autorisation (v. par ex., CE, 20 mai 1996, *Société Vortex*, *Rec.* p. 189 : suspension pour une journée d'une radio dont un animateur s'était réjoui de la mort d'un policier et CE, 9 oct. 1996, *Association « Ici et Maintenant »*, *Rec.* p. 401 : réduction d'un an de la durée de l'autorisation après diffusion à plusieurs reprises de propos racistes et antisémites d'auditeurs lors d'émissions qui leur étaient ouvertes).

Les sanctions autres que la suspension ne peuvent être prises qu'au terme d'une procédure respectueuse des droits de la défense. La sanction peut, dans les deux mois de sa notification, faire l'objet d'un recours de pleine juridiction, qui est en principe suspensif, devant le Conseil d'État, (pour un ex., v. CE, 14 juin 1991, *Association Radio Solidarité, RFD adm.* 1992, p. 1016, note Autin : mise en demeure, suspension, puis retrait d'autorisation pour dépassement de la puissance d'émission autorisée). De surcroît, le président du Conseil supérieur de l'audiovisuel peut demander au président de la section du contentieux du Conseil d'État, statuant en référé, d'ordonner à la personne responsable d'un manquement aux obligations résultant de la loi de 1986 de se conformer à la loi, de mettre fin à l'irrégularité ou d'en supprimer les effets, ce qui permet d'intervenir de manière préventive (injonction sous astreinte). Par ailleurs, le Conseil supérieur de l'audiovisuel saisit le procureur de la République de toute infraction aux dispositions de la loi.

Section 2. La télévision

512 [L'importance des enjeux politiques et financiers liés à la télévision explique que l'affrontement entre les candidats au partage du mar-

ché soit particulièrement vif : on retrouve amplifiés les problèmes dont il vient d'être question à propos de la radiophonie. La décision du Conseil constitutionnel du 27 juillet 2000 prend d'ailleurs acte de l'importance prise en la matière par la logique économique.

513 [Le secteur public est ici représenté par une société, dénommée France Télévision, qui détient la totalité du capital de trois sociétés nationales de programme, France 2, France 3 et la Cinquième, chargées de la conception et de la programmation d'émissions de télévision à caractère national (et à caractère régional et local, pour France 3), ces sociétés ayant toutes à leur tête un président commun, nommé pour cinq ans, à la majorité des membres qui le composent, par le Conseil supérieur de l'audiovisuel, ainsi que par une société nationale de programme (Réseau France Outre-mer) dont les productions sont destinées à être diffusées dans les départements, territoires et collectivités territoriales d'outre-mer ainsi qu'en Nouvelle-Calédonie. La loi du 1er février 1994 permet, en outre, à chaque assemblée parlementaire, sous le contrôle de son bureau, de produire et faire diffuser un programme de présentation et de compte rendu de ses travaux (ces émissions ont commencé d'être diffusées au début de l'année 2000). Il y a lieu également de mentionner *Arte*, chaîne culturelle européenne issue d'un traité du 2 octobre 1990, dont les programmes et moyens sont fournis, pour la partie française, par la société ARTE-France.

Les obligations des sociétés nationales de programme sont définies dans un cahier des charges fixé par décret après avis du Conseil supérieur de l'audiovisuel. Ce cahier des charges précise les implications de la mission éducative, culturelle et sociale de ces sociétés, les modalités de programmation des émissions publicitaires et les conditions de parrainage de certaines émissions. Le Conseil supérieur de l'audiovisuel est doté, depuis la loi du 1er février 1994, d'un pouvoir de sanction à l'égard des sociétés nationales de programme. Celles-ci peuvent faire l'objet d'une mise en demeure, puis du prononcé de la suspension d'une partie du programme pendant un mois au plus ou d'une sanction pécuniaire dont le montant ne peut excéder 3 % du chiffre d'affaires annuel, selon une procédure identique à celle applicable aux personnes privées.

Introduite en 1968 dans la télévision publique, la publicité représente, de par la volonté des pouvoirs publics, une part croissante des ressources de France 2 et France 3, avec pour conséquence un alignement inquiétant des émissions sur celles des chaînes privées, spécialement TF1, au détriment de l'idée de service public...

514 [La télévision hertzienne privée, quant à elle, a déjà connu de multiples péripéties. La loi du 29 juillet 1982 soumettait les chaînes privées au régime, peu approprié, de la concession de service public. *Canal plus* en bénéficia dès 1983 et connut rapidement un remarquable succès, en France et à l'étranger. L'attribution précipitée, à la veille des élections législatives de 1986, de la 5e (à une société dominée par M. Berlusconi) et de la 6e chaîne donna lieu à un intéressant feuilleton juridique : recours contre les décrets approuvant le contrat de concession (recours rejeté pour l'essentiel, en raison du principe du libre choix du concessionnaire par le concédant : CE, Ass., 16 avr. 1986, *Compagnie luxembourgeoise de télévision, Rec.*, p. 97), résiliation, tout aussi précipitée, des deux conventions par le gouvernement de M. Chirac (la décision de résilier est déclarée illégale, le fait qu'un projet de loi relatif à l'audiovisuel avait été déposé ne constituant pas un motif d'intérêt général la justifiant : CE, Ass., 2 févr. 1987, *Sociétés TV6, Scorpio Music, Aréna, Pathé-Marconi-EMI, RFD adm.* 1987, p. 29, concl. Fornacciari), suivie d'une nouvelle résiliation, après intervention de la loi du 30 septembre 1986 (décrets du 2 févr. 1987)...

La loi de 1986 avait remplacé le système de la concession par un régime d'autorisation des télévisions hertziennes privées par l'autorité administrative indépendante. Toujours en vigueur, ce régime comporte des garanties, théoriquement beaucoup plus satisfaisantes, de mise en concurrence des candidats à l'attribution des rares fréquences disponibles. L'autorité indépendante procède à des auditions publiques au cours desquelles sont présentés les projets concurrents (mais l'expérience a prouvé qu'un important écart séparait les assurances données des réalités...). Les autorisations accordées (pour une durée initiale maximale de dix ans, reconductible une fois pour une durée de cinq ans, hors appel aux candidatures) s'accompagnent de la conclusion d'une convention passée entre le Conseil supérieur de l'audiovisuel au nom de l'État et le titulaire de l'autorisation, qui précise notamment les obligations auxquelles est assujetti ce dernier. La loi du 30 septembre 1986 organisait également la cession à des actionnaires privés de la société nationale de programme TF1 : l'autorité indépendante devait désigner, après mise en concurrence, le groupe d'acquéreurs majoritaire (le projet Bouygues fut retenu) et définir les obligations souscrites par celui-ci. À la date d'effet de la cession du capital au groupe d'acquéreurs majoritaire, TF1 se trouvait investie d'une autorisation valable dix ans et, par conséquent, soumise au droit commun de la télévision privée hertzienne qui, depuis la loi du 1er août 2000, distingue les procédés analogique (traditionnel) et numérique (permettant la diffusion simultanée de plusieurs programmes sur la même fréquence). Sont également édictées des dispositions visant à éviter les concentrations excessives.

Les pouvoirs de sanction dont est dotée l'autorité administrative indépendante à l'égard des titulaires d'autorisation obéissent au régime examiné à propos de la radiophonie. La défunte cinquième chaîne privée a ainsi fait l'objet de condamnations assez lourdes (CE, 26 juill. 1991, *SA La Cinq, Rec.*, p. 298 : confirmation d'une sanction pécuniaire de 4 millions de francs pour avoir interrompu à quatre reprises par de la publicité la diffusion d'une œuvre cinématographique ; CE, Ass., 11 mars 1994, *SA La Cinq, Rec.*, p. 118, concl. Frydman : rappel de la nécessité, énoncée en 1989 par le Conseil constitutionnel, d'une mise en demeure préalable avant le prononcé des sanctions les plus graves et réduction du montant de la sanction pécuniaire prononcée de 5 à 3 millions de francs). La tendance à l'alourdissement des sanctions pécuniaires est particulièrement marquée en la matière, compte tenu de l'importance des profits liés au manquement (CE, Sect., 10 juill. 1995, *Sté Télévision française 1 (TF1)*, *AJDA* 1995, p. 637, concl. Toutée : confirmation d'une sanction de 30 millions de francs pour insuffisance de diffusion, aux heures de grande écoute, d'œuvres audiovisuelles d'expression originale française après disqualification comme telles des émissions *Tapis vert* et *Histoire d'en rire*...) – v. aussi l'amende de 150 000 € infligée à M6 par le Conseil supérieur de l'audiovisuel pour publicité clandestine (décision du 4 juin 2002).

515 [La télévision par câble permet, à condition qu'aient été réalisées les infrastructures nécessaires, de s'affranchir de la rareté liée à l'espace hertzien. L'article 34 de la loi de 1986 prévoit que les communes ou groupements de communes établissent ou autorisent l'établissement sur leur territoire des réseaux de distribution. L'exploitation de ces réseaux est autorisée par le Conseil supérieur de l'audiovisuel, sur proposition des communes ou groupements de communes concernés, l'intérêt du public, au regard notamment de la variété des services proposés, devant être privilégié.

516 [L'usage des fréquences par les services de télévision diffusés par satellite est subordonné à une autorisation du Conseil supérieur de l'audiovisuel, l'applicabilité de la loi française obéissant à des dispositions assez complexes (utilisation d'une fréquence accordée par la France ou d'une capacité satellitaire relevant de la France, si la fréquence n'a pas été accordée par un État membre de la Communauté européenne ou partie à l'Espace économique européen, ou, subsidiairement, d'une liaison montante vers un satellite à partir d'une station située en France). De ce fait, la réception des émissions diffusées à partir des satellites étant libre (la Cour européenne des droits de l'homme l'a rappelé dans son arrêt *Autronic AG* du 22 mai 1990), se pose la question de la coopération internationale en la matière. Celle-ci se développe essentiellement dans le cadre européen, afin d'assurer tout à la fois le respect de la liberté d'expression et celui d'autres valeurs, telle la dignité de la personne humaine, les droits fondamentaux d'autrui, la protection des mineurs, la sauvegarde de la création audiovisuelle européenne : directive communautaire « télévision sans frontières » d'octobre 1989, programme communautaire Eureka audiovisuel et, dans le cadre du Conseil de l'Europe, Convention européenne sur la télévision transfrontalière du 5 mai 1989 (*JO* du 23 avr. 1995, p. 6342 amendée en 1998 par un Protocole (*JO* du 4 mai 2002). De leur côté, les distributeurs de services qui mettent à disposition du public, par satellite, une offre de communication audiovisuelle comportant des services de radiodiffusion sonore ou de télévision sont assujettis à une déclaration préalable auprès du Conseil supérieur de l'audiovisuel et tenus de mettre gratuitement à la disposition de leurs abonnés les services des sociétés nationales de programme et d'*Arte*).

517 [Il faut encore préciser que le régime juridique de l'audiovisuel a tardé à intégrer l'institution du droit de réponse. Actuellement, c'est l'article 6, maintenu en vigueur, de la loi du 29 juillet 1982 sur la communication audiovisuelle qui l'organise, dans des conditions beaucoup plus restrictives que pour la presse, puisqu'il le subordonne à la diffusion d'informations susceptibles de porter atteinte à l'honneur ou à la réputation de la personne concernée, soit à l'existence d'une diffamation (v. ainsi le refus du droit de réponse à des syndicats du personnel d'Air France, mis en cause dans un écran publicitaire de la compagnie pour avoir décidé de déclencher une grève : CA Paris, 16 nov. 1995, *D.* 1996, p. 429, note B. Edelman qui

dénonce une solution excessivement stricte). Par ailleurs, les infractions de presse sont évidemment susceptibles d'être commises par le biais de la radio ou de la télévision (v. les art. 93-2 et 93-3 de la loi du 29 juill. 1982 déterminant les personnes responsables).

518 [Au total, mis à part le problème de l'accès aux moyens de communication, le régime de l'audiovisuel fait-il peser sur la liberté d'expression des contraintes spécifiques ? Il faut d'abord noter que les médias audiovisuels bénéficient encore d'une très grande révérence de la part du public : les plaintes en diffamation y sont beaucoup moins nombreuses que pour la presse, de même que l'usage du droit de réponse. Le ministère public fait preuve, de son côté, d'une très grande réserve dans l'engagement des poursuites. Si l'on en juge par le contentieux soumis aux instances de la Convention européenne des droits de l'homme, ces phénomènes ne sont pas propres à la France.

Les sanctions administratives à la disposition de l'instance indépendante, sous le contrôle du Conseil d'État, limitent-elles la liberté d'expression ? Elles ne peuvent intervenir que pour assurer le respect des obligations posées par les lois et règlements et résultant des principes figurant à l'article 1er de la loi relative à la liberté de communication. Ceux-ci étant fort larges (sauvegarde de l'ordre public, besoins de la défense nationale...), il y aurait lieu d'être inquiet si le Conseil constitutionnel n'avait pas précisé, dans sa décision du 17 janvier 1989 (*GDCC*, p. 713), que le principe de proportionnalité devait recevoir sa pleine application. Le Conseil d'État exerce son contrôle sur ce point également, d'autant plus facilement qu'étant juge de plein contentieux, il peut réformer la décision prise par le Conseil supérieur de l'audiovisuel (CE, Ass., 11 mars 1994, *SA La Cinq, Rec.*, p. 118, concl. Frydman).

Le pouvoir d'ordonner les mesures propres à assurer le respect des obligations du titulaire d'autorisation, sur demande du président de l'instance indépendante, constitue, quant à lui, l'équivalent, au profit du président de la section du contentieux du Conseil d'État, des pouvoirs dévolus au juge judiciaire des référés en matière de presse. Le fait que des spectateurs peuvent être confrontés aux images diffusées sans l'avoir décidé en connaissance de cause aboutit au prononcé de mesures adaptées aux caractéristiques de la diffusion audiovisuelle (v. ainsi l'ordonnance du 20 oct. 1988, *Commission nationale de la communication et des libertés, Rec.*, p. 352 enjoignant à la société *La Cinq* de ne pas diffuser avant 22 h 30 un film compor tant de « nombreuses scènes de perversion sexuelle » qui avait été programmé à 20 h 30, alors que son exploitation en salle avait fait l'objet d'une interdiction aux mineurs de 18 ans).

519 [Se pose également la question du régime juridique auquel il convient de soumettre les nouvelles techniques audiovisuelles, dont la particularité commune est leur très grande capacité de diffusion (il faut y ajouter le problème de la délimitation des compétences entre le Conseil supérieur de l'audiovisuel et une autre autorité administrative indépendante, l'Autorité de régulation des télécommunications). La solution généralement adoptée a été de les soumettre purement et simplement au régime général de la liberté d'expression. C'est ainsi que la Cour suprême des États-Unis d'Amérique, dans son arrêt *Reno v. American Civil Liberties Union*, 117 S. Ct. 2329 (1997), a fait prévaloir, en ce qui concerne le réseau Internet, la conception exigeante de la liberté d'expression résultant de son interprétation traditionnelle du premier amendement, différenciant ainsi radicalement Internet des médias audiovisuels classiques. Les dispositions incriminant la transmission délibérée de données indécentes ou agressives, notamment à caractère sexuel, ont, en conséquence, été déclarées inconstitutionnelles, en raison de leur caractère vague et disproportionné, puisqu'elles aboutissaient « à priver, au nom de la protection des mineurs, un public d'adultes d'une forme d'expression ou d'information constitutionnellement garantie » (v. chron. G. Scoffoni et J. Varat, *RFD const.* 1997, p. 849 et chron. D. Custos, *RD publ.* 1997, p. 1637). En ce qui concerne la France, c'est l'application pure et simple de la loi sur la presse, y compris les solutions en matière de compétence territoriale, qui prévaut pour le réseau Internet, la responsabilité des fournisseurs d'hébergement (c'est-à-dire, aux termes de l'article 43-7 de la loi de 1986, des « personnes physiques ou morales dont l'activité est d'offrir un accès à des services de communication en ligne autres que de correspondance privée ») étant engagée, du fait du contenu des messages, lorsque, saisis par une autorité judiciaire, ils n'ont pas agi promptement pour empêcher l'accès à ce contenu. C'est également l'application du droit commun que préconise un rapport du Conseil d'État (*Internet et les réseaux numériques,* La Documentation française, 1998). Il faut d'ailleurs être conscient du fait que le caractère universel du réseau Internet voue à l'inefficacité les tentatives de régulation nationales ou même régionales. Le

cadre de l'Organisation mondiale du commerce pourrait, en revanche, être adéquat, du fait de sa dimension.

La loi du 17 juin 1998 relative à la prévention et à la répression des infractions sexuelles ainsi qu'à la protection des mineurs a opéré une transposition du système mis en place à l'article 14 de la loi de 1949 sur les publications destinées à la jeunesse (v. *supra*) pour « la mise à la disposition du public de tout document fixé soit sur support magnétique, soit sur support numérique à lecture optique, soit sur support semi-conducteur, tel que vidéocassette, vidéodisque, jeu électronique ». La reproduction intégrale, sur ces supports, d'une œuvre cinématographique ayant obtenu le visa ministériel échappe toutefois à ces dispositions, sauf s'il leur a été fait application des dispositions de la loi de finances pour 1976. Après avis d'une commission administrative, peut être prise une décision d'interdiction de proposer, donner, louer ou vendre aux mineurs ce document et/ou de faire en sa faveur de la publicité, sauf dans les lieux dont l'accès est interdit aux mineurs. Les raisons pouvant justifier l'interdiction sont les mêmes que celles prévues à l'article 14 de la loi de 1949. Il est certain que ces décisions donneront lieu à un contrôle entier de la part du Conseil d'État.

CHAPITRE 4

La liberté de réunion

520[Liberté d'expression collective, la liberté de réunion est souvent redoutée des gouvernants, sur qui pèsent le souvenir des banquets républicains fatals à la monarchie de Juillet et la crainte des débordements menaçant l'ordre public, compte tenu de la disproportion existant souvent entre le nombre de personnes rassemblées et l'effectif des forces de l'ordre. Cela explique que la liberté de réunion soit toujours la première victime des périodes de crise, telles l'état de siège et l'état d'urgence. Mais il convient d'opérer des distinctions suivant le type de réunion dont il s'agit.

521[Les réunions privées se différencient des réunions publiques par le fait qu'elles ne concernent que des personnes nominativement invitées. Elles bénéficient d'un régime de complète liberté. Les réunions publiques, c'est-à-dire celles qui sont accessibles à des personnes non nominativement désignées à l'avance, sont régies par les dispositions de la loi du 30 juin 1881, dont l'article 1er proclame : « Les réunions publiques sont libres. Elles peuvent avoir lieu sans autorisation préalable, sous les conditions prescrites par les articles suivants. » L'article 1er de la loi du 28 mars 1907 relative aux réunions publiques ajoute : « Les réunions publiques, quel qu'en soit l'objet, pourront être tenues sans déclaration préalable. » Il s'agit donc, ici aussi, d'un régime libéral, mais il ne s'applique pas aux réunions tenues sur la voie publique et il comporte une réglementation, il est vrai légère : interdiction de prolonger la réunion après 11 heures du soir, sauf dans les localités où la fermeture des établissements recevant le public a lieu plus tard, cette limite étant alors reportée à l'heure fixée pour la fermeture de ces établissements ; obligation de doter la réunion d'un bureau composé de trois personnes au moins, chargé de maintenir l'ordre, d'empêcher toute infraction aux lois, d'interdire tout discours contraire à l'ordre public et aux bonnes mœurs ou contenant provocation à un acte qualifié crime ou délit ; obligation d'accueillir à la réunion le fonctionnaire éventuellement désigné pour y assister, qui « choisit sa place » et qui peut dissoudre la réunion sur réquisition du bureau ou « s'il se produit des collisions et voies de fait ».

Ces dispositions de la loi de 1881 ne sont presque jamais appliquées : l'élection des membres du bureau par l'assemblée n'intervient plus guère et la présence de fonctionnaires de police se fait discrète... On n'en retient que le principe de la liberté de réunion, constitutionnalisé par la référence du Conseil constitutionnel au « droit d'expression collective des idées et des opinions », corollaire de la liberté proclamée à l'article 11 de la Déclaration de 1789 (Cons. const., 18 janv. 1995, loi d'orientation et de programmation relative à la sécurité), et garanti par l'article 11 de la Convention européenne des droits de l'homme (« toute personne a droit à la liberté de réunion pacifique »).

522 [Il convient de rappeler que dans l'arrêt *Benjamin* du 19 mai 1933 (*GAJA*, p. 300), le Conseil d'État a admis l'interdiction par un maire d'une réunion, nonobstant les dispositions des lois de 1881 et de 1907, mais à condition que cette mesure soit indispensable au maintien de l'ordre public, c'est-à-dire que l'éventualité des troubles allégués par le maire revête « un degré de gravité tel qu'il n'ait pu, sans interdire la conférence, maintenir l'ordre en édictant les mesures de police qu'il lui appartenait de prendre ». Face au risque de manifestations organisées par les défenseurs de l'école publique pour protester contre la venue à Nevers de René Benjamin, le maire devait déployer les forces de police nécessaires pour que la réunion pût se tenir sans dommages et non recourir à la solution de facilité de l'interdiction. Ces exigences furent ensuite précisées (CE, 5 févr. 1937, *Bujadoux*, *D.* 1938, 3, p. 19, concl. Lagrange) dans une affaire où un banquet regroupant des membres d'« Action française », qui venait d'être dissoute, avait été interdit : l'arrêt relève qu'« il n'est pas allégué que le préfet, avec les forces de police qu'il avait à sa disposition, n'eût

pas les moyens de maintenir l'ordre au cas où quelque mouvement se serait produit ». Il appartient donc à l'administration de prendre les mesures nécessaires pour assurer à la fois le respect de la liberté de réunion et celui de l'ordre public. Par ailleurs, le refus de mettre une salle municipale à la disposition d'une association, d'un syndicat ou d'un parti politique ne peut licitement intervenir que pour un motif tiré des nécessités de l'administration des propriétés communales ou de celles du maintien de l'ordre public, à l'exclusion de la nature de la formation politique en cause (CE, 15 mars 1996, *Cavin*, *Rec.* p. 83), le motif pris des nécessités de l'ordre public donnant lieu au contrôle de nécessité issu de la jurisprudence *Benjamin* (CE, 29 déc. 1997, *M. Maugendre*, *Rec.* p. 826 et, en référé, 19 août 2002, *Front national. Institut de formation des élus locaux [IFOREL]*).

Après bien des hésitations, le législateur a soumis à des dispositions spéciales les « *rave parties* », laborieusement définies par l'article 53 de la loi du 15 novembre 2001 relative à la sécurité quotidienne comme des « rassemblements exclusivement festifs à caractère musical, organisés par des personnes privées, dans des lieux qui ne sont pas au préalable aménagés à cette fin et répondant à certaines caractéristiques fixées par décret en Conseil d'État tenant à leur importance, à leur mode d'organisation ainsi qu'aux risques susceptibles d'être encourus par les participants ». Le régime prévu est celui d'une déclaration par les organisateurs au préfet du département concerné. Celle-ci doit préciser les mesures envisagées pour garantir la sécurité, la salubrité, l'hygiène et la tranquillité publiques. Le préfet peut rechercher avec les organisateurs et, le cas échéant, leur imposer toutes mesures nécessaires au bon déroulement de la manifestation, voire interdire le rassemblement projeté si celui-ci est de nature à troubler gravement l'ordre public ou si les mesures nécessaires pour assurer le bon déroulement du rassemblement sont insuffisantes, en dépit d'une mise en demeure d'y pourvoir. La saisie du matériel utilisé est prévue en cas de défaut de déclaration préalable ou de méconnaissance d'une mesure d'interdiction, ainsi que des sanctions pénales. Le décret d'application est intervenu le 3 mai 2002. Par application de la jurisprudence *Clément* (v. *supra*, n° 499), il est certain que le juge administratif exercera un contrôle entier sur toutes les mesures restrictives prises par l'administration.

523 [Quant aux réunions sur la voie publique, elles sont interdites par l'article 6 de la loi du 30 juin 1881, interdiction réitérée en tête du décret-

loi du 23 octobre 1935 réglementant les manifestations sur la voie publique. Ceci pose le problème de la distinction entre la réunion et la manifestation. Selon la définition jurisprudentielle classique, rappelée par le commissaire du gouvernement dans l'affaire *Benjamin,* « la réunion constitue un groupement momentané de personnes formé en vue d'entendre l'exposé d'idées ou d'opinions en vue de se concerter pour la défense d'intérêts ». On peut donc dire qu'il est interdit de se réunir sur la voie publique lorsque la finalité principale du rassemblement est d'y entendre des discours (à cause de la perturbation occasionnée à la circulation et du danger pour l'ordre public). Il est, en revanche, permis de se réunir sur la voie publique, lorsque la finalité principale du rassemblement est autre, notamment l'expression d'idées ou d'opinions du fait même de ce rassemblement, au cours duquel des prises de parole, alors accessoires, peuvent au demeurant se produire. Ajoutons qu'au regard de l'article 11 de la Convention européenne des droits de l'homme, la distinction entre réunion et manifestation est dénuée de pertinence : en cas d'interdiction, il faudra, dans les deux cas, justifier de la nécessité de la mesure dans une société démocratique.

524 [Les manifestations sont régies par un décret-loi du 23 octobre 1935 portant réglementation des mesures relatives au renforcement du maintien de l'ordre public *(sic)*. La légalité de celui-ci a été implicitement admise par la jurisprudence, elle est pourtant douteuse, la loi d'habilitation sur la base de laquelle il a été pris autorisant le gouvernement à prendre par décret « toutes dispositions ayant force de loi pour défendre le franc » – le lien est rien moins qu'évident... (Tercinet, 1980, p. 1014). Le décret-loi soumet au régime de la déclaration préalable « tous cortèges, défilés et rassemblements de personnes, et, d'une façon générale, toutes manifestations sur la voie publique », à l'exception des « sorties sur la voie publique conformes aux usages locaux », qui demeurent libres. Les contraintes qu'emporte la nécessité d'une déclaration préalable sont légères et signifient simplement que les autorités de police, dûment prévenues, sont mises à même d'évaluer l'impact probable de la manifestation sur l'ordre public (la déclaration doit se faire en mairie, trois jours francs au moins avant la date prévue ; elle doit indiquer les noms, prénoms et domiciles des organisateurs, le but de la manifestation, le lieu, la date et l'heure du rassemblement « des éléments invités à y prendre part » et l'itinéraire projeté ; trois des organisateurs doivent la signer).

Mais cette déclaration est susceptible de déboucher sur une interdiction « si l'autorité investie du pouvoir de police estime que la manifestation projetée est de nature à troubler l'ordre public » (art. 3). Loin d'interpréter cette disposition comme un simple rappel des pouvoirs conférés à l'autorité de police par l'arrêt *Benjamin,* aux conditions posées par cet arrêt, le Conseil d'État a longtemps considéré qu'il ne lui appartenait pas de rechercher si l'administration avait à sa disposition, pour assurer l'ordre, d'autres moyens que l'interdiction : il se contentait de vérifier la réalité de la menace pesant sur l'ordre public (CE, Sect., 19 févr. 1954, *Union des syndicats ouvriers de la région parisienne CGT, Rec.*, p. 113). Cette attitude procédait de l'idée que tout défilé sur la voie publique contrarie l'utilisation normale de celle-ci et ne correspond donc pas véritablement à l'exercice d'une liberté (v. concl. Galmot sur CE, 21 janv. 1966, *Legastelois, JCP* 1966.II.14568). Dans un arrêt du 12 novembre 1997, *Ministre de l'Intérieur c/ Association « Communauté tibétaine en France et ses amis », Rec.* p. 417, le Conseil d'État a aligné sa jurisprudence sur celle qui régit les réunions publiques, en confirmant l'annulation de l'interdiction, par le préfet de police de Paris, des manifestations prévues lors de la visite en France du président de la République populaire de Chine. « S'il appartenait, énonce l'arrêt, au préfet de police de prendre toutes mesures appropriées, notamment aux abords de l'ambassade de Chine, pour prévenir les risques de désordres susceptibles d'être occasionnés par les manifestations envisagées par l'association « La Communauté tibétaine en France et ses amis », il ne pouvait prendre un arrêté d'interdiction général qui excédait, dans les circonstances de l'espèce, les mesures qui auraient été justifiées par les nécessités du maintien de l'ordre public à l'occasion de cette visite ». On assiste donc à une unification, pleinement conforme aux exigences de l'article 11 de la Convention européenne des droits de l'homme, visée par l'arrêt, du régime des réunions pacifiques.

525 [En effet, la Cour de Strasbourg a jugé, dans un arrêt *Plattform « Ärzte für das Leben »* du 21 juin 1988, que les États avaient non seulement un devoir de non-ingérence, mais aussi l'obligation de prendre des mesures positives pour permettre que puisse s'exercer « une liberté réelle et effective de réunion pacifique ». En l'espèce, deux manifestations de médecins hostiles à l'avortement se tinrent à Stadl-Paura et sur la place de la cathédrale à Salzbourg. Leur annonce avait suscité l'organisation de contre-manifestations et des incidents se pro-

duisirent, en dépit de la présence de forces de police. La Cour affirme qu'« il incombe aux États contractants d'adopter des mesures raisonnables et appropriées afin d'assurer le déroulement pacifique des manifestations licites », mais indique qu'il s'agit d'une simple obligation de moyens, de sorte qu'aucune violation de la Convention ne pouvait être constatée en l'espèce. Retenons cependant que l'arrêt impose, même pour les manifestations sur la voie publique, que l'État s'efforce de permettre l'exercice de la liberté de réunion pacifique, en déployant les effectifs de police appropriés.

On notera encore que l'article 431-1 du Nouveau Code pénal consacre bien l'existence d'une liberté de manifestation, à côté de la liberté de réunion, en punissant le fait d'entraver l'exercice de ces libertés d'une manière concertée, à l'aide soit de menaces, soit de coups, violences, voies de fait, destructions ou dégradations.

Un autre apport intéressant de l'arrêt du Conseil d'État de 1997 consiste dans le refus du juge d'admettre qu'une manifestation puisse être interdite au motif qu'elle pourrait « porter atteinte aux relations internationales de la République », selon les termes de l'arrêté attaqué. L'arrêt indique nettement qu'« un tel motif, qui ne fait pas référence à des risques de troubles à l'ordre public, n'était pas, en lui-même, de nature à justifier l'arrêté litigieux ». Cette solution doit d'autant plus être approuvée qu'un tel motif ne figure pas dans la liste de ceux qui, aux termes de l'article 11, paragraphe 2, de la Convention européenne des droits de l'homme, peuvent fonder une ingérence dans l'exercice de la liberté de réunion pacifique.

526 [Pour éviter les débordements violents qui accompagnent fréquemment certaines manifestations, la loi d'orientation et de programmation relative à la sécurité du 21 janvier 1995 a ajouté au décret-loi de 1935 une disposition aux termes de laquelle le préfet peut interdire, pendant les vingt-quatre heures qui précèdent une manifestation et jusqu'à sa dispersion, le port et le transport, sans motif légitime, d'objets pouvant constituer une arme « si les circonstances font craindre des troubles graves à l'ordre public ». Dans sa décision du 18 janvier 1995, le Conseil constitutionnel a rappelé qu'il appartenait au législateur d'opérer une conciliation entre l'exercice des libertés individuelle, d'aller et venir et d'expression collective des idées et des opinions et la prévention des atteintes à l'ordre public. Il a admis la conformité à la Constitution des pouvoirs conférés au préfet, tout en refusant que puissent être visés tous objets susceptibles d'être utili-

sés comme projectile, en raison du caractère trop général et imprécis de cette formulation, et que puissent être fouillés les véhicules circulant sur la voie publique, afin de s'assurer du respect de l'interdiction préfectorale, dès lors que l'autorisation préalable de ces opérations par l'autorité judiciaire n'était par requise.

La loi du 21 janvier 1995 incrimine par ailleurs le fait de procéder, sans motif légitime, au port ou au transport d'artifices non détonants et prévoit, à l'encontre des personnes condamnées pour violences, destructions, dégradations ou détériorations lors du déroulement de manifestations sur la voie publique, une peine complémentaire d'interdiction de participer à une manifestation sur la voie publique, dans des lieux fixés par la décision de condamnation, pour une durée ne pouvant excéder trois ans. La méconnaissance de cette interdiction est punie d'un an d'emprisonnement et de 15 000 € d'amende. Les étrangers ayant commis les plus graves de ces infractions encourent de surcroît une interdiction du territoire français pour une durée de trois ans au plus. Dans sa décision du 18 janvier 1995, le Conseil constitutionnel a estimé que l'interdiction de participer à des manifestations ne heurtait pas la Constitution, dès lors qu'elle était limitée dans le temps et l'espace et que son prononcé comme son ampleur relevaient de la décision du juge répressif.

Les articles 431-3 et suivants du Nouveau Code pénal incriminent la participation délictueuse à un attroupement, celui-ci étant défini comme « tout rassemblement de personnes sur la voie publique ou dans un lieu public susceptible de troubler l'ordre public ». L'attroupement peut être dissipé par la force publique après deux sommations de se disperser demeurées sans effet. Le fait de continuer volontairement de participer à un attroupement après les sommations est puni, les peines encourues étant aggravées si la personne est armée. Est également puni le fait de participer à un attroupement, une manifestation ou une réunion publique, en étant porteur d'une arme, de même que la provocation directe à un attroupement armé. Tombent aussi sous le coup de la loi pénale l'organisation d'une manifestation sur la voie publique n'ayant pas fait l'objet d'une déclaration préalable ou ayant été interdite et la rédaction d'une déclaration mensongère. Mal rédigées, ces dernières dispositions sont très rarement appliquées.

527 [C'est d'ailleurs un trait caractéristique des manifestations, dès lors qu'elles revêtent une certaine ampleur, que d'échapper à l'emprise

du droit comme au contrôle des autorités. Les pillages et les déprédations accompagnent habituellement certaines manifestations, celles des agriculteurs en particulier (on se souvient de l'incendie, en 1994, du Palais de justice de Rennes), parfois suite à l'introduction dans le cortège d'éléments étrangers à la manifestation. Ce phénomène n'est pas nouveau et avait inspiré aux auteurs de la loi du 8 juin 1970, dite « loi anti-casseurs », des dispositions particulièrement choquantes, instituant une responsabilité civile des organisateurs d'une manifestation illicite et des participants à un telle manifestation pour les dommages corporels et matériels en résultant. Cette responsabilité du fait d'autrui d'un type inédit faisait peser une menace redoutable propre à dissuader d'exercer la liberté de manifestation, en raison des débordements incontrôlables (voire des provocations) toujours susceptibles de survenir. Ce texte a été abrogé par une loi du 23 décembre 1981, conformément aux engagements qu'avait pris F. Mitterrand.

L'indemnisation des préjudices causés par les attroupements fait l'objet, depuis l'époque révolutionnaire (loi du 10 vendémiaire an IV) d'un régime particulier, qui est actuellement un régime de responsabilité sans faute de l'État, relevant de la compétence des juridictions administratives. Cette conciliation *a posteriori* des droits des tiers au respect de leurs biens et de la liberté de manifestation est sans doute la moins mauvaise solution, en cas d'impuissance des forces de police à protéger les biens, soit en raison du nombre des manifestants, soit parce qu'on craint qu'une intervention policière n'entraîne des affrontements violents encore plus préjudiciables à l'ordre public. Il faut ajouter qu'une telle situation se retrouve à propos d'attroupements qui ne relèvent pas de l'exercice d'une liberté publique, n'ayant jamais eu le caractère d'une manifestation, tels ceux qui se produisent souvent à l'issue des matchs de football…

528 [Le régime de la liberté d'expression est donc complexe et connaît de très nombreuses nuances. Il faut encore ajouter que les personnes se trouvant dans certaines situations doivent, de ce fait, subir des restrictions supplémentaires à leur liberté d'expression. C'est le cas des agents publics, assujettis à une obligation de réserve dont les contours incertains (Rivero, 1977, p. 580) sont destinés à les inciter à la prudence et à la modération, et aussi des salariés du secteur privé, qui ne peuvent tenir des propos révélant une volonté de nuire à l'entreprise ou constitutifs de la violation, préjudiciable à l'entreprise, d'un

secret. La notion d'obligation de réserve est apparue en droit du travail et semble parfois fort proche de celle qui a cours en droit public (v. ainsi Cass. soc. 6 oct. 1993, *Dr. soc.* 1994, 353, note de Tissot, à propos du licenciement d'un employé de la compagnie Syrian Arab Airlines qui avait tenu des propos offensants envers le chef de l'État syrien devant d'autres employés qui s'en étaient indignés). Le lien de subordination envers l'employeur comme l'appartenance à la fonction publique entraînent donc des contraintes qui, pour les militaires, confinent à l'obligation de silence. La jurisprudence européenne, si elle ne s'oppose pas à l'existence d'une obligation de réserve qu'elle estime inhérente à l'acceptation de fonctions publiques (décision de la Commission européenne des droits de l'homme du 3 mai 1988, *Éliane Morissens c/ Belgique, DR* 56, p. 127), pratique cependant un contrôle exigeant pour l'État. Si la Cour européenne des droits de l'homme s'est montrée très compréhensive pour les restrictions à la participation des fonctionnaires à des activités politiques (arrêts *Ahmed et autres c/ Royaume-Uni* du 2 sept. 1998 et *Rekvényi c/ Hongrie* du 20 mai 1999, ce dernier insistant sur le « contexte historique précis » de l'affaire, à savoir la transition démocratique alors en cours), elle a conclu à la violation du droit à la liberté d'expression du fait d'une lettre adressée par le prince du Liechtenstein au président du Tribunal administratif et l'informant que, suite à la position – dépourvue, il est vrai, de toute virulence – que ce dernier avait prise lors d'une conférence sur l'étendue de la compétence de la Cour constitutionnelle, il refuserait désormais de le nommer à une fonction publique (arrêt *Wille c/ Liechtenstein* du 28 oct. 1999).

Inversement, il est des situations qui aboutissent à un accroissement de la liberté d'expression. C'est le cas, dans une mesure assez faible, des délégués syndicaux et des représentants élus du personnel dans l'exercice de leur mandat, dans une mesure plus importante des personnes pouvant se prévaloir de garanties constitutionnelles spécifiques. L'immunité est traditionnellement absolue pour les membres du Parlement en raison des opinions ou votes émis dans l'exercice de leurs fonctions (art. 26 de la Constitution de 1958). Elle est très large pour les propos tenus par les professeurs et maîtres de conférences de l'enseignement supérieur dans l'exercice de leurs fonctions (leur indépendance est en effet garantie par un principe fondamental reconnu par les lois de la République), ainsi que pour les écrits et paroles des avocats pour la défense de leur client (v. ainsi

Cons. const., 19 et 20 janv. 1981, loi renforçant la sécurité et protégeant la liberté des personnes, *GDCC*, p. 427, déclarant contraires au principe du respect des droits de la défense les dispositions qui permettaient au président du tribunal d'écarter un avocat de la salle d'audience, au motif que son attitude compromettait la sérénité des débats).

Titre V

La liberté religieuse, la liberté de l'enseignement et les exigences de la laïcité

529 [En affirmant, dans son article 9, paragraphe 1er, « toute personne a droit à la liberté de pensée, de conscience et de religion ; ce droit implique la liberté de changer de religion ou de conviction, ainsi que la liberté de manifester sa religion ou sa conviction individuellement ou collectivement, en public ou en privé, par le culte, l'enseignement, les pratiques et l'accomplissement des rites », la Convention européenne des droits de l'homme lie trois idées : celles de religion, d'enseignement et aussi de libre pensée. Comme l'écrit M. Frowein : « En assurant la garantie de la liberté de pensée avant même la liberté de religion, la Convention montre sa préférence pour un État neutre qui ne lie pas le citoyen dans le sens d'une idéologie ou religion » (1995, p. 354).

Les rapports entre l'État et la religion forment un chapitre considérable de l'histoire de l'Europe. L'État moderne se constitue en s'émancipant de la religion, souvent en reprenant à son compte, en les sécularisant, les formes religieuses (organisation du pouvoir, fêtes et cérémonies, prise en charge de la morale publique...). Compte tenu de son enjeu, la transmission des valeurs, la préservation de ce que Pierre Legendre a appelé les croyances nationales, la question de l'enseignement constitue une des pommes de discorde entre l'État et l'Église catholique, comme le prouvent le *Kulturkampf* mené en Allemagne par Bismarck ou les efforts des radicaux en France quelques années plus tard. Cette querelle n'appartient pas qu'au passé, comme le montre le fait que la seule cause – on ne considère pas le football comme telle... – qui, en France, a pu faire descendre un million de personnes dans la rue est celle de l'enseignement (en 1984 pour l'école privée, en 1994 pour l'école publique).

Dans le cadre d'un État libéral, la religion et l'enseignement ont beau être placés sous le signe de la liberté, la question de la compatibilité avec la laïcité se trouve posée.

CHAPITRE PREMIER

La liberté de religion

530[Il s'agit d'une liberté qui, dans le contexte conflictuel qu'on a évoqué, a eu beaucoup de mal à s'imposer : le principe *cujus regio ejus religio* a longtemps imposé l'uniformité confessionnelle et la révocation, par Louis XIV, de l'Édit de Nantes est une illustration de la lenteur avec laquelle chemina l'idée de tolérance. La réticence se lit encore dans la formulation de l'article 10 de la Déclaration des droits de l'homme et du citoyen de 1789 : « Nul ne doit être inquiété pour ses opinions, même religieuses, pourvu que leur manifestation ne trouble pas l'ordre public établi par la loi. » Il y a dans ce « même religieuses » comme le germe de la Constitution civile du clergé par laquelle l'État tentera d'assujettir l'Église de France, voire de la tentative de Robespierre d'imposer le culte de l'Être suprême...

531[L'article 9 de la Convention européenne des droits de l'homme, cité en tête de ce titre, introduit également la scission entre l'adhésion intime à une religion, qui ne regarde pas les pouvoirs publics, et la manifestation des croyances, que la Déclaration de 1789 ne déclare libre que sous réserve du respect de l'ordre public et que le paragraphe 2 de l'article 9 de la Convention soumet à des restrictions, dont il exige qu'elles soient nécessaires, dans une société démocratique, à la sécurité publique, à la protection de l'ordre, de la santé ou de la morale publiques, ou à la protection des droits et libertés d'autrui. Dans son arrêt *Kokkinakis c/ Grèce* du 25 mai 1993, la Cour européenne a tenu à insister sur l'importance que revêtait à ses yeux la liberté religieuse : « Telle que la protège l'article 9, la liberté de pensée, de conscience et de religion représente l'une des assises d'une « société démocratique » au sens de la Convention. Elle figure, dans sa dimension religieuse, parmi les éléments les plus essentiels de l'identité des croyants et de leur conception de la vie, mais elle est aussi un bien précieux pour les athées, les agnostiques, les sceptiques ou les indifférents. Il y va du pluralisme – chèrement conquis au cours des siècles – consubstantiel à pareille société. » L'arrêt constate la violation par la Grèce de l'article 9, en raison de la condamnation du requérant pour prosélytisme (témoin de Jéhovah, il avait tenté de convertir la femme du chantre d'une église orthodoxe), la Cour n'admettant que l'incrimination du prosélytisme abusif, non caractérisé en l'espèce. Dans son arrêt du 27 juin 2000, *Cha'are Shalom ve Tsedek c/ France*, la Cour a précisé qu' « un organe ecclésial ou religieux peut, comme tel, exercer au nom de ses fidèles les droits garantis par l'article 9 de la Convention », souligné que « l'organisation par l'État de l'exercice d'un culte concourt à la paix religieuse et à la tolérance », mais a ajouté que c'était à la condition de permettre aussi aux courants minoritaires de la religion en cause d'en accomplir les rites selon leurs convictions propres.

Ce poids particulier donné à la liberté de religion a même conduit la Cour, d'une manière très contestable, à permettre le sacrifice à son profit de la liberté d'expression. L'arrêt *Otto-Preminger-Institut c/ Autriche* du 20 septembre 1994 (*RUDH* 1994, p. 441, note Wachsmann) admet en effet la saisie d'un film pour dénigrement des doctrines religieuses, au motif que certains croyants auraient pu se sentir « attaqués dans leurs sentiments religieux de manière injustifiée et offensante » – et ce, alors même que les spectateurs étaient dûment avertis de la nature du film à l'entrée du cinéma et dans les documents de présentation du film. Cette décision attire donc l'attention sur les heurts susceptibles de se produire entre la liberté de religion et les autres libertés.

532 [En ce qui concerne la France (à l'exception des départements du Bas-Rhin, du Haut-Rhin et de la Moselle dans lesquels est resté en vigueur le Concordat de 1801), c'est la séparation des Églises et de l'État qui prévaut, en vertu de la loi du 9 décembre 1905. L'article 1er de cette loi dispose : « La République assure la liberté de conscience. Elle garantit le libre exercice des cultes sous les seules restrictions

édictées ci-après dans l'intérêt de l'ordre public. » L'article 2 indique les conséquences de cette séparation : « La République ne reconnaît, ne salarie ni ne subventionne aucun culte. » – v. l'annulation d'une délibération mettant à la charge du budget communal des dépenses liées à la célébration d'une messe par le Pape, lors de la célébration du 1 500ᵉ anniversaire du baptême de Clovis par TA Châlons-en-Champagne, 19 juin 1996, *M. Thierry Come, Association « Agir » c/ Ville de Reims, RFD adm.* 1996, p. 1012, concl. Warin.

En faisant de l'État d'une part et des institutions religieuses d'autre part des entités séparées, on entendait éviter toute interférence sur ce plan entre le public et le privé : l'État, garant de l'intérêt général, place ses relations avec les Églises sous le signe de la tolérance, chacun devant respecter les prérogatives et l'ordre de préoccupations de l'autre. Mais tous les ponts ne sont pas rompus : si toutes dépenses relatives aux cultes disparaissent des budgets des personnes publiques, c'est sous la réserve des « dépenses relatives à des services d'aumônerie et destinées à assurer le libre exercice des cultes dans les établissements publics, tels que lycées, collèges, écoles, hospices, asiles et prisons ». Les édifices des cultes, quant à eux, demeurent la propriété de l'État, des départements et des communes, mais sont laissés gratuitement à la disposition des associations cultuelles devant être constituées en vertu de la loi. Le refus de l'Église catholique de constituer de telles associations devait déboucher sur un retour des biens concernés aux personnes publiques (loi du 2 janv. 1907), les édifices affectés à l'exercice du culte, ainsi que les meubles les garnissant, continuant à être laissés à la disposition des fidèles et des ministres du culte pour la pratique de leur religion. Il en résulte que tout l'ordre intérieur des édifices en cause relève du prêtre responsable, la commune ne pouvant s'immiscer dans ce domaine (CE, 20 juin 1913, *Abbé Arnoud, Rec.* p. 716, concl. Corneille, v. concl. Schwartz sur CE, Sect., 4 nov. 1994, *Abbé Chalumey, RFD adm.* 1995, p. 986, ce dernier arrêt imposant l'accord du desservant pour l'institution, par la commune, d'un droit de visite des objets mobiliers classés exposés dans l'église). Par ailleurs, le service public peut s'assurer, pour certaines tâches, le concours de membres du clergé (v. ainsi pour des tâches de surveillance confiées par le service public pénitentiaire à des congréganistes, CE, 27 juill. 2001, *Syndicat national pénitentiaire Force Ouvrière-Direction et autre*).

Par ailleurs, la loi de 1905 perpétue une police des cultes : ceux-ci, pour reprendre la formule utilisée à l'article 25 pour les réunions de célébration du culte, restent placés sous la surveillance des autorités dans l'intérêt de l'ordre public. Relèvent, en particulier, des pouvoirs de police du maire « les cérémonies, processions et autres manifestations extérieures d'un culte », ainsi que les sonneries de cloche. Compte tenu de l'anticléricalisme fanatique de certains maires, le Conseil d'État a dû préciser énergiquement les limites de leurs prérogatives. Il a, ainsi, annulé l'arrêté d'un maire qui avait interdit aux membres du clergé, revêtus de leurs habits sacerdotaux, d'accompagner à pied les convois funèbres : « L'intention manifeste du législateur, énonce-t-il, a été, spécialement en ce qui concerne les funérailles, de respecter autant que possible les habitudes et les traditions locales et de n'y porter atteinte que dans la mesure strictement nécessaire au maintien de l'ordre » (CE, 19 févr. 1909, *Abbé Olivier, GAJA*, p. 126). Cette dernière formule indique la volonté du juge d'exercer un contrôle très étroit sur les atteintes portées à la liberté de religion au nom de l'ordre public, dont témoigne aussi une abondante jurisprudence relative aux sonneries de cloche, que certains maires entendaient régenter.

Il faut aussi souligner que l'article 31 de la loi de 1905 incrimine « ceux qui, soit par voies de fait, violences ou menaces contre un individu, soit en lui faisant craindre de perdre son emploi ou d'exposer à un dommage sa personne, sa famille ou sa fortune, l'auront déterminé à exercer ou à s'abstenir d'exercer un culte » et l'article 32 « ceux qui auront empêché, retardé ou interrompu les exercices d'un culte par des troubles ou désordres causés dans le local servant à ces exercices », sans préjudice des peines plus graves encourues à raison d'infractions de droit commun. Ces dispositions correspondent à la protection que l'État doit assurer à l'exercice d'une liberté fondamentale, y compris à l'égard des atteintes que lui causeraient des particuliers.

533 [S'il est incontesté que les dispositions de la loi de 1905 s'appliquent aux religions traditionnelles, la question a suscité des difficultés s'agissant des sectes, en raison des pratiques inquiétantes de certaines d'entre elles. Sans même parler des activités criminelles de la secte Aum au Japon, de la secte des Davidiens aux États-Unis ou de la secte du Temple solaire en France et en Suisse, les médias se font fréquemment l'écho de la détresse de familles dont les enfants ou les proches ont rejoint une secte et refusent tous contacts avec l'extérieur, ce qui

est attribué à l'emprise exercée par la secte sur ces personnes. Pourtant, le principe est clair : la loi de 1905 n'autorise aucune discrimination entre les religions établies et les sectes, dès lors que celles-ci se consacrent effectivement à la pratique d'un culte. L'appréciation subjective que l'on peut porter sur celui-ci est en effet dénuée de pertinence : vu de l'extérieur, tout culte apparaît aisément dénué de sens (n'oublions pas l'analyse de Freud faisant ressortir la ressemblance entre le cérémonial de la névrose obsessionnelle et les actes sacrés du rite religieux).

L'attitude de l'administration face aux sectes est très ambiguë. Elle procède d'une méfiance spontanée face à l'absence d'institutionnalisation véritable – et donc de respectabilité *a priori* – des sectes, accompagnée de la crainte diffuse des abus dénoncés par les familles ou la presse. Pour refuser aux sectes la qualité d'associations cultuelles, l'administration, suivie par le juge, leur oppose fréquemment l'absence d'exclusivité de l'objet cultuel de l'association (CE, Ass., 1er févr. 1985, *Association chrétienne « Les Témoins de Jéhovah de France »*, *RD publ.* 1985, p. 483, concl. Delon, note Robert ; *RFD adm.* 1985, p. 566, note Soler-Couteaux). Cet arrêt se fonde non seulement sur l'objet des activités de l'association (c'est-à-dire sur leur caractère non exclusivement cultuel, ce qui était très contestable en l'espèce), mais aussi sur la « nature » de certaines d'entre elles, ce qui renvoie sans doute à l'attitude des témoins de Jéhovah vis-à-vis du service armé et de la transfusion sanguine, tous deux refusés. Il aurait été plus honnête de reconnaître le caractère cultuel de l'association, étant entendu que d'éventuelles méconnaissances de la légalité appelleraient les sanctions (notamment pénales) du droit commun. On notera que dans un arrêt *Hoffmann c/ Autriche* du 23 juin 1993, la Cour européenne des droits de l'homme a condamné l'Autriche pour violation des articles 8 (droit au respect de la vie familiale) et 14 (non-discrimination) combinés, en raison du refus de confier à la mère, témoin de Jéhovah, la garde de ses enfants. La Cour estima être en présence d'une discrimination arbitraire fondée sur la religion, nonobstant l'argument pris de ce que le refus des transfusions faisait courir un risque à la santé des enfants. Dans son avis contentieux du 24 octobre 1997, *Association locale pour le culte des témoins de Jéhovah de Riom*, *RFD adm.* 1998, p. 61, concl. Arrighi de Casanova, note G. Gonzalez, l'Assemblée du Conseil d'État a précisé les conditions auxquelles il fallait satisfaire pour pouvoir prétendre à la qualité d'association cultuelle : avoir pour objet exclusif l'exercice d'un culte (l'existence d'autres activités – statutaires et réelles – de l'association n'est compatible avec cette exigence que si elles « se rattachent directement à l'exercice du culte et présentent un caractère strictement accessoire ») et n'avoir aucune activité pouvant porter atteinte à l'ordre public. On reste clairement dans la ligne de la jurisprudence antérieure, simplement explicitée quant au dernier point et légèrement assouplie quant à l'exigence d'exclusivité. La question de savoir si le refus des transfusions sanguines par les témoins de Jéhovah suffit à caractériser une atteinte à l'ordre public imputable à l'association elle-même se pose alors. Elle appelle une réponse négative, compte tenu de l'accent mis par le juge administratif sur le caractère individuel des comportements à apprécier (v. CE, 24 avr. 1992, *Département du Doubs c/ Époux F.*, *Rec.* p. 195, à propos d'un refus d'agrément aux fins d'adoption opposé à un couple adhérant à la doctrine des témoins de Jéhovah en matière de transfusion sanguine), comme le confirme l'arrêt du 23 juin 2000, *Ministre de l'Économie, des Finances et de l'Industrie*, *Rec.* p. 242, qui envisage la seule activité de l'association locale pour le culte des témoins de Jéhovah de Clamecy (absence de poursuites ou de dissolution à son encontre et d'incitation de ses membres à commettre des délits, « en particulier celui de non-assistance à personne en danger »). L'ambiguïté reste grande, la distinction faite entre une doctrine générale et sa mise en pratique étant assez spécieuse.

Dans un autre arrêt, le Conseil d'État a manifesté vis-à-vis des sectes une réticence encore plus marquée, employant, pour rejeter une requête dirigée contre la décision ministérielle de subventionner une publication attirant l'attention du public sur les différentes sectes, la formule suivante : « Eu égard aux risques que peuvent présenter, notamment pour les jeunes, les pratiques de certains organismes communément appelés « sectes » et alors même que certains de ces mouvements prétendent poursuivre également un but religieux » (CE, 17 févr. 1992, *Église de scientologie de Paris*, *AJDA* 1992, p. 460, note Devès). Cette attitude (v. aussi le rapport *Les sectes en France* rédigé en 1995 par la commission d'enquête de l'Assemblée nationale, n° 2468) ne doit évidemment pas conduire à des généralisations abusives et à l'oubli des contraintes de l'État de droit (v. le rappel de ces principes et l'invitation à traiter le problème en faisant appel aux ressources, amplement suffisantes, de la réglementation juridique en vigueur dans la circulaire du garde des Sceaux du 29 févr. 1996 relative à la lutte contre les atteintes aux personnes et aux biens commises dans le cadre des mouvements à caractère sectaire, *JO* du 5 mars 1996, p. 3409). Un décret du 7 octobre 1998 institue une mission interministérielle de lutte contre les sectes, dont l'intitulé explicite dit bien la volonté de vigilance des pouvoirs publics, encore accentuée par la nomination de M. A. Vivien à la présidence de cette instance. La loi du 12 juin 2001 tendant à renforcer la prévention et la répression des mouvements sectaires portant atteinte aux droits de l'homme et aux libertés fondamentales parachève, quoiqu'avec une prudence persistante, cette tendance hostile. Elle permet la dissolution par le tribunal de grande instance, statuant selon la procédure à jour fixe, « de toute personne morale, quelle qu'en soit la forme juridique ou l'objet, qui poursuit des activités ayant pour but ou pour effet de créer, de maintenir ou d'exploiter la sujétion psychologique ou physique des personnes qui participent à ces activités », lorsque des condamnations pénales définitives à raison de certaines infractions auront été prononcées à l'encontre de cette personne morale ou de ses dirigeants de droit ou de fait. Dans les mêmes cas, est incriminée la diffusion des messages destinés à la jeunesse et faisant la promotion de la personne morale dont l'activité répond à ces caractéristiques ou invitant à la rejoindre. La loi étend également la responsabilité pénale des sectes en tant que personnes morales et crée un délit d'abus frauduleux de l'état d'ignorance ou de faiblesse (art. 223-15-2, C. pén.).

CHAPITRE 2

La liberté de l'enseignement et les exigences de la laïcité de l'enseignement public

534 La liberté de l'enseignement signifie la possibilité d'un enseignement privé. Quant à l'enseignement public, il repose sur des valeurs libérales et sur une ambition pédagogique qui, dans certaines situations, vont se trouver en conflit avec des aspirations religieuses qui prétendront s'exprimer en son sein. L'État est donc placé devant des choix souvent difficiles, quant à son attitude envers l'enseignement privé (hostilité ou coopération ?) et quant à l'aménagement des services qui dépendent de lui. Mais il ne faut pas perdre de vue que l'ensemble formé par l'enseignement public et l'enseignement privé concourt à la satisfaction d'un droit essentiel, dont la réalisation conditionne l'effectivité des autres droits et libertés : le droit à l'instruction, sans lequel il n'est pas de société libre.

SECTION 1.
LA LIBERTÉ DE L'ENSEIGNEMENT

535 [Elle résulte pour l'enseignement primaire de la loi du 28 juin 1833 (loi Guizot), confirmée par la loi du 30 octobre 1886, pour l'enseignement secondaire de la loi du 15 mars 1850 (loi Falloux), pour l'enseignement supérieur de la loi du 12 juillet 1875 et pour l'enseignement technique de la loi du 23 juillet 1919. Dans sa décision du 23 novembre 1977 (*GDCC*, p. 342), le Conseil constitutionnel a énoncé que le principe de la liberté de l'enseignement « qui a notamment été rappelé à l'article 91 de la loi de finances du 31 mars 1931, constitue l'un des principes fondamentaux reconnus par les lois de la République, réaffirmés par le Préambule de la Constitution de 1946 et auxquels la Constitution de 1958 a conféré valeur constitutionnelle ». Le Conseil tranche donc, dans un sens libéral, une vieille querelle, en s'appuyant sur une disposition législative qui énonçait que la liberté de l'enseignement est « un des principes fondamentaux de la République ».

Cette constitutionnalisation de la liberté de l'enseignement s'accompagne de l'affirmation que la sauvegarde, réaffirmée par la loi sous examen, du caractère propre d'un établissement privé d'enseignement lié à l'État par un contrat d'association « n'est que la mise en œuvre du principe de la liberté de l'enseignement ». Sans ce corollaire en effet, la liberté de l'enseignement serait privée de sa portée véritable : elle ne doit pas seulement signifier la liberté d'ouvrir un établissement privé d'enseignement, mais bien la possibilité d'un enseignement substantiellement différent de celui dispensé par l'État, dans son inspiration, son contenu et ses méthodes.

536 [Mais la possibilité, pour les établissements privés d'enseignement, de développer leur caractère propre s'est toujours heurtée, en droit français, à d'importantes limites, qui tiennent à l'ampleur du contrôle exercé par l'État. Le monopole public de la collation des grades universitaires en est un élément fondamental, puisqu'il permet à l'État de conserver un pouvoir de régulation du système éducatif dans son ensemble et constitue ainsi comme la position de repli du monopole public de l'éducation constitué par le premier Empire. Alors que la loi du 12 juillet 1875 avait sensiblement assoupli ce monopole, la loi du 18 mars 1880 le rétablit dans toute sa rigidité, refusant notam-

ment toute participation des professeurs de l'enseignement privé aux jurys. Ce système avait survécu à la loi d'orientation de l'enseignement supérieur (CE, 25 juin 1969, *Syndicat autonome du personnel enseignant des facultés de droit, RD publ.* 1969, p. 965, concl. Braibant). Une loi du 12 juillet 1971 aménage ce monopole : il est réaffirmé que les diplômes nationaux (baccalauréat, licence, master, doctorat) « ne peuvent être délivrés qu'au vu du résultat du contrôle des connaissances et des aptitudes et des examens appréciés par les établissements d'enseignement supérieur publics habilités à cet effet », possibilité étant simplement donnée à ces derniers, sous le contrôle du ministère, de conclure avec des établissements privés des conventions permettant la prise en compte des résultats du contrôle continu subi dans ces derniers, ainsi que l'intégration aux jurys de professeurs de l'enseignement privé.

De ces dispositions découle l'obligation pour les établissements privés, s'ils veulent présenter leurs élèves aux examens avec quelque chance de succès, de se conformer scrupuleusement aux programmes de l'enseignement public, dont on sait qu'ils sont chargés. Cette contrainte obère considérablement les capacités d'innovation pédagogique de l'enseignement privé et permet à l'État de s'assurer que les candidats ont bien reçu une formation qui les rend conformes au modèle qu'il entend imposer et qu'exprime la réglementation publique des examens et des enseignements.

537 [Il faut également tenir compte des réalités financières, qui interdisent généralement aux établissements privés d'enseignement de se passer de l'aide de l'État. Or, cette aide emporte la soumission de ses bénéficiaires à des contraintes assez lourdes. L'article 2 de la loi du 31 décembre 1959 sur les rapports entre l'État et les établissements d'enseignement privés (loi Debré) dispose que « le contrôle de l'État sur les établissements d'enseignement privés qui ne sont pas liés à l'État par contrat se limite aux titres exigés des directeurs et des maîtres, à l'obligation scolaire, au respect de l'ordre public et des bonnes mœurs, à la prévention sanitaire et sociale ». En revanche, les établissements qui concluent un contrat avec l'État pour bénéficier d'un financement public sont soumis à un contrôle de l'État, ainsi précisé par l'article 1er de la loi de 1959 : « L'établissement, tout en conservant son caractère propre, doit donner cet enseignement dans le respect total de la liberté de conscience. Tous les enfants, sans distinction d'origine, d'opinions ou de croyances, y ont accès. » Le contrat

passé avec l'établissement peut être « simple » ou, s'il correspond à un besoin scolaire reconnu, d'association à l'enseignement public. Dans le premier cas s'exerce un contrôle pédagogique et financier, tandis que dans le second, l'État devient l'employeur des enseignants exerçant dans des classes sous contrat et l'enseignement obéit aux règles et programmes de l'enseignement public. Dans cette mesure, la spécificité des établissements privés est fortement relativisée.

Dans une décision du 18 janvier 1985, le Conseil constitutionnel a précisé les implications, pour ces contrats, de la liberté de l'enseignement et de la sauvegarde du caractère propre des établissements privés. Il a d'abord indiqué que le besoin scolaire reconnu auquel est subordonné la passation des contrats d'association « comprend des éléments quantitatifs et des éléments qualitatifs tels que la demande des familles et le caractère propre de l'établissement d'enseignement ». Cela revient à consacrer un droit au financement public lié à ce type de contrat, pour permettre au choix des familles de s'exercer en faveur de l'enseignement privé. Le Conseil a également reconnu aux chefs d'établissement concernés le droit de « s'opposer à tout recrutement incompatible avec le caractère propre de l'établissement », de manière à éviter tout abus par l'État de son droit de nomination des maîtres pour les classes sous contrat d'association. Il a, par ailleurs, indiqué que l'alignement sur les règles de l'enseignement public ne saurait être interprété « comme permettant de soumettre cet enseignement à des règles qui porteraient atteinte au caractère propre de l'établissement ». Le Conseil constitutionnel garantit ainsi que l'emprise de l'État sur les établissements sous contrat laisse subsister un minimum de spécificité.

538 [L'autonomie des établissements privés trouve une autre limite dans la liberté de conscience des enseignants, qui « doit être regardée comme un principe fondamental reconnu par les lois de la République » (Cons. const., 23 nov. 1977). Mais la liberté de conscience n'empêche pas l'existence d'un devoir de réserve, destiné à faire respecter le caractère propre de l'établissement. Le Conseil constitutionnel, en précisant dans sa décision du 18 janvier 1985 que ce devoir de réserve ne s'impose aux maîtres que « dans leur enseignement », a entendu limiter celui-ci au strict minimum, en réaction à certaines pratiques l'étendant à la vie privée des enseignants et à des personnels non enseignants, ainsi CE, 20 juill. 1990, *Association familiale de l'ex-*

ternat de Saint-Joseph, Rec., p. 223 : illégalité d'un règlement intérieur qui imposait à tous les membres du personnel le respect du caractère propre de l'établissement, sans tenir compte de la nature des fonctions exercées.

539 [En dehors du cadre contractuel, les collectivités publiques sont autorisées à subventionner les écoles privées, mais seulement dans les limites définies par la loi. Au nombre de celles-ci figurent l'interdiction de subventionner les écoles primaires et la limitation, par l'article 69 de la loi Falloux, du montant total des subventions publiques au dixième des dépenses annuelles de l'établissement pour l'enseignement secondaire (v. CE, Ass., 6 avr. 1990, *Département d'Ille-et-Vilaine* et *Ville de Paris, École alsacienne, RFD adm.* 1990, p. 598, concl. Frydman affirmant respectivement le maintien en vigueur de cette disposition et le fait qu'elle laisse hors de son champ les dépenses versées au titre du contrat d'association et la non-applicabilité de cette disposition aux garanties d'emprunt). L'abrogation, dans un climat politique tendu, de ces dispositions, visant à supprimer la limitation qu'elles imposent aux subventions publiques, s'est heurtée à une déclaration de non-conformité à la Constitution. La décision du Conseil constitutionnel du 13 janvier 1994 estime en effet que la loi ne comportait pas les garanties nécessaires pour assurer le respect de l'égalité entre les établissements privés sous contrat se trouvant dans des situations comparables ni pour éviter que les établissements privés puissent se trouver placés dans une situation plus favorable que celle des établissements d'enseignement public, compte tenu des charges et des obligations de ces derniers. A échappé à la censure l'article 1er de la loi du 21 janvier 1994, qui rappelle : « Les collectivités territoriales de la République concourent à la liberté de l'enseignement, dont l'exercice est garanti par l'État. »

Section 2.

Le statut de l'enseignement public

540 [« La Nation garantit l'égal accès de l'enfant et de l'adulte à l'instruction, à la formation professionnelle et à la culture. L'organisation de l'enseignement public gratuit et laïque à tous les degrés est un devoir

de l'État », énonce le Préambule de la Constitution de 1946. Le lien qu'il établit entre le droit de tous à l'instruction et l'existence d'un enseignement public obéissant à des contraintes particulières (les charges et obligations auxquelles fait allusion la décision du 13 janvier 1994) est très caractéristique des conceptions issues de la Résistance : c'est dans un service public fort que, particulièrement dans le domaine essentiel de l'éducation, on plaçait l'espoir d'une réalisation de l'égalité. Mais l'enseignement public doit être également placé sous le signe de la liberté, qu'il s'agisse des élèves, futurs citoyens qu'il importe de préparer à cette dignité, ou des enseignants.

541 [**La liberté des enseignants**

Elle est limitée, dans les établissements d'enseignement primaire et secondaire, par la nécessité de respecter la liberté de conscience des élèves, qu'exprime le principe de neutralité de l'enseignement. Cette neutralité doit évidemment s'entendre de manière réaliste : elle ne voue pas les enseignants à la fadeur et à l'indifférence (l'un des buts de l'éducation est précisément la transmission de valeurs), mais leur impose de ne pas agresser les convictions légitimes des élèves (on peut ici évoquer la décision qualifiant de faute personnelle le fait, pour un instituteur, de déclarer durant ses cours que les soldats français sont des voyous et des lâches, que ceux qui croient en Dieu sont des imbéciles et qu'il n'y a pas de différence entre l'homme et la vache, car ils ont une queue tous les deux : T. confl., 2 juin 1908, *Girodet, Rec.*, p. 597).

Ici encore, le droit français répond aux impératifs de la Convention européenne des droits de l'homme, telle qu'elle est interprétée par les instances de Strasbourg : la Cour a exigé que « l'État, en s'acquittant des fonctions assumées par lui en matière d'éducation et d'enseignement, veille à ce que les informations ou connaissances figurant au programme soient diffusées de manière objective, critique et pluraliste. [Cela] lui interdit de poursuivre un but d'endoctrinement qui puisse être considéré comme ne respectant pas les convictions religieuses et philosophiques des parents. Là se place la limite à ne pas dépasser » (arrêt *Kjeldsen, Busk Madsen et Pedersen*, 7 déc. 1976). Le Conseil d'État a utilisé un critère identique pour rejeter le recours intenté contre la décision gouvernementale d'organiser et de financer une campagne de sensibilisation des mineurs à la contraception : il relève le caractère purement informatif de cette campagne, dont il note qu'elle n'incitait pas les mineurs à adopter un comportement sexuel particulier et ne comportait aucune mention susceptible « de porter atteinte à la liberté de conscience des élèves ou de méconnaître la liberté des parents d'élever les enfants mineurs dans un sens conforme à leurs convictions » (CE, 6 oct. 2000, *Association Promouvoir, Rec.* p. 391).

Ce même désir de ne peser en rien sur la liberté de conscience des élèves a conduit le Conseil d'État à imposer à tous les agents une stricte neutralité. Un avis contentieux du Conseil d'État du 3 mai 2000, *Mlle Marteaux, RFD adm.* 2001, p. 146, concl. Schwartz, indique que le principe de laïcité fait obstacle au droit, pour les agents même non enseignants, du service de l'enseignement public de manifester leurs croyances religieuses dans l'exercice de leurs fonctions, notamment « en portant un signe destiné à marquer [leur] appartenance à une religion ». La limitation ici posée paraît excessivement large et aller au-delà de la préservation des élèves contre les risques d'endoctrinement, voire de simple influence. Dans sa décision du 15 février 2001, *Mme Dahlab c/ Suisse, AJDA* 2001, p. 480, note J.-F. Flauss, la Cour européenne des droits de l'homme a admis comme compatible avec la liberté de religion consacrée à l'article 9 de la Convention l'interdiction faite à une enseignante de porter le foulard islamique à l'école, en s'appuyant sur le fait qu'étaient en cause des enfants en bas âge, supposés être impressionnables et influençables sur la question de la religion. S'agissant d'une surveillante d'externat et sans qu'il soit tenu compte de l'âge des élèves avec lesquels celle-ci était en contact, il n'est pas certain que l'interdiction générale d'exprimer ses convictions religieuses satisfasse à l'exigence de nécessité posée à cet article.

542 [En ce qui concerne l'enseignement supérieur, le Conseil constitutionnel a tenu à réaffirmer les bases constitutionnelles de l'indépendance des enseignants : dans sa décision du 20 janvier 1984 relative à la loi sur l'enseignement supérieur (*GDCC*, p. 571), il indique que le statut de ces agents ne permet de limiter leur liberté d'expression « que dans la seule mesure des exigences du service public en cause », et que « par leur nature même, les fonctions d'enseignement et de recherche non seulement permettent mais demandent, dans l'intérêt même du service, que la libre expression et l'indépendance des personnels soient garanties par les dispositions qui leur sont applicables ». La loi sous examen (loi Savary) répondait parfaitement à cet impératif, en garantissant une pleine indépendance et une entière liberté d'expression

aux enseignants et aux chercheurs « sous les réserves que leur imposent, conformément aux traditions universitaires et aux dispositions de la présente loi, les principes de tolérance et d'objectivité » (pour un manquement à ces exigences par un maître de conférences auteur d'un article négationniste, v. CE, 28 sept. 1998, *M. Notin, Rec.* p. 938). Dans le cas des professeurs s'ajoute en outre la garantie de leur indépendance par un principe fondamental reconnu par les lois de la République, que le Conseil fonde notamment sur les lois républicaines faisant exception en leur faveur à l'interdiction de cumuler un mandat parlementaire et des fonctions publiques (la compatibilité suppose en effet que l'indépendance des professeurs par rapport à l'exécutif soit assurée, de manière à écarter tout risque de pression). De ce principe fondamental, le Conseil tire la conséquence que les professeurs doivent disposer d'une représentation propre et authentique dans les conseils de la communauté universitaire. La décision du 10 janvier 1995, loi organique relative au statut de la magistrature, a étendu cette garantie constitutionnelle aux maîtres de conférences.

Par ailleurs, dans sa décision du 29 juillet 1994 concernant la loi relative à l'emploi de la langue française, le Conseil a montré qu'il entendait exercer un contrôle strict sur les limitations imposées à la libre expression des enseignants et chercheurs, en déclarant contraires à la Constitution des dispositions subordonnant l'octroi d'une aide publique aux travaux d'enseignement et de recherche à l'engagement des bénéficiaires d'assurer une publication, une diffusion ou une traduction de leurs travaux en français, sauf dérogation accordée discrétionnairement par le ministre de la Recherche. Ces contraintes ont été jugées excessives, le seul critère recevable étant celui de la qualité de ces travaux.

543 [**Égalité et droits des élèves**

Le service public de l'éducation contribue à l'égalité des chances, comme le rappelle l'article 1er de la loi d'orientation sur l'éducation du 10 juillet 1989. Il en découle l'obligation d'admettre dans les établissements publics d'enseignement, de quelque degré que ce soit, tous ceux qui remplissent les conditions de diplôme requises. Les exceptions à ce principe aménagées par les textes doivent s'entendre strictement, toute procédure officieuse de sélection étant illicite (CE, 27 juill. 1990, *Université Paris-Dauphine, AJDA* 1991, p. 151, note J. Chevallier). Sont *a fortiori* interdits les refus d'inscription procédant d'une politique de discrimination (TA Bordeaux 14 juin 1988, *El Rhazouani, Rec.*, p. 519 : le maire avait refusé l'inscription d'enfants aux écoles maternelle et primaire, au motif qu'il entendait lutter contre « l'afflux dans la commune [...] d'immigrés hors CEE » !). L'existence d'une véritable liberté de recevoir un enseignement est attestée par l'obligation faite à l'administration de motiver le refus d'inscrire un élève titulaire du baccalauréat en classe préparatoire d'une grande école : le juge considère qu'une telle décision restreint l'exercice d'une liberté publique (CE, Sect., 9 oct. 1987, *cons. Métras, AJDA* 1987, p. 758, concl. Daël). Le principe d'égal accès au service public s'avère donc ici parfaitement protecteur de ce droit, conformément aux exigences de l'article 2 du 1er Protocole additionnel à la Convention européenne des droits de l'homme, qui énonce : « Nul ne peut se voir refuser le droit à l'instruction. » Dans son arrêt du 23 juillet 1968 dans *l'affaire linguistique belge,* la Cour a indiqué, comme premier corollaire de ce droit, « un droit d'accès aux établissements scolaires existant à un moment donné ».

544 [La question des droits des élèves s'est posée essentiellement au niveau de l'enseignement secondaire. Revendiquée lors des événements de mai 1968 et dans les années qui ont suivi, la reconnaissance officielle de ces droits a tardé à se manifester, puisqu'elle procède du décret du 18 février 1991 relatif aux droits et obligations des élèves dans les établissements publics locaux d'enseignement du second degré (*AJDA* 1991, p. 366, commentaire Durand-Prinborgne). Le rapport au Premier ministre précédant le décret indique bien l'esprit du texte : « L'exercice par les élèves de leurs droits et le respect de leurs obligations dans le cadre scolaire contribuent à les préparer à leurs responsabilités de citoyens. » Les libertés concernées sont les libertés d'association, de réunion et d'expression. À une conception soucieuse d'isoler la communauté scolaire par rapport aux débats divisant la société a succédé une volonté d'ouverture, répudiant seulement, par exemple, les réunions exclusivement politiques (CE, 1er mars 1993, *Association des parents d'élèves de l'enseignement public de Montpellier, AJDA* 1993, p. 881, note Toulemonde : une réunion sur le thème de l'intégration des enfants d'origine étrangère, animée par le président de SOS Racisme, constitue un débat d'ordre civique et social et ne porte pas atteinte à la neutralité des établissements scolaires).

545 **[Laïcité de l'enseignement et expression des convictions religieuses des élèves**

Les droits des élèves de l'enseignement public s'étendent-ils au domaine religieux ? Rappelons que l'article 2 de la loi de 1905 prévoit le financement public des aumôneries « destinées à assurer le libre exercice des cultes » dans les lycées, collèges et écoles. Par ailleurs, la loi du 28 mars 1882 prévoit que « les écoles primaires publiques vaqueront un jour par semaine, en outre du dimanche, afin de permettre aux parents de faire donner, s'ils le désirent, à leurs enfants, l'instruction religieuse en dehors des édifices scolaires ». La pression exercée en faveur du transfert de ce jour du mercredi (arrêté du 12 mai 1972) au samedi se heurte à une vive résistance des autorités religieuses, qui craignent que la foi des parents ne résiste pas aux tentations d'un long week-end. Le contentieux sur cette question s'est, pour l'instant, limité à des problèmes de procédure et de compétence (CE, 27 juill. 1990, *Association pour une nouvelle organisation du temps scolaire, AJDA* 1990, p. 737). La compatibilité avec le principe constitutionnel de laïcité de la législation locale d'Alsace-Moselle, qui prévoit un enseignement religieux obligatoire dans les établissements publics d'enseignement du second degré, a été affirmée par le Conseil d'État (6 avr. 2001, *Syndicat national des enseignements du second degré (SNES), AJDA* 2002, p. 63, note B. Toulemonde), la faculté pour les élèves, sur demande de leurs représentants légaux, d'en être dispensés étant soulignée.

L'adaptation du calendrier scolaire aux contraintes des religions juive et musulmane (celles des religions chrétiennes modelant ce calendrier, aucun problème ne se pose) se réalise normalement par la concertation, l'administration veillant à ne pas fixer les dates d'examens et concours d'une manière qui exclurait les élèves pratiquants et accordant des dérogations individuelles à l'obligation d'assiduité, dans la mesure où elle les estime compatibles avec les exigences de la scolarité. Peut-on aller au-delà de ces pratiques et imposer à l'administration de faire droit à ces demandes ? Le Conseil d'État, soucieux de préserver la cohésion du système éducatif contre les revendications des cultes minoritaires, s'y est refusé dans deux arrêts d'Assemblée (14 avr. 1995, *Consistoire central des israélites de France* et *M. Koen, RFD adm.* 1995, p. 585, concl. Aguila). Il a jugé que l'obligation d'assiduité rappelée par le décret du 18 février 1991 n'interdit pas aux élèves qui en font la demande « de bénéficier individuellement des autorisations d'absence nécessaires à l'exercice d'un culte ou à la célébration d'une fête religieuse, dans le cas où ces absences sont compatibles avec l'accomplissement des tâches inhérentes à leurs études et avec le respect de l'ordre public dans l'établissement », mais que « les contraintes inhérentes au travail des élèves en classe de mathématiques supérieures font obstacle à ce qu'une scolarité normale s'accompagne d'une dérogation systématique à l'obligation de présence le samedi, dès lors que l'emploi du temps comporte un nombre important de cours et de contrôles de connaissances organisés le samedi matin ». Les élèves pratiquants se trouvent donc renvoyés à la bonne volonté des directeurs d'établissement et des enseignants ou contraints de s'inscrire dans des écoles privées confessionnelles, dans la mesure (très faible) où elles comportent des classes préparatoires.

546 [Mais c'est la question du foulard porté à l'école par certaines élèves de confession islamique qui a posé avec le plus d'acuité le problème de la compatibilité entre la laïcité de l'enseignement public et l'expression en son sein d'une adhésion religieuse. Le facteur déclenchant de cette querelle fut, en 1989, le refus d'un principal de collège de Creil d'accueillir en classe trois jeunes filles qui n'acceptaient pas d'ôter leur foulard durant les cours. S'ensuivit un débat répercuté par les médias, où se condensaient des passions et arguments divers : crainte de l'intégrisme islamique, volonté de conserver à l'école son rôle d'intégration, désir de protection de l'égalité des sexes, d'une part ; revendication de la liberté religieuse, respect de l'identité culturelle, attachement aux traditions d'autre part. Il faut ajouter qu'« un racisme larvé peut inspirer ceux qui s'en prennent moins au signe religieux qu'à la couleur de la peau de son porteur... » (Rivero, 1990, p. 5). On théorisa, en opposant deux conceptions de la laïcité : la laïcité tolérante, refusant d'accorder à une religion quelconque quelque préférence que ce soit, mais laissant s'exprimer les convictions religieuses sous réserve qu'elles ne nuisent pas à autrui et la laïcité militante mettant en avant la transmission par l'école de valeurs communes ne faisant acception ni de religion ni de particularismes culturels.

Appelé par le ministre à rendre un avis, le Conseil d'État, statuant en Assemblée générale, donna une très nette préférence à la première conception (avis du 27 nov. 1989, *RFD adm.* 1990, p. 1, note Rivero), en posant que « le principe de laïcité implique nécessairement le respect de toutes les croyances », en vertu de dispositions constitutionnelles (art. 10 de la Déclaration de 1789, principe fondamental de la liberté de conscience, article 2 – devenu article 1er – de la Constitution de 1958), de conventions internationales et de textes législatifs (loi d'orientation sur l'éducation du 10 juill. 1989, loi de séparation de 1905 et loi Debré de 1959). Le port, par les élèves, dans les établissements scolaires, de signes par lesquels ils entendent manifester leur appartenance à une religion est donc licite en principe : il « n'est pas par lui-même incompatible avec le principe de laïcité, dans la mesure où il constitue l'exercice de la liberté d'expression et de manifestation de croyances religieuses ».

Mais l'avis s'attache à définir les limites de cette liberté : elle doit s'exercer « dans le respect du pluralisme et de la liberté d'autrui, et sans qu'il soit porté atteinte aux activités d'enseignement, au contenu des programmes et à l'obligation d'assiduité ». Il est encore précisé que la tolérance de principe « ne saurait permettre aux élèves d'arborer des signes d'appartenance religieuse qui, par leur nature, par les conditions dans lesquelles ils seraient portés individuellement ou collectivement, ou par leur caractère ostentatoire ou revendicatif, constitueraient un acte de pression, de provocation, de prosélytisme ou de propagande, porteraient atteinte à la dignité ou à la liberté de l'élève ou d'autres membres de la communauté éducative, compromettraient leur santé ou leur sécurité, perturberaient le déroulement des activités d'enseignement et le rôle éducatif des enseignants, enfin troubleraient l'ordre dans l'établissement ou le fonctionnement normal du service public ».

La liste des causes de restriction paraît étendue et parfois dangereusement extensive : ainsi, le prosélytisme demande-t-il à être défini, sauf à tomber dans les excès condamnés par la Cour européenne des droits de l'homme dans son arrêt *Kokkinakis c/ Grèce* du 25 mai 1993. La possibilité de qualification du foulard islamique comme signe par lui-même ostentatoire avait également été évoquée. Mais c'était oublier que l'avis, tout en chargeant les autorités compétentes – notamment celles détentrices du pouvoir disciplinaire – de mettre en œuvre les règles qu'il définit, faisait de la liberté le principe, imposant ainsi une justification circonstanciée des atteintes qui y sont portées.

Les arrêts bientôt rendus sur cette question devaient le confirmer. Ainsi, ont été annulées comme constitutives d'une interdiction trop générale méconnaissant la liberté d'expression des croyances religieuses les dispositions de règlements intérieurs interdisant le port de signes distinctifs d'ordre religieux, politique ou philosophique (CE, 2 nov. 1992, *M. Kherouaa, RFD adm.* 1993, p. 112, concl. Kessler) ou prescrivant qu'aucun élève ne sera admis en salle de cours, en étude ou au réfectoire la tête couverte (CE, 14 mars 1994, *Mlles Yilmaz, Rec.*, p. 129). Une sanction disciplinaire prononcée au seul motif de la violation d'une telle disposition encourt elle-même l'annulation (arrêt *Kherouaa*). De même a-t-il été très nettement jugé que les autorités scolaires commettaient une erreur de droit en estimant que le port du foulard étant par nature incompatible avec le principe de laïcité, l'élève ne serait pas admise en cours si elle n'acceptait pas d'ôter son foulard (CE, 20 mai 1996, *Ministre de l'Éducation nationale c/ Ali, Rec.* p. 187), puis, pour couper court à toute subversion de la philosophie tolérante animant cette jurisprudence, « que le foulard par lequel Mlle Khalid entendait exprimer ses convictions religieuses ne saurait être regardé comme un signe présentant par sa nature un caractère ostentatoire ou revendicatif, et dont le port constituerait dans tous les cas un acte de pression ou de prosélytisme » (CE, 27 nov. 1996, *Ministre de l'Éducation nationale c/ Khalid et Mme Stefiani, Rec.* p. 460). C'est donc bien une jurisprudence « au cas par cas » (concl. Kessler, préc.) qu'inaugure l'avis de 1989. Le juge est attentif à toutes les circonstances de l'affaire, aussi bien à l'événement qui a déclenché les incidents qu'à l'ampleur de ceux-ci et à l'attitude des familles concernées. Ainsi, dans un arrêt du 10 mars 1995, *M. et Mme Aoukili* (*AJDA* 1995, p. 332, concl. Aguila) confirme-t-il l'exclusion de deux jeunes filles qui avaient refusé d'ôter leur foulard lors d'un cours d'éducation physique, après avoir relevé « que le port du foulard est incompatible avec le déroulement des cours d'éducation physique » (proposition d'ailleurs discutable qu'amplifie un arrêt dotant l'administration et les enseignants du pouvoir d'exiger des élèves le port de tenues compatibles avec le bon déroulement des cours, notamment en matière de technologie et d'éducation physique et sportive : CE, 20 oct. 1999, *Ministre de l'Éducation nationale c/ Époux Ait Ahmad, D.* 2000, p. 251, concl. Schwartz) et que leur refus a entraîné des troubles dans la vie de l'établissement, « aggravés par les manifestations auxquelles participait le père des intéressées à l'entrée du collège ». À ce dernier titre, la participation de dix-sept élèves d'un établissement scolaire à « des mouvements de protestation ayant gravement troublé le fonctionnement normal de l'établissement et ayant au surplus été soutenus par des éléments extérieurs à celui-ci » justifie le prononcé à leur encontre d'une sanction d'exclusion définitive (CE, 27 nov. 1996, *Ligue islamique du Nord et Époux Chabou et autres, Rec.* p. 461), de même qu'est licite l'exclusion définitive d'élèves plusieurs fois absentes à des cours d'éducation physique, sans aucun motif médical (CE, 27 nov. 1996, *Époux Wissaadane et Époux Chedouane, Rec.* p. 463). La prohibition des mesures générales (CE, 27 nov. 1996, *Ministre de l'Éducation nationale c/ Mlle Akbaba, RFD adm.* 1997, p. 171) confirme l'obligation d'un examen circonstancié.

Cette jurisprudence indique donc avec une netteté assez grande la limite entre le licite et l'illicite et fait droit aux exigences de la liberté des élèves, sans pour autant transiger avec les principes de l'école républicaine. Très critiqué au début dans certains milieux, ce point de vue a été combattu, plus ou moins ouvertement, par M. Bayrou, alors ministre de l'Éducation nationale. Celui-ci, tout en évoquant la perspective d'une intervention législative sur la question (qui a été rapidement abandonnée), a, par circulaire du 20 septembre 1994, invité les chefs d'établissement à faire introduire dans les règlements intérieurs une clause interdisant le port des signes « si ostentatoires que leur signification est précisément de séparer certains élèves des règles de vie commune de l'école », ce qui revenait à suggérer, sans le dire, tout en le disant, de faire interdire le voile. Le Conseil d'État a, fort habilement, neutralisé cette tentative, en relevant que la circulaire ne revêtait aucun caractère normatif (CE, 10 juill. 1995, *Association Un Sysiphe, AJDA* 1995, p. 644, concl. Schwartz), ce qui renvoyait purement et simplement à la jurisprudence administrative existante.

547 [Ces solutions s'accordent-elles avec les dispositions de l'article 2 du 1er Protocole additionnel à la Convention européenne des droits de l'homme qui énoncent : « Nul ne peut se voir refuser le droit à l'instruction. L'État, dans l'exercice des fonctions qu'il assurera dans le domaine de l'éducation et de l'enseignement, respectera le droit des parents d'assurer cette éducation et cet enseignement conformément à leurs convictions religieuses et philosophiques » ? À la lecture du texte, on serait tenté de répondre par la négative, puisque les parents semblent être dotés d'un droit discrétionnaire de voir leurs conceptions prises en compte par l'enseignement étatique. Mais, avec sagesse, la Cour a interprété ce texte non comme obligeant les

États, d'une manière absolue, à respecter les conceptions religieuses et philosophiques des parents (thèse exposée par le juge Verdross dans son opinion séparée) mais comme interdisant seulement à l'État de viser « un but d'endoctrinement qui puisse être considéré comme ne respectant pas les convictions religieuses et philosophiques des parents » (*arrêt Kjeldsen, Busk Madsen et Pedersen*, 7 déc. 1976). Dans cette affaire, des parents s'opposaient à ce que leurs enfants soient astreints à suivre des cours d'éducation sexuelle dans les écoles primaires danoises. La Cour considère qu'il n'y a pas eu violation de la Convention, l'enseignement litigieux ne présentant pas le caractère d'une tentative d'endoctrinement visant à préconiser un comportement sexuel déterminé et les parents ayant la faculté d'inscrire leurs enfants dans une école privée ou de leur faire suivre un enseignement par correspondance.

Cependant, dans un arrêt *Campbell et Cosans* du 25 février 1982, la Cour a condamné la Grande-Bretagne pour violation de cet article, dans une espèce où il avait été refusé de tenir compte du refus des parents de voir leurs enfants exposés à des châtiments corporels dans des écoles écossaises. S'il est donc acquis qu'en l'absence d'endoctrinement, les parents ne peuvent s'opposer à ce que leurs enfants suivent un enseignement déterminé (ce qui menacerait excessivement la cohérence de la formation dispensée) un droit assez large leur est reconnu pour ce qui concerne l'éducation, que la Cour définit comme « la somme des procédés par lesquels, dans toute société, les adultes tentent d'inculquer aux plus jeunes leurs croyances, coutumes ou autres valeurs » (arrêt *Campbell et Cosans*). Dans ces conditions, les limitations apportées au droit des élèves de manifester leur foi au sein de la communauté scolaire ne peuvent être admises que dans des cas exceptionnels. La casuistique jurisprudentielle sur la question du foulard islamique tient pleinement compte de cet impératif, puisque « le juge s'oppose aux démarches réductrices de la liberté reconnue » (Durand-Prinborgne, 1997, p. 161), faisant prévaloir une solution tolérante, qui respecte l'identité des élèves et laisse la porte ouverte aux chances d'intégration qu'offre leur présence dans l'école publique (Deffains, 1998, p. 203). On relèvera d'ailleurs la nomination, en 1994, d'une médiatrice de l'Éducation nationale chargée de traiter ces problèmes : l'écoute des protagonistes, et au premier chef des jeunes filles concernées, la compréhension du contexte permettent, dans la discrétion, de régler certains conflits (v. l'entretien avec Mme Hanifa

Cherifi, *Le Monde,* 10-11 janv. 1999, p. 7 : la médiatrice évalue à environ 400 le nombre de jeunes filles portant le voile dans les établissements publics, un quart seulement de ces cas étant de nature à poser problème).

548 [L'émotion soulevée en Allemagne par l'arrêt de la Cour constitutionnelle fédérale du 16 mai 1995 relatif aux crucifix dans les écoles bavaroises indique, elle aussi, combien les relations entre les écoles publiques et la religion soulèvent immédiatement les passions. Dans son arrêt, la Cour a déclaré contraire à la liberté de religion garantie par la Loi fondamentale la disposition du règlement scolaire bavarois qui prévoyait qu'un crucifix devait se trouver dans chaque salle de classe. Le problème est très différent de celui du foulard islamique, puisqu'ici c'est de limitation des pouvoirs de la religion majoritaire qu'il s'agit : la Cour refuse la position consistant à interpréter la croix « comme la simple expression de la tradition occidentale ou comme un signe culturel dépourvu de tout rapport spécifique à une certaine croyance » et, ainsi, voit bien dans sa présence une atteinte à la liberté de croyance des non-chrétiens (v. Jouanjan 1995, p. 964). Cette décision fut très critiquée : le porte-parole de l'évêque d'Augsbourg parla immédiatement d'une « agression contre la culture occidentale imprégnée de christianisme »... On vit même le chancelier Kohl s'en prendre avec véhémence à la Cour de Karlsruhe, fait extrêmement rare en Allemagne. L'apprentissage de la neutralité de l'État en matière philosophique est donc difficile : M. von Thadden dut en appeler à l'esprit de la réunification, à l'intégration des immigrés, à la construction européenne, à l'exemple français... et au respect des institutions de l'État (« *Bloss kein neuer Kulturkampf* », *Die Zeit,* 18 août 1995).

Titre VI

La liberté d'association

549 [La France a longtemps manifesté, à l'égard de la liberté d'association et de la liberté syndicale, qui en est un aspect, une méfiance à laquelle est resté attaché le nom de Le Chapelier. Devant l'Assemblée constituante, celui-ci soutient un projet de décret sur les assemblées de citoyens du même état ou profession, visant à empêcher toute reconstitution des corporations supprimées, et déclare le 14 juin 1791 : « Il n'y a plus de corporation dans l'État, il n'y a plus que l'intérêt particulier de chaque individu et l'intérêt général. Il n'est permis à personne d'inspirer aux citoyens un intérêt intermédiaire, de les séparer de la chose publique, par un esprit de corporations » (*Archives parlementaires,* XXVII, p. 210). Quelques mois plus tard, devant l'Assemblée nationale, il s'en prend aux « sociétés » et aux clubs, les accusant d'usurper une partie de la puissance publique. Il exprime ainsi ses craintes : « Nul ne veut avoir d'autre maître que la loi. Si les sociétés pouvaient avoir quelque empire ; si elles pouvaient disposer de la réputation d'un homme ; si corporativement formées, elles avaient d'un bout de la France à l'autre, des ramifications et des agents de leur puissance, les sociétés seraient les seuls hommes libres, ou plutôt la licence de quelques affiliés détruirait la liberté publique » (29 sept. 1791, *Archives parlementaires,* XXXI, p. 619).

Au rebours de cette vision inquiète, Tocqueville soulignera l'usage que font les Américains de la liberté d'association et saluera une attitude qui table sur l'initiative des citoyens et non sur l'intervention du pouvoir : « Il n'y a rien que la volonté humaine désespère d'atteindre par l'action libre de la puissance collective des individus » (*De la démocratie en Amérique,* I, II, IV). C'est cependant l'approche de Le Chapelier qui marquera le droit français : les syndicats professionnels n'accèdent à l'existence qu'avec la loi du 21 mars 1884, la liberté d'association apparaît avec le XXe siècle (loi du 1er juill. 1901 relative au contrat d'association).

550 [On sait que c'est sur cette dernière loi que s'est fondé le Conseil constitutionnel pour énoncer, dans sa décision du 16 juillet 1971 (*GDCC,* p. 238) : « Qu'au nombre des principes fondamentaux reconnus par les lois de la République et solennellement réaffirmés par le Préambule de la Constitution, il y a lieu de ranger le principe de la liberté d'association », solution qu'avait déjà consacrée le Conseil d'État à l'égard du pouvoir exécutif (Ass., 11 juill. 1956, *Amicale des Annamites de Paris, Rec.,* p. 317). L'article 11 de la Convention européenne des droits de l'homme, quant à lui, stipule : « Toute personne a droit à la liberté de réunion pacifique et à la liberté d'association, y compris le droit de fonder avec d'autres des syndicats et de s'affilier à des syndicats pour la défense de ses intérêts », prévoit que l'exercice de ces droits peut faire l'objet de restrictions nécessaires, dans une société démocratique, à la protection de certaines valeurs (ordre public, droits d'autrui...) et précise : « Le présent article n'interdit pas que des restrictions légitimes soient imposées à l'exercice de ces droits par les membres des forces armées, de la police ou de l'administration de l'État. »

551 [On observe une très grande variété d'associations : toutes n'intéressent pas au même titre les libertés publiques. C'est le cas, en particulier, des associations qui constituent des relais de la puissance publique : étroitement contrôlées, elles servent à conférer une plus grande souplesse à l'action administrative et sont classiquement étudiées, en droit administratif français, sous la rubrique des démembrements de l'État. Le juge administratif a décidé que le contentieux suscité par ces associations relève largement de son contrôle, à condition que soit en cause une activité de service public accomplie, sous le contrôle d'une personne publique, en déployant des prérogatives de puissance publique. Cette question suscite souvent des difficultés importantes (v. par ex., CE, Sect., 13 oct. 1978, *Association départementale pour l'aménagement des structures des exploitations*

agricoles du Rhône, RD publ. 1979, p. 899, concl. Galabert, note Robert ; *D.* 1979, p. 250, note Amselek et J. Waline). Il faut relever que la Cour européenne des droits de l'homme ne considère pas comme une association au sens de l'article 11 de la Convention un organisme qui est en réalité une institution de droit public (arrêt *Le Compte, Van Leuven et De Meyere*, 23 juin 1981, à propos de l'Ordre belge des médecins). En revanche, les partis politiques bénéficient pleinement des dispositions de l'article 11 et la Cour européenne des droits de l'homme a tenu à faire prévaloir à leur égard une interprétation qui tienne compte qu'il s'agit d'« une forme d'association essentielle au bon fonctionnement de la démocratie » (arrêt du 30 janv. 1998, *Parti communiste unifié de Turquie et autres c/ Turquie*). Est ici essentielle l'existence d'une « pluralité de partis politiques représentant les courants d'opinion qui traversent la population d'un pays » (même arrêt), d'où l'exercice d'un contrôle européen particulièrement exigeant, que l'on soit en présence d'une dissolution prononcée avant même que le parti ait pu entamer ses activités (arrêt du 30 janv. 1998 et arrêt du 8 décembre 1999, *Parti de la liberté et de la démocratie [ÖZDEP] c/ Turquie*) ou d'une décision postérieure (arrêt du 25 mai 1998, *Parti socialiste et autres c/ Turquie*). Ces considérations ne valent cependant qu'autant que le parti en cause respecte les règles fondamentales de la démocratie (arrêt – actuellement en cours de réexamen en Grande Chambre – du 31 juill. 2001, *Refah Partisi et autres c/ Turquie*). Le lien de l'activité des partis politiques avec l'expression de la souveraineté nationale a conduit le Conseil d'État à estimer compatible avec l'article 10 de la Convention européenne des droits de l'homme (droit à la liberté d'expression) l'interdiction faite par la loi à un État étranger ou à une personne morale de droit étranger – y compris un parti politique – de financer les partis politiques français (CE, 8 déc. 2000, *Parti nationaliste basque ERI-PNB, RFD adm.* 2002, p. 59, note M. Verpeaux).

Quant aux associations proprement dites, elles sont placées en France sous un régime de droit commun indéniablement libéral, mais qui laisse place à des régimes dérogatoires qui le sont beaucoup moins.

CHAPITRE PREMIER

Le régime libéral de la loi de 1901

552 La loi du 1er juillet 1901 définit l'association comme « la convention par laquelle deux ou plusieurs personnes mettent en commun d'une façon permanente leurs connaissances ou leur activité dans un but autre que de partager des bénéfices. Elle est régie, quant à sa validité, par les principes généraux du droit applicables aux contrats et obligations ». L'association est distincte de la réunion par sa permanence, de la société commerciale par son but non lucratif.

553 La loi de 1901 prévoit d'abord le cas des associations dépourvues de la personnalité juridique : celles-ci « pourront se former librement sans autorisation ni déclaration préalable » (art. 2). Cette formule, qui ne permet la constitution d'aucun patrimoine ni aucune vie juridique de l'association, ne présente qu'un intérêt limité. Le Conseil d'État a cependant déclaré recevable le recours pour excès de pouvoir intenté par une telle association pour la défense des intérêts rentrant dans son objet (CE, Ass., 31 oct. 1969, *Syndicat de défense des eaux de la Durance, Rec.*, p. 462).

554 L'article 5 de la loi de 1901 dispose que « toute association qui voudra obtenir la capacité juridique prévue à l'article 6 devra être rendue publique par les soins de ses fondateurs ». Il s'agit d'un système de déclaration préalable, faite à la préfecture du département ou à

la sous-préfecture de l'arrondissement où l'association aura son siège social. Cette déclaration précise le titre et l'objet de l'association, le siège de ses établissements et les noms, professions, domiciles et nationalités de ceux qui, à un titre quelconque, sont chargés de son administration ou de sa direction et est accompagnée de deux exemplaires des statuts. L'administration est tenue de donner récépissé de cette déclaration.

C'est faute d'avoir accepté, en 1970, de délivrer récépissé de la déclaration de l'association « Les amis de la cause du peuple », au motif que celle-ci constituait une reconstitution de l'association « La Cause du peuple », qui venait d'être dissoute en application de la loi de 1936 (cf. *infra*), que l'administration s'engagea dans une épreuve de force dont l'issue devait être la décision du Conseil constitutionnel du 16 juillet 1971. Les responsables de l'association, Simone de Beauvoir et Michel Leiris (qui ne se doutaient pas qu'ils ajoutaient à leur gloire littéraire un autre titre, celui d'être à l'origine du contrôle de la constitutionnalité des lois en France) saisirent le tribunal administratif de Paris qui, dans un jugement du 25 janvier 1971, *Dame de Beauvoir et Sieur Leiris* (*AJDA* 1971, p. 229) annula le refus du préfet de police de délivrer récépissé.

Le gouvernement adopta alors un projet de loi qui permettait notamment au ministère public de demander au président du tribunal de grande instance statuant en référé d'ordonner le sursis à la délivrance du récépissé, si l'objet de l'association lui paraissait illicite ou s'il lui semblait qu'elle reconstituait une association dissoute. En cas de prononcé du sursis, le tribunal devait être saisi au fond dans les huit jours et statuer dans les deux mois de sa saisine. En dépit des protestations de l'opposition et du vote de la question préalable par le Sénat, le texte fut adopté. C'est alors que le président du Sénat, A. Poher, saisit le Conseil constitutionnel. Celui-ci, dans sa décision du 16 juillet 1971, déclara ce dispositif contraire au principe fondamental de la liberté d'association, qui n'est compatible qu'avec un régime de déclaration préalable et non avec un régime préventif, peu important que ce dernier confère le pouvoir d'intervention *a priori* à l'autorité judiciaire ou à l'administration. L'acquisition de la capacité juridique des associations déclarées ne pouvait donc être subordonnée à un contrôle préalable du juge, quand bien même ce contrôle ne portait que sur la conformité de l'association en cause à la loi. La conception de la liberté d'association que le Conseil fait prévaloir est donc spécialement sourcilleuse – beaucoup plus que celle qu'il développera pour la liberté individuelle, par exemple. Amputé de sa principale disposition, le texte (loi du 20 juill. 1971) ajouta la précision que le préfet était tenu de délivrer le récépissé de la déclaration dans les cinq jours.

555 [Le régime applicable reste donc celui de la dissolution judiciaire de l'association contrevenant aux dispositions de l'article 3 de la loi de 1901, aux termes duquel « toute association fondée sur une cause ou en vue d'un objet illicite, contraire aux lois, aux bonnes mœurs ou qui aurait pour but de porter atteinte à l'intégrité du territoire national ou à la forme républicaine du gouvernement, est nulle et de nul effet ». Une décision de dissolution a ainsi été prise à l'encontre de l'association « Alma Mater », qui se proposait de mettre en contact des couples stériles avec des femmes acceptant de porter pour leur compte un enfant (« mères porteuses ») : l'objet de l'association était de « favoriser la conclusion de conventions contraires au principe d'ordre public de l'indisponibilité de l'état des personnes en ce qu'elles ont pour but de faire venir au monde un enfant dont l'état ne correspondra pas à sa filiation réelle au moyen d'une renonciation et d'une cession également prohibées des droits reconnus par la loi à la future mère » (Civ. 1re, 13 déc. 1989, *D.* 1990, p. 273, rap. Massip). Le tribunal de grande instance peut être saisi à la requête de tout intéressé ou à la diligence du ministère public, qui peut assigner à jour fixe.

556 [Tout le régime des associations est dominé par la liberté, compte tenu du principe fondamental (CE, Ass., 29 avr. 1994, *Haut-commissaire de la République en Nouvelle-Calédonie, Rec.*, p. 205). L'obligation de bannir, dans le fonctionnement de l'association (ou du syndicat) toute coercition, notamment dans ses relations avec ses membres, a été mise en relief par la Cour européenne des droits de l'homme dans son arrêt *Young, James et Webster* du 13 août 1981 : l'obligation faite aux employés des chemins de fer britanniques de s'affilier à un syndicat, sous peine de perdre leur emploi, a été considérée comme une violation de l'article 11, au terme d'une interprétation dynamique de la Convention (même solution pour un chauffeur de taxi contraint d'adhérer et de cotiser à une association pour obtenir une licence, la Cour insistant sur l'existence d'un puissant courant hostile aux pratiques de *closed shop* et concluant à l'existence d'un « droit d'association négatif », c'est-à-dire d'un droit de ne pas adhérer à une asso-

ciation ou de s'en retirer sans que cela entraîne des conséquences injustifiées : arrêt *Sigurdur A. Sigurjonsson c/ Islande*, 30 juin 1993). Dans son arrêt *Chassagnou c/ France* du 29 avril 1999, la Cour a insisté sur le fait qu'était incompatible avec l'article 11 le fait d'obliger des personnes à devenir membres d'une association – même dotée de particularités du fait qu'elle concourt à une mission de service public – qui heurte leurs convictions profondes (en l'espèce, obligation pour les propriétaires, même hostiles à la chasse, de devenir membres d'une association communale de chasse agréée). On relèvera que le Conseil d'État, dans son appréciation de la conventionnalité de la loi Verdeille qui instituait ladite obligation, n'a pas suivi la Cour de Strasbourg sur ce terrain et s'est fondé exclusivement sur l'atteinte au droit au respect de ses biens pour écarter l'application de la loi (CE, 27 oct. 2000, *Mme Vignon, Rec.* p. 467). La Cour de cassation a également posé le principe que « nul n'est tenu d'adhérer à une association régie par la loi du 1er juillet 1901 ou, y ayant adhéré, d'en demeurer membre », mais sous réserve des « cas où la loi en décide autrement » (Ass. plén. 9 févr. 2001, *Bull.* n° 3).

L'association régulièrement déclarée peut, sans autorisation spéciale, ester en justice, recevoir des dons manuels et gérer son patrimoine. Elle ne peut, en revanche, recevoir des libéralités entre vifs ou testamentaires que si elle a pour but exclusif l'assistance, la bienfaisance, la recherche scientifique ou médicale. Le Conseil constitutionnel a décidé que le principe de la liberté d'association ne faisait pas obstacle à l'instauration d'un contrôle sur l'emploi des ressources collectées auprès du public dans le cadre d'une campagne nationale (Cons. const., 2 août 1991). D'une manière générale, le fait, pour une association, de bénéficier de subventions ou de prendre en charge une mission d'intérêt général induit nécessairement une emprise des autorités administratives sur son fonctionnement (CE, Ass., 16 déc. 1988, *Association des pêcheurs au filet et engins Garonne, Isle et Dordogne maritimes, AJDA* 1989, p. 134 et 82, chron. Azibert et de Boisdeffre et Cons. const., 20 juill. 2000, loi relative à la chasse). Les associations reconnues d'utilité publique, qui constituent le troisième type d'associations que connaît la loi de 1901, peuvent recevoir des dons et legs. La reconnaissance de l'utilité publique ne peut intervenir avant le terme d'une période probatoire de fonctionnement d'une durée au moins égale à trois ans. Elle est prononcée, au vu d'un dossier constitué par l'association, par décret en Conseil d'État.

Dans son rapport public 2000, le Conseil d'État a consacré une étude substantielle aux associations. Il relève l'évolution profonde qu'a connue le monde associatif et souhaite, entre autres, un fonctionnement plus démocratique et transparent des associations, un meilleur contrôle de leur capacité d'ester en justice, une clarification de leurs rapports avec les collectivités publiques et une meilleure régulation de leurs activités économiques (*EDCE*, n° 51, 2000, p. 235).

CHAPITRE 2

Les régimes dérogatoires

557 [La loi du 9 octobre 1981 a mis fin au régime dérogatoire auquel étaient soumises les « associations étrangères ». En mettant à part les syndicats professionnels (dont l'étude relève du droit du travail et de celui de la fonction publique), les partis politiques (constitués sous forme d'associations ils sont soumis à un régime qui comporte quelques traits spécifiques, notamment, depuis peu de temps, quant à leur financement) et les congrégations religieuses (qui doivent faire l'objet d'une reconnaissance légale par décret rendu sur avis conforme du Conseil d'État) et en rappelant que les sectes tombant sous le coup de l'article 1er de la loi du 12 juin 2001 (*supra*, n° 531) et constituées sous la forme d'association peuvent être dissoutes par le tribunal de grande instance à la demande du ministère public selon la procédure à jour fixe, deux régimes dérogatoires seront évoqués.

558 [**Les groupes de combat et milices privées**

Prise à une époque où les ligues menaçaient la République, la loi du 10 janvier 1936 relative aux groupes de combat et milices privées est l'exemple même d'un texte qui survit aux circonstances qui l'ont inspiré. La loi autorise la dissolution, par décret rendu par le président de la République en conseil des ministres, des associations ou groupements de fait tombant dans son champ d'application. La dissolution administrative se substitue donc, pour ces associations, à la dissolution judiciaire, ce qui signifie évidemment une perte de garanties substantielle pour la liberté d'association. Le Conseil constitutionnel a cependant pris en compte la loi de 1936 en interdisant l'intervention préalable de l'autorité administrative « à l'exception des mesures susceptibles d'être prises à l'égard de catégories particulières d'associations ». Du moins les décrets de dissolution, en tant que mesures restrictives de la liberté d'association, doivent-il être motivés et précédés d'une procédure contradictoire, sauf urgence ou circonstances exceptionnelles, sous réserve des nécessités de l'ordre public et de la conduite des relations internationales, aux termes du décret du 28 novembre 1983 et, désormais, de l'article 24 de la loi du 12 avril 2000 relative aux droits des citoyens dans leurs relations avec l'administration (CE, 26 juin 1987, *Fédération d'action nationale et européenne (FANE), AJDA* 1987, p. 679, note Prétot). On relèvera que la possibilité de dissolution administrative en l'absence des causes de dispense de procédure contradictoire qu'on vient d'énumérer jette un doute sérieux sur le caractère nécessaire, dans une société démocratique, du recours à ce procédé : en quoi eût-il été impossible de recourir à la procédure de droit commun devant les tribunaux ? Les conditions d'application de la loi de 1936 devraient donc être rendues plus sévères.

559 [Les associations ou groupements de fait visés sont ceux qui provoqueraient des manifestations armées dans la rue, qui présenteraient par leur forme et leur organisation militaires le caractère de groupes de combat ou de milices privées, qui auraient pour but de porter atteinte à l'intégrité du territoire national ou à la forme républicaine du gouvernement, qui viseraient à rassembler d'anciens collaborateurs avec les nazis ou d'exalter la collaboration en question, qui auraient un caractère raciste ou un caractère terroriste. Ici encore, ce texte d'exception est trop compréhensif : comme la doctrine l'a souvent relevé, il permet la dissolution administrative d'associations qui seraient exemptes de tout élément de violence, en raison de leur seul but, dans le cas de l'atteinte à l'intégrité du territoire national (v. CE, 16 oct. 1992, *M. Battesti, AJDA* 1993, p. 156, note Théron à propos du mouvement corse pour l'autodétermination). Le Conseil d'État, qui doit « statuer d'urgence » (ce que le retard du ministre de l'Intérieur à produire ses observations ne lui permet pas toujours de faire...), exerce évidemment en la matière un contrôle entier. Il a notamment été amené à préciser ce qu'il fallait entendre par « milices privées », s'attachant à l'organisation hiérarchique des

groupements et à leur aptitude aux coups de main ou aux actions subversives (CE, 13 févr. 1985, *M. Debizet, AJDA* 1985, p. 278, concl. Genevois : rejet du recours dirigé contre le décret de dissolution du Service d'action civique). Le Conseil d'État, il faut le regretter, semble assez peu se soucier de vérifier si la mesure prise répondait bien à l'exigence de nécessité dans une société démocratique, conformément à l'article 11 de la Convention européenne des droits de l'homme : dans l'arrêt *Battesti,* il estime que la Convention, contrairement à ce que soutenait le requérant, « ne comporte aucune disposition à laquelle porterait atteinte le décret attaqué », ce qui, on en conviendra, est assez désinvolte.

560 [**Le régime des associations en Alsace-Moselle**

La loi du 1er juin 1924 rendant applicable aux trois départements recouvrés de l'Est (Bas-Rhin, Haut-Rhin et Moselle) le droit français en a expressément excepté la législation relative aux associations et a maintenu en vigueur les articles 21 à 79 du Code civil local et la loi d'Empire du 19 avril 1908. Le droit local distingue les associations non déclarées, au régime comparable à celui de leurs homologues de la loi de 1901, et les associations inscrites, dont la capacité juridique est très étendue, puisqu'elles peuvent recevoir des dons et legs et acquérir des immeubles sans aucune restriction. Ces dernières jouissent ainsi de plein droit de privilèges que la loi de 1901 n'accorde même pas de façon aussi étendue aux associations reconnues d'utilité publique.

La procédure d'inscription comporte une demande adressée au tribunal d'instance, qui vérifie la régularité des statuts et la licéité du but de l'association et, s'il admet la demande, la transmet au préfet qui dispose d'un droit d'opposition qu'il doit exercer dans un délai de six semaines. En l'absence d'une telle opposition, l'association est inscrite sur un registre tenu par le tribunal d'instance.

561 [L'intervention de la décision du Conseil constitutionnel du 16 juillet 1971 a fait lever un doute sérieux sur la conformité du régime local à la Constitution (Grosclaude, 1972, p. 811) : n'institue-t-il pas précisément un régime préventif que le Conseil venait de déclarer contraire aux exigences du principe fondamental de la liberté d'association ? Il paraissait logique de soutenir que l'entrée en vigueur de la Constitution de 1946, dont le Préambule fait référence aux principes fondamentaux reconnus par les lois de la République, avait implicitement abrogé le régime local des associations (sous réserve qu'il ne soit pas compris dans les « catégories particulières d'associations »

dérogeant au régime général, aux termes mêmes de la décision). Le Conseil d'État a explicitement répudié cette thèse : il a jugé que le maintien en vigueur de la législation locale sur les associations procède de la volonté du législateur et que la réaffirmation des principes fondamentaux par les Préambules des Constitutions de 1946 et 1958 n'avait pas eu pour effet d'abroger implicitement les dispositions pertinentes de la loi d'introduction (CE, Ass., 27 janv. 1988, *Association Les Cigognes, RFD adm.* 1988, p. 95, concl. Stirn). Cette décision apporte à un débat complexe (Flauss, 1990, p. 4) une réponse qui procède avant tout du désir de laisser les choses en l'état.

562 [L'autorité préfectorale peut faire opposition à l'inscription d'une association dans les cas énumérés à l'article 61 du Code civil local : « Lorsque l'association, d'après le droit public en matière d'association, est illicite ou se trouve dans les conditions prévues pour pouvoir être interdite ou lorsqu'elle poursuit un but politique, social-politique ou religieux. » Ces dispositions ont longtemps été interprétées comme conférant au préfet un pouvoir discrétionnaire (CE, 9 avr. 1943, *Fédération du parti social français du Haut-Rhin, Rec.*, p. 91). Sous l'impulsion de la décision du Conseil constitutionnel de 1971, le tribunal administratif de Strasbourg, puis le Conseil d'État ont décidé d'exercer en la matière un contrôle entier (CE, Sect., 25 juill. 1980, *Église évangélique baptiste de Colmar, AJDA* 1981, p. 207, concl. Galabert). Les rubriques de l'article 61 ont fait l'objet d'une définition restrictive, propre à cantonner les pouvoirs préfectoraux dans des limites acceptables.

Ainsi le droit de faire opposition à l'inscription d'une association visant un but politique, socio-politique ou religieux ne peut s'exercer « pour des motifs étrangers aux nécessités de l'ordre public » (même arrêt). Quant à l'illicéité de l'association « d'après le droit public en matière d'association », elle « doit être appréciée au regard des seules règles du droit public constituées par le droit pénal » (arrêt *Association Les Cigognes*). Dans cet arrêt, l'activité de l'association, en tant qu'elle visait à mettre en contact couple stérile et mère porteuse, comportait nécessairement un acte par lequel cette dernière s'engageait à abandonner un enfant à naître, ce qu'interdit le Code pénal. Le refus préfectoral était donc justifié. On relèvera que cette décision coïncide avec la position prise ultérieurement sur la question par les juridictions judiciaires. Seule la procédure différencie donc le régime local alsacien-mosellan de celui qui résulte de la loi de 1901. Il est probable que les exigences de l'article 11 de la Convention européenne des droits de l'homme ne sont pas méconnues de ce seul fait (v. Flauss, 1990, p. 6), d'autant que le juge exerce sur les appréciations portées par le préfet un contrôle qui tient pleinement compte du fait que, s'agissant d'un contrôle *a priori*, l'administration doit établir par des éléments « précis et concordants » l'existence d'une menace à l'ordre public (TA Strasbourg, 16 juin 1998, *Mme Sylvia Boeglin*, *Rec.* p. 747, à propos d'une « secte »).

Conclusion

563 [L'évolution des libertés publiques en France, depuis un quart de siècle, fait apparaître des progrès incontestables : émergence d'un contrôle de constitutionnalité, place grandissante des conventions internationales relatives aux droits de l'homme, desserrement des contraintes qui pesaient sur des domaines importants de la vie nationale, réalisation de réformes importantes traduisent une libéralisation marquée de notre société (et pas seulement par comparaison avec d'autres pays). Il serait imprudent de s'en contenter et de baisser la garde face aux menaces qui toujours, et de tous côtés, pèsent sur les libertés. L'assujettissement des pouvoirs à des limitations effectives, une meilleure définition des libertés restent, bien sûr, à l'ordre du jour. Pour s'en tenir à un seul exemple, la réalisation d'une révision constitutionnelle effaçant les éléments d'autoritarisme qui continuent de marquer la Ve République est urgente, ne serait-ce que pour mettre enfin la justice constitutionnelle à la disposition des citoyens et pour abroger l'article 16, inutile à la défense des institutions en cas de péril et redoutable pour les libertés. Sans doute la nécessité d'une telle révision apparaîtra-t-elle un jour.

« Ainsi Ulrich avait-il été habitué toute sa vie à ne pas espérer que la politique fît jamais ce qui devait se produire, mais seulement, dans les meilleurs cas, ce qui aurait dû se produire depuis longtemps. Ce qu'il voyait le plus souvent en elle, c'était l'image d'une criminelle négligence », écrit Robert Musil dans *L'homme sans qualités*. L'admission de l'interruption volontaire de grossesse, la suppression des tribunaux d'exception, l'abolition de la peine de mort, celle du monopole de la radiodiffusion, la réglementation des écoutes téléphoniques, entre autres, n'infirment pas ce scepticisme.

Bibliographie

§ 1. Recueil de décisions et de textes

GACS : Zoller (Elisabeth), *Grands arrêts de la Cour suprême des États-Unis,* coll. « Droit fondamental », PUF, 2000.

GAJA : Long (Marceau), Weil (Prosper), Braibant (Guy), Delvolvé (Pierre) et Genevois (Bruno), *Les grands arrêts de la jurisprudence administrative,* 13e éd., Dalloz, 2001.

GDCC : Favoreu (Louis) et Philip (Loïc), *Les grandes décisions du Conseil constitutionnel,* 11e éd., Dalloz, 2001.

Robert (Jacques) et Oberdorff (Henri), *Libertés fondamentales et droits de l'homme,* 4e éd., Montchrestien, 1999.

§ 2. Manuels

Burdeau (Georges), *Les libertés publiques,* 4e éd., LGDJ, 1972.

Cabrillac (Rémy), Frison-Roche (Marie-Anne) et Revet (Thierry) (dir.), *Droits et libertés fondamentaux,* 8e éd., Dalloz, 2002.

Colliard (Claude-Albert), *Libertés publiques,* 7e éd., Précis Dalloz, 1989.

Costa (Jean-Paul), *Les libertés publiques en France et dans le monde,* STH, 1986.

Favoreu (Louis) *et a., Droit des libertés fondamentales,* 2e éd., Précis Dalloz, 2002.

Israël (Jean-Jacques), *Droit des libertés fondamentales,* LGDJ, 1998.

Lebreton (Gilles), *Libertés publiques et droits de l'homme,* 5e éd., coll. « U », Armand Colin, 2001.

LECLERCQ (Claude), *Libertés publiques,* 4e éd., Litec, 2000.
MADIOT (Yves), *Droits de l'homme,* 2e éd., Masson, 1991.
MORANGE (Jean), *Droits de l'homme et libertés publiques,* 5e éd., coll. « Droit fondamental », PUF, 2000.
RICHER (Laurent), *Les droits de l'homme et du citoyen,* Économica, 1982.
RIVERO (Jean), *Les libertés publiques,* 8e éd., 2 t., coll. « Thémis », PUF, 1997 et 6e éd., 1997.
ROBERT (Jacques) et DUFFAR (Jean), *Droits de l'homme et libertés fondamentales,* 7e éd., Montchrestien, Précis Domat, 1999.
ROCHE (Jean) et POUILLE (André), *Libertés publiques,* 14e éd., Mémentos Dalloz, 2001.

§ 3. Ouvrages généraux

ERRERA (Roger), *Les libertés à l'abandon,* coll. « Points », Le Seuil, 1975.
HEYMANN-DOAT (Arlette), *Libertés publiques et droits de l'hommes,* coll. « Systèmes », 7e éd., LGDJ, 2002.
LOCHAK (Danielle), *Les droits de l'homme,* Repères, La Découverte, 2002.
MADIOT (Yves), *Considérations sur les droits et les devoirs de l'homme,* Bruylant, 1998.
MOURGEON (Jacques), *Les droits de l'homme,* 6e éd., coll. « Que sais-je? », n° 1728, PUF, 1996.
ROLLAND (Patrice), *La protection des libertés en France,* coll. « Connaissance du droit », Dalloz, 1995.
STIRN (Bernard), *Les libertés en question,* 3e éd., Montchrestien, Clefs, 2000.
« Les droits fondamentaux. Une nouvelle catégorie juridique? », n° spécial de l'*AJDA*, juillet-août 1998.
« Les libertés publiques », *Cahiers français,* n° 296, La Documentation française, 2000.
« Les libertés », Rapport de la Cour de cassation 2001, La Documentation française, 2002.

§ 4. Bibliographie par chapitre

Introduction (§ 1 à 10)

BARTHES (Roland), *Leçon,* Le Seuil, 1978.
BEAUD (Olivier), *La puissance de l'État,* coll. « Léviathan », PUF, 1994.
CHAMPEIL-DESPLATS (Véronique), « La notion de droit "fondamental" et le droit constitutionnel français », *D.* 1995, chron. p. 323.

CLASTRES (Pierre), *La société contre l'État,* coll. « Critique », Minuit, 1974.
JOUANJAN (Olivier), « La théorie allemande des droits fondamentaux », *AJDA,* n° spécial, *Les droits fondamentaux,* 1998, p. 44.
JOUANJAN (Olivier) (dir.), *Figures de l'État de droit. Le Rechtsstaat dans l'histoire intellectuelle et constitutionnelle de l'Allemagne,* Presses universitaires de Strasbourg, 2001.
LEGENDRE (Pierre), *Histoire de l'administration de 1750 à nos jours,* coll. « Thémis », PUF, 1968.
PICARD (Étienne), « L'émergence des droits fondamentaux en France », *AJDA,* n° spécial, *Les droits fondamentaux,* 1998, p. 6.
RIALS (Stéphane), *La Déclaration des droits de l'homme et du citoyen,* coll. « Pluriel », Hachette, 1988.
WACHSMANN (Patrick), « La prééminence du droit dans la jurisprudence de la Cour européenne des droits de l'homme », *Recueil d'études à la mémoire de Jacques Schwob,* Bruylant, 1997, p. 241.
WACHSMANN (Patrick), « Les méthodes d'interprétation des conventions internationales relatives à la protection des droits de l'homme », *La protection des droits de l'homme et l'évolution du droit international,* Société française pour le droit international, Pédone, 1998, p. 157.

PREMIÈRE PARTIE

PRINCIPES GÉNÉRAUX DES LIBERTÉS PUBLIQUES

Introduction (§ 11)

ROUSSEAU (Jean-Jacques), *Du Contrat social,* 1762, éd. B. de Jouvenel, coll. « Pluriel », Hachette, 1978.

Titre 1. L'opposition de l'État libéral et de l'État autoritaire

Chap. 1er. Le libéralisme classique (§ 12 à 30)

ALAIN, *Éléments d'une doctrine radicale,* Gallimard, 1933.
BOSSUET (Jacques Bénigne), *Politique tirée des propres paroles de l'Écriture sainte,* 1709, Droz, 1967.
BURKE (Edmund), *Réflexions sur la Révolution de France,* 1790, Slatkine, 1980.
CARRÉ DE MALBERG (Raymond), *Contribution à la théorie générale de l'État,* 1920, CNRS, 1962.

Constant (Benjamin), *Principes de politique,* 1815, in *Œuvres,* Gallimard, Bibl. de la Pléiade, 1957.
Constant (Benjamin), *De la liberté des Anciens comparée à celle des Modernes,* 1819, in *De l'esprit de conquête et de l'usurpation,* Garnier-Flammarion, 1986.
Dumont (Louis), *Essais sur l'individualisme,* coll. « Esprit », Le Seuil, 1983.
Foucault (Michel), *Les mots et les choses. Une archéologie des sciences humaines,* Gallimard, Bibl. des sciences humaines, 1966.
Jaume (Lucien), *L'individu effacé ou le paradoxe du libéralisme français,* Fayard, 1997.
Jaume (Lucien), *La liberté et la loi. Les origines philosophiques du libéralisme,* Fayard, 2000.
Lévy (Bernard-Henri), *La barbarie à visage humain,* Grasset, 1977.
Montesquieu (Charles-Louis de), *De l'Esprit des Lois,* 1748, in *Œuvres complètes,* t. 2, Gallimard, Bibl. de la Pléiade, 1951.
Ouaknin (Marc-Alain), *Le Livre brûlé. Philosophie du Talmud,* Lieu commun, Points Sagesses, 1993.
Wachsmann (Patrick), « Naturalisme et volontarisme dans la Déclaration des droits de l'homme de 1789 », *Droits,* n° 2, 1985, 13.

Chap. 2. La contestation du libéralisme classique et le retour de l'État autoritaire (§ 31 à 53)

Antelme (Robert), *L'espèce humaine,* rééd. coll. « Tel », Gallimard, 1957.
Badinter (Robert), *Un antisémitisme ordinaire. Vichy et les avocats juifs (1940-1944),* Fayard, 1997 ; Le Livre de poche, 1999.
Borgese (G. A.), *Goliath. La marche du fascisme,* 1937, trad. Etiemble, Desjonquières, 1986.
Burke (Edmund), *Réflexions sur la Révolution de France,* 1790, Slatkine, 1980.
Chateaubriand (François-René de), *Essai sur les Révolutions,* 1797, Gallimard, Bibl. de la Pléiade, 1978.
Colas (Dominique), *Le léninisme,* « Questions », PUF, 1982 (rééd. Quadrige, 1998).
Colas (Dominique), *Lénine et le léninisme,* coll. « Que sais-je ? », PUF, n° 2391, 1987.
Constant (Benjamin), *De l'esprit de conquête et de l'usurpation,* 1814, in *Œuvres,* Gallimard, Bibl. de la Pléiade, 1957.
Dispot (Laurent), *La machine à terreur,* Grasset, 1978.

Dumont (Louis), *Homo aequalis. Genèse et épanouissement de l'idéologie économique,* Gallimard, Bibl. des sciences humaines, 1977.
Dumont (Louis), *Essais sur l'individualisme,* coll. « Esprit », Le Seuil, 1983.
Freud (Sigmund), *Nouvelles conférences sur la psychanalyse,* 1932, trad. Berman, coll. « Idées », Gallimard, 1971.
Furet (François), *Le passé d'une illusion,* Robert Laffont et Calmann-Lévy, 1995.
Glucksmann (André), *La cuisinière et le mangeur d'hommes. Essai sur l'État, le marxisme, les camps de concentration,* coll. « Points-Politique », Le Seuil, 1975.
Hilberg (Raul), *La destruction des Juifs d'Europe,* Fayard, 1988.
Leclaire (Serge), « Discours de l'inconscient et discours du pouvoir », *Psychanalyse et politique,* Le Seuil, 1974, 15.
Lefort (Claude), « Droits de l'homme et politique », *Libre,* n° 7, Petite bibl. Payot, 1980, 3.
Lefort (Claude), « La Terreur révolutionnaire », *Passé Présent,* n° 2, 1983, 11.
Levi (Primo), *Si c'est un homme,* 1958, Julliard, Presses Pocket, 1987.
Macciocchi (Maria-Antonietta) (dir.), *Éléments pour une analyse du fascisme,* 2 t., 10-18, 1976.
Maistre (Joseph de), *Considérations sur la France,* 1797, Complexes, 1988.
Marx (Karl), *À propos de la question juive,* 1844, in *Œuvres,* t. 3, *Philosophie,* trad. Rubel, Gallimard, Bibl. de la Pléiade, 1982.
Miller (Gérard), *Les pousse-au-jouir du maréchal Pétain,* Le Seuil, 1975.
Paxton (Robert), *La France de Vichy,* Le Seuil, 1973.
Pisier-Kouchner (Évelyne) (dir.), *Les interprétations du stalinisme,* « Recherches politiques », PUF,1983.
Zinoviev (Alexandre), *Les hauteurs béantes,* 1976, trad. Berelowitch, Robert Laffont, « Bouquins », 1990.
Annales, 1993, n° 3, *Présence du passé, lenteur de l'histoire-Vichy, l'Occupation, les Juifs.*

Chap. 3. Le libéralisme contemporain et ses contradictions (§ 54 à 93)

Agamben (Giorgio), *Moyens sans fins, Notes sur la politique,* trad. Valin, Bibliothèque Rivages, 1995.

BADIOU (Alain), *L'éthique. Essai sur la conscience du Mal,* Hatier, « Optiques, philosophie », 1993.

BARTHES (Roland), *Roland Barthes,* « Écrivains de toujours », Le Seuil, 1975.

BENDA (Julien), *La trahison des clercs,* 1927, Grasset, 1979.

CHATEAUBRIAND (François-René de), *Essai sur les Révolutions,* 1797, Gallimard, Bibl. de la Pléiade, 1978.

CONSTANT (Benjamin), *Principes de politique,* 1815, in *Œuvres,* Gallimard, Bibl. de la Pléiade, 1957.

DEBORD (Guy), *La société du spectacle,* 1967, Gallimard, 1992.

DEBORD (Guy), *Commentaires sur la société du spectacle,* 1988, Gallimard, 1992.

DESCOMBES (Vincent), « Pour elle un Français doit mourir », *Critique,* n° 366, 1977, 998.

FERRY (Luc) et RENAUT (Alain), « Droits-libertés et droits-créances », *Droits,* n° 2, 1985, 75.

FOUCAULT (Michel), *Histoire de la sexualité 1. La volonté de savoir,* Gallimard, Bibl. des histoires, 1976.

FREUD (Sigmund), *Malaise dans la civilisation,* 1929, trad. Odier, PUF, 1971.

GIDE (André), *Œdipe,* Gallimard, 1931.

HAYEK (Friedrich), *La route de la servitude,* 1943, trad. Blumberg, « Quadrige », PUF, 1993.

JAMBET (Christian) et LARDREAU (Guy), *Le Monde,* Grasset, 1978.

JOUVENEL (Bertrand de), *Du pouvoir,* 1945, coll. « Pluriel », Hachette, 1972.

JOUVENEL (Bertrand de), *De la souveraineté,* M.-Th. Génin, Librairie de Médicis, 1955.

LACAN (Jacques), *Le Séminaire,* Livre II, « Le Moi dans la théorie de Freud et dans la technique de la psychanalyse », Le Seuil, 1978.

LEFORT (Claude), *Essais sur le politique,* coll. « Esprit », Le Seuil, 1986.

LÉVY (Bernard-Henri), *Le Testament de Dieu,* Grasset 1979.

MILLER (Gérard), *Les pousse-au-jouir du maréchal Pétain,* Le Seuil, 1975.

OUAKNIN (Marc-Alain), *Les dix commandements,* Le Seuil, 1999.

SCHILLER (Friedrich), *Don Carlos,* 1804, trad. Pitrou, Montaigne Aubier, 1934.

SOLLERS (Philippe), « On n'a encore rien vu », entretien avec Chowki Abdelamir, *Tel Quel,* n° 85, automne 1980, 9.

Tocqueville (Alexis de), *De la démocratie en Amérique,* I, 1835, in *Œuvres,* t. 2, Gallimard, Bibl. de la Pléiade, 1992.
Psychanalystes, Revue du Collège de Psychanalystes, n° 9, 1983, « Le mythe de l'Un dans le fantasme et dans la réalité politique ».

Titre 2. Les techniques de protection juridique des libertés

Chap. 1er. La hiérarchie des normes (§ 94 à 150)

Ackermann (Bruce), *La démocratie dualiste,* Troper et Jaume (dir.), *1789 et l'invention de la Constitution,* Bruylant et LGDJ, 1994, 191.
Bastid (Paul), *Sieyès et sa pensée,* Hachette, 1939.
Beaud (Olivier), « Malaise dans la Constitution », *Libération,* 2 décembre 1993.
Blanquer (Jean-Michel), « Bloc de constitutionnalité ou ordre constitutionnel ? », *Mélanges Jacques Robert,* Montchrestien, 1998, p. 227.
Chapus (René), « De la valeur juridique des principes généraux du droit et des autres règles jurisprudentielles du droit administratif », *D.* 1966, chr. 99.
Chardeau (Jacques), « L'application des articles 34 et 37 par le Conseil d'État », *Le domaine de la loi et du règlement,* Économica et PUAM, 1981, 147.
Chevallier (Jacques), *L'État de droit,* 3e éd., Montchrestien, Clefs, politique, 1999.
Clapié (Michel), *De la consécration des principes politiques, économiques et sociaux particulièrement nécessaires à notre temps,* thèse Montpellier, dactyl., 1992.
Cohen (Alain-Gérard), « La jurisprudence du Conseil constitutionnel relative au domaine de la loi d'après l'article 34 de la Constitution », *RD publ.* 1963, 745.
Cohen-Jonathan (Gérard), *La Convention européenne des droits de l'homme,* Économica et PUAM, 1989.
Eisenmann (Charles), *La justice constitutionnelle et la Haute Cour constitutionnelle d'Autriche,* Pichon, 1928, rééd. Économica et PUAM, 1986.
Favoreu (Louis), « Le principe de constitutionnalité », *Mélanges Eisenmann,* Cujas, 1975, 33.
Favoreu (Louis), « Les règlements autonomes existent-ils ? », *Mélanges Burdeau,* LGDJ, 1977, 405.

Favoreu (Louis), « Les cent premières annulations prononcées par le Conseil constitutionnel », *RD publ.* 1987, 443.

Favoreu (Louis), « Principes généraux du droit et principes fondamentaux reconnus par les lois de la République », *RFD adm.* 1996, p. 882.

Foucault (Michel), *Résumé des cours, 1970-1982,* Conférences, essais et leçons du Collège de France, Julliard, 1989.

Genevois (Bruno), *La jurisprudence du Conseil constitutionnel. Principes directeurs,* STH, 1988.

Genevois (Bruno), « Une catégorie de principes de valeur constitutionnelle : les principes fondamentaux reconnus par les lois de la République », *RFD adm.* 1998, p. 477.

Goesel-Le Bihan (Valérie), « Réflexions iconoclastes sur le contrôle de proportionnalité exercé par le Conseil constitutionnel », *RFD const.* 1997, p. 227.

Jacqué (Jean-Paul), 1. « Cours général de droit communautaire », *Collected Courses of the Academy of European Law,* vol. I, t. 1, 1991, 237.

Jacqué (Jean-Paul), 2. « Communauté européenne et Convention européenne des droits de l'homme », *Mélanges Boulouis,* Dalloz, 1991, 325.

Jacqué (Jean-Paul), « La protection juridictionnelle des droits fondamentaux dans l'Union européenne », *AJDA* 2002, p. 476.

Jouanjan (Olivier), « Révision de la Constitution et justice constitutionnelle : rapport sur l'Allemagne », *AIJC* 1994, 229.

Jouanjan (Olivier), « La forme républicaine du gouvernement, norme supra-constitutionnelle ? », Mathieu et Verpeaux (dir.), *La République en droit français,* Économica, 1996, p. 267.

Jouvenel (Bertrand de), *De la souveraineté,* M.-Th. Génin, Libr. de Médicis, 1955.

Kelsen (Hans), *Théorie pure du droit,* 2e éd., trad. Eisenmann, Dalloz, 1962.

La Boétie (Etienne de), *Le Discours de la servitude volontaire,* 1549 (?), Payot, Critique de la politique, 1976.

Legendre (Pierre), *Histoire de l'administration de 1750 à nos jours,* coll. « Thémis », PUF, 1968.

Legendre (Pierre), *L'amour du censeur, essai sur l'ordre dogmatique,* coll. « Le champ freudien », Le Seuil, 1974.

Loschak (Danièle), « Le principe de légalité. Mythes et mystifications », *AJDA* 1981, 387.

MESCHERIAKOFF (Alain-Serge), « La notion de principes généraux du droit dans la jurisprudence récente », *AJDA* 1976, 596.
MODERNE (Franck), « La déclaration de conformité sous réserve », Favoreu (éd.), *Le Conseil constitutionnel et les partis politiques,* Économica et PUAM, 1988, 93.
MODERNE (Franck), « Actualité des principes généraux du droit », *RFD adm.* 1998, p. 495.
MODERNE (Franck), « Légitimité des principes généraux et théorie du droit », *RFD adm.* 1999, p. 722.
MOLFESSIS (Nicolas), « La réécriture de la loi relative au PACS par le Conseil constitutionnel », *JCP* 2000, I, 210.
MORANGE (Jean), « La crise de la notion de liberté publique », *Mélanges en hommage à Roland Drago,* Économica, 1996, p. 91.
RIALS (Stéphane), « Les incertitudes de la notion de Constitution sous la Ve République », *RD publ.* 1984, 587.
RIALS (Stéphane), *La Déclaration des droits de l'homme et du citoyen,* coll. « Pluriel », Hachette, 1988.
RIVERO (Jean), « Les "principes fondamentaux reconnus par les lois de la République" : une nouvelle catégorie constitutionnelle ? », *D.* 1972, chr. 265.
SIMON (Denys), « Y a-t-il des principes généraux du droit communautaire ? », *Droits,* n° 14, 1991, 73.
SUDRE (Frédéric), *Droit international et européen des droits de l'homme,* coll. « Droit fondamental », 5e éd., PUF, 2001.
TERNEYRE (Philippe), « Les adaptations aux circonstances du principe de constitutionnalité », *Droit constitutionnel et droits de l'homme,* Économica et PUAM, 1987, 187.
TERNEYRE (Philippe), « Le Conseil d'État et la valeur juridique des droits sociaux proclamés dans le Préambule de la Constitution du 27 octobre 1946 », *RFD const.* 1991, 317.
TURPIN (Dominique), « Le traitement des antinomies des droits de l'homme par le Conseil constitutionnel », *Droits,* n° 2, 1985, 85.
VEDEL (Georges), « La place de la Déclaration de 1789 dans le "bloc de constitutionnalité" », *La Déclaration des droits de l'homme et du citoyen et la jurisprudence,* « Recherches politiques », PUF, 1989, 35.
WACHSMANN (Patrick), *Les droits de l'homme,* coll. « Connaissance du droit », 4e éd., Dalloz, 2002.

Chap. 2. Les procédures de garantie des libertés publiques (§ 151 à 291)

AMSELEK (Paul), « Les vicissitudes de la compétence juridictionnelle en matière d'atteintes administratives à la liberté individuelle », *RD publ.* 1965, 801.

AUTIN (Jean-Louis), « Du juge administratif aux autorités administratives indépendantes : un autre mode de régulation », *RD publ.* 1988, 1213.

AUTIN (Jean-Louis), « Le contrôle des autorités administratives indépendantes par le Conseil d'État est-il pertinent ? », *RD publ.* 1991, 1533.

BÉCHILLON (Denys de), « De quelques incidences du contrôle de la conventionnalité internationale des lois par le juge ordinaire », *RFD adm.* 1998, p. 225.

BENOIT-ROHMER (Florence) et WACHSMANN (Patrick), « La résistance à l'oppression dans la Déclaration », *Droits,* n° 8, 1988, 91.

BOSSUET (Jacques-Bénigne), *Politique tirée des propres paroles de l'Écriture sainte,* 1709, rééd. Droz, 1967.

BURLAMAQUI (Jean-Jacques), *Principes du droit politique,* 1751, rééd. Centre de philosophie politique et juridique de l'Université de Caen, 1984.

CAMBY (Jean-Pierre), « Une loi promulguée, frappée d'inconstitutionnalité ? », *RD publ.* 1999, p. 653.

CAYLA (Olivier), « Le coup d'État de droit ? », *Le Débat,* n° 100, 1998, p. 108.

CHATEAUBRIAND (François-René de), *De la liberté de la presse,* 1828, in *Œuvres complètes,* t. XII, 1856.

CHEVALLIER (Jacques), « Le nouveau statut de la liberté de communication », *AJDA* 1987, 59.

CHEVALLIER (Jacques), De la CNCL au Conseil supérieur de l'audiovisuel, *AJDA* 1989, 59.

COLLIARD (Claude-Albert) et TIMSIT (Gérard) (dir.), *Les autorités administratives indépendantes,* « Les voies du droit », PUF, 1988.

CONSTANT (Benjamin), *Principes de politique,* 1815, in *Œuvres,* Gallimard, Bibl. de la Pléiade, 1957.

COSTA (Jean-Paul), « Le médiateur peut-il être autre chose qu'une autorité administrative ? », *AJDA* 1987, p. 341.

DHOMMEAUX (Jean), « Le Comité des droits de l'homme : 10 ans de jurisprudence », *AFDI* 1987, 447.

Dupeyroux (Olivier), « L'indépendance du Conseil d'État statuant au contentieux », *RD publ.* 1983, 565.

Favoreu (Louis), « La Cour de cassation, le Conseil constitutionnel et l'article 66 de la Constitution », *D.* 1986, chron. 169.

Favoreu (Louis), *Les cours constitutionnelles,* 2e éd., coll. « Que sais-je ? », n° 2293, PUF, 1992.

Ferstenbert (Jacques), « Le contrôle, par le Conseil constitutionnel, de la régularité constitutionnelle des lois promulguées », *RD publ.* 1991, 339.

Fines (Francette), « "L'autorité judiciaire, gardienne de la liberté individuelle" dans la jurisprudence constitutionnelle », *RFD adm.* 1994, 594.

Garton Ash (Timothy), « In the Serbian Soup », *The New York Review of Books*, vol. XLIV, n° 7, 24 avril 1997, p. 25.

Gaudemet (Yves), « Toujours à propos du médiateur », *AJDA* 1987, p. 520.

Gazier (François) et Cannac (Yves), « Études sur les autorités administratives indépendantes », *EDCE,* n° 35, 1983-1984, 13.

Genevois (Bruno), « L'entrée des étrangers en France : le rappel des exigences constitutionnelles », *RFD adm.* 1992, 185.

Gourdou (Jean), « Les nouveaux pouvoirs du juge administratif en matière d'injonction et d'astreinte. Premières applications de la loi du 8 février 1995 », *RFD adm.* 1996, p. 333.

Guinchard (Serge), Bandrac (Monique), Lagarde (Xavier) et Douchy (Mélina), *Droit processuel. Droit commun du procès,* Précis, Dalloz, 2001.

Grewe (Constance) et Ruiz Fabri (Hélène), *Droits constitutionnels européens,* coll. « Droit fondamental », PUF, 1995.

Jaume (Lucien), *Les déclarations des droits de l'homme,* GF, Flammarion, 1989.

Koering-Joulin (Renée), « Infraction politique et violence », *JCP* 1982.I.3066.

Koering-Joulin (Renée), « La notion européenne de "tribunal indépendant et impartial" au sens de l'article 6, § 1 de la CEDH », *Rev. sc. crim.,* 1990, 765.

Laveissière (Jean), « Le droit à l'information à l'épreuve du contentieux. À propos de l'accès aux documents administratifs », *D.* 1987, chron. 275.

Lindon (Raymond), « L'ombudsman à la mode française : le médiateur », *JCP* 1974.I.2634.

Locke (John), *Traité du gouvernement civil,* 1690, trad. Mazel, GF, Flammarion, 1984.

Ludwig (Emil), *Le meurtre de Davos,* Gallimard, 1936.

Moderne (Franck), « Étrangère au pouvoir du juge, l'injonction, pourquoi le serait-elle ? », *RFD adm.* 1990, 798.

Moderne (Franck), « Sur le nouveau pouvoir d'injonction du juge administratif », *RFD adm.* 1996, p. 43.

Picard (Étienne), « Les contrôles d'identité au regard des droits fondamentaux : des régimes inutilement hétéroclites », *RFD adm.* 1994, 959.

Popper (Karl), *La société ouverte et ses ennemis,* trad. Bernard et Monod, Le Seuil, 1979.

Raschauer (Bernhard), « Ein Ombudsman für Frankreich », *ZaöRV,* 1973, 503.

Rivero (Jean), « Le Huron au Palais-Royal. Réflexions naïves sur le recours pour excès de pouvoir », *D.* 1962, chron. 37.

Rousseau (Jean-Jacques), *Du contrat social,* 1762, éd. B. de Jouvenel, coll. « Pluriel », Hachette, 1978.

Sabourin (Paul), « Les autorités administratives indépendantes », *AJDA* 1983, 275.

Sudre (Frédéric), *Droit international et européen des droits de l'homme,* 5e éd., coll. « Droit fondamental », PUF, 2001.

Thoreau (Henry David), *La désobéissance civile,* 1848, trad. Flak, Climats, 1992.

Troper (Michel), « Justice constitutionnelle et démocratie », *RFD const.* 1990, 31.

Turpin (Dominique), « L'autorité judiciaire gardienne de la liberté individuelle », *AJDA* 1983, 653.

Wachsmann (Patrick), « Les limitations à l'exercice des droits et l'étendue du contrôle juridictionnel », « Le juge administratif français et la Convention européenne des droits de l'homme », colloque de Montpellier, *RUDH* 1991, 289.

Wachsmann (Patrick), « L'article 55 de la Constitution de 1958 et les conventions internationales relatives aux droits de l'homme », *RD publ.* 1998, p. 1671.

WACHSMANN (Patrick) (dir.), *Le nouveau juge administratif des référés,* Annales de la Faculté de droit de Strasbourg, nouvelle série, n° 5, Presses universitaires de Strasbourg, 2002.
WIEDERKEHR (Georges), « Les statuts européens », colloque La justice et l'État, *Rev. pol. et parl.* 1991, 21.
« Les autorités administratives indépendantes », *EDCE,* n° 52, 2001, p. 253.

Chap. 3. Le principe de l'égalité des droits (§ 292 à 324)

BEAUD (Olivier), « L'affirmative action aux États-Unis : une discrimination à rebours ? », *RID comp.* 1984, 503.
BENOÎT-ROHMER (Florence), « Les langues officieuses de la France », *RFD const.* 2001, p. 3.
CALVÈS (Gwénaële), *L'*affirmative action *dans la jurisprudence de la Cour suprême des États-Unis,* LGDJ, 1998.
DWORKIN (Ronald), « Affirming Affirmative Action », *The New York Review of Books,* vol. XLV, n° 16, 22 oct. 1998, p. 91 et « Is Affirmative Action Doomed ? », *id.,* n° 17, 5 nov. 1998, p. 56.
FLAUSS (Jean-François), « Le principe d'égalité et l'existence de droits particuliers », *in* Institut de droit local alsacien-mosellan, *État, régions et droits locaux,* Économica, 1997, p. 89.
FREUD (Sigmund), « L'inquiétante étrangeté *(Das Unheimliche)* », 1919, trad. M. Bonaparte, in *Essais de psychanalyse appliquée,* Gallimard, « Idées », 1976.
GENEVOIS (Bruno), « Le Conseil consitutionnel et les étrangers », *Mélanges Jacques Robert,* Montchrestien, 1998, p. 253.
JOUANJAN (Olivier), *Le principe d'égalité devant la loi en droit allemand,* Économica, 1992.
JOUANJAN (Olivier), « La prohibition des discriminations raciales en droit français », *RED publ.* 1999, p. 673.
LACAN (Jacques), « L'agressivité en psychanalyse », 1948, in *Écrits,* Le Seuil, 1966, 101.
LACAN (Jacques), « Le stade du miroir comme formateur de la fonction du Je telle qu'elle nous est révélée dans l'expérience psychanalytique », 1949, in *Écrits,* Le Seuil, 1966, 93.
LACAN (Jacques), *Télévision,* Le Seuil, 1973.
LEBEN (Charles), « Le Conseil constitutionnel et le principe d'égalité devant la loi », *RD publ.* 1982, 295.
LOCHAK (Danièle), *Étrangers : de quel droit ?,* PUF, « Politique d'aujourd'hui », 1985.

MOURGEON (Jacques), « Barbares et métèques », *AJDA* 1978, 243.
MOUTOUH (Hughes), « Le bon grain et l'ivraie. Brève histoire de la préférence nationale en droit français », *D.* 1999, chron. p. 419.
SIBONY (Daniel), « Remarques sur l'affect "ratial" », Macciocchi (éd.), *Éléments pour une analyse du fascisme,* t. 2, UGE, 10-18, 1976, 141. Repris in *La haine du désir,* Bourgois, 1978.
VEDEL (Georges), « Préface à Delvolvé (Pierre) », *Le principe d'égalité devant les charges publiques,* LGDJ, Bibl. de droit public, 1969.
VROOM (Cynthia), « Principe d'égalité et « affirmative action » aux États-Unis », *RFD const.* 1995, p. 805.
WEIL (Patrick), *La France et ses étrangers,* Gallimard, Folio actuel, 1991.
WEIL (Patrick), *Rapport de la Mission d'étude des législations de la nationalité et de l'immigration,* La Documentation française, 1997.
« Sur le principe d'égalité », Considérations générales du Rapport public du Conseil d'État, 1996, *EDCE,* n° 48, p. 13.

Conclusion (§ 325 à 328)

COIGNARD (Sophie) et LACAN (Jean-François), *La République bananière,* Belfond, 1989.
LEISNER (Walter), « L'État de droit : une contradiction ? », *Mélanges Eisenmann,* Cujas, 1975, 65.
PLENEL (Edwy), *La part d'ombre,* 1992, Gallimard, Folio actuel, 1994.

DEUXIÈME PARTIE

ÉTUDE DU RÉGIME JURIDIQUE DES LIBERTÉS

Introduction (§ 329 à 331)

DEFFAINS (Nathalie), *Le régime répressif des libertés publiques,* thèse Strasbourg, dactyl., 1993.
MODERNE (Franck), « Le pouvoir de sanction administrative au confluent du droit interne et des droits européens », *RFD adm.* 1997, p. 1.

Titre 1. L'admission sur le territoire français

Chap. 1er. L'admission des Français (§ 332 à 337)

LOCHAK (Danièle), « Commentaire de l'article 3 du 4e protocole à la CEDH », Pettiti, Decaux et Imbert (dir.), *La Convention européenne des droits de l'homme, commentaire article par article,* Économica, 1995, 1053.

Chap. 2. L'admission des étrangers (§ 338 à 371)

ALLAND (Denis) et TEITGEN-COLLY (Catherine), *Traité du droit de l'asile,* coll. « Droit fondamental », PUF, 2002.

BENOIT-ROHMER (Florence), « Reconduite à la frontière : développements récents », *RD publ.* 1994, 429.

DODET-CAUPHY (Isabelle), « La difficile reconnaissance du droit d'asile constitutionnel », *RFD adm.* 1999, p. 469.

GENEVOIS (Bruno), « Le Conseil d'État et le droit de l'extradition », *EDCE,* n° 33, 1982-1983, 31.

GENEVOIS (Bruno), « Le Conseil consitutionnel et les étrangers », *Mélanges Jacques Robert,* Montchrestien, 1998, p. 253.

HUET (André) et KOERING-JOULIN (Renée), *Droit pénal international,* 2e éd., « Thémis », PUF, 2001.

KOERING-JOULIN (Renée), « De quelques aspects judiciaires de l' "Affaire" des autonomistes basques espagnols », *RFD adm.* 1985, 165.

LABAYLE (Henri), « Le juge administratif et le contrôle contentieux de l'extradition : vers une nouvelle répartition des tâches ? », *RFD adm.* 1985, 183.

LABAYLE (Henri), 1. « Le droit d'asile en France : normalisation ou neutralisation? » *RFD adm.* 1997, p. 242.

LABAYLE (Henri), 2. « L'éloignement des étrangers devant la Cour européenne des droits de l'homme », *RFD adm.* 1997, p. 977.

TEITGEN-COLLY (Catherine), *Textes du droit des étrangers,* coll. « Que sais-je ? », PUF, n° 3525, 1999.

TIBERGHIEN (Frédéric), « Statut des réfugiés et persécution par des agents non publics », *RFD adm.* 1998, p. 244.

Titre 2. Le droit au respect de la personne humaine

Introduction (§ 372 et 373)

AGAMBEN (Giorgio), *Ce qui reste d'Auschwitz,* trad. P. Alferi, Bibl. Rivages, 1999.

CAYLA (Olivier), « Le coup d'État de droit? », *Le Débat,* n° 100, 1998, p. 108.

EDELMAN (Bernard), « La dignité de la personne humaine, un concept nouveau », *D.* 1997, chron., p. 185.

LACAN (Jacques), « Fonction et champ de la parole et du langage en psychanalyse », 1953, in *Écrits,* Le Seuil, 1966, 237.

LEGENDRE (Pierre), *Leçons IV, suite 2 : Filiation, Fondement généalogique de la psychanalyse* par Alexandra Papageorgiou-Legendre, Fayard, 1990.
LEVI (Primo), *Si c'est un homme,* 1958, Julliard, Presses Pocket, 1987.
MATHIEU (Bertrand), « La dignité de la personne humaine : quel droit ? quel titulaire ? », *D.* 1996, chron. p. 282.
MAURER (Brigitte), *Le principe de respect de la dignité humaine et la Convention européenne des droits de l'homme,* La Documentation française, 1999.
PAVIA (Marie-Luce), et REVET (Thierry) (dir.), *La dignité de la personne humaine,* Économica, 1999.
SAINT-JAMES (Virginie), « Réflexions sur la dignité de l'être humain en tant que concept juridique du droit français », *D.* 1997, chron., p. 61.

Chap. 1er. L'interdiction des atteintes au respect de la personne humaine (§ 374 à 392)

BADINTER (Robert), *L'abolition,* Fayard, 2000.
BAUD (Jean-Pierre), *L'affaire de la main volée. Une histoire juridique du corps,* Le Seuil, « Des travaux », 1993.
CASSESE (Antonio) et DELMAS-MARTY (Mireille) (dir.), *Crimes internationaux et juridictions internationales,* PUF, 2002.
CASSESE (Antonio) et DELMAS-MARTY (Mireille) (dir.), *Juridictions nationales et crimes internationaux,* PUF, 2002.
COHEN-JONATHAN (Gérard), « Progrès scientifique et technique et droits de l'homme », *Études offertes à Claude-Albert Colliard,* Pedone, 1984, 123.
DUBOUIS (Louis), « De la licéité en droit français des essais thérapeutiques sur l'homme, à but non curatif », *Études offertes à Claude-Albert Colliard,* Pedone, 1984, 461.
EDELMAN (Bernard), « Le Conseil constitutionnel et l'embryon » (décision n° 94-343-344 DC du 27 juillet 1994), *D.* 1995, chron. 205.
HEYMANN-DOAT (Arlette) (dir.), *Génétique et droits de l'homme,* L'Harmattan, 1999.
HUET (André) et KOERING-JOULIN (Renée), *Droit pénal international,* 2e éd., « Thémis », PUF, 2001.
LUCHAIRE (François), « Le Conseil constitutionnel et l'assistance médicale à la procréation », *RD publ.* 1994, 1647.

Mathieu (Bertrand), « La recherche sur l'embryon au regard des droits fondamentaux constitutionnels », *D.* 1999, chron. p. 451.
Morange (Jean), « Génétique et droits de l'homme », *Études offertes à Jean-Marie Auby,* Dalloz, 1992, 785.
Regourd (Serge), « Les droits de l'homme devant les manifestations de la vie et de la mort. Problèmes actuels en droit public français », *RD publ.* 1981, 403.
Robert (Jacques), « La révolution biologique et génétique face aux exigences du droit », *RD publ.* 1984, 1255.
Rothman (David), « The International Organ Traffic », *The New York Review of Books,* vol. XLV, n° 5, 26 mars 1998, p. 14.
Sudre (Frédéric), « Commentaire de l'article 3 de la CEDH », Pettiti, Decaux et Imbert (dir.), *La Convention européenne des droits de l'homme, commentaire article par article,* Économica, 1995, 155.
Zoller (Élisabeth), « La définition des crimes contre l'humanité », *JDI* 1993, 549.
Droits, n° 13, « Biologie, personne et droit », 1991.
Pouvoirs, n° 56, « Bioéthique », 1991.

Chap. 2. L'avortement (§ 393 à 401)

Cayla (Olivier) et Thomas (Yan), *Du droit de ne pas naître,* Le Débat, Gallimard, 2002.
Dworkin (Ronald), « Taking rights seriously in the abortion case », *Ratio Juris,* vol. 3, n° 1, 1990, 68.
Fromont (Michel), « République fédérale d'Allemagne. Les principaux événements législatifs et jurisprudentiels survenus en 1975 », *RD publ.* 1977, 335.
Guillaume (Gilbert), « Commentaire de l'article 2 de la CEDH », Pettiti, Decaux et Imbert (dir.), *La Convention européenne des droits de l'homme, commentaire article par article,* Économica, 1995, 143.
Jouanjan (Olivier), « Chronique sur la Cour constitutionnelle fédérale de la République fédérale d'Allemagne », *AIJC* 1993, 642.
Moderne (Franck), « La liberté ne trouve pas refuge dans une jurisprudence qui doute » (à propos de l'arrêt de la Cour suprême des États-Unis *Planned parenthood of Southeastern Pennsylvania v. Robert Casey...*), *RFD const.,* n° 11, 1992, 583.
Pinto (Roger), « La Cour suprême américaine et l'avortement », *RD publ.* 1993, 907.
Droits, n° 13, « Biologie, personne et droit », 1991.

Chap. 3. La question du droit à la mort (§ 402 à 408)

DIJON (Xavier), *Le sujet de droit en son corps. Une mise à l'épreuve du droit subjectif*, travaux de la Faculté de droit de Namur, 1982, 4e partie, Le « droit à la mort », p. 515-624.

DWORKIN (Ronald), « Assisted Suicide : What the Court Really Said », *The New York Review of Books*, vol. XLIV, n° 14, 25 septembre 1997, p. 40.

JANICAUD (Dominique), « Du droit de mourir : un regard philosophique sur une question controversée », *Droits*, n° 13, 1991, 67.

MANNONI (Maud), *Le nommé et l'innommable. Le dernier mot de la vie*, Denoël, L'espace analytique, 1991.

REGOURD (Serge), « Les droits de l'homme devant les manipulations de la vie et de la mort. Problèmes actuels en droit public français », *RD publ.* 1981, 403.

Conclusion (§ 409)

IMBERT (Pierre-Henri), « Droit des pauvres, pauvre(s) droit(s) ? », *RD publ.* 1989, 739.

Titre 3. La liberté individuelle

WACHSMANN (Patrick), « La liberté individuelle dans la jurisprudence du Conseil constitutionnel », *Rev. sc. crim.* 1988, 1.

Chap. 1er. Le droit de n'être ni arrêté ni détenu arbitrairement (§ 411 à 429)

BERLIÈRE (Jean-Marc), *La police des mœurs sous la IIIe République*, Le Seuil, 1992.

DEBENE (Marc), « Chronique de législation : la modernisation de la loi de 1838 sur les aliénés », *AJDA* 1990, 871.

DUBOUIS (Louis), « La loi du 27 juin 1990 assure-t-elle une protection des personnes hospitalisées en raison de troubles mentaux conforme au droit européen ? », *Études offertes à Jean-Marie Auby*, Dalloz 1992, 727.

FOUCAULT (Michel), *Surveiller et punir : naissance de la prison*, Gallimard, Bibliothèque des Histoires, 1975.

MACHELON (Jean-Pierre), « La loi de 1838 sur les aliénés : la résistance au changement », *RD publ.* 1984, 1005.

PICARD (Étienne), « Les contrôles d'identité au regard des droits fondamentaux : des régimes inutilement hétéroclites », *RFD adm.* 1994, 959.

Chap. 2. La liberté d'aller et venir (§ 430 à 432)

Mourgeon (Jacques), « Commentaire de l'article 2 du 4e protocole à la CEDH », Pettiti, Decaux et Imbert (dir.), *La Convention européenne des droits de l'homme. Commentaire article par article,* Économica, 1995, 1043.

Chap. 3. Le droit au respect de la vie privée (§ 433 à 454)

Borrillo (Daniel), *Homosexualités et droit,* PUF, Les voies du droit, 1998.

Braibant (Guy), « *Données personnelles et société de l'information. Rapport au Premier ministre* », La Documentation française, 1998.

Fauvet (Jacques), « La commission nationale de l'informatique et des libertés, vingt ans après... », *Mélanges Jacques Robert,* Montchrestien, 1998, p. 111.

Flauss (Jean-François), « Écoutes téléphoniques : le point de vue de Strasbourg », *RFD adm.* 1991, 89.

Frayssinet (Jean) et Kayser (Pierre), « La loi du 6 janvier 1978 relative à l'informatique, aux fichiers et aux libertés et le décret du 17 juillet 1978 », *RD publ.* 1979, 629.

Gélard (Patrice), Rapport sur la proposition de loi relative au pacte civil de solidarité, Sénat, *JO* doc. parl., 1998-1999, n° 258.

Jacqué (Jean-Paul), « La Convention pour la protection des personnes à l'égard du traitement informatisé des données à caractère personnel », *AFDI* 1980, 773.

Kayser (Pierre), *La protection de la vie privée,* 2e éd., Économica, 1990.

Legendre (Pierre), « La loi, le tabou et la raison », *Télérama,* n° 2555, 1998, p. 9.

Lenoir (Noëlle) et Maisl (Herbert), « La CNIL et le contrôle de l'administration », *AJDA* 1983, 645.

Molfessis (Nicolas), « La réécriture de la loi relative au PACS par le Conseil constitutionnel », *JCP* 2000, I, 210.

Pradel (Jean), « Les écoutes téléphoniques judiciaires : un statut en voie de formation », *RFD adm.* 1991, 83.

Rubellin-Devichi (Jacqueline), « La justice et les mariages blancs », *RFD adm.* 1993, 166.

Titre 4. La liberté d'expression

Chap. préliminaire (§ 457 à 467)

Barthes (Roland), *Mythologies,* coll. « Points », Le Seuil, 1957.

COHEN-JONATHAN (Gérard), « Commentaire de l'article 10 de la CEDH », Pettiti, Decaux et Imbert (dir.), *La Convention européenne des droits de l'homme. Commentaire article par article,* Économica, 1995, 365.

KLEMPERER (Victor), *LTI, la langue du IIIe Reich,* 1947, trad. E. Guillot, Albin-Michel, 1996.

MILLER (Gérard), *Les pousse-au-jouir du maréchal Pétain,* Le Seuil, 1975 et Le Livre de poche, biblio, essais, 1988.

WACHSMANN (Patrick), « Participation, communication, pluralisme », *AJDA* 1998, n° spécial, *Les droits fondamentaux,* p. 165.

« Jurisprudence du Conseil constitutionnel et libertés de la pensée », Rapport du Conseil constitutionnel à la Xe Conférence des Cours constitutionnelles européennes, Budapest, mai 1996, *RFD adm.* 1996, p. 639.

Chap. 1er. La liberté de la presse (§ 468 à 492)

BARTHES (Roland), *Sade, Fourier, Loyola,* coll. « Tel Quel », Le Seuil, 1971.

BLIN (Henri), CHAVANNE (Albert), DRAGO (Roland) et BOINET (Jean), *Droit de la presse,* Litec (mises à jour sur feuillets mobiles).

CLUZEL (Jean), « Rapport d'information sur la situation de la presse française à la veille du marché unique européen », *JO doc. parl. Sénat,* 2e session ordinaire 1991-1992, n° 427.

DERIEUX (Emmanuel), « La loi du 29 juillet 1881 », *RD publ.* 1981, 1501.

DUFFAR (Jean), « La censure administrative des écrits étrangers. Droit français et droit international », *RD publ.* 1986, 561.

DUMAS (Roland), *Le droit de l'information,* coll. « Thémis », PUF, 1981.

RABILLER (Stéphanie), *Les restrictions administratives à la liberté de la presse face aux exigences constitutionnelles et européennes,* Économica et PUAM, 2002.

TILLEMENT (Geneviève), *Le droit de critique et le droit pénal,* thèse Nancy-II, dactyl., 1991.

WACHSMANN (Patrick), « Les limitations à l'exercice des droits et l'exercice du contrôle juridictionnel », *RUDH* 1991, 289.

WACHSMANN (Patrick), « La loi du 16 juillet 1949 et la liberté d'expression », *in* Th. Crépin et Th. Groensteen (dir.), *On tue à chaque page,* éd. du Temps et Musée de la bande dessinée, 1999, p. 7.

Chap. 2. La liberté des spectacles (§ 493 à 503)

MÉNY (Yves), « Décentralisation et liberté d'expression : l'ordre moral à Clochemerle ? », *Mélanges Claude-Albert Colliard,* Pedone, 1984, 559.
MOURGEON (Jacques), « Autour d'un récent arrêt du Conseil d'État : vers une liberté publique de l'expression cinématographique ? », *Gaz. Pal.* 1975.I.350.
Cinéma d'aujourd'hui, n° 4, « L'érotisme en question », hiver 1975/76.

Chap. 3. La liberté dans le secteur de l'audiovisuel (§ 504 à 517)

CHEVALLIER (Jacques), « Le nouveau statut de la liberté de communication », *AJDA* 1987, 59.
CHEVALLIER (Jacques), « De la CNCL au Conseil supérieur de l'audiovisuel », *AJDA* 1989, 59.
COHEN-JONATHAN (Gérard), « Libertés fondamentales et télévision européenne », *Rec. des cours de l'Académie de droit européen,* vol. I, t. 2, 1992, 29.
COUSIN (Bertrand) et DELCROS (Bertrand), *Le droit de la communication,* Le Moniteur, 1990, 2 t.
DELCROS (Bertrand) et ROGER (Jérôme), « Commentaire de la loi du 1er février 1994 », *AJDA* 1994, 305.
F.M., P.D. *et autres,* « Le droit de l'audiovisuel à l'étranger : à la recherche d'un équilibre », *RFD adm.* 1989, 475.
THIBAUT (Françoise), « Radio et télévision en Italie », *RD publ.* 1980, 1593.
TRUCHET (Didier) et autres, « La nouvelle réforme de l'audiovisuel », *RFD adm.* 1987, 343.

Chap. 4. La liberté de réunion (§ 518 à 525)

TERCINET (Marcel-René), « La liberté de manifestation en France », *RD publ.* 1979, 1009.

Conclusion (§ 526)

RIVERO (Jean), « Sur l'obligation de réserve », *AJDA* 1977, 580.

Titre 5. La liberté de religion, la liberté de l'enseignement et les exigences de la laïcité)

FROWEIN (J. A.), « Commentaire de l'article 9, § 1 », Pettiti, Decaux et Imbert (dir.), *La Convention européenne des droits de l'homme. Commentaire article par article,* Économica, 1975, 353.

Chap. 1er. La liberté de religion (§ 528 à 531)

DUFFAR (Jean), « Religion et travail dans la jurisprudence de la CJCE et des organes de la Convention européenne des droits de l'homme », *RD publ.* 1993, 695.

GOY (Raymond), « La garantie européenne de la liberté de religion », *RD publ.* 1991, 5.

PIERRÉ-CAPS (Stéphane), « Les "nouveaux cultes" et le droit public », *RD publ.* 1990,1073.

ROBERT (Jacques), *La liberté religieuse et le régime des cultes,* PUF, 1977.

SOLER-COUTEAUX (Pierre), *La liberté de conscience,* thèse Strasbourg, dactyl., 1980.

VIVIEN (Alain), *Les sectes en France,* rapport au Premier ministre, La Documentation française, 1985.

Chap. 2. La liberté de l'enseignement et les exigences de la laïcité (§ 532 à 546)

DEFFAINS (Nathalie), « Le principe de laïcité de l'enseignement public à l'épreuve du foulard islamique », *RTDH* 1998, p. 203.

DUPUY (Pierre-Marie) et BOISSON DE CHARZOUNES (Laurence), « Commentaire de l'article 2 du 1er protocole », Pettiti, Decaux et Imbert (dir.), *La Convention européenne des droits de l'homme. Commentaire article par article,* Économica, 1995, 999.

DURAND-PRINBORGNE (Claude), « Le principe d'égalité et l'enseignement », *RFD adm.* 1988, 584.

DURAND-PRINBORGNE (Claude), « Le port des signes extérieurs de convictions religieuses à l'école : une jurisprudence affirmée..., une jurisprudence contestée », *RFD adm.* 1997, p. 151.

FLAUSS (Jean-François), « Les sources supra-législatives du droit de l'enseignement religieux », *Petites Affiches* 25 janvier 1995, n° 11, 7.

GREWE (Constance) et WEBER (Albert), « L'arrêt de la Cour constitutionnelle allemande du 16 mai 1995 relatif au crucifix », *RFD const.* 1995, p. 183.

JOUANJAN (Olivier), « Chronique de jurisprudence constitutionnelle. Allemagne », *AIJC,* 1996, p. 964.

RIVERO (Jean), « La notion juridique de laïcité, *D.* 1949, chr. 137.

RIVERO (Jean), L'avis de l'Assemblée générale du Conseil d'État en date du 27 novembre 1989 », *RFD adm.* 1990, 1.

ROBERT (Jacques), « La loi Debré (31 décembre 1959) sur les rapports entre l'État et les établissements d'enseignement privé », *RD publ.* 1962, 213.

Titre 6. La liberté d'association

Chap. 1er. Le régime libéral de la loi de 1901 (§ 547 à 554)

MORANGE (Jean), *La liberté d'association en droit public français*, PUF, 1977.
ROBERT (Jacques), « Propos sur le sauvetage d'une liberté », *RD publ.* 1971, 1171.
« Réflexions sur les associations et la loi de 1901, cent ans après », *EDCE* n° 51, 2000, p. 235.
La liberté d'association et le droit, Centenaire de la loi du 1er juillet 1901, Conseil constitutionnel, 2001.

Chap. 2. Les régimes dérogatoires (§ 555 à 560)

FLAUSS (Jean-François), « La querelle du droit local des associations », *Petites Affiches* 1990, n° 60, 4.
GROSCLAUDE (Jacques), « Un vestige législatif : les limitations à la liberté d'association en Alsace et en Lorraine », *RD publ.* 1972, 811.
PEISER (Gustave), « La dissolution par décret des associations et groupements politiques français (loi du 10 janvier 1936) », *D.* 1963, chron. 59.

INDEX

Les chiffres renvoient aux numéros de paragraphes

Table des matières

PHOTOCOMPOSITION : SARL SAINT-CYR COMPO - CAHORS (LOT)

704 820 (I) OSB-T. 60g. CYR

Imprimé en France. - JOUVE, 11, bd de Sébastopol, 75001 PARIS
N° 315425U. - Dépôt légal : Octobre 2002